地势坤，君子以厚德载物。

（五）列传·上

［西汉］司马迁 著

俞樟华 译

北京联合出版公司

Beijing United Publishing Co.,Ltd.

目录

史记卷六十七　　　列传第七

仲尼弟子列传

史记卷六十一
列传第一

伯夷　叔齐

　　学者读的书籍虽然极其广博，但仍然要从六经中查考可信的证据。《诗》《书》虽然残缺，然而仍可从虞、夏两代的文字记载中查到。尧要退位，将帝位让于虞舜时，以及舜让位于夏禹之际，继承人是四岳十二牧都推荐的人，才能在官位上得到考察试用，任职几十年，功绩卓著之后，然后才将政权交给他们。这表明天下是贵重的宝器，帝王的大统，传交天下是如此地慎重。有传说说尧将天下让给许由，许由没有接受，以此为耻而逃走并隐居起来。等到夏代，有卞随、务光二人也是这样。这又如何解释呢？太史公说：我登上箕山，听人说山上有许由的墓。孔子依序罗列古代的仁人、圣人、贤人，像吴太伯、伯夷这些人的事迹都很详细了。我认为我所听说的许由、务光的德行是非常高尚的，然而关于他们的文辞却连一点大略梗概也见不到，这是为什么呢？

　　孔子说："伯夷、叔齐不念旧仇，因此怨恨之情也就少了。""追求仁德就能

　　夫学者载籍极博，犹考信于六艺。《诗》《书》虽缺，然虞夏之文可知也。尧将逊位，让于虞舜，舜禹之间，岳牧咸荐，乃试之于位，典职数十年，功用既兴，然后授政。示天下重器，王者大统，传天下若斯之难也。而说者曰尧让天下于许由，许由不受，耻之，逃隐；及夏之时，有卞随、务光者。此何以称焉？太史公曰：余登箕山，其上盖有许由冢云。孔子序列古之仁圣贤人，如吴太伯、伯夷之伦详矣。余以所闻由、光义至高，其文辞不少概见，何哉？

　　孔子曰："伯夷、叔齐，不念旧恶，怨是用希。""求

仁得仁，又何怨乎？”余悲伯夷之意，睹轶诗可异焉。其传曰：

伯夷、叔齐，孤竹君之二子也。父欲立叔齐，及父卒，叔齐让伯夷。伯夷曰："父命也。"遂逃去。叔齐亦不肯立而逃之。国人立其中子。于是伯夷、叔齐闻西伯昌善养老，盍往归焉。及至，西伯卒，武王载木主，号为文王，东伐纣。伯夷、叔齐叩马而谏曰："父死不葬，爰及干戈，可谓孝乎？以臣弑君，可谓仁乎？"左右欲兵之。太公曰："此义人也。"扶而去之。武王已平殷乱，天下宗周，而伯夷、叔齐耻之，义不食周粟，隐于首阳山，采薇而食之。及饿且死，作歌。其辞曰："登彼西山兮，采其薇矣。以暴易暴兮，不知其非矣。神农、虞、夏忽焉没兮，我安适归矣？于嗟徂兮，命之衰矣！"遂饿死于首阳山。由此观之，怨邪非邪？

得到仁德，又有什么怨恨呢？”我悲叹伯夷的想法，看到他散佚的诗篇，令人感到诧异。他的传记说：

伯夷、叔齐，是孤竹君的两个儿子。父亲想立叔齐为国君，等到父亲去世后，叔齐让位于伯夷。伯夷说："这是父亲的命令。"便逃走了。叔齐也不肯即位而逃走。国人拥立孤竹君居中的儿子。这时伯夷、叔齐听闻西伯昌善于尊养老人，想着何不去投奔他呢。等他们到达那里，西伯去世了，武王载着西伯的木主牌位，将西伯追谥为文王，向东伐纣。伯夷、叔齐勒住武王的马缰劝谏说："父亲死了不安葬，就发动战争，能称得上孝顺吗？以臣子的身份去杀君主，能称得上仁义吗？"武王的侍从想杀掉他们。太公说："这是仁义之人啊。"搀扶着他们让他们离开。武王平定殷朝祸乱之后，天下都臣服于周朝，然而伯夷、叔齐却以此为耻，坚持节义不吃周朝的粮食，隐居于首阳山，采摘野菜来吃。等到快要饿死时，作了一首歌。歌词说："登上那西山啊，采摘那里的野菜。用暴臣换暴君啊，却不知自己的过错。神农、虞舜、夏禹的盛世转瞬即逝啊，我将归依何处？唉！只有死啊，命运如此不济！"于是饿死于首阳山。由此看来，他们是怨恨，还是不怨恨呢？

有人说："天道没有偏私，时常帮助好人。"像伯夷、叔齐，可以说是好人而不是坏人吧？他们这样积聚仁德、保持高洁的品行却会饿死！再说孔子七十位学生中，仲尼唯独推崇颜渊好学。然而他却经常陷于穷困，连糟糠之食都吃不饱，最终早逝。上天对好人的报偿是怎样的呢？盗跖每天杀害无辜之人，吃人肉，残暴放纵，聚集几千党徒横行天下，竟然寿终正寝。这遵循的是什么道德呢？这是比较明显的例子啊。如果说到近世，那些操行不轨，专门违法犯禁的人，却终身安逸享乐，过着富贵优裕的生活，世代不绝。那些选好地方才落脚，看准时机后才讲话，不走邪路，不是公正的事不发愤去做，却遭遇灾祸的人，数都数不过来。我十分困惑不解，如果说起所谓的天道，它存在还是不存在呢？

孔子说："志向不同就不能在一起谋划事情"，也就各按自己的想法行事了。所以说"富贵如果可以求得的话，即便做个执鞭的赶车人，我也去做。如果不可求得，那就按照自己的喜好去做"。"天气严寒，才知道松柏是最后凋零的"。整个社会混乱污浊，品行清高的人才会显现出来。难道不正是因为有些人把富贵安乐看得那么重，才显得另外一些人把富贵安乐看得那么轻吗？

或曰："天道无亲，常与善人。"若伯夷、叔齐，可谓善人者非邪？积仁洁行如此而饿死！且七十子之徒，仲尼独荐颜渊为好学。然回也屡空，糟糠不厌，而卒蚤夭。天之报施善人，其何如哉？盗跖日杀不辜，肝人之肉，暴戾恣睢，聚党数千人横行天下，竟以寿终。是遵何德哉？此其尤大彰明较著者也。若至近世，操行不轨，专犯忌讳，而终身逸乐，富厚累世不绝；或择地而蹈之，时然后出言，行不由径，非公正不发愤，而遇祸灾者，不可胜数也。余甚惑焉，傥所谓天道，是邪非邪？

子曰："道不同不相为谋。"亦各从其志也。故曰："富贵如可求，虽执鞭之士，吾亦为之；如不可求，从吾所好。""岁寒，然后知松柏之后凋。"举世混浊，清士乃见。岂以其重若彼，其轻若此哉？

"君子疾没世而名不称焉。"贾子曰:"贪夫徇财,烈士徇名,夸者死权,众庶冯生。""同明相照,同类相求。""云从龙,风从虎,圣人作而万物睹。"伯夷、叔齐虽贤,得夫子而名益彰,颜渊虽笃学,附骥尾而行益显。岩穴之士,趣舍有时若此,类名埋灭而不称,悲夫!闾巷之人,欲砥行立名者,非附青云之士,恶能施于后世哉?

孔子说:"君子最嫉恨的是死了以后名声却不能流传。"贾谊说:"贪财的人为钱财而死,烈士为声名献身,爱夸耀的人为权势而死,平民百姓们为生存而斗争。""同样明亮的东西互相映照,同类事物互相感应。""云跟着龙出现,风随着虎呼啸,圣人制定规则,万物才能显露出来。"伯夷、叔齐虽然贤德,只有得到孔子的称赞后,名声才更加显扬。颜渊虽然好学,也只是因为追随孔子后,德行才更加显著。那些深居岩穴的隐士,进取或隐居时也是如此,像这样的人如果声名湮没得不到显扬,是多么可悲啊!普通百姓若要砥砺德行,树立名声,如果不依靠德高望重的人,又如何能名扬后世呢?

史记卷六十二
列传第二

管仲 晏婴

管仲名夷吾，是颍上人。他年轻时曾与鲍叔牙交往，鲍叔知道他贤能。管仲生活贫困，经常占鲍叔的便宜，鲍叔始终善待他，没有怨言。不久后，鲍叔为齐国公子小白做事，管仲为公子纠做事。等到小白即位成为齐桓公，公子纠被杀，管仲被囚禁。鲍叔于是向齐桓公举荐管仲。管仲被任用后，在齐国执政，齐桓公因此称霸，九次会盟诸侯，一统天下，都是靠管仲的谋略。

管仲说："我当初贫困时，曾经与鲍叔一起做买卖，分钱财时给自己多分一些，鲍叔不认为我贪财，是因为他知道我贫困。我曾经为鲍叔谋划事情而更加穷困，鲍叔不认为我愚笨，是因为他知道时机有时有利有时不利。我曾经多次做官却多次被君主罢黜，鲍叔不认为我没有才能，是因为他知道我没有遇到好时机。我曾经多次在作战时逃跑，鲍叔不认为我胆怯，是因为他知道我有老母在世。公子纠失败，召忽

管仲

管仲夷吾者，颍上人也。少时常与鲍叔牙游，鲍叔知其贤。管仲贫困，常欺鲍叔，鲍叔终善遇之，不以为言。已而鲍叔事齐公子小白，管仲事公子纠。及小白立，为桓公，公子纠死，管仲囚焉。鲍叔遂进管仲。管仲既用，任政于齐，齐桓公以霸。九合诸侯，一匡天下，管仲之谋也。

管仲曰："吾始困时，尝与鲍叔贾，分财利多自与，鲍叔不以我为贪，知我贫也。吾尝为鲍叔谋事而更穷困，鲍叔不以我为愚，知时有利不利也。吾尝三仕三见逐于君，鲍叔不以我为不肖，知我不遭时也。吾尝三战三走，鲍叔不以我为怯，知我有老母也。公子纠败，召忽死之，吾幽囚受辱，鲍叔

不以我为无耻，知我不羞小节
而耻功名不显于天下也。生我
者父母，知我者鲍子也。"

鲍叔既进管仲，以身下之。
子孙世禄于齐，有封邑者十余
世，常为名大夫。天下不多管
仲之贤而多鲍叔能知人也。

管仲既任政相齐，以区区
之齐在海滨，通货积财，富国
强兵，与俗同好恶。故其称曰：
"仓廪实而知礼节，衣食足而
知荣辱，上服度则六亲固。四
维不张，国乃灭亡。下令如流
水之原，令顺民心。"故论卑
而易行。俗之所欲，因而予之；
俗之所否，因而去之。

其为政也，善因祸而为
福，转败而为功。贵轻重，慎
权衡。桓公实怒少姬，南袭蔡，
管仲因而伐楚，责包茅不入
贡于周室。桓公实北征山戎，
而管仲因而令燕修召公之政。
于柯之会，桓公欲背曹沫之约，
管仲因而信之，诸侯由是归齐。
故曰："知与之为取，政之

为他而死，我被囚禁受辱，鲍叔不认为我
不知廉耻，是因为他知道我不会因小节而
羞耻，而会因功名不能显扬于天下而羞耻。
生我的人是父母，了解我的人是鲍叔啊。"

鲍叔举荐管仲后，自己身居管仲之下。
鲍叔的子孙世代在齐国享受俸禄，得到封
邑的有十几代人，往往成为有名的大夫。
天下人不赞美管仲的贤能，而称赞鲍叔能
够识别人才。

管仲在齐国执政任相后，凭借在海滨
的小小齐国，流通货物，积累财富，使得
国富兵强，与百姓同好恶。所以他说："仓
库储备充实百姓才懂得礼节，衣食丰足百
姓才知道荣辱，国君遵守法度，六亲才会
团结稳固。礼义廉耻不能弘扬，国家就
会灭亡。颁布政令就要像流水的源头一样，
使它顺应民心。"所以政令简易符合民情
才会容易施行。百姓想要的，就顺应民意
给他们；百姓所反对的，就顺应民意摒弃。

管仲执政，善于化祸为福，转失败为
成功。他能分清事情的轻重，谨慎权衡利
弊。齐桓公本来因恼怒少姬改嫁，向南袭
击蔡国，管仲便顺势去征讨楚国，责备楚
国不向周王室进献菁茅。齐桓公本来是想
北征山戎，管仲却顺势让燕国修治召公时
的政教。在柯地的会盟，齐桓公想背弃与
曹沫的盟约，管仲因势利导劝他信守盟约，
诸侯因此归附齐国。所以说："懂得给予

正是为了取得的道理，这是为政的法宝。"

管仲的富有可与公室相比，有三房家室和诸侯宴会所用的平台，齐国人不认为他奢侈。管仲去世后，齐国仍遵循他的政令，齐国常比其他诸侯国强盛。一百多年后，齐国又出了个晏子。

晏平仲，名婴，是莱地夷维人。为齐灵公、齐庄公、齐景公做过事，他因节俭和勤于政事在齐国受到尊重。他担任齐国的相国后，吃饭不会有两样肉菜，妻妾不穿绢帛。他在朝中，国君的话涉及他，他就直言以对；话没有涉及他，他就秉公办事。国家有道，他就服从命令去做；国家无道，他就权衡度量而行。他因此能够在灵公、庄公、景公三代任官，名声在诸侯国显扬。

越石父贤德，正在囚禁之中。晏子出行，在途中遇到他，就解开马车左侧的马赎出他，用车子载他回家。晏婴没有向越石父告辞，就进入了内室。过了很久，越石父请求绝交。晏子很惊诧，整理衣帽道歉说："晏婴虽然不仁德，但也使你免遭了困厄，你为什么这么快就要绝交呢？"石父说："不是这样的。我听闻君子在不了解自己的人面前会遭受屈辱，在了解自己的人面前会获得尊重。当我在囚禁中的时候，那些人是不了解我的。你既然已经知晓并赎

宝也。"

管仲富拟于公室，有三归、反坫，齐人不以为侈。管仲卒，齐国遵其政，常强于诸侯。后百余年而有晏子焉。

晏婴

晏平仲婴者，莱之夷维人也。事齐灵公、庄公、景公，以节俭力行重于齐。既相齐，食不重肉，妾不衣帛。其在朝，君语及之，即危言；语不及之，即危行。国有道，即顺命；无道，即衡命。以此三世显名于诸侯。

越石父贤，在缧绁中。晏子出，遭之涂，解左骖赎之，载归。弗谢，入闺，久之。越石父请绝。晏子戄然，摄衣冠谢曰："婴虽不仁，免子于厄，何子求绝之速也？"石父曰："不然。吾闻君子诎于不知己而信于知己者。方吾在缧绁中，彼不知我也。夫子既已感寤而赎我，是知己；知己而无礼，固不如在缧绁之中。"晏子于

是延入为上客。

晏子为齐相，出，其御之妻从门间而窥其夫。其夫为相御，拥大盖，策驷马，意气扬扬，甚自得也。既而归，其妻请去。夫问其故。妻曰："晏子长不满六尺，身相齐国，名显诸侯。今者妾观其出，志念深矣，常有以自下者。今子长八尺，乃为人仆御，然子之意自以为足，妾是以求去也。"其后夫自抑损。晏子怪而问之，御以实对。晏子荐以为大夫。

太史公曰：吾读管氏《牧民》《山高》《乘马》《轻重》《九府》，及《晏子春秋》，详哉其言之也。既见其著书，欲观其行事，故次其传。至其书，世多有之，是以不论，论其轶事。

管仲，世所谓贤臣，然孔子小之。岂以为周道衰微，桓公既贤，而不勉之至王，乃称霸哉？语曰："将顺其美，匡

我出来，就是了解我；了解我却不能对我以礼相待，我还不如在囚禁之中。"晏子于是将他请进去，尊为上宾。

晏子任齐国相国时出行，他的车夫的妻子从门缝里看她的丈夫。她的丈夫给相国驾车，坐在大车盖下，驾驭着四匹马，意气昂扬，十分得意。车夫回家后，他的妻子请求离去。丈夫问她原因，妻子说："晏子身高不足六尺，身居齐国相国，名声显扬于诸侯。今天我看他外出，意志思虑深沉，总有一种很自谦的态度。如今你身高八尺，却为人家驾车做车夫，然而你的神态还自以为很满足，我因此请求离去。"此后车夫谦虚恭谨起来。晏子觉得奇怪就问他，车夫如实回答，晏子推荐他做了大夫。

太史公曰：我读管仲的《牧民》《山高》《乘马》《轻重》《九府》，以及《晏子春秋》，书中所讲的内容很详细啊。看了他们所写的书之后，还想要观察他们所做的事，所以就编列了他们的传记。至于他们的书，世上流传有很多，因此不再论述，只论述他们的轶事。

管仲是世人所说的贤臣，然而孔子却瞧不上他。难道是周道衰微，桓公贤德，管仲却不勉励他实行王道，而只辅佐他称霸的缘故吗？古语说："要顺势成就君主

的美德，匡正挽救他的过失，这样君臣上下能和睦相处。"难道说的就是管仲吗？

当初晏子伏在庄公尸体上痛哭，尽了君臣礼节后才离去，难道他就是所谓的"见义不为，没有勇气"的人吗？至于他直言进谏，冒犯君主的威严，这就是所谓的"在其位就想竭尽忠心，不在其位就反思弥补过失"吧！假如晏子还在世，就算为他执鞭驾车，也是我乐意欣羡的事啊！

救其恶，故上下能相亲也。"岂管仲之谓乎？

方晏子伏庄公尸哭之，成礼然后去，岂所谓"见义不为无勇"者邪？至其谏说，犯君之颜，此所谓"进思尽忠，退思补过"者哉！假令晏子而在，余虽为之执鞭，所忻慕焉。

史记卷六十三
列传第三

老子李耳　庄周　申不害　韩非

老子，是楚国苦县厉乡曲仁里人，姓李，名耳，字聃，是周朝掌管藏书室的史官。

孔子到了周都，想向老子请教周礼。老子说："您所说的礼，制定它的人骨头都已经朽烂了，只有他的言论还在罢了。且君子获得他的时运便驾车出仕，没有得到他的时运便像蓬蒿一样随风飘行。我听说，善于经商的人将财货深藏，好像空虚无物，君子具有高尚的品德，从容貌上看像很愚钝。去掉您的骄傲之气和过多的欲望，去掉您高贵的神态和过高的志向，这些对于您的自身都没有什么好处。我能告诉您的，也就这些而已。"孔子离开后，对弟子说道："鸟，我知道它能飞；鱼，我知道它能游；兽，我知道它能跑。能跑的可以用网捕，能游的可以用线钓，能飞的可以用箭射。至于龙，我就不知道了，它乘风驾云而上九天。我今天见到老子，他就犹如龙吧！"

老子李耳

老子者，楚苦县厉乡曲仁里人也，姓李氏，名耳，字聃，周守藏室之史也。

孔子适周，将问礼于老子。老子曰："子所言者，其人与骨皆已朽矣，独其言在耳。且君子得其时则驾，不得其时则蓬累而行。吾闻之，良贾深藏若虚，君子盛德，容貌若愚。去子之骄气与多欲，态色与淫志，是皆无益于子之身。吾所以告子，若是而已。"孔子去，谓弟子曰："鸟，吾知其能飞；鱼，吾知其能游；兽，吾知其能走。走者可以为罔，游者可以为纶，飞者可以为矰。至于龙吾不能知，其乘风云而上天。吾今日见老子，其犹龙邪！"

老子修道德，其学以自隐无名为务。居周久之，见周之衰，乃遂去。至关，关令尹喜曰："子将隐矣，强为我著书。"于是老子乃著书上下篇，言道德之意五千余言而去，莫知其所终。

或曰：老莱子亦楚人也，著书十五篇，言道家之用，与孔子同时云。

盖老子百有六十余岁，或言二百余岁，以其修道而养寿也。

自孔子死之后百二十九年，而史记周太史儋见秦献公曰："始秦与周合，合五百岁而离，离七十岁而霸王者出焉。"或曰儋即老子，或曰非也，世莫知其然否。老子，隐君子也。

老子之子名宗，宗为魏将，封于段干。宗子注，注子宫，宫玄孙假，假仕于汉孝文帝。而假之子解为胶西王卬太傅，因家于齐焉。

世之学老子者则绌儒学，儒学亦绌老子。"道不同不相为谋"，岂谓是邪？李耳无为

老子研修道德，他的学说以隐藏自我、不求声名为主旨。他在周都住了很长时间，看到周室衰微，便离开了周都。到达函谷关，关令尹喜说："您将要隐居了，请勉为其难为我写一本书吧。"于是老子便写了一本书，分为上、下两篇，讲述道和德的含义，共有五千多字，然后离去，没有人知道他的下落。

有人说：老莱子也是楚国人，著书十五篇，讲论道家的作用，他与孔子是同时代的人。

据说老子活了一百六十多岁，有人说他活了二百多岁，因为他修道养身，所以长寿。

在孔子死之后的一百二十九年，史书记载周太史儋见秦献公时说："最初秦与周合在一起，合在一起五百年然后分离，分离七十年而称王称霸的人出现。"有人说太史儋就是老子，有人说不是，世上没有人知道哪种说法正确。老子，是隐居的君子。

老子的儿子名叫李宗，李宗做魏国将军，被封在段干。李宗的儿子叫李注，李注的儿子叫李宫，李宫的玄孙叫李假，李假在汉孝文帝朝任官。而李假的儿子李解做胶西王刘卬的太傅，因此定居于齐国。

世上学老子学说的人贬绌儒家学说，儒家也贬绌老子学说。"志向不同就不能在一起谋划"，难道说的不就是这种情

况吗？李耳认为无所作为百姓会自我教化，清净不扰百姓自然会归于正道。

庄子，是蒙地人，名周。庄周曾任蒙地漆园的官吏，与梁惠王、齐宣王是同时代的人。他的学说无所不包，然而其要旨本意却可归为老子的学说。所以他著书十多万字，大多是寓言。他所作的《渔父》《盗跖》《胠箧》，来诋毁信奉孔子学说的人，以此阐明老子的学说。畏累虚、亢桑子之类的名称，都是空话，没有事实依据。但庄子擅长行文措辞，描摹事物切合情状，以此攻击驳斥儒家、墨家，即使是当世博学之士也难以避免他的攻击。他的言论汪洋恣肆，以抒发自己的心意，所以王公贵人都不能任用他。

楚威王听说庄周贤能，派遣使者携带重金去迎接他，许诺让他做相国。庄周笑着对楚国使者说："千金，是重利；卿相，是尊位。您难道没见过郊祭时用的牛吗？喂养它多年，给它披上绣有花纹的绸缎，将它送进太庙。在这时，即使它想做一头孤独的小猪，难道可以做到吗？您赶快离开，不要玷污我。我宁愿怡然自得地在污水沟里游戏，也不愿被权势所羁绊，我会终身不做官，来让自己的心情愉快。"

申不害，是京邑人，原本是郑国的低

自化，清静自正。

庄周

庄子者，蒙人也，名周。周尝为蒙漆园吏，与梁惠王、齐宣王同时。其学无所不窥，然其要本归于老子之言。故其著书十余万言，大抵率寓言也。作《渔父》《盗跖》《胠箧》，以诋訿孔子之徒，以明老子之术。畏累虚、亢桑子之属，皆空语无事实。然善属书离辞，指事类情，用剽剥儒、墨，虽当世宿学不能自解免也。其言洸洋自恣以适己，故自王公大人不能器之。

楚威王闻庄周贤，使使厚币迎之，许以为相。庄周笑谓楚使者曰："千金，重利；卿相，尊位也。子独不见郊祭之牺牛乎？养食之数岁，衣以文绣，以入大庙。当是之时，虽欲为孤豚，岂可得乎？子亟去，无污我。我宁游戏污渎之中自快，无为有国者所羁，终身不仕，以快吾志焉。"

申不害

申不害者，京人也，故郑

之贱臣。学术以干韩昭侯,昭侯用为相。内修政教,外应诸侯,十五年。终申子之身,国治兵强,无侵韩者。申子之学本于黄老而主刑名。著书二篇,号曰《申子》。

级官员。他研究刑名法术后向韩昭侯求官,韩昭侯任用他为相国。他对内修明政教,对外应对诸侯,执政了十五年。申子在位之时,国家稳定,军队强大,没有哪国敢入侵韩国。申子的学说本来源于黄老之术,却以循名责实为主。他著书二篇,书名叫《申子》。

韩非

韩非者,韩之诸公子也。喜刑名法术之学,而其归本于黄老。非为人口吃,不能道说,而善著书。与李斯俱事荀卿,斯自以为不如非。非见韩之削弱,数以书谏韩王,韩王不能用。于是韩非疾治国不务修明其法制,执势以御其臣下,富国强兵而以求人任贤,反举浮淫之蠹而加之于功实之上。以为儒者用文乱法,而侠者以武犯禁。宽则宠名誉之人,急则用介胄之士。今者所养非所用,所用非所养。悲廉直不容于邪枉之臣。观往者得失之变,故作《孤愤》《五蠹》《内外储》《说林》《说难》十余万言。

韩非,是韩国的一位公子。他喜欢刑名法术学说,而他的学说来源于黄老之术。韩非这人口吃,不善言谈,却擅长著书。他与李斯一起师从荀卿,李斯自认为不如韩非。韩非眼见韩国日益削弱,多次上书劝谏韩王,韩王没有采纳他的建议。于是韩非痛恨韩王治理国家不注重修明自己的法律制度,执掌权势却不能很好地驾驭他的臣下,不能富国强兵以寻求任用贤能之士,反而提拔那些浮夸淫说的蠹虫,并让他们凌驾于建功求实的功臣之上。韩非认为儒家用文献经典扰乱国家法度,游侠用武力触犯国家禁令。国家太平时,国君就宠爱沽名钓誉的人,国家危急时,国君就任用披甲戴盔的武士。如今国家所供养的人并不是要使用的人,所使用的人并非是所供养的人。他悲叹廉洁正直的人不被邪曲不正之臣所容,观察古往今来的得失变化,写了《孤愤》《五蠹》《内外储》《说林》《说难》等十多万字著作。

然而韩非深知游说的艰难，所以写作了《说难》一篇，讲得很详尽，他最终死在秦国，没能逃脱游说的祸难。

《说难》写道：

大凡游说的艰难，不在于我运用何种事例去说服君主的艰难，也不在于我的口才辩明我的意思的艰难，更不在于毫无顾忌地充分表达的艰难。大凡游说的艰难，在于了解游说对象的心思，再用我的学说去适应他。

游说的对象意在得到高尚的名声，游说者却用重利去游说，游说者就会被认为气节低下而受到卑贱的待遇，必定会被遗弃疏远了。游说的对象意在贪图丰厚的利益，却用高尚的名声去游说他，游说者就会被看作是思想空虚远离实际，一定不会被任用。游说的对象实际上意在谋取厚利而表面上却想要博取高尚的名声，如果用高尚的名声去游说他，那么游说者表面上会被任用而实际上却会被疏远；如果用厚利去游说他，那么游说者的建议暗中会被采纳而公开却被抛弃。这些是游说者不可以不知道的。

大凡行事因保密而成功，言谈因泄密而失败。未必是游说者本人泄密，而是言谈中涉及游说对象要隐匿的事，这样的话游说者就有危险。当权者有过失，游说者

然韩非知"说"之难，为《说难》书甚具，终死于秦，不能自脱。

《说难》曰：

凡说之难，非吾知之有以说之难也；又非吾辩之难能明吾意之难也；又非吾敢横失能尽之难也。凡说之难，在知所说之心，可以吾说当之。

所说出于为名高者也，而说之以厚利，则见下节而遇卑贱，必弃远矣。所说出于厚利者也，而说之以名高，则见无心而远事情，必不收矣。所说实为厚利而显为名高者也，而说之以名高，则阳收其身而实疏之；若说之以厚利，则阴用其言而显弃其身。此之不可不知也。

夫事以密成，语以泄败。未必其身泄之也，而语及其所匿之事，如是者身危。贵人有过端，而说者明言善议以推

其恶者，则身危。周泽未渥也而语极知，说行而有功则德亡，说不行而有败则见疑，如是者身危。夫贵人得计而欲自以为功，说者与知焉，则身危。彼显有所出事，乃自以为也故，说者与知焉，则身危。强之以其所必不为，止之以其所不能已者，身危。故曰：与之论大人，则以为间己；与之论细人，则以为粥权。论其所爱，则以为借资；论其所憎，则以为尝己。径省其辞，则不知而屈之；泛滥博文，则多而久之。顺事陈意，则曰怯懦而不尽；虑事广肆，则曰草野而倨侮。此说之难，不可不知也。

凡说之务，在知饰所说之

却还把话说得很明白以正确地议论推究他的过失，那么游说者就有危险。当权者在没有给予游说者以深厚的恩泽的时候，游说者便尽自己所知出谋划策，即便主张被采纳实行并且取得成效，游说者也不会得到功劳；如若游说者的主张不能实行并遭遇失败，游说者就会受到怀疑，这样的话游说者就有危险了。当权者已有良策并想要以此来作为自己的功绩，游说者参与这件事，那么就会有危险。当权者在公开谋划一件事，实际上别有目的，游说者参与并知道他的计策，那么游说者就会有危险。强迫当权者去做他必定不会做的事，阻止当权者停止他不会停止的事情，游说者就有危险。所以说：与当权者谈论大人物，他就会认为你是在离间他们的关系；同他谈论小人物，他就会认为你是在卖弄权势。谈论当权者所喜爱的人，他就会认为你是在利用他们；谈论当权者所憎恶的人，他就会认为你在试探他。说辞言简意赅，他就会认为你没有才能而轻视你；说辞滔滔不绝，旁征博引，他就会认为你说的话繁琐冗长浪费时间。顺从当权者的意思而陈述自己的意见，他就会认为你怯懦而不尽心；深思熟虑广泛建言，他就会认为你粗俗而傲慢。这些游说的难处，游说者不可以不知道啊。

大凡游说的最重要的任务，在于懂得

夸饰被游说者所崇敬的东西，而掩饰他所厌恶的东西。他自认为计策高明，就不要用他的过失去追问他；他自认为决断果敢，就不要用对立的观点去激怒他；他自认为力量强大，就不要用为难的事去攻击他。游说者规划和君主想法相同的其他事情，就要赞美和君主的德行相同的其他人，这样的夸饰才不会有所伤害。有与君主犯下同样过错的人，要公开粉饰说他没有过错。等到你的忠心不会忤逆当权者的意思，你的言辞不会攻击排挤某人，然后你就能尽情施展口才和智慧了。这就是游说者得到君主亲近而不被怀疑，能够尽情施展才智的困难之处。必须经历很长的时间，两者的恩情已经深厚，进行深远的谋划而不会被怀疑，互相争论也不会被治罪，这才可以明白地计议利害关系来成就他的功业，直接指出君主的是非以修饰君主的言行，用这种态度来对待君主，这样游说就算是成功了。

伊尹做厨师，百里奚做奴隶，都是由此而得到君主的任用。这两个人都是圣人，他们尚且不得不躬身做低贱的事情，在世上身处如此卑污的境地，那么贤能的人也就不能将这些看作耻辱了。

宋国有个富人，有天下雨家中院墙毁坏。他儿子说"不修好将会有盗贼"，他邻居的父亲也这样说。夜里他果然丢失了

所敬，而灭其所丑。彼自知其计，则毋以其失穷之；自勇其断，则毋以其敌怒之；自多其力，则毋以其难概之。规异事与同计，誉异人与同行者，则以饰之无伤也。有与同失者，则明饰其无失也。大忠无所拂忤，辞言无所击排，乃后申其辩知焉。此所以亲近不疑，知尽之难也。得旷日弥久，而周泽既渥，深计而不疑，交争而不罪，乃明计利害以致其功，直指是非以饰其身，以此相持，此说之成也。

伊尹为庖，百里奚为虏，皆所由干其上也。故此二子者，皆圣人也，犹不能无役身而涉世如此其污也，则非能仕之所设也。

宋有富人，天雨墙坏。其子曰"不筑且有盗"，其邻人之父亦云。暮而果大亡其财，

其家甚知其子而疑邻人之父。昔者郑武公欲伐胡，乃以其子妻之。因问群臣曰："吾欲用兵，谁可伐者？"关其思曰："胡可伐。"乃戮关其思，曰："胡，兄弟之国也，子言伐之，何也？"胡君闻之，以郑为亲己而不备郑。郑人袭胡，取之。此二说者，其知皆当矣，然而甚者为戮，薄者见疑。非知之难也，处知则难矣。

昔者弥子瑕见爱于卫君。卫国之法，窃驾君车者罪至刖。既而弥子之母病，人闻，往夜告之，弥子矫驾君车而出。君闻之而贤之曰："孝哉，为母之故而犯刖罪！"与君游果园，弥子食桃而甘，不尽而奉君。君曰："爱我哉，忘其口而念我！"及弥子色衰而爱弛，得罪于君。君曰："是尝矫驾吾车，又尝食我以其余桃。"故弥子之行未变于初也，前见贤而后获罪者，爱憎之至变也。故有爱于主，则知当而加亲；见憎于主，则罪当而加疏。故谏说之士不可不察爱憎之主而后说

很多财物，这家人很赞赏他儿子的明智而怀疑邻居的父亲。从前郑武公想讨伐胡国，就把自己的女儿嫁给胡君为妻。又问群臣说："我想用兵，哪个国家可以讨伐？"关其思说："胡国可以讨伐。"于是杀了关其思，说："胡国是兄弟国家，你说讨伐它，为什么呢？"胡君听闻此事后，认为郑国与自己亲善便不防备郑国，郑人突然袭击胡国，并攻下了胡国。这两位游说的人，他们的想法都是正确的，可是重者被杀死，轻者被怀疑。了解某件事并不难，难的是如何处理了解的事情。

从前弥子瑕深受卫君的宠爱。按照卫国法律，偷驾君主车子的人按罪应当被断足。不久弥子瑕的母亲患病，有人听说了，连夜前去告诉弥子瑕，弥子瑕假托君命驾君主的车子外出。卫君听闻此事后反而称赞他说："孝顺啊，出于母亲的缘故敢犯断足的惩罚！"弥子瑕与卫君在果园游玩，弥子瑕吃到一个桃子觉得很甜，没吃完就献给卫君。卫君说："这是爱我啊，不顾自己的口腹之欲却想着我！"等到弥子瑕容貌衰老，得到的宠爱也渐渐减退。有次他得罪了卫君，卫君说："这人曾假托君命驾我的车，还曾把他吃剩的桃给我吃。"弥子瑕的行为确实与当初一样没有变化，从前被认为是美德而后来却被治罪的原因，是卫君对他的爱憎发生了极大改变。因此

被君主宠爱时，就会被认为聪明如意而更加亲近；被君主憎恨时，就会被认为罪有应得而更加疏远。所以进谏游说之士不可不先详察君主的爱憎然后才能去游说他。

龙作为一种动物，可以驯养、游戏并且骑它。然而它的喉咙下有一尺长的逆鳞，人如果触碰到它，龙就一定会杀人。君主也有逆鳞，游说的人能不触动君主的逆鳞，就差不多了。

有人把韩非的著作传到秦国。秦王见到《孤愤》《五蠹》这些书，说："哎呀！我得以见到这个人并与他交游，就是死也没有遗憾了！"李斯说："这是韩非所写的书。"秦王因此立即攻打韩国。韩王起初不重用韩非，等到情况危急，才派韩非出使秦国。秦王很喜欢韩非，但还没有相信并任用他。李斯、姚贾就陷害韩非，诋毁他说："韩非是韩国公子。如今大王想吞并诸侯，韩非终究要为韩国而不会为秦国效力，这是人之常情啊。如今大王不任用他，让他久留秦国后再放他回去，这是自留祸患啊，不如找个过失依照法律杀了他。"秦王认为他们说得对，将韩非交给狱吏治罪。李斯派人给韩非送去毒药，让他自杀。韩非想当面跟秦王陈述是非，却未能见到秦王。秦王为此感到后悔，派人前去赦免他，这时韩非已经死了。

之矣。

夫龙之为虫也，可扰狎而骑也。然其喉下有逆鳞径尺，人有婴之，则必杀人。人主亦有逆鳞，说之者能无婴人主之逆鳞，则几矣。

人或传其书至秦。秦王见《孤愤》《五蠹》之书，曰："嗟乎，寡人得见此人与之游，死不恨矣！"李斯曰："此韩非之所著书也。"秦因急攻韩。韩王始不用非，及急，乃遣非使秦。秦王悦之，未信用。李斯、姚贾害之，毁之曰："韩非，韩之诸公子也。今王欲并诸侯，非终为韩不为秦，此人之情也。今王不用，久留而归之，此自遗患也，不如以过法诛之。"秦王以为然，下吏治非。李斯使人遗非药，使自杀。韩非欲自陈，不得见。秦王后悔之，使人赦之，非已死矣。

申子、韩子皆著书，传于后世，学者多有。余独悲韩子为《说难》而不能自脱耳。

申不害、韩非都曾著书，他们的书流传于后世，学者中有很多人都有他们的书。我只是悲叹韩非子作《说难》，却没能使自己摆脱游说的祸患啊。

太史公曰：老子所贵道，虚无，因应变化于无为，故著书辞称微妙难识。庄子散道德，放论，要亦归之自然。申子卑卑，施之于名实。韩子引绳墨，切事情，明是非，其极惨礉少恩。皆原于道德之意，而老子深远矣。

太史公说：老子所崇尚的是道，是虚无，以无所作为来顺应各种变化，所以他所著的书言辞微妙难懂。庄子推演道德，纵意高论，要旨也归之于自然无为。申子勤奋自勉，致力于循名责实。韩非子引用法律作为准绳，决断事情，明辨是非，他的做法发展到极点就是残酷和苛刻。他们的学说都源于道德的本意，而老子的思想最为深远。

史记卷六十四
列传第四

司马穰苴

司马穰苴，是田完的后代。齐景公时，晋国讨伐东阿、甄城，而燕国侵犯黄河南岸的土地，齐国军队败退。景公为此忧虑。晏婴于是举荐田穰苴道："穰苴虽然是田氏庶出，然而他这人文能使大家归服，武能威慑敌人，希望国君试用他。"齐景公召见穰苴，与他谈论兵事，非常高兴，任命他为将军，让他领兵去抵抗燕国、晋国的军队。穰苴说："我一向地位卑微，国君把我从平民中提拔上来，给我大夫之上的职位，士卒不归附，百姓也不信任，地位低而权力轻，希望有一个受国君宠信、国人尊敬的大臣来做监军，这样才可以。"于是景公答应了他的请求，派庄贾前往监军。穰苴辞别景公后，与庄贾约定说："明天正午在军门会合。"穰苴率先骑马到达军门，立起计时的木表和漏壶等待庄贾。庄贾一向骄横显贵，认为他统率自己的军队，而自己做监军，就不是很着急；亲戚朋友送他，留他喝酒。到了正午庄贾却还没到达，穰苴就推倒木表，倒掉漏壶，

司马穰苴者，田完之苗裔也。齐景公时，晋伐阿、甄，而燕侵河上，齐师败绩。景公患之。晏婴乃荐田穰苴曰："穰苴虽田氏庶孽，然其人文能附众，武能威敌，愿君试之。"景公召穰苴，与语兵事，大说之，以为将军，将兵扦燕晋之师。穰苴曰："臣素卑贱，君擢之间伍之中，加之大夫之上，士卒未附，百姓不信。人微权轻，愿得君之宠臣。国之所尊以监军，乃可。"于是景公许之，使庄贾往。穰苴既辞，与庄贾约曰："旦日日中会于军门。"穰苴先驰至军，立表下漏待贾。贾素骄贵，以为将己之军而己为监，不甚急；亲戚左右送之，留饮。日中而贾不至。穰苴则仆表决漏，入，行军勒兵，申明约束。约束既定，

夕时，庄贾乃至。穰苴曰："何后期为？"贾谢曰："不佞大夫亲戚送之，故留。"穰苴曰："将受命之日则忘其家，临军约束则忘其亲，援枹鼓之急则忘其身。今敌国深侵，邦内骚动，士卒暴露于境，君寝不安席，食不甘味，百姓之命皆悬于君，何谓相送乎！"召军正问曰："军法期而后至者云何？"对曰："当斩。"庄贾惧，使人驰报景公，请救。既往，未及反，于是遂斩庄贾以徇三军。三军之士皆振栗。久之，景公遣使者持节赦贾，驰入军中。穰苴曰："将在军，君令有所不受。"问军正曰："驰三军法何？"正曰："当斩。"使者大惧。穰苴曰："君之使不可杀之。"乃斩其仆，车之左驸，马之左骖，以徇三军。遣使者还报，然后行士卒次舍井灶饮食，问疾医药，身自拊循之。悉取将军之资粮享士卒，身与士卒平分粮食，最比其羸弱者。三日而后勒兵。病者皆求行，争奋出为之赴战。晋师闻之，为罢去。燕师闻之，度水而解。于是追

进入军营，巡行军中，整顿军队，申明纪律。部署完毕后，已是傍晚时分，庄贾才到达。穰苴说："为什么比约定的时间晚了？"庄贾表示歉意道："我交往的大夫和亲戚送我，所以耽搁了。"穰苴说："将领在受命之日起便忘掉他的家庭，到军中申明纪律后就忘掉他的亲人，擂鼓进军战况紧急时就要忘掉他的生命。如今敌军侵入境内，国内骚动，士兵在边境风餐露宿，国君睡觉不能安稳，吃饭也吃不好，百姓的性命都交给了你，说什么送行呢！"召来军正问道："军法上对约好时间而迟到的人是如何惩处的？"回答说："应当斩首。"庄贾害怕，派人驰马禀报景公，请求救他。派去的人走后，还没来得及返回，就在这时斩了庄贾并向全军示众。全军的将士都震惊害怕。过了好久，景公派使者拿着符节来赦免庄贾，车马直入军中。穰苴说："将领在军中，国君的命令可以不接受。"问军正说："骑马直入军中，军法是怎么规定的？"军正说："应当斩首。"使者非常害怕。穰苴说："国君的使者不能杀死。"便斩了使者的仆从，砍断车子的左车杆，杀了左边驾车的马，向全军示众。派使者回去向景公禀报，然后才出发。士卒们安营扎寨、打井立灶、饮水吃饭、求医问药等事，穰苴都亲自过问并抚慰他们。他还将自己身为将军的专用物资都拿出来

给士兵们享用，自己同士兵一样平分粮食，他特别照顾那些瘦弱的人。三天后整顿军队。病弱的士兵都请求从行，争先奋勇出头为他战斗。晋军听闻此事后，便撤军回去。燕军听闻此事后，渡过黄河后就解散向北退去。于是穰苴追击他们，收复了所有沦陷的领土，然后才领兵回来。还没到国都，就解除了战备，取消了申明的法令，宣誓立盟之后才进城。景公和大夫们在郊外迎接，按照礼仪慰劳军队，然后才返回寝宫。景公召见了穰苴，尊封他为大司马。田氏在齐国日益显贵起来。

后来大夫鲍氏、高氏、国氏等人妒忌他，就在景公面前诬陷他。景公免了穰苴的官职，穰苴患病而死。田乞、田豹等人因此怨恨高氏、国氏等。此后田常杀了齐简公，将高氏、国氏家族全部诛灭。到了田常的曾孙田和，便自立为君，成为齐威王，他行军用兵建立威势，大体仿效穰苴的方法，而各国诸侯都来朝拜齐国。

齐威王派大夫研究讨论古代的《司马兵法》，而将穰苴的兵法也附在其中，因此称为《司马穰苴兵法》。

太史公说：我读《司马兵法》，感到广博深远，即使是夏、商、周三代的战争，也不能完全发挥出它的内涵，如果正如《司马穰苴兵法》中所说，也未免推许得过分了。

击之，遂取所亡封内故境而引兵归。未至国，释兵旅，解约束，誓盟而后入邑。景公与诸大夫郊迎，劳师成礼，然后反归寝。既见穰苴，尊为大司马。田氏日以益尊于齐。

已而大夫鲍氏、高、国之属害之，谮于景公。景公退穰苴，苴发疾而死。田乞、田豹之徒由此怨高、国等。其后及田常杀简公，尽灭高子、国子之族。至常曾孙和，因自立，为齐威王，用兵行威，大放穰苴之法，而诸侯朝齐。

齐威王使大夫追论古者《司马兵法》而附穰苴于其中，因号曰《司马穰苴兵法》。

太史公曰：余读《司马兵法》，闳廓深远，虽三代征伐，未能竟其义，如其文也，亦少褒矣。若夫穰苴，区区为小国行师，何暇及《司马兵法》之揖让乎? 世既多《司马兵法》，以故不论，著穰苴之列传焉。

至于穰苴，只不过是区区为一个诸侯国带兵打仗，怎能与《司马兵法》相提并论呢? 世间既然已流传着许多《司马兵法》，因此不再评论，只写了这篇《司马穰苴列传》。

史记卷六十五
列传第五

孙武　孙膑　吴起

孙子名武，是齐国人，他因精通兵法被吴王阖庐召见。阖庐说："您的十三篇兵书，我全都读过了，可以试着小规模地操练一下军队吗？"孙子回答说："可以。"阖庐说："可以用妇女来试吗？"孙子说："可以。"于是阖庐许诺他，叫出宫中美女，共有一百八十人。孙子将她们分为两队，让吴王的两个宠妃分别担任队长，让她们各自拿着一支戟。孙武命令她们说："你们知道自己的心口和左右手及后背吗？"妇人们说："知道。"孙子说："向前，就看心口所对的方向；向左，就看左手所在的方向；向右，就看右手所在的方向；向后，就看后背所对的方向。"妇人们说："好。"号令发布完毕，便设置了斧、钺等刑具，旋即又把刚才的号令重复了几遍。于是击鼓发令命她们向右，妇人们大笑。孙子说："纪律不明，号令不熟，这是将领的罪过。"又反复交代了几遍后击鼓令她们向左，妇人们又大笑。孙子说："纪

孙武

孙子武者，齐人也。以兵法见于吴王阖庐。阖庐曰："子之十三篇，吾尽观之矣，可以小试勒兵乎？"对曰："可。"阖庐曰："可试以妇人乎？"曰："可。"于是许之，出宫中美女，得百八十人。孙子分为二队，以王之宠姬二人各为队长，皆令持戟。令之曰："汝知而心与左右手背乎？"妇人曰："知之。"孙子曰："前，则视心；左，视左手；右，视右手；后，即视背。"妇人曰："诺。"约束既布，乃设铁钺，即三令五申之。于是鼓之右，妇人大笑。孙子曰："约束不明，申令不熟，将之罪也。"复三令五申而鼓之左，妇人复大笑。孙子曰："约束不明，申令不熟，将之罪也；既已明而不如法

者，吏士之罪也。"乃欲斩左右队长。吴王从台上观，见且斩爱姬，大骇。趣使使下令曰："寡人已知将军能用兵矣。寡人非此二姬，食不甘味，愿勿斩也。"孙子曰："臣既已受命为将，将在军，君命有所不受。"遂斩队长二人以徇。用其次为队长，于是复鼓之。妇人左右前后跪起皆中规矩绳墨，无敢出声。于是孙子使使报王曰："兵既整齐，王可试下观之，唯王所欲用之，虽赴水火犹可也。"吴王曰："将军罢休就舍，寡人不愿下观。"孙子曰："王徒好其言，不能用其实。"于是阖庐知孙子能用兵，卒以为将。西破强楚，入郢，北威齐、晋，显名诸侯，孙子与有力焉。

孙膑

孙武既死，后百余岁有孙膑。膑生阿、鄄之间，膑亦孙武之后世子孙也。孙膑尝

律不明，号令不熟，是将领的罪过；号令已经讲得很明确却不去执行，这就是军官和士兵的过错了。"便想斩杀左右两队的队长。吴王从台上观看，看到将要斩杀他的两位爱姬，非常惊恐，赶紧派遣使者传令说："我已经知道将军善于用兵了。我没有这两位爱姬，吃饭也没有味道，希望不要斩杀她们。"孙子说："我既然已经受命担任将领，将领在军中，国君的命令有的可以不接受。"便斩了两位队长以示众。然后命各自队伍中的第二人分别担任队长，于是又击鼓号令她们。妇人们向左向右、向前向后、下跪起立都遵守号令和纪律，没有人敢出声。于是孙子派遣使者报告吴王说："队伍已经操练整齐，大王可以试着下来观看，听凭大王的使用，即使令她们赴汤蹈火也可做到。"吴王说："请将军停止演练回旅馆休息，我不想下去观看。"孙子说："大王只是喜欢我的兵书，不能将它付诸实践。"于是阖庐知晓孙子善于用兵，最终任他为将军。吴国向西击破强大的楚国，攻入郢都；向北威震齐国、晋国，显名于诸侯，其中孙子出力很多。

孙武死后，过了一百多年又有孙膑。孙膑出生在阿城与鄄城一带，孙膑也是孙武的后代子孙。孙膑曾经与庞涓一起学习

兵法。庞涓为魏国做事后，得以担任魏惠王的将军，而且他自认为才能比不上孙膑，于是暗中派人召来孙膑。孙膑到达，庞涓害怕他比自己贤能，嫉恨他，便找罪名对孙膑施以刑罚，砍断他的两只脚，并在他脸上刺了字，想将他埋没，让他无法出头。

齐国使者来到大梁，孙膑以刑徒的身份暗中会见，游说齐国使者。齐国使者认为他是个奇才，偷偷用车将他带到齐国。齐国将领田忌赏识他并以宾客之礼招待他。田忌多次与齐国的公子们下很重的赌注赛马。孙子看他们的马脚力都差不多，马有上、中、下三等之分。于是孙子对田忌说："您尽管下很重的赌注，我能让您获胜。"田忌听信了他的话，与齐王和公子们掷下千金的赌注。等到开场比赛，孙子说："现在用您的下等马与他们的上等马比赛，用您的上等马与他们的中等马比赛，用您的中等马与他们的下等马比赛。"三次比赛完毕后，田忌输一场胜两场，最终赢得了齐王的千金赌注。于是田忌将孙膑举荐给齐威王。齐威王向他询问兵法，又尊他为老师。

此后魏国讨伐赵国，赵国形势危急，向齐国请求救援。齐威王想让孙膑担任将领，孙膑辞谢道："受过刑罚的人不能担任将领。"于是便任命田忌为将领，任命孙子为军师，让孙子在辎车之中坐着出谋

与庞涓俱学兵法。庞涓既事魏，得为惠王将军，而自以为能不及孙膑，乃阴使召孙膑。膑至，庞涓恐其贤于己，疾之，则以法刑断其两足而黥之，欲隐勿见。

齐使者如梁，孙膑以刑徒阴见，说齐使。齐使以为奇，窃载与之齐。齐将田忌善而客待之。忌数与齐诸公子驰逐重射。孙子见其马足不甚相远，马有上、中、下辈。于是孙子谓田忌曰："君弟重射，臣能令君胜。"田忌信然之，与王及诸公子逐射千金。及临质，孙子曰："今以君之下驷与彼上驷，取君上驷与彼中驷，取君中驷与彼下驷。"既驰三辈毕，而田忌一不胜而再胜，卒得王千金。于是忌进孙子于威王。威王问兵法，遂以为师。

其后魏伐赵，赵急，请救于齐。齐威王欲将孙膑，膑辞谢曰："刑余之人不可。"于是乃以田忌为将，而孙子为师，居辎车中，坐为计谋。田忌欲

引兵之赵，孙子曰："夫解杂乱纷纠者不控捲，救斗者不搏撠。批亢捣虚，形格势禁，则自为解耳。今梁、赵相攻，轻兵锐卒必竭于外，老弱罢于内。君不若引兵疾走大梁，据其街路，冲其方虚，彼必释赵而自救。是我一举解赵之围而收弊于魏也。"田忌从之，魏果去邯郸，与齐战于桂陵，大破梁军。

后十三岁，魏与赵攻韩，韩告急于齐。齐使田忌将而往，直走大梁。魏将庞涓闻之，去韩而归，齐军既已过而西矣。孙子谓田忌曰："彼三晋之兵素悍勇而轻齐，齐号为怯，善战者因其势而利导之。兵法，百里而趣利者蹶上将，五十里而趣利者军半至。使齐军入魏地为十万灶，明日为五万灶，又明日为三万灶。"庞涓行三日，大喜，曰："我固知齐军怯，入吾地三日，士卒亡者过半矣。"乃弃其步军，与

划策。田忌想领兵到赵国，孙子说："要解开杂乱纠纷的人，不能握紧拳头生拉硬扯，要阻止斗殴的人，不能卷进去挥舞拳头乱砸，要扼住争斗者的要害，因场面形势限制，他们就不得不自行解开了。如今魏、赵两国相互攻打，魏国的精兵强将在外面一定精疲力竭，老弱残兵在国内疲惫不堪。您不如领兵迅速奔向大梁，占据他们的交通要道，攻击他们的空虚之处，他们一定会放弃攻打赵国而回来解救自己。这样我们就一举解了赵国之围又顺便挫败了魏国。"田忌听从了孙膑的建议，魏军果然离开邯郸，与齐军在桂陵交战，齐军大败了魏军。

十三年后，魏国与赵国攻打韩国，韩国向齐国告急。齐国派遣田忌领兵前去救援，直奔大梁。魏国将领庞涓听闻此事后，离开韩国回到魏国，齐军已经越过边境向西挺进了。孙子对田忌说："那魏国的军队素来强悍勇猛而轻视齐军，齐军以胆小怯懦出名，善于用兵者就应该利用这样的形势并加以引导。兵书上说，行军百里去和敌军争利的，有可能折损上将，行军五十里去和敌军争利的，可能有一半的士兵能够赶到。命令齐军进入魏国境内后砌筑十万人煮饭的灶，第二天砌筑五万人煮饭的灶，第三天砌筑三万人煮饭的灶。"庞涓行军三日，非常高兴，说："我本来

就知道齐军懦弱胆小，进入我国境内三天，士卒逃亡已经超过一半了。"于是丢下他的步兵，和他的轻装精锐部队日夜兼程追赶齐军。孙子估算他的行程，晚上应当会到达马陵。马陵道路狭窄，而路旁多是狭隘险阻之处，可以埋伏军队，于是让人把一棵大树削去树皮，露出白木，在上面写下"庞涓死于此树之下"。于是命令一万名善于射箭的齐军埋伏在路的两旁，约定说："晚上看到树下火光亮起就一起放箭。"庞涓当晚果然赶到那棵削去树皮的树下，看到白木上的字，便让人取火来照树上的字。树上面的字还没读完，齐军万箭齐发，魏军大乱，无法互相救援。庞涓自知无计可施，兵败无疑，于是自刎，死前说道："竟成就了这小子的名声！"齐军因此乘胜追击彻底击溃魏军，俘虏了魏太子申回国。孙膑因此名扬天下，世间流传着他的兵法。

吴起，是卫国人，喜好用兵之术。他曾向曾子学习，为鲁国国君做事。齐国人攻打鲁国，鲁国想让吴起担任将军，吴起娶了齐国女子为妻，鲁国因此怀疑他。吴起于是想成就功名，就杀了自己的妻子，以表明他不亲附齐国。鲁君终于任命他担任将军。领军攻打齐国，大败齐军。

鲁国有人诋毁吴起说："吴起为人，

其轻锐倍日并行逐之。孙子度其行，暮当至马陵。马陵道陕，而旁多阻隘，可伏兵，乃斫大树白而书之曰"庞涓死于此树之下"。于是令齐军善射者万弩，夹道而伏，期曰"暮见火举而俱发"。庞涓果夜至斫木下，见白书，乃钻火烛之。读其书未毕，齐军万弩俱发，魏军大乱相失。庞涓自知智穷兵败，乃自刭，曰："遂成竖子之名！"齐因乘胜尽破其军，虏魏太子申以归。孙膑以此名显天下，世传其兵法。

吴起

吴起者，卫人也，好用兵。尝学于曾子，事鲁君。齐人攻鲁，鲁欲将吴起，吴起取齐女为妻，而鲁疑之。吴起于是欲就名，遂杀其妻，以明不与齐也。鲁卒以为将。将而攻齐，大破之。

鲁人或恶吴起曰："起之

为人,猜忍人也。其少时,家累千金,游仕不遂,遂破其家。乡党笑之,吴起杀其谤己者三十余人,而东出卫郭门。与其母诀,啮臂而盟曰:'起不为卿相,不复入卫。'遂事曾子。居顷之,其母死,起终不归。曾子薄之,而与起绝。起乃之鲁,学兵法以事鲁君。鲁君疑之,起杀妻以求将。夫鲁小国,而有战胜之名,则诸侯图鲁矣。且鲁、卫兄弟之国也,而君用起,则是弃卫。"鲁君疑之,谢吴起。

吴起于是闻魏文侯贤,欲事之。文侯问李克曰:"吴起何如人哉?"李克曰:"起贪而好色,然用兵司马穰苴不能过也。"于是魏文侯以为将,击秦,拔五城。

起之为将,与士卒最下者同衣食。卧不设席,行不骑乘,亲裹赢粮,与士卒分劳苦。卒有病疽者,起为吮之。卒母闻而哭之。人曰:"子卒也,而将军自吮其疽,何哭为?"母曰:"非然也。往年吴公吮其父,

对人猜忌残忍。他年轻时,家中积蓄有千金资产,在外游历求官不成,还用尽了他的家产。同乡人笑话他,吴起杀了三十多个嘲讽自己的人,然后从卫国的东门逃跑,与他的母亲诀别时,咬着自己的胳膊发誓说:'我做不了卿相,绝不再回卫国。'之后拜曾子为师。过了不久,他母亲死了,吴起最终没有回去。曾子鄙薄他,就与吴起断绝了关系。吴起于是到了鲁国,学习兵法来为鲁君做事。鲁君怀疑他,吴起杀了妻子以求得将军的职位。鲁国是小国,却有着战胜国的名声,那么诸侯就会打鲁国的主意了。况且鲁国和卫国是兄弟国家,而鲁君任用吴起,便是抛弃卫国。"鲁君怀疑吴起,疏远了吴起。

吴起这时听闻魏文侯贤明,想去为他做事。魏文侯问李克说:"吴起是什么样的人啊?"李克说:"吴起贪财而好色,然而论用兵的话,就连司马穰苴也比不过他。"于是魏文侯任他为将领,攻打秦国,攻取了五座城池。

吴起担任将领,与最低一级的士兵同吃同穿。睡觉不设席,行军不骑马乘车,亲自用包裹背负多余的军粮,与士卒们分担劳苦。有个士兵生了毒疮,吴起为他吮吸浓液。这个士卒的母亲听说此事后为之哭泣。有人说:"你儿子是士兵,将军却亲自为他吸毒疮,为什么还哭呢?"那母

亲说："不是这样的。往年吴公为他父亲吸毒疮，他的父亲在战场上勇往直前，最终死在敌人手里。吴公如今又为儿子吸毒疮，我不知道他又会死在什么地方啊，因此我才哭泣。"

魏文侯因吴起善于用兵，廉洁公正，深得所有将士的欢心，便任命他担任西河地区的太守，以抵御秦国、韩国。魏文侯死后，吴起为文侯的儿子魏武侯做事。魏武侯乘船沿黄河顺流而下，船到中途，回头对吴起说："山川河流是如此坚固壮美，这真是魏国的瑰宝啊！"吴起回答说："国家的强盛在于实行德政而不在于形势险要。从前三苗氏左临洞庭湖，右濒彭蠡泽，但不修德义，夏禹灭掉了它。夏桀的领土，左临黄河、济水，右靠泰山、华山，伊阙山在它南面，羊肠坂在它的北面，但他不修仁政，商汤放逐了他。殷纣的国土，左边有孟门山，右边有太行山，常山在它的北面，黄河流经它的南面，但他不施德政，武王杀了他。由此看来，国家的强盛在于实行德政而不在于形势险要。如果您不修德政，船上的人都会成为敌国之人。"武侯说："是的。"

吴起担任西河太守，有很高的声望。魏国设置相位，任命田文为相。吴起不高兴，对田文说："请让我跟你比比功劳，可以吗？"田文说："可以。"吴起说：

其父战不旋踵，遂死于敌。吴公今又吮其子，妾不知其死所矣。是以哭之。"

文侯以吴起善用兵，廉平，尽能得士心，乃以为西河守，以拒秦、韩。魏文侯既卒，起事其子武侯。武侯浮西河而下，中流，顾而谓吴起曰："美哉乎山河之固，此魏国之宝也！"起对曰："在德不在险。昔三苗氏左洞庭，右彭蠡，德义不修，禹灭之。夏桀之居，左河济，右泰华，伊阙在其南，羊肠在其北，修政不仁，汤放之。殷纣之国，左孟门，右太行，常山在其北，大河经其南，修政不德，武王杀之。由此观之，在德不在险。若君不修德，舟中之人尽为敌国也。"武侯曰："善。"

吴起为西河守，甚有声名。魏置相，相田文。吴起不悦，谓田文曰："请与子论功，可乎？"田文曰："可。"起曰：

"将三军，使士卒乐死，敌国不敢谋，子孰与起？"文曰："不如子。"起曰："治百官，亲万民，实府库，子孰与起？"文曰："不如子。"起曰："守西河而秦兵不敢东乡，韩、赵宾从，子孰与起？"文曰："不如子。"起曰："此三者，子皆出吾下，而位加吾上，何也？"文曰："主少国疑，大臣未附，百姓不信，方是之时，属之于子乎？属之于我乎？"起默然良久，曰："属之子矣。"文曰："此乃吾所以居子之上也。"吴起乃自知弗如田文。

田文既死，公叔为相，尚魏公主，而害吴起。公叔之仆曰："起易去也。"公叔曰："奈何？"其仆曰："吴起为人节廉而自喜名也。君因先与武侯言曰：'夫吴起贤人也，而侯之国小，又与强秦壤界，臣窃恐起之无留心也。'武侯即曰：'奈何？'君因谓武侯曰：'试延以公主，起有留心则必受之，无留心则必辞矣。以此卜之。'君因召吴起而与归，即令公主怒而轻君。

"统领三军，让士兵乐意效死，敌国不敢图谋，您和我比谁强？"田文说："我不如您。"吴起说："管理文武百官，让百姓亲附，府库充实，您和我比谁强？"田文说："我不如您。"吴起说："镇守西河而使秦军不敢向东侵犯，让韩国、赵国宾服，您和我比谁强？"田文说："我不如您。"吴起说："这三方面，您都在我之下，而官位却在我之上，为什么？"田文说："国君年轻，国人疑虑不定，大臣不亲附，百姓不信任，在这个时候，是把政事交给您呢，还是交给我呢？"吴起沉默了许久，说："应该交给您啊。"田文说："这就是我职位在您之上的原因啊。"吴起这才明白自己不如田文。

田文死后，公叔担任相国，娶了魏王的公主，却畏惧吴起。公叔的仆人说："吴起是容易除掉的。"公叔说："怎么做？"他的仆人说："吴起为人持正清廉而且喜好声名。您可趁机先对武侯说：'吴起是个贤能的人，而您的国家小，又与强大的秦国接壤，我私下担心吴起没有久留魏国的打算。'武侯就会问：'那怎么办呢？'您趁机对武侯说：'用下嫁公主的办法来试探他，吴起若有久留之心就一定会接受公主，没有久留之心就一定会推辞了。以此可推测他的心意。'您趁机召请吴起与您一道回家，故意让公主发怒而当面轻视您。吴起看到公主轻视您，就必定会推辞娶公主。"于是吴起看到了公主轻视魏国国相，果然谢绝了魏武侯。武侯怀疑吴起，不再信任他。吴起害怕获罪，于是离开魏国，去了楚国。

楚悼王向来听说吴起贤能，到达楚国就封他为相国。他申明法度教令，裁减了不必要的官员，废除了疏远公族的供给，以抚恤养护战斗的士兵。他的重点在于加强军事力量，揭破斥退那些往来奔走的游说之人。于是楚国向南平定百越；向北吞并陈国、蔡国，击退三晋的进攻；向西讨伐秦国。诸侯对楚国的强大感到忧虑。原本楚国的那些贵族都想加害吴起。等到楚悼王去世，宗室大臣发动骚乱而攻击吴起，吴起跑到停尸的地方伏在悼王的尸体上。攻击吴起的那些人因为射杀吴起，同时射中了悼王。悼王下葬后，太子即位，便派令尹将射杀吴起时同时射中悼王尸体的人全部杀掉。因射杀吴起而被灭族的有七十多家。

太史公说：世俗所称道的军旅战法，都称道《孙子》十三篇、吴起的《兵法》，这两部书世间多有流传，所以不加论述，只论述他们做事时的所作所为。俗话说："能做事的人未必能说，能说的人未必能做事。"孙子算计庞涓是精明的了，但是

吴起见公主之贱君也，则必辞。"于是吴起见公主之贱魏相，果辞魏武侯。武侯疑之而弗信也。吴起惧得罪，遂去，即之楚。

楚悼王素闻起贤，至则相楚。明法审令，捐不急之官，废公族疏远者，以抚养战斗之士。要在强兵，破驰说之言从横者。于是南平百越；北并陈、蔡，却三晋；西伐秦。诸侯患楚之强。故楚之贵戚尽欲害吴起。及悼王死，宗室大臣作乱而攻吴起，吴起走之王尸而伏之。击起之徒因射刺吴起，并中悼王。悼王既葬，太子立，乃使令尹尽诛射吴起而并中王尸者。坐射起而夷宗死者七十余家。

太史公曰：世俗所称师旅，皆道《孙子》十三篇、吴起《兵法》，世多有，故弗论，论其行事所施设者。语曰："能行之者未必能言，能言之者未必能行。"孙子筹策庞涓明矣，

然不能蚤救患于被刑。吴起说武侯以形势不如德，然行之于楚，以刻暴少恩亡其躯。悲夫！

他不能早点躲避受刑断足的灾祸。吴起对武侯讲形势险要不如实行德政，然而他在楚国执政时，却因苛刻暴戾少有恩惠而丢了性命。可悲啊！

史记卷六十六
列传第六

伍子胥

伍子胥是楚国人，名员。伍员的父亲叫伍奢。伍员的兄长叫伍尚。他的先祖叫伍举，因能直言劝谏为楚庄王做事，名声显扬，所以他的后代在楚国很有名气。

楚平王有个太子名叫建，平王派遣伍奢担任他的太傅，费无忌担任他的少傅。费无忌不忠心于太子建。平王派费无忌去秦国为太子建娶亲，秦国女子长得漂亮，费无忌驰马回国报告平王说："那秦国女子是个绝世美人，大王可自己娶了她，给太子娶别的女人。"平王便自己娶了秦国女子，而且极为宠爱她，生下的儿子名轸。平王给太子另外娶了妻子。

费无忌用那位秦女为自己向平王献媚后，就趁机离开太子建而去侍奉平王。他担心有一天平王去世太子即位，太子会杀了自己，于是就诋毁太子建。太子建的母亲是蔡国女子，不受平王宠爱。平王渐渐地越来越疏远太子建，派太子建去驻守城父，守备边防。

不久，费无忌又一天到晚在平王面前

伍子胥者，楚人也，名员。员父曰伍奢。员兄曰伍尚。其先曰伍举，以直谏事楚庄王，有显，故其后世有名于楚。

楚平王有太子名曰建，使伍奢为太傅，费无忌为少傅。无忌不忠于太子建。平王使无忌为太子取妇于秦，秦女好，无忌驰归报平王曰："秦女绝美，王可自取，而更为太子取妇。"平王遂自取秦女而绝爱幸之，生子轸。更为太子取妇。

无忌既以秦女自媚于平王，因去太子而事平王。恐一旦平王卒而太子立，杀己，乃因谗太子建。建母，蔡女也，无宠于平王。平王稍益疏建，使建守城父，备边兵。

顷之，无忌又日夜言太子

短于王曰："太子以秦女之故，不能无怨望，愿王少自备也。自太子居城父，将兵，外交诸侯，且欲入为乱矣。"平王乃召其太傅伍奢考问之。伍奢知无忌谗太子于平王，因曰："王独奈何以谗贼小臣疏骨肉之亲乎？"无忌曰："王今不制，其事成矣。王且见禽。"于是平王怒，囚伍奢，而使城父司马奋扬往杀太子。行未至，奋扬使人先告太子："太子急去，不然将诛。"太子建亡奔宋。

无忌言于平王曰："伍奢有二子，皆贤，不诛，且为楚忧。可以其父质而召之，不然，且为楚患。"王使使谓伍奢曰："能致汝二子则生，不能则死。"伍奢曰："尚为人仁，呼必来。员为人刚戾忍訽，能成大事，彼见来之并禽，其势必不来。"王不听，使人召二子曰："来，吾生汝父；不来，今杀奢也。"伍尚欲往，员曰："楚之召我兄弟，非欲以生我父也，恐有脱者后生患，故以父为质，诈召二子。二子到，则父子俱

说太子建的坏话说："太子因为秦国女子的缘故，不会没有怨恨，希望大王有一点自我防备。自从太子居守城父，统领军队，对外结交诸侯，将要进入都城作乱了。"平王便把太子的太傅伍奢召来审问他。伍奢知道是费无忌在平王面前说太子谗言，趁机说："大王为什么只相信谗贼小臣而疏远骨肉亲情呢？"费无忌说："大王现在不制止，他们的阴谋就成功了。大王将要被他们所擒！"于是平王发怒，囚禁了伍奢，而派城父司马奋扬前去诛杀太子。还没有到达，奋扬派人先去通知太子："太子赶紧离开，不然将会被杀。"太子建逃奔到宋国。

费无忌对平王说："伍奢有两个儿子，都很贤能，不杀将会成为楚国的忧患。可以拿他们的父亲做人质召来他们，不然将成为楚国的祸患！"平王派使者对伍奢说："能把你的两个儿子叫来就可以活，不能叫来就死。"伍奢说："伍尚为人仁慈善良，叫他必定来。伍员为人桀骜不驯，能够成就大事，他知道来了就会一起被擒，他势必不会来。"平王不听，派人叫伍奢的两个儿子说："来，我让你父亲活命；不来，现在就杀死伍奢。"伍尚想要前去，伍员说："楚王召我们兄弟，并非想让我们的父亲活命，是担心我们逃脱导致祸患，所以用父亲做人质，欺骗召我们俩前去。

我们俩一到，那么我们父子三人就会被一起处死。对于父亲的死有什么可补救呢？去了只会让我们报不了仇罢了！不如逃到其他国家，借他国的力量来洗雪父亲的耻辱，一起被杀毫无意义啊。"伍尚说："我知道去了也终究不能保全父亲的性命。然而只恨父亲召我们是为了求生我们却没有去，日后又不能洗雪耻辱，最终会被天下人耻笑啊！"他对伍员说："你可以逃走了！你能报杀父之仇，我将去赴死。"伍尚去了被抓后，使者去抓捕伍胥，伍胥弯弓搭箭对准使者，使者不敢进前，伍胥就逃走。他听闻太子建在宋国，就前去跟随他。伍奢听说伍子胥逃走了，说："楚国君臣将要苦于战事了！"伍尚到达楚都，楚王将伍奢和伍尚一并杀了。

伍子胥到达宋国后，宋国正发生华氏之乱，他便与太子建一同逃到郑国，郑国人对待他们很友好。太子建又前往晋国，晋顷公说："太子既然与郑国友好，郑国又信任太子。太子如果能做我的内应，而我从外面攻打郑国，一定能灭掉郑国。灭掉郑国就将它封给太子。"太子便返回郑国。举事的时机还没到，恰逢太子因个人私事想杀掉跟随他的人，随从知道太子的阴谋，便将事情告诉了郑国。郑定公和子产便诛杀了太子建。太子建有个儿子叫胜。伍子胥害怕，便与胜一起逃到吴国。到达

死。何益父之死？往而令仇不得报耳。不如奔他国，借力以雪父之耻，俱灭，无为也。"伍尚曰："我知往终不能全父命。然恨父召我以求生而不往，后不能雪耻，终为天下笑耳。"谓员："可去矣！汝能报杀父之仇，我将归死。"尚既就执，使者捕伍胥。伍胥贯弓执矢向使者，使者不敢进，伍胥遂亡。闻太子建之在宋，往从之。奢闻子胥之亡也，曰："楚国君臣且苦兵矣。"伍尚至楚，楚并杀奢与尚也。

伍胥既至宋，宋有华氏之乱，乃与太子建俱奔于郑。郑人甚善之。太子建又适晋，晋顷公曰："太子既善郑，郑信太子。太子能为我内应，而我攻其外，灭郑必矣。灭郑而封太子。"太子乃还郑。事未会，会自私欲杀其从者，从者知其谋，乃告之于郑。郑定公与子产诛杀太子建。建有子名胜。伍胥惧，乃与胜俱奔吴。到昭关，昭关欲执之。伍胥遂

与胜独身步走，几不得脱。追者在后。至江，江上有一渔父乘船，知伍胥之急，乃渡伍胥。伍胥既渡，解其剑曰："此剑直百金，以与父。"父曰："楚国之法，得伍胥者赐粟五万石，爵执珪，岂徒百金剑邪！"不受。伍胥未至吴而疾，止中道，乞食。至于吴，吴王僚方用事，公子光为将。伍胥乃因公子光以求见吴王。

久之，楚平王以其边邑锺离与吴边邑卑梁氏俱蚕，两女子争桑相攻，乃大怒，至于两国举兵相伐。吴使公子光伐楚，拔其锺离、居巢而归。伍子胥说吴王僚曰："楚可破也。愿复遣公子光。"公子光谓吴王曰："彼伍胥父兄为戮于楚，而劝王伐楚者，欲以自报其仇耳。伐楚未可破也。"伍胥知公子光有内志，欲杀王而自立，未可说以外事，乃进专诸于公子光，退而与太子建之子胜耕于野。

五年而楚平王卒。初，平

昭关，昭关的守卫想抓捕他们，伍子胥便与胜徒步逃跑，几乎不能脱身。追赶的人在后面。到达江边，江上有一位渔父乘着船，知道伍子胥情况危急，就渡伍子胥过江。伍子胥渡过江后，解下他的佩剑说："这把剑价值百金，把它送给您老人家。"渔父说："按照楚国的法令，抓到伍子胥的人赏赐粮食五万石，封执珪的爵位，难道还比不过仅值百金的剑吗？"就没有接受。伍子胥还没到吴国就生病了，中途停下来讨饭吃。到了吴国，吴王僚刚刚当权执政，公子光做将军，伍子胥就通过公子光求见吴王。

过了很长一段时间，楚平王因楚国边邑锺离与吴国边邑卑梁氏都养蚕，两地女子为争采桑叶互相攻击，大怒，以致两国举兵相互攻伐。吴国派公子光讨伐楚国，攻占了楚国锺离、居巢后回国。伍子胥游说吴王僚说："楚国是可以被攻破的。希望再派公子光去。"公子光对吴王说："那伍子胥的父亲、兄长都被楚王所杀，他劝大王讨伐楚国的原因，是想以此报他的私仇罢了。讨伐楚国未必可以攻破啊。"伍子胥知道公子光在国内有野心，想杀吴王以自立，不可以用对外的军事来游说他，于是向公子光推荐了专诸，自己隐退与太子建的儿子胜到乡下耕田去了。

五年后楚平王去世。当初，平王从太

子建那儿所夺的秦女生下了儿子轸，等到平王去世，轸最终登上王位，就是楚昭王。吴王僚趁楚国大丧，派两位公子率兵前往袭击楚国。楚国发兵断绝了吴军的后路，吴军无法回国。吴国内部空虚，公子光便命令专诸袭刺吴王僚而自立为王，就是吴王阖庐。阖庐自立后，志得意满，于是召回伍员，任为行人，与他共谋国事。

楚国诛杀了大臣郤宛、伯州犁，伯州犁的孙子伯嚭逃奔到吴国，吴国也任命伯嚭为大夫。此前吴王僚所派率兵前去讨伐楚国的两位公子，后路被断绝无法回国。后来听说阖庐弑杀吴王僚自立，便带领他们的军队投降了楚国，楚国把舒地封给了他们。阖庐为王三年，就发动军队与伍子胥、伯嚭讨伐楚国，占领了舒地，便捉住了原来背叛吴国的两个将军。阖庐乘机想攻取郢都，将军孙武说："百姓疲惫，不可以，暂且等待时机吧。"于是收兵回国。

吴王阖庐四年，吴国讨伐楚国，攻取了六地和潘地。阖庐五年，讨伐越国，打败越国。阖庐六年，楚昭王派公子囊瓦率兵讨伐吴国。吴国派伍员迎击，在豫章大破楚军，夺取了楚国的居巢。

阖庐九年，吴王对伍子胥、孙武说："当初你们说郢都不可攻入，现在情况怎么样？"二人回答说："楚将囊瓦贪财，

王所夺太子建秦女生子轸，及平王卒，轸竟立为后，是为昭王。吴王僚因楚丧，使二公子将兵往袭楚。楚发兵绝吴兵之后，不得归。吴国内空，而公子光乃令专诸袭刺吴王僚而自立，是为吴王阖庐。阖庐既立，得志，乃召伍员以为行人，而与谋国事。

楚诛其大臣郤宛、伯州犁，伯州犁之孙伯嚭亡奔吴，吴亦以嚭为大夫。前王僚所遣二公子将兵伐楚者，道绝不得归。后闻阖庐弑王僚自立，遂以其兵降楚，楚封之于舒。阖庐立三年，乃兴师与伍胥、伯嚭伐楚，拔舒，遂禽故吴反二将军。因欲至郢，将军孙武曰："民劳，未可，且待之。"乃归。

四年，吴伐楚，取六与潘。五年，伐越，败之。六年，楚昭王使公子囊瓦将兵伐吴。吴使伍员迎击，大破楚军于豫章，取楚之居巢。

九年，吴王阖庐谓子胥、孙武曰："始子言郢未可入，今果何如？"二子对曰："楚

将囊瓦贪，而唐、蔡皆怨之。
王必欲大伐之，必先得唐、蔡
乃可。"阖庐听之，悉兴师与唐、
蔡伐楚，与楚夹汉水而陈。吴
王之弟夫槩将兵请从，王不
听，遂以其属五千人击楚将
子常。子常败走，奔郑。于
是吴乘胜而前，五战，遂至
郢。己卯，楚昭王出奔。庚辰，
吴王入郢。

昭王出亡，入云梦；盗击
王，王走郧。郧公弟怀曰：
"平王杀我父，我杀其子，
不亦可乎！"郧公恐其弟杀王，
与王奔随。吴兵围随，谓随人
曰："周之子孙在汉川者，楚
尽灭之。"随人欲杀王，王子
綦匿王，己自为王以当之。随
人卜与王于吴，不吉，乃谢吴
不与王。

始伍员与申包胥为交，员
之亡也，谓包胥曰："我必覆
楚。"包胥曰："我必存之。"
及吴兵入郢，伍子胥求昭王。
既不得，乃掘楚平王墓，出其
尸，鞭之三百，然后已。申包
胥亡于山中，使人谓子胥曰：

而唐国、蔡国都怨恨他。大王一定要大举
攻伐楚国，一定要先得到唐国、蔡国的帮
助才行。"阖庐听从了他们的建议，发动
全部军队与唐国、蔡国讨伐楚国，与楚军
在汉水两岸陈兵布阵。吴王的弟弟夫概领
军请求随军出征，吴王不答应，夫概就用
他自己属下五千人突袭楚国将领子常。子
常战败逃走，逃到郑国。于是吴军乘胜挺
进，经过五次战役，就打到了郢都。己卯
日，楚昭王出逃。庚辰日，吴王进入郢都。

楚昭王出逃，进入云梦泽；强盗攻击
昭王，昭王逃到郧地。郧公的弟弟怀说：
"平王杀了我们的父亲，我们杀他的儿子，
不也可以吗？"郧公害怕他的弟弟杀了昭
王，便与昭王一起逃到随地。吴军包围了
随地，对随人说："在汉川一带的周室子
孙，楚国将他们全部消灭了。"随人想杀
掉昭王，王子綦把昭王藏匿起来，说自己
是昭王来搪塞他们。随人进行占卜，认为
把昭王交给吴国不吉利，于是谢绝吴国而
拒绝交出昭王。

当初伍员和申包胥交好，伍员出逃时，
对申包胥说："我一定要颠覆楚国。"申
包胥说："我一定要保存楚国。"等到吴
军攻入郢都，伍子胥搜寻昭王。没有找到
后，就掘开楚平王的墓，拖出平王的尸体，
鞭打尸体三百下，然后才罢休。申包胥逃
到山中，派人对伍子胥说："你这样报仇，

太过分了吧！我听说这样的话，人多可以胜天，天必定也能毁灭人。你原来是平王的臣子，亲身北面向他称臣，如今到了侮辱死人的地步，这难道不是丧尽天理到极点了吗！"伍子胥说："替我向申包胥道歉，我的处境好比日暮而路途遥远，所以只能做倒行逆施的事。"于是申包胥跑到秦国告急，向秦国求救。秦国不答应。申包胥站在秦国朝廷之上，昼夜哭泣，哭声七天七夜没有断绝。秦哀公怜悯他，说："楚王虽然无道，但有这样的臣子，能不援救楚国吗？"于是派遣五百辆战车救援楚国攻打吴国。六月，在稷地打败吴军。当时吴王长时间留在楚国寻找昭王，而阖庐的弟弟夫概便逃回国内，自立为王。阖庐听闻此事，便放弃楚国回国，攻打他的弟弟夫概。夫概战败逃走，便跑奔楚国。楚昭王见吴国有内乱，就又进入郢都。楚王将夫概封在堂谿，称为堂谿氏。楚国又与吴国交战，打败吴国，吴王才回国了。

两年后，阖庐派太子夫差率兵讨伐楚国，攻取了番地。楚国害怕吴国再次大举来攻，便离开郢城，迁都于鄀地。这时，吴国采用伍子胥、孙武的谋略，向西打败了强大的楚国，向北威震齐、晋两国，向南降服越人。

这以后四年，孔子担任鲁国国相。

五年后，吴国讨伐越国，越王句践率

"子之报仇，其以甚乎！吾闻之，人众者胜天，天定亦能破人。今子故平王之臣，亲北面而事之，今至于僇死人，此岂其无天道之极乎！"伍子胥曰："为我谢申包胥曰，吾日莫途远，吾故倒行而逆施之。"于是申包胥走秦告急，求救于秦。秦不许。包胥立于秦廷，昼夜哭，七日七夜不绝其声。秦哀公怜之，曰："楚虽无道，有臣若是，可无存乎！"乃遣车五百乘救楚击吴。六月，败吴兵于稷。会吴王久留楚求昭王，而阖庐弟夫槩乃亡归，自立为王。阖庐闻之，乃释楚而归，击其弟夫槩。夫槩败走，遂奔楚。楚昭王见吴有内乱，乃复入郢。封夫槩于堂谿，为堂谿氏。楚复与吴战，败吴，吴王乃归。

后二岁，阖庐使太子夫差将兵伐楚，取番。楚惧吴复大来，乃去郢，徙于鄀。当是时，吴以伍子胥、孙武之谋，西破强楚，北威齐晋，南服越人。

其后四年，孔子相鲁。

后五年，伐越。越王句践

迎击，败吴于姑苏，伤阖庐指，军却。阖庐病创将死，谓太子夫差曰："尔忘句践杀尔父乎？"夫差对曰："不敢忘。"是夕，阖庐死。夫差既立为王，以伯嚭为太宰，习战射。二年后伐越，败越于夫湫。越王句践乃以余兵五千人栖于会稽之上，使大夫种厚币遗吴太宰嚭以请和，求委国为臣妾。吴王将许之。伍子胥谏曰："越王为人能辛苦。今王不灭，后必悔之。"吴王不听，用太宰嚭计，与越平。

其后五年，而吴王闻齐景公死而大臣争宠，新君弱，乃兴师北伐齐。伍子胥谏曰："句践食不重味，吊死问疾，且欲有所用之也。此人不死，必为吴患。今吴之有越，犹人之有腹心疾也。而王不先越而乃务齐，不亦谬乎！"吴王不听，伐齐，大败齐师于艾陵，遂威邹鲁之君以归。益疏子胥之谋。

其后四年，吴王将北伐齐，越王句践用子贡之谋，乃率其众以助吴，而重宝以献遗太宰

兵迎击，在姑苏打败吴军，伤了阖庐的脚趾，吴军退兵。阖庐创伤发作将要死去，对太子夫差说："你能忘记句践杀你父亲吗？"夫差回答说："不敢忘记。"当晚，阖庐死了。夫差继位为吴王后，任命伯嚭为太宰，训练军队作战射箭。两年后攻打越国，在夫湫打败越军。越王句践就带着剩余的五千人停留在会稽山上，派大夫文种带着重金贿赂吴太宰伯嚭来讲和，请求把国家政权委托给吴国，甘心做吴国的奴仆。吴王将要答应他，伍子胥劝谏说："句践为人能吃苦耐劳，如今大王不灭他，以后必定后悔此事。"吴王没有听，采用了太宰伯嚭的计策，与越国讲和。

这以后五年，吴王听说齐景公死后大臣争权夺利，新立的国君软弱，便兴兵向北讨伐齐国。伍子胥劝谏说："句践吃饭没有两味荤菜，经常吊唁死者，慰问病人，是想要对他们有所利用。此人不死，必定成为吴国的祸患。如今吴国有越国存在，就像一个人得了心腹疾病啊。可大王不先铲除越国却致力于攻打齐国，不也是很荒谬的吗！"吴王没有听，讨伐齐国，在艾陵大败齐军，于是慑服了邹、鲁两国的国君而回国，更加不想用伍子胥的计谋。

又过了四年，吴王将要向北讨伐齐国，越王句践采用子贡的计谋，便率领越国人马以帮助吴国，并将重金赠送给太宰伯嚭。

太宰伯嚭多次接受越国的贿赂后，更加喜欢并信任越国，日夜在吴王面前替越国说好话。吴王信任并采用伯嚭的计谋。伍子胥劝谏说："越国，是心腹之患，如今相信他们虚浮欺诈的言辞而贪图齐国。攻破齐国，好比占领了一片石头地，毫无用处。况且《盘庚之诰》上说：'有破坏礼法，不恭行王命的，就要彻底割除灭绝他们，使他们不能再滋长起来，不能让他们影响到城邑里的其他人。'这是商朝兴盛的原因。希望大王放过齐国，而先灭掉越国；如若不然，以后后悔都来不及了。"吴王却不听从，派伍子胥出使齐国。伍子胥临走时，对他的儿子说："我多次劝谏大王，大王不采纳。我今日看到吴国的末日了。你和吴国一起灭亡，没什么好处。"就把他的儿子托付给了齐国的鲍牧，自己回去向吴王报告。

吴太宰伯嚭与伍子胥有嫌隙，因此向吴王进谗言道："伍子胥为人刚烈凶暴，缺少恩义，易猜忌，他的怨恨之心恐怕会成为大祸。前日大王想要讨伐齐国，伍子胥认为不可以，大王最终率兵讨伐齐国而立下大功，伍子胥耻于自己的计谋没有被采用，便反而心怀怨恨。如今大王再次讨伐齐国，伍子胥执拗强行劝谏，毁败大王的功业，只是希望吴国战败以证明自己的计谋高明。如今大王亲自出征，发动全国

嚭。太宰嚭既数受越赂，其爱信越殊甚，日夜为言于吴王。吴王信用嚭之计。伍子胥谏曰："夫越，腹心之病，今信其浮辞诈伪而贪齐。破齐，譬犹石田，无所用之。且《盘庚之诰》曰：'有颠越不恭，劓殄灭之，俾无遗育，无使易种于兹邑。'此商之所以兴。愿王释齐而先越；若不然，后将悔之无及。"而吴王不听，使子胥于齐。子胥临行，谓其子曰："吾数谏王，王不用，吾今见吴之亡矣。汝与吴俱亡，无益也。"乃属其子于齐鲍牧，而还报吴。

吴太宰嚭既与子胥有隙，因谗曰："子胥为人刚暴，少恩，猜贼，其怨望恐为深祸也。前日王欲伐齐，子胥以为不可，王卒伐之而有大功。子胥耻其计谋不用，乃反怨望。而今王又复伐齐，子胥专愎强谏，沮毁用事，徒幸吴之败以自胜其计谋耳。今王自行，悉国中武力以伐齐，而子胥谏不用，因

辍谢，详病不行。王不可不备，此起祸不难。且嚭使人微伺之，其使于齐也，乃属其子于齐之鲍氏。夫为人臣，内不得意，外倚诸侯，自以为先王之谋臣，今不见用，常鞅鞅怨望。愿王早图之。"吴王曰："微子之言，吾亦疑之。"乃使使赐伍子胥属镂之剑，曰："子以此死。"伍子胥仰天叹曰："嗟乎！谗臣嚭为乱矣，王乃反诛我。我令若父霸。自若未立时，诸公子争立，我以死争之于先王，几不得立。若既得立，欲分吴国予我，我顾不敢望也。然今若听谀臣言以杀长者。"乃告其舍人曰："必树吾墓上以梓，令可以为器；而抉吾眼县吴东门之上，以观越寇之入灭吴也。"乃自刭死。吴王闻之大怒，乃取子胥尸盛以鸱夷革，浮之江中。吴人怜之，为立祠于江上，因命曰胥山。

吴王既诛伍子胥，遂伐齐。齐鲍氏杀其君悼公而立阳生。吴王欲讨其贼，不胜而去。其

兵力以讨伐齐国，而伍子胥的劝谏不被采用，因此就不上朝，假装患病不去。大王不可不戒备，这是很容易生起祸端的。况且我派人暗中探查，他出使齐国时，就把自己的儿子托付给齐国的鲍氏。身为人臣，在国内不得志，还倚靠国外的诸侯，自认为是先王的谋臣，如今不被任用，时常抑郁寡欢，产生怨恨情绪。希望大王早作打算！"吴王说："没有你这番话，我也怀疑他。"于是派使者把属镂宝剑赐予伍子胥，说："你用这把剑自杀吧。"伍子胥仰天长叹，说："啊呀！谗臣伯嚭在作乱，大王反而来杀我。我曾使你父亲称霸。在你没有即位时，各公子争着想要立为太子，如果不是我在先王面前以死相争，你差点就不能立为太子。你被立为太子后，想把吴国分一部分给我，我都不敢奢望。然而如今你却听信谄媚小人的话来杀忠厚长者！"于是告诉他亲近的门客说："一定要在我坟墓上栽种梓树，让它长大能做棺材，再挖出我的眼珠悬挂在吴国东门上，我要看着越国人进入都城灭掉吴国。"于是自刎而死。吴王听说后大怒，就把他的尸体装进皮袋，漂浮在江上。吴国人怜悯他，在江边为他立了祠庙，将其地命名为胥山。

吴王杀了伍子胥后，便讨伐齐国。齐国鲍氏杀了他们的国君齐悼公，拥立阳生为国君。吴王想讨伐鲍氏，没有取胜，就

回去了。此后二年，夫差召集鲁、卫两国国君在橐皋会盟。第二年，趁势北上，在黄池大会诸侯，以号令周天子。这时，越王句践袭击吴国，杀死吴太子，击败吴兵。吴王获知此事，便回国派使者用重金向越国求和。九年后，越王勾践终于灭了吴国，杀死吴王夫差；并且诛杀了太宰嚭，因为他不忠于自己的国君，向外收受厚重的贿赂，私下勾结越国。

当初跟随伍子胥一同出逃的原楚国太子建的儿子胜，在吴国。吴王夫差在位时，楚惠王想召胜回到楚国。叶公劝谏说："胜勇武好斗，而且暗中寻访死士，大概有私心！"惠王不听，便召回了胜，让他住在楚国的边邑鄢地，号称白公。白公回到楚国三年，吴王杀了伍子胥。

白公胜回到楚国后，怨恨郑国杀了他的父亲，便暗地里供养死士向郑国报仇。回到楚国五年后，请求楚王伐郑，楚令尹子西答应了他。还没有发兵，晋国已经出兵攻打郑国了，郑国向楚国求救，楚国派子西前往救援，与郑国订立了盟约就回国了。白公胜愤怒地说道："我的仇敌不是郑国，而是子西！"白公胜亲自磨剑，人们问道："用它做什么？"白公胜说："想用它杀死子西。"子西听闻此事，笑着说："白公胜如同鸡蛋而已，能有什么

后二年，吴王召鲁卫之君会之橐皋。其明年，因北大会诸侯于黄池，以令周室。越王句践袭杀吴太子，破吴兵。吴王闻之，乃归，使使厚币与越平。后九年，越王句践遂灭吴，杀王夫差，而诛太宰嚭，以不忠于其君，而外受重赂，与己比周也。

伍子胥初所与俱亡故楚太子建之子胜者，在于吴。吴王夫差之时，楚惠王欲召胜归楚。叶公谏曰："胜好勇而阴求死士，殆有私乎！"惠王不听。遂召胜，使居楚之边邑鄢，号曰白公。白公归楚三年而吴诛子胥。

白公胜既归楚，怨郑之杀其父，乃阴养死士求报郑。归楚五年，请伐郑，楚令尹子西许之。兵未发而晋伐郑，郑请救于楚。楚使子西往救，与盟而还。白公胜怒曰："非郑之仇，乃子西也。"胜自砺剑，人问曰："何以为？"胜曰："欲以杀子西。"子西闻之，笑曰："胜如卵耳，何能为也。"

其后四岁，白公胜与石乞袭杀楚令尹子西、司马子綦于朝。石乞曰："不杀王，不可。"乃劫王如高府。石乞从者屈固负楚惠王亡走昭夫人之宫。叶公闻白公为乱，率其国人攻白公。白公之徒败，亡走山中，自杀。而虏石乞，而问白公尸处，不言将亨。石乞曰："事成为卿，不成而亨，固其职也。"终不肯告其尸处。遂亨石乞，而求惠王复立之。

此后四年，白公胜和石乞在朝堂上袭击杀死了楚令尹子西和司马子綦。石乞说："不杀掉楚王不行。"便把楚惠王劫持到高府。石乞的随从屈固背负着楚惠王逃到昭王夫人的宫室。叶公听说白公作乱，率领他的国人攻打白公。白公一伙战败，逃到山中，白公胜自杀。石乞被俘，问他白公胜的尸首在什么地方，如果不说就把他煮死。石乞说："事情成功了就是卿相，不成功就被煮死，本就是职责所在。"石乞始终不肯说出白公胜的尸首在何处。于是叶公烹杀了石乞，并找回楚惠王，再立他为国君。

太史公曰：怨毒之于人甚矣哉！王者尚不能行之于臣下，况同列乎！向令伍子胥从奢俱死，何异蝼蚁。弃小义，雪大耻，名垂于后世，悲夫！方子胥窘于江上，道乞食，志岂尝须臾忘郢邪？故隐忍就功名，非烈丈夫孰能致此哉？白公如不自立为君者，其功谋亦不可胜道者哉！

太史公说：怨毒对于人来说实在是太可怕了！王者尚且不能和臣子结下怨恨，何况地位相同的人呢！假使让伍子胥跟随伍奢一起死去，和蝼蚁有什么区别？丢弃小义，洗雪大耻，名垂后世，悲壮啊！当子胥被困于江边，在路上乞讨食物时，他的心志哪里曾有片刻忘掉郢都的仇恨吗？所以隐忍而成就功名，不是刚烈有气性的大丈夫，谁能达到这种地步呢？白公如果不自立为王，他的功业谋略也是说不完的啊！

史记卷六十七
列传第七

仲尼弟子列传

颜回　闵损　冉耕　冉雍　冉求　仲由　宰予　端沐赐
言偃　卜商　颛孙师　曾参　澹台灭明　宓不齐　原宪
公冶长　南宫括　公皙哀　曾蒇　颜无繇　商瞿　高柴
漆雕开　公伯缭　司马耕　樊须　公西赤　巫马施

孔子的弟子跟随孔子学习而通晓六艺的有七十七人，他们都是奇能异士。德行高尚的有：颜渊、闵子骞、冉伯牛、仲弓。擅长处理政事的有：冉有、季路。能言善辩的有：宰我、子贡。文章博学的有：子游、子夏。颛孙师偏激，曾参迟钝，高柴愚笨，仲由粗鲁，颜回经常穷苦一无所有。端木赐不接受命运的安排而去经商，估量行情经常准确无误。

孔子所尊敬的人：在周的，则是老子；在卫国的，是蘧伯玉；在齐国的，是晏平仲；在楚国的，是老莱子；在郑国的，是子产；在鲁国，是孟公绰。多次称赞臧文仲、柳下惠、铜鞮伯华、介山子然，孔子比他们出生的都晚，不是同一时代的人。

孔子弟子受业身通六艺者七十有七人，皆异能之士也。德行：颜渊、闵子骞、冉伯牛、仲弓。政事：冉有、季路。言语：宰我、子贡。文学：子游、子夏。师也辟，参也鲁，柴也愚，由也喭，回也屡空。赐不受命而货殖焉，亿则屡中。

孔子之所严事：于周则老子；于卫，蘧伯玉；于齐，晏平仲；于楚，老莱子；于郑，子产；于鲁，孟公绰。数称臧文仲、柳下惠、铜鞮伯华、介山子然，孔子皆后之，不并世。

颜回

颜回者，鲁人也，字子渊。少孔子三十岁。颜渊问仁，孔子曰："克己复礼，天下归仁焉。"孔子曰："贤哉回也！一箪食，一瓢饮，在陋巷，人不堪其忧，回也不改其乐。""回也如愚；退而省其私，亦足以发，回也不愚。""用之则行，舍之则藏，唯我与尔有是夫！"

回年二十九，发尽白，蚤死。孔子哭之恸，曰："自吾有回，门人益亲。"鲁哀公问："弟子孰为好学？"孔子对曰："有颜回者好学，不迁怒，不贰过。不幸短命死矣，今也则亡。"

闵损

闵损字子骞，少孔子十五岁。孔子曰："孝哉闵子骞！人不间于其父母昆弟之言。"不仕大夫，不食污君之禄。"如有复我者，必在汶上矣。"

冉耕

冉耕字伯牛，孔子以为有

颜回，是鲁国人，字子渊。比孔子小三十岁。颜渊问什么是仁，孔子说："克制自己使每件事都合于礼，天下人就会称赞你是有仁德的人。"孔子说："颜回贤德啊！一竹筐饭，一瓢饮水，居住在简陋的巷子，别人忍受不了这种苦，颜回却不改变自己的乐观态度。""颜回听讲时好像是个愚笨的人；下课后考察他的私下言谈，却也能发挥自如，颜回一点也不愚笨。""任用你时就去做，不任用你时就藏道在身，只有我和你才有这样的处世态度吧！"

颜回二十九岁，头发尽白，离世很早。孔子哭得很伤心，说："自从我有了颜回，门下弟子都日益亲近我了。"鲁哀公问："你的弟子中谁最好学？"孔子回答说："有个叫颜回的最好学，从不迁怒于人，不重犯同样的过失。不幸短命早死了，如今再无这样的人了。"

闵损，字子骞。比孔子小十五岁。孔子说："闵子骞孝顺啊！人们对于他的父母兄弟称赞他的话没有异议。"他不做大夫的官，不吃昏君的俸禄。他说："若有人再来召我，我一定逃到汶水以北去了。"

冉耕，字伯牛。孔子认为他很有德行。

伯牛身患难治的疾病，孔子前去问候他，从窗口拉着他的手，说："这是命啊！这样的好人却得了这样的病，这是命啊！"

冉雍，字仲弓。仲弓问如何从政，孔子说："出门做事如同接见贵宾一样，役使百姓如同承办大型的祭祀一样。在邦国做事没有抱怨，在卿大夫的封地做事也没有抱怨。"孔子认为仲弓是很有德行的，说："冉雍啊，可以做个诸侯国的大官。"仲弓的父亲是个地位卑微的人。孔子说："杂色的牛生出红色的小牛，两角周正，即便不想用它作祭品，山川神灵难道会舍弃它吗？"

冉求字子有，比孔子小二十九岁。做季氏的总管。季康子问孔子说："冉求仁德吗？"孔子说："有千户的城邑，有百辆兵车的采邑，冉求可以把那里的军政事物管理好。至于他是否仁德我不知道。"季康子又问："子路仁德吗？"孔子说："和冉求一样。"

冉求问孔子说："听到应该做的事情就立即行动吗？"孔子说："行动。"子路问孔子说："听到应该做的事情就立即行动吗？"孔子说："有父亲兄长在，你怎么能听到就立即行动呢！"子华对此感到奇怪说："敢问为什么他们问同样的问

德行。伯牛有恶疾，孔子往问之，自牖执其手，曰："命也夫！斯人也而有斯疾，命也夫！"

冉雍

冉雍字仲弓。仲弓问政，孔子曰："出门如见大宾，使民如承大祭。在邦无怨，在家无怨。"孔子以仲弓为有德行，曰："雍也可使南面。"仲弓父，贱人。孔子曰："犁牛之子骍且角，虽欲勿用，山川其舍诸？"

冉求

冉求字子有，少孔子二十九岁。为季氏宰。季康子问孔子曰："冉求仁乎？"曰："千室之邑，百乘之家，求也可使治其赋。仁则吾不知也。"复问："子路仁乎？"孔子对曰："如求。"

求问曰："闻斯行诸？"子曰："行之。"子路问："闻斯行诸？"子曰："有父兄在，如之何其闻斯行之！"子华怪之："敢问问同而答异？"孔子曰："求也退，故进之；由

也兼人，故退之。"

仲由

仲由字子路，卞人也，少孔子九岁。子路性鄙，好勇力，志伉直，冠雄鸡，佩豭豚，陵暴孔子。孔子设礼稍诱子路，子路后儒服委质，因门人请为弟子。

子路问政，孔子曰："先之，劳之。"请益，曰："无倦。"子路问："君子尚勇乎？"孔子曰："义之为上。君子好勇而无义则乱，小人好勇而无义则盗。"子路有闻，未之能行，唯恐有闻。孔子曰："片言可以折狱者，其由也与！""由也好勇过我，无所取材。""若由也，不得其死然。""衣敝缊袍与衣狐貉者立而不耻者，其由也与！""由也升堂矣，未入于室也。"季康子问："仲由仁乎？"孔子曰："千乘之国可使治其赋，不知其仁。"

题而您的回答却不同呢？"孔子说："冉求做事退缩犹豫，所以激励他；仲由胆量过人，所以抑制他。"

仲由字子路，卞地人。比孔子小九岁。子路性情鄙野，喜欢逞勇斗力，志气刚直，头戴鸡冠帽，佩带猪皮装饰的宝剑，曾欺凌孔子。孔子用礼慢慢地诱导子路，子路后来身着儒服携带拜师的礼物，通过孔子弟子的引荐请求做孔子的弟子。

子路问如何为政，孔子说："你先做出表率，然后才能使百姓辛勤地劳作。"子路请求进一步讲讲，孔子说："坚持不懈。"子路问："君子崇尚勇敢吗？"孔子说："义最为可贵。君子好勇而不崇尚义就会作乱，小人好勇而不崇尚义就会成为盗贼。"子路听到了教诲，不会马上去做，唯恐又听到别的教诲。孔子说："只听只言片语便可断案的，大概只有仲由吧！""仲由好勇超过了我，其他没有什么可取的地方。""像仲由这样，会得不到善终。""穿着用乱麻做的破旧袍子的人与穿着裘皮大衣的人站在一起而不羞愧的，恐怕只有仲由吧！""仲由的学问只能算是登堂了，却不能说是入室。"季康子问："子路仁德吗？"孔子说："有千乘兵车的国家，可以让他把那里的军政事物管理好，不知道他仁不仁德。"

子路喜欢跟随孔子出游，曾遇到长沮、桀溺、扛着农具的老人。

子路担任季孙氏的总管，季孙问孔子说："子路可以说是大臣吗？"孔子说："可以说是备位充数的臣子。"子路担任蒲邑大夫，向孔子辞行。孔子说："蒲地多是勇武的壮士，又难以治理，但我告诉你：恭谨谦敬，可以驾驭勇武之人；宽大清正，可以使众人亲近；恭谨清正而地方安宁，可以此报答主上。"

当初，卫灵公有个宠姬叫南子。灵公的太子蒉聩得罪过南子，害怕被杀就出逃国外。等到灵公去世，而夫人想立公子郢为国君。郢不肯接受，说："逃亡太子的儿子辄还在。"于是卫国立辄为国君，这就是出公。出公即位十二年，他的父亲蒉聩身居国外，不得回国。子路这时担任卫国大夫孔悝采邑的长官。蒉聩就和孔悝作乱，谋划进入孔悝家，就与他的党徒袭击攻打出公。出公逃奔鲁国，而蒉聩入宫即位，这就是卫庄公。当孔悝作乱之时，子路在外面，听闻此事后驰马赶去，遇到子羔从卫国城门出来，对子路说："出公逃走了，而城门已经关闭，你可以回去了，不要平白遭受他的祸患。"子路说："吃人家饭的人就不能躲避人家的灾难。"子羔终于离去了。有个使者要入城，城门打开了，子路跟随而进入城门。他来拜访蒉聩，蒉

子路喜从游，遇长沮、桀溺、荷蓧丈人。

子路为季氏宰，季孙问曰："子路可谓大臣与？"孔子曰："可谓具臣矣。"子路为蒲大夫，辞孔子。孔子曰："蒲多壮士，又难治。然吾语汝：恭以敬，可以执勇；宽以正，可以比众；恭正以静，可以报上。"

初，卫灵公有宠姬曰南子。灵公太子蒉聩得过南子，惧诛出奔。及灵公卒，而夫人欲立公子郢。郢不肯，曰："亡人太子之子辄在。"于是卫立辄为君，是为出公。出公立十二年，其父蒉聩居外，不得入。子路为卫大夫孔悝之邑宰。蒉聩乃与孔悝作乱，谋入孔悝家，遂与其徒袭攻出公。出公奔鲁，而蒉聩入立，是为庄公。方孔悝作乱，子路在外，闻之而驰往。遇子羔出卫城门，谓子路曰："出公去矣，而门已闭，子可还矣，毋空受其祸。"子路曰："食其食者不避其难。"子羔卒去。有使者入城，城门开，子路随而入。造蒉聩，蒉聩与

孔悝登台。子路曰："君焉用孔悝？请得而杀之。"蒉聩弗听。于是子路欲燔台，蒉聩惧，乃下石乞、壶黡攻子路，击断子路之缨。子路曰："君子死而冠不免。"遂结缨而死。

孔子闻卫乱，曰："嗟乎，由死矣！"已而果死。故孔子曰："自吾得由，恶言不闻于耳。"

宰予

宰予字子我，利口辩辞。既受业，问："三年之丧不已久乎？君子三年不为礼，礼必坏；三年不为乐，乐必崩。旧谷既没，新谷既升，钻燧改火，期可已矣。"子曰："于汝安乎？"曰："安。""汝安则为之。君子居丧，食旨不甘，闻乐不乐，故弗为也。"宰我出，子曰："予之不仁也！子生三年然后免于父母之怀。夫三年之丧，天下之通义也。"

宰予昼寝。子曰："朽木不可雕也，粪土之墙不可圬也。"宰我问五帝之德，子曰："予非其人也。"宰我为临菑

聩和孔悝登到台上。子路说："国君怎么能任用孔悝呢？请让我抓住杀了他。"蒉聩不听。于是子路想要焚烧楼台，蒉聩害怕，就叫石乞、壶黡下台攻击子路，砍断了子路的帽带。子路说："君子身死但帽子不能掉。"于是系好帽带而死。

孔子听闻卫国内乱，说："哎呀，仲由死了！"不久果真传来他的死讯。所以孔子说："自从我有了仲由，恶言恶语再也听不到了。"

宰予字子我，口齿伶俐，擅长辞辩。受业于孔子后，问："三年的守丧时间不免太长了吗？君子三年不习礼，礼必毁坏；三年不奏乐，乐必崩坏。旧谷吃完后，新谷又产生，钻木取火的木头更换遍了，守丧一年也就可以了。"孔子说："对于你来说会心安吗？"宰予说："心安。"孔子说："你若感到心安就这样做吧。君子守丧时，即使吃到美味也不觉得甜美，听到音乐也不觉得愉悦，所以才不这样做。"宰我出去，孔子说："宰予不仁啊！孩子出生三年才能脱离父母的怀抱。为父母守丧三年，是天下的通理啊！"

宰予白天睡觉。孔子说："朽木是不能雕刻的，粪土的墙壁是不能够粉刷的。"宰我问五帝的德行，孔子说："你不是问这种问题的人。"宰我做临淄的大夫，与

田常一起作乱，因此夷灭了他的家族，孔子为他感到耻辱。

端沐赐，是卫国人，字子贡。比孔子小三十一岁。子贡口齿伶俐，巧于辞令，孔子常常批驳他的言辞。孔子问道："你与颜回相比谁更出色？"子贡回答说："我怎么敢和颜回相比呢！颜回听到一个能知道十个，我听到一个只知道两个。"子贡受业于孔子后，问道："我是个什么样的人？"孔子说："你就像一个器皿。"子贡说："什么样的器皿？"孔子说："宗庙里的瑚琏。"

陈子禽问子贡说："仲尼的学问是从哪儿得来的呢？"子贡说："文王、武王的思想并没有完全丢掉，还在人间流传，贤人记住它的重要部分，不贤者只记住它的细枝末节，无处没有文王、武王的思想。夫子在什么地方不能学习，又何必要有固定的老师！"陈子禽又问道："孔子每到一个国家一定要听一听该国政事。这是请教他人呢，还是他人主动告知他的呢？"子贡说："先生是以温和、善良、恭谨、俭朴、谦让的美德获得它的，先生这种求取的方式，或许与别人求取的方式不同吧！"

子贡问道："富有而不骄纵，贫穷而不献媚，这样的人怎么样？"孔子说："可

大夫，与田常作乱，以夷其族，孔子耻之。

端沐赐

端沐赐，卫人，字子贡，少孔子三十一岁。子贡利口巧辞，孔子常黜其辩。问曰："汝与回也孰愈？"对曰："赐也何敢望回！回也闻一以知十，赐也闻一以知二。"子贡既已受业，问曰："赐何人也？"孔子曰："汝器也。"曰："何器也？"曰："瑚琏也。"

陈子禽问子贡曰："仲尼焉学？"子贡曰："文武之道未坠于地，在人，贤者识其大者，不贤者识其小者，莫不有文武之道。夫子焉不学，而亦何常师之有！"又问曰："孔子适是国必闻其政。求之与？抑与之与？"子贡曰："夫子温良恭俭让以得之。夫子之求之也，其诸异乎人之求之也。"

子贡问曰："富而无骄，贫而无谄，何如？"孔子曰：

"可也；不如贫而乐道，富而好礼。"

田常欲作乱于齐，惮高、国、鲍、晏，故移其兵欲以伐鲁。孔子闻之，谓门弟子曰："夫鲁，坟墓所处，父母之国，国危如此，二三子何为莫出？"子路请出，孔子止之。子张、子石请行，孔子弗许。子贡请行，孔子许之。

遂行，至齐，说田常曰："君之伐鲁过矣。夫鲁，难伐之国，其城薄以卑，其池狭以浅，其君愚而不仁，大臣伪而无用，其士民又恶甲兵之事，此不可与战。君不如伐吴。夫吴，城高以厚，池广以深，甲坚以新，士选以饱，重器精兵尽在其中，又使明大夫守之，此易伐也。"田常忿然作色曰："子之所难，人之所易；子之所易，人之所难：而以教常，何也？"子贡曰："臣闻之，忧在内者攻强，忧在外者攻弱。今君忧在内。吾闻君三封而三不成者，大臣有不听者也。今君破鲁以广齐，战胜以骄主，破国以尊臣，而君之功不与焉，则交日疏于

以了；但不如贫穷却还能乐于求道，富有却还能谦恭有礼。"

田常想在齐国作乱，害怕高、国、鲍、晏四氏的势力，所以调动他们的军队想让他们去攻打鲁国。孔子听闻此事，对门下弟子说："鲁国，是祖宗坟墓所在，是父母之国，国家危险到如此地步，各位为什么不挺身而出呢？"子路请求前去，孔子制止了他。子张、子石请求前去，孔子不同意。子贡请求前去，孔子答应了他。

子贡就出发，到达齐国，劝说田常说："您讨伐鲁国是错的。鲁国，是很难讨伐的国家：它的城墙又薄又矮，它的护城河又窄又浅，它的国君愚昧不仁，大臣伪诈无用，它的士民又厌恶打仗的事，这样的国家不能和它交战。你不如讨伐吴国。吴国，城墙高大且厚实，城池宽阔而深远，铠甲坚固且新，士卒经过挑选而精神饱满，宝器和精兵全都在它那里，又派贤明的大夫镇守着它，这样的国家是很容易攻打的。"田常愤然变色说："你所认为的难，别人认为容易；你所认为的容易，别人认为艰难。你拿这些来教我，是何用意？"子贡说："我听说过这样的话，国有内忧应攻打强国，国有外忧应攻打弱国。如今您的忧患在国内。我听说您多次被授予封号而都没能成功，是因为有反对的大臣啊。如今您攻破鲁国来扩大齐国的疆土，战胜了

就会使您的国君更骄纵，攻破鲁国，齐国的大臣就会更尊贵，而您的功劳却不在其中啊，那么您和国君的关系就会日益疏远。这是您对上使国君骄纵，对下让群臣放纵，想以此成就大业很难了。国君骄纵就会无所顾忌，大臣放纵就会互相争夺，这样在上您与国君有矛盾，在下您与大臣互相争夺。如此一来，您在齐国的处境就危险了。所以说不如讨伐吴国。讨伐吴国没有战胜，百姓死在国外，大臣在国内的势力也会空虚，这样您在上没有强臣的对抗，在下没有百姓的非难，孤立国君专制齐国的唯有您了。"田常说："好。即使如此，我的军队已经开赴鲁国了，从鲁国撤退而去吴国，大臣们怀疑我，怎么办？"子贡说："您先按兵不动，我请求出使去见吴王，让他援救鲁国而讨伐齐国，您趁机出兵迎击它。"田常答应了他，派子贡南下去见吴王。

子贡游说吴王道："我听说这样的话，为王者不灭绝别人的国家，称霸者不树立强大的敌人，在千钧的重物上再加一铢一两的细物就可能移位。如今拥有万乘战车的齐国再独自占有千乘战车的鲁国，与吴国争强，我私下替大王感到危险啊。况且救援鲁国，能显扬名声；讨伐齐国，能获大利。安抚泗水边上的诸侯，诛伐强暴的齐国来镇服强大的晋国，没有比这更大的

主。是君上骄主心，下恣群臣，求以成大事，难矣。夫上骄则恣，臣骄则争，是君上与主有郤，下与大臣交争也。如此，则君之立于齐危矣。故曰不如伐吴。伐吴不胜，民人外死，大臣内空，是君上无强臣之敌，下无民人之过，孤主制齐者唯君也。"
田常曰："善。虽然，吾兵业已加鲁矣，去而之吴，大臣疑我，奈何？"子贡曰："君按兵无伐，臣请往使吴王，令之救鲁而伐齐，君因以兵迎之。"田常许之，使子贡南见吴王。

说曰："臣闻之，王者不绝世，霸者无强敌，千钧之重加铢两而移。今以万乘之齐而私千乘之鲁，与吴争强，窃为王危之。且夫救鲁，显名也；伐齐，大利也。以抚泗上诸侯，诛暴齐以服强晋，利莫大焉。名存亡鲁，实困强齐，智者不疑也。"吴王曰："善。虽然，

吾尝与越战，栖之会稽。越王苦身养士，有报我心。子待我伐越而听子。"子贡曰："越之劲不过鲁，吴之强不过齐，王置齐而伐越，则齐已平鲁矣。且王方以存亡继绝为名，夫伐小越而畏强齐，非勇也。夫勇者不避难，仁者不穷约，智者不失时，王者不绝世，以立其义。今存越示诸侯以仁，救鲁伐齐，威加晋国，诸侯必相率而朝吴，霸业成矣。且王必恶越，臣请东见越王，令出兵以从，此实空越，名从诸侯以伐也。"吴王大说，乃使子贡之越。

越王除道郊迎，身御至舍而问曰："此蛮夷之国，大夫何以俨然辱而临之？"子贡曰："今者吾说吴王以救鲁伐齐，其志欲之而畏越，曰：'待我伐越乃可。'如此，破越必矣。且夫无报人之志而令人

利益了。名义上保存鲁国，实际上困住强大的齐国，聪明的人不会有所怀疑。"吴王说："好。虽然如此，但我曾与越国交战，越王退守在会稽山上栖身，越王使自己受苦来蓄养士卒，有报复我之心。你等我攻打完越国之后再听你的。"子贡说："越国的强大超不过鲁国，吴国的强大超不过齐国，大王搁置齐国而去攻打越国，那时齐国已经平定鲁国了。况且大王正打着存亡继绝的旗号，却去攻打弱小的越国而惧怕强大的齐国，这不是勇啊。勇者不躲避危难，仁者不会使自己陷入困境，智者不失掉时机，为王者不灭绝别人的国家，以此树立他的道义。如今保存越国向诸侯彰显您的仁德，援救鲁国讨伐齐国，向晋国施加威慑，诸侯必定争相来朝见吴国，霸主之业可以成功了。况且大王如果真的畏忌越国，我请求东去面见越王，让他出兵跟随您，这实际上是让越国空虚，名义上追随诸侯讨伐齐国。"吴王非常高兴，就派子贡去越国。

越王清扫道路到郊外迎接子贡，亲自驾车到馆舍向子贡问道："这里是蛮夷国家，大夫为什么屈尊驾临这里？"子贡说："如今我已经劝说吴王去援救鲁国讨伐齐国，他心里想去却畏惧越国，说'等我攻下越国才可以'，如果这样，攻破越国是一定的了。况且没有报复人的心却让人怀

疑他，太拙笨了；有报复人的心，却让人知道，就不安全了；事情还没有发生却让人预先知道，就危险了。这三种情况都是举事的大患。"句践磕头拜了两拜说："我曾不自量力，才与吴国交战，被困于会稽山，痛恨深入于骨髓，日夜唇干舌燥，只想与吴王同归于尽，这是我的愿望啊。"于是询问子贡。子贡说："吴王为人凶猛残暴，群臣无法忍受；国家因为多次打仗弄得疲敝衰败，士兵不能忍受；百姓怨恨国君，大臣在内变乱；伍子胥因劝谏而死，太宰伯嚭专权，顺应国君的过失来保全自己的私利：这是残害国家的治理方法啊。如今大王果真能发兵辅佐吴王以此来迎合他的志向，用重金来取悦他的欢心，用谦卑的言辞以表示对他的尊重，他一定会攻打齐国。他作战不胜，就是大王您的福气了。如果他作战胜利，一定会兵临晋国。我请求北上面见晋君，让他共同攻打吴国，这样一定能削弱吴国势力。吴国的精锐全在齐国，重兵被困在晋国，而大王趁它疲惫时攻打，这样吴国必定会灭亡。"越王十分高兴，答应了。送给子贡一百镒黄金，一柄剑，两杆精良的矛。子贡没有接受便走了。

子贡回报吴王说："我敬重地把大王的话告诉了越王，越王大为惊恐，说：'我很不幸，年少时就失去了父亲，又不自量

疑之，拙也；有报人之志，使人知之，殆也；事未发而先闻，危也。三者举事之大患。"句践顿首再拜曰："孤尝不料力，乃与吴战，困于会稽，痛入于骨髓，日夜焦唇干舌，徒欲与吴王接踵而死，孤之愿也。"遂问子贡。子贡曰："吴王为人猛暴，群臣不堪；国家敝以数战，士卒弗忍；百姓怨上，大臣内变；子胥以谏死，太宰嚭用事，顺君之过以安其私：是残国之治也。今王诚发士卒佐之以徼其志，重宝以说其心，卑辞以尊其礼，其伐齐必也。彼战不胜，王之福矣。战胜，必以兵临晋。臣请北见晋君，令共攻之，弱吴必矣。其锐兵尽于齐，重甲困于晋，而王制其敝，此灭吴必矣。"越王大说，许诺。送子贡金百镒，剑一，良矛二。子贡不受，遂行。

报吴王曰："臣敬以大王之言告越王，越王大恐，曰：'孤不幸，少失先人，内不自

量，抵罪于吴，军败身辱，栖于会稽，国为虚莽，赖大王之赐，使得奉俎豆而修祭祀，死不敢忘，何谋之敢虑！'"后五日，越使大夫种顿首言于吴王曰："东海役臣孤句践使者臣种，敢修下吏问于左右。今窃闻大王将兴大义，诛强救弱，困暴齐而抚周室，请悉起境内士卒三千人，孤请自被坚执锐，以先受矢石。因越贱臣种奉先人藏器，甲二十领，铁屈卢之矛，步光之剑，以贺军吏。"吴王大说，以告子贡曰："越王欲身从寡人伐齐，可乎？"子贡曰："不可。夫空人之国，悉人之众，又从其君，不义。君受其币，许其师，而辞其君。"吴王许诺，乃谢越王。于是吴王乃遂发九郡兵伐齐。

子贡因去之晋，谓晋君曰："臣闻之，虑不先定不可以应卒，兵不先辨不可以胜敌。今夫齐与吴将战，彼战而不胜，越乱之必矣；与齐战而胜，必以其兵临晋。"晋君大恐，曰：

力，得罪了吴国，军队被打败，自身受屈辱，栖居在会稽山，国家成了废墟荒地，仰赖大王的恩赐，使我能够捧着祭品修明祭祀。我至死不敢忘，怎么敢有别的打算呢！'"五天后，越国派大夫文种磕头对吴王说："东海役使之臣句践的使者文种，冒昧地通过您的下属小吏来修好，并向大王表示问候。如今我私下听闻大王将要发动正义之师，诛伐强暴救援弱小，困厄强暴的齐国而安抚周室，请求全部出动越国境内三千士卒，句践请求亲自披坚执锐，亲自率先承受箭石。通过越国卑贱的臣子文种献上祖先所藏宝器，铠甲二十件，斧钺、屈卢矛，步光剑，作为给吴国军吏的贺礼。"吴王非常高兴，将这话告诉子贡说："越王想亲自跟随我讨伐齐国，可以吗？"子贡说："不可以，让人家国内空虚，征调人家所有的士兵，又让人家的国君随从，这是不义。大王接受它的钱币，允许它的军队随行，再辞谢它的国君。"吴王答应了，便谢绝了越王。于是吴王便调动了九个郡的兵力去攻打齐国。

子贡因而离开吴国去了晋国，对晋君说："我听说这样的话，不事先做好准备就不能应对突变的形势，不事先操练军队就不能胜敌。如今齐国和吴国将要开战，这场战争若吴国不胜，越国一定会作乱；与齐国交战如果取胜，吴王一定会带领他的军队兵临晋国。"晋君大为惊恐，说："那该怎么办呢？"子贡说："修造兵器，休养士卒，以等待吴军的到来。"晋君答应了。

子贡离开晋国来到鲁国。吴王果然与齐人在艾陵交战，大败齐军，俘虏了七个将军的人马却还不回国，果真领军兵临晋国，与晋军在黄池边上相遇。吴、晋两国争强。晋军攻击吴军，大败吴军。越王听闻此事后，渡江去袭击吴国，一直打到距离吴国国都七里的地方才驻军。吴王听闻此事后，离开晋国而返回吴国，与越国在五湖交战，多次交战没有取胜，城门也没守住，越军就包围了王宫，杀了夫差和他的相国。灭掉吴国三年后，越国称霸于东方。

所以子贡一出马，保全了鲁国，搅乱了齐国，灭掉了吴国，使晋国强大而越国称霸。子贡一出使，使各国形势发生了相应的变化，十年之中，齐、鲁、吴、晋、越五国的局势各有变化。

子贡喜欢囤积居奇，能揣度市场时机而出货。他喜欢赞扬别人的长处，但也不隐瞒别人的过失。他曾担任鲁国、卫国的国相，家产累积至千金，最终死在齐国。

言偃，吴国人，字子游。比孔子小四十五岁。子游受业于孔子后，担任武城

"为之奈何？"子贡曰："修兵休卒以待之。"晋君许诺。

子贡去而之鲁。吴王果与齐人战于艾陵，大破齐师，获七将军之兵而不归，果以兵临晋，与晋人相遇黄池之上。吴晋争强，晋人击之，大败吴师。越王闻之，涉江袭吴，去城七里而军。吴王闻之，去晋而归，与越战于五湖。三战不胜，城门不守，越遂围王宫，杀夫差而戮其相。破吴三年，东向而霸。

故子贡一出，存鲁，乱齐，破吴，强晋而霸越。子贡一使，使势相破，十年之中，五国各有变。

子贡好废举，与时转货赀。喜扬人之美，不能匿人之过。常相鲁、卫，家累千金，卒终于齐。

言偃

言偃，吴人，字子游，少孔子四十五岁。子游既已受业，

为武城宰。孔子过，闻弦歌之声。孔子莞尔而笑曰："割鸡焉用牛刀？"子游曰："昔者偃闻诸夫子曰，君子学道则爱人，小人学道则易使。"孔子曰："二三子，偃之言是也，前言戏之耳。"孔子以为子游习于文学。

卜商

卜商字子夏，少孔子四十四岁。子夏问："'巧笑倩兮，美目盼兮，素以为绚兮'，何谓也？"子曰："绘事后素。"曰："礼后乎？"孔子曰："商始可与言《诗》已矣。"子贡问："师与商孰贤？"子曰："师也过，商也不及。""然则师愈与？"曰："过犹不及。"子谓子夏曰："汝为君子儒，无为小人儒。"

孔子既没，子夏居西河教授，为魏文侯师。其子死，哭之失明。

颛孙师

颛孙师，陈人，字子张，少孔子四十八岁。子张问干禄，

的长官。孔子路过，听到弹琴吟唱的声音。孔子莞尔一笑说："杀鸡何必用牛刀呢？"子游说："从前我听夫子说过，君子学道就能爱人，小人学道就容易役使。"孔子说："学生们，言偃的话是对的，我刚才的话是开玩笑罢了。"孔子认为子游熟习文章的学问。

卜商字子夏。比孔子小四十四岁。子夏问："'娇美的笑容楚楚动人啊，美丽的眼睛真明亮啊，用素粉来打扮啊'，是什么意思？"孔子说："绘画要先以白色为底再施以彩色。"子夏问："礼乐的产生是不是在仁义之后呢？"孔子说："卜商啊，现在可以与你讨论《诗》了。"子贡问："颛孙师和卜商谁更贤能？"孔子说："颛孙师有些过了，卜商还不够。"子贡说："那么颛孙师好一些吗？"孔子说："过度和不够没有什么区别。"孔子对子夏说："你要做君子之儒，不要做小人之儒。"

孔子去世后，子夏居住在西河郡教授弟子，做魏文侯的老师。他的儿子死了，他把眼睛都哭瞎了。

颛孙师，陈国人，字子张。比孔子小四十八岁。子张询问孔子如何求得俸禄，

孔子说："多听别人说，对有疑问的地方不要妄加评论，其余有把握的地方也要谨慎地说，这样就会少犯错误；多看他人行事，有疑难不解的地方不要随意行动，其余有把握的地方也要谨慎行动，这样就能减少懊悔。少说错话，少做懊悔的事，俸禄就在这些之中。"

有一天子张跟随孔子在陈国、蔡国之间被围困，子张问孔子如何才能在各地畅通无阻。孔子说："言语忠厚诚信，行为真诚恭敬，即使在蛮夷之地也畅通无阻；言语不忠厚诚信，行为不真诚恭敬，即使在家乡能畅通无阻吗？站着时如同'忠信笃敬'就摆在面前；坐在车上，如同"忠信笃敬"就挂在车轭上，这样才畅通无阻。"子张把这些话语写在衣带上。

子张问："士人怎样才能称得上通达？"孔子说："你所说的通达是指什么？"子张回答说："在诸侯国一定要有声望，在卿大夫的采邑一定要有名声。"孔子说："这是有名望，并非通达啊。通达，是立身正直，爱好仁义，能察言观色，想着以谦让待人，这样在诸侯国和卿大夫的采邑一定通达。所谓名望，是表面爱好仁义，行为上却违背仁德，自己要安然处之而毫不疑惑，这样在诸侯国和卿大夫的采邑必然有名望。"

孔子曰："多闻阙疑，慎言其余，则寡尤；多见阙殆，慎行其余，则寡悔。言寡尤，行寡悔，禄在其中矣。"

他日从在陈、蔡间，困，问行。孔子曰："言忠信，行笃敬，虽蛮貊之国行也；言不忠信，行不笃敬，虽州里行乎哉！立则见其参于前也，在舆则见其倚于衡，夫然后行。"子张书诸绅。

子张问："士何如斯可谓之达矣？"孔子曰："何哉，尔所谓达者？"子张对曰："在国必闻，在家必闻。"孔子曰："是闻也，非达也。夫达者，质直而好义，察言而观色，虑以下人，在国及家必达。夫闻也者，色取仁而行违，居之不疑，在国及家必闻。"

曾参

曾参，南武城人，字子舆，少孔子四十六岁。孔子以为能通孝道，故授之业。作《孝经》。死于鲁。

曾参，是南武城人，字子舆。比孔子小四十六岁。孔子认为他能通达孝道，所以传授他学业。他写了《孝经》。死在鲁国。

澹台灭明

澹台灭明，武城人，字子羽，少孔子三十九岁。状貌甚恶。欲事孔子，孔子以为材薄。既已受业，退而修行，行不由径，非公事不见卿大夫。南游至江，从弟子三百人，设取予去就，名施乎诸侯。孔子闻之，曰："吾以言取人，失之宰予；以貌取人，失之子羽。"

澹台灭明，是武城人，字子羽。比孔子小三十九岁。他的体态相貌十分丑陋。他想侍奉孔子，孔子认为他资质低下。受业于孔子后，回去就修行实践，行事不走邪路，不是公事不去会见卿大夫。他往南游历到长江，跟从他的弟子有三百人，他设下收取和给予以及行事进退的原则，名声传遍诸侯。孔子听闻这些事，说："我通过言辞判断人，看错了宰予；通过相貌判断人，看错了子羽。"

宓不齐

宓不齐字子贱，少孔子三十岁。孔子谓子贱："子贱君子哉！鲁无君子，斯焉取斯？"子贱为单父宰，反命于孔子，曰："此国有贤不齐者五人，教不齐所以治者。"孔子曰："惜哉不齐所治者小，所治者大则庶几矣。"

宓不齐，字子贱。比孔子小三十岁。孔子说"子贱称得上是君子啊！如果说鲁国没有君子，那这个人从哪里学的这种好品德呢？"子贱担任单父的长官，回来向孔子报告说："这个国家有五个人比我贤能，他们教给我了治理政务的方法。"孔子说："可惜啊，不齐治理的地方太小了，治理的地方再大点就更适合他了。"

原宪

原宪字子思。子思问耻。孔子曰："国有道，谷。国无道，

原宪，字子思。子思询问什么是耻辱。孔子说："国家有道，做官食禄；国家无道，

还做官食禄，就是耻辱。"子思说："不好胜，不自夸，不怨恨，无贪欲，可以算是做到仁了吗？"孔子说："可以说是难能可贵了，是否做到仁那我就不知道了。"

孔子去世后，原宪便在草泽之地隐居起来。子贡担任卫国国相，出行车马成群，推开丛生的野草来到简陋的小屋来探望原宪。原宪整理好破旧的衣帽会见子贡。子贡为此感到羞耻，说："难道你很困窘吗？"原宪说："我听说过这样的话，没有财产的人叫作贫穷，学了道却不能施行的人叫作困窘。像我原宪，是贫穷，不是困窘。"子贡惭愧，不高兴地离去了，终身都为这次说的错话而感到羞耻。

公冶长，齐国人，字子长。孔子说："公冶长，可以把女儿嫁给他为妻，虽然他在被囚禁之中，但这并不是他的罪过。"就把女儿嫁给他为妻。

南宫括字子容。南宫括询问孔子说："羿擅长射箭，奡善于荡舟，他们都不得善终；禹、稷亲自躬耕却获得天下，这是为什么呢？"孔子没有回答。子容退出后，孔子说："君子啊，就是这样的人！崇尚道德的人啊，就是这样的！""国家有道，他不会被废弃；国家无道，他也能免于刑罚。"他又反复吟诵了"白珪之玷"这首

谷，耻也。"子思曰："克、伐、怨、欲不行焉，可以为仁乎？"孔子曰："可以为难矣，仁则吾弗知也。"

孔子卒，原宪遂亡在草泽中。子贡相卫，而结驷连骑，排藜藋入穷闾，过谢原宪。宪摄敝衣冠见子贡。子贡耻之，曰："夫子岂病乎？"原宪曰："吾闻之，无财者谓之贫，学道而不能行者谓之病。若宪，贫也，非病也。"子贡惭，不怿而去，终身耻其言之过也。

公冶长

公冶长，齐人，字子长。孔子曰："长可妻也，虽在累绁之中，非其罪也。"以其子妻之。

南宫括

南宫括字子容。问孔子曰："羿善射，奡荡舟，俱不得其死然；禹、稷躬稼而有天下。"孔子弗答。容出，孔子曰："君子哉若人！上德哉若人！""国有道，不废；国无道，免于刑戮。"三复"白珪之玷"，以其兄之子妻之。

诗，孔子将哥哥的女儿嫁给他为妻。

公皙哀

公皙哀字季次。孔子曰：
"天下无行，多为家臣，仕于
都；唯季次未尝仕。"

公皙哀字季次。孔子说："天下没有
德行之士，大多做了家臣，在都邑为官。
唯有季次未曾出仕做官。"

曾蒧

曾蒧字皙。侍孔子，孔
子曰："言尔志。"蒧曰：
"春服既成，冠者五六人，童
子六七人，浴乎沂，风乎舞雩，
咏而归。"孔子喟尔叹曰："吾
与蒧也！"

曾蒧字皙。曾蒧陪侍孔子，孔子说：
"谈谈你的志趣。"曾蒧说："穿上刚做
好的春服，和五六个大人，六七个童子，
沐浴在沂水中，在舞雩台上吹吹风，然后
唱着歌回来。"孔子长叹道："我和你的
志趣一样啊！"

颜无繇

颜无繇字路。路者，颜回父，
父子尝各异时事孔子。颜回死，
颜路贫，请孔子车以葬。孔子
曰："材不材，亦各言其子也。
鲤也死，有棺而无椁，吾不徒
行以为之椁，以吾从大夫之后，
不可以徒行。"

颜无繇字路。颜路，是颜回的父亲，
父子俩曾不同时间在孔子门下求学。颜
回死了，颜路贫穷，请求孔子卖掉车驾以
安葬颜回。孔子说："他们无论有才没才，
也都是我们自己的儿子。孔鲤死的时候，
有内棺而无外椁，我不能卖掉车驾徒步行
路以给他买椁，因为自从我做了大夫之后，
就不可以徒步行走啊。"

商瞿

商瞿，鲁人，字子木，少
孔子二十九岁。孔子传《易》
于瞿，瞿传楚人馯臂子弘，弘
传江东人矫子庸疵，疵传燕人
周子家竖，竖传淳于人光子乘
羽，羽传齐人田子庄何，何传

商瞿，鲁国人，字子木。比孔子小
二十九岁。孔子将《易》传授给商瞿，商
瞿传给楚国人馯臂子弘，子弘传给江东人
矫子庸疵，矫疵传给燕人周子家竖，周竖
传给淳于人光子乘羽，光羽传给齐人田子
庄何，田何传给东武人王子中同，王同传

给淄川人杨何。杨何在元朔年间因研究《易》而做了汉中大夫。

高柴字子羔。比孔子小三十岁。子羔身高不足五尺，受业于孔子，孔子认为他愚笨。子路派子羔担任费郈的长官，孔子说："这是害人家子弟！"子路说："有人民百姓，有祭祀土神和谷神的庙宇，何必要读书才叫作学习呢？"孔子说："所以我厌恶用花言巧语献媚的人。"

漆雕开，字子开。孔子派子开去做官，他回答说："我对做官还没有信心。"孔子听了很高兴。

公伯缭，字子周。子周在季孙面前说子路坏话，子服景伯将这件事告诉了孔子，对孔子说："夫子本来就有了疑心，我还有力量杀死公伯缭。"孔子说："道义行得通，是天命；道义废弃，也是天命。公伯缭能把天命怎么样呢？"

司马耕，字子牛。子牛话多而性情急躁。向孔子问什么是仁，孔子说："仁德的人说话很谨慎。"子牛问："说话很谨

东武人王子中同，同传菑川人杨何。何元朔中以治《易》为汉中大夫。

高柴

高柴字子羔。少孔子三十岁。子羔长不盈五尺，受业孔子，孔子以为愚。子路使子羔为费、郈宰，孔子曰："贼夫人之子！"子路曰："有民人焉，有社稷焉，何必读书然后为学！"孔子曰："是故恶夫佞者。"

漆雕开

漆雕开字子开。孔子使开仕，对曰："吾斯之未能信。"孔子说。

公伯缭

公伯缭字子周。周诉子路于季孙，子服景伯以告孔子，曰："夫子固有惑志，缭也，吾力犹能肆诸市朝。"孔子曰："道之将行也，命也；道之将废也，命也，公伯缭其如命何？"

司马耕

司马耕字子牛。牛多言而躁，问仁于孔子。孔子曰："仁者其言也讱。"曰："其言也

切，斯可谓之仁乎？"子曰：
"为之难，言之得无切乎！"
问君子，子曰："君子不忧不
惧。"曰："不忧不惧，斯可
谓之君子乎？"子曰："内省
不疚，夫何忧何惧！"

樊须

樊须字子迟，少孔子
三十六岁。樊迟请学稼，孔子
曰："吾不如老农。"请学圃，
曰："吾不如老圃。"樊迟出，
孔子曰："小人哉樊须也！上
好礼，则民莫敢不敬；上好义，
则民莫敢不服；上好信，则民
莫敢不用情。夫如是，则四
方之民襁负其子而至矣，焉用
稼！"樊迟问仁，子曰："爱
人。"问智，曰："知人。"

有若少孔子四十三岁。有
若曰："礼之用，和为贵，先
王之道斯为美，小大由之。有
所不行，知和而和，不以礼
节之，亦不可行也。""信
近于义，言可复也；恭近于礼，
远耻辱也；因不失其亲，亦
可宗也。"

孔子既没，弟子思慕，有

慎就称得上是仁德吗？"孔子说："做事
起来困难，说起话来能不谨慎吗？"子牛
问什么是君子，孔子说："君子不忧愁不
畏惧。"子牛问："不忧愁不畏惧，这就
可称得上是君子吗？"孔子说："自我反省，
内心无愧，还有什么可忧愁畏惧的呢！"

樊须字子迟。比孔子小三十六岁。樊
迟向孔子请求学种庄稼，孔子说："我不
如老农民。"请求学种菜，孔子说："我
不如老菜农。"樊迟出去后，孔子说："樊
迟是个小人啊！统治者崇尚礼仪，那人民
没有谁敢不敬；统治者崇尚道义，那人民
没有谁敢不服；统治者崇尚诚信，那人民
没有谁敢不讲真情。如果像这样，那么四
方的百姓就会背着襁褓中的小孩子前来投
奔了，哪用得着自己种庄稼！"樊迟问什
么是仁，孔子说："爱他人。"问什么是
智，孔子说："了解他人。"

有若比孔子小四十三岁。有若说："礼
的应用，以和为贵，先王治国的道理就高
明在这里。大小之事按这个标准去治理，
有时就行不通；知道和的重要却只追求和，
不用礼加以节制，也是不可行的。""信
约合于义，言行就可经得起实践的检验；恭
敬合乎礼，就能远离耻辱了；依靠那些不失
为亲近的人，这样的人也是可靠的了。"

孔子死后，弟子们都很怀念他。有

若的容貌很像孔子，弟子们共同拥立他为老师，就像侍奉孔子一样对待他。有一天，弟子上前问道："从前先生正要出行，让弟子拿着雨具，不久果然下雨。弟子问道：'先生如何知道会下雨呢？'先生说：'《诗》不是说了吗？'月亮依附毕宿之位，会降滂沱大雨。'昨晚月亮不是依附于毕宿之位吗？'有一天，月亮依附在毕宿之位，竟然没有下雨。商瞿年长却没有儿子，他的母亲替他另外娶妻。孔子派他到齐国去，商母请求不要派他去。孔子说：'不用担忧，商瞿年过四十后将有五个男孩子。'后来果真是这样。敢问先生为什么知道这些呢？"有若沉默着无以回答。弟子站起来说："有子躲开这里吧，这不是你的座位啊！"

公西赤，字子华。比孔子小四十二岁。子华出使齐国，冉有为子华的母亲向孔子请求米粟。孔子说："给她一釜。"请求多给点，孔子说："给她一庾。"冉有给了她五秉粮食。孔子说："公西赤到齐国去，乘坐肥马拉的车，穿轻裘大衣。我听闻君子救济处于困境的人，而不是让富人增加财富。"

巫马施，字子旗。比孔子小三十岁。陈司败问孔子说："鲁昭公懂礼吗？"

若状似孔子，弟子相与共立为师，师之如夫子时也。他日，弟子进问曰："昔夫子当行，使弟子持雨具，已而果雨。弟子问曰：'夫子何以知之？'夫子曰：'《诗》不云乎：月离于毕，俾滂沱矣。昨暮月不宿毕乎？'他日，月宿毕，竟不雨；商瞿年长无子，其母为取室。孔子使之齐，瞿母请之。孔子曰：'无忧，瞿年四十后当有五丈夫子。'已而果然，敢问夫子何以知此？"有若默然无以应。弟子起曰："有子避之，此非子之座也！"

公西赤

公西赤字子华，少孔子四十二岁。子华使于齐，冉有为其母请粟。孔子曰："与之釜。"请益，曰："与之庾。"冉子与之粟五秉。孔子曰："赤之适齐也，乘肥马，衣轻裘。吾闻君子周急不继富。"

巫马施

巫马施字子旗，少孔子三十岁。陈司败问孔子曰："鲁昭公知礼乎？"孔子曰："知礼。"退而揖巫马旗曰："吾闻君子不党，君子亦党乎？鲁君娶吴女为夫人，命之为孟子。孟子姓姬，讳称同姓，故谓之孟子。鲁君而知礼，孰不知礼！"施以告孔子，孔子曰："丘也幸，苟有过，人必知之。臣不可言君亲之恶，为讳者，礼也。"

孔子说："懂礼。"孔子退出去后，陈司败向巫马旗作揖说："我听闻君子不会偏私祖护，君子也会偏私祖护吗？鲁君娶了吴国女子为夫人，给她起名叫孟子。孟子姓姬，避讳称呼同姓，所以叫她孟子。鲁君如果懂礼，那还有谁不懂礼呢！"巫马施把这话告诉了孔子，孔子说："我很幸运，如果有了过失，人家一定会知道我的过失。臣子不能说国君的过失，替他避讳的人，就是懂礼啊。"

梁鳣字叔鱼，少孔子二十九岁。颜幸字子柳，少孔子四十六岁。冉孺字子鲁，少孔子五十岁。曹卹字子循，少孔子五十岁。伯虔字子析，少孔子五十岁。公孙龙字子石，少孔子五十三岁。

梁鳣字叔鱼。比孔子小二十九岁。颜幸字子柳。比孔子小四十六岁。冉孺字子鲁。比孔子小五十岁。曹卹字子循。比孔子小五十岁。伯虔字子析。比孔子小五十岁。公孙龙字子石。比孔子小五十三岁。

自子石已右三十五人，显有年名及受业闻见于书传。其四十有二人，无年及不见于书传者纪于左：

冉季字子产。公祖句兹字子之。秦祖字子南。漆雕哆字子敛。颜高字子骄。漆雕徒父。壤驷赤字子徒。商泽。石作蜀字子明。任不齐字选。公良孺字子正。后处字子里。秦冉字

从子石以上三十五人，他们的年龄、姓名及受业经过都明显有文字记载。其余四十二人，没有年龄可考，又没有文字记载，记在下面：

冉季，字子产。公祖句兹，字子之。秦祖，字子南。漆雕哆，字子敛。颜高，字子骄。漆雕徒父。壤驷赤，字子徒。商泽。石作蜀，字子明。任不齐，字选。公良孺，字子正。后处，字子里。秦冉，字开。公夏首，字乘。奚容箴，字子皙。公

肩定，字子中。颜祖，字襄。鄡单，字子家。句井疆。罕父黑，字子索。秦商，字子丕。申党，字周。颜之仆，字叔。荣旂，字子祈。县成，字子祺。左人郢，字行。燕伋，字思。郑国，字子徒。秦非，字子之。施之常，字子恒。颜哙，字子声。步叔乘，字子车。原亢，字籍。乐欬，字子声。廉絜，字庸。叔仲会，字子期。颜何，字冉。狄黑，字皙。邦巽，字子敛。孔忠。公西舆如，字子上。公西蒇，字子上。

太史公说：很多学者都称说过孔子门下的七十位门徒，赞誉的人有时言过其实，诋毁的人有时又会损毁他们的真实形象，总之谁都没有见过他们的真实容貌。而议论品评孔门弟子的生平事迹，还是孔氏古文接近事实。关于孔门弟子的姓名、言行等情况，我全部取自《论语》中弟子的问答，编次成篇，有疑问的地方就空缺着。

开。公夏首字乘。奚容箴字皙。公肩定字子中。颜祖字襄。鄡单字子家。句井疆。罕父黑字子索。秦商字丕。申党字周。颜之仆字叔。荣旂字子祺。县成字子祺。左人郢字行。燕伋字思。郑国字子徒。秦非字子之。施之常字子恒。颜哙字子声。步叔乘字子车。原亢籍。乐欬字子声。廉絜字庸。叔仲会字子期。颜何字冉。狄黑字皙。邦巽字子敛。孔忠。公西舆如字子上。公西蒇字子上。

太史公曰：学者多称七十子之徒，誉者或过其实，毁者或损其真，钧之未睹厥容貌。则论言弟子籍，出孔氏古文近是。余以弟子名姓文字悉取《论语》弟子问并次为篇，疑者阙焉。

史记卷六十八
列传第八

商君公孙鞅

商君，是卫国公室庶出的公子之一，名鞅，姓公孙，他祖先本来姓姬。商鞅年少时喜欢刑名之学，为魏国国相公叔座做事，担任中庶子。公叔座知道他的贤能，还没来得及举荐。恰逢公叔座患病，魏惠王亲自前去探病，说："公叔的病倘有不测，国家该怎么办呢？"公叔座说："我的中庶子公孙鞅，年纪虽然小，但有过人的才干，希望大王能举国听他的。"惠王默然无语。当惠王将要离开时，公叔座屏退左右侍从说："大王如果不任用公孙鞅，就一定要杀了他，不要让他走出国境。"惠王答应了他而离去。公叔座召来公孙鞅致歉说："今天大王询问能够胜任相国的人，我推荐了你，看大王的神色不会答应我的建议。我当先国君后臣子，因而劝大王如果不能任用公孙鞅，就杀了他。大王答应了我。你还是赶快离开吧，不走将会被擒住。"商鞅说："大王既然不能听你的话任用我，又怎会听你的话来杀我呢？"最终没有离开。惠王离开后，对左右侍从

商君者，卫之诸庶孽公子也，名鞅，姓公孙氏，其祖本姬姓也。鞅少好刑名之学，事魏相公叔座为中庶子。公叔座知其贤，未及进。会座病，魏惠王亲往问病，曰："公叔病有如不可讳，将奈社稷何？"公叔曰："座之中庶子公孙鞅，年虽少，有奇才，愿王举国而听之。"王嘿然。王且去，座屏人言曰："王即不听用鞅，必杀之，无令出境。"王许诺而去。公叔座召鞅谢曰："今者王问可以为相者，我言若，王色不许我。我方先君后臣，因谓王即弗用鞅，当杀之。王许我。汝可疾去矣，且见禽。"鞅曰："彼王不能用君之言任臣，又安能用君之言杀臣乎？"卒不去。惠王既去，而谓左右曰："公叔病甚，悲

乎！欲令寡人以国听公孙鞅也，岂不悖哉！”

公叔既死，公孙鞅闻秦孝公下令国中求贤者，将修缪公之业，东复侵地，乃遂西入秦，因孝公宠臣景监以求见孝公。孝公既见卫鞅，语事良久，孝公时时睡，弗听。罢而孝公怒景监曰：“子之客妄人耳，安足用邪！”景监以让卫鞅。卫鞅曰：“吾说公以帝道，其志不开悟矣。”后五日，复求见鞅。鞅复见孝公，益愈，然而未中旨。罢而孝公复让景监，景监亦让鞅。鞅曰：“吾说公以王道而未入也。请复见鞅。”鞅复见孝公，孝公善之而未用也。罢而去，孝公谓景监曰：“汝客善，可与语矣。”鞅曰：“吾说公以霸道，其意欲用之矣。诚复见我，我知之矣。”卫鞅复见孝公。公与语，不自知膝之前于席也。语数日不厌。景监曰：“子何以中吾君？吾君之欢甚也。”鞅曰：“吾说君以帝王之道比三代，而君曰：‘久远，吾不能待。且贤君者，各

说：“公叔座病得很重，可悲啊，他想让寡人举国上下都听从公孙鞅的，这岂不是很荒唐吗！”

公叔座死之后，公孙鞅听闻秦孝公下令全国寻求贤德之人，想要重振缪公时代的霸业，向东收复失地，便向西入秦，通过孝公的宠臣景监去求见孝公。孝公召见卫鞅，谈论事情很久，孝公时不时打瞌睡，没有听。事后孝公迁怒景监说：“你的客人是妄言之人啊，怎么能任用呢！”景监因此责备卫鞅。商鞅说：“我用五帝之道劝说孝公，他不能领悟。”过了五天，又请求召见卫鞅。卫鞅再次拜见孝公，谈得更多，然而还是不合孝公的心意。事后孝公又责备景监，景监也责备卫鞅。卫鞅说：“我用王道劝说孝公，他听不进去。请您让他再次召见我。”卫鞅再次拜见孝公，孝公对他很友好，但没任用他。事后卫鞅离去。孝公对景监说：“你的客人不错，可以和他交谈。”卫鞅说：“我用霸道劝说孝公，看他的意思是想采用了。如果再召见我，我知道该说什么了。”卫鞅又拜见孝公。孝公与他交谈，不知不觉地在垫席上向前移动膝盖。谈了好几天都不觉得厌倦。景监：“您用什么说中了我们大王的心意呢？大王非常高兴！”商鞅说：“我用帝王之道劝说大王建立夏商周三代时的盛世，大王却说：‘时间久远，我不

能等。况且贤能的国君，都希望当世名扬天下，怎么能默默地等上几十年甚至上百年才成就帝王大业呢？'所以我用富国强兵的方法劝说大王，大王非常高兴。然而也难以与殷周时的德行相媲美了！"

孝公任用卫鞅后，卫鞅想要变法，孝公担心天下人议论自己。卫鞅说："行动犹疑，就不会搞出声名；做事迟疑，就不会成功。况且行为出众的人，本来就会遭到世俗的非议；有独到见解的人，必定受到常人的诋毁。愚钝的人事成之后也不明白，明智的人事情还没有萌发就能预见到。不能和百姓商讨新事物的创始，却可以与他们共享成功的喜悦。探讨高深道德的人不与世俗合流，成大业的人不与众人共谋。因此，圣人只要能使国家强盛，就不必沿用旧的成法；只要有利于百姓，就不必遵循旧的礼制。"孝公说："说得好。"甘龙说："不对。圣人不改变民俗而施以教化，智慧的人不改变成法而治理国家。依照民俗而施教，不费力就能成功；沿袭成法而治国，官吏习惯而百姓安宁。"商鞅说："甘龙所说的，是世俗的说法。常人安于旧俗，学者沉溺于所见所闻。这两种人居官守法还可以，却不能和他们探讨常法以外的事情。夏商周三代礼制各不同却都能统治天下，五伯法制各不同却能成就霸业。智慧的人制定法度，愚笨的人被法度所制；贤

及其身显名天下，安能邑邑待数十百年以成帝王乎？'故吾以强国之术说君，君大说之耳。然亦难以比德于殷周矣。"

孝公既用卫鞅，欲变法，恐天下议己。卫鞅曰："疑行无名，疑事无功。且夫有高人之行者，固见非于世；有独知之虑者，必见敖于民。愚者暗于成事，知者见于未萌。民不可与虑始而可与乐成。论至德者不和于俗，成大功者不谋于众。是以圣人苟可以强国，不法其故；苟可以利民，不循其礼。"孝公曰："善。"甘龙曰："不然。圣人不易民而教，知者不变法而治。因民而教，不劳而成功；缘法而治者，吏习而民安之。"卫鞅曰："龙之所言，世俗之言也。常人安于故俗，学者溺于所闻。以此两者居官守法可也，非所与论于法之外也。三代不同礼而王，五伯不同法而霸。智者作法，愚者制焉；贤者更礼，不肖者拘焉。"杜挚曰："利不百，不变法；功不十，不易器。

法古无过，循礼无邪。"卫鞅曰："治世不一道，便国不法古。故汤、武不循古而王，夏、殷不易礼而亡。反古者不可非，而循礼者不足多。"孝公曰："善。"以卫鞅为左庶长，卒定变法之令。

令民为什伍，而相牧司连坐。不告奸者腰斩，告奸者与斩敌首同赏，匿奸者与降敌同罚。民有二男以上不分异者，倍其赋。有军功者，各以率受上爵；为私斗者，各以轻重被刑大小。僇力本业，耕织致粟帛多者复其身。事末利及怠而贫者，举以为收孥。宗室非有军功论，不得为属籍。明尊卑爵秩等级，各以差次名田宅，臣妾衣服以家次：有功者显荣，无功者虽富无所芬华。

令既具，未布，恐民之不

人变更礼制，庸人被礼制所束缚。"杜挚说："没有百倍的利益，不改变成法；没有十倍的功效，不更换旧器。遵循古法没有过失，遵循旧礼没有偏差。"商鞅说："治理国家没有一成不变的方法，有利于国家的事情就不必仿效古法。所以汤武不效仿旧法却能统治天下；夏殷不变更旧礼却灭亡。反对古法的人不可以非难，而遵循旧礼的人不值得赞扬。"孝公说："说得好。"任命卫鞅为左庶长，终于确定了变法的命令。

按照法令，让百姓十家为一什，五家为一伍，互相监视，实行连坐。不告发奸恶的要处腰斩之刑，告发奸恶的人与斩敌首级的人受同等赏赐，藏匿奸恶的人与投降敌人的人受同样的处罚。家中有两个以上男丁却不分家的，加倍征收赋税。有军功的人，各按标准升爵犒赏；为私事斗殴的，各按情节轻重处以程度不同的刑罚。努力务农，精耕勤织致使粮食、布帛丰富的人免除徭役及赋税。从事工商业及懒惰而贫穷的人，全部收捕，没入官府为奴。宗室没有军功的，不得列入家族籍册。各按他们的等级差别明确尊卑爵位等级，按各家爵位班次决定占有的土地、房屋以及家臣奴婢的衣服。有功的人显赫荣耀，没有功的人，即使富有也无从炫耀。

法令准备就绪后，还没公布，担心百

姓不相信，就在国都市集的南门立一根三丈长的木杆，招募百姓将其搬到北门，能做到的人赏赐给他十金。百姓为此觉得奇怪，没人敢动。又宣布"能搬到北门的赏五十金"。有一个人搬动木杆到了北门，当下就赏给了他五十金，以表明令出必行，不会欺骗百姓。终于颁布了法令。

法令在民间施行了一年，秦国数以千计的百姓到国都说不适应新法令。正当这时，太子触犯了法令。商鞅说："法令不能推行，是因为有上面的人触犯它。"想要依法惩处太子。太子是国君的继承人，不可以施刑，便处罚了太傅公子虔，对太师公孙贾处以黥刑。第二天，秦人都守法了。法令推行了十年，秦人非常高兴，路上不捡他人遗落的物品，山中没有盗贼，家家富裕，人人能实现温饱。百姓勇于为国而战，不敢私下斗殴，乡城安宁。当初说不适应法令的秦人又来说新法令的好处，商鞅说"这都是扰乱教化的人"，将他们全部迁到了边城。此后，没有百姓敢议论法令了。

于是孝公封商鞅为大良造，让他率兵围攻魏国安邑，降伏了安邑。过了三年，秦国在咸阳修筑城阙宫廷，秦国自雍地迁都到咸阳。下令禁止百姓父子兄弟同住一家。把小的乡镇村落合并为县，设置县令、县丞，共三十一个县。废除阡陌重新划分田地疆界，而使赋税平衡。统一全国的度

信己，乃立三丈之木于国都市南门，募民有能徙置北门者予十金。民怪之，莫敢徙。复曰"能徙者予五十金"。有一人徙之，辄予五十金，以明不欺。卒下令。

令行于民期年，秦民之国都言初令之不便者以千数。于是太子犯法。卫鞅曰："法之不行，自上犯之。"将法太子。太子，君嗣也，不可施刑，刑其傅公子虔，黥其师公孙贾。明日，秦人皆趋令。行之十年，秦民大说，道不拾遗，山无盗贼，家给人足。民勇于公战，怯于私斗，乡邑大治。秦民初言令不便者有来言令便者，卫鞅曰"此皆乱化之民也"，尽迁之于边城。其后民莫敢议令。

于是以鞅为大良造。将兵围魏安邑，降之。居三年，作为筑冀阙宫庭于咸阳，秦自雍徙都之。而令民父子兄弟同室内息者为禁。而集小乡邑聚为县，置令、丞，凡三十一县。为田开阡陌封疆，而赋税

平。平斗桶权衡丈尺。行之四年，公子虔复犯约，劓之。居五年，秦人富强，天子致胙于孝公，诸侯毕贺。

其明年，齐败魏兵于马陵，虏其太子申，杀将军庞涓。其明年，卫鞅说孝公曰："秦之与魏，譬若人之有腹心疾，非魏并秦，秦即并魏。何者？魏居领厄之西，都安邑，与秦界河而独擅山东之利。利则西侵秦，病则东收地。今以君之贤圣，国赖以盛。而魏往年大破于齐，诸侯畔之，可因此时伐魏。魏不支秦，必东徙。东徙，秦据河山之固，东乡以制诸侯，此帝王之业也。"孝公以为然，使卫鞅将而伐魏。魏使公子卬将而击之。军既相距，卫鞅遗魏将公子卬书曰："吾始与公子欢，今俱为两国将，不忍相攻，可与公子面相见，盟，乐饮而罢兵，以安秦魏。"魏公子卬以为然。会盟已，饮，而卫鞅伏甲士而袭虏魏公子卬，因攻其军，尽破之以归秦。魏惠王兵数破于齐秦，国内空，日以削，恐，乃使使割河西之地献

量衡制度。法令施行四年，公子虔再次触犯法令，被处以劓刑。过了五年，秦人富强，周天子把祭肉赐给秦孝公，诸侯都来祝贺。

第二年，齐军在马陵打败魏兵，俘虏了魏太子申，杀死将军庞涓。下一年，卫鞅劝说孝公道："秦国和魏国的关系，好像人的心腹之中得了疾病，不是魏国吞并秦国，就是秦国吞并魏国。为什么呢？魏国处在险要地形的西部，建都安邑，与秦国以黄河为界而独自占据崤山以东的有利地势。形势有利就向西侵犯秦国；形势无利便向东扩展领地。如今因为大王圣明贤能，国家才得以强盛。魏国往年被齐国打得大败，诸侯都背叛了它，您可趁此时讨伐魏国。魏国抵挡不住秦国，必然会东迁。东迁，秦国就占据了黄河、崤山的险固地势，向东可以控制诸侯，这是能成就帝王的基业啊！"孝公认为他说得对，派遣卫鞅率兵讨伐魏国。魏国派公子卬率兵迎击秦军。两军对峙相持，卫鞅给魏公子卬送来书信说："我当初与公子交好，如今我们担任两国将领，不忍心互相攻击，我可以与公子当面相见，订立盟约，痛快畅饮然后撤兵，以使秦魏两国相安无事。"魏公子卬觉得有道理。会盟结束后饮酒，卫鞅却埋伏士兵突然袭击并俘虏了魏公子卬，乘势攻打魏军，彻底打败魏军后返回秦国。

魏惠王的军队几次被齐、秦两国打败，国内空虚，国力日益削弱，魏王害怕了，就派遣使者将河西的土地割让给秦国以求和。而魏王离开安邑，迁都大梁。梁惠王说："我后悔没有采用公叔座的话啊。"卫鞅打败魏军返回秦国后，秦孝公把於、商等十五邑的土地封给卫鞅，卫鞅号为商君。

商君担任秦国国相十年，宗室贵戚大多怨恨他。赵良去面见商君。商君说："我之所以见你，是听从了孟兰皋的介绍，如今我请求与你交个朋友，可以吗？"赵良说："鄙人不敢奢望。孔丘有一句话说：'推举贤能，深受爱戴的人才会前来；聚集不肖之徒，即便有能成就王业之人也会引退。'鄙人不肖，所以不敢从命。鄙人还听说：'不是他的职位而占有它叫作贪位，不是他该享有的名声而享有它叫作贪名。'鄙人如果听从了您的话，恐怕鄙人就成了贪位贪名的人了。所以不敢从命。"商君说："你不满意我对秦国的治理吗？"赵良说："能反思别人的意见叫聪，能自我审视叫明，能自我克制叫强。虞舜有一句话说：'自我谦虚也是可贵的。'您不如遵循虞舜之道去做，无须问鄙人了。"

商君说："当初秦国的习俗和戎翟一样，父子没有差别，在同室居住。如今我改变秦国的风俗教化，使他们男女有别，大修宫殿，营建得像鲁、卫两国一

于秦以和。而魏遂去安邑，徙都大梁。梁惠王曰："寡人恨不用公叔座之言也。"卫鞅既破魏还，秦封之於、商十五邑，号为商君。

商君相秦十年，宗室贵戚多怨望者。赵良见商君。商君曰："鞅之得见也，从孟兰皋，今鞅请得交，可乎？"赵良曰："仆弗敢愿也。孔丘有言曰：'推贤而戴者进，聚不肖而王者退。'仆不肖，故不敢受命。仆闻之曰：'非其位而居之曰贪位，非其名而有之曰贪名。'仆听君之义，则恐仆贪位贪名也。故不敢闻命。"商君曰："子不说吾治秦与？"赵良曰："反听之谓聪，内视之谓明，自胜之谓强。虞舜有言曰：'自卑也尚矣。'君不若道虞舜之道，无为问仆矣。"

商君曰："始秦戎翟之教，父子无别，同室而居。今我更制其教，而为其男女之别，大筑冀阙，营如鲁、卫矣。子观

我治秦也，孰与五羖大夫贤？"
赵良曰："千羊之皮，不如一狐之掖；千人之诺诺，不如一士之谔谔。武王谔谔以昌，殷纣墨墨以亡。君若不非武王乎，则仆请终日正言而无诛，可乎？"商君曰："语有之矣，貌言华也，至言实也，苦言药也，甘言疾也。夫子果肯终日正言，鞅之药也。鞅将事子，子又何辞焉！"

赵良曰："夫五羖大夫，荆之鄙人也。闻秦缪公之贤而愿望见，行而无资，自粥于秦客，被褐食牛。期年，缪公知之，举之牛口之下，而加之百姓之上，秦国莫敢望焉。相秦六七年，而东伐郑，三置晋国之君，一救荆国之祸。发教封内，而巴人致贡；施德诸侯，而八戎来服。由余闻之，款关请见。五羖大夫之相秦也，劳不坐乘，暑不张盖，行于国中，不从车乘，不操干戈，功名藏于府库，德行施于后世。五羖大夫死，秦国男女流涕，童子不歌谣，舂者不相杵。此五羖大夫之德也。今君之见秦王也，因嬖人景监

样。你看我治理秦国，与五羖大夫相比谁更贤能？"赵良说："千张羊皮，也不如一领狐腋；千人随声附和，也不如一人直言。武王因谏言之臣而国家昌盛，殷纣因无人发声而亡国。您如果不反对武王的做法，则鄙人请求终日直言而不受怪罪，可以吗？"商君说："俗话说，阿谀之言浮夸，内心之言诚挚，苦口之言是良药，甜言蜜语是病因。您果真肯终日直言，就是我卫鞅治病的良药啊。我将拜您为师，您又何必推辞呢！"

赵良说："那五羖大夫，是楚国的乡野之人。听说秦穆公贤明而希望得以求见，但出行没有盘缠，就将自己卖给秦人，身穿粗布短衣给人喂牛。一年后，穆公知道了他的事，将他从牛口之下提拔起来，地位凌驾于百姓之上，秦国没有人敢与他相比。他做秦国国相六七年，向东讨伐郑国，三次拥立晋国国君，一次救援楚国使其免于祸患。在封地内施行教化，使巴人前来纳贡；施德政于诸侯，而八方戎狄前来归附。由余听说了他，前来叩关请求会见。五羖大夫做秦国国相时，劳累不坐车，酷暑炎热不张伞，在国中出行，不用随从车辆，不携带武器。他的功名载入史册藏于府库之中，德行流传于后世。五羖大夫去世，秦国男女都痛哭流涕，童子不唱歌谣，舂米者也不喊号声。这就是五羖大夫

的德行啊。如今您得以面见秦王，靠的是受宠小臣景监的引荐，这就说不上名望了。身为秦国国相不为百姓谋事，却大肆修建宫殿门阙，这就说不上功业了。对太子的师傅处以黥刑，用严刑酷法残害百姓，这是积怨聚祸啊。教化百姓的法令比国君的命令更加深入人心，百姓遵从你的法令比遵从国君的命令还迅速。如今您又用诈术建立威权，改变君命，这不是施行教化啊。您又占据高位，自称寡人，天天用法令约束秦国贵族子弟。《诗经》说：'看那老鼠都有肢体，人却没有礼仪；人没有礼仪，何不快速死去。'以《诗经》来看，这不是长寿的做法啊。

"公子虔闭门不出已经八年了，您又杀了祝懽而对公孙贾施以黥刑。《诗经》说：'得人心者兴旺，失人心者崩塌。'这几件事都不得人心啊。您出行时，后面跟随的车辆数以十计，车上载的都是穿戴盔甲的卫士，身强力壮的人做您的贴身护卫，手持矛戟的护卫夹护着您的车子而疾走。这些防卫有一样不全，您坚决不出门。《尚书》上说：'依仗德行者昌盛，依仗武力者灭亡。'您就像朝露一样危险，还想要延年益寿吗？

"那么，为何不归还十五邑，到偏僻荒远的地方浇园自耕，劝秦王任用那些隐居山林的贤士，赡养老人，抚育孤儿，敬

以为主，非所以为名也。相秦不以百姓为事，而大筑冀阙，非所以为功也。刑黥太子之师傅，残伤民以骏刑，是积怨畜祸也。教之化民也深于命，民之效上也捷于令。今君又左建外易，非所以为教也。君又南面而称寡人，日绳秦之贵公子。《诗》曰：'相鼠有体，人而无礼；人而无礼，何不遄死。'以《诗》观之，非所以为寿也。

"公子虔杜门不出已八年矣，君又杀祝懽而黥公孙贾。《诗》曰：'得人者兴，失人者崩。'此数事者，非所以得人也。君之出也，后车十数，从车载甲，多力而骈胁者为骖乘，持矛而操阖戟者旁车而趋。此一物不具，君固不出。《书》曰：'恃德者昌，恃力者亡。'君之危若朝露，尚将欲延年益寿乎？

"则何不归十五都，灌园于鄙，劝秦王显岩穴之士，养老存孤，敬父兄，序有功，尊

有德，可以少安。君尚将贪商
於之富，宠秦国之教，畜百姓
之怨，秦王一旦捐宾客而不立
朝，秦国之所以收君者，岂其
微哉？亡可翘足而待。"商君
弗从。

后五月，而秦孝公卒，太
子立。公子虔之徒告商君欲反，
发吏捕商君。商君亡至关下，
欲舍客舍。客人不知其是商
君也，曰："商君之法，舍
人无验者坐之。"商君喟然
叹曰："嗟乎，为法之敝一
至此哉！"去之魏。魏人怨其
欺公子卬而破魏师，弗受。商
君欲之他国。魏人曰："商君，
秦之贼。秦强而贼入魏，弗归，
不可。"遂内秦。商君既复入秦，
走商邑，与其徒属发邑兵北出
击郑。秦发兵攻商君，杀之于
郑黾池。秦惠王车裂商君以徇，
曰："莫如商鞅反者！"遂灭
商君之家。

太史公曰：商君，其天资
刻薄人也。迹其欲干孝公以帝
王术，挟持浮说，非其质矣。
且所因由嬖臣，及得用，刑公

重父兄，叙用功臣，尊重贤德，这样可以
稍保安全。如果您还贪图商於的富有，专
擅秦国的政教，蓄积百姓的怨恨，秦王一
旦去世而不再当政，秦国要抓您的人难道
会少吗？您的丧生之日便很快就要到来
了。"商君没有听从。

五个月后，秦孝公去世，太子即位。
公子虔的党徒告发商君想要谋反，就派
人去逮捕商君。商君逃到关下，想住旅店。
旅店主人不知道他就是商君，说："按照
商君的法令，留宿没证件的人，店主要连
带被判有罪。"商君长叹道："唉，制定
法令的弊端竟到了这个地步！"便离开逃
到了魏国，魏国人怨恨他欺骗公子卬而大
破魏军，没有收留他。商君想去其他国家，
魏国人说："商君，是秦国的逃犯，秦国
强大而逃犯跑到魏国来，不将他送回不
行。"于是将商君送回秦国。商君再次进
入秦国，向商邑而去，与他的党徒部属发
动邑兵，向北攻击郑国。秦国发兵攻打商
君，在郑国的黾池杀了他。秦惠王将商君
五马分尸以示众，说："不要有像商鞅这
样谋反的人！"于是灭了商君的家族。

太史公说：商鞅，是一个天性刻薄
的人。考察他当初用帝王之道游说孝公，
只是凭着虚饰浮说，那不是发自他的内
心。况且他通过宠臣被举荐，等到被任用，

就对公子虔施以刑罚，欺骗魏将公子卬，不听从赵良的话，也足以证明商君的刻薄寡恩了。我曾经读商君的《开塞》《耕战》等著作，内容与他本人的行事风格类似。他最终在秦国蒙受恶名，这是有来由的呀！

子虔，欺魏将卬，不师赵良之言，亦足发明商君之少恩矣。余尝读商君《开塞》《耕战》书，与其人行事相类。卒受恶名于秦，有以也夫！

史记卷六十九
列传第九

苏秦　苏代　苏厉

苏秦

苏秦，是东周洛阳人。他向东到齐国拜师求学，向鬼谷先生学习。

他外出游历多年，弄得穷困潦倒而归。兄弟、嫂妹、妻妾都暗地里嘲笑他，说："周人的习俗是治理家产，努力从事工商业，以追求十分之二的利润为要务。如今您放弃本行去做耍弄口舌的事，穷困潦倒不也是应该的嘛！"苏秦听了这些话感到惭愧，独自悲伤，于是闭门不出，拿出他的书全部看了一遍。他说："一个读书人已经埋头读书，却又不能凭书取得荣华富贵，即便读书很多又有什么用呢！"于是找到一本《周书阴符》，伏案研读。一年后，揣摩出了其中的门道，说："凭这些便可以游说当世的君王了。"他去求见游说周显王。显王左右侍从一向了解苏秦，都瞧不起他。周王没有信任和任用他。

于是他向西到秦国。秦孝公去世。他游说秦惠王道："秦国是四面山川险固的国家，被山环绕，渭水如衣带横流，东面

苏秦者，东周雒阳人也。东事师于齐，而习之于鬼谷先生。

出游数岁，大困而归。兄弟嫂妹妻妾窃皆笑之，曰："周人之俗，治产业，力工商，逐什二以为务。今子释本而事口舌，困，不亦宜乎！"苏秦闻之而惭，自伤，乃闭室不出，出其书遍观之。曰："夫士业已屈首受书，而不能以取尊荣，虽多亦奚以为！"于是得周书《阴符》，伏而读之。期年，以出揣摩，曰："此可以说当世之君矣。"求说周显王。显王左右素习知苏秦，皆少之。弗信。

乃西至秦。秦孝公卒。说惠王曰："秦四塞之国，被山带渭，东有关河，西有汉中，

南有巴、蜀，北有代、马，此天府也。以秦士民之众，兵法之教，可以吞天下，称帝而治。"秦王曰："毛羽未成，不可以高蜚；文理未明，不可以并兼。"方诛商鞅，疾辩士，弗用。

乃东之赵。赵肃侯令其弟成为相，号奉阳君。奉阳君弗说之。

去游燕，岁余而后得见。说燕文侯曰："燕东有朝鲜、辽东，北有林胡、楼烦，西有云中、九原，南有滹沱、易水，地方二千余里，带甲数十万，车六百乘，骑六千匹，粟支数年。南有碣石、雁门之饶，北有枣栗之利，民虽不佃作而足于枣栗矣。此所谓天府者也。

"夫安乐无事，不见覆军杀将，无过燕者。大王知其所以然乎？夫燕之所以不犯寇被甲兵者，以赵之为蔽其南也。秦赵五战，秦再胜而赵三胜。秦赵相毙，而王以全燕制其后，此燕之所以不犯寇也。且夫秦

有关河，西面有汉中，南面有巴郡、蜀郡，北面有代郡、马郡，这就是天府之国。凭借秦国众多的百姓、严格的军事训练，可以吞并天下，建立帝业而统治四方。"秦王说："羽翼还没丰满，还不可以凌空高飞，国家政教没有步入正轨，还不可以兼并天下。"秦国刚刚诛杀了商鞅，怨恨游说的人，因而没有任用苏秦。

苏秦便向东去往赵国。赵肃侯让他的弟弟赵成担任国相，号为奉阳君。奉阳君不喜欢苏秦。

苏秦又去往燕国，一年多后得以面见燕侯。他游说燕文侯道："燕国的东面有朝鲜、辽东，北面有林胡、楼烦，西面有云中、九原，南面有滹沱、易水，领地纵横两千多里，披盔戴甲的将士有几十万，战车六百乘，战马六千匹，粮食足够支用多年。南面有碣石、雁门的富饶土地，北面有枣、栗子等食物，百姓即使不耕作，光是枣和栗子的收成就可以满足他们。这就是所谓的天然府库啊。

"能够安宁无事，看不到军队覆没将领被杀的情景，这一点没有谁比得上燕国。大王知道为什么是这样吗？燕国之所以不被外敌侵犯，是因为赵国在南面遮蔽着燕国。秦国和赵国交战五次，秦国两次获胜而赵国三次获胜。秦国、赵国互相交战而因此困顿，而大王凭借整个燕国从后面牵

制他们，这就是燕国不受外敌侵犯的原因。况且秦国攻打燕国，要逾越云中、九原，穿过代郡、上谷，远走几千里，即使得到燕国城池，估计秦国也无法固守。很明显，秦国不能侵犯燕国了。如今赵国要攻打燕国，只要发号施令，不到十天几十万大军就会驻军在东垣。渡过滹沱，穿过易水，不到四五天便可以抵达燕国都城。所以说秦国攻打燕国，是在千里以外作战；赵国攻打燕国，是在百里以内作战。不忧虑百里之内的祸患却重视千里之外的敌人，计策上的失误没有比这更严重的了。因此希望大王与赵国合纵友善，天下结为一体，那么燕国一定没有忧患了。"

文侯说："您所言不错，然而我国弱小，西面迫近强大的赵国，南面临近齐国，齐国、赵国都是强国。您一定想用合纵的办法来使燕国安宁无事，我愿意倾国相从。"

于是资助苏秦车马金帛让他到赵国去。

当时奉阳君已死，就趁机游说赵肃侯道："天下卿相人臣及布衣士人，都仰慕您这贤明的君主施行仁义，都愿意奉听您的教诲、向您陈诉忠言已经很久了。尽管如此，奉阳君嫉妒贤才而您又不理政事，因此宾客游士没有谁敢在您面前畅所欲言。如今奉阳君已经撒手人寰，您如今又可以和士民亲近了，所以我才敢于向您陈述一

之攻燕也，逾云中、九原，过代、上谷，弥地数千里，虽得燕城，秦计固不能守也。秦之不能害燕亦明矣。今赵之攻燕也，发号出令，不至十日而数十万之军军于东垣矣。渡滹沱，涉易水，不至四五日而距国都矣。故曰秦之攻燕也，战于千里之外；赵之攻燕也，战于百里之内。夫不忧百里之患而重千里之外，计无过于此者。是故愿大王与赵从亲，天下为一，则燕国必无患矣。"

文侯曰："子言则可，然吾国小，西迫强赵，南近齐，齐、赵强国也。子必欲合从以安燕，寡人请以国从。"

于是资苏秦车马金帛以至赵。

而奉阳君已死，即因说赵肃侯曰："天下卿相人臣及布衣之士，皆高贤君之行义，皆愿奉教陈忠于前之日久矣。虽然，奉阳君妒而君不任事，是以宾客游士莫敢自尽于前者。今奉阳君捐馆舍，君乃今复与士民相亲也，臣故敢进其愚虑。

"窃为君计者，莫若安民无事，且无庸有事于民也。安民之本，在于择交，择交而得则民安，择交而不得则民终身不安。请言外患：齐秦为两敌而民不得安，倚秦攻齐而民不得安，倚齐攻秦而民不得安。故夫谋人之主，伐人之国，常苦出辞断绝人之交也。愿君慎勿出于口。请别白黑所以异，阴阳而已矣。君诚能听臣，燕必致游牵狗马之地，齐必致鱼盐之海，楚必致橘柚之园，韩、魏、中山皆可使致汤沐之奉，而贵戚父兄皆可以受封侯。夫割地包利，五伯之所以覆军禽将而求也；封侯贵戚，汤武之所以放弑而争也。今君高拱而两有之，此臣之所以为君愿也。

"今大王与秦，则秦必弱韩、魏；与齐，则齐必弱楚、魏。魏弱则割河外，韩弱则效宜阳，宜阳效则上郡绝，河外割则道

些浅陋的见解。

"我私下为您考虑，没有比百姓安宁无事，以及不需因战事而劳民更重要的了。安定百姓的根本，在于选择邦交，邦交选择得当，百姓便安定；邦交选择不得当，百姓便终身不得安宁。请让我说说赵国的外患：如果与齐秦两国为敌，百姓便不得安宁，依靠秦国攻打齐国而百姓不得安宁，依靠齐国攻打秦国百姓也不得安宁。所以算计别国的君主，攻打别人的国家，常常苦于公开声明断绝跟别国的外交关系，希望您对此谨慎，不要轻易说出。请让我为您分辨黑白，就有如区别阴阳一样。您果真能听我的话，燕国必定会献上盛产游牵狗马的土地，齐国必定会献上盛产鱼盐的海湾，楚国必定会献上盛产橘柚的园林，韩、魏、中山三国都可以把它们的土地献上作为您停留休息的地方，而您尊贵的亲戚、父兄都能得以封侯。取得割地，包揽重利，这是五伯之所以不惜覆没别国军队、擒获对方将领才追求到的；让贵戚封爵，这是商汤、周武王放逐和杀死国君才争得的。如今您高高拱着手就可得到这两种好处，这就是我替您思虑到的。

"如今大王与秦国友好，那么秦国一定会削弱韩国、魏国；与齐国友好，那么齐国一定会削弱楚国、魏国。魏国衰弱就要割让河外的土地；韩国衰弱，便会献

出宜阳，宜阳献出就会让上郡陷入绝境；割让河外就会让上郡道路不通；楚国衰弱，就会孤立无援。这三种策略，不可不深思熟虑啊。

"秦国攻下轵道，那么南阳就危险了；夺取韩国的南阳，包围周都，那么赵国自然会拿起武器防卫；占据卫国，夺取卷城，那么齐国一定会向秦国俯首称臣。秦国的志向要想在崤山以东地区实现，那么必定会举兵向赵国进犯。秦军渡过黄河，逾越漳水，占据番吾，就一定会打到邯郸城下。这是我替您忧虑的。

"当今之时，山东地区建立的国家没有强过赵国的。赵国领土纵横两千多里，带甲士兵几十万，战车千辆，战马万匹，粮食足够支用好几年。西边有常山，南边有黄河、漳河，东边有清河，北边有燕国。燕国本就是弱国，不值得畏惧。秦国在天下所嫉恨的莫过于赵国，然而秦国不敢举兵攻打赵国，为什么呢？害怕韩国、魏国在后面暗算它。如此看来，韩国、魏国是赵国南面的屏障了。秦国攻打韩国、魏国，没有名山大川的阻碍，会逐渐蚕食它们，直到逼近它们的国都。韩国、魏国无法抵挡秦国，一定会臣服于秦国。秦国没有韩国、魏国的顾虑，那么战祸必然会降临到赵国。这是我替您忧虑的。

"我听闻尧没有得到三百亩的土地，

不通，楚弱则无援。此三策者，不可不孰计也。

"夫秦下轵道，则南阳危；劫韩包周，则赵氏自操兵；据卫取卷，则齐必入朝秦。秦欲已得乎山东，则必举兵而向赵矣。秦甲渡河逾漳，据番吾，则兵必战于邯郸之下矣。此臣之所为君患也。

"当今之时，山东之建国莫强于赵。赵地方二千余里，带甲数十万，车千乘，骑万匹，粟支数年。西有常山，南有河漳，东有清河，北有燕国。燕固弱国，不足畏也。秦之所害于天下者莫如赵，然而秦不敢举兵伐赵者，何也？畏韩、魏之议其后也。然则韩、魏，赵之南蔽也。秦之攻韩、魏也，无有名山大川之限，稍蚕食之，傅国都而止。韩、魏不能支秦，必入臣于秦。秦无韩、魏之规，则祸必中于赵矣。此臣之所为君患也。

"臣闻尧无三夫之分，舜

无咫尺之地，以有天下；禹无
百人之聚，以王诸侯；汤武之
士不过三千，车不过三百乘，
卒不过三万，立为天子：诚得
其道也。是故明主外料其敌之
强弱，内度其士卒贤不肖，不
待两军相当而胜败存亡之机固
已形于胸中矣，岂掩掩于众人
之言而以冥冥决事哉！

　　"臣窃以天下之地图案之，
诸侯之地五倍于秦，料度诸侯
之卒十倍于秦，六国为一，并
力西乡而攻秦，秦必破矣。今
西面而事之，见臣于秦。夫破
人之与破于人也，臣人之与臣
于人也，岂可同日而论哉！

　　"夫衡人者，皆欲割诸侯
之地以予秦。秦成，则高台榭，
美宫室，听竽瑟之音，前有楼
阙轩辕，后有长姣美人，国被
秦患而不与其忧。是故夫衡人
日夜务以秦权恐愒诸侯以求割
地，故愿大王孰计之也。

　　"臣闻明主绝疑去谗，屏
流言之迹，塞朋党之门，故尊
主广地强兵之计，臣得陈忠于
前矣。故窃为大王计，莫如一

舜也没有咫尺的土地，他们却能拥有天
下；禹没有百人的队伍，却能称王于诸
侯；商汤、周武王的卿士不过三千，战车
不过三百辆，士兵不过三万，却做了天子：
他们确实掌握了谋取天下的策略。所以贤
明的君主对外能预料敌国的强弱，对内能
估计士兵的素质优劣，不用等到两军相遇
而胜败存亡的关键已经了然于胸了，怎会
被众人的话所蒙蔽而糊涂地决断大事呢？

　　"我私下拿出天下的地图来考察，诸
侯的土地是秦国的五倍，估计各诸侯国的
士兵是秦国的十倍，六国结成一体，合力
向西攻打秦国，秦国一定会被打败。如今
却向西事奉秦国，向秦称臣。打败别人和
被别人打败，让人臣服和向别人臣服，难
道能同日而语吗！

　　"主张连横的人，都想要割诸侯的
土地给秦国。秦国成就霸业，就会高筑
楼台亭榭，修饰华美的宫室，听美妙的音
乐，前有楼台、宫阙、华丽的车子，后有
窈窕美人，国家遭受秦国的祸患却感到担
忧。所以那些主张连横的人日夜依靠秦国
的权势恐吓各诸侯国，谋求割地，因此希
望大王仔细地考虑啊。

　　"我听闻贤明的君主能够决断疑惑，
排斥谗言，摒除流言的痕迹，堵塞结党营
私的门路，所以那些尊崇主上，使土地扩展、
军队强大的谋臣才得以在主上面前陈述忠

心。我私下为大王计划，不如使韩、魏、齐、楚、燕、赵六国结成一个互相友好的整体，以反抗秦国。让天下的将相在洹水之上会盟，交换人质，杀白马歃血盟誓。共同盟约说：'秦国攻打楚国，齐国、魏国各派出精锐部队援助楚国，韩国断绝秦国的粮道，赵国渡过黄河、漳河，燕国固守常山北边。秦国攻打韩国和魏国，楚军切断秦军的后路，齐国派出精锐部队援助韩国、魏国，赵国渡过黄河、漳河，燕国驻守云中。秦国攻打齐国，楚军切断秦军的后路，韩军驻守城皋，魏国阻塞秦国的要道，赵国渡过黄河、漳河、博关，燕国派出精锐部队援助齐国。如果秦国攻打燕国，那么赵军驻守常山，楚国驻军武关，齐国渡过渤海，韩国、魏国派出全部精锐的部队援助燕国。秦国攻打赵国，韩国驻军宜阳，楚国驻军武关，魏国驻军河外，齐国渡过清河，燕国派出精锐部队援助赵国。诸侯有不遵守盟约的，就以五国兵力共同讨伐它。'六国相互亲近以共同对抗秦国，那么秦军一定不敢出函谷关侵害山东各国了。这样，您的霸业可以成功了。"

赵王说："我年少，即位时间不长，不曾听到过使国家长治久安的谋略。如今您有意保全天下，安定诸侯，我愿诚恳地举国相从。"便装饰车子一百辆，载黄金一千镒，白璧一百双，锦绣一千匹，用以

韩、魏、齐、楚、燕、赵以从亲，以畔秦。令天下之将相会于洹水之上，通质，刳白马而盟。要约曰：'秦攻楚，齐、魏各出锐师以佐之，韩绝其粮道，赵涉河、漳，燕守常山之北。秦攻韩、魏，则楚绝其后，齐出锐师而佐之，赵涉河、漳，燕守云中。秦攻齐，则楚绝其后，韩守城皋，魏塞其道，赵涉河、漳、博关，燕出锐师以佐之。秦攻燕，则赵守常山，楚军武关，齐涉勃海，韩、魏皆出锐师以佐之。秦攻赵，则韩军宜阳，楚军武关，魏军河外，齐涉清河，燕出锐师以佐之。诸侯有不如约者，以五国之兵共伐之。'六国从亲以宾秦，则秦甲必不敢出于函谷以害山东矣。如此，则霸王之业成矣。"

赵王曰："寡人年少，立国日浅，未尝得闻社稷之长计也。今上客有意存天下，安诸侯，寡人敬以国从。"乃饰车百乘，黄金千溢，白璧百双，锦绣千纯，

以约诸侯。

是时周天子致文、武之胙于秦惠王。惠王使犀首攻魏，禽将龙贾，取魏之雕阴，且欲东兵。苏秦恐秦兵之至赵也，乃激怒张仪，入之于秦。

于是说韩宣王曰："韩北有巩、成皋之固，西有宜阳、商阪之塞，东有宛、穰、洧水，南有陉山，地方九百余里，带甲数十万，天下之强弓劲弩皆从韩出。谿子、少府时力、距来者，皆射六百步之外。韩卒超足而射，百发不暇止，远者括蔽洞胸，近者镝弇心。韩卒之剑戟皆出于冥山、棠谿、墨阳、合赙、邓师、宛冯、龙渊、太阿，皆陆断牛马，水截鹄雁，当敌则斩；坚甲铁幕，革抉吒芮，无不毕具。以韩卒之勇，被坚甲，跖劲弩，带利剑，一人当百，不足言也。夫以韩之劲与大王之贤，乃西面事秦，交臂而服，羞社稷而为天下笑，无大于此者矣。是故愿大王孰计之。

"大王事秦，秦必求宜阳、成皋。今兹效之，明年又复求割地。与则无地以给之，不与

联合诸侯，订立盟约。

这时周天子把祭祀文王、武王用的胙肉赐予秦惠王。惠王派犀首攻打魏国，擒获魏将龙贾，攻取了魏国的雕阴，并且想领兵向东。苏秦害怕秦军打到赵国，于是用计激怒张仪，让他投奔秦国。

于是苏秦游说韩宣王道："韩国北面有巩邑、成皋的坚固，西面有宜阳、商阪的要塞，东面有宛邑、穰邑、洧水，南面有陉山，领土纵横九百多里，带甲士兵几十万，天下的强弓劲弩都是从韩国制造出来的。谿子、少府的时力、距来，都能射出六百步之外。韩国士兵脚踏弩箭发射，可连发百箭不中止，远处的可射穿他们的铠甲，洞穿胸膛，近处的可射透他们的心脏。韩国士兵的剑戟都产自冥山、棠谿、墨阳、合赙、邓师、宛冯、龙渊、太阿，都能斩断陆地上的牛马，割断水中鹄雁，临敌交战能斩断铠甲铁衣，从臂套、盾牌到丝带，没有不具备的。以韩国士兵的勇猛，身披铠甲，脚踏劲弩，佩带利剑，以一当百，也不在话下。以韩国的强劲和大王的贤明，竟然向西侍奉秦国，拱手臣服，使国家蒙羞而被天下人耻笑，没有比这更严重的了。因此希望大王仔细地考虑啊。

"大王侍奉秦国，秦国必定会索求宜阳、成皋。今年把两地献给它，明年又会索求割地。给吧，却没有土地可给，不给

吧，便会前功尽弃而遗留后患。而且大王的土地有限而秦国的索求永无止境，用有限的土地迎接无止境的索取，这就是所谓的拿钱买怨恨，结下祸患，不用争战而土地就已经被割去了。我听说过一句俗语：'宁做鸡的嘴，也不做牛的肛门。'如今向西拱手臣服秦国，这和做牛的肛门有什么区别呢？以大王的贤明，拥有韩国强大的军队，却有做牛的肛门的丑名，我私下为大王感到羞耻。"

于是，韩王勃然变色，挽起衣袖，怒目圆睁，手按宝剑仰天长叹说："我虽没有出息，但必然不能侍奉秦国。如今您转告了赵王的指教，我愿诚恳地举国相从。"

苏秦又游说魏襄王："大王的领地，南边有鸿沟、陈地、汝南、许地、郾地、昆阳、召陵、舞阳、新都、新郪，东边有淮河、颍河、煮枣、无胥，西边有长城为界，北边有河外、卷地、衍地、酸枣，领土纵横千里。领地名义上虽小，然而田间房屋密集，连放牧牲畜的地方都没有。人口稠密，车马众多，日夜奔行不绝，轰轰隆隆，就像有三军的声势。我私下估量大王的国力不小于楚国。然而那些主张连横的人迷惑大王结交如同虎狼一样的秦国来侵扰天下，秦国一旦侵害魏国，他们却不会顾及您的忧患。依仗强大秦国的势力，在内部劫持

则弃前功而受后祸。且大王之地有尽而秦之求无已，以有尽之地而逆无已之求，此所谓市怨结祸者也，不战而地已削矣。臣闻鄙谚曰：'宁为鸡口，无为牛后。'今西面交臂而臣事秦，何异于牛后乎？夫以大王之贤，挟强韩之兵，而有牛后之名，臣窃为大王羞之。"

于是韩王勃然作色，攘臂瞋目，按剑仰天太息曰："寡人虽不肖，必不能事秦。今主君诏以赵王之教，敬奉社稷以从。"

又说魏襄王曰："大王之地，南有鸿沟、陈、汝南、许、郾、昆阳、召陵、舞阳、新都、新郪，东有淮、颍、煮枣、无胥，西有长城之界，北有河外、卷、衍、酸枣，地方千里。地名虽小，然而田舍庐庑之数，曾无所刍牧。人民之众，车马之多，日夜行不绝，輷輷殷殷，若有三军之众。臣窃量大王之国不下楚。然衡人怵王交强虎狼之秦以侵天下，卒有秦患，不顾其祸。夫挟强秦之势以内劫其主，罪

无过此者。魏，天下之强国也；王，天下之贤王也。今乃有意西面而事秦，称东藩，筑帝宫，受冠带，祠春秋，臣窃为大王耻之。

"臣闻越王句践战敝卒三千人，禽夫差于干遂；武王卒三千人，革车三百乘，制纣于牧野：岂其士卒众哉，诚能奋其威也。今窃闻大王之卒，武士二十万，苍头二十万，奋击二十万，厮徒十万，车六百乘，骑五千匹。此其过越王句践、武王远矣，今乃听于群臣之说而欲臣事秦。夫事秦必割地以效实，故兵未用而国已亏矣。凡群臣之言事秦者，皆奸人，非忠臣也。夫为人臣，割其主之地以求外交，偷取一时之功而不顾其后，破公家而成私门，外挟强秦之势以内劫其主，以求割地，愿大王孰察之。

"《周书》曰：'绵绵不绝，蔓蔓奈何？豪氂不伐，将用斧柯。'前虑不定，后有大

他国君主，没有比这罪恶更严重的了。魏国，是天下的强国；大王，是天下贤明的大王。如今您竟然有意向西侍奉秦国，自称东方的藩国，为秦国筑造帝宫，接受秦国的冠带，春秋时节给秦国进贡助祭，我私下为大王感到羞耻。

"我听闻越王勾践用三千疲惫士兵作战，在干遂擒获夫差；武王用三千士兵，三百辆蒙着皮革的战车，在牧野制服了纣王：这难道是因为他们士兵众多吗？实在是因为他们充分发挥了自己的威力啊。如今我私下听说大王的军事力量，武士二十万，苍头二十万，奋击二十万，厮徒十万，战车六百乘，战马五千匹。这些力量超过越王勾践、武王很多了。如今您竟然听信群臣的意见而想以臣子的身份侍奉秦国。如果侍奉秦国定要割地以表示自己的忠诚，因此还没用兵国土已经亏损了。凡是群臣中有说侍奉秦国的，都是奸佞的人，并非忠臣啊。身为人臣，割让自己君主的土地来求得外交，苟且取得一时的成功而不顾及后果，破坏国家的利益而成就私人的声望，在外凭借强大秦国的势力，在内劫持自己的君主，以达到割地的目的，希望大王仔细地审视这些。

"《周书》上说：'草木在微弱生长时不及早斩断它，等到蔓延滋生时怎么办呢？在嫩枝细小时不砍掉它，等长大就要

用斧头砍了。'事前不考虑成熟，事后就会有大患，能怎么办呢？大王如果能听从我的建议，使六国合纵一心，专心并力，统一意志，那么一定没有强大秦国的忧患。所以敝国赵王派我献上浅陋的计谋，奉上明确的公约，在大王的诏书中号召他们。"

魏王说："我虽没什么出息，未曾听过如此贤明的指教，如今您奉赵王的使命来指教我，我诚恳地举国相从。"

苏秦接着向东游说齐宣王说："齐国南边有泰山，东边有琅邪山，西边有清河，北边有渤海，这可以说是四面据有天险的国家。齐国的国土纵横两千多里，带甲士兵有几十万，粮食堆积如山。三军的精锐，抵得上五国的兵力，进攻时如同锋利的箭头般迅捷，战斗时如同雷霆万钧般猛烈，撤退时如同风雨般很快消散。即使有战役，也不需要背靠泰山，越过清河，渡过渤海。临淄有七万民户，我私下估计，每户不少于三个男子，三七二十一万，不用征调远处县邑的士兵，仅临淄的士兵就够二十一万了。临淄十分富裕殷实，这里的百姓无不鼓瑟吹竽，弹琴击筑，斗鸡走狗，下棋踢球。临淄的道路，拥挤得车轴相互撞击，人们摩肩接踵，衣襟连起来可以形成帷帐，举起衣袖可连成帷幕，挥洒汗水如同下雨。家家殷实，人人富足，志向高远，意气高昂。以大王的贤明和齐国的强

患，将奈之何？大王诚能听臣，六国从亲，专心并力壹意，则必无强秦之患。故敝邑赵王使臣效愚计，奉明约，在大王之诏诏之。"

魏王曰："寡人不肖，未尝得闻明教。今主君以赵王之诏诏之，敬以国从。"

因东说齐宣王曰："齐南有泰山，东有琅邪，西有清河，北有勃海，此所谓四塞之国也。齐地方二千余里，带甲数十万，粟如丘山。三军之良，五家之兵，进如锋矢，战如雷霆，解如风雨。即有军役，未尝倍泰山，绝清河，涉勃海也。临菑之中七万户，臣窃度之，不下户三男子，三七二十一万，不待发于远县，而临菑之卒固已二十一万矣。临菑甚富而实，其民无不吹竽鼓瑟，弹琴击筑，斗鸡走狗，六博蹹鞠者。临菑之涂，车毂击，人肩摩，连衽成帷，举袂成幕，挥汗成雨，家殷人足，志高气扬。夫以大王之贤与齐之强，天下莫能当。今乃西面而事秦，臣窃为大王羞之。

"且夫韩、魏之所以重畏秦者,为与秦接境壤界也。兵出而相当,不出十日而战胜存亡之机决矣。韩、魏战而胜秦,则兵半折,四境不守;战而不胜,则国已危,亡随其后。是故韩、魏之所以重与秦战,而轻为之臣也。今秦之攻齐则不然。倍韩、魏之地,过卫阳晋之道,径乎亢父之险,车不得方轨,骑不得比行,百人守险,千人不敢过也。秦虽欲深入,则狼顾,恐韩、魏之议其后也。是故恫疑虚喝,骄矜而不敢进,则秦之不能害齐亦明矣。

"夫不深料秦之无奈齐何,而欲西面而事之,是群臣之计过也。今无臣事秦之名而有强国之实,臣是故愿大王少留意计之。"

齐王曰:"寡人不敏,僻远守海,穷道东境之国也,未尝得闻余教。今足下以赵王诏诏之,敬以国从。"

大,天下没有谁能抵挡,如今您竟向西侍奉秦国,我私下为大王感到羞耻。

"况且韩国、魏国之所以非常害怕秦国,是因为它们与秦国边界接壤,倘若双方出兵交战,不出十天,胜败存亡的局势就定了。如果韩国、魏国战胜了秦国,那么兵力就会折损一半,四面边境无法守卫;如果交战没有取胜,那么国家危急,亡国也会紧随其后。这就是韩国、魏国之所以谨慎地与秦国交战,而轻易向秦国称臣的原因。如今秦国攻打齐国就不是这样了。秦国背靠韩国、魏国的土地,越过卫国阳晋要道,经过齐国亢父险塞,战车不能并驶,战马不能并行,让一百人坚守险要之处,一千人也不敢通过。秦国虽然想深入,就像狼一样回顾后路,害怕韩国、魏国在后面暗算它。这就是它虚张声势、恐吓威胁、骄横矜夸却不敢冒进的原因,那么秦国不能危害齐国也就很明显了。

"不深入了解秦国对齐国这种无奈的情况,却想着向西侍奉秦国,这是群臣谋略上的过失之处。如今还没有称臣侍奉秦国的名声,却有使国家强大的实力,所以我希望大王稍加留意,思考一下这件事。"

齐王说:"我不聪明,身居偏僻遥远、临近大海、道路闭塞的东境国家,不曾听过您的教诲。如今您奉赵王的使命来指教我,我愿诚恳地倾国相从。"

于是向西南游说楚威王说："楚国，是天下的强国；大王，是天下贤明的君王。楚国西边有黔中、巫郡，东边有夏州、海阳，南边有洞庭、苍梧，北边有陉塞、郇阳，领地纵横五千多里，带甲士兵上百万，战车千辆，战马万匹，粮食可用十年。这是建立霸业的资本啊。以楚国的强大和大王的贤明，天下没有能抵挡的。如今您竟然想向西侍奉秦国，那么天下诸侯就没有不向西拜服在秦国章台之下的了。

秦国所害怕的莫过于楚国，楚国强大秦国就会弱小，秦国强大楚国就会弱小，这二者不能同时并存。所以为大王考虑，不如合纵来孤立秦国。大王不合纵，秦国一定会出动两军，一支军队出兵武关，一支军队直下黔中，那么鄢郢就会动摇了。我听闻治理它就得在没有发生动乱的时候，采取行动要在它没有形成的时候。祸患临头才去忧虑它，就来不及了。所以希望大王早做打算。大王果真能听我的，我请山东各国向您奉献四时的礼物，接受大王贤明的诏令，将国家委托给您，奉上宗庙，训练士兵，磨砺兵器，为大王所用。大王果真能用我的浅陋的计谋，那么韩、魏、齐、燕、赵、卫六国的美妙音乐和美人定会充满您的后宫，燕国、代地所产的骆驼、良马定会充实您的畜圈。所以，合纵成功，

乃西南说楚威王曰："楚，天下之强国也；王，天下之贤王也。西有黔中、巫郡，东有夏州、海阳，南有洞庭、苍梧，北有陉塞、郇阳，地方五千余里，带甲百万，车千乘，骑万匹，粟支十年。此霸王之资也。夫以楚之强与王之贤，天下莫能当也。今乃欲西面而事秦，则诸侯莫不西面而朝于章台之下矣。

"秦之所害莫如楚，楚强则秦弱，秦强则楚弱，其势不两立。故为大王计，莫如从亲以孤秦。大王不从亲，秦必起两军，一军出武关，一军下黔中，则鄢郢动矣。臣闻治之其未乱也，为之其未有也。患至而后忧之，则无及已。故愿大王蚤孰计之。大王诚能听臣，臣请令山东之国奉四时之献，以承大王之明诏，委社稷，奉宗庙，练士厉兵，在大王之所用之。大王诚能用臣之愚计，则韩、魏、齐、燕、赵、卫之妙音美人必充后宫，燕、代橐驼良马必实外厩。故从合则楚王，衡成则秦帝。今释霸王之业，而有事

人之名，臣窃为大王不取也。

"夫秦，虎狼之国也，有吞天下之心。秦，天下之仇雠也。衡人皆欲割诸侯之地以事秦，此所谓养仇而奉仇者也。夫为人臣，割其主之地以外交强虎狼之秦，以侵天下，卒有秦患，不顾其祸。夫外挟强秦之威以内劫其主，以求割地，大逆不忠，无过此者。故从亲则诸侯割地以事楚，衡合则楚割地以事秦，此两策者相去远矣，二者大王何居焉？故敝邑赵王使臣效愚计，奉明约，在大王诏之。"

楚王曰："寡人之国西与秦接境，秦有举巴、蜀并汉中之心。秦，虎狼之国，不可亲也。而韩、魏迫于秦患，不可与深谋，与深谋恐反人以入于秦，故谋未发而国已危矣。寡人自料以楚当秦，不见胜也；内与群臣谋，不足恃也。寡人卧不安席，食不甘味，心摇摇然如县旌而

则楚国称王，连横成功，则秦国称帝。如今放弃霸业，却得到侍奉别人的丑名，我私下认为大王的做法不可取。

"秦国，是有虎狼之心的国家，有吞并天下的心思。秦国，是天下诸侯的仇敌啊。主张连横的人都想分割各诸侯的土地来侍奉秦国，这就是所说的供养仇人和奉承敌人。身为人臣，割让自己国君的土地去向外交结如虎狼一样强大的秦国，以侵害天下，最终有了秦国带来的祸患，他们却不顾及这些灾祸。在外倚仗强大秦国的威势，在内挟持自己的君主，以求割让土地，如此叛逆不忠，没有比这更过分的了。所以合纵结交，各诸侯就会割让土地来侍奉楚国；连横成功，楚国就会割让土地去侍奉秦国。这两种策略相差太远啊，这两种大王怎么选呢？所以敝国赵王派我来献上浅陋的计谋，奉上详明的盟约，全赖大王告诫众人了。"

楚王说："我的国家西边与秦国接壤，秦国有夺取巴郡、蜀郡和并吞汉中的心思。秦国，是有虎狼之心的国家，不可亲近。而韩国、魏国迫于秦国的威胁，不能与他们有深入的谋划。与他们深入谋划恐怕有反叛之人将其泄露给秦国。这样，计划还没有实施而国家已经危险了。我自己估计，用楚国抵挡秦国，不见得取胜；在朝廷上与群臣谋划，他们又不值得信赖。我睡觉

不安稳，吃饭没有味道，心神恍惚就像悬挂着的旌旗，始终没有着落。如今您想天下统一，聚拢诸侯，保全处于危境的国家，我诚恳地愿意拿整个国家听从您。"

于是六国合纵而汇合力量。苏秦为合纵长，并担任六国的国相。

苏秦向北禀报赵王，于是途经洛阳，车马辎重等物很多，各诸侯派来送苏秦的使者也很多，气派堪比帝王。周显王听了这些感到害怕，清除道路，派人到郊外去慰劳。苏秦的兄弟妻嫂都侧目看他，不敢仰视，俯伏在地上服侍他用饭。苏秦笑着对他的嫂子说："你为什么以前傲慢，后来又这么恭敬呢？"嫂子曲着身子匍匐在面前，脸贴着地谢罪说："见小叔您地位崇高，钱财很多啊。"苏秦感慨叹息道："同样是这么一个人，富贵了亲戚就敬畏我，贫贱了就轻视我。何况众人呢！当初假使我有洛阳近郊的二顷良田，我现在难道还能佩带六国相印吗！"于是散发千金赐给宗族朋友。当初，苏秦到燕国去，向别人借了一百钱作为路费，等到富贵后，用百金偿还了他。报答了全部以前对他有恩德的人。他的随从中唯独一人没有得到报偿，就前来申说。苏秦说："我并非忘了你。你当初和我到了燕国，在易水边好几次想要离开我，那时候我境遇困窘，因此我非常怨你，所以才最后赏赐你。你现在

无所终薄。今主君欲一天下，收诸侯，存危国，寡人谨奉社稷以从。"

于是六国从合而并力焉。苏秦为从约长，并相六国。

北报赵王，乃行过雒阳，车骑辎重，诸侯各发使送之甚众，疑于王者。周显王闻之恐惧，除道，使人郊劳。苏秦之昆弟妻嫂侧目不敢仰视，俯伏侍取食。苏秦笑谓其嫂曰："何前倨而后恭也？"嫂委蛇蒲服，以面掩地而谢曰："见季子位高金多也。"苏秦喟然叹曰："此一人之身，富贵则亲戚畏惧之，贫贱则轻易之，况众人乎！且使我有雒阳负郭田二顷，吾岂能佩六国相印乎！"于是散千金以赐宗族朋友。初，苏秦之燕，贷人百钱为资，及得富贵，以百金偿之。遍报诸所尝见德者。其从者有一人独未得报，乃前自言。苏秦曰："我非忘子。子之与我至燕，再三欲去我易水之上，方是时，我困，故望子深，是以后子。子今亦得矣。"

苏秦既约六国从亲，归赵，赵肃侯封为武安君，乃投从约书于秦。秦兵不敢窥函谷关十五年。

其后秦使犀首欺齐、魏，与共伐赵，欲败从约。齐、魏伐赵，赵王让苏秦。苏秦恐，请使燕，必报齐。苏秦去赵而从约皆解。

秦惠王以其女为燕太子妇。是岁，文侯卒，太子立，是为燕易王。易王初立，齐宣王因燕丧伐燕，取十城。易王谓苏秦曰："往日先生至燕，而先王资先生见赵，遂约六国从。今齐先伐赵，次至燕，以先生之故为天下笑，先生能为燕得侵地乎？"苏秦大惭，曰："请为王取之。"

苏秦见齐王，再拜，俯而庆，仰而吊。齐王曰："是何庆吊相随之速也？"苏秦曰："臣闻饥人所以饥而不食乌喙者，为其愈充腹而与饿死同患也。今燕虽弱小，即秦王之少婿也。大王利其十城而长与强秦为仇。今使弱燕为雁行

也可以得到奖赏了。"

苏秦约定六国合纵后，回到赵国，赵肃侯封他为武安君，于是把合纵的约书投送到秦国，秦兵有十五年不敢窥伺函谷关以外的地方。

这之后秦国派犀首欺骗齐国、魏国，与它们共同讨伐赵国，打算破坏合纵约定。齐国、魏国攻打赵国，赵王责备苏秦。苏秦害怕，请求出使燕国，一定要报复齐国。苏秦离开赵国后，合纵盟约都瓦解了。

秦惠王将自己的女儿嫁给燕国太子为妻。这年，燕文侯去世，太子即位，这就是燕易王。易王刚刚即位，齐宣王趁燕国国丧期间攻打燕国，夺取十座城池。易王对苏秦说："以前先生到燕国，先王资助先生去见赵王，于是约定六国合纵。如今齐国首先攻打赵国，接着又打到燕国，出于与先生的缘故而被天下人耻笑，先生能为燕国收复被侵占的土地吗？"苏秦深感惭愧，说："请让我为大王收回它。"

苏秦求见齐王，拜了两拜，俯首庆贺，又仰头哀悼。齐王说："为什么庆贺后这么快接着哀悼呢？"苏秦说："我听闻饥饿的人就算饥饿也不吃有毒的乌喙，是因为用它填饱肚子就和饿死的结果是一样的。如今燕国虽然弱小，但燕王却是秦王的小女婿。大王占了他十座城池的利益，却长期与强大的秦国为敌。如今弱小的燕国在

做先锋而强大的秦国紧随其后庇护，从而引来了天下的精兵攻打齐国，这和吃乌喙充饥是一样的。"齐王脸色突然变得严肃，说："既然如此，那该怎么办呢？"苏秦说："我听说古代善于处理事情的人能转祸为福，将失败变为成功。大王如果能听我的计策，就归还燕国的十座城池。燕国无故收回十座城池，必然高兴；秦王知道齐国因为他归还了燕国的十座城池，也必然高兴。这就叫作放弃结仇而得到石头般牢不可破的友谊。燕国、秦国都与齐国结交，那么大王号令天下，没有人敢不听。大王只是用言辞依附秦国，却用十座城池取得天下。这是称霸的大业啊。"齐王说："说得好。"于是就归还了燕国的十座城池。

有人诋毁苏秦说："苏秦是个左右摇摆、出卖国家、反复无常的臣子，将要作乱。"苏秦害怕获罪，回到燕国，燕王却没有再给他官做。苏秦拜见燕王说："我是东周的一个鄙陋的人，没有一点功劳，大王却亲自在宗庙拜我为官，在朝堂上以礼相待。如今我为大王退却齐国军队，而收回十座城池，大王应该更加亲近我。如今我回来大王却不授我官职，一定有人以不忠信的罪名在大王面前中伤我。我的'不忠信'，正是大王的福气啊。我听说忠信诚实的人，一切都是为了自己；进取的人，都是为别人打算。况且我游说齐王，并没

而强秦敝其后，以招天下之精兵，是食乌喙之类也。"齐王愀然变色曰："然则奈何？"苏秦曰："臣闻古之善制事者，转祸为福，因败为功。大王诚能听臣计，即归燕之十城。燕无故而得十城，必喜；秦王知以己之故而归燕之十城，亦必喜。此所谓弃仇雠而得石交者也。夫燕、秦俱事齐，则大王号令天下，莫敢不听。是王以虚辞附秦，以十城取天下。此霸王之业也。"王曰："善。"于是乃归燕之十城。

人有毁苏秦者曰："左右卖国反覆之臣也，将作乱。"苏秦恐得罪，归，而燕王不复官也。苏秦见燕王曰："臣，东周之鄙人也，无有分寸之功，而王亲拜之于庙而礼之于廷。今臣为王却齐之兵而攻得十城，宜以益亲。今来而王不官臣者，人必有以不信伤臣于王者。臣之不信，王之福也。臣闻忠信者，所以自为也；进取者，所以为人也。且臣之说齐王，曾非欺之也。臣弃老母于东周，固去

自为而行进取也。今有孝如曾
参，廉如伯夷，信如尾生。得
此三人者以事大王，何若？"
王曰："足矣。"苏秦曰："孝
如曾参，义不离其亲一宿于外，
王又安能使之步行千里而事弱
燕之危王哉？廉如伯夷，义不
为孤竹君之嗣，不肯为武王臣，
不受封侯而饿死首阳山下。有
廉如此，王又安能使之步行千
里而行进取于齐哉？信如尾
生，与女子期于梁下，女子不来，
水至不去，抱柱而死。有信如
此，王又安能使之步行千里却
齐之强兵哉？臣所谓以忠信得
罪于上者也。"燕王曰："若
不忠信耳，岂有以忠信而得罪
者乎？"苏秦曰："不然。臣
闻客有远为吏而其妻私于人者，
其夫将来，其私者忧之，妻曰
'勿忧，吾已作药酒待之矣'。
居三日，其夫果至，妻使妾
举药酒进之。妾欲言酒之有
药，则恐其逐主母也；欲勿言
乎，则恐其杀主父也。于是乎
详僵而弃酒。主父大怒，笞之
五十。故妾一僵而覆酒，上存
主父，下存主母，然而不免于笞，

欺骗他。我把老母抛弃在东周，本来就没
打算为自己而是一心帮助别人来求得进取。
假如有像曾参一样孝顺，像伯夷一样廉洁，
像尾生一样诚信的人，让这三人来为大王
做事，您觉得怎么样？"燕王说："足够
了。"苏秦说："像曾参一样孝顺，绝不
会离开自己的父母在外面过一宿，大王又
怎能让他步行千里来侍奉弱小燕国的正处
于危困中的国君呢？像伯夷一样廉洁，绝
不会继承孤竹国君之位，不肯做周武王的
臣子，不肯接受封侯而饿死于首阳山下。
像这样廉洁的人，大王又怎能让他步行千
里，到齐国进取去干一番事业呢？像尾生
一样诚信，与女子相约在桥下幽会，女子
没来，洪水来了他也不离去，紧抱桥柱而
被淹死。诚信到这种地步，大王又怎能让
他步行千里去退却齐国的强兵呢？我正是
因所谓的忠信而在大王面前获罪的呀。"
燕王说："是你不忠信罢了，难道有因忠
诚信实而获罪的吗？"苏秦说："不是这
样的。我听说有个人在很远的地方做官，
而他的妻子却和别人私通，她的丈夫快要
回来时，与她私通的人很忧虑，妻子说
'不要忧虑，我已经做好毒酒等待着他呢'。
过了三天，她的丈夫果然到了。妻子让侍
妾端着毒酒进献给他。侍妾想说酒中有毒，
又怕他赶走主母；如果不说出来，又怕她
毒杀了主父。于是假装跌倒把酒泼在地上。

主父大怒，打了她五十竹板。因为侍妾这一摔，泼了毒酒，在上救了主父，在下保护了主母。然而却免不了挨竹板，这怎能说忠信就不能获罪呢？我的罪过，不幸与这件事很类似啊！"燕王说："先生恢复原职吧。"从此对待苏秦更加优厚。

易王的母亲，是燕文侯的夫人，与苏秦私通。燕王知道了这件事，却对苏秦的待遇更加优厚。苏秦唯恐被杀，就游说燕王："我留在燕国不能使燕国地位提高，我在齐国的话，燕国的地位必然提高。"燕王说："先生做想做的吧。"于是苏秦佯装得罪了燕王而逃到齐国，齐宣王任用他为客卿。齐宣王去世，湣王即位，苏秦游说湣王厚葬宣王以表明自己的孝道，修高宫室、扩大苑囿，以表明自己的得志，想破坏损耗齐国为燕国谋利。燕易王去世，燕哙被立为王。此后，齐国大夫中有很多人与苏秦争宠，就派人刺杀苏秦，苏秦没死，带着重伤逃走了。齐王派人捉拿凶手，没有抓到。苏秦将要死去，就对齐王说："我将要死了，请把我在街市上五马分尸示众，说'苏秦为了燕国在齐国作乱'。这样，刺杀我的贼人一定能抓到。"于是齐王就按他的话做了，那个刺杀苏秦的人果然自己出来了。齐王就杀了他。燕王听了这些说："齐国为苏先生报仇的手段太过分了！"

恶在乎忠信之无罪也夫？臣之过，不幸而类是乎！"燕王曰："先生复就故官。"益厚遇之。

易王母，文侯夫人也，与苏秦私通。燕王知之，而事之加厚。苏秦恐诛，乃说燕王曰："臣居燕不能使燕重，而在齐则燕必重。"燕王曰："唯先生之所为。"于是苏秦详为得罪于燕而亡走齐，齐宣王以为客卿。齐宣王卒，湣王即位，说湣王厚葬以明孝，高宫室大苑囿以明得意，欲破敝齐而为燕。燕易王卒，燕哙立为王。其后齐大夫多与苏秦争宠者，而使人刺苏秦，不死，殊而走。齐王使人求贼，不得。苏秦且死，乃谓齐王曰："臣即死，车裂臣以徇于市，曰'苏秦为燕作乱于齐'，如此则臣之贼必得矣。"于是如其言，而杀苏秦者果自出，齐王因而诛之。燕闻之曰："甚矣，齐之为苏生报仇也！"

苏代　苏厉

苏秦既死，其事大泄。齐后闻之，乃恨怒燕。燕甚恐。苏秦之弟曰代，代弟苏厉，见兄遂，亦皆学。及苏秦死，代乃求见燕王，欲袭故事。曰："臣，东周之鄙人也。窃闻大王义甚高，鄙人不敏，释锄耨而干大王。至于邯郸，所见者绌于所闻于东周，臣窃负其志。及至燕廷，观王之群臣下吏，王，天下之明王也。"燕王曰："子所谓明王者何如也？"对曰："臣闻明王务闻其过，不欲闻其善，臣请谒王之过。夫齐、赵者，燕之仇雠也；楚、魏者，燕之援国也。今王奉仇雠以伐援国，非所以利燕也。王自虑之，此则计过，无以闻者，非忠臣也。"王曰："夫齐者固寡人之仇，所欲伐也，直患国敝力不足也。子能以燕伐齐，则寡人举国委子。"对曰："凡天下战国七，燕处弱焉。独战则不能，有所附则无不重。南附楚，楚重；西附秦，秦重；中附韩、魏，韩、魏重。且苟所附之国重，此必使王重矣。今夫齐，长主

苏秦死后，他的事情很多被泄露出来。齐国后来听说了这些事，就记恨燕国。燕国十分害怕。苏秦的弟弟叫苏代，苏代的弟弟叫苏厉，他们见哥哥功成名就，也都发奋学习。等到苏秦死了，苏代就求见燕王，想承袭苏秦的旧业，说："我是东周的一个鄙陋的人，私下听说大王德高义重，鄙人愚笨冒昧，丢下农具来求见大王。到了邯郸，所见到的远不如在东周所听到的，我私下有担负起天下大事的志向。等到了燕国朝廷，遍观大王的臣下、官吏，大王是天下贤明的君王啊。"燕王说："你所谓的贤明的君王是什么样的呢？"苏代回答说："我听说贤明的君王一定要听到自己的过失，不愿听自己的优点。我请求说明大王的过失。齐国、赵国，是燕国的仇敌；楚国、魏国，是燕国的援国。如今大王奉承仇敌却攻打援国，这不会对燕国有利啊。大王自己想一想，这是策略上的失误。没有说明这种失误的人，不是忠臣啊。"燕王说："齐国本就是我的仇敌，所以想讨伐它，只是担心国家势力微弱，实力不足啊。您如果能以燕国现有的国力讨伐齐国，我愿举国托付给您。"苏代回答说："天下能征战的国家有七个，燕国处于弱小地位。不能独自征战，如果有所依附，那么不管依附谁，那个国家的声威都能提

高。向南依附楚国,楚国的声威提高;向
西依附秦国,秦国的声威提高;中间依附
韩国、魏国,韩、魏两国的声威提高。况
且所依附的国家声威提高,必定会使大王
的声威提高。如今的齐国,国君年长而且
固执己见。向南攻打楚国五年,积蓄的财
富也耗尽了;向西困扰秦国三年,士兵疲
惫不堪;向北与燕人交战,三军覆没,只
擒获两名将领。这样之后又用残余兵力向
南攻破拥有五千辆战车的宋国,吞并了
十二个诸侯。这是齐国国君的欲望满足了,
齐国的民力枯竭了,这种恶习有什么可取
之处呢?况且我听说,连年打仗便会使人
民劳苦,长久征战便会使士兵疲惫。"

燕王说:"我听说齐国有清济、浊河
可以用来固守,长城、钜防足以作为要塞,
果真有这些险要吗?"苏代回答说:"天
时不给它有利的机会,即便有清济、浊河,
如何能够固守呢?民力疲惫,即便有长城、
钜防,如何足以成为要塞呢?况且从前不
征调济州以西的兵力,是为了防备赵国;
不征调漯河以北的兵力,是为了防备燕国。
如今济西、河北都已经征调士兵服役了,
国内已经疲惫不堪。骄横的国君必然好利,
而亡国的臣子一定贪恋钱财。大王如果能
不因用侄儿胞弟作为人质而感到羞耻,再
用宝珠玉帛去贿赂齐王身边的大臣,齐王
将会对燕国友好而轻易地去消灭宋国,那

而自用也。南攻楚五年,畜聚
竭;西困秦三年,士卒罢敝;
北与燕人战,覆三军,得二将。
然而以其余兵南面举五千乘之
大宋,而包十二诸侯。此其君
欲得,其民力竭,恶足取乎!
且臣闻之,数战则民劳,久师
则兵敝矣。"

燕王曰:"吾闻齐有清济、
浊河可以为固,长城、钜防足
以为塞,诚有之乎?"对曰:
"天时不与,虽有清济、浊河,
恶足以为固!民力罢敝,虽有
长城、钜防,恶足以为塞!且
异日济西不师,所以备赵也;
河北不师,所以备燕也。今济西、
河北尽已役矣,封内敝矣。夫
骄君必好利,而亡国之臣必贪
于财。王诚能无羞从子母弟以
为质,宝珠玉帛以事左右,彼
将有德燕而轻亡宋,则齐可亡
已。"燕王曰:"吾终以子受

命于天矣。"燕乃使一子质于齐。而苏厉因燕质子而求见齐王。齐王怨苏秦,欲囚苏厉。燕质子为谢,已遂委质为齐臣。

燕相子之与苏代婚,而欲得燕权,乃使苏代侍质子于齐。齐使代报燕,燕王哙问曰:"齐王其霸乎?"曰:"不能。"曰:"何也?"曰:"不信其臣。"于是燕王专任子之,已而让位,燕大乱。齐伐燕,杀王哙、子之。燕立昭王,而苏代、苏厉遂不敢入燕,皆终归齐,齐善待之。

苏代过魏,魏为燕执代。齐使人谓魏王曰:"齐请以宋地封泾阳君,秦必不受。秦非不利有齐而得宋地也,不信齐王与苏子也。今齐、魏不和如此其甚,则齐不欺秦。秦信齐,齐秦合,泾阳君有宋地,非魏之利也。故王不如东苏子,秦必疑齐而不信苏子矣。齐秦不合,天下无变,伐齐之形成矣。"于是出苏代。代之宋,宋善待之。

么齐国可以灭掉了。"燕王说:"我终于因为您而承受天命了。"燕国于是派遣一位公子到齐国做人质,而苏厉借着燕国派人质的机会求见齐王。齐王怨恨苏秦,想囚禁苏厉。燕国质子为他谢罪,随后苏厉便委身做了齐国的臣子。

燕国的相国子之和苏代结为姻亲,想夺得燕国的政权,于是派苏代到齐国服侍质子。齐国派苏代回燕国禀报。燕王哙问道:"齐王大概要称霸了吧?"苏代说:"不能。"燕王说:"为什么?"苏代说:"齐王不信任他的臣子。"于是燕王专门任用子之,不久就让位给他,燕国大乱。齐国攻打燕国,杀了燕王哙和子之。燕国人拥立昭王,于是苏代、苏厉再也不敢回到燕国,最终都归附了齐国。齐国善待他们。

苏代经过魏国,魏国替燕国抓了苏代。齐国派人对魏王说:"齐国请求将宋国的土地封给泾阳君,秦国一定不接受。秦国并不是不愿占据齐国并取得宋国的土地,只是不相信齐王与苏先生。如今齐国、魏国不和已经到了如此严重的地步,那么齐国就不会欺骗秦国。秦国信任齐国,齐国、秦国联合,泾阳君得到宋国的土地,那就不是对魏国有利的事情了。所以大王不如让苏代东归齐国,秦国一定怀疑齐国而不信任苏代。齐国、秦国不联合,天下局势没有变化,讨伐齐国的形势也就形成了。"

魏国于是放了苏代。苏代到了宋国，宋国善待他。

齐国讨伐宋国，宋国危急，苏代便给燕昭王写信说：

作为列入万乘大国的燕国，却向齐国委派人质，名声卑下而权势轻微；以万乘大国的身份帮助齐国攻打宋国，使百姓劳苦，耗费钱财；击败宋国，侵略楚国的淮北，壮大齐国，让仇敌强大而使自己国家遭受祸害。这三者都是燕国的重大失误啊。然而大王还是即将这样做，是为了以此取得齐国的信任。齐国更加不相信大王，而越来越忌恨燕国，这是大王谋略的失误啊。把宋国和楚国的淮北加在一起，强过万乘大国，而齐国吞并了它，就等于又多了一个齐国啊。北夷纵横七百里，加上鲁国和卫国，强过万乘大国，而齐国吞并了它，这样就等于得到了两个齐国。一个强大的齐国，燕国还像狼走路回头一样观望担忧而不能应付，如今把三个齐国压到燕国头上，这个灾祸一定很严重啊。即便如此，明智的人做事，能将灾祸转化为吉祥，将失败转化为成功。齐国的紫绢，是破旧的白素染成的，价格却高到原来的十倍；越王勾践曾栖身于会稽山，却打败了强大的吴国而称霸天下。这都是将灾祸转变成吉祥，将失败转化为成功的事例。

齐伐宋，宋急，苏代乃遗燕昭王书曰：

夫列在万乘而寄质于齐，名卑而权轻；奉万乘助齐伐宋，民劳而实费；夫破宋，残楚淮北，肥大齐，仇强而国害：此三者皆国之大败也。然且王行之者，将以取信于齐也。齐加不信于王，而忌燕愈甚，是王之计过矣。夫以宋加之淮北，强万乘之国也，而齐并之，是益一齐也。北夷方七百里，加之以鲁、卫，强万乘之国也，而齐并之，是益二齐也。夫一齐之强，燕犹狼顾而不能支，今以三齐临燕，其祸必大矣。虽然，智者举事，因祸为福，转败为功。齐紫败素也，而贾十倍；越王句践栖于会稽，复残强吴而霸天下：此皆因祸为福，转败为功者也。

今王若欲因祸为福，转败为功，则莫若挑霸齐而尊之，使使盟于周室，焚秦符，曰"其大上计，破秦；其次，必长宾之"。秦挟宾以待破，秦王必患之。秦五世伐诸侯，今为齐下，秦王之志苟得穷齐，不惮以国为功。然则王何不使辩士以此言说秦王曰："燕、赵破宋肥齐，尊之为之下者，燕、赵非利之也。燕、赵不利而势为之者，以不信秦王也。然则王何不使可信者接收燕、赵，令泾阳君、高陵君先于燕、赵？秦有变，因以为质，则燕、赵信秦。秦为西帝，燕为北帝，赵为中帝，立三帝以令于天下。韩、魏不听则秦伐之，齐不听则燕、赵伐之，天下孰敢不听？天下服听，因驱韩、魏以伐齐，曰'必反宋地，归楚淮北'。反宋地，归楚淮北，燕、赵之所利也；并立三帝，燕、赵之所愿也。夫实得所利，尊得所愿，燕、赵弃齐如脱躧矣。今不收燕、赵，齐霸必成。诸侯赞齐而王不从，是国伐也；诸侯赞齐而王从之，是名卑也。今收燕、

现在大王如果想将灾祸转变成吉祥，将失败转化为成功，不如怂恿各国尊奉称霸的齐国，派使者到周王室订立盟约，焚烧秦国的符信，就说"上好的计策，是打败秦国；其次好的计策，一定是永远排斥它"。秦国遭到排斥就只能等着被打败，秦王必定会为此忧虑。秦国连续五代攻伐各诸侯国，如今被齐国比下去，按照秦王的志向，如果能迫使齐国走投无路，他不怕倾全国之力而取得成功。既然如此，大王何不派能言善辩的人拿这些话去游说秦王："燕国、赵国打败宋国，壮大了齐国，尊崇齐国并做齐国的下属，燕国、赵国不能为此获利；燕国、赵国得不到利益却又一定这么做的原因，是不信任秦王。既然如此，大王何不派可信的人沟通燕国、赵国，让泾阳君、高陵君先到燕国、赵国去呢？秦国如果不守信，就拿他们做人质，那么燕国、赵国就会相信秦国。秦国称为西帝，燕国称为北帝，赵国称为中帝，树立三帝以号令天下。韩国、魏国不服从秦国就攻打他们；齐国不服从燕国、赵国就讨伐它。天下谁敢不服从呢？天下都服从，就趁势驱使韩国、魏国攻打齐国，就说'必须返还宋国的失地，归还楚国的淮北'。返还宋国的失地，归还楚国的淮北，对燕国、赵国都是有利的事；同时立三帝，是燕国、赵国所希望的。他们实际上获得了利益，

名分上也得到了想要的，那么燕国、赵国抛弃齐国就如同甩掉鞋子一样容易。如今不去争取燕国、赵国，齐国的霸业一定会成功。诸侯都拥护齐国大王却不服从，就会遭到各国的讨伐；诸侯都拥护齐国大王却服从，大王您的声望就会下降。如今去争取燕国、赵国，就能国家安定而名声尊崇；不去争取燕国、赵国，就会国家危险而声望下降。抛弃国家安定、名声尊崇却选择国家危险、声望下降，明智的人是不会这么做的。"秦王听了这些话，必定像心被刺了一样。那么大王为何不派能言善辩的人用这些话去游说秦王呢？秦国一定采取，齐国一定会遭到讨伐。

争取秦国，是有利的外交活动；讨伐齐国，是正当的利益追求。开展有利的外交活动，追求正当的利益，这是圣王所做的事啊。

燕昭王称赞他写的信，说："先王曾经对苏家人有恩，因为子之的祸乱苏家人离开了燕国。燕国想向齐国报仇，没有苏家人不行。"于是召回苏代，又善待他，与他谋划攻打齐国，最终打败了齐国，齐湣王出逃。

过了很久，秦国邀请燕王，燕王想前往。苏代阻止燕王说："楚国得到枳地导致国家危亡，齐国得到宋地导致国家危亡，齐

赵，国安而名尊；不收燕、赵，国危而名卑。夫去尊安而取危卑，智者不为也。"秦王闻若说，必若刺心然。则王何不使辩士以此若言说秦？秦必取，齐必伐矣。

夫取秦，厚交也；伐齐，正利也。尊厚交，务正利，圣王之事也。

燕昭王善其书，曰："先人尝有德苏氏，子之之乱而苏氏去燕。燕欲报仇于齐，非苏氏莫可。"乃召苏代，复善待之，与谋伐齐。竟破齐，湣王出走。

久之，秦召燕王，燕王欲往，苏代约燕王曰："楚得枳而国亡，齐得宋而国亡，齐、楚不

得以有枳、宋而事秦者,何也?
则有功者,秦之深仇也。秦取
天下,非行义也,暴也。秦之
行暴,正告天下。

"告楚曰:'蜀地之甲,
乘船浮于汶,乘夏水而下江,
五日而至郢。汉中之甲,乘船
出于巴,乘夏水而下汉,四日
而至五渚。寡人积甲宛东下随,
智者不及谋,勇士不及怒,寡
人如射隼矣。王乃欲待天下之
攻函谷,不亦远乎!'楚王为
是故,十七年事秦。

"秦正告韩曰:'我起
乎少曲,一日而断大行。我
起乎宜阳而触平阳,二日而
莫不尽繇。我离两周而触郑,
五日而国举。'韩氏以为然,
故事秦。

"秦正告魏曰:'我举安
邑,塞女戟,韩氏太原卷。我
下轵,道南阳、封、冀,包两
周。乘夏水,浮轻舟,强弩在前,
铦戈在后,决荣口,魏无大梁;
决白马之口,魏无外黄、济
阳;决宿胥之口,魏无虚、顿

国、楚国不能得到枳地、宋地,反而还要
侍奉秦国,这是为什么呢?因为凡是成功
的国家,都是秦国的大敌。秦国夺取天下,
不是仁义的行为,而是暴力的行为。秦国
施行暴力,已经公开宣告天下了。

"秦国警告楚国说:'蜀地的军队,
乘船浮在汶水之上,趁夏季的水势而直下
长江,五天便到达郢都。汉中的军队,坐
船从巴江出发,趁夏季的水势而直下汉江,
四天便到达五渚。我亲自在宛东集结军队,
直下随邑,聪明的人来不及谋划,勇士来
不及发怒,我就像射杀鹰隼一样神速。大
王还想等待天下诸侯一起攻打函谷关,岂
不是太遥远了吗!'楚王就是出于这个缘
故,侍奉秦国十七年。

"秦国严正警告韩国说:'我军从少
曲出发,一天便能断了太行山的通道。我
军从宜阳出发而直抵平阳,两天便可使各
地局势动荡。我军经过东、西两周直抵新
郑,五天便可攻克整个韩国。'韩国认为
确实如此,所以侍奉秦国。

"秦国严正警告魏国说:'我军攻下
安邑,阻塞女戟,韩国的太原就被断绝。
我军攻下轵地,取道南阳,封锁冀邑,包
围东、西两周。趁夏季的水势,浮起轻舟,
强弩在前面,铦戈在后面,掘开荣水河口,
魏国将失去大梁;掘开白马河口,魏国将
失去外黄、济阳;掘开宿胥河口,魏国将

失去虚地、顿丘。在陆路进攻就攻打河内，在水路进攻就消灭大梁。'魏国认为确实如此，所以侍奉秦国。

"秦国想攻打安邑，担心齐国救援它，就把宋地许给齐国。秦国说：'宋王没有道义，做了个木头人象征我，射木人的面部。我国领土与宋国隔绝，军队相距太远，不能攻打它。大王如果能打败宋国占为己有，我如同自己占有它一样高兴。'"后来秦国攻占了安邑，阻塞了女戟，反而把攻破宋国作为齐国的罪名。"秦国想攻打韩国，怕天下诸侯救援它，便把齐国许给天下诸侯讨伐。秦国说：'齐王四次与我约盟，四次欺骗我，多次率领天下各国攻打我。有齐国就没有秦国，有秦国就没有齐国，一定要讨伐它，一定要消灭它。'后来秦国占领了宜阳、少曲，攻取了蔺邑、离石，却又把打败齐国作为天下诸侯的罪名。"秦国想攻打魏国，就先尊崇楚国，便把南阳许给楚国。秦国说：'我本来跟韩国绝交了。摧毁均陵，阻塞黾厄，如果有利于楚国，我如同自己占有它一样高兴。'"等到魏国抛弃了盟约国而与秦国联合，却以阻塞黾厄作为楚国的罪名。

"秦军被困于林中，就尊崇燕国、赵国，把胶东许给燕国，把济西许给赵国。后来秦国和魏国讲和，就把公子延作为人质，利用犀首组织进攻赵国。

丘。陆攻则击河内，水攻则灭大梁。'魏氏以为然，故事秦。

"秦欲攻安邑，恐齐救之，则以宋委于齐。曰：'宋王无道，为木人以写寡人，射其面。寡人地绝兵远，不能攻也。王苟能破宋有之，寡人如自得之。'已得安邑，塞女戟，因以破宋为齐罪。秦欲攻韩，恐天下救之，则以齐委于天下。曰："齐王四与寡人约，四欺寡人，必率天下以攻寡人者三。有齐无秦，有秦无齐，必伐之，必亡之。"已得宜阳、少曲，致蔺、离石，因以破齐为天下罪。"秦欲攻魏重楚，则以南阳委于楚。曰：'寡人固与韩且绝矣。残均陵，塞黾厄，苟利于楚，寡人如自有之。'魏弃与国而合于秦，因以塞黾厄为楚罪。

"兵困于林中，重燕、赵，以胶东委于燕，以济西委于赵。已得讲于魏，至公子延，因犀首属行而攻赵。

"兵伤于谯石，而遇败于阳马，而重魏，则以叶、蔡委于魏。已得讲于赵，则劫魏，魏不为割。困则使太后弟穰侯为和，赢则兼欺舅与母。

"适燕者曰'以胶东'，适赵者曰'以济西'，适魏者曰'以叶、蔡'，适楚者曰'以塞鄳厄'，适齐者曰'以宋'。此必令言如循环，用兵如刺蜚，母不能制，舅不能约。

"龙贾之战、岸门之战、封陵之战、高商之战、赵庄之战，秦之所杀三晋之民数百万，今其生者皆死秦之孤也。西河之外，上雒之地，三川晋国之祸，三晋之半，秦祸如此其大也。而燕、赵之秦者，皆以争事秦说其主，此臣之所大患也。"

燕昭王不行。苏代复重于燕。

燕使约诸侯从亲如苏秦时，或从或不，而天下由此宗苏氏之从约。代、厉皆以寿死，名显诸侯。

"秦军在谯石受挫，在阳马遭遇失败，就尊崇魏国，把叶地和蔡地许给魏国。后来秦国与赵国讲和，就威胁魏国，不让魏国占有割地。秦军陷入困境，就派太后的弟弟穰侯去讲和，等胜利以后秦王连舅舅和母亲都欺骗了。

"秦国谴责燕国就说'是因为胶东'，谴责赵国就说'是因为济西'，谴责魏国就说'是因为叶地和蔡地'，谴责楚国就说'是因为阻塞鄳厄'，谴责齐国就说'因为宋地'。如此，他的外交辞令循环往复，用兵就像刺死蜚虫一样轻易，母亲不能制止，舅舅不能约束。

"龙贾战役、岸门战役、封陵战役、高商战役、赵庄战役，秦国所杀的三晋百姓有几百万，如今活着的人都是死于秦国手下的遗孤，西河以外、上洛地区、三川一带的晋国地区都受到过战祸，秦国占了三晋地区的一半，秦国制造的灾祸是如此地严重啊！而燕国、赵国前往秦国的人，却都以争相为秦国做事来游说自己的国君，这是我所忧虑的事啊。"

燕昭王没有去秦国。苏代又被燕国所重用。

燕王派苏代约定诸侯合纵联合，像苏秦在世时一样，有的国家同意有的国家不同意。而天下从此都尊崇苏氏所倡议的合纵联盟。苏代、苏厉都享尽天年，名声显扬于诸侯。

太史公说：苏秦兄弟三人，都以游说诸侯而扬名，他们的策略擅长于权谋机变。但苏秦被施以反间计而杀死，天下人都嘲笑他，忌讳学习他的权术。然而世人所说的苏秦多有差异，不同时期有类似他的事情都附会到苏秦身上。苏秦出身平民，联合六国合纵，这是他的才智过人之处。我列出他的行为事迹，按时间顺序陈述，不让他只蒙受恶名。

太史公曰：苏秦兄弟三人，皆游说诸侯以显名，其术长于权变。而苏秦被反间以死，天下共笑之，讳学其术。然世言苏秦多异，异时事有类之者皆附之苏秦。夫苏秦起闾阎，连六国从亲，此其智有过人者。吾故列其行事，次其时序，毋令独蒙恶声焉。

史记卷七十
列传第十

张仪　　陈轸　　公孙衍

张仪，是魏国人。当初曾与苏秦一起跟随鬼谷先生，学习游说之术，苏秦自认为不及张仪。张仪学成后就去游说诸侯。他曾经陪楚国国相饮酒，后来楚国国相丢失了一块玉璧，侍从怀疑是张仪偷了，说："张仪贫穷，没有德行，一定是他偷了相国的玉璧。"众人一起抓了张仪，答打了他几百下，张仪没有承认，就释放了他。他的妻子说："嘿！你如果不读书游说，怎会遭受到这样的屈辱呢？"张仪对他的妻子说："看我的舌头还在吗？"他的妻子笑着说："舌头在呀。"张仪说："这就够了。"

苏秦已经说服赵王而得以去各国约定合纵，然而又害怕秦国攻打诸侯，损坏盟约然后使诸侯背弃。他又考虑到没有合适的人可以派往秦国，就派人暗中劝动张仪说："你当初与苏秦交好，如今苏秦已经当权，你为什么不前去游说，以求实现你的愿望呢？"张仪于是前往赵国，递上名

张仪

张仪者，魏人也。始尝与苏秦俱事鬼谷先生，学术，苏秦自以不及张仪。张仪已学而游说诸侯。尝从楚相饮，已而楚相亡璧，门下意张仪，曰："仪贫无行，必此盗相君之璧。"共执张仪，掠笞数百，不服，醳之。其妻曰："嘻！子毋读书游说，安得此辱乎？"张仪谓其妻曰："视吾舌尚在不？"其妻笑曰："舌在也。"仪曰："足矣。"

苏秦已说赵王而得相约从亲，然恐秦之攻诸侯，败约后负，念莫可使用于秦者，乃使人微感张仪曰："子始与苏秦善，今秦已当路，子何不往游，以求通子之愿？"张仪于是之赵，上谒求见苏秦。苏秦

乃诫门下人不为通，又使不得
去者数日。已而见之，坐之堂下，
赐仆妾之食。因而数让之曰：
"以子之材能，乃自令困辱至
此。吾宁不能言而富贵子？子
不足收也。"谢去之。张仪之
来也，自以为故人，求益，反
见辱，怒，念诸侯莫可事，独
秦能苦赵，乃遂入秦。

苏秦已而告其舍人曰：
"张仪，天下贤士，吾殆弗如
也。今吾幸先用，而能用秦柄者，
独张仪可耳。然贫，无因以进。
吾恐其乐小利而不遂，故召辱
之，以激其意。子为我阴奉之。"
乃言赵王，发金币车马，使人
微随张仪，与同宿舍，稍稍近
就之，奉以车马金钱，所欲用，
为取给，而弗告。张仪遂得以
见秦惠王。惠王以为客卿，与
谋伐诸侯。

苏秦之舍人乃辞。张仪
曰："赖子得显，方且报德，
何故去也？"舍人曰："臣非
知君，知君乃苏君。苏君忧秦
伐赵败从约，以为非君莫能得

帖求见苏秦。苏秦就告诫侍从不替张仪通
报，又让他好几天不能离去。后来见了他，
让他坐在堂下，赐给他仆人侍妾吃的食物。
苏秦还多次责备他说："以你的才能，竟
让自己穷困潦倒到这种地步。我难道不能
说句让你富贵的话吗？只是你不值得收留
啊！"辞谢他让他离开了。张仪此次前来，
自以为是故人，能求得好处，反而受到羞
辱，很是生气，考虑到诸侯中没有可以为
之做事的，唯独秦国能困扰赵国，便到秦
国去了。

苏秦后来告诉他的门客说："张仪，
是天下贤士，我大概不如他。如今我有幸
先被重用，而能够掌握秦国权柄的，唯独
张仪可以啊。然而他很贫穷，没有进身的
资本。我担心他只满足于小利而不能成就
大业，所以召来羞辱他，以激发他的意志。
你替我暗中侍奉他。"于是禀告赵王，拨
出金币车马，派人暗中跟随张仪，与他同
住一个旅舍，慢慢接近他，献给他车马金
钱，凡是他所需要的，都取来给他而不告
诉他是何人所献。张仪于是得以见到秦惠
王。惠王任张仪为客卿，与他谋划攻打诸侯。

苏秦的门客于是告辞离去，张仪说：
"我依赖您才得以显赫，正要报答您的恩德，
为什么要离去呢？"门客说："我并不了
解您，了解您的是苏先生！苏先生担心秦
国攻打赵国而破坏合纵盟约，认为除了你

没有人能够掌握秦国的权柄，所以激怒先生，派我暗中供给您钱财，一切都是苏先生的计谋。如今您已被重用，请让我回去禀报吧。"张仪说："哎呀，这些都在我学习过的权谋中而我却没有察觉，我不及苏先生高明啊！我是新被任用的，怎么能图谋赵国呢？替我谢谢苏先生，苏先生当权的时代，我怎敢多言。况且有苏先生在，我张仪岂能大过他呢！"张仪做了秦国国相后，就写檄文告诫楚国国相说："当初我陪你饮酒，我没有偷你的玉璧，你却打我。你要好好守住你的国家，回头我要盗你的城池了！"

莒国和蜀国相互攻击，各自来向秦国告急。秦惠王想发兵攻打蜀国，又认为道路艰险狭窄难以到达，而韩国又来侵犯秦国，秦惠王想先讨伐韩国，然后讨伐蜀国，担心有所不利，想先讨伐蜀国，又害怕韩国在秦国疲惫之际偷袭，犹豫不决。司马错与张仪在秦惠王面前争论，司马错想讨伐蜀国，张仪说："不如讨伐韩国。"惠王说："请让我听听你们的理由。"

张仪说："亲近魏国善待楚国，出兵三川，阻塞什谷隘口，挡住屯留要道，让魏国阻断南阳通道，让楚国迫近南郑，秦国攻打新城、宜阳，兵临东、西二周的城郊，诛讨周王的罪过，侵占楚国、魏国的土地。周王自知不能得救，定会献出九鼎

秦柄，故感怒君，使臣阴奉给君资，尽苏君之计谋。今君已用，请归报。"张仪曰："嗟乎，此在吾术中而不悟，吾不及苏君明矣！吾又新用，安能谋赵乎？为吾谢苏君，苏君之时，仪何敢言？且苏君在，仪宁渠能乎！"张仪既相秦，为文檄告楚相曰："始吾从若饮，我不盗而璧，若笞我。若善守汝国，我顾且盗而城！"

莒、蜀相攻击，各来告急于秦。秦惠王欲发兵以伐蜀，以为道险狭难至，而韩又来侵秦。秦惠王欲先伐韩，后伐蜀，恐不利；欲先伐蜀，恐韩袭秦之敝，犹豫未能决。司马错与张仪争论于惠王之前，司马错欲伐蜀，张仪曰："不如伐韩。"王曰："请闻其说。"

仪曰："亲魏善楚，下兵三川，塞什谷之口，当屯留之道，魏绝南阳，楚临南郑，秦攻新城、宜阳，以临二周之郊，诛周王之罪，侵楚、魏之地。周自知不能救，九鼎宝器必出。据九

鼎，案图籍，挟天子以令于天下，天下莫敢不听，此王业也。今夫蜀，西僻之国而戎翟之伦也，敝兵劳众不足以成名，得其地不足以为利。臣闻争名者于朝，争利者于市。今三川、周室，天下之朝市也，而王不争焉，顾争于戎翟，去王业远矣。"

司马错曰："不然。臣闻之，欲富国者务广其地，欲强兵者务富其民，欲王者务博其德。三资者备而王随之矣。今王地小民贫，故臣愿先从事于易。夫蜀，西僻之国也，而戎翟之长也，有桀、纣之乱。以秦攻之，譬如使豺狼逐群羊。得其地足以广国，取其财足以富民缮兵，不伤众而彼已服焉。拔一国而天下不以为暴，利尽西海而天下不以为贪，是我一举而名实附也，而又有禁暴止乱之名。今攻韩，劫天子，恶名也，而未必利也，又有不义之名，而攻天下所不欲，危矣。臣请谒其故：周，天下之宗室也；齐，韩之与国也。周自知

宝器。占据九鼎，按照地图和户籍，就可以挟持天子来号令天下，天下没有谁敢不听，这是统治天下的大业啊！如今的蜀国，是西方偏僻的国家，像戎狄一样落后，疲军劳民不足以成就威名，得到他们的土地算不上什么利益。我听说争名的人身在朝廷，争利的人身处集市。如今三川、周室，就像是天下的朝廷和集市，大王不到那里去争夺，却到戎狄一样的地方去争夺，这离统治天下大业太远了！"

司马错说："不对。我听说，想国家富强的人致力于扩张他的土地，想让军队强大的人致力于富足他的百姓，想统治天下的人致力于推行他的德政。这三个条件具备，帝王大业就随之而来。如今大王的土地狭小，百姓贫穷，所以我希望先从事容易的事情。蜀国是西方偏僻的国家，却是戎狄的首领，已经发生了像桀、纣那样的祸乱。秦国攻打它，就好像用豺狼驱逐群羊。得到它的土地足以扩大秦国的疆土，夺取它的财富足以富民强兵，不损伤军队而他们就已臣服了。攻克一个国家而不让天下人认为我们残暴；取尽西海所有的利益而不让天下人认为我们贪婪。这样我军一举就可名利双收，而且又能有禁暴止乱的名声。如今攻打韩国，劫持天子，是恶名啊，而且未必有利，又有不义的名声，攻打天下人所不希望攻打的国家，就

危险了。请让我讲清其中的缘由：周是天下尊崇的宗室；齐国，是韩国交往密切的国家。周自知失去九鼎，韩自知失去三川，这两国势必通力合谋，借助齐国、赵国的力量而与楚国、魏国谋求和解，将九鼎送给楚国，把土地给魏国，大王是不能阻止的。这便是我所说的危险。不如攻打蜀国那么完美。"

秦惠王说："好，我愿意听你的。"最终起兵攻打蜀国。十月，攻克蜀国。于是平定了蜀国，贬谪蜀王，更改他的封号为侯，而派陈庄担任蜀相。蜀国归属秦国后，秦国因此更加强大，富足厚实，轻视诸侯。

秦惠王十年，派公子华与张仪围攻蒲阳，降服了它。张仪趁机劝说秦王又把它归还给魏国，而派公子繇去魏国做人质。张仪趁机劝魏王道："秦王对待魏国如此仁厚，魏国不可能无礼。"魏国因此就把上郡、少梁献给秦国，答谢秦惠王。惠王就任张仪为相国，少梁改名叫夏阳。

张仪任秦国国相四年，拥立惠王为王。过了一年，张仪担任秦将，夺取陕县。构筑上郡要塞。这以后两年，秦王派张仪到啮桑与齐国、楚国会盟。张仪从东方回来后被免去了相国职位，为了秦国而去做魏国国相，想让魏国首先跟从秦国而让其他诸侯效仿魏国。魏王不肯听张仪。秦王发

失九鼎，韩自知亡三川，将二国并力合谋，以因乎齐、赵而求解乎楚、魏，以鼎与楚，以地与魏，王弗能止也。此臣之所谓危也。不如伐蜀完。"

惠王曰："善，寡人请听子。"卒起兵伐蜀，十月，取之。遂定蜀，贬蜀王更号为侯，而使陈庄相蜀。蜀既属秦，秦以益强，富厚，轻诸侯。

秦惠王十年，使公子华与张仪围蒲阳，降之。仪因言秦复与魏，而使公子繇质于魏。仪因说魏王曰："秦王之遇魏甚厚，魏不可以无礼。"魏因入上郡、少梁，谢秦惠王。惠王乃以张仪为相，更名少梁曰夏阳。

仪相秦四岁，立惠王为王。居一岁，为秦将，取陕，筑上郡塞。其后二年，使与齐、楚之相会啮桑。东还而免相，相魏以为秦，欲令魏先事秦而诸侯效之。魏王不肯听仪。秦王怒，伐取魏之曲沃、平周，复

阴厚张仪益甚。张仪惭，无以归报。留魏四岁而魏襄王卒，哀王立。张仪复说哀王，哀王不听。于是张仪阴令秦伐魏。魏与秦战，败。

明年，齐又来败魏于观津。秦复欲攻魏，先败韩申差军，斩首八万，诸侯震恐。而张仪复说魏王曰："魏地方不至千里，卒不过三十万。地四平，诸侯四通辐凑，无名山大川之限。从郑至梁二百余里，车驰人走，不待力而至。梁南与楚境，西与韩境，北与赵境，东与齐境，卒戍四方，守亭鄣者不下十万。梁之地势，固战场也。梁南与楚而不与齐，则齐攻其东；东与齐而不与赵，则赵攻其北；不合于韩，则韩攻其西；不亲于楚，则楚攻其南。此所谓四分五裂之道也。且夫诸侯之为从者，将以安社稷、尊主、强兵、显名也。今从者一天下，约为昆弟，刑白马以盟洹水之上，以相坚也。而亲昆弟同父母，尚有争钱财，而欲恃诈伪反覆苏秦之余谋，其不可成亦明矣。

怒，攻取了魏国的曲沃、平周，又暗中更加厚待张仪。张仪惭愧，没有什么能回报的。他留在魏国四年，魏襄王去世，哀王即位。张仪又游说哀王，哀王不听。于是张仪暗中让秦国攻打魏国。魏国与秦国交战，战败。

第二年，齐国又在观津打败了魏国。秦国又想攻打魏国，先打败了韩国申差的军队，斩首八万人，诸侯震惊害怕。张仪又游说魏王说："魏国土地纵横不到千里，士兵不过三十万。四周地势平坦，就像车辐集中于车毂一样与四方诸侯相通，没有名山大川的阻隔。从新郑到大梁二百多里，战车奔驰，士兵奔跑，不用力便已经到了。大梁南面与楚国接壤，西面与韩国接壤，北面与赵国接壤，东面与齐国接壤，士兵戍守四方，戍守亭鄣的士兵不下十万。大梁这样的地势，本来就是战场。大梁向南与楚国交好而不与齐国交好，那么齐国就会攻打你的东边；向东与齐国交好而不与赵国交好，那么赵国就会攻打你的北边；与韩国不合，那么韩国就会攻打你的西边；不亲附于楚国，那么楚国就会攻打你的南边：这就是所谓四分五裂的形势啊。况且诸侯之所以合纵联盟，是想凭借合纵而使国家安定、君主尊崇、军队强大、声名显赫。如今合纵的人是想使天下结为一体，相约为兄弟，在洹水之上斩白马歃血为盟，来互相表示坚定信念。然而同一父母的亲兄弟还有争夺钱财的，他们却想凭借诈伪反复的苏秦的小计谋联合，很明显他不可能成功。

"大王不听秦国的，秦国出兵攻打河外，占据卷、衍、燕、酸枣，劫持卫国夺取阳晋，那么赵国就不敢南下，赵国不敢南下，魏国的军队就不北上，魏国的军队不北上，那么合纵联盟的道路就被断绝了，合纵联盟的道路断绝，那么大王的国家想不危险是不可能的了。秦国折服韩国进而攻打魏国，韩国惧怕秦国，秦国、韩国联为一体，魏国的灭亡就可以站着等待了。这是我替大王担忧的啊。为大王考虑，不如依附秦国。依附秦国，那么楚国、韩国必定不敢妄动；没有楚国、韩国的祸患，那么大王就可以高枕而卧，国家一定没有可忧虑的事了。况且秦国最想削弱的莫过于楚国，而能削弱楚国的莫过于魏国。楚国虽然有富足强大的声名，实际上却很空虚；它的士兵虽多，然而他们动辄临阵败逃，不能坚持作战。魏国全部士兵向南攻打楚国，胜利是一定的。分割楚地使魏国受益，亏损楚国而迎合秦国，转嫁灾祸，安定国家，这是好事啊。大王不听我的，秦国出动精兵向东讨伐，那时即使想依附秦国，也不可能了。

"况且主张合纵的人多言辞激扬却很

"大王不事秦，秦下兵攻河外，据卷、衍、燕、酸枣，劫卫取阳晋，则赵不南，赵不南而梁不北，梁不北则从道绝，从道绝则大王之国欲毋危不可得也。秦折韩而攻梁，韩怯于秦，秦韩为一，梁之亡可立而须也。此臣之所为大王患也。为大王计，莫如事秦。事秦则楚、韩必不敢动；无楚、韩之患，则大王高枕而卧，国必无忧矣。且夫秦之所欲弱者莫如楚，而能弱楚者莫如梁。楚虽有富大之名而实空虚；其卒虽多，然而轻走易北，不能坚战。悉梁之兵南面而伐楚，胜之必矣。割楚而益梁，亏楚而适秦，嫁祸安国，此善事也。大王不听臣，秦下甲士而东伐，虽欲事秦，不可得矣。

"且夫从人多奋辞而少可

信，说一诸侯而成封侯，是故天下之游谈士莫不日夜扼腕瞋目切齿以言从之便，以说人主。人主贤其辩而牵其说，岂得无眩哉。臣闻之，积羽沉舟，群轻折轴，众口铄金，积毁销骨。故愿大王审定计议，且赐骸骨辟魏。”

哀王于是乃倍从约而因仪请成于秦。张仪归，复相秦。三岁而魏复背秦为从。秦攻魏，取曲沃。明年，魏复事秦。

秦欲伐齐，齐楚从亲，于是张仪往相楚。楚怀王闻张仪来，虚上舍而自馆之。曰：“此僻陋之国，子何以教之？”仪说楚王曰：“大王诚能听臣，闭关绝约于齐，臣请献商、於之地六百里，使秦女得为大王箕帚之妾，秦、楚娶妇嫁女，长为兄弟之国。此北弱齐而西益秦也，计无便此者。”楚王大说而许之。群臣皆贺，陈轸独吊之。楚王怒曰：“寡人不

少不怎么可信，他们只是想游说诸侯成功一次使自己能被封侯，所以天下游说之士无不日夜紧抓手腕、瞪大眼睛、咬紧牙齿大谈合纵的好处，以此来游说君主。君主尊重他们的口才而被他们的游说言辞牵着走，怎么能不被迷惑呢！我听说，羽毛堆积多了能使船沉没，很轻的货物装载多了也能压折车轴，众人的口舌就算是金石也能将其熔化，不断的毁谤就算是骨肉之亲也能将其毁灭。所以希望大王审慎商议，并且允许我这把老骨头离开魏国。”

哀王于是就背弃了合纵盟约，而通过张仪请求与秦国和解。张仪回到秦国，再次担任秦国的国相。三年后魏国又背叛秦国加入合纵之盟。秦国攻打魏国，夺取曲沃。第二年，魏国再次归附秦国。

秦国想讨伐齐国，齐楚合纵结好，于是张仪前往楚国出任相国。楚怀王听说张仪来，空出上等馆舍，亲自到馆舍安排他入住。怀王说：“这里是偏远鄙陋的国家，您有什么指教呢？”张仪劝说怀王道：“大王果真能听我的，就关闭关隘，与齐国断绝约定，我请求秦王献出商於六百里的土地，让秦女成为大王扫地的侍妾，秦、楚两国娶妇嫁女，永远结为兄弟国家。这样在北可削弱齐国，在西有利于秦国，没有比这更好的策略了。”楚王非常高兴地答应了他。群臣都来祝贺，唯独陈轸为此感

到悲伤。楚王发怒道："我不兴师发兵就得到六百里土地，群臣都庆贺，唯独你哀悼，为什么呢？"陈轸回答说："不会是这样。以我的观察，商於土地不可能得到，但齐国和秦国会联合起来。齐国、秦国联合，那么灾祸一定会降临。"楚王说："有什么理由吗？"陈轸回答说："秦国之所以看重楚国，是因为楚国有齐国。如今关闭关隘与齐国断交，那么楚国势孤。秦国为什么重视一个被完全孤立的国家，而送给它商於六百里的土地呢？张仪到达秦国，一定会背叛大王。这是北边与齐国断交，西边引来秦国的祸患，而两国的兵力一定全部打到楚国。为大王妥善考虑的话，不如暗中和齐国联合而表面上断交，派人随张仪到秦国。如果秦国给了我们土地，再与齐国断交也不晚；秦国不给我们土地，就暗中联合商讨对策。"楚王说："希望陈先生闭嘴不要再说了，等着我得到土地吧。"于是把相印授予了张仪，厚赠给他许多财物。于是楚国就关闭关隘与齐国断交了关系，派了一位将军随同张仪去了秦国。

张仪到达秦国，佯装在车上没拉住绳子坠了下来，三个月没有上朝。楚怀王听闻这事，说："张仪是认为我与齐国断交不彻底吗？"于是派勇士到宋国，借宋国的符节向北到达齐国大骂齐王。齐王大怒，转身与秦国结交。秦国与齐国相交联合，

兴师发兵得六百里地，群臣皆贺，子独吊，何也？"陈轸对曰："不然。以臣观之，商、於之地不可得而齐、秦合，齐、秦合则患必至矣。"楚王曰："有说乎？"陈轸对曰："夫秦之所以重楚者，以其有齐也。今闭关绝约于齐，则楚孤。秦奚贪夫孤国，而与之商、於之地六百里？张仪至秦，必负王，是北绝齐交，西生患于秦也，而两国之兵必俱至。善为王计者，不若阴合而阳绝于齐，使人随张仪。苟与吾地，绝齐未晚也；不与吾地，阴合谋计也。"楚王曰："愿陈子闭口毋复言，以待寡人得地。"乃以相印授张仪，厚赂之。于是遂闭关绝约于齐，使一将军随张仪。

张仪至秦，详失绥堕车，不朝三月。楚王闻之，曰："仪以寡人绝齐未甚邪？"乃使勇士至宋，借宋之符，北骂齐王。齐王大怒，折节而下秦。秦、齐之交合，张仪乃朝，谓楚使

者曰："臣有奉邑六里，愿以献大王左右。"楚使者曰："臣受令于王，以商於之地六百里，不闻六里。"还报楚王，楚王大怒，发兵而攻秦。陈轸曰："轸可发口言乎？攻之不如割地反以赂秦，与之并兵而攻齐，是我出地于秦，取偿于齐也，王国尚可存。"楚王不听，卒发兵而使将军屈匄击秦。秦、齐共攻楚，斩首八万，杀屈匄，遂取丹阳、汉中之地。楚又复益发兵而袭秦，至蓝田，大战，楚大败，于是楚割两城以与秦平。

秦要楚欲得黔中地，欲以武关外易之。楚王曰："不愿易地，愿得张仪而献黔中地。"秦王欲遣之，口弗忍言。张仪乃请行。惠王曰："彼楚王怒子之负以商、於之地，是且甘心于子。"张仪曰："秦强楚弱，臣善靳尚，尚得事楚夫人郑袖，袖所言皆从。且臣奉王之节使楚，楚何敢加诛？假令诛臣而为秦得黔中之地，臣之上愿。"遂使楚。楚怀王至则囚张仪，将杀之。靳尚谓郑袖曰："子亦知子之贱于王乎？"

张仪才上朝对楚国使者说："我有封邑六里，愿将它献给大王。"楚国使者说："我受令于楚王，来接收商於六百里土地，没听说过只有六里。"使臣回报楚王，楚王大怒，发兵攻打秦国。陈轸说："我可以开口说话吗？攻打秦国不如反过来割地贿赂秦国，与秦国合兵来攻打齐国，是我们献给秦国的土地，可以从齐国那里得到补偿，大王的国土还可以保全。"楚王不听，还是发兵派将军屈匄攻击秦国。秦国、齐国共同攻打楚国，斩首八万人，杀了屈匄，于是夺取了丹阳、汉中的土地。楚国又再次发兵袭击秦国，在蓝田与秦军大战，楚军大败，于是楚国割让给秦国两城罢兵。

秦国要挟楚国，想得到黔中地区，想用武关以外的土地与楚国交换。楚王说："不愿意换地，希望得到张仪，便可献出黔中地区。"秦王想遣送张仪，但不忍说出来。张仪于是请求前去楚国。惠王说："那楚王恨你背弃奉送商於土地的诺言，这是要杀了你才甘心啊。"张仪说："秦国强大，楚国弱小，我与靳尚关系友善，靳尚得以为楚夫人郑袖做事，郑袖所说的话楚王都会听从。再说我奉大王的符节出使楚国，楚王怎敢加害于我呢？假如杀死我而为秦国得到黔中地区，这是我的宏愿。"于是出使楚国。楚怀王等张仪一到就囚禁了他，要杀他。靳尚对郑袖说：

"你也知道你在大王面前地位低下吗？"郑袖说："为什么这么说呢？"靳尚说："秦王很喜爱张仪而不想让他出使。如今他将用上庸六县的土地贿赂楚国，把美人嫁到楚国，以宫中善于歌唱的女子作为陪嫁。楚王看重土地尊崇秦国，秦女一定显贵而夫人将被遗弃。不如为张仪说情放他出去。"于是郑袖日夜向怀王进言说："人臣各为他们的主子所用。如今土地还没有交给秦国，秦国就派张仪来，极为尊重大王。大王没有回礼就杀了张仪，秦王一定大怒攻打楚国。我请求将我们母子全部迁居江南，免得为秦国所害。"怀王后悔，赦免了张仪，像过去一样对他以厚礼相待。

张仪出狱后，还没离开，听说苏秦死了，便游说楚王道："秦国土地占有天下的一半，兵力可抵挡周围的国家，四境险要，黄河如带横流，四方要塞是坚固的边防。有勇猛的将士一百多万，战车千乘，战马万匹，粮食堆积如山。法令严明，士兵不怕危难乐于赴死。君主威严圣明，将帅智勇双全，虽然没有出兵，声威已席卷险要的常山，折断天下的脊梁，天下后臣服的国家就先要被灭亡。况且那些合纵的国家与秦国相比，无异于驱赶着群羊去攻击猛虎，虎和羊无法相斗是很明显的。如今大王不亲附猛虎却与群羊为伍，我认为大王的计策错了。

郑袖曰："何也？"靳尚曰："秦王甚爱张仪而不欲出之。今将以上庸之地六县赂楚，以美人聘楚，以宫中善歌讴者为媵。楚王重地尊秦，秦女必贵而夫人斥矣。不若为言而出之。"于是郑袖日夜言怀王曰："人臣各为其主用。今地未入秦，秦使张仪来，至重王。王未有礼而杀张仪，秦必大怒攻楚。妾请子母俱迁江南，毋为秦所鱼肉也。"怀王后悔，赦张仪，厚礼之如故。

张仪既出，未去，闻苏秦死，乃说楚王曰："秦地半天下，兵敌四国，被险带河，四塞以为固。虎贲之士百余万，车千乘，骑万匹，积粟如丘山。法令既明，士卒安难乐死，主明以严，将智以武，虽无出甲，席卷常山之险，必折天下之脊，天下有后服者先亡。且夫为从者，无以异于驱群羊而攻猛虎，虎之与羊不格明矣。今王不与猛虎而与群羊，臣窃以为大王之计过也。

"凡天下强国，非秦而楚，非楚而秦，两国交争，其势不两立。大王不与秦，秦下甲据宜阳，韩之上地不通。下河东，取成皋，韩必入臣，梁则从风而动。秦攻楚之西，韩、梁攻其北，社稷安得毋危？且夫从者聚群弱而攻至强，不料敌而轻战，国贫而数举兵，危亡之术也。臣闻之，兵不如者勿与挑战，粟不如者勿与持久。夫从人饰辩虚辞，高主之节，言其利不言其害，卒有秦祸，无及为已！是故愿大王之孰计之。

"秦西有巴蜀，大船积粟，起于汶山，浮江已下，至楚三千余里。舫船载卒，一舫载五十人，与三月之食，下水而浮，一日行三百余里，里数虽多，然而不费牛马之力，不至十日而距扞关。扞关惊，则从境以东尽城守矣，黔中、巫郡非王之有。秦举甲出武关，南面而伐，则北地绝。秦兵之攻楚也，危难在三月之内，而楚待诸侯

"天下的强国，不是秦国就是楚国，不是楚国就是秦国，两国相争，其形势是两国不可能并立。大王不与秦国结交，秦国发兵占据宜阳，韩国的上地不能通行。攻下河东，夺取成皋，韩国定然会向秦国称臣，魏国便望风而动。秦国攻打楚国的西边，韩国、魏国攻打楚国的北面，国家怎能不危险呢？况且合纵的人是聚集一群弱国来攻打最强大的国家，不估量敌人就轻易开战，国家贫穷却多次兴兵，这是危险的策略。我听说，兵力不如敌国不要挑战对方；粮食不如敌国不要与之持久作战。再说那些主张合纵的人，粉饰言辞，不切实际，极力抬高主上的人格，只说对国君的好处，不说对国君的坏处，突然有了秦国的祸患，就来不及挽救了。所以希望大王深思熟虑。

"秦国西有巴蜀，用大船装载粮食，从汶山出发，顺江漂浮而下，到楚国三千多里。用舫船运载士兵，一条舫船能载五十人和三个月的粮食，顺江而下，一天可行三百多里，里程虽多，然而不必花费牛马的气力，不到十天就可抵达扞关。扞关骚动，那么自边境以东所有的城邑都要据城防守，黔中、巫郡就不能为大王所有了。秦国兴兵从武关出发，向南进攻，楚国北方地区被切断。秦兵攻打楚国，在三个月内楚国将陷入危难，而楚国等待诸侯

的救援需要半年以上，这种形势下根本就来不及。等待弱国的救援，忽略强秦带来的祸患，这是我为大王担忧的原因啊！大王曾经与吴国人作战，五次交战胜了三次，能上阵的士兵已经没有了；在偏远的地方还要守卫新攻占的城邑，幸存的百姓已经很苦了。我听说功劳大的人容易遭受危险，而百姓疲惫就会怨恨主上。再说坚守容易招致危险的功业而违逆强秦的心意，我私下为大王感到危险。况且秦国之所以十五年不出兵函谷关攻打齐国、赵国，是在暗中有吞并天下的野心。楚国曾经和秦国兵祸相结，在汉中交战，楚国人不能战胜，列侯和执珪死了七十多人，于是失去了汉中。楚王非常愤怒，兴兵袭击秦国，在蓝田交战。这就是所谓的两虎相搏啊。再说秦国、楚国相互厮杀，而韩国、魏国以完整的国力在后方牵制，没有比这更危险的策略了。希望大王仔细地考虑这些情况。

"秦国发兵攻打卫国阳的晋，一定会断绝天下的交通要道。大王发动全部兵力攻打宋国，不到数月宋国就可拿下，拿下宋国挥师东向，那么泗水一带十二路诸侯便全归大王所有了。大概天下以信守盟约而合纵亲善让它们相互坚守的人只有苏秦，他被封为武安君，担任燕国国相，却暗中与燕王谋划攻破齐国并瓜分它的土地。于是他佯装有罪逃离燕国到了齐国，齐王因

之救，在半岁之外，此其势不相及也。夫待弱国之救，忘强秦之祸，此臣所以为大王患也。大王尝与吴人战，五战而三胜，阵卒尽矣；偏守新城，存民苦矣。臣闻功大者易危，而民敝者怨上。夫守易危之功而逆强秦之心，臣窃为大王危之。且夫秦之所以不出兵函谷十五年以攻齐、赵者，阴谋有合天下之心。楚尝与秦构难，战于汉中，楚人不胜，列侯执珪死者七十余人，遂亡汉中。楚王大怒，兴兵袭秦，战于蓝田。此所谓两虎相搏者也。夫秦、楚相敝，而韩、魏以全制其后，计无危于此者矣。愿大王孰计之。

"秦下甲攻卫阳晋，必大关天下之匈。大王悉起兵以攻宋，不至数月而宋可举，举宋而东指，则泗上十二诸侯尽王之有也。凡天下而以信约从亲相坚者苏秦，封武安君，相燕，即阴与燕王谋伐破齐而分其地；乃详有罪出走入齐，齐王因受而相之；居二年而觉，齐

王大怒，车裂苏秦于市。夫以一诈伪之苏秦，而欲经营天下，混一诸侯，其不可成亦明矣。今秦与楚接境壤界，固形亲之国也。大王诚能听臣，臣请使秦太子入质于楚，楚太子入质于秦，请以秦女为大王箕帚之妾，效万室之都以为汤沐之邑，长为昆弟之国，终身无相攻伐。臣以为计无便于此者。"

于是楚王已得张仪而重出黔中地与秦，欲许之。屈原曰："前大王见欺于张仪，张仪至，臣以为大王烹之；今纵弗忍杀之，又听其邪说，不可。"怀王曰："许仪而得黔中，美利也。后而倍之，不可。"故卒许张仪，与秦亲。

张仪去楚，因遂之韩，说韩王曰："韩地险恶山居，五谷所生，非菽而麦，民之食大抵菽饭藿羹。一岁不收，民不餍糟糠。地不过九百里，无二岁之食。料大王之卒，悉之不过三十万，而厮徒负养在其中矣。除守徼亭障塞，见卒不过二十万而已矣。秦带甲百余万，

而接受他并任他为相国。过了两年事情被发觉，齐王大怒，在集市将苏秦五马分尸。凭一个奸诈虚伪的苏秦，就想经营天下，将诸侯胡乱地结为一体，他不可能成功是很明显的了。如今秦国与楚国接壤，本是地缘亲近的国家。大王果真能听我的，我请求秦王派太子来楚国做人质，让楚太子到秦国去做人质，请求让秦女作为大王扫地的妻妾，奉上万户都邑作为汤沐邑，两国永远为兄弟国家，终生不互相攻伐。我认为没有比这更好的策略了。"

此时楚王已经得到张仪，又难于让出黔中地区给秦国，想答应张仪。屈原说："从前大王被张仪欺骗，张仪到了，我以为大王会烹杀他；如今放走不忍杀他，大王又听信他的邪说，不可以这样。"怀王说："答应张仪可获得黔中地区，这是多好的利益啊。答应之后又背弃他，不可以。"所以最终答应了张仪，与秦国亲近。

张仪离开楚国，趁机就去了韩国，对韩王说："韩国地势险恶，人都住在山上，所产五谷，不是豆就是麦，百姓吃的都是豆子饭、豆叶汤。一年没有收成，人们连糟糠都吃不够。土地纵横不过九百里，粮食储备不足两年。估计大王的士兵，全部加起来不过三十万，而且杂役后勤也包含在其中了。除去守卫亭障要塞的，现有兵力不过二十万而已。秦国精锐有一百多万，

战车千乘，战马万匹，勇猛的将士能飞奔跳跃、不戴头盔战斗、弯弓持戟、冲锋陷阵的不可胜数。秦军战马精良，戎兵众多，前蹄扬起、后蹄腾空，一跃就是两丈多远的马不可胜数。山东六国的士兵戴盔披甲会战，而秦人甩掉甲衣，赤足露身奔向敌人，左手提着人头，右手挟着俘虏。秦兵与山东之国的士兵相比，犹如孟贲和怯夫；用力量对抗，犹如乌获和婴儿。用孟贲、乌获这样的战士来攻打不服从的弱国，无异于把千钧之重压在鸟卵之上，一定没有幸免的了。群臣诸侯不估计土地狭小，而听信人们的甜言蜜语，结党营私，互相粉饰，都兴奋地说'听我的计策可以争霸天下'。不顾及国家的长久利益而听信眼前的说辞，贻误国君，没有比这更严重的了。

"大王不依附秦国的话，秦国发兵占据宜阳，切断韩国的上地，向东攻取成皋、荥阳，那么鸿台的宫殿、桑林的苑围就不能为大王所有了。阻塞成皋，切断上地，那么大王的国土就被分割了。先依附秦国就安全，不依附秦国就危险。制造祸患却想求得福报，计谋短浅而结下深怨，违逆秦国而顺从楚国，即使想不灭亡，也是不可能的。所以为大王谋划，不如顺从秦国。秦国最想要的莫过于削弱楚国，而最能削弱楚国的莫过于韩国。并非韩国比楚国强

车千乘，骑万匹，虎贲之士跿跔科头贯颐奋戟者，至不可胜计。秦马之良，戎兵之众，探前趹后蹄间三寻腾者，不可胜数。山东之士被甲蒙胄以会战，秦人捐甲徒裼以趋敌，左挈人头，右挟生虏。夫秦卒与山东之卒，犹孟贲之与怯夫；以重力相压，犹乌获之与婴儿。夫战孟贲、乌获之士以攻不服之弱国，无异垂千钧之重于鸟卵之上，必无幸矣。夫群臣诸侯不料地之寡，而听从人之甘言好辞，比周以相饰也，皆奋曰'听吾计可以强霸天下'。夫不顾社稷之长利而听须臾之说，诖误人主，无过此者。

"大王不事秦，秦下甲据宜阳，断韩之上地，东取成皋、荥阳，则鸿台之宫、桑林之苑非王之有也。夫塞成皋，绝上地，则王之国分矣。先事秦则安，不事秦则危。夫造祸而求其福报，计浅而怨深，逆秦而顺楚，虽欲毋亡，不可得也。故为大王计，莫如为秦。秦之所欲莫如弱楚，而能弱楚者莫如韩。非以韩能强于楚也，其地

势然也。今王西面而事秦以攻楚，秦王必喜。夫攻楚以利其地，转祸而说秦，计无便于此者。"韩王听仪计。

张仪归报，秦惠王封仪五邑，号曰武信君。使张仪东说齐湣王曰："天下强国无过齐者，大臣父兄殷众富乐。然而为大王计者，皆为一时之说，不顾百世之利。从人说大王者，必曰：'齐西有强赵，南有韩与梁。齐，负海之国也，地广民众，兵强士勇，虽有百秦，将无奈齐何。'大王贤其说而不计其实。夫从人朋党比周，莫不以从为可。臣闻之，齐与鲁三战而鲁三胜，国以危，亡随其后，虽有战胜之名，而有亡国之实。是何也？齐大而鲁小也。今秦之与齐也，犹齐之与鲁也。秦、赵战于河漳之上，再战而赵再胜秦；战于番吾之下，再战又胜秦。四战之后，赵之亡卒数十万，邯郸仅存，虽有战胜之名而国已破矣。是何也？秦强而赵弱。今秦、楚嫁女娶妇，为昆弟之国。

大，而是韩国的地势使然。如今大王向西依附秦国来攻打楚国，秦王一定高兴。攻打楚国获得它土地上的利益，转嫁祸患以取悦秦国，没有比这更好的计策了。"韩王听从了张仪的计策。

张仪回秦禀报，秦惠王封给张仪五座城邑，号武信君。秦王派张仪向东去游说齐湣王："天下的强国没有超过齐国的，大臣父兄众多富足安乐。然而为大王谋划的人，都是一时之说，不顾及长远利益。主张合纵的人游说大王，一定会说'齐国西有强大的赵国，南有韩国与大梁。齐国，是背靠大海的国家，土地广阔，人口众多，军队强大，士兵勇猛，即便有一百个秦国，也对齐国无可奈何"。大王称赞他们的说法，却不考虑这些说法背后的实际情况。主张合纵的人结党营私，没有不认为应该合纵的。我听说，齐国与鲁国三次交战，鲁国三次获胜，但国家也随之危亡，虽有战胜的名声，却有亡国的事实。这是为什么呢？齐国强大而鲁国弱小啊。如今秦国与齐国相比，犹如齐国与鲁国。秦国与赵国在漳河边交战，赵国两次作战两次战胜秦国；在番吾城下交战，两次交战又两次战胜秦国。四次交战之后，赵国阵亡的士兵有几十万，仅存邯郸，虽有战胜的名声，但国家已破败不堪。这是为什么呢？秦国强大而赵国弱小啊。如今秦楚两国娶妇嫁女，结为兄弟国家。韩国献出宜阳，魏国献出河外，赵国在渑池朝见秦王，割让河间地区以依附秦国。大王不依附秦国，秦国驱使韩国和大梁攻打齐国的南部地区，出动赵国全部兵力渡过清河，直指博关，临淄、即墨就不能为大王所有了。国家一旦被攻，即使想依附秦国也不可能了。所以希望大王仔细考虑这种情况。"

齐王说："齐国偏僻鄙陋，隐居在东海边上，未曾听过对国家有长远利益的计策。"于是答应了张仪。

张仪离开，向西游说赵王道："敝国秦王派使臣向大王献上浅陋的计谋。大王召集率领天下诸侯来抵抗秦国，秦兵十五年不敢出函谷关。大王的声威遍布山东六国，敝国恐惧慑伏，整治军队，磨砺兵器，整饬车骑，练习骑马射箭，勤力耕田，积蓄粮食，守卫四境，担惊受怕，不敢有所动摇，唯恐大王有意责备我们的过失。如今凭借大王的力量，秦国攻下巴蜀，吞并汉中，占据两周，迁走九鼎，据守白马渡口。秦国虽然地处偏远，然而内心愤懑不平、无处发泄的日子已经很久了。如今秦国有一支残兵败将，驻军在渑池，希望渡过黄河，逾越漳水，占据番吾，与大王在邯郸城下相会，希望在甲子日会战，效仿殷纣的故事，所以敬重地先派出我作为使臣来警告大王。大王之所以相信合纵，倚

韩献宜阳；梁效河外；赵入朝渑池，割河间以事秦。大王不事秦，秦驱韩、梁攻齐之南地，悉赵兵渡清河，指博关，临菑、即墨非王之有也。国一日见攻，虽欲事秦，不可得也。是故愿大王孰计之也。"

齐王曰："齐僻陋，隐居东海之上，未尝闻社稷之长利也。"乃许张仪。

张仪去，西说赵王曰："敝邑秦王使使臣效愚计于大王。大王收率天下以宾秦，秦兵不敢出函谷关十五年。大王之威行于山东，敝邑恐惧慑伏，缮甲厉兵，饰车骑，习驰射，力田积粟，守四封之内，愁居慑处，不敢动摇，唯大王有意督过之也。今以大王之力，举巴蜀，并汉中，包两周，迁九鼎，守白马之津。秦虽僻远，然而心忿含怒之日久矣。今秦有敝甲凋兵，军于渑池，愿渡河逾漳，据番吾，会邯郸之下，愿以甲子合战，以正殷纣之事，敬使使臣先闻左右。凡大王之所信为从者恃苏秦。苏秦荧惑诸侯，

以是为非，以非为是，欲反齐国，而自令车裂于市。夫天下之不可一亦明矣。今楚与秦为昆弟之国，而韩、梁称为东藩之臣，齐献鱼盐之地，此断赵之右臂也。夫断右臂而与人斗，失其党而孤居，求欲毋危，岂可得乎？今秦发三将军：其一军塞午道，告齐使兴师渡清河，军于邯郸之东；一军军成皋，驱韩、梁军于河外；一军军于渑池。约四国为一以攻赵，赵破，必四分其地。是故不敢匿意隐情，先以闻于左右。臣窃为大王计，莫如与秦王遇于渑池，面相见而口相结，请案兵无攻。愿大王之定计。"

赵王曰："先王之时，奉阳君专权擅势，蔽欺先王，独擅绾事，寡人居属师傅，不与国谋计。先王弃群臣，寡人年幼，奉祀之日新，心固窃疑焉，以为一从不事秦，非国之长利也。乃且愿变心易虑，割地谢前过以事秦。方将约车趋行，适闻使者之明诏。"赵王许张仪，

靠的是苏秦。苏秦迷惑诸侯，把对的说成错的，把错的说成对的，想反抗齐国，却让自己在集市被五马分尸。天下不能结为一体是很明显的了。如今楚国与秦国结成兄弟国家，而韩国和魏国自称为秦国东边的藩属国，齐国献出盛产鱼盐的地方，这就等于断了赵国的右臂啊。断了右臂而与别人争斗，失去同党而孤立无援，想要不危险，怎么可能呢？如今秦国派出三位将军：其中一支军队阻塞午道，告诉齐国让他们兴兵渡过清河，驻扎在邯郸的东面；一支军队驻扎在成皋，驱使韩国和魏国驻军在河外；一支军队驻军在渑池。约定四国联合攻打赵国，攻破赵国，必定四分它的土地。所以我不敢隐匿我们的想法和实情，先让大王听到这些。我私下为大王考虑，不如与秦王在渑池会晤，当面相见并亲口约定，请求秦国按兵不动。希望大王拿定主意。"

赵王说："先王在位时，奉阳君专权擅政，蒙蔽欺骗先王，独揽政事，我居住宫内向师傅学习，不参与国家战略的策划。先王舍弃群臣辞世时，我还年幼，刚继承君位不久，心中本就暗自怀疑这些，认为一味合纵不依附秦国，并非国家的长远利益。于是准备改变心意，抛开疑虑，割让土地来对以往的过失表示歉意，以依附秦国。我正要准备车马前去请罪，恰好听

到使者您的明智指教。"赵王答应了张仪，张仪就离开了赵国。

张仪北上到燕国，游说燕昭王道："大王所亲近的莫过于赵国。从前赵襄子曾经把自己的姐姐嫁给代王为妻，想吞并代国，约定与代王在句注要塞会晤，就让工人做了一个金斗，加长了斗的尾部，使之可以杀人。赵襄子与代王饮酒时，私下告诉厨师说："饮酒到酣畅作乐时，送上热羹，把金斗反过来击杀代王。"于是饮酒到酣畅欢乐时，送上热羹，厨师上前斟羹，趁机反转斗柄击打代王，杀死了他，代王脑浆流了一地。赵襄子的姐姐听说了此事，就把簪子磨快自杀了，所以至今有一个名叫摩笄的山。代王之死，天下没有没听说过的。赵王的狠毒暴戾，六亲不认，大王是很清楚的，大王还认为赵王可以亲近吗？赵国兴兵攻打燕国，两次围攻燕国都城而劫持大王，大王割让十座城池来谢罪。如今赵王已经在渑池朝拜秦王，献上河间地区以依附秦国。如今大王不依附秦国，秦国出兵云中、九原，驱使赵国攻打燕国，那么易水、长城就不能为大王所有了。况且如今的赵国犹如秦国的郡县，不敢妄自兴兵攻伐他国。现在大王如果依附秦国，秦王必定高兴，赵国不敢妄自行动，这样西边就有强秦作为支援，而且南边没有齐国和赵国的祸患，所以希望大王仔细

张仪乃去。

北之燕，说燕昭王曰："大王之所亲莫如赵。昔赵襄子尝以其姊为代王妻，欲并代，约与代王遇于句注之塞。乃令工人作为金斗，长其尾，令可以击人。与代王饮，阴告厨人曰：'即酒酣乐，进热啜，反斗以击之。'于是酒酣乐，进热啜，厨人进斟，因反斗以击代王，杀之，王脑涂地。其姊闻之，因摩笄以自刺，故至今有摩笄之山。代王之亡，天下莫不闻。夫赵王之很戾无亲，大王之所明见。且以赵王为可亲乎？赵兴兵攻燕，再围燕都而劫大王，大王割十城以谢。今赵王已入朝渑池，效河间以事秦。今大王不事秦，秦下甲云中、九原，驱赵而攻燕，则易水、长城非大王之有也。且今时赵之于秦犹郡县也，不敢妄举师以攻伐。今王事秦，秦王必喜，赵不敢妄动，是西有强秦之援，而南无齐、赵之患，是故愿大王孰计之。"

考虑这件事。"

燕王曰："寡人蛮夷僻处，虽大男子，裁如婴儿，言不足以采正计。今上客幸教之，请西面而事秦，献恒山之尾五城。"燕王听仪。

仪归报，未至咸阳而秦惠王卒，武王立。武王自为太子时不说张仪，及即位，群臣多谗张仪曰："无信，左右卖国以取容。秦必复用之，恐为天下笑。"诸侯闻张仪有郤武王，皆畔衡，复合从。

秦武王元年，群臣日夜恶张仪未已，而齐让又至。张仪惧诛，乃因谓秦武王曰："仪有愚计，愿效之。"王曰："奈何？"对曰："为秦社稷计者，东方有大变，然后王可以多割得地也。今闻齐王甚憎仪，仪之所在，必兴师伐之。故仪愿乞其不肖之身之梁，齐必兴师而伐梁。梁、齐之兵连于城下而不能相去，王以其间伐韩，入三川，出兵函谷而毋伐，以临周，祭器必出。挟天子，按

燕王说："我如同蛮夷一样身处偏僻，虽是大男子却如婴儿一般无知，所说的话不足以作为正确的决策来采用。如今我有幸得到贵客的指教，请让我向西依附秦国，献出恒山远端的五座城池。"燕王听从了张仪的话。

张仪回秦禀报，还没到咸阳秦惠王就去世了，武王被立为王。武王自从做太子时就不喜欢张仪，等即位后，群臣中有很多说张仪的坏话："张仪没有信用，反复无常，出卖国家以取得恩宠。秦国如果一定要再任用他，恐怕会被天下人耻笑。"诸侯听说张仪与武王有隔阂，都背叛连横，又合纵联盟。

秦武王元年，群臣日夜对张仪的诽谤还没停，而齐国对张仪的责备又到了。张仪怕被杀，就趁机对秦武王说："我有一个浅陋的计策，我愿献出此计。"武王说："什么计策？"张仪回答说："为秦国社稷着想，让东方局势有大变动，然后大王就可以多割得土地。如今听说齐王非常憎恨我，我所在的地方，齐王一定兴兵讨伐。所以我希望让我这不贤良的人前往魏国，齐国一定兴师讨伐魏国。魏国和齐国的军队在城下缠斗不能离开，大王就利用这个间隙攻打韩国，进入三川，从函谷关出兵，不要攻打，兵临周都，周一定献

出祭器。挟持周天子，取得地图户籍，这是帝王大业啊。"秦王认为他说得对，就准备了三十乘兵车，让张仪去魏国。齐军果然兴师讨伐魏国。梁哀王害怕了。张仪说："大王不要担忧，请派我让齐国罢兵。"于是张仪派他的门客冯喜去楚国，以楚国使者的身份去齐国，对齐王说："大王非常憎恨张仪，即便如此，大王使张仪在秦国有所依托，做得也够了！"齐王说："我憎恨张仪，张仪在的地方，我一定兴师讨伐，为什么使张仪有所依托呢？"冯喜回答说："这就是大王使张仪有所依托啊。张仪离开秦国时，本就与秦王约定说：'为大王考虑，让东方局势有大变动，然后大王就可以多割得土地。如今齐王非常憎恨我，我所在的地方，齐王一定兴兵讨伐。所以我希望让我这不贤良的人前往魏国，齐国一定兴师讨伐魏国。魏国和齐国的军队在城下缠斗不能离开，大王就利用这个间隙攻打韩国，进入三川，从函谷关出兵，不要攻打，兵临周都，周一定献出祭器。挟持周天子，取得地图户籍，这是帝王大业啊。'秦王认为说得对，就准备了三十乘兵车，让张仪去魏国。如今张仪去了魏国，大王果然攻打它，这是大王在使国内疲惫而在国外攻打盟国，广泛树敌以使祸患殃及自身，让张仪获得秦王的信任。这就是我所谓的'让张仪有所依托'。"

图籍，此王业也。"秦王以为然，乃具革车三十乘，入仪之梁。齐果兴师伐之。梁哀王恐。张仪曰："王勿患也，请令罢齐兵。"乃使其舍人冯喜之楚，借使之齐，谓齐王曰："王甚憎张仪，虽然，亦厚矣王之托仪于秦也！"齐王曰："寡人憎仪，仪之所在，必兴师伐之，何以托仪？"对曰："是乃王之托仪也。夫仪之出也，固与秦王约。曰：'为王计者，东方有大变，然后王可以多割得地。今齐王甚憎仪，仪之所在，必兴师伐之。故仪愿乞其不肖之身之梁，齐必兴师伐之。齐、梁之兵连于城下而不能相去，王以其间伐韩，入三川，出兵函谷而无伐，以临周，祭器必出。挟天子，案图籍，此王业也。'秦王以为然，故具革车三十乘而入之梁也。今仪入梁，王果伐之，是王内罢国而外伐与国，广邻敌以内自临，而信仪于秦王也。此臣之所谓'托仪'也。"齐王曰："善。"乃使解兵。张仪相魏一岁，卒于魏也。

陈轸

陈轸者，游说之士。与张仪俱事秦惠王，皆贵重，争宠。张仪恶陈轸于秦王曰："轸重币轻使秦、楚之间，将为国交也。今楚不加善于秦而善轸者，轸自为厚而为王薄也。且轸欲去秦而之楚，王胡不听乎？"王谓陈轸曰："吾闻子欲去秦之楚，有之乎？"轸曰："然。"王曰："仪之言果信矣。"轸曰："非独仪知之也，行道之士尽知之矣。昔子胥忠于其君而天下争以为臣，曾参孝于其亲而天下愿以为子。故卖仆妾不出闾巷而售者，良仆妾也；出妇嫁于乡曲者，良妇也。今轸不忠其君，楚亦何以轸为忠乎？忠且见弃，轸不之楚何归乎？"王以其言为然，遂善待之。

居秦期年，秦惠王终相张仪，而陈轸奔楚。楚未之重也，而使陈轸使于秦。过梁，欲见

齐王说："对。"于是罢兵。张仪任魏国国相一年，死在魏国。

陈轸，游说的策士。与张仪共同为秦惠王做事，都显贵而受重用，因此二人争宠。张仪对秦王中伤陈轸说："陈轸携贵重财物随意地出使往来于秦国、楚国，应当是为国家开展外交。如今楚国没有更亲近秦国却亲近陈轸，可见陈轸为自己积累得多而为大王积累得少啊。况且陈轸想离开秦国去楚国，大王为什么不听呢？"秦王对陈轸说："我听说你想离开秦国去楚国，有这事吗？"陈轸说："有。"秦王说："张仪的话果然是可信的。"陈轸说："并非只有张仪知道这事，路上的行人都知道这事。从前伍子胥忠于他的国君，天下诸侯都争着让他做臣子；曾参敬自己的父母，天下父母都希望他做自己的儿子。所以出卖奴仆、侍妾不出里巷就被卖掉的那些都是好奴仆、侍妾；被遗弃的妇人还能在本乡嫁人的都是好妇人。如今我不忠于自己的国君，楚国又怎会认为我对他们忠诚呢？忠诚却被抛弃，我不去楚国又去什么地方呢？"秦王认为他的话有道理，于是就善待他。

陈轸在秦国居住了一年，秦惠王最终任命张仪为相国，而陈轸则投奔楚国。楚国没能重用他，而派陈轸出使秦国。陈轸

经过魏国，想见犀首。犀首谢绝不见。陈轸说："我是为事而来，你不见我，我就要走了，不会等其他时间了。"犀首见了他。陈轸说："你为什么喜好饮酒呢？"犀首说："没有事情做。"陈轸说："我会让您有很多事做，可以吗？"犀首说："怎么做？"陈轸说："田需约定诸侯合纵，楚王为此感到怀疑，还不相信。你对魏王说：'我与燕国、赵国的国君有交情，他们多次派人来，说"没什么事为什么不相见"，希望我去谒见他们的大王。'魏王即使答应你，你也要请求不要太多车辆，就用三十辆车，可以将其陈列于庭院，公开说要到燕国、赵国去。"燕国、赵国的客卿听了这件事，驾车禀告他们的大王，这些国家就派人迎接犀首。楚王听说后非常愤怒，说："田需与我约定，而犀首却去了燕国、赵国，这是欺骗我。"楚王就生气不再理田需合纵的事。齐国听说犀首去了北方，就派人把国事委托给他。犀首就出发了，这样燕、赵、齐三国相国的事务都由犀首决断。陈轸于是到了秦国。

韩国、魏国相互攻打，一年没有停战。秦惠王想去劝和，就询问身边的大臣。身边的大臣有的说解救有利，有的说不解救有利，惠王无法决定此事。陈轸刚好到了秦国，惠王说："你离开我去了楚国，也会想念我吗？"陈轸回答说："大

犀首。犀首谢弗见。轸曰："吾为事来，公不见轸，轸将行，不得待异日。"犀首见之。陈轸曰："公何好饮也？"犀首曰："无事也。"曰："吾请令公厌事可乎？"曰："奈何？"曰："田需约诸侯从亲，楚王疑之，未信也。公谓于王曰：'臣与燕、赵之王有故，数使人来，曰"无事何不相见"，愿谒行于王。'王虽许公，公请毋多车，以车三十乘，可陈之于庭，明言之燕、赵。"燕、赵客闻之，驰车告其王，使人迎犀首。楚王闻之大怒，曰："田需与寡人约，而犀首之燕、赵，是欺我也！"怒而不听其事。齐闻犀首之北，使人以事委焉。犀首遂行，三国相事皆断于犀首。轸遂至秦。

韩、魏相攻，期年不解。秦惠王欲救之，问于左右。左右或曰救之便，或曰勿救便，惠王未能为之决。陈轸适至秦，惠王曰："子去寡人之楚，亦思寡人不？"陈轸对曰："王

闻夫越人庄舄乎？"王曰："不闻。"曰："越人庄舄仕楚执珪，有顷而病。楚王曰：'舄故越之鄙细人也，今仕楚执珪，贵富矣，亦思越不？'中谢对曰：'凡人之思故，在其病也。彼思越则越声，不思越则楚声。'使人往听之，犹尚越声也。今臣虽弃逐之楚，岂能无秦声哉？"惠王曰："善。今韩、魏相攻，期年不解，或谓寡人救之便，或曰勿救便，寡人不能决，愿子为子主计之余，为寡人计之。"陈轸对曰："亦尝有以夫卞庄子刺虎闻于王者乎？庄子欲刺虎，馆竖子止之，曰：'两虎方且食牛，食甘必争，争则必斗，斗则大者伤，小者死，从伤而刺之，一举必有双虎之名。'卞庄子以为然，立须之。有顷，两虎果斗，大者伤，小者死。庄子从伤者而刺之，一举果有双虎之功。今韩、魏相攻，期年不解，是必大国伤，小国亡，从伤而伐之，一举必有两实。此犹庄子刺虎之类也。臣主与王何异也。"惠王曰："善。"卒弗救。大

王听说过越国人庄舄吗？"惠王说："没有听说过。"陈轸说："越国人庄舄出仕楚国封为执珪的爵位，不久生病了。楚王问：'庄舄原是越国地位低贱的人，如今出仕楚国封执珪的爵位，富贵了，也会想念越国吗？'中谢回答说：'大凡人们思念故乡，都是在生病的时候。如果他思念越国就会说越国的语言；不思念越国就会说楚国的语言。'派人前去探听，他说的仍是越国的语言。如今我虽然被抛弃跑到楚国，怎么能不说秦国的语言呢？"惠王说："好。如今韩国、魏国相互攻打，一年没有停战，有人对我说解救为好，有人说不解救为好，我无法决断，希望你为你的君主筹划之余，为我考虑下这件事。"陈轸回答说："也曾有人将卞庄子刺虎的事讲给大王听吗？庄子想刺虎，旅馆有个小子制止他，说：'两虎正在吃牛，吃到美味定会争夺，争夺一定会相斗，相斗则大虎伤，小虎死，跟随受伤的大虎而刺杀它，一行动必有杀死两只虎的名声。'卞庄子认为他说得对，站着等待。过了一会儿，两虎果然相斗，大的受伤，小的死去。庄子跟随受伤的大虎刺杀了它，一举果然有了杀死两只虎的功劳。如今韩国、魏国相互攻击，一年没有停战，这势必使得大国受伤，小国灭亡，跟随受伤的大国而讨伐它，一行动必有两个实际的好处。这犹如庄子刺虎

之类的事。我为自己的君主出主意和为大王出主意有何不同呢？"惠王说："好。"最终没有去劝和。大国果然损伤，小国危亡，秦王兴兵讨伐，大胜它们。这是陈轸的计谋。

犀首，是魏国阴晋人，名衍，姓公孙。他与张仪关系不好。

张仪为了秦国到魏国去，魏王任张仪为相国。犀首认为对自己不利，所以派人对韩公叔说："张仪已经联合秦国、魏国了，他的话是'魏国攻打南阳，秦国攻打三川'。魏王之所以重用张子，是想得到韩国的土地。况且韩国的南阳已被攻占，你为什么不稍稍委托一些事给我让我去请功，这样秦国、魏国的邦交就会停止了。这样魏国必定图谋秦国而抛弃张仪，结交韩国而让我担任相国。"公叔认为他说的有利，因而将政事委托给犀首让他去请功。犀首果然做了魏国的相国，张仪离开魏国。

义渠君朝见魏王。犀首听说张仪又担任秦国国相，心里嫉恨他。犀首便对义渠君说："路途遥远，不可能再相见了，请让我告诉你一件事情。"犀首说："中原国家不一起攻打秦国，秦国就会焚烧侵掠你的国家；中原国家共同伐秦，秦国将随时派使臣带着重礼讨好你的国家。"此后楚、魏、齐、韩、赵五国共同攻打秦国，恰

国果伤，小国亡，秦兴兵而伐，大克之。此陈轸之计也。

公孙衍

犀首者，魏之阴晋人也，名衍，姓公孙氏。与张仪不善。

张仪为秦之魏，魏王相张仪。犀首弗利，故令人谓韩公叔曰："张仪已合秦、魏矣，其言曰'魏攻南阳，秦攻三川'。魏王所以贵张子者，欲得韩地也。且韩之南阳已举矣，子何不少委焉以为衍功，则秦、魏之交可错矣。然则魏必图秦而弃仪，收韩而相衍。"公叔以为便，因委之犀首以为功。果相魏，张仪去。

义渠君朝于魏。犀首闻张仪复相秦，害之。犀首乃谓义渠君曰："道远不得复过，请谒事情。"曰："中国无事，秦得烧掇焚杅君之国；有事，秦将轻使重币事君之国。"其后五国伐秦。会陈轸谓秦王曰："义渠君者，蛮夷之贤君

也，不如赂之以抚其志。"秦王曰："善。"乃以文绣千纯，妇女百人遗义渠君。义渠君致群臣而谋曰："此公孙衍所谓邪？"乃起兵袭秦，大败秦人李伯之下。

张仪已卒之后，犀首入相秦。尝佩五国之相印，为约长。

太史公曰：三晋多权变之士，夫言从衡强秦者大抵皆三晋之人也。夫张仪之行事甚于苏秦，然世恶苏秦者，以其先死，而仪振暴其短以扶其说，成其衡道。要之，此两人真倾危之士哉！

逢陈轸对秦王说："义渠君是蛮夷的贤君，不如贿赂他以安抚他。"秦王说："好。"于是将一千匹丝帛、一百名美女送给义渠君。义渠君和群臣商议说："这正如公孙衍所言吧？"于是起兵袭击秦国，在李伯城下大败秦人。

张仪死后，犀首入秦担任相国。犀首曾佩带五国相印，成为联盟的领袖。

太史公说：三晋有许多擅长权变的人，那些主张合纵连横使秦国强大的，大多都是三晋之人。张仪行事比苏秦更厉害，然而世人厌恶苏秦，是因为他先死的，张仪张扬暴露他的短处来支持自己的说辞，成就自己的连横策略。总之，这二人是真正的倾邦覆国的人啊！

史记卷七十一
列传第十一

樗里子嬴疾　甘茂　甘罗

樗里子，名疾，是秦惠王的弟弟，与惠王异母。他的母亲是韩国女子。樗里子能言善辩有智谋，秦人称他为"智囊"。

秦惠王八年，封樗里子右更爵位，派他率兵攻打曲沃，将那里的人全部赶走了，夺取了他们的城池，把土地并入秦国。秦惠王二十五年，派樗里子做将军攻打赵国，俘虏了赵国将军庄豹，攻下了蔺县。第二年，帮助魏章攻打楚国，打败楚将屈匄，夺取汉中之地。秦王赐封樗里子，封号为严君。

秦惠王去世，太子武王即位，驱逐张仪、魏章，而让樗里子、甘茂担任左右丞相。秦派甘茂攻打韩国，攻下宜阳。派樗里子率领一百辆战车到了周都。周王派士兵迎接他，态度非常恭敬。楚王发怒，责备周王，因为他重视秦国客人。游腾替周王劝说楚王道："智伯攻打仇犹时，赠给他们大车，趁机让军队紧随其后，仇犹就灭亡了。为什么？是没有防备的缘故。齐

樗里子者，名疾，秦惠王之弟也，与惠王异母。母，韩女也。樗里子滑稽多智，秦人号曰"智囊"。

秦惠王八年，爵樗里子右更。使将而伐曲沃，尽出其人，取其城，地入秦。秦惠王二十五年，使樗里子为将伐赵，虏赵将军庄豹，拔蔺。明年，助魏章攻楚，败楚将屈匄，取汉中地。秦封樗里子，号为严君。

秦惠王卒，太子武王立，逐张仪、魏章，而以樗里子、甘茂为左右丞相。秦使甘茂攻韩，拔宜阳。使樗里子以车百乘入周。周以卒迎之，意甚敬。楚王怒，让周，以其重秦客。游腾为周说楚王曰："知伯之伐仇犹，遗之广车，因随之以兵，仇犹遂亡。何则？无

备故也。齐桓公伐蔡，号曰诛楚，其实袭蔡。今秦，虎狼之国，使樗里子以车百乘入周，周以仇犹、蔡观焉，故使长戟居前，强弩在后，名曰卫疾，而实囚之。且夫周岂能无忧其社稷哉？恐一旦亡国以忧大王。"楚王乃悦。

秦武王卒，昭王立，樗里子又益尊重。昭王元年，樗里子将伐蒲。蒲守恐，请胡衍。胡衍为蒲谓樗里子曰："公之攻蒲，为秦乎？为魏乎？为魏则善矣，为秦则不为赖矣。夫卫之所以为卫者，以蒲也。今伐蒲入于秦，卫必折而从魏。魏亡西河之外而无以取者，兵弱也。今并卫于魏，魏必强。魏强之日，西河之外必危矣。且秦王将观公之事，害秦而利魏，王必罪公。"樗里子曰："奈何？"胡衍曰："公释蒲勿攻，臣试为公入言之，以德卫君。"樗里子曰："善。"胡衍入蒲，谓其守曰："樗里子知蒲之病矣，其言曰必拔蒲。衍能令释蒲勿攻。"蒲守恐，因再拜曰："愿以请。"

桓公讨伐蔡国，声称诛罚楚国，其实是袭击蔡国。如今的秦国是虎狼之国，派樗里子率领一百辆战车到周都，周王是以仇犹、蔡国为鉴来审察这件事，所以派持长戟的士兵在前，强弩在后，名义上说是保卫赢疾，而实际上是囚禁他。再说周王怎么能不担忧自己的社稷呢？我们恐怕一旦亡国，会使大王忧心。"楚王这才高兴起来。

秦武王去世，昭王即位，樗里子更受尊重。秦昭王元年，樗里子率兵攻打蒲城。蒲城守将害怕，向胡衍求救。胡衍为蒲城对樗里子说："你攻打蒲城，是为了秦国吗？是为了魏国吗？为了魏国还好，为了秦国就没有好处了。卫国之所以为卫国，是因为有蒲城。如今攻打蒲城将其并入魏国，卫国一定屈服依顺魏国。魏国丧失了西河之外的土地，没能夺回来，是因为军事薄弱。如今把卫国并入魏国，魏国必定强大起来。魏国强大之日，西河之外的土地也必定危险了。况且秦王窥察着您的行事，危害秦国而有利于魏国，秦王必定会怪罪您。"樗里子说："该怎么办呢？"胡衍说："您放弃蒲城不要攻打它，我试着为您进言，让卫君知道您的恩德。"樗里子说："好。"胡衍进入蒲城，对那里的守将说："樗里子知道蒲城的薄弱之处，他扬言说一定拿下蒲城。我能让他放弃蒲城不要攻打。"蒲城守将害怕，于是拜了两拜说："希望您能帮忙。"于是献上黄金三百斤，说："秦兵如果撤退，我一定和卫君说到您，让您得到封地。"因此胡衍从蒲城接受了黄金并使自己在卫国得以显贵。这时樗里子解围撤离了蒲城。还军攻打皮氏，皮氏没有投降，便又撤离了。

秦昭王七年，樗里子去世，葬在渭水南章台的东边。樗里子死前说："一百年后，这里应当有天子的宫殿将我的坟墓夹在中间。"樗里子嬴疾的家在昭王庙西渭水南边的阴乡樗里，所以习惯称他为樗里子。到了汉朝兴起，长乐宫在他的坟墓东边，未央宫在他的坟墓西边，武库正对着他的坟墓。秦人有句谚语说："力气大要数任鄙，智谋足要数樗里。"

甘茂，是下蔡人。他跟从下蔡的史举先生，学习百家的学说。通过张仪、樗里子而求见秦惠王。秦惠王见了他非常喜欢，派他带兵辅佐魏章平定汉中地区。

秦惠王去世，秦武王即位。张仪、魏章离开到了东边的魏国。蜀郡的侯煇、相国陈壮谋反，秦王派遣甘茂平定蜀地。返回后，就任甘茂为左丞相，任樗里子为右丞相。秦武王三年，秦王对甘茂说："我想乘垂幔的车子通往三川之地，窥看周王室，我就算死也甘心了。"甘茂说："请

因效金三百斤，曰："秦兵苟退，请必言子于卫君，使子为南面。"故胡衍受金于蒲以自贵于卫。于是遂解蒲而去。还击皮氏，皮氏未降，又去。

昭王七年，樗里子卒，葬于渭南章台之东。曰："后百岁，是当有天子之宫夹我墓。"樗里子疾室在于昭王庙西渭南阴乡樗里，故俗谓之樗里子。至汉兴，长乐宫在其东，未央宫在其西，武库正直其墓。秦人谚曰："力则任鄙，智则樗里。"

甘茂

甘茂者，下蔡人也。事下蔡史举先生，学百家之说。因张仪、樗里子而求见秦惠王。王见而说之，使将，而佐魏章略定汉中地。

惠王卒，武王立。张仪、魏章去，东之魏。蜀侯煇、相壮反，秦使甘茂定蜀。还，而以甘茂为左丞相，以樗里子为右丞相。秦武王三年，谓甘茂曰："寡人欲容车通三川，以窥周室，而寡人死不朽矣。"

甘茂曰："请之魏,约以伐韩,而令向寿辅行。"甘茂至,谓向寿曰："子归,言之于王曰'魏听臣矣,然愿王勿伐。'事成,尽以为子功。"向寿归,以告王,王迎甘茂于息壤。甘茂至,王问其故。对曰："宜阳,大县也,上党、南阳积之久矣。名曰县,其实郡也。今王倍数险,行千里攻之,难。昔曾参之处费,鲁人有与曾参同姓名者杀人,人告其母:'曾参杀人。'其母织自若也。顷之,一人又告之曰:'曾参杀人。'其母尚织自若也。顷又一人告之曰:'曾参杀人。'其母投杼下机,逾墙而走。夫以曾参之贤与其母信之也,三人疑之,其母惧焉。今臣之贤不若曾参,王之信臣又不如曾参之母信曾参也,疑臣者非特三人,臣恐大王之投杼也。始张仪西并巴蜀之地,北开西河之外,南取上庸,天下不以多张子而以贤先王。魏文侯令乐羊将而攻中山,三年而拔之。乐羊返而论功,文侯示之谤书一箧。乐羊再拜稽首曰:'此

让我到魏国,与他们相约攻打韩国,并且让向寿陪我前往。"甘茂到了魏国,对向寿说:"您回去,对大王说'魏王听从我的计策了,但希望大王不要攻打韩国'。事成以后,全都是您的功劳。"向寿返回,报告了秦王,秦王在息壤迎接甘茂。甘茂到了,秦王问他原因。甘茂回答说:"宜阳,是大县,上党、南阳的积蓄,已经存储了很长时间。名称叫县,实际上是郡。如今大王冒着几倍的风险,远行千里攻打,是困难的。从前曾参住在费邑,鲁国有个与曾参同姓名的人杀了人,有人告诉他母亲说'曾参杀了人',他的母亲依然织布自若。过了一会儿,一个人又告诉她说'曾参杀了人',他的母亲还织布自若。又过一会儿,又一人告诉她说'曾参杀了人',他的母亲扔掉机杼走下织机,越墙逃走了。凭曾参的贤能与他母亲对他的信任,三个人怀疑他,他的母亲就害怕了。如今我的贤能不如曾参,大王对我的信任又不如曾参的母亲对曾参的信任,怀疑我的并非只有三人,我害怕大王也会"扔掉机杼"。当初张仪向西吞并巴蜀之地,向北边开拓西河之外,向南攻取上庸,天下人不因此而赞许张仪却认为先王贤能。魏文侯派乐羊率兵攻打中山国,三年才攻下。乐羊返回论功行赏,魏文侯给他看了一箱子毁谤他的文书。乐羊拜了又拜,叩头说:'这并非我的功劳,

是主君的功劳啊。'如今的我，是客居异乡的臣子。樗里子、公孙奭二人依仗韩国的形势来争论攻打韩国的得失，大王一定会听从他们，这样大王就欺骗了魏王而我也会受到公仲侈的怨恨。"秦王说："我不听他们的，请让我与您盟誓。"最终派丞相甘茂率兵攻打宜阳。攻打了五个月却不能拿下，樗里子、公孙奭果然争论这件事。秦武王召回甘茂，想撤兵。甘茂说："息壤还在那里。"秦王说："确实。"于是调集全部兵力，派甘茂进攻宜阳。斩首六万人，终于拿下了宜阳。韩襄王派公仲侈到秦国谢罪，与秦国议和。

秦武王终于到了周都，而最终死在周都。他的弟弟即位，为秦昭王。昭王的母亲宣太后，是楚国女子。楚怀王怨恨从前秦国在丹阳打败楚国而韩国不来救援，便出兵包围了韩国雍氏。韩国派公仲侈向秦国告急。秦昭王刚即位，太后是楚国人，不肯救援。公仲侈亲近甘茂，甘茂为韩国向秦昭王进言说："公仲侈正因认为能得到秦国援救，所以才敢抵抗楚国。如今雍氏被围，秦军不下崤山，公仲侈就会昂着头不来朝见了，公叔也将会让韩国向南与楚国联合。楚国、韩国联合，魏国不敢不听，这样攻打秦国的形势就形成了。不知坐着等待被讨伐与主动攻打别人相比哪个有利？"秦王说："说得好。"于是让军

非臣之功也，主君之力也。'今臣，羁旅之臣也，樗里子、公孙奭二人者挟韩而议之，王必听之，是王欺魏王而臣受公仲侈之怨也。"王曰："寡人不听也，请与子盟。"卒使丞相甘茂将兵伐宜阳。五月而不拔，樗里子、公孙奭果争之。武王召甘茂，欲罢兵。甘茂曰："息壤在彼。"王曰："有之。"因大悉起兵，使甘茂击之。斩首六万，遂拔宜阳。韩襄王使公仲侈入谢，与秦平。

武王竟至周，而卒于周。其弟立，为昭王。王母宣太后，楚女也。楚怀王怨前秦败楚于丹阳而韩不救，乃以兵围韩雍氏。韩使公仲侈告急于秦。秦昭王新立，太后楚人，不肯救。公仲因甘茂，茂为韩言于秦昭王曰："公仲方有得秦救，故敢扞楚也。今雍氏围，秦师不下崤，公仲且仰首而不朝，公叔且以国南合于楚。楚、韩为一，魏氏不敢不听，然则伐秦之形成矣。不识坐而待伐孰与伐人之利？"秦王曰："善。"乃下师于崤以救韩，楚兵去。

秦使向寿平宜阳，而使樗里子、甘茂伐魏皮氏。向寿者，宣太后外族也，而与昭王少相长，故任用。向寿如楚，楚闻秦之贵向寿，而厚事向寿。向寿为秦守宜阳，将以伐韩，韩公仲使苏代谓向寿曰："禽困覆车。公破韩，辱公仲，公仲收国复事秦，自以为必可以封。今公与楚解口地，封小令尹以杜阳。秦楚合，复攻韩，韩必亡。韩亡，公仲且躬率其私徒以阏于秦。愿公孰虑之也。"向寿曰："吾合秦楚非以当韩也，子为寿谒之公仲，曰秦韩之交可合也。"苏代对曰："愿有谒于公。人曰：'贵其所以贵者贵。'王之爱习公也，不如公孙奭；其智能公也，不如甘茂。今二人者皆不得亲于秦事，而公独与王主断于国者何？彼有以失之也。公孙奭党于韩，而甘茂党于魏，故王不信也。今秦楚争强而公党于楚，是与公孙奭、甘茂同道也，公何以异？人皆言楚之善变也，而公必亡之，是自为责也。公

队下崤山救援韩国。楚军退去。

秦国派向寿平定宜阳，而派樗里子、甘茂攻打魏国皮氏。向寿，是宣太后的亲戚，与昭王小时候一起长大，所以被任用。向寿到了楚国，楚王听说向寿在秦国很显贵，就厚待亲附向寿。向寿替秦国驻守宜阳，率兵攻打韩国。韩国公仲侈派苏代对向寿说："禽兽被困急就会弄翻车子。您攻破韩国，侮辱公仲侈，公仲侈理清国事再去依附秦国，自以为一定可以受封。如今您把解口这个地方给了楚国，又将杜阳封给了小令尹。秦国、楚国联合，再攻打韩国，韩国一定灭亡。韩国灭亡，公仲侈将亲率他的私属徒众与秦国对抗。希望您深思熟虑。"向寿说："我联合秦国、楚国并非为了对付韩国，你为我谒见公仲侈，就说秦国和韩国的交往是可以进行的。"苏代回答说："我愿意替您进言。有人说尊重他所尊重的才会得到尊重。秦王宠爱您，不如宠爱公孙奭；秦王赏识您的智慧才能，不如赏识甘茂。如今这二人都不能接近秦国事务，而只有您能与秦王决断国家大事，为什么呢？他们都有失去信任的地方啊。公孙奭与韩国结党，而甘茂与魏国结党，所以秦王不信任他们。如今秦国、楚国争强而您与楚国结党，这是与公孙奭、甘茂走同样的道路啊，您与他们又有什么不同呢？人们都说楚国善变，而您必

定会败在他们手里，这是自找罪责啊。您不如与秦王谋划对付楚国的策略，亲善韩国，防备楚国，这样就没有忧患了。韩国一定先把国事委托给公孙奭，然后委托给甘茂。韩国，是您的仇敌。如今您说亲善韩国，防备楚国，这是外交上不避仇敌啊。"向寿说："是，我很想与韩国合作。"苏代回答说："甘茂答应公仲侈给他武遂的土地，迁回宜阳的百姓，如今您想空手收回，很难啊。"向寿说："既然如此，该怎么办呢？武遂终究不能得到吗？"苏代回答说："您为什么不借秦国的威势替韩国向楚国讨回颍川呢？这是韩国暂时被占领的地方。您如果求到了，这就是在楚国推行您的想法，并用这块地施了恩惠给韩国。您如果索求不到，这样韩国、楚国的怨仇就不能解除，他们就会争相结交秦国。秦国、楚国争强，而您慢慢地责备楚国来收服韩国，这有利于秦国。"向寿说："那怎么办？"苏代回答说："这是好事。甘茂想借魏国攻取齐国，公孙奭想借韩国攻取齐国。如今您夺取宜阳作为功劳，如果收服楚国、韩国并安抚它们，然后声讨齐国、魏国的罪过，这样公孙奭、甘茂就无事可做了。"

甘茂终于向秦昭王进言，把武遂又还给韩国。向寿、公孙奭争论此事，没能成功。向寿、公孙奭由此怨恨甘茂，说他的坏话。

不如与王谋其变也，善韩以备楚，如此则无患矣。韩氏必先以国从公孙奭而后委国于甘茂。韩，公之仇也。今公言善韩以备楚，是外举不僻仇也。"向寿曰："然，吾甚欲韩合。"对曰："甘茂许公仲以武遂，反宜阳之民，今公徒收之，其难。"向寿曰："然则奈何？武遂终不可得也？"对曰："公奚不以秦为韩求颍川于楚？此韩之寄地也。公求而得之，是令行于楚而以其地德韩也。公求而不得，是韩楚之怨不解而交走秦也。秦楚争强，而公徐过楚以收韩，此利于秦。"向寿曰："奈何？"对曰："此善事也。甘茂欲以魏取齐，公孙奭欲以韩取齐。今公取宜阳以为功，收楚韩以安之，而诛齐魏之罪，是以公孙奭、甘茂无事也。"

甘茂竟言秦昭王，以武遂复归之韩。向寿、公孙奭争之，不能得。向寿、公孙奭由此怨，谗甘茂。茂惧，辍伐魏蒲阪，亡去。樗里子与魏讲，罢兵。

甘茂之亡秦奔齐，逢苏代。代为齐使于秦。甘茂曰："臣得罪于秦，惧而遁逃，无所容迹。臣闻贫人女与富人女会绩，贫人女曰：'我无以买烛，而子之烛光幸有余，子可分我余光，无损子明而得一斯便焉。'今臣困而君方使秦而当路矣。茂之妻子在焉，愿君以余光振之。"苏代许诺。遂致使于秦。已，因说秦王曰："甘茂，非常士也。其居于秦，累世重矣。自殽塞及至鬼谷，其地形险易皆明知之。彼以齐约韩魏反以图秦，非秦之利也。"秦王曰："然则奈何？"苏代曰："王不若重其贽，厚其禄以迎之，使彼来则置之鬼谷，终身勿出。"秦王曰："善。"即赐之上卿，以相印迎之于齐。甘茂不往。苏代谓齐湣王曰："夫甘茂，贤人也。今秦赐之上卿，以相印迎之。甘茂德王之赐，好为王臣，故辞而不往。今王何以礼之？"齐王曰："善。"即位之上卿而处之。秦因复甘茂

甘茂害怕，停止讨伐魏国的蒲阪，逃跑了。樗里子与魏国讲和，罢兵了。

甘茂逃离秦国投奔齐国，遇见苏代。苏代替齐国出使秦国。甘茂说："我在秦国获罪，害怕而遁逃，无处容身。我听说贫家女与富家女在一起搓麻线，贫家女说：'我没钱买蜡烛，而您的烛光所幸有余，您可以分我一点余光，这无损于您的照明而我也能得到一点便利。'如今我身处困境而您正要出使秦国且要当权。我的妻儿尚在秦国，希望您能用余光救济他们。"苏代答应了，就出使到秦国。完成任务后，他趁机游说秦王道："甘茂并非常人。他居住在秦国，几代国君重用他。从殽塞到鬼谷，其中地形是险要还是平坦，他都知道得很清楚。如果他依靠齐国与韩、魏两国约定反过来图谋秦国，对秦国不利啊。"秦王说："既然如此，怎么办呢？"苏代说："大王不如多给他礼物，提高他的俸禄，迎接他回来，如果他回来，就将他安置在鬼谷，终身不让他出来。"秦王说："好。"随即赐甘茂为上卿，派人拿着相印到齐国迎接他。甘茂不回秦国。苏代对齐湣王说："甘茂是个贤人。如今秦国赐给他上卿，用相印迎接他。甘茂感恩大王的恩赐，乐意做大王的臣子，所以推辞不去。如今大王如何礼遇他呢？"齐王说："好。"随即赐给甘茂上卿之位以挽留他。

秦王就免除了甘茂家的赋税徭役，与齐国争相收买甘茂。

齐国派甘茂到楚国，楚怀王刚与秦国通婚，非常高兴。秦王听说甘茂在楚国，派人对楚王说："希望将甘茂送回秦国。"楚王询问范蜎说："我想在秦国安置一个相国，谁可担任呢？"范蜎回答说："我没能力识别那样的人。"楚王说："我想让甘茂做丞相，可以吗？"范蜎回答说："不可以。史举，是下蔡的城门看守，往大说不能为国君做事，往小说不能治理好家庭，只能以苟且活命、身份卑贱名闻于世，甘茂侍奉他却很恭顺。以秦惠王的贤明、秦武王的敏锐、张仪的善辩，甘茂为他们做事，做十个官也不会有罪过。甘茂的确是个贤才，然而不能让他到秦国做相国。秦国有贤明的相国，对楚国不利啊。况且大王从前曾经让召滑在越国任职，他暗中指使章义发难，越国大乱，所以楚国阻塞南边的厉门而在江东设郡。想来大王的功绩之所以能达到这种地步，是因为越国大乱而楚国大治。如今大王只知道把这种谋略用在越国而忘了用在秦国，我认为大王这么做是个重大过失。这样的话，大王如果想在秦国安置相国，不如安置向寿更合适。向寿对于秦王来说是亲戚，小时候与他同穿一件衣服，长大后与他同坐一辆车，以听从他对国事的意见。大王一定

齐使甘茂于楚，楚怀王新与秦合婚而欢。而秦闻甘茂在楚，使人谓楚王曰："愿送甘茂于秦。"楚王问于范蜎曰："寡人欲置相于秦，孰可？"对曰："臣不足以识之。"楚王曰："寡人欲相甘茂，可乎？"对曰："不可。夫史举，下蔡之监门也，大不为事君，小不为家室，以苟贱不廉闻于世，甘茂事之顺焉。故惠王之明，武王之察，张仪之辩，而甘茂事之，取十官而无罪。茂诚贤者也，然不可相于秦。夫秦之有贤相，非楚国之利也。且王前尝用召滑于越，而内行章义之难，越国乱，故楚南塞厉门而郡江东。计王之功所以能如此者，越国乱而楚治也。今王知用诸越而忘用诸秦，臣以王为巨过矣。然则王若欲置相于秦，则莫若向寿者可。夫向寿之于秦王，亲也，少与之同衣，长与之同车，以听事。王必相向寿于秦，则楚国之利也。"于是使使请秦相向寿于秦。秦

卒相向寿。而甘茂竟不得复入
秦，卒于魏。

甘茂有孙曰甘罗。

甘罗

甘罗者，甘茂孙也。茂既
死后，甘罗年十二，事秦相文
信侯吕不韦。秦始皇帝使刚成
君蔡泽于燕，三年而燕王喜使
太子丹入质于秦。秦使张唐往
相燕，欲与燕共伐赵以广河间
之地。张唐谓文信侯曰："臣
尝为秦昭王伐赵，赵怨臣，曰：
'得唐者与百里之地。'今
之燕必经赵，臣不可以行。"
文信侯不快，未有以强也。甘
罗曰："君侯何不快之甚也？"
文信侯曰："吾令刚成君蔡泽
事燕三年，燕太子丹已入质矣，
吾自请张卿相燕而不肯行。"
甘罗曰："臣请行之。"文信
侯叱曰："去！我身自请之而
不肯，女焉能行之？"甘罗曰：
"夫项橐生七岁为孔子师。今
臣生十二岁于兹矣，君其试臣，
何遽叱乎？"于是甘罗见张卿
曰："卿之功孰与武安君？"

要让向寿在秦国为相，这对楚国有利。"
楚王于是派使者请求秦王让向寿任秦国的
相国。秦王最终让向寿做了相国。而甘茂
最终没能再回到秦国，死在了魏国。

甘茂有个孙子叫甘罗。

甘罗，是甘茂的孙子。甘茂死后，甘
罗十二岁，为秦国丞相文信侯吕不韦做
事。秦始皇帝派刚成君蔡泽到燕国，三年
后，燕王姬喜派太子丹到秦国做人质。秦
国派张唐前往燕国做相国，想与燕国共同
讨伐赵国以扩张河间的土地。张唐对文信
侯说："我曾经替秦昭王攻打赵国，赵国
怨恨我，说：'能抓到张唐的人，给予方
圆一百里的土地。'如今前往燕国必定经
过赵国，我不能去。"文信侯心中不快，
但没有勉强他。甘罗说："君侯为什么如
此不高兴呢？"文信侯说："我让刚成君
蔡泽去为燕国做三年事，燕太子丹已经来
做人质，我亲自请张唐去燕国做相国，他
却不肯去。"甘罗说："我请他去。"文
信侯斥责道："走开！我亲自请他都不肯
去，你怎么能让他去呢？"甘罗说："项
橐七岁就做了孔子的老师。如今我已经满
十二岁了，请您让我试一试，何必急于斥
责我呢？"于是甘罗去见张唐说："您的
功劳与武安君相比谁的大？"张唐说：
"武安君向南挫败强大的楚国，向北威慑

燕国、赵国，战胜攻取，夺城取邑，不计其数，我的功劳不如他。”甘罗说：“应侯被秦国重用时与文信侯相比谁专横？”张唐说：“应侯不如文信侯专横。”甘罗说：“您知道他不如文信侯专横吗？”张唐说：“知道。”甘罗说：“应侯想攻打赵国，武安君为难他，结果武安君一离开咸阳七里就立即死在了杜邮。如今文信侯亲自请您去燕国做丞相而您不肯去，我不知道您要死在何处了。”张唐说：“那就听你这小孩的意见前去吧。”于是让人整治行装，准备上路。

出发的时日确定，甘罗对文信侯说：“借我五辆车，请让我为张唐先去通报赵国。”文信侯于是入宫劝说秦始皇道：“从前的甘茂的孙子甘罗，虽然年少，却是名门子孙，诸侯都听说过他。如今张唐想称病不肯前去，甘罗劝说他才肯去。如今甘罗希望先派他去通报赵国，请大王答应派遣他去。”始皇召见甘罗，派他前往赵国。赵襄王在郊外迎接甘罗。甘罗游说赵王道：“大王听说燕太子丹到秦国做人质了吗？”赵王说：“听说了。”甘罗说：“听说张唐去燕国做相国了吗？”赵王说：“听说了。”甘罗说：“燕太子丹来到秦国，燕国不欺骗秦国。张唐去燕国担任相国，秦国不欺骗燕国。燕国、秦国不

卿曰：“武安君南挫强楚，北威燕、赵，战胜攻取，破城堕邑，不知其数，臣之功不如也。”甘罗曰：“应侯之用于秦也，孰与文信侯专？”张卿曰：“应侯不如文信侯专。”甘罗曰：“卿明知其不如文信侯专与？”曰：“知之。”甘罗曰：“应侯欲攻赵，武安君难之，去咸阳七里而立死于杜邮。今文信侯自请卿相燕而不肯行，臣不知卿所死处矣。”张唐曰：“请因孺子行。”令装治行。

行有日，甘罗谓文信侯曰：“借臣车五乘，请为张唐先报赵。”文信侯乃入言之于始皇曰：“昔甘茂之孙甘罗，年少耳，然名家之子孙，诸侯皆闻之。今者张唐欲称疾不肯行，甘罗说而行之。今愿先报赵，请许遣之。”始皇召见，使甘罗于赵。赵襄王郊迎甘罗。甘罗说赵王曰：“王闻燕太子丹入质秦欤？”曰：“闻之。”曰：“闻张唐相燕欤？”曰：“闻之。”“燕太子丹入秦者，燕不欺秦也。张唐相燕者，秦不欺燕也。燕、秦不相欺者，伐

赵，危矣。燕、秦不相欺，无异故，欲攻赵而广河间。王不如赍臣五城以广河间，请归燕太子，与强赵攻弱燕。”赵王立自割五城以广河间。秦归燕太子。赵攻燕，得上谷三十城，令秦有十一。甘罗还报秦，乃封甘罗以为上卿，复以始甘茂田宅赐之。

相互欺骗，讨伐赵国，赵国就危险了。燕国、秦国不相互欺骗没有别的缘故，想攻打赵国来扩大河间的土地。大王不如给我五个城邑来扩大河间土地，我请求秦王归还燕太子，与强大的赵国攻打弱小的燕国。”赵王立即同意割让五座城池让秦国扩大在河间的地盘。秦国归还了燕太子。赵国攻打燕国，夺得上谷三十座城邑，送给秦国十一座。甘罗返回后禀报秦王，于是秦王封甘罗为上卿，又把当初甘茂的田宅赐给了他。

太史公曰：樗里子以骨肉重，固其理，而秦人称其智，故颇采焉。甘茂起下蔡间阎，显名诸侯，重强齐楚。甘罗年少，然出一奇计，声称后世。虽非笃行之君子，然亦战国之策士也。方秦之强时，天下尤趋谋诈哉！

太史公说：樗里子因骨肉之亲而被重用，这本是常理，秦人称赞他明智，所以采录了许多他的事迹。甘茂出身于下蔡的民间，扬名诸侯，被强大的齐国和楚国所看重。甘罗年少，然而献出一条奇妙的计策，声名称扬于后世。他们虽然不是品行忠厚的君子，却也是战国时的谋士。在秦国强盛的时候，天下尤其倾向使用阴谋诡计啊！

穰侯魏冉

穰侯魏冉，是秦昭王母亲宣太后的弟弟。他的祖先是楚国人，姓芈。秦武王去世，没有儿子，立他的弟弟为王，就是昭王。昭王的母亲原先被称作芈八子，等到昭王即位，芈八子被称为宣太后。宣太后不是武王的母亲。武王的母亲称号是惠文后，先于武王去世。宣太后有两个弟弟：她的异父长弟叫穰侯，姓魏，名冉；同父弟弟叫芈戎，就是华阳君。而昭王同母的弟弟叫高陵君、泾阳君。他们之中魏冉最贤能，他从惠王、武王时就任职掌事。武王去世，各兄弟争夺王位，唯独魏冉有能力拥立昭王。昭王即位，任命魏冉为将军，护卫咸阳。魏冉诛灭季君的叛乱，并把武王后驱逐到魏国，昭王的兄弟中有不轨的都被诛灭了，之后魏冉威震秦国。昭王年少，宣太后自己治理朝政，任用魏冉处理政事。

昭王七年，樗里子去世，秦国就派泾阳君到齐国做人质。赵人楼缓来秦国做国

穰侯魏冉者，秦昭王母宣太后弟也。其先楚人，姓芈氏。秦武王卒，无子，立其弟，为昭王。昭王母故号为芈八子，及昭王即位，芈八子号为宣太后。宣太后非武王母。武王母号曰惠文后，先武王死。宣太后二弟：其异父长弟曰穰侯，姓魏氏，名冉；同父弟曰芈戎，为华阳君。而昭王同母弟曰高陵君、泾阳君。而魏冉最贤，自惠王、武王时任职用事。武王卒，诸弟争立，唯魏冉力为能立昭王。昭王即位，以冉为将军，卫咸阳。诛季君之乱，而逐武王后出之魏，昭王诸兄弟不善者皆灭之，威振秦国。昭王少，宣太后自治，任魏冉为政。

昭王七年，樗里子死，而使泾阳君质于齐。赵人楼缓来

相秦，赵不利，乃使仇液之秦，请以魏冉为秦相。仇液将行，其客宋公谓液曰："秦不听公，楼缓必怨公。公不若谓楼缓曰'请为公毋急秦'。秦王见赵请相魏冉之不急，且不听公。公言而事不成，以德楼子；事成，魏冉故德公矣。"于是仇液从之。而秦果免楼缓而魏冉相秦。

欲诛吕礼，礼出奔齐。昭王十四年，魏冉举白起，使代向寿将而攻韩、魏，败之伊阙，斩首二十四万，虏魏将公孙喜。明年，又取楚之宛、叶。魏冉谢病免相，以客卿寿烛为相。其明年，烛免，复相冉，乃封魏冉于穰，复益封陶，号曰穰侯。

穰侯封四岁，为秦将攻魏，魏献河东方四百里。拔魏之河内，取城大小六十余。昭王十九年，秦称西帝，齐称东帝。月余，吕礼来，而齐、秦各复归帝为王。魏冉复相秦，六岁而免。免二岁，复相秦。四岁，而使白起拔楚之郢，秦置南郡。乃封白起为武安君。白起者，穰侯之所任举也，相善。于是

相，对赵国不利，就派仇液到秦国，请求让魏冉担任秦国国相。仇液即将出行，他的门客宋公对仇液说："秦王不听您的，楼缓必定会怨恨您。您不如对楼缓说'为您考虑请不要急于让秦国任魏冉为相'。秦王见赵国不急于让魏冉任相，将不会听您的。您这么说了如果事情不成，楼缓会受感激；事情成功，魏冉因此也会感激您。"于是仇液听从了他的话。而秦国果然免掉楼缓，让魏冉做秦国国相。

秦王想诛杀吕礼，吕礼逃到齐国。昭王十四年，魏冉举荐白起，派他代替向寿率兵攻打韩国、魏国，在伊阙打败了他们，斩首二十四万，俘虏了魏将公孙喜。第二年，又夺取了楚国的宛城、叶城。魏冉称病推托被免去国相之位，秦王任用客卿寿烛为相。第二年，寿烛免职，又任魏冉为相，于是赐封魏冉于穰邑，又加封陶邑，称穰侯。

穰侯受封四年，担任秦国将领攻打魏国。魏国献出河东方圆四百里土地。攻下了魏国的河内，夺取大小城池六十多座。昭王十九年，秦王称西帝，齐王称东帝。过了一个多月，吕礼来到秦国，而齐国、秦国又分别取消帝号，仍旧称王。魏冉再次担任秦国国相，六年后被免。被免二年后，又担任秦国国相。四年后，秦国派白起拿下楚国的郢城，秦国设置南郡。于是封白起为武安君。白起是穰侯所举荐的将

军,两人很亲近。当时穰侯的富有超过王室。

昭王三十二年,穰侯担任国相,率兵攻打魏国,使芒卯战败而逃,进入北宅,便围攻大梁。大梁大夫须贾游说穰侯道:"我听魏国的长吏对魏王说:'从前梁惠王攻打赵国,战胜了三梁,拿下了邯郸;赵王不肯割地,而邯郸又被收复。齐人攻打卫国,拿下旧都,杀死子良;卫人不肯割地,而旧地又被返还。卫国、赵国之所以国家完整、军队强劲而土地不被诸侯吞并,是因为他们能忍受困难,重视出让土地。宋国、中山国几次被攻打,割让土地,国家随之而亡。我认为可以效法卫国、赵国,而对宋国、中山国要引以为戒。秦国是贪婪暴戾的国家,不能与之亲近。秦国蚕食魏国,又吞尽晋国,战胜韩将暴鸢,割取八县,土地还没有全部并入,军队又出动了。秦国哪有满足的时候呢!如今又使芒卯败逃,进入北宅,他们并非敢攻打大梁,而是威胁大王来要求多割得土地。大王一定不要听从。如今大王背弃楚国、赵国而与秦国讲和,楚国、赵国恼怒而背离大王,与大王争相依附秦国,秦国一定接受他们。秦国裹挟楚国、赵国的军队再来攻打大梁,那么国家想不灭亡也不可能了。希望大王一定不要讲和。大王如果想讲和,也要少割土地并得到秦国人质;不这样,一定会被欺骗。'这是我在魏国听说的,希望您

穰侯之富,富于王室。

昭王三十二年,穰侯为相国,将兵攻魏,走芒卯,入北宅,遂围大梁。梁大夫须贾说穰侯曰:"臣闻魏之长吏谓魏王曰:'昔梁惠王伐赵,战胜三梁,拔邯郸;赵氏不割,而邯郸复归。齐人攻卫,拔故国,杀子良;卫人不割,而故地复反。卫、赵之所以国全兵劲而地不并于诸侯者,以其能忍难而重出地也。宋、中山数伐割地,而国随以亡。臣以为卫、赵可法,而宋、中山可为戒也。秦,贪戾之国也,而毋亲。蚕食魏氏,又尽晋国,战胜暴子,割八县,地未毕入,兵复出矣。夫秦何厌之有哉!今又走芒卯,入北宅,此非敢攻梁也,且劫王以求多割地,王必勿听也。今王背楚、赵而讲秦,楚、赵怒而去王,与王争事秦,秦必受之。秦挟楚、赵之兵以复攻梁,则国求无亡不可得也。愿王之必无讲也。王若欲讲,少割而有质;不然,必见欺。'此臣之所闻于魏也,愿君之以是虑事也。《周书》曰:'惟命不于

常。'此言幸之不可数也。夫战胜暴子，割八县，此非兵力精也，又非计之工也，天幸为多矣。今又走芒卯，入北宅，以攻大梁，是以天幸自为常也，智者不然。臣闻魏氏悉其百县胜甲以上戍大梁，臣以为不下三十万。以三十万之众守梁七仞之城，臣以为汤、武复生，不易攻也。夫轻背楚、赵之兵，陵七仞之城，战三十万之众，而志必举之，臣以为自天地始分以至于今，未尝有者也。攻而不拔，秦兵必罢，陶邑必亡，则前功必弃矣。今魏氏方疑，可以少割收也。愿君逮楚、赵之兵未至于梁，亟以少割收魏。魏方疑而得以少割为利，必欲之，则君得所欲矣。楚、赵怒于魏之先己也，必争事秦，从以此散，而君后择焉。且君之得地岂必以兵哉！割晋国，秦兵不攻，而魏必效绛、安邑。又为陶开两道，几尽故宋，卫必效单父。秦兵可全，而君制之，何索而不得，何为而不成！愿君熟虑之而无行危。"穰侯曰："善。"乃罢梁围。

据此来思考这件事。《周书》说'天命不会长久不变'，这是说幸运之事不能多次遇到。秦国战胜暴鸢，割取八县，这并非兵力精锐，也并非计策精妙，而很多是天降好运。如今又使芒卯败逃，进入北宅，继而攻打大梁，这是把天降好运当作常事了，聪明人不会这么想。我听说魏国调集了他们全部上百个县的精锐士兵来戍守大梁，我认为数目不下三十万。用三十万士兵戍守大梁七仞高的城墙，我以为即使商汤、周武王复生，也不易攻下。轻易地背着楚国、赵国的军队，登上七仞高的城墙，与三十万大军交战，而且志在必得，我认为自开天辟地以来到今天也不曾有过这样的事。攻而不克，秦军一定罢兵，陶邑一定丧失，那就会前功尽弃。如今魏国正犹疑不决，可以让它少割土地以笼络它。希望您抓住楚国、赵国军队还没有到达大梁的时机，赶快以少割土地的条件来拉拢魏国。魏国正犹疑不决，会把少割土地视为有利，一定想这么做，那您就得到所想要的了。楚国、赵国恼恨魏国抢先一步，一定争相依附秦国，合纵由此解散，而您可以事后再选择怎么做。况且您得到土地难道一定要用兵吗！割取魏国土地，秦军不用进攻，而魏国一定献出绛城和安邑。这样又为陶邑打开两条通道，几乎获得原来宋国的全部土地，这样卫国一定献上单父。

秦国军队可以保全，而您也能操控他们，有什么索求不能得到，有什么行为不能成功呢！希望您深思熟虑这件事而不要做冒险的事。穰侯说："说得好。"于是停止对大梁的围攻。

第二年，魏国背弃秦国，与齐国合纵交好。秦国派穰侯讨伐魏国，斩首四万人，魏将暴鸢败逃，取得魏国三县。穰侯增加封邑。

次年，穰侯与白起、客卿胡阳又攻打赵国、韩国、魏国，在华阳城下大败芒卯，斩首十万人，夺取了魏国的卷、蔡阳、长社和赵国的观津。之后又把观津还给赵国，派兵增援赵国，攻打齐国。齐襄王惧怕，派苏代替齐国私下给穰侯写信说："我听往来不同国家的人说'秦国将要支援赵国四万精兵攻打齐国'，我私下一定对我们大王说'秦王精明而谙熟计谋，穰侯机智而熟习军事，一定不会支援赵国四万精锐来攻打齐国'。这是为什么呢？三晋相互交往，与秦国有深仇大恨。上百次的相互背弃，上百次的相互欺骗，都不能算不守信用，不能算没有德行。如今攻破齐国来使赵国强盛。赵国与秦国有深仇大恨，不利于秦国。这是第一点。秦国的谋士，必定说'攻破齐国，削弱魏国、楚国，然后制服魏国、楚国取得胜利'。齐国，是已经疲惫的国家，倾尽天下兵力攻打齐

明年，魏背秦，与齐从亲。秦使穰侯伐魏，斩首四万，走魏将暴鸢，得魏三县。穰侯益封。

明年，穰侯与白起客卿胡阳复攻赵、韩、魏，破芒卯于华阳下，斩首十万，取魏之卷、蔡阳、长社，赵氏观津。且与赵观津，益赵以兵，伐齐。齐襄王惧，使苏代为齐阴遗穰侯书曰："臣闻往来者言曰'秦将益赵甲四万以伐齐。'臣窃必之敝邑之王曰'秦王明而熟于计，穰侯智而习于事，必不益赵甲四万以伐齐'。是何也？夫三晋之相与也，秦之深仇也。百相背也，百相欺也，不为不信，不为无行。今破齐以肥赵，赵，秦之深仇，不利于秦。此一也。秦之谋者，必曰：'破齐，弊晋、楚，而后制晋、楚之胜。'夫齐，罢国也，以天下攻齐，如以千钧之弩决

溃痈也，必死，安能弊晋、楚？此二也。秦少出兵，则晋、楚不信也；多出兵，则晋、楚为制于秦。齐恐，不走秦，必走晋、楚。此三也。秦割齐以啖晋、楚，晋、楚案之以兵，秦反受敌。此四也。是晋、楚以秦谋齐，以齐谋秦也，何晋、楚之智而秦、齐之愚？此五也。故得安邑以善事之，亦必无患矣。秦有安邑，韩氏必无上党矣。取天下之肠胃，与出兵而惧其不反也，孰利？臣故曰秦王明而熟于计，穰侯智而习于事，必不益赵甲四万以伐齐矣。"于是穰侯不行，引兵而归。

昭王三十六年，相国穰侯言客卿灶，欲伐齐取刚、寿，以广其陶邑。于是魏人范雎自谓张禄先生，讥穰侯之伐齐，乃越三晋以攻齐也，以此时奸说秦昭王。昭王于是用范雎。范雎言宣太后专制，穰侯擅权于诸侯，泾阳君、高陵君之属太侈，富于王室。于是秦昭王悟，乃免相国，令泾阳之属皆出关，

国，就如同用千钧强弩去冲开溃烂的痈疽，必亡的国家，怎么能削弱魏国、楚国呢？这是第二点。秦国少出兵，那么魏国、楚国就不相信秦国；多出兵，那么魏国、楚国就受制于秦国。齐国害怕，不投奔秦国，一定投奔魏国、楚国。这是第三点。秦国用分割齐国土地来引诱魏国、楚国，魏国、楚国按兵不动，秦国反而会被夹击。这是第四点。这样就是魏国、楚国借用秦国谋取齐国，借用齐国谋取秦国，为什么晋国、楚国如此机智而秦国、齐国如此愚蠢呢？这是第五点。所以取得安邑把它治理好，也一定没有祸患了。秦国有安邑，韩国一定失去上党。夺取天下的腹地，与出兵还害怕不能返回相比，哪个有利？所以我说秦王精明而谙熟计谋，穰侯机智而熟习军事，一定不会支援赵国四万精锐来攻打齐国。"于是穰侯不再进兵，领兵回国。

昭王三十六年，相国穰侯与客卿灶商议，想讨伐齐国夺取刚邑、寿邑，以扩大他的陶邑。这时魏国人范雎自称张禄先生，讥笑穰侯的伐齐计策，竟然想越过三晋来攻打齐国，并且趁此时劝说秦昭王。昭王于是任用范雎。范雎说宣太后专权，穰侯在对诸侯的事情中擅权，泾阳君、高陵君等人太过奢侈，富有堪比王室。于是秦昭王醒悟，罢免了相国，令泾阳君等人都出关到封邑去。穰侯出关，辎车有一千多辆。

穰侯死于陶邑，便葬在那里。秦国又收回陶邑设为郡。

太史公说：穰侯是昭王的亲舅。而秦国之所以向东扩大土地，削弱诸侯，曾在天下称西帝，天下都向西俯首称臣，这是穰侯的功劳。等到他显贵至极，富足无比之时，一人开口进言，尚且身受摧残，权势被夺，忧愤而死，何况寄居异国的臣子呢？

就封邑。穰侯出关，辎车千乘有余。

太史公曰：穰侯，昭王亲舅也。而秦所以东益地，弱诸侯，尝称帝于天下，天下皆西乡稽首者，穰侯之功也。及其贵极富溢，一夫开说，身折势夺而以忧死，况于羁旅之臣乎？

白起　王翦

白起

白起是郿地人。善于用兵，为秦昭王做事。昭王十三年，白起任左庶长，领兵攻打韩国的新城。这年，穰侯担任秦国国相，举用任鄙做汉中郡守。第二年，白起任左更，在伊阙攻打韩国、魏国，斩首二十四万，又俘虏了魏将公孙喜，攻下五城。白起升为国尉。白起渡过黄河夺取了韩国安邑以东，直到乾河的地区。次年，白起任大良造。攻打魏国，打败魏军，夺取大小城池六十一座。第二年，白起与客卿错攻打垣城，攻下了它。五年后，白起攻打赵国，攻下了光狼城。七年后，白起攻打楚国，攻下了鄢、邓等五座城池。第二年，攻打楚国，攻下郢都，火烧夷陵，于是向东到达竟陵。楚王逃离郢都，向东逃到陈邑。秦国把郢都设为南郡。白起升为武安君。武安君趁势攻取楚国，平定了巫地、黔中郡。昭王三十四年，白起攻打魏国，攻下华阳，赶走芒卯，俘虏了三晋将领，斩首十三万人。白起与赵国将领贾偃交战，将

白起者，郿人也。善用兵，事秦昭王。昭王十三年，而白起为左庶长，将而击韩之新城。是岁，穰侯相秦，举任鄙以为汉中守。其明年，白起为左更，攻韩、魏于伊阙，斩首二十四万，又虏其将公孙喜，拔五城。起迁为国尉。涉河取韩安邑以东，到乾河。明年，白起为大良造。攻魏，拔之，取城小大六十一。明年，起与客卿错攻垣城，拔之。后五年，白起攻赵，拔光狼城。后七年，白起攻楚，拔鄢、邓五城。其明年，攻楚，拔郢，烧夷陵，遂东至竟陵。楚王亡去郢，东走徙陈。秦以郢为南郡。白起迁为武安君。武安君因取楚，定巫、黔中郡。昭王三十四年，白起攻魏，拔华阳，走芒

卯，而虏三晋将，斩首十三万。与赵将贾偃战，沉其卒二万人于河中。昭王四十三年，白起攻韩陉城，拔五城，斩首五万。四十四年，白起攻南阳太行道，绝之。

四十五年，伐韩之野王。野王降秦，上党道绝。其守冯亭与民谋曰："郑道已绝，韩必不可得为民。秦兵日进，韩不能应，不如以上党归赵。赵若受我，秦怒，必攻赵。赵被兵，必亲韩。韩、赵为一，则可以当秦。"因使人报赵。赵孝成王与平阳君、平原君计之。平阳君曰："不如勿受。受之，祸大于所得。"平原君曰："无故得一郡，受之便。"赵受之，因封冯亭为华阳君。

四十六年，秦攻韩缑氏、蔺，拔之。

四十七年，秦使左庶长王龁攻韩，取上党。上党民走赵。赵军长平，以按据上党民。四月，龁因攻赵。赵使廉颇将。赵军士卒犯秦斥兵，秦斥兵斩赵裨将茄。六月，陷赵军，取二鄣

贾偃的两万士兵沉入黄河中。昭王四十三年，白起攻打韩国的陉城，攻下五城，斩首五万。昭王四十四年，白起攻打南阳太行道，断绝了这条通道。

昭王四十五年，秦国讨伐韩国的野王城。野王城投降秦国，上党的道路断绝。上党的守将冯亭与百姓谋划道："通往郑都的道路已经被切断，韩国一定不会管我们了。秦兵日益逼近，韩国不能援救，不如将上党送给赵国。赵国如果接受我们，秦国恼怒，一定攻打赵国。赵国被攻击，一定亲附韩国。韩、赵两国合为一个整体，那就可以抵挡秦国了。"于是派人通报赵国。赵孝成王与平阳君、平原君计议此事。平阳君说："不如不接受。接受它，祸患大于所得到的好处。"平原君说："平白得到一郡，还是接受有利。"赵国接受了上党，就封冯亭为华阳君。

昭王四十六年，秦国攻打韩国的缑氏、蔺邑，攻下了两地。

昭王四十七年，秦国派左庶长王龁攻打韩国，夺取了上党。上党百姓逃往赵国。赵国在长平驻军，以安顿上党百姓。四月，王龁趁机攻打赵国。赵国派廉颇领兵。赵国士兵攻击秦国侦察兵，秦国侦察兵斩杀了赵军副将茄。六月，攻陷赵军阵地，攻

陷两座城堡，俘虏四名尉官。七月，赵军修筑壁垒坚守不出。秦军又攻打赵国营垒，俘虏了两名尉官，攻破赵军阵地，夺下西边的营垒。廉颇坚壁不出防备秦军，秦军多次挑战，赵兵不出战。赵王多次因不出战而责备廉颇。秦国国相应侯又派人携千金到赵国施行反间计，说："秦国只担心马服君的儿子赵括领兵，廉颇容易对付，况且他将要投降了。"赵王本来就恼怒廉颇军队多有伤亡，多次战败，又回军营垒不敢出战，而听到秦国反间的谣言，就派赵括代替廉颇领兵来抗击秦军。秦国听说马服君的儿子领兵，就暗中派武安君白起为上将军，王龁为尉官副将，命令军中有敢泄露武安君领兵的斩。赵括一到，就出兵攻击秦军。秦军佯装战败而逃，布置两支奇兵来劫击赵军。赵军乘胜追击，直追到秦军营垒。秦军营垒坚固，无法攻入，而秦国派奇兵二万五千人切断了赵军后路，又派一支五千人的骑兵楔入赵军营垒之间，赵军被一分为二，粮道断绝。而秦军派轻装精锐攻击赵军。赵军交战失利，就修筑壁垒坚守，等待援军到来。秦王听说赵军粮道断绝，秦王亲自到河内，赐百姓爵位各一级，发动十五岁以上青年全部到长平战场，拦截赵军的援军和粮食。

到了九月，赵国士兵已经四十六天没有获得粮食了，都在暗中为争夺食物互相

四尉。七月，赵军筑垒壁而守之。秦又攻其垒，取二尉，败其阵，夺西垒壁。廉颇坚壁以待秦，秦数挑战，赵兵不出。赵王数以为让。而秦相应侯又使人行千金于赵为反间，曰："秦之所恶，独畏马服子赵括将耳，廉颇易与，且降矣。"赵王既怒廉颇军多失亡，军数败，又反坚壁不敢战，而又闻秦反间之言，因使赵括代廉颇将以击秦。秦闻马服子将，乃阴使武安君白起为上将军，而王龁为尉裨将，令军中有敢泄武安君将者斩。赵括至，则出兵击秦军。秦军详败而走，张二奇兵以劫之。赵军逐胜，追造秦壁。壁坚拒不得入，而秦奇兵二万五千人绝赵军后，又一军五千骑绝赵壁间，赵军分而为二，粮道绝。而秦出轻兵击之，赵战不利，因筑壁坚守，以待救至。秦王闻赵食道绝，王自之河内，赐民爵各一级，发年十五以上悉诣长平，遮绝赵救及粮食。

至九月，赵卒不得食四十六日，皆内阴相杀食。来攻秦

垒，欲出。为四队，四五复之，不能出。其将军赵括出锐卒自搏战，秦军射杀赵括。括军败，卒四十万人降武安君。武安君计曰："前秦已拔上党，上党民不乐为秦而归赵。赵卒反覆，非尽杀之，恐为乱。"乃挟诈而尽坑杀之，遗其小者二百四十人归赵。前后斩首虏四十五万人。赵人大震。

四十八年十月，秦复定上党郡。秦分军为二：王龁攻皮牢，拔之；司马梗定太原。韩、赵恐，使苏代厚币说秦相应侯曰："武安君禽马服子乎？"曰："然。"又曰："即围邯郸乎？"曰："然。""赵亡则秦王王矣，武安君为三公。武安君所为秦战胜攻取者七十余城，南定鄢、郢、汉中，北禽赵括之军，虽周、召、吕望之功不益于此矣。今赵亡，秦王王，则武安君必为三公，君能为之下乎？虽无欲为之下，固不得已矣。秦尝攻韩，围邢丘，困上党，上党之民皆反为

残杀。赵军前来攻打秦军营垒，想冲出去。他们分为四队，反复进攻了四五次，无法冲出去。他们的将军赵括派出精锐士兵亲自上阵搏战，秦军射死了赵括。赵括的军队大败，士兵四十万人投降了武安君。武安君谋划说："以前秦军已经拿下上党，上党百姓不乐意做秦国臣民，就归附了赵国。赵国士兵反复无常，不全部杀掉他们，恐怕他们会作乱。"于是用欺诈手段将赵国降兵全部坑杀，只留下他们之中年纪小的士兵二百四十人返回赵国。前后斩首俘虏四十五万人。赵人非常震惊。

昭王四十八年十月，秦国再次平定上党郡。秦军兵分两路：王龁攻打皮牢，攻下此地；司马梗平定太原。韩、赵两国害怕，派苏代携重金游说秦国国相应侯说："武安君擒杀马服君的儿子了吗？"应侯说："是。"苏代又说："就要围攻邯郸了吗？"应侯说："是。"苏代说："赵国灭亡那么秦王统治天下，武安君为三公。武安君为秦国战胜攻取了七十多座城池，向南平定鄢城、郢邑、汉中郡，向北擒获赵括的军队，即使周公、召公、吕望的功劳也不能超过这些。如今赵国灭亡，秦王统治天下，那么武安君必定位居三公，您能身居他之下吗？即便不想身居他之下，已经不可能了。秦国曾攻打韩国，包围邢丘，围困上党，上党的百姓反而都归附赵国，天下人

不乐意做秦国臣民的日子已经很久了。如今灭掉赵国,北方的土地将落入燕国,东方的土地将落入齐国,南方的土地将落入韩国、魏国,那您所得到的百姓就没多少了。所以不如趁此时割取它们的土地,不要使之成为武安君的功劳。"于是应侯向秦王进言道:"秦军劳累,请应允韩国、赵国割地求和,暂且能休养士兵。"秦王听从了他,割取了韩国垣雍、赵国六城来讲和。正月,两国都罢兵了。武安君听说了此事,由此与应侯有了嫌隙。

这年九月,秦国再次发兵,派五大夫王陵攻打赵国邯郸。这时武安君患病,不能前行。昭王四十九年正月,王陵攻打邯郸,得利很少,秦国增发兵力帮助王陵。王陵军队损失了五个将校。武安君病好了,秦王想派武安君代替王陵领兵。武安君进言说:"邯郸确实不易攻下。并且每天都有诸侯援兵到达,那些诸侯怨恨秦国已经很长时间了。如今秦国虽打败了长平的赵军,而秦兵也死亡过半,国内空虚。远征千里跨越河山去争夺别人的国都,赵军在城内应战,诸侯在城外夹击,必定能击败秦军。不能再打了。"秦王亲自下令,武安君不肯前行;就派应侯去请他,武安君始终推辞不肯前行,就称病不去。

秦王派王龁代替王陵领兵,围攻邯郸八九个月,不能攻下。楚国派春申君及魏

赵,天下不乐为秦民之日久矣。今亡赵,北地入燕,东地入齐,南地入韩、魏,则君之所得民亡几何人。故不如因而割之,无以为武安君功也。"于是应侯言于秦王曰:"秦兵劳,请许韩、赵之割地以和,且休士卒。"王听之,割韩垣雍、赵六城以和。正月,皆罢兵。武安君闻之,由是与应侯有隙。

其九月,秦复发兵,使五大夫王陵攻赵邯郸。是时武安君病,不任行。四十九年正月,陵攻邯郸,少利,秦益发兵佐陵。陵兵亡五校。武安君病愈,秦王欲使武安君代陵将。武安君言曰:"邯郸实未易攻也。且诸侯救日至,彼诸侯怨秦之日久矣。今秦虽破长平军,而秦卒死者过半,国内空。远绝河山而争人国都,赵应其内,诸侯攻其外,破秦军必矣。不可。"秦王自命,不行;乃使应侯请之,武安君终辞不肯行,遂称病。

秦王使王龁代陵将,八九月围邯郸,不能拔。楚使春申

君及魏公子将兵数十万攻秦军，秦军多失亡。武安君言曰："秦不听臣计，今如何矣！"秦王闻之，怒，强起武安君，武安君遂称病笃。应侯请之，不起。于是免武安君为士伍，迁之阴密。武安君病，未能行。居三月，诸侯攻秦军急，秦军数却，使者日至。秦王乃使人遣白起，不得留咸阳中。武安君既行，出咸阳西门十里，至杜邮。秦昭王与应侯群臣议曰："白起之迁，其意尚怏怏不服，有余言。"秦王乃使使者赐之剑自裁。武安君引剑将自刭，曰："我何罪于天而至此哉？"良久，曰："我固当死。长平之战，赵卒降者数十万人，我诈而尽坑之，是足以死。"遂自杀。武安君之死也，以秦昭王五十年十一月。死而非其罪，秦人怜之，乡邑皆祭祀焉。

王翦

王翦者，频阳东乡人也。少而好兵，事秦始皇。始皇十一年，翦将攻赵阏与，破之，拔九城。十八年，翦将攻赵。岁余，遂拔赵，赵王降，尽

公子率兵几十万攻打秦军，秦军伤亡很多。武安君进言说："秦王不听我的意见，现在如何！"秦王听说后大怒，强行让武安君前去，武安君就称病情严重。应侯请他，也不赴任。于是免去武安君的爵位，将他降为士兵，迁到阴密。武安君有病，不能行动。过了三个月，诸侯进攻秦军紧急，秦军数次退却，使者每天都有。秦王就派人驱逐白起，不得留在咸阳城中。武安君起身后，出咸阳西门十里，到达杜邮。秦昭王与应侯及群臣们商议道："白起被贬，他心中还是怏怏不服，有怨言。"秦王于是派使者赐给他一把剑，让他自裁。武安君拔出剑将要自刎，说："我哪里得罪上天而到如此地步啊？"过了很久，说："我本就该死。长平之战赵国士兵投降的有几十万人，我用欺诈手段将他们全部坑杀了，这足以让我死了。"于是自杀了。武安君去世，是在秦昭王五十年十一月。他的死不是因为他有罪，秦人怜悯他，乡邑都祭祀他。

王翦，是频阳东乡人。他年少时就喜好军事，为秦始皇做事。始皇十一年，王翦领兵攻打赵国的阏与，攻破了它，占领九座城。始皇十八年，王翦率兵攻打赵国。一年多，就攻下了赵国，赵王投降，平定

了赵国的全部土地，将之设为郡。第二年，燕国派荆轲到秦国做刺客，秦王派王翦攻打燕国。燕王喜逃到辽东，王翦于是平定了燕国蓟城而回。秦王派王翦的儿子王贲攻打楚国，楚军大败。返回攻打魏国，魏王投降，于是平定了魏国领地。

秦始皇灭了三晋后，赶走燕王，而且多次击败楚军。秦将李信，年轻强壮英勇，曾经带着几千士兵追击燕太子丹到达衍水中，最终打败并捉到太子丹。始皇认为他贤能勇敢。于是始皇问李信道："我想攻取荆楚，在将军看来估计用多少人够？"李信说："不过用二十万人。"始皇问王翦，王翦说："非六十万人不可。"始皇说："王将军老了，如此胆怯！李将军果断强壮英勇，他说的是对的。"于是派李信及蒙恬领兵二十万向南攻打荆楚。王翦的话不被采用，就推说有病，回到频阳养老。李信攻打平与，蒙恬攻打寝丘，大败荆军。李信又攻打鄢郢，攻下了此地，于是领兵向西，与蒙恬在城父会军。荆人趁机跟随他们，三日三夜不停歇，大败李信军队，攻入两个营垒，杀了七个都尉，秦军败逃。

秦始皇听说此事后大怒，亲自乘车来到频阳，见到王翦致歉说："我因为不采

定赵地为郡。明年，燕使荆轲为贼于秦，秦王使王翦攻燕。燕王喜走辽东，翦遂定燕蓟而还。秦使翦子王贲击荆，荆兵败，还击魏，魏王降，遂定魏地。

秦始皇既灭三晋，走燕王，而数破荆师。秦将李信者，年少壮勇，尝以兵数千逐燕太子丹至于衍水中，卒破得丹，始皇以为贤勇。于是始皇问李信："吾欲攻取荆，于将军度用几何人而足？"李信曰："不过用二十万人。"始皇问王翦，王翦曰："非六十万人不可。"始皇曰："王将军老矣，何怯也！李将军果势壮勇，其言是也。"遂使李信及蒙恬将二十万南伐荆。王翦言不用，因谢病，归老于频阳。李信攻平与，蒙恬攻寝，大破荆军。信又攻鄢郢，破之，于是引兵而西，与蒙恬会城父。荆人因随之，三日三夜不顿舍，大破李信军，入两壁，杀七都尉，秦军走。

始皇闻之，大怒，自驰如频阳，见谢王翦曰："寡人以

不用将军计，李信果辱秦军。今闻荆兵日进而西，将军虽病，独忍弃寡人乎！"王翦谢曰："老臣罢病悖乱，唯大王更择贤将。"始皇谢曰："已矣，将军勿复言！"王翦曰："大王必不得已用臣，非六十万人不可。"始皇曰："为听将军计耳。"于是王翦将兵六十万人，始皇自送至灞上。王翦行，请美田宅园池甚众。始皇曰："将军行矣，何忧贫乎？"王翦曰："为大王将，有功终不得封侯，故及大王之向臣，臣亦及时以请园池为子孙业耳。"始皇大笑。王翦既至关，使使还请善田者五辈。或曰："将军之乞贷，亦已甚矣。"王翦曰："不然。夫秦王怚而不信人。今空秦国甲士而专委于我，我不多请田宅为子孙业以自坚，顾令秦王坐而疑我邪？"

王翦果代李信击荆。荆闻王翦益军而来，乃悉国中兵以拒秦。王翦至，坚壁而守之，不肯战。荆兵数挑战，终不出。王翦日休士洗沐，而善饮食抚循之，亲与士卒同食。久之，

用将军的计策，李信果然使秦军蒙受耻辱。如今听说楚兵一天天向西逼近，将军虽患病，难道忍心抛弃我吗！"王翦推辞道："老臣患病且神志不清，唯有请大王另择贤将。"秦始皇致歉说："好了，将军不要再说了！"王翦说："大王一定不得已要用我，非六十万人不可。"始皇说："愿听将军的计策。"于是王翦领兵六十万人，始皇亲自送到灞上。王翦临行，请求赐予非常多的良田美宅、园林池苑。始皇说："将军出发吧，何必担忧贫困呢？"王翦说："替大王领兵，有功终究也不能封侯，所以趁大王向着我，及时请求赐予园林池苑作为子孙的基业罢了。"始皇大笑。王翦到达关口后，五次派使者返回去请求赐予良田。有人说："将军请求赏赐，也太过分了。"王翦说："不是这样的。秦王性情粗暴而不信任别人，如今倾尽秦国军队，将其全部委托给我，我不多加请求赐予良田美宅作为子孙基业来表达自己对秦王的忠心，难道要让秦王平白怀疑我吗？"

王翦于是代替李信攻打楚国。楚王听说王翦增兵前来，就派出全国的兵力来抵御秦军。王翦到达，加固营垒防守，不肯出战。楚军多次挑战，王翦始终坚守不出。王翦让士兵每天休息沐浴，并用上好的饮食安慰他们，他亲自与士卒一同进食。过

了一段时间，王翦派人问军中在玩什么游戏。回答说："正在玩投石和跳跃。"于是王翦说："士兵可以用了。"楚军多次挑战而秦军不出，军队就向东去了。王翦趁机举兵追击他们，命令壮士出击，大破楚军。到达蕲县以南，杀死了楚国将军项燕，楚兵最终战败逃走。秦军于是乘胜平定了楚地的城邑。一年多后，俘虏了楚王负刍，最终平定了楚地，将其设为郡县。王翦趁势向南征讨百越的君主。而王翦的儿子王贲，与李信攻下并平定了燕国、齐国的领地。

秦始皇二十六年，秦国吞并了天下，王氏、蒙氏功劳最多，名声流传于后世。

秦二世的时候，王翦和他的儿子王贲都已经死去，秦又灭了蒙氏。陈胜反抗秦朝，秦朝派王翦的孙子王离攻击赵王，把赵王和张耳围困在钜鹿城。有人说："王离是秦朝的名将。如今率领强大的秦朝的大军，攻打新建立的赵国，一定能攻克它。"还有人说："不是这样的。做将领的世家到了第三代必定要败亡。为什么必败呢？因为他们杀的人太多了，后代就要承受由此产生的灾难。如今王离已经是第三代将领了。"过了不久，项羽援救赵国，攻击秦军，果然俘虏了王离，王离的军队最终投降了诸侯。

王翦使人问军中戏乎，对曰："方投石超距。"于是王翦曰："士卒可用矣。"荆数挑战而秦不出，乃引而东。翦因举兵追之，令壮士击，大破荆军。至蕲南，杀其将军项燕，荆兵遂败走。秦因乘胜略定荆地城邑。岁余，虏荆王负刍，竟平荆地为郡县。因南征百越之君。而王翦子王贲，与李信破定燕、齐地。

秦始皇二十六年，尽并天下，王氏、蒙氏功为多，名施于后世。

秦二世之时，王翦及其子贲皆已死，而又灭蒙氏。陈胜之反秦，秦使王翦之孙王离击赵，围赵王及张耳钜鹿城。或曰："王离，秦之名将也。今将强秦之兵，攻新造之赵，举之必矣。"客曰："不然。夫为将三世者必败。以败者何也？以其所杀伐多矣，其后受其不祥。今王离已三世将矣。"居无何，项羽救赵，击秦军，果虏王离，王离军遂降诸侯。

太史公曰：鄙语云："尺有所短，寸有所长。"白起料敌合变，出奇无穷，声震天下，然不能救患于应侯。王翦为秦将，夷六国，当是时，翦为宿将，始皇师之，然不能辅秦建德，固其根本，偷合取容，以至圽身。及孙王离为项羽所虏，不亦宜乎！彼各有所短也。

太史公说：俗话说"尺有所短，寸有所长。"白起能预料敌情随机应变，奇计层出不穷，声威震动天下，但却不能挽救应侯带给他的祸患。王翦作为秦将，夷灭六国，当时，王翦已经是老将，始皇尊他为老师，但他不能辅佐秦国建立德政，稳固国家根本，而是苟且迎合，取悦秦始皇，直至死去。到他的孙子王离被项羽俘虏，这不也是应当的吗！他们各有短处啊。

史记卷七十四
列传第十四

孟子　邹衍　淳于髡　慎到（等）　邹奭　**荀卿**

太史公说：我读《孟子》其书，读到梁惠王问"如何有利于我的国家"，未曾没有放下书而有所感叹。说：唉，利益确实是祸乱的根源啊！孔夫子很少讲利，是因为经常要防备祸乱的根源。所以说"为了利益而放任行动，会招致很多怨恨"。从天子到平民，喜好功利的弊病有什么不同呢！

孟轲，是邹国人。他受业于子思的门人，学成后就各处游历，然后选择为齐宣王做事，宣王没有任用他。到了大梁，梁惠王不实行他的主张，认为他的学说在事情上迂阔空虚而不切实际。当时，秦国任用商鞅，使国家富足、兵力强盛；楚国、魏国任用吴起，战胜弱小的敌人；齐威王、宣王任用孙子、田忌等人，而诸侯都向东朝见齐国。天下正致力于合纵连横，把能攻伐当作贤能，而孟轲却称述唐尧、虞舜及夏、商、周三代的德政，因此他与所到之处的当政者都不合。他回到家乡与万章等

太史公曰：余读孟子书，至梁惠王问"何以利吾国"，未尝不废书而叹也。曰：嗟乎，利诚乱之始也！夫子罕言利者，常防其原也。故曰"放于利而行，多怨"。自天子至于庶人，好利之弊何以异哉！

孟子

孟轲，驺人也。受业子思之门人。道既通，游事齐宣王，宣王不能用。适梁，梁惠王不果所言，则见以为迂远而阔于事情。当是之时，秦用商君，富国强兵；楚、魏用吴起，战胜弱敌；齐威王、宣王用孙子、田忌之徒，而诸侯东面朝齐。天下方务于合从连衡，以攻伐为贤，而孟轲乃述唐、虞、三代之德，是以所如者不合。退而与万章之徒序《诗》《书》，

述仲尼之意，作《孟子》七篇。
其后有驺子之属。

邹衍

　　齐有三驺子。其前驺忌，
以鼓琴干威王，因及国政，封
为成侯而受相印，先孟子。

　　其次驺衍，后孟子。驺衍
睹有国者益淫侈不能尚德，若
《大雅》整之于身、施及黎庶矣，
乃深观阴阳消息而作怪迂之变，
《终始》《大圣》之篇十余万
言。其语闳大不经，必先验小
物，推而大之，至于无垠。先
序今以上至黄帝，学者所共术，
大并世盛衰，因载其禨祥度制，
推而远之，至天地未生，窈冥
不可考而原也。先列中国名山
大川通谷禽兽水土所殖、物类
所珍，因而推之，及海外人之
所不能睹。称引天地剖判以来，
五德转移，治各有宜，而符应
若兹。以为儒者所谓中国者，
于天下乃八十一分居其一分耳。
中国名曰赤县神州。赤县神州
内自有九州，禹之序九州是也，
不得为州数。中国外如赤县神

人整理《诗经》《尚书》，阐述孔子的思
想，写了《孟子》七篇。在他以后出现了
邹子等人。

　　齐国有三位邹子。时代最早的是邹忌，
他凭借弹琴的技艺求见齐威王，因此参与
国政，被封为成侯并被授予相印，时代先
于孟子。

　　其次是邹衍，他在孟子之后。邹衍目
睹了拥有国家的诸侯越来越荒淫奢侈，不
能崇尚德政，像《大雅》那样先整治自身，
再施行推及到百姓。于是深入观察事物的
阴阳消亡增长，记述怪诞玄虚的变化，写
出《终始》《大圣》两篇有十多万字。他
的话不着边际，无所根据，一定要先验证
小事物，再推广到大事物，以至无边无际。
他从当代一直追溯到黄帝，学者都谈论这
种方法，大体上随着时代的盛衰，而记载
不同时代的吉凶制度，推而远之，直到天
地没有生成之时，深幽玄妙而不能考究它
的本原。他先列出中国的名山大川，所有
山谷、禽兽，水土所繁殖的物种，珍贵的
物类，因此推而广之，一直到海外人们所
看不到的地方。他称述天地分开以来，金
木水火土五种德性循环转移，治理天下各
有适合的方法，而上天显示的与人事相应
的征兆就像现在这样。他认为儒者所说的
中国，对天下来说只是八十一分之一分罢

了。中国名叫赤县神州。赤县神州内又有九个州，就是夏禹所划分的九个州，但不是州的全部数目。中国之外像赤县神州这样的还有九个，这才是所谓的九州。每个州都有海环绕着，人民和禽兽不能与其他州相通，像处在一个区域中，这才算是一州。像这样的有九个，更有大瀛海环绕在它的外面，那是天地的边际了。他的学说都如此类。然而总结它的要领，大致归结于仁义节俭，在君臣上下以及六亲之间施行的原则，所论虚妄不实。王公大人起初见他的学说，感到惊奇并受到感化，此后又不能施行。

因此邹衍在齐国受到尊重。到大梁，惠王在郊外迎接，行宾主的礼仪。到赵国，平原君侧身陪行，拂拭座席。到燕国，昭王以衣袖为扫帚为他开路，请求坐在弟子的座位上向他学习，修筑碣石宫，亲身前往拜他为师。邹衍写了《主运》篇。邹衍游历诸侯国被如此尊敬礼遇，哪里像孔子在陈、蔡面带菜色，孟轲受困于齐、梁那样呢！所以武王用仁义讨伐纣王而称王天下，伯夷饿死也不吃周朝的粮食；卫灵公问行军布阵，而孔子不回答；梁惠王谋划想攻打赵国，孟轲却称颂太王而离开邠邑。这难道是有意阿谀奉承迎合世俗吗？拿着方柄想放入圆孔中，能做到吗？有人说，伊尹背负着鼎勉励商汤行王道，百里奚在

州者九，乃所谓九州也。于是有裨海环之，人民禽兽莫能相通者，如一区中者，乃为一州。如此者九，乃有大瀛海环其外，天地之际焉。其术皆此类也。然要其归，必止乎仁义节俭、君臣上下、六亲之施，始也滥耳。王公大人初见其术，惧然顾化，其后不能行之。

是以驺子重于齐。适梁，惠王郊迎，执宾主之礼。适赵，平原君侧行撇席。如燕，昭王拥彗先驱，请列弟子之座而受业，筑碣石宫，身亲往师之。作《主运》。其游诸侯见尊礼如此，岂与仲尼菜色陈、蔡，孟轲困于齐、梁同乎哉！故武王以仁义伐纣而王，伯夷饿不食周粟；卫灵公问陈，而孔子不答；梁惠王谋欲攻赵，孟轲称大王去邠。此岂有意阿世俗苟合而已哉！持方枘欲内圜凿，其能入乎？或曰，伊尹负鼎而勉汤以王，百里奚饭牛车下而

缪公用霸，作先合，然后引之大道。驺衍其言虽不轨，傥亦有牛鼎之意乎?

自驺衍与齐之稷下先生，如淳于髡、慎到、环渊、接子、田骈、驺奭之徒，各著书言治乱之事，以干世主，岂可胜道哉!

淳于髡

淳于髡，齐人也。博闻强记，学无所主。其谏说，慕晏婴之为人也，然而承意观色为务。客有见髡于梁惠王，惠王屏左右，独坐而再见之，终无言也。惠王怪之，以让客曰:"子之称淳于先生，管、晏不及，及见寡人，寡人未有得也。岂寡人不足为言邪? 何故哉?"客以谓髡。髡曰:"固也。吾前见王，王志在驱逐;后复见王，王志在音声:吾是以默然。"客具以报王，王大骇，曰:"嗟乎，淳于先生诚圣人也! 前淳于先生之来，人有献善马者，寡人未及视，会先生至。后先生之来，人有献讴者，未及试，亦会先生来。寡人虽屏人，

车下喂牛而秦穆公任用他成就霸业，他们的做法都是先投合人主的意愿，然后将其引入大道。邹衍的话虽然不合法度，或许也有百里奚喂牛、伊尹负鼎的用意吧?

从邹衍到齐国稷下的各位先生，如淳于髡、慎到、环渊、接子、田骈、邹奭等人，他们各自著书论述国家兴亡治乱的大事，以干谒当世的君主，这哪里能说得完呢!

淳于髡，是齐国人。博闻强记，学业不专于一家之言。从他的谏言学说来看，他仰慕晏婴的为人，然而他致力于顺承上意和察颜观色。有个宾客向梁惠王引见了淳于髡，梁惠王屏退左右侍从，单独坐着两次接见他，他始终一言不发。惠王觉得他很奇怪，就责备那宾客说:"你称赞淳于先生，说管仲、晏婴也赶不上他，等到见了我，我没有学到什么。难道我不足以和他谈话吗? 这是什么缘故呢?"宾客把这些话对淳于髡说了。淳于髡说:"本来如此。我前一次见大王，大王的心思在相马上;后来又见大王，大王的心思在音乐声律上:我因此才沉默不语。"宾客把这话全报告了惠王，惠王大为惊讶，说:"啊呀! 淳于先生果真是圣人啊! 前一次淳于先生到来，有人献上一匹好马，我还没来得及看，恰好先生到了。后一次先生到来，

有人来献歌伎，还没来得及听一听，也恰逢先生来了。我虽然屏退了左右侍从，但心思还在别的地方。是有这回事。"后来淳于髡求见，惠王和他交谈连着三天三夜没有倦意。惠王想给他卿相的职位，淳于髡却推辞离去。于是送给他一辆用四匹马拉的车子、成捆的丝帛，另加璧玉，及黄金百镒。淳于髡终身没有做官。

慎到，是赵国人。田骈、接子，是齐国人。环渊，是楚国人。他们都学习黄帝、老子的道德学说，于是阐明叙述黄老学说的意旨。所以慎到写有十二篇论著，环渊著有上、下篇，而田骈、接子都有所论述。

邹奭，是齐国诸多邹子之一，也较多地采用邹衍的学说著述文章。

于是齐王嘉许他们，自淳于髡以下的人，都任命为列大夫，为他们在四通八达的地方开设住宅，建造高门大屋尊宠他们。招揽天下各诸侯国的宾客，表明齐国能够招纳天下的贤士。

荀卿，是赵国人。五十岁时才开始到齐国游学。邹衍的学说迁腐荒诞而富于雄辩；邹奭的文章完备周密但也难以实行；淳于髡是与他相处日久，时常能听到精辟的言论。所以齐国人称颂说："高谈阔

然私心在彼，有之。"后淳于髡见，壹语连三日三夜无倦。惠王欲以卿相位待之，髡因谢去。于是送以安车驾驷，束帛加璧，黄金百镒。终身不仕。

慎到（等）

慎到，赵人。田骈、接子，齐人。环渊，楚人。皆学黄老道德之术，因发明序其指意。故慎到著十二论，环渊著上下篇，而田骈、接子皆有所论焉。

邹奭

驺奭者，齐诸驺子，亦颇采驺衍之术以纪文。

于是齐王嘉之，自如淳于髡以下，皆命曰列大夫，为开第康庄之衢，高门大屋，尊宠之。览天下诸侯宾客，言齐能致天下贤士也。

荀卿

荀卿，赵人。年五十始来游学于齐。驺衍之术迂大而闳辩；奭也文具难施；淳于髡久与处，时有得善言。故齐人颂曰："谈天衍，雕龙奭，炙毂

过髡。"田骈之属皆已死。齐襄王时，而荀卿最为老师。齐尚修列大夫之缺，而荀卿三为祭酒焉。齐人或谗荀卿，荀卿乃适楚，而春申君以为兰陵令。春申君死而荀卿废，因家兰陵。李斯尝为弟子，已而相秦。荀卿嫉浊世之政，亡国乱君相属，不遂大道而营于巫祝，信禨祥，鄙儒小拘，如庄周等又猾稽乱俗，于是推儒、墨、道德之行事兴坏，序列著数万言而卒。因葬兰陵。

而赵亦有公孙龙为坚白同异之辩，剧子之言；魏有李悝，尽地力之教；楚有尸子、长卢、阿之吁子焉。自如孟子至于吁子，世多有其书，故不论其传云。

盖墨翟，宋之大夫，善守御，为节用。或曰并孔子时，或曰在其后。

论的是邹衍，学说精雕细刻的是邹奭，智慧善辩而议论不绝的是淳于髡。"田骈等人都已死。齐襄王时，荀卿是最为年长的老师。齐国仍在补充列大夫的缺额，而荀卿三次出任祭酒。齐国有人说荀卿的坏话，荀卿就到了楚国，而春申君让他担任兰陵县令。春申君死后荀卿被废黜，就在兰陵安了家。李斯曾是他的弟子，后来做了秦国国相。荀卿憎恨乱世的黑暗政治，亡国乱君接连不断地出现，不遵循正道却被巫祝所迷惑，信奉求神赐福去灾，鄙陋儒生拘于礼节，像庄周等人又狡猾多辩，败坏风俗，于是推究儒家、墨家、道家行事的兴盛与失败，编著了几万字文章之后去世。就葬在兰陵。

而赵国也有公孙龙主张的"坚白同异"的辩题，还有剧子的言论；魏国有李悝，提出鼓励耕作以尽地力的教导；楚国有尸子、长卢；齐国东阿有吁子。从孟子到吁子，世上流传很多他们的书籍，所以不再论述他们的传记。

墨翟，是宋国的大夫，善于守卫和防御，主张简朴节用。有人说他与孔子同时，有人说在孔子之后。

史记卷七十五
列传第十五

孟尝君田文

孟尝君名文，姓田。田文的父亲是靖郭君田婴。田婴，是齐威王的小儿子、齐宣王的庶弟。田婴自齐威王时任职当权，与成侯邹忌及田忌领兵援救韩国讨伐魏国。成侯与田忌争宠，成侯出卖田忌。田忌害怕，袭击齐国的边邑，没有取胜，就逃走了。适逢齐威王去世，齐宣王即位，宣王知道成侯出卖田忌，就又召回田忌任命他为将军。齐宣王二年，田忌与孙膑、田婴一起讨伐魏国，在马陵大败魏军，俘虏了魏太子申并杀死魏将庞涓。齐宣王七年，田婴出使到韩国、魏国，韩国、魏国臣服于齐国。田婴与韩昭侯、魏惠王在东阿以南会见齐宣王，结盟缔约后离去。第二年，齐宣王又与梁惠王在甄地会盟。这年，梁惠王去世。齐宣王九年，田婴任齐国国相。齐宣王与魏襄王在徐州会盟相互尊称为王。楚威王听说此事后，恼恨田婴。第二年，楚国在徐州讨伐打败了齐军，便派人追击田婴。田婴派张丑游说楚威王，楚威王才作罢。田婴任齐国国相十一年，齐

孟尝君名文，姓田氏。文之父曰靖郭君田婴。田婴者，齐威王少子而齐宣王庶弟也。田婴自威王时任职用事，与成侯邹忌及田忌将而救韩伐魏。成侯与田忌争宠，成侯卖田忌。田忌惧，袭齐之边邑，不胜，亡走。会威王卒，宣王立，知成侯卖田忌，乃复召田忌以为将。宣王二年，田忌与孙膑、田婴俱伐魏，败之马陵，虏魏太子申而杀魏将庞涓。宣王七年，田婴使于韩、魏，韩、魏服于齐。婴与韩昭侯、魏惠王会齐宣王东阿南，盟而去。明年，复与梁惠王会甄。是岁，梁惠王改元。宣王九年，田婴相齐。齐宣王与魏襄王会徐州而相王也。楚威王闻之，怒田婴。明年，楚伐败齐师于徐州，而使人逐田婴。田婴使张丑说楚威

王，威王乃止。田婴相齐十一年，宣王卒，湣王即位。即位三年，而封田婴于薛。

初，田婴有子四十余人，其贱妾有子名文，文以五月五日生。婴告其母曰："勿举也。"其母窃举生之。及长，其母因兄弟而见其子文于田婴。田婴怒其母曰："吾令若去此子，而敢生之，何也？"文顿首，因曰："君所以不举五月子者，何故？"婴曰："五月子者，长与户齐，将不利其父母。"文曰："人生受命于天乎？将受命于户邪？"婴默然。文曰："必受命于天，君何忧焉。必受命于户，则可高其户耳，谁能至者！"婴曰："子休矣。"

久之，文承间问其父婴曰："子之子为何？"曰："为孙。""孙之孙为何？"曰："为玄孙。""玄孙之孙为何？"曰："不能知也。"文曰："君用事相齐，至今三王矣，齐不加广而君私家富累万金，门下不见一贤者。文闻将门必有将，

宣王去世，齐湣王即位。即位三年，就把薛地封给田婴。

当初，田婴有四十多个儿子，他的贱妾有个儿子名叫田文，田文是在五月五日出生的。田婴告诉田文的母亲说："不要养活他。"他的母亲偷偷养活了他。等到他长大，他的母亲通过他的兄弟把儿子田文引见给田婴。田婴怨恨田文的母亲说："我让你扔掉这个孩子，你竟敢养活了他，为什么呢？"田文磕头，接着说："您之所以不让养活五月出生的孩子，是为什么呢？"田婴说："五月出生的孩子，长到和门户一样高，将不利于他的父母。"田文说："人的一生是受命于天呢？还是将受命于门户呢？"田婴沉默不语。田文说："一定是受命于天的，您何必忧虑呢！一定说是受命于门户，那就加高他的门户好了，谁能一直长那么高呢！"田婴说："你不要说了。"

过了很久，田文找机会问他的父亲田婴说："儿子的儿子叫什么？"田婴说："叫孙子。""孙子的孙子叫什么？"田婴说："叫玄孙。""玄孙的孙子叫什么？"田婴说："我不知道了。"田文说："您在齐国任相当权，到如今已经经历三代君王了，齐国的土地没有增加而您的私家财富已累积万金，门下不见一个贤能之士。

我听说将门必出将，相门必出相。如今您的妻妾穿着绫罗绸缎而士人却穿不上粗布短衣；奴仆侍女有剩余的粮食和肉而士人连糟糠也吃不饱。如今您还在一个劲儿地增加积蓄，想把这些留给连称呼都叫不上的人，却忘掉国家大事日渐衰落，我对此觉得很奇怪。"于是田婴才对田文以礼相待，让他主持家事接待宾客。家中宾客来往日益增多，田文的名声传于诸侯。诸侯国都派人请求薛公田婴立田文为太子，田婴答应了他们的请求。田婴去世，谥号为靖郭君。而田文果然在薛邑继承了爵位，这就是孟尝君。

孟尝君在薛邑，招揽各诸侯国的宾客及犯罪逃亡的人，他们都归附孟尝君。孟尝君舍弃家业厚待他们，因此天下贤能之士无不倾心向往。食客有几千人，无论贵贱一律与田文平等。孟尝君接待宾客坐着交谈时，屏风后经常安排侍史，主要记录孟尝君与宾客所谈的话，问明宾客亲戚的住处。宾客离去，孟尝君已派使者去慰问，送礼物给他们的亲戚。孟尝君曾招待宾客吃晚饭，有一个人遮住了火光在暗中吃。宾客发怒，认为饭食不相等，就不再吃，要告辞离开。孟尝君起身，亲自端着自己的饭食给他比对。宾客惭愧，自刭而死。因为这些，士人大多归附孟尝君。孟尝君对宾客从不挑拣，都好好礼遇他们。每人

相门必有相。今君后宫蹈绮縠而士不得短褐，仆妾余粱肉而士不厌糟糠。今君又尚厚积余藏，欲以遗所不知何人，而忘公家之事日损，文窃怪之！"于是婴乃礼文，使主家待宾客。宾客日进，名声闻于诸侯。诸侯皆使人请薛公田婴以文为太子，婴许之。婴卒，谥为靖郭君。而文果代立于薛，是为孟尝君。

孟尝君在薛，招致诸侯宾客及亡人有罪者，皆归孟尝君。孟尝君舍业厚遇之，以故倾天下之士。食客数千人，无贵贱一与文等。孟尝君待客坐语，而屏风后常有侍史，主记君所与客语，问亲戚居处。客去，孟尝君已使使存问，献遗其亲戚。孟尝君曾待客夜食，有一人蔽火光。客怒，以饭不等，辍食辞去。孟尝君起，自持其饭比之。客惭，自刭。士以此多归孟尝君。孟尝君客无所择，皆善遇之。人人各自以为孟尝君亲己。

秦昭王闻其贤，乃先使泾阳君为质于齐，以求见孟尝君。孟尝君将入秦，宾客莫欲其行，谏，不听。苏代谓曰："今旦代从外来，见木禺人与土禺人相与语。木禺人曰：'天雨，子将败矣。'土禺人曰：'我生于土，败则归土。今天雨，流子而行，未知所止息也。'今秦，虎狼之国也，而君欲往，如有不得还，君得无为土禺人所笑乎？"孟尝君乃止。

齐湣王二十五年，复卒使孟尝君入秦，昭王即以孟尝君为秦相。人或说秦昭王曰："孟尝君贤，而又齐族也，今相秦，必先齐而后秦，秦其危矣。"于是秦昭王乃止。囚孟尝君，谋欲杀之。孟尝君使人抵昭王幸姬求解。幸姬曰："妾愿得君狐白裘。"此时孟尝君有一狐白裘，直千金，天下无双，入秦献之昭王，更无他裘。孟尝君患之，遍问客，莫能对。最下坐有能为狗盗者，曰："臣能得狐白裘。"乃夜为狗，以入秦宫臧中，取所献狐白裘

都认为孟尝君亲近自己。

秦昭王听说孟尝君贤能，于是先派泾阳君到齐国做人质，去求见孟尝君。孟尝君准备入秦，宾客都不想让他前去，劝谏他，孟尝君没有听从。苏代对他说："今天早晨我从外面回来，看见木偶人与土偶人互相交谈。木偶人说：'天一下雨，你将被毁坏了。'土偶人说：'我生于泥土，毁坏那就归入泥土。如今天一下雨，流水冲着你前行，不知道要被冲到哪里去。'如今秦国，是有虎狼之心的国家，您想前往，如果不能回来，您能不被土偶人所嘲笑吗？"孟尝君才作罢。

齐湣王二十五年，齐国又派孟尝君去秦国，秦昭王就任命孟尝君为秦国国相。有人游说秦昭王道："孟尝君贤能，而且又是齐王同族，如今任秦国国相，一定先为齐国着想而后才为秦国着想，秦国可要危险了。"于是秦昭王作罢，并囚禁孟尝君，图谋杀了他。孟尝君派人向秦昭王宠幸的爱姬求救。宠姬说："我希望得到孟尝君的白狐皮裘。"当时孟尝君有一件白狐皮裘，价值千金，天下无双，入秦时把它献给了秦昭王，再没有别的皮裘了。孟尝君忧虑此事，问遍宾客，没有谁有应对之策。最下面坐着一个能伪装成狗偷盗东西的人，说："我能得到白狐皮裘。"于是夜里伪装成狗，潜入秦宫中的仓库，取出献给昭

王的那件白狐皮裘而回，把它献给了秦王的宠姬。宠姬替孟尝君向秦昭王进言，昭王释放了孟尝君。孟尝君得以逃出，立即驾车离去，更换了过关证明，更名换姓逃出城关。孟尝君半夜到达函谷关。秦昭王后悔放走孟尝君，寻找他，但孟尝君已经走远，立即派人驾车飞奔去追他。孟尝君到达函谷关，关防法令规定鸡鸣时才能放往来客商出关，孟尝君担心追兵赶到，宾客中有个身居下座的人能学鸡叫，他一学鸡叫，其他鸡都随着一齐叫起来，于是出示准许通行的证件出了关。出关约莫一顿饭的工夫，秦兵果然追到函谷关，已经赶不上孟尝君，就返回了。当初孟尝君留下这两人做宾客时，宾客全都为他们感到羞耻，等到孟尝君在秦国遭难，最终靠这两人才能脱身。自此以后，宾客都佩服他们。

孟尝君经过赵国，赵国平原君以客礼礼遇他。赵国人听说孟尝君贤能，出来看他，都笑着说："当初以为薛公是魁梧的大丈夫，如今看他就是个矮小的男子罢了。"孟尝君听说此事后，非常恼怒。宾客与他一起跳下车，砍杀了几百人，最终灭了一个县才离去。

齐湣王感到内疚，因为是他派遣孟尝君去秦国的。孟尝君回来，齐湣王就任他为齐国国相，执掌国政。

孟尝君怨恨秦国，准备以齐国曾帮助

至，以献秦王幸姬。幸姬为言昭王，昭王释孟尝君。孟尝君得出，即驰去，更封传，变名姓以出关。夜半至函谷关。秦昭王后悔出孟尝君，求之已去，即使人驰传逐之。孟尝君至关，关法鸡鸣而出客，孟尝君恐追至，客之居下坐者有能为鸡鸣，而鸡尽鸣，遂发传出。出如食顷，秦追果至关，已后孟尝君出，乃还。始孟尝君列此二人于宾客，宾客尽羞之，及孟尝君有秦难，卒此二人拔之。自是之后，客皆服。

孟尝君过赵，赵平原君客之。赵人闻孟尝君贤，出观之，皆笑曰："始以薛公为魁然也，今视之，乃眇小丈夫耳。"孟尝君闻之，怒。客与俱者下，斫击杀数百人，遂灭一县以去。

齐湣王不自得，以其遣孟尝君。孟尝君至，则以为齐相，任政。

孟尝君怨秦，将以齐为韩、

魏攻楚，因与韩、魏攻秦，而借兵食于西周。苏代为西周谓曰：“君以齐为韩、魏攻楚九年，取宛、叶以北以强韩、魏，今复攻秦以益之。韩、魏南无楚忧，西无秦患，则齐危矣。韩、魏必轻齐畏秦，臣为君危之。君不如令敝邑深合于秦，而君无攻，又无借兵食。君临函谷而无攻，令敝邑以君之情谓秦昭王曰：‘薛公必不破秦以强韩、魏。其攻秦也，欲王之令楚王割东国以与齐，而秦出楚怀王以为和。’君令弊邑以此惠秦，秦得无破而以东国自免也，秦必欲之。楚王得出，必德齐。齐得东国益强，而薛世世无患矣。秦不大弱，而处三晋之西，三晋必重齐。”薛公曰：“善。”因令韩、魏贺秦，使三国无攻，而不借兵食于西周矣。是时，楚怀王入秦，秦留之，故欲必出之。秦不果出楚怀王。

韩国、魏国攻打楚国为理由，趁机联合韩国、魏国攻打秦国，向西周借武器和粮食。苏代为西周对孟尝君说：“您拿齐国的兵力帮助韩国、魏国攻打楚国有九年时间，取得宛、叶以北的土地来使韩国、魏国强大起来，如今又攻打秦国来使它们更加强大。韩国、魏国南边没有楚国的忧患，西边没有秦国的忧患，那么齐国就危险了。韩国、魏国一定轻视齐国畏惧秦国，我为此替您感到危险。您不如让西周与秦国加深联系，而您不要进攻，又不用借兵器和粮食。您兵临函谷关但不要攻击，让我们西周把您的情况告诉秦昭王：‘薛公一定不会攻击秦国来使韩国、魏国强大。他攻打秦国，是想让大王责令楚王割让东边地区给齐国，而让秦国释放楚怀王来讲和。’您让我们西周这样施惠给秦国，秦国能够不被攻破而用楚国东边地区使自己免受灾难，秦国必定想要这么做。楚王得以被释放，一定感激齐国。齐国得到楚国东边地区更加强大，而薛地将世世代代没有忧患了。秦国没有被严重削弱，而处在三晋以西，三晋一定倚重齐国。”薛公说：“说得好。”于是让韩国、魏国向秦国朝贺，让齐国、韩国、魏国三个国家不要进攻，而且不向西周借兵器和粮食了。当时，楚怀王进入秦国，秦国扣留了他，所以想一定让秦国放出他。秦国最终没有释放楚怀王。

孟尝君任齐国国相，他的舍人魏子替孟尝君收取封邑的租税，往返了多次一次也没有把租税收上来。孟尝君问他，他回答说："有个贤能的人，我私下借您的名义把租税给他了，因此没有收回来。"孟尝君发怒而辞退了魏子。过了几年，有人在齐湣王面前诋毁孟尝君说："孟尝君将要作乱。"等到田甲劫持了齐湣王，齐湣王心中怀疑孟尝君，孟尝君就逃走了。得到魏子赠米的那位贤士听说了此事，就上书说孟尝君不会作乱，请求以性命担保，于是在宫门自刎来证明孟尝君的清白。齐湣王于是大惊，便追踪查问实际情况，孟尝君果然没有反叛的阴谋，于是又召回孟尝君。孟尝君就推托有病，请求回薛邑养老。齐湣王答应了他。

之后，秦国逃亡的将领吕礼任齐国国相，想陷害苏代。苏代就对孟尝君说："周最对于齐国忠诚至极，而齐王驱逐了他，却听信亲弗的意见任吕礼为相，是因为想取悦秦国。齐国、秦国联合，那么亲弗与吕礼就会受到重用了。他们受到重用，齐国、秦国一定轻视您。您不如急速发兵向北，催促赵国与秦国、魏国讲和，召回周最以彰显您的仁厚，并且可以挽回齐王的信任，又能防止天下局势变化。齐国不依靠秦国，那么天下诸侯就会亲近齐国，亲弗一定逃走，那么齐王还能靠谁治理他的国家呢？"

孟尝君相齐，其舍人魏子为孟尝君收邑入，三反而不致一入。孟尝君问之，对曰："有贤者，窃假与之，以故不致入。"孟尝君怒而退魏子。居数年，人或毁孟尝君于齐湣王曰："孟尝君将为乱。"及田甲劫湣王，湣王意疑孟尝君，孟尝君乃奔。魏子所与粟贤者闻之，乃上书言孟尝君不作乱，请以身为盟，遂自到宫门以明孟尝君。湣王乃惊，而踪迹验问，孟尝君果无反谋，乃复召孟尝君。孟尝君因谢病，归老于薛。湣王许之。

其后，秦亡将吕礼相齐，欲困苏代。代乃谓孟尝君曰："周最于齐，至厚也，而齐王逐之，而听亲弗相吕礼者，欲取秦也。齐、秦合，则亲弗与吕礼重矣。有用，齐、秦必轻君。君不如急北兵，趋赵以和秦、魏，收周最以厚行，且反齐王之信，又禁天下之变。齐无秦，则天下集齐，亲弗必走，则齐王孰与为其国也！"于是孟尝君从其计，而吕礼嫉害于孟尝君。

于是孟尝君听从了他的计策，因而吕礼嫉恨并想谋害孟尝君。

孟尝君害怕，就送给秦国国相穰侯魏冉书信说："我听说秦国想让吕礼来联合齐国，齐国，是天下的强国，您一定要受轻视了。齐国、秦国结盟来对付三晋，吕礼一定做齐、秦两国的国相了，是您结交齐国而让吕礼获得重用了啊。如果齐国免于天下诸侯的兵祸，吕礼一定会让齐国非常恨您了。您不如劝秦王讨伐齐国。齐国被攻破，我请求秦王把所得的齐国土地封给您。齐国被攻破，秦国害怕魏国强大起来，秦国一定重用您来结交魏国。魏国被齐国打败又害怕秦国，一定重用您来结交秦国。是您攻破齐国建立功劳，挟持魏国，受到重用；这样您攻破齐国得到封邑，秦国、魏国交好而重用您。如果齐国不被攻破，吕礼又被重用，您一定会陷入艰难的困境中。"于是穰侯向秦昭王进言攻打齐国，而吕礼逃亡。

后来齐湣王灭了宋国，更加骄横，想除掉孟尝君。孟尝君害怕，就去魏国。魏昭王任他为相，西面与秦国、赵国联合，与燕国共同攻破齐国。齐湣王逃亡到莒城，最终死在那里。齐襄王即位，孟尝君在诸侯中保持中立，没有投靠谁。齐襄王刚即位，畏惧孟尝君，与他和好，又和他亲近起来。田文死后，谥号是孟尝君。他的儿

孟尝君惧，乃遗秦相穰侯魏冉书曰："吾闻秦欲以吕礼收齐，齐，天下之强国也，子必轻矣。齐秦相取以临三晋，吕礼必并相矣，是子通齐以重吕礼也。若齐免于天下之兵，其仇子必深矣。子不如劝秦王伐齐。齐破，吾请以所得封子。齐破，秦畏晋之强，秦必重子以取晋。晋国敝于齐而畏秦，晋必重子以取秦。是子破齐以为功，挟晋以为重；是子破齐定封，秦、晋交重子。若齐不破，吕礼复用，子必大穷。"于是穰侯言于秦昭王伐齐，而吕礼亡。

后齐湣王灭宋，益骄，欲去孟尝君。孟尝君恐，乃如魏。魏昭王以为相，西合于秦、赵，与燕共伐破齐。齐湣王亡在莒，遂死焉。齐襄王立，而孟尝君中立为诸侯，无所属。齐襄王新立，畏孟尝君，与连和，复亲薛公。文卒，谥为孟尝君，

子们争夺爵位，而齐国、魏国一起灭了薛邑。孟尝君绝嗣没有后代。

当初，冯谖听说孟尝君喜欢招揽宾客，就穿着草鞋来见他。孟尝君说："承蒙先生远道而来，有什么可以指教我的呢？"冯谖说："听说您喜欢养门客，所以以贫贱之身来归附您。"孟尝君把他安置在传舍十天，孟尝君询问传舍舍长说："客人做什么了？"回答说："冯先生太穷了，只有一把剑，还用草绳缠着剑柄，弹着他的剑唱道'长剑回去吧，吃饭没有鱼'。"孟尝君把冯谖迁到幸舍，吃饭有鱼了。五天后，孟尝君又询问传舍舍长。回答说："客人又弹着剑唱道'长剑回去吧，出行没有车'。"孟尝君把他迁到代舍，出入可以乘车了。五天后，孟尝君又问传舍舍长，舍长回答说："先生又曾弹剑唱道'长剑回去吧，没办法养家'。"孟尝君不高兴。

过了一年，冯谖没再说什么。孟尝君这时任齐国国相，在薛邑受封一万户。他的食客有三千人，封邑的收入不足以养食客，他就派人在薛邑放债。一年多没有什么收入，贷钱的人大多不能给他利息，将无法蓄养门客。孟尝君担忧此事，问左右侍从："可派谁去薛邑收债？"传舍舍长说："代舍的客人冯公的长相看起来能言

诸子争立，而齐魏共灭薛。孟尝绝嗣无后也。

初，冯谖闻孟尝君好客，蹑屩而见之。孟尝君曰："先生远辱，何以教文也？"冯谖曰："闻君好士，以贫身归于君。"孟尝君置传舍十日，孟尝君问传舍长曰："客何所为？"答曰："冯先生甚贫，犹有一剑耳，又蒯缑。弹其剑而歌曰'长铗归来乎，食无鱼'。"孟尝君迁之幸舍，食有鱼矣。五日，又问传舍长。答曰："客复弹剑而歌曰'长铗归来乎，出无舆'。"孟尝君迁之代舍，出入乘舆车矣。五日，孟尝君复问传舍长。舍长答曰："先生又尝弹剑而歌曰'长铗归来乎，无以为家'。"孟尝君不悦。

居期年，冯谖无所言。孟尝君时相齐，封万户于薛。其食客三千人，邑入不足以奉客，使人出钱于薛。岁余不入，贷钱者多不能与其息，客奉将不给。孟尝君忧之，问左右："何人可使收债于薛者？"传舍长曰："代舍客冯公形容状貌甚

辩，长者，无他伎能，宜可令收债。"孟尝君乃进冯谖而请之曰："宾客不知文不肖，幸临文者三千余人，邑入不足以奉宾客，故出息钱于薛。薛岁不入，民颇不与其息。今客食恐不给，愿先生责之。"冯谖曰："诺。"辞行，至薛，召取孟尝君钱者皆会，得息钱十万。乃多酿酒，买肥牛，召诸取钱者，能与息者皆来，不能与息者亦来，皆持取钱之券书合之。齐为会，日杀牛置酒。酒酣，乃持券如前合之，能与息者，与为期；贫不能与息者，取其券而烧之。曰："孟尝君所以贷钱者，为民之无者以为本业也；所以求息者，为无以奉客也。今富给者以要期，贫穷者燔券书以捐之。诸君强饮食。有君如此，岂可负哉！"坐者皆起，再拜。

孟尝君闻冯谖烧券书，怒而使使召谖。谖至，孟尝君曰："文食客三千人，故贷钱于薛。文奉邑少，而民尚多不以时与

善辩，又是厚道人，没有其他技能，派他去收债最合适。"孟尝君于是迎进冯谖而请求他说："宾客不知道我无能，光临我门下的有三千多人，薛邑收入不足以奉养宾客，所以在薛邑放了些利钱。薛邑年景不好没有收成，百姓大多不能付给利息。如今恐怕快没钱供宾客吃饭了，希望先生去收债。"冯谖说："好。"就告辞前去，到了薛邑，召集借了孟尝君钱的人都来聚会，收得利息钱十万。于是酿了许多酒，买了肥牛，召集借钱的人，能付给利息的都来，不能付给利息的也来，都拿着借钱的券书来以便核对。大家一齐参加宴会，每日杀牛摆酒。酒喝到尽兴时，就拿着券书走到前面一一核验，能付给利息的，与他约定期限；穷得不能付给利息的，取回他们的券书烧了，说："孟尝君之所以贷钱，就是为百姓中没有资金的人提供从事生产的资本；之所以收取利息，是因为没有东西蓄养宾客。如今富裕能还利息的就和他们约定期限还利，穷困的就烧掉券书把他们的债务全部免除。各位开怀畅饮吧。有这样的君主，岂可辜负他呢！"坐着的人都站起来，拜了两拜。

孟尝君听说冯谖烧毁了券书，很生气就，派使者召回冯谖。冯谖到来，孟尝君说："我有食客三千人，所以在薛邑放贷。我的封邑少，而且百姓还大多不按时付给

利息，宾客的食物用度恐怕都不够，所以请先生去收取债钱。听说先生收到钱，就用来多备牛肉酒食，而且烧了券书，为什么呢？"冯骥说："是。不多准备牛肉酒食就不能把债民全部集合起来，也就没法知道他们是有钱还是没钱。有钱的，约定期限还债。没钱的，监督催促他们十年，利息越来越多，他们情急之下，就会逃亡来赖掉这些债务。就算逼急了他们最终也没办法偿还，而且在上会认为您贪财好利，不爱惜士人百姓，在下会有被百姓背叛的君主的恶名，这不是鼓励士民、彰显您名声的办法。烧掉没用的虚债券书，废弃不能得到的空头账目，让薛地的百姓亲附您，而彰显您的好名声，您有什么可怀疑的呢！"孟尝君于是拍着手向他道歉。

齐王受到秦国、楚国毁谤言论的蛊惑，认为孟尝君的名声高过了他的君主，要独擅齐国的国政，于是废黜了孟尝君。众宾客见孟尝君被废，都离开了。冯骥说："请借给我一辆车，能进入到秦国的那种，我一定让您受到国家重用，而且封邑更加广阔，可以吗？"孟尝君就准备了车辆钱物送他上路。冯骥便向西去游说秦王道："天下的游说之士驾车奔走西入秦国的，没有不想使秦国强大而削弱齐国的；驾车奔走东入齐国的，没有不想使齐国强大而削弱秦国的。这是两个强大的国家，只能一

其息，客食恐不足，故请先生收责之。闻先生得钱，即以多具牛酒而烧券书，何？"冯骥曰："然。不多具牛酒即不能毕会，无以知其有余不足。有余者，为要期；不足者，虽守而责之十年，息愈多，急，即以逃亡自捐之。若急，终无以偿，上则为君好利不爱士民，下则有离上抵负之名，非所以厉士民彰君声也。焚无用虚债之券，捐不可得之虚计，令薛民亲君而彰君之善声也，君有何疑焉！"孟尝君乃拊手而谢之。

齐王惑于秦、楚之毁，以为孟尝君名高其主而擅齐国之权，遂废孟尝君。诸客见孟尝君废，皆去。冯骥曰："借臣车一乘，可以入秦者，必令君重于国而奉邑益广，可乎？"孟尝君乃约车币而遣之。冯骥乃西说秦王曰："天下之游士凭轼结靷西入秦者，无不欲强秦而弱齐；凭轼结靷东入齐者，无不欲强齐而弱秦。此雄雌之国也，势不两立为雄，雄者得

天下矣。"秦王跽而问之曰：
"何以使秦无为雌而可？"冯
骥曰："王亦知齐之废孟尝君
乎？"秦王曰："闻之。"冯
骥曰："使齐重于天下者，孟
尝君也。今齐王以毁废之，其
心怨，必背齐；背齐入秦，则
齐国之情，人事之诚，尽委之
秦，齐地可得也，岂直为雄也！
君急使使载币阴迎孟尝君，不
可失时也。如有齐觉悟，复用
孟尝君，则雌雄之所在未可知
也。"秦王大悦，乃遣车十乘
黄金百镒以迎孟尝君。冯骥辞
以先行，至齐，说齐王曰："天
下之游士凭轼结靷东入齐者，
无不欲强齐而弱秦者；冯轼结
靷西入秦者，无不欲强秦而弱
齐者。夫秦齐雄雌之国，秦强
则齐弱矣，此势不两雄。今臣
窃闻秦遣使车十乘载黄金百镒
以迎孟尝君。孟尝君不西则已，
西入相秦则天下归之，秦为雄
而齐为雌，雌则临淄、即墨危矣。
王何不先秦使之未到，复孟尝
君，而益与之邑以谢之？孟尝
君必喜而受之。秦虽强国，岂
可以请人相而迎之哉！折秦之

方称雄，谁称雄谁就可得到天下。"秦王
挺直身子跪起来问他说："要让秦国避免
成为雌国应该怎么办才好呢？"冯骥说：
"大王也知道齐国废黜了孟尝君吗？"秦
王说："听说这事了。"冯骥说："使齐
国受到天下敬重的，是孟尝君。如今齐王
因为听信谗言而废黜了他，他心中有怨气，
一定背弃齐国，背弃齐国进入秦国，那么
齐国的国家、人事方面的实情，会全部送
到秦国，齐国土地就可以得到了，岂止是
称雄呢！您赶快派使者载着财物暗中迎接
孟尝君，不可失去时机。如果等齐国觉悟
过来，再任用孟尝君，那么雌雄是谁就不
知道了。"秦王非常高兴，就派十辆车载
着黄金百镒去迎接孟尝君。冯骥告辞先行，
到达齐国，游说齐王道："天下的游说之
士驾车奔走东入齐国的，没有不想使齐国
强大而削弱秦国的；驾车奔走西入秦国的，
没有不想使秦国强大而削弱齐国的。这是
两个强大的国家，只能一方称雄。如今我
私下听说秦国派使者驾十辆车载着黄金百
镒来迎接孟尝君。孟尝君不西行便罢，如
果西行入秦为相，那么天下就归秦国了，
秦国为雄国而齐国为雌国，那么临淄、即
墨就危险了。大王为什么不在秦国使者到
之前，恢复孟尝君的职位，并给他增加封
邑来向他道歉呢？孟尝君一定高兴地接受。
秦国虽然是强国，又怎么可以请人家的国

相而迎接他呢！挫败秦国的阴谋，阻止它称霸的战略。"齐王说："说得好。"于是派人到边境等候秦国的使者。秦国使者的车马刚进入齐国边境，齐国使者就奔驰回报齐王，齐王召回孟尝君并且恢复了他的相位，还给他原来封邑的土地，又增加了一千户。秦国的使者听说孟尝君又任齐国国相，就驾车回去了。

自从齐王因毁谤之言废黜了孟尝君，众宾客都离去了。后来孟尝君被召回恢复了相位，冯骥迎接他。人还没到，孟尝君叹气感慨说："我喜欢蓄养食客，接待他们不敢有任何失礼之处，食客有三千多人，这是先生知道的。他们一见我被罢黜就都离开了，没有一个回头看的。如今仰赖先生才得以恢复我的职位，那些宾客还有什么脸面再见我呢？如果有再见我的人，我一定唾弃他的脸而狠狠地羞辱他。"冯骥勒住缰绳下车跪拜。孟尝君下车挽住他，说："先生为那些宾客道歉吗？"冯骥说："不是为那些宾客道歉，而是因为您说错了话。万物都有其必然的命运，世事都有其本来的规律，您知道吗？"孟尝君说："我不知道这是什么意思。"冯骥说："有生就有死，这是万物必然的命运；富贵时宾客多，贫贱时朋友少，这是事情本来的规律。您难道看不见奔向集市的人吗？天刚亮，侧着肩膀争门而入；日落之后，经

谋，而绝其霸强之略。"齐王曰："善。"乃使人至境候秦使。秦使车适入齐境，使还驰告之，王召孟尝君而复其相位，而与其故邑之地，又益以千户。秦之使者闻孟尝君复相齐，还车而去矣。

自齐王毁废孟尝君，诸客皆去。后召而复之，冯骥迎之。未到，孟尝君太息叹曰："文常好客，遇客无所敢失，食客三千有余人，先生所知也。客见文一日废，皆背文而去，莫顾文者。今赖先生得复其位，客亦有何面目复见文乎？如复见文者，必唾其面而大辱之。"冯骥结辔下拜。孟尝君下车接之，曰："先生为客谢乎？"冯骥曰："非为客谢也，为君之言失。夫物有必至，事有固然，君知之乎？"孟尝君曰："愚不知所谓也。"曰："生者必有死，物之必至也；富贵多士，贫贱寡友，事之固然也。君独不见夫趣市朝者乎？明旦，侧肩争门而入；日暮之后，过市朝者掉臂而不顾。非好朝而恶

孟尝君田文   1717

暮，所期物忘其中。今君失位，宾客皆去，不足以怨士而徒绝宾客之路。愿君遇客如故。"孟尝君再拜曰："敬从命矣。闻先生之言，敢不奉教焉。"

过集市的人甩着胳膊头也不回。不是喜欢早晨而厌恶傍晚，而是因为所期望得到的东西集市中已经没有了。如今您失去地位，宾客都离去，这不值得怨恨士人，而白白地断绝宾客的来路。希望您对待宾客像过去一样。"孟尝君拜了两拜说："我恭敬地听您指教。听了先生的话，我怎敢不奉行教导呢！"

太史公曰：吾尝过薛，其俗间里率多暴桀子弟，与邹、鲁殊。问其故，曰："孟尝君招致天下任侠、奸人入薛中盖六万余家矣。"世之传孟尝君好客自喜，名不虚矣。

太史公说：我曾经到过薛邑，那里的民风是乡间多有凶暴的子弟，与邹地、鲁地不同。问那里人这是什么缘故，他们说："孟尝君招致天下仗义之人、奸人进入薛邑中的大概有六万多家。"世间传言孟尝君以喜好招揽宾客而自得，名不虚传啊。

平原君赵胜　虞卿

平原君赵胜，是赵国诸公子之一。众公子中赵胜最为贤能，喜欢招揽宾客，宾客到他门下的大约有几千人。平原君担任过赵惠文王及孝成王的国相，三次离开相位，三次复位，封地在东武城。

平原君家的高楼临近民宅。民宅中有个腿脚残疾的人，一瘸一拐地外出打水。平原君的美人住在楼上，从上面看见了，就嘲笑他。第二天，那个人到平原君家门前，请求说："我听说您喜欢招揽士人，士人不远千里而来，是因为您能看重士人而看轻姬妾。我不幸得病致残，而您的姬妾却在楼上嘲笑我，我希望得到嘲笑我的人的头。"平原君笑着回应说："好。"那个人离去，平原君笑着说："看这小子，竟想因被嘲笑了一下就杀了我的美人，不也是太过分了吗！"最终没杀她。过了一年多，宾客门下舍人陆陆续续离开的人超过了一半。平原君对此感到奇怪，说："我对待各位先生不曾敢有失礼之处，为什么

平原君赵胜

平原君赵胜者，赵之诸公子也。诸子中胜最贤，喜宾客，宾客盖至者数千人。平原君相赵惠文王及孝成王，三去相，三复位，封于东武城。

平原君家楼临民家。民家有躄者，槃散行汲。平原君美人居楼上，临见，大笑之。明日，躄者至平原君门，请曰："臣闻君之喜士，士不远千里而至者，以君能贵士而贱妾也。臣不幸有罢癃之病，而君之后宫临而笑臣，臣愿得笑臣者头。"平原君笑应曰："诺。"躄者去，平原君笑曰："观此竖子，乃欲以一笑之故杀吾美人，不亦甚乎！"终不杀。居岁余，宾客门下舍人稍稍引去者过半。平原君怪之，曰："胜所以待诸君者未尝敢失礼，而

去者何多也？”门下一人前对曰：“以君之不杀笑躄者，以君为爱色而贱士，士即去耳。”于是平原君乃斩笑躄者美人头，自造门进躄者，因谢焉。其后门下乃复稍稍来。是时齐有孟尝，魏有信陵，楚有春申，故争相倾以待士。

秦之围邯郸，赵使平原君求救，合从于楚，约与食客门下有勇力文武备具者二十人偕。平原君曰：“使文能取胜，则善矣。文不能取胜，则歃血于华屋之下，必得定从而还。士不外索，取于食客门下足矣。”得十九人，余无可取者，无以满二十人。门下有毛遂者，前，自赞于平原君曰：“遂闻君将合从于楚，约与食客门下二十人偕，不外索。今少一人，愿君即以遂备员而行矣。”平原君曰：“先生处胜之门下几年于此矣？”毛遂曰：“三年于此矣。”平原君曰：“夫贤士之处世也，譬若锥之处囊中，其末立见。今先生处胜之门下三年于此矣，左右未有所称诵，

离开我的人这么多呢？”门下有一人走上前回答说：“因为您不杀耻笑残疾人的姬妾，因为您爱美色而轻视士人，所以士人就离去了。”于是平原君就斩下那个嘲笑残疾人的美人的头，亲自登门献给那个残疾人，借机向他道歉。自此以后门下宾客就又陆陆续续地回来了。这时齐国有孟尝君，魏国有信陵君，楚国有春申君，他们争相招揽士人。

秦国围攻邯郸，赵国派平原君去求救，与楚国合纵结盟，平原君约定与门下食客有勇有谋文武兼备的二十人一起前去。平原君说：“假使能和平结盟，那就太好了。如果不能，那就在华美的殿宇中流血，一定要强迫楚王确定合纵盟约再回国。文武之士不用在外面寻找，从门下食客中选取就足够了。”选十九人，剩下的没有可取之处，没有凑满二十人。门下有个叫毛遂的人，走上前，向平原君推荐自己说：“我听说您将要去楚国谈合纵，约定与门下食客二十人一同前去，不在外面寻找。如今少一个人，希望您就用我凑够数目一起去吧。”平原君说：“先生寄附在我的门下到现在有几年了？”毛遂说：“到现在有三年了。”平原君说：“贤能的士人处世，犹如锥子放在口袋里，它的锋尖立马就显露出来。如今先生寄附在我的门下到现在已经有三年了，我旁边的人没有称赞过你

什么，我也没有听说过你，这是先生没有长处啊。先生不能去，先生留下来。"毛遂说："我是今天才请求放在口袋里罢了。假使我早就能被放在口袋里，整个锥锋都会显露出来，不只是露出尖端而已。"平原君最终同意让毛遂一同去。那十九人相互使眼色笑话毛遂，但并没有抛下他。

等到毛遂到达楚国，与那十九个人谈论争议，十九个人都佩服他。平原君与楚王谈订立合纵联盟的事，陈述其中利害，从日出开始谈判这事，到了中午还没有决定。十九个人对毛遂说："先生去吧。"毛遂手按剑柄登阶而上，对平原君说："合纵的利害，两句话就能决定了。如今从日出就谈判合纵，中午还没有决定，为什么呢？"楚王对平原君说："这位客人是干什么的？"平原君说："是我的家臣。"楚王呵叱道："为什么还不退下！我在与你的主君谈判，你来干什么！"毛遂按着剑柄上前说："大王之所以敢呵斥我，倚仗的是楚国人多势众。如今十步之内，大王是倚仗不了楚国众人的，大王的性命悬在我的手上。我的主君就在面前，为什么呵斥我？况且我听说商汤凭着七十里的土地统治天下，周文王凭着百里的土地使诸侯臣服，难道是他们的士卒众多吗？实际上是能根据他们的形势而奋力发挥他们的威力。如今楚国土地方圆五千里，拥兵

胜未有所闻，是先生无所有也。先生不能，先生留。"毛遂曰："臣乃今日请处囊中耳。使遂蚤得处囊中，乃颖脱而出，非特其末见而已。"平原君竟与毛遂偕。十九人相与目笑之而未废也。

毛遂比至楚，与十九人论议，十九人皆服。平原君与楚合从，言其利害，日出而言之，日中不决。十九人谓毛遂曰："先生上。"毛遂按剑历阶而上，谓平原君曰："从之利害，两言而决耳。今日出而言从，日中不决，何也？"楚王谓平原君曰："客何为者也？"平原君曰："是胜之舍人也。"楚王叱曰："胡不下！吾乃与而君言，汝何为者也！"毛遂按剑而前曰："王之所以叱遂者，以楚国之众也。今十步之内，王不得恃楚国之众也，王之命县于遂手。吾君在前，叱者何也？且遂闻汤以七十里之地王天下，文王以百里之壤而臣诸侯，岂其士卒众多哉？诚能据其势而奋其威。今楚地方五千里，持戟百万，此霸王之

资也。以楚之强，天下弗能当。白起，小竖子耳，率数万之众，兴师以与楚战，一战而举鄢郢，再战而烧夷陵，三战而辱王之先人。此百世之怨而赵之所羞，而王弗知恶焉。合从者为楚，非为赵也。吾君在前，叱者何也？"楚王曰："唯唯，诚若先生之言，谨奉社稷而以从。"毛遂曰："从定乎？"楚王曰："定矣。"毛遂谓楚王之左右曰："取鸡狗马之血来。"毛遂奉铜槃而跪进之楚王曰："王当歃血而定从，次者吾君，次者遂。"遂定从于殿上。毛遂左手持槃血而右手招十九人曰："公相与歃此血于堂下。公等录录，所谓因人成事者也。"

平原君已定从而归，归至于赵，曰："胜不敢复相士。胜相士多者千人，寡者百数，自以为不失天下之士，今乃于毛先生而失之也。毛先生一至楚，而使赵重于九鼎大吕。毛先生以三寸之舌，强于百万之师。胜不敢复相士。"遂以为

百万，这是成就霸王之业的资本。凭借楚国的强大，天下没有谁能抵挡。白起，只是个小子罢了，率领几万人的军队，兴兵来与楚国交战，第一次交战就拿下了鄢郢，第二次交战烧毁了夷陵，第三次交战便羞辱大王的祖先。这是楚国百世的怨仇，赵国也感到羞耻，可是大王却不知道羞愧。合纵是为了楚国，并非为了赵国。我的主君就在面前，为什么呵斥我？"楚王说："是是，确实像先生所说的那样，我郑重地执行国家政策，履行合纵盟约。"毛遂说："合纵确定了吗？"楚王说："确定了。"毛遂对楚王的左右侍从说："取鸡、狗、马的血来。"毛遂捧着铜盘跪下把它进献给楚王说："大王应当先歃血来确定合纵盟约，其次是我的主君，再次是我。"就在殿上确定了合纵盟约。毛遂左手托着铜盘中的血，右手招呼十九个人说："各位就在堂下一起歃血吧。各位碌碌无能，这就是所谓的依靠别人做现成事吧。"

平原君确定合纵盟约后返回，回到赵国，说："我不敢再观察识别士人了。我观察识别士人多说上千人，少说几百人，自认为不会错失天下的贤能之士，如今竟把毛先生错过了。毛先生一到楚国，就使赵国的地位比九鼎大吕还尊贵。毛先生凭着三寸之舌，强过百万大军。我不敢再观察识别士人了。"就将毛遂尊为上等宾客。

平原君返回赵国后，楚国派春申君领兵赶赴救援赵国，魏国信陵君也假传君命夺了晋鄙的兵权前去救援赵国，都还没到达。秦国急速围攻邯郸，邯郸危急，将要投降，平原君为此非常忧虑。邯郸传舍吏员的儿子李同游说平原君道："您不担忧赵国灭亡吗？"平原君说："赵国灭亡那我就成了俘虏，怎么能不担忧呢？"李同说："邯郸的百姓，用人骨烧火，交换子女当食物，可以说危急至极了，而您的姬妾数以百计，婢妾身披锦绣纱绸，有吃剩下的好肉，可是百姓连粗布短衣也穿不完整，糟糠都吃不饱。百姓疲惫，兵器用尽，有人削尖木头当长矛箭矢，而您的器物钟磬照旧完好。假使秦国攻破赵国，您哪能还有这些东西？假使赵国得以保全，您何愁没有这些东西？现在您如果能命令将夫人以下的家人编到士卒中去，分工劳作，把家里所有的东西全都散发下去以犒劳士卒，士兵正是危急苦难的时候，是容易对您感恩戴德的。"于是平原君听从了他的意见，得到敢于赴死的士兵三千人。李同就与三千人扑向秦国军队，秦军为此退却了三十里。正好赶上楚、魏救兵到来，秦军于是罢兵，邯郸又保全了。李同战死，封他的父亲为李侯。

虞卿想以信陵君保全邯郸为由替平原

上客。

平原君既返赵，楚使春申君将兵赴救赵，魏信陵君亦矫夺晋鄙军往救赵，皆未至。秦急围邯郸，邯郸急，且降，平原君甚患之。邯郸传舍吏子李同说平原君曰："君不忧赵亡邪？"平原君曰："赵亡则胜为虏，何为不忧乎？"李同曰："邯郸之民，炊骨易子而食，可谓急矣！而君之后宫以百数，婢妾被绮縠，余粱肉，而民褐衣不完，糟糠不厌。民困兵尽，或剡木为矛矢，而君器物钟磬自若。使秦破赵，君安得有此？使赵得全，君何患无有？今君诚能令夫人以下编于士卒之间，分功而作，家之所有尽散以飨士，士方其危苦之时，易德耳。"于是平原君从之，得敢死之士三千人。李同遂与三千人赴秦军，秦军为之却三十里。亦会楚、魏救至，秦兵遂罢，邯郸复存。李同战死，封其父为李侯。

虞卿欲以信陵君之存邯郸

为平原君请封。公孙龙闻之，夜驾见平原君曰："龙闻虞卿欲以信陵君之存邯郸为君请封，有之乎？"平原君曰："然。"龙曰："此甚不可。且王举君而相赵者，非以君之智能为赵国无有也；割东武城而封君者，非以君为有功也，而以国人无勋，乃以君为亲戚故也。君受相印不辞无能，割地不言无功者，亦自以为亲戚故也。今信陵君存邯郸而请封，是亲戚受城而国人计功也。此甚不可。且虞卿操其两权，事成，操右券以责；事不成，以虚名德君。君必勿听也。"平原君遂不听虞卿。

平原君以赵孝成王十五年卒。子孙代。后竟与赵俱亡。

平原君厚待公孙龙。公孙龙善为坚白之辩，及邹衍过赵言至道，乃绌公孙龙。

虞卿

虞卿者，游说之士也。蹑屩檐簦说赵孝成王。一见，赐黄金百镒，白璧一双；再见，为赵上卿，故号为虞卿。

君请求封赏。公孙龙听说此事后，连夜乘车去见平原君说："我听说虞卿想以信陵君保全邯郸为由替您请求封赏，有这回事吗？"平原君说："有。"公孙龙说："这万万不可。况且大王推举您担任赵国国相，不是因为您的智慧才能是赵国所没有的。割让东武城封给您，不是因为您做出了有功劳的事，而认为国人没有功勋，这些只是出于您是大王亲戚的缘故。您接受相印不因自己无能而推辞，割得封地也不说自己无功不受禄，而自认为是大王亲戚的缘故。如今信陵君保全邯郸而您请求封赏，这是以亲戚的身份接受城邑，又以国人的身份计算功劳啊，这万万不可。况且虞卿掌握事情两方面的主动权，事情成功，就像手拿契约一样来讨债；事情不成功，就拿虚名来让您感激他。您一定不要听从。"平原君于是没有听从虞卿的建议。

平原君在赵孝成王十五年去世。子孙世代承袭他的爵位。最后与赵国一起灭亡了。

平原君厚待公孙龙。公孙龙善于"坚白"之辩，等到邹衍经过赵国，谈论至高无上的大道，才疏远了公孙龙。

虞卿，是游说的士人。他脚穿草鞋，肩搭雨伞来游说赵孝成王。第一次见面，孝成王就赏赐给他黄金百镒，白璧一双；第二次见面，他就成为赵国上卿，所以号称虞卿。

秦国、赵国在长平交战，赵国没有取胜，损失了一个都尉。赵王召见楼昌与虞卿说："军队交战没有取胜，都尉又死了，我派军队卷甲轻装疾进，奔赴战场，怎么样？"楼昌说："没有好处，不如派重要使臣前去媾和。"虞卿说："楼昌所言媾和的原因，认为不媾和军队必定被攻破。而控制讲和的一方在秦国。况且大王思考一下，秦国是想攻破赵国的军队，还是不想呢？"赵王说："秦国已不遗余力了，一定是想要攻破赵军。"虞卿说："大王听我的，派使臣拿出贵重的珍宝来亲附楚国、魏国，楚国、魏国想得到大王的贵重珍宝，必定接纳我们的使臣。赵国使臣进入楚国、魏国，秦国必定怀疑天下诸侯要合纵，而且必定恐慌。这样的话，那媾和才能成功。"赵王没有听从，与平阳君决定讲和，派郑朱入秦。秦国接纳了他。赵王召见虞卿说："我派平阳君去秦国媾和，秦国已经接纳郑朱了，您认为怎么样？"虞卿回答说："大王的媾和不能成功，军队一定要被攻破了。天下祝贺战胜的人都在秦国了。郑朱是个显贵之人，进入秦国，秦王与应侯一定把郑朱来秦国这件事大肆宣扬给天下人看。楚国、魏国看赵国求和，一定不来救大王。秦国知道天下诸侯不救大王，那么媾和不可能取得成功。"应侯

秦赵战于长平，赵不胜，亡一都尉。赵王召楼昌与虞卿曰："军战不胜，尉复死，寡人使束甲而趋之，何如？"楼昌曰："无益也，不如发重使为媾。"虞卿曰："昌言媾者，以为不媾军必破也。而制媾者在秦。且王之论秦也，欲破赵之军乎，不邪？"王曰："秦不遗余力矣，必且欲破赵军。"虞卿曰："王听臣，发使出重宝以附楚、魏，楚、魏欲得王之重宝，必内吾使。赵使入楚、魏，秦必疑天下之合从，且必恐。如此，则媾乃可为也。"赵王不听，与平阳君为媾，发郑朱入秦。秦内之。赵王召虞卿曰："寡人使平阳君为媾于秦，秦已内郑朱矣，卿以为奚如？"虞卿对曰："王不得媾，军必破矣。天下贺战胜者皆在秦矣。郑朱，贵人也，入秦，秦王与应侯必显重以示天下。楚、魏以赵为媾，必不救王。秦知天下不救王，则媾不可得成也。"应侯果显郑朱以示天下贺战胜者，终不肯媾。长平大败，遂

围邯郸，为天下笑。

秦既解邯郸围，而赵王入朝，使赵郝约事于秦，割六县而媾。虞卿谓赵王曰："秦之攻王也，倦而归乎？王以其力尚能进，爱王而弗攻乎？"王曰："秦之攻我也，不遗余力矣，必以倦而归也。"虞卿曰："秦以其力攻其所不能取，倦而归，王又以其力之所不能取以送之，是助秦自攻也。来年秦复攻王，王无救矣。"王以虞卿之言告赵郝。赵郝曰："虞卿诚能尽秦力之所至乎？诚知秦力之所不能进，此弹丸之地弗予，令秦来年复攻王，王得无割其内而媾乎？"王曰："请听子割矣，子能必使来年秦之不复攻我乎？"赵郝对曰："此非臣之所敢任也。他日三晋之交于秦，相善也。今秦善韩、魏而攻王，王之所以事秦必不如韩、魏也。今臣为足下解负亲之攻，开关通币，齐交韩、魏，至来年而王独取攻于秦，此王之所

果然把郑朱来秦国这件事大肆宣扬给天下来祝贺秦国战胜的人看，终究不肯和谈。赵军在长平大败，于是秦军围攻邯郸，为天下人所耻笑。

秦国解除对邯郸的包围后，赵王入秦朝拜，派赵郝去秦国商谈以割让六县为条件以求和。虞卿对赵王说："秦国攻打大王，是因为军队疲倦而回去的吗？大王认为他们还有力气能进攻，只是爱惜大王才没有攻打吗？"赵王说："秦国攻打我，已经不遗余力了，一定是因为疲倦才回去的。"虞卿说："秦国用它的军力攻打它所不能夺取的土地，疲倦而归，大王又把秦国军力所不能夺取的土地送给它，这是帮助秦国来进攻自己啊。明年秦国又攻打大王，大王就无法自救了。"赵王把虞卿的话告诉了赵郝。赵郝说："虞卿果真能完全知晓秦国军力所能到达的地方吗？就算知晓秦国军力所不能到达的地方，不给秦国这个弹丸之地，让秦国明年又攻打大王，大王能不割让自己的领土来求和吗？"赵王说："我听你的话割让了领土，你能一定使秦国来年不再攻打我吗？"赵郝回答说："这不是我敢承诺的。过去三晋与秦国交好，彼此亲善。如今秦国亲近韩国、魏国而攻打大王，大王依附秦国的程度必定不如韩国、魏国。如今我替您解除因背弃盟国而招致的攻击，开放关卡，开通贸

易，与韩、魏两国依附秦国一样，到明年大王独自招致秦国的进攻，这说明大王依附秦国的程度一定不如韩国、魏国依附的程度了。这不是我敢承诺的。"

赵王把这些话告诉了虞卿。虞卿回答说："赵郝说'不媾和，来年秦国又攻打大王，大王能不割让自己的领土来媾和吗'。如今媾和，赵郝又认为不能保证秦国一定不再进攻。如今即使割让六个城邑，又有什么好处！来年又进攻，又割让秦国军力所不能夺取的土地求和。这是自取灭亡的做法啊，不如不媾和。秦国即使善于进攻，也不能夺取六个县；赵国即使不能防守，终究不会失去六个城邑。秦军疲倦而回，军队一定疲惫。我国用六座城邑来让天下的诸侯去攻打疲惫的秦军，这是我国给天下诸侯六座城而再从秦国那里得到补偿。这对我国还有利，这与白白地割让土地自我削弱来使秦国强大哪个好呢？如今赵郝说'秦国亲近韩国、魏国而攻打大王，大王依附秦国的程度必定不如韩国、魏国'，这是让大王每年拿出六座城奉事秦国，会白白地把城邑丢尽。来年秦国又要求割地，大王要给吗？不给它，是放弃以前的付出而挑起秦国的战祸；给它，那就没有土地再给了。俗话说'强者善于进攻，弱者不能防守'。如今平白地听从秦国，秦兵没有伤亡就能多得土地，这是使秦国强大而

以事秦必在韩、魏之后也。此非臣之所敢任也。"

王以告虞卿。虞卿对曰："郝言'不媾，来年秦复攻王，王得无割其内而媾乎'。今媾，郝又以不能必秦之不复攻也。今虽割六城，何益！来年复攻，又割其力之所不能取而媾，此自尽之术也，不如无媾。秦虽善攻，不能取六县；赵虽不能守，终不失六城。秦倦而归，兵必罢。我以六城收天下以攻罢秦，是我失之于天下而取偿于秦也。吾国尚利，孰与坐而割地，自弱以强秦哉？今郝曰'秦善韩、魏而攻赵者，必王之事秦不如韩、魏也'，是使王岁以六城事秦也，即坐而城尽。来年秦复求割地，王将与之乎？弗与，是弃前功而挑秦祸也；与之，则无地而给之。语曰'强者善攻，弱者不能守'。今坐而听秦，秦兵不弊而多得地，是强秦而弱赵也。以益强之秦而割愈弱之赵，其计故不止矣。且王之地有尽而

秦之求无已，以有尽之地而给无已之求，其势必无赵矣。"

赵王计未定，楼缓从秦来。赵王与楼缓计之，曰："予秦地如毋予，孰吉？"缓辞让曰："此非臣之所能知也。"王曰："虽然，试言公之私。"楼缓对曰："王亦闻夫公甫文伯母乎？公甫文伯仕于鲁，病死，女子为自杀于房中者二人。其母闻之，弗哭也。其相室曰：'焉有子死而弗哭者乎？'其母曰：'孔子，贤人也，逐于鲁，而是人不随也。今死而妇人为之自杀者二人，若是者必其于长者薄而于妇人厚也。'故从母言之，是为贤母；从妻言之，是必不免为妒妻。故其言一也，言者异则人心变矣。今臣新从秦来而言勿予，则非计也；言予之，恐王以臣为为秦：故不敢对。使臣得为大王计，不如予之。"王曰："诺。"

虞卿闻之，入见王曰：

削弱赵国啊。让日益强大的秦国来分割越来越弱小的赵国，秦国的要求就不会停止了。况且大王的土地有限而秦国的索求无限，拿有限的土地去满足无限的索求，这样下去就一定没有赵国了。"

赵王还没有决定怎么做，楼缓从秦国回来，赵王与楼缓商议此事，说："给与不给秦国土地，哪一个好？"楼缓辞让说："这不是我能知道的。"赵王说："即便如此，试着说说您的个人想法。"楼缓回答说："大王听说过公甫文伯的母亲吗？公甫文伯在鲁国做官，病死了，有两个姬妾为他在房中自杀。他的母亲听说此事后，没有哭。家中的保姆说：'哪里有儿子死了母亲不哭的呢？'他的母亲说：'孔子，是贤能的人，被鲁国驱逐，可是他这个人却没有跟随孔子。如今他死了却有两个姬妾为他自杀，像这种情况一定是他对长者欠缺而对女人深厚。'所以母亲这么说，她是个贤良的母亲；妻子这么说，这一定免不了是个容易嫉妒的妻子。所以说的话虽然一样，但说话的人不同，那人的心思也就不一样了。如今我刚从秦国来就说不要给予他们土地，那不是上策；说给他们，恐怕大王以为我是在为秦国做事：所以我不敢回答。假使我得为大王考虑的话，不如给他们。"赵王说："好。"

虞卿听说此事后，入宫拜见赵王说：

"这是虚假的说辞啊，大王千万不要给！"楼缓听说此事后，前去拜见赵王。赵王又把虞卿的话告诉了楼缓。楼缓回答说；"不对。虞卿只知其一，不知其二。秦、赵两国结下仇怨而天下诸侯都很高兴，为什么？他们会说'我们将依靠强国来欺负弱国了'。如今赵军被秦国围困，天下祝贺战胜的人那一定都在秦国了。所以不如赶紧割地求和，以使天下诸侯怀疑，而让秦国满意。不这样的话，天下诸侯将借着秦国的愤怒，趁着赵国疲惫，瓜分赵国。赵国将要灭亡，还图谋什么秦国呢？所以说虞卿知其一，不知其二。希望大王就这样决定此事，不要再考虑了。"

虞卿听说此事后，前去拜见赵王说："危险啊，楼缓这样为秦国卖力，这是更加使天下诸侯怀疑，又怎么能让秦国满意呢？为什么不说这是赵国在向天下示弱呢？况且我说不给秦国土地，并非只是不给土地。秦国向大王索要六座城，而大王可用六座城向齐国行贿。齐国与秦国有深仇大恨，他们得到大王的六座城邑，与我们合力向西攻打秦国，齐国听大王的计策，不等话说完就会同意。这是大王给齐国六座城却从秦国取得补偿。而齐国、赵国的大仇也可以由此得报了，并且向天下显示赵国是有能力作为的。大王把这个消息宣扬出去，军队未到边境侦察，我就会看到

"此饰说也，王慎勿予！"楼缓闻之，往见王。王又以虞卿之言告楼缓。楼缓对曰："不然。虞卿得其一，不得其二。夫秦赵构难而天下皆说，何也？曰'吾且因强而乘弱矣'。今赵兵困于秦，天下之贺战胜者则必尽在于秦矣。故不如亟割地为和，以疑天下而慰秦之心。不然，天下将因秦之怒，乘赵之弊，瓜分之。赵且亡，何秦之图乎？故曰虞卿得其一，不得其二。愿王以此决之，勿复计也。"

虞卿闻之，往见王曰："危哉楼子之所以为秦者，是愈疑天下，而何慰秦之心哉？独不言其示天下弱乎？且臣言勿予者，非固勿予而已也。秦索六城于王，而王以六城赂齐。齐，秦之深仇也，得王之六城，并力西击秦，齐之听王，不待辞之毕也。则是王失之于齐而取偿于秦也。而齐、赵之深仇可以报矣，而示天下有能为也。王以此发声，兵未窥于境，臣见秦之重赂至赵而反媾于王也。从秦为媾，韩、魏闻之，

必尽重王；重王，必出重宝以
先于王。则是王一举而结三国
之亲，而与秦易道也。"赵王
曰："善。"则使虞卿东见齐
王，与之谋秦。虞卿未返，秦
使者已在赵矣。楼缓闻之，亡去。
赵于是封虞卿以一城。

居顷之，而魏请为从，赵
孝成王召虞卿谋。过平原君，
平原君曰："愿卿之论从也。"
虞卿入见王。王曰："魏请为
从。"对曰："魏过。"王曰：
"寡人固未之许。"对曰："王
过。"王曰："魏请从，卿曰
魏过，寡人未之许，又曰寡人过，
然则从终不可乎？"对曰："臣
闻小国之与大国从事也，有利
则大国受其福，有败则小国受
其祸。今魏以小国请其祸，而
王以大国辞其福，臣故曰王过，
魏亦过。窃以为从便。"王曰：
"善。"乃合魏为从。

虞卿既以魏齐之故，不重
万户侯卿相之印，与魏齐间
行，卒去赵，困于梁。魏齐已

秦国拿着贵重的礼物到赵国而反过来向大
王求和。答应秦国求和，韩国、魏国听说
此事后，必定尽力敬重大王；敬重大王，
一定拿出重宝争先送给大王。这样大王就
一举和三国亲近，而与秦国对调了地位。"
赵王说："好。"就派虞卿向东去拜见齐王，
与齐国共谋伐秦国。虞卿没有返回，秦国
的使者已经在赵国了。楼缓听说此事后逃
跑了。赵国于是把一座城邑封给了虞卿。

过了不久，魏国请求与赵国合纵联盟。
赵孝成王召见虞卿商议。虞卿拜访平原君，
平原君说："希望您多谈合纵的好处。"
虞卿入宫拜见赵王。赵王说："魏国请求
合纵。"虞卿回答说："魏国错了。"赵
王说："寡人本就没答应。"虞卿回答说：
"大王错了。"赵王说："魏国请求合纵，
您说魏国错了，寡人没有答应，又说寡人
错了，那合纵终归不能成功吗？"虞卿回
答说："我听说小国与大国一起做事，如
果有利益那就大国享有，如果有祸患那就
小国承受。如今魏国以小国的地位请求我
们分担他们的祸患，而大王以大国的地位
推辞其中的利益，所以我说大王错了，魏
国也错了。我私下认为合纵有利。"赵王
说："好。"于是赵国与魏国合纵联盟。

虞卿出于魏齐的缘故，不看重万户侯
和卿相的大印，与魏齐从小道逃走，最终
离开赵国，被困在魏国。魏齐死后，虞卿

过得不得志，就著书立说，上取《春秋》，下观察近世，写了《节义》《称号》《揣摩》《政谋》等，总共八篇，讽刺批判国家政治得失，后世流传着这些书，被称为《虞氏春秋》。

太史公说：平原君，是乱世之中有才能的翩翩公子，但是未能识得大体。俗话说"贪图私利使头脑昏聩"，平原君贪信冯亭的邪说，使赵国兵败长平，四十多万人被坑杀，邯郸差点被灭。虞卿预料事理揣度情势，替赵国出谋划策，是多么周密啊！等到后来不忍心抛下魏齐，最终被困在魏国，平凡人尚且知道不能这样做，何况贤人呢？然而虞卿若不是穷困愁苦，也就不能著书来向后世展现自己了。

死，不得意，乃著书，上采《春秋》，下观近世，曰《节义》《称号》《揣摩》《政谋》，凡八篇，以刺讥国家得失，世传之曰《虞氏春秋》。

太史公曰：平原君，翩翩浊世之佳公子也，然未睹大体。鄙语曰"利令智昏"，平原君贪冯亭邪说，使赵陷长平兵四十余万众，邯郸几亡。虞卿料事揣情，为赵画策，何其工也！及不忍魏齐，卒困于大梁。庸夫且知其不可，况贤人乎？然虞卿非穷愁，亦不能著书以自见于后世云。

史记卷七十七
列传第十七

魏公子魏无忌

魏公子无忌，是魏昭王的小儿子，是魏安釐王同父异母的弟弟。魏昭王逝世，魏安釐王即位，封公子为信陵君。当时范雎从魏国逃亡到秦国任国相，因怨恨魏齐，派秦兵围困大梁，攻破魏国华阳的军队，芒卯败逃。魏王及公子为此事忧虑。

公子为人仁慈，礼贤下士，士人无论贤能与否，他都很谦恭地与他们以礼相交，不敢因自己富贵而看不起士人。因此方圆几千里的士人争相前去归附他，招致食客三千人。当时，各诸侯国因公子贤能，食客众多，十多年不敢动兵图谋魏国。

公子与魏王下棋，而北方边境转相点燃了烽火，说"赵国来侵略了，将要跨过边界"。魏王放下棋子，想召集大臣商议。公子阻止魏王说："赵王是在打猎罢了，不是要入侵。"两人又像刚才那样下棋。魏王害怕，心思不在下棋上。过了一会儿，又从北方传来消息说："赵王只是在打猎，不是要入侵。"魏王大惊，说："公子如

魏公子无忌者，魏昭王少子而魏安釐王异母弟也。昭王薨，安釐王即位，封公子为信陵君。是时范雎亡魏相秦，以怨魏齐故，秦兵围大梁，破魏华阳下军，走芒卯。魏王及公子患之。

公子为人仁而下士，士无贤不肖皆谦而礼交之，不敢以其富贵骄士。士以此方数千里争往归之，致食客三千人。当是时，诸侯以公子贤，多客，不敢加兵谋魏十余年。

公子与魏王博，而北境传举烽，言"赵寇至，且入界"。魏王释博，欲召大臣谋。公子止王曰："赵王田猎耳，非为寇也。"复博如故。王恐，心不在博。居顷，复从北方来传言曰："赵王猎耳，非为寇也。"魏王大惊，曰："公子

何以知之?"公子曰:"臣之客有能深得赵王阴事者,赵王所为,客辄以报臣,臣以此知之。"是后魏王畏公子之贤能,不敢任公子以国政。

魏有隐士曰侯嬴,年七十,家贫,为大梁夷门监者。公子闻之,往请,欲厚遗之。不肯受,曰:"臣修身洁行数十年,终不以监门困故而受公子财。"公子于是乃置酒大会宾客。坐定,公子从车骑,虚左,自迎夷门侯生。侯生摄敝衣冠,直上载公子上坐,不让,欲以观公子,公子执辔愈恭。侯生又谓公子曰:"臣有客在市屠中,愿枉车骑过之。"公子引车入市,侯生下见其客朱亥,俾倪,故久立与其客语,微察公子,公子颜色愈和。当是时,魏将相宗室宾客满堂,待公子举酒;市人皆观公子执辔,从骑皆窃骂侯生。侯生视公子色终不变,乃谢客就车。至家,公子引侯生坐上坐,遍赞宾客,宾客皆惊。酒酣,公子起,为寿侯生前。侯生因谓公子曰:"今日嬴之为公子亦足矣。嬴乃夷门抱关

何知道赵王是来打猎的呢?"公子说:"我的宾客中有能探知赵王私事的人,赵王要做什么,那宾客就会把事情报告给我,因此我知道这件事。"从这以后魏王畏惧公子的贤能,不敢任用公子处理国家政事。

魏国有个隐士叫侯嬴,七十岁了,家中贫困,是大梁夷门的看门人。公子听说此人后,前往请见,想送厚礼给他。侯嬴不肯接受,说:"我修养身心、操行廉洁几十年,终究不能因看门穷困而收受公子的财物。"公子于是就设置酒宴,大请宾客。大家坐定后,公子带着车骑,空出车上左位,亲自迎接夷门侯生。侯生整理了一下破旧的衣帽,径直上车坐在公子空出的上座,没有谦让,想以此观察公子的态度。公子手握缰绳更加恭敬。侯生又对公子说:"我有个朋友在街市肉铺之中,希望车马多走段路去拜访他。"公子驾着车进入街市,侯生下车去见他的朋友朱亥,斜目观察公子,故意站了许久与他的朋友说话,同时暗中观察公子。公子脸色更加和悦。当时,魏国的将军、国相、宗室大臣、宾客坐满堂上,等待公子举杯开席。街市上的人都看到公子握着缰绳。公子的随从人员都偷偷骂侯生。侯生看公子脸色始终不变,才告别朋友上车。到家后,公子领着侯生坐在上座,向所有宾客赞赏介绍了侯生,宾客都大惊。酒喝到尽兴时,公子

起身，上前为侯生祝寿。侯生趁机对公子说："今日我侯嬴也够难为公子了。我只是夷门守门的人，可是公子亲自让车马绕道，在大庭广众之下来迎接我，我本不该再有过分的要求。如今公子为我而逾越了礼节，然而我想成就公子的名声，故意让公子的车驾停在街市中许久，拜访朋友来观察公子，公子更加谦恭。街市中的人都认为我是小人，而认为公子能为了长者礼贤下士。"于是酒宴散后，侯生就成为公子的上宾了。

侯生对公子说："我所拜访的屠夫朱亥，这是个贤能的人，世上没有人了解他，所以他隐没在肉铺中。"公子几次前去请见他，朱亥故意不回拜答谢，公子为此感到奇怪。

魏安釐王二十年，秦昭王已经攻破赵国在长平的驻军，又进兵围攻邯郸。公子的姐姐是赵惠文王弟弟平原君的夫人，多次给魏王及公子送信，向魏国请求救援。魏王派将军晋鄙率领十万大军援救赵国。秦王派使者告知魏王说："我攻打赵国早晚要将它攻下，而诸侯中有谁敢救援赵国的，拿下赵国后，我一定调兵率先攻打它。"魏王惊恐，派人去阻止晋鄙进军，让他留在邺城驻军扎营，名义上是救赵，实际上是在两头之间犹豫观望。平原君使者的车辆接连不断地到魏国来，责备魏公子说：

者也，而公子亲枉车骑，自迎嬴于众人广坐之中。不宜有所过，今公子故过之。然嬴欲就公子之名，故久立公子车骑市中，过客以观公子，公子愈恭。市人皆以嬴为小人，而以公子为长者能下士也。"于是罢酒，侯生遂为上客。

侯生谓公子曰："臣所过屠者朱亥，此子贤者，世莫能知，故隐屠间耳。"公子往数请之，朱亥故不复谢，公子怪之。

魏安釐王二十年，秦昭王已破赵长平军，又进兵围邯郸。公子姊为赵惠文王弟平原君夫人，数遗魏王及公子书，请救于魏。魏王使将军晋鄙将十万众救赵。秦王使使者告魏王曰："吾攻赵旦暮且下，而诸侯敢救者，已拔赵，必移兵先击之。"魏王恐，使人止晋鄙，留军壁邺，名为救赵，实持两端以观望。平原君使者冠盖相属于魏，让魏公子曰："胜所以自附为婚姻者，以公子之高义，为能急人之困。今邯郸旦暮降秦而魏救不至，安在公子能急人之困也！且公子纵轻胜，弃之降秦，独不怜公子姊邪？"公子患之，数请魏王，及宾客辩士说王万端。魏王畏秦，终不听公子。公子自度终不能得之于王，计不独生而令赵亡，乃请宾客，约车骑百余乘，欲以客往赴秦军，与赵俱死。

行过夷门，见侯生，具告所以欲死秦军状。辞决而行，侯生曰："公子勉之矣，老臣不能从。"公子行数里，心不快，曰："吾所以待侯生者备矣，天下莫不闻，今吾且死，而侯生曾无一言半辞送我，我岂有所失哉？"复引车还，问侯生。侯生笑曰："臣固知公子之还也。"曰："公子喜士，名闻天下。今有难，无他端而欲赴秦军，譬若以肉投馁虎，何功之有哉？尚安事客？然公子遇臣厚，公子往而臣不送，以是知公子恨之复返也。"公子再拜，因问。侯生乃屏人间语，曰：

"赵胜我之所以自愿攀附您，与您结为姻亲，是因为公子高尚的道义，能够救人所急。如今邯郸早晚投降秦国而魏国救兵不到，这哪里体现了公子救人所急呢！况且公子纵使轻视我，不管我使我投降秦国，难道您就不可怜姐姐吗？"公子担忧此事，多次请求魏王，还派宾客辩士千方百计劝说魏王。魏王畏惧秦国，始终没有听从公子的请求。公子自己估计最终不能征得魏王同意，就决定不能独活而让赵国灭亡，于是请宾客准备了一百多辆马车，想带领宾客去与秦军拼命，与赵国共存亡。

众人路过夷门，遇见侯生，把想与秦军决一死战的状况全部告诉了他。告辞诀别而去，侯生说："公子努力干吧，老臣不能随从。"公子走了几里路，心中不快，说："我厚待侯生很周到了，天下没有谁不知道，如今我将去死而侯生竟没有半句话送给我，我难道有什么过失吗？"又掉车返回，问侯生。侯生笑着说："我就知道公子要返回。"又说："公子喜欢士人，名闻天下。如今有难，别无他法而想与秦军拼命，就像把肉投给饿虎，有什么作用呢？还哪里用得着宾客呢？可公子待我亲厚，公子前往而我没有送行，因此知道公子会怨恨我再返回。"公子又拜了两拜，就向侯生询问对策。侯生于是屏退旁人偷偷对公子说："我听说晋鄙的兵符经常放在魏王的室内，而如姬最受宠幸，出入大王卧室内，有能力窃取兵符。我听说如姬的父亲被人所杀，如姬的仇恨积累了三年，从大王以下的人都想为如姬报杀父之仇，没有谁做得到。如姬对公子哭诉，公子派门客斩下她仇人的头，敬献给如姬。如姬想的就是能为公子而死，不会推辞什么，只是没有机会罢了。公子如果开口请求如姬，如姬一定答应，那么就能得到虎符夺了晋鄙的军权，向北援救赵国而向西击退秦军，这是五霸的功业啊。"公子听从了他的计策，请求如姬帮忙。如姬果然窃取了晋鄙的兵符送给公子。

公子将要出发，侯生说："将领在外，君主的命令有时可以不接受，以求有利于国家。公子即使有兵符，可是晋鄙不授给公子军权又请示魏王，事情就必定危急了。我的朋友屠夫朱亥可与您一起前往，这人是个力士。晋鄙听从，那就太好了；不听，可让朱亥击杀他。"于是公子哭泣。侯生说："公子怕死吗？为什么哭泣呢？"公子说："晋鄙是个威名赫赫的老将，恐怕他不听，必定要杀他了，只是因此哭泣，哪里是怕死呢？"于是公子去请朱亥。朱亥笑着说："我只是市井之中操刀的屠夫，可是公子多次亲自慰问，我之所以不回拜答谢，是因为我认为小礼没什么用处。如今公子有急难，这是我为公子

"嬴闻晋鄙之兵符常在王卧内，而如姬最幸，出入王卧内，力能窃之。嬴闻如姬父为人所杀，如姬资之三年，自王以下欲求报其父仇，莫能得。如姬为公子泣，公子使客斩其仇头，敬进如姬。如姬之欲为公子死，无所辞，顾未有路耳。公子诚一开口请如姬，如姬必许诺，则得虎符夺晋鄙军，北救赵而西却秦，此五霸之伐也。"公子从其计，请如姬。如姬果盗晋鄙兵符与公子。

公子行，侯生曰："将在外，主令有所不受，以便国家。公子即合符，而晋鄙不授公子兵而复请之，事必危矣。臣客屠者朱亥可与俱，此人力士。晋鄙听，大善；不听，可使击之。"于是公子泣。侯生曰："公子畏死耶？何泣也？"公子曰："晋鄙嚄唶宿将，往恐不听，必当杀之，是以泣耳，岂畏死哉？"于是公子请朱亥。朱亥笑曰："臣乃市井鼓刀屠者，而公子亲数存之，所以不报谢者，以为小礼无所用。今公子有急，此乃臣效命之秋

也。"遂与公子俱。公子过谢侯生。侯生曰："臣宜从，老不能。请数公子行日，以至晋鄙军之日，北乡自刭，以送公子。"公子遂行。

至邺，矫魏王令代晋鄙。晋鄙合符，疑之，举手视公子曰："今吾拥十万之众，屯于境上，国之重任。今单车来代之，何如哉？"欲无听。朱亥袖四十斤铁椎，椎杀晋鄙，公子遂将晋鄙军。勒兵下令军中曰："父子俱在军中，父归；兄弟俱在军中，兄归；独子无兄弟，归养。"得选兵八万人，进兵击秦军。秦军解去，遂救邯郸，存赵。赵王及平原君自迎公子于界，平原君负韝矢为公子先引。赵王再拜曰："自古贤人未有及公子者也。"当此之时，平原君不敢自比于人。公子与侯生决，至军，侯生果北乡自刭。

魏王怒公子之盗其兵符矫杀晋鄙，公子亦自知也。已却秦存赵，使将将其军归魏，而公子独与客留赵。赵孝成王德公子之矫夺晋鄙兵而存赵，乃

效命的时候。"就与公子一起去了。公子前去向侯生告辞。侯生说："我应该随从，只是年老不行了。请让我计算公子行路的日期，您到达晋鄙军队的那天，我就面向北自刭，来给公子送行。"公子于是出发了。

到达邺城，公子假传魏王的命令代替晋鄙。晋鄙合了兵符，怀疑此事，就举着手盯着公子说："如今我拥有十万大军，屯驻在边境上，这是国家的重任，如今您只身一人来代替我，这是怎么回事呢？"打算不从命。朱亥用藏在袖中的四十斤铁锤一锤击杀了晋鄙，公子就统率了晋鄙的军队。公子整顿全军，下令军中说："父子一起在军中的，父亲回去；兄弟一起在军中的，兄长回去；独子没有兄弟的，回去奉养双亲。"筛选后获得精兵八万人，进兵攻击秦军。秦军撤兵，最终救了邯郸，保全了赵国。赵王及平原君亲自在边界迎接公子，平原君背着箭袋为公子在前面带路。赵王又拜了两拜说："自古以来的贤人没有一个赶上公子的。"当时，平原君不敢拿自己与公子相比。公子与侯生诀别，到达军中时，侯生果然面向北自刭。

魏王恼恨公子盗了他的兵符，假传君令杀了晋鄙，公子也自知这一点。公子击退秦军保护了赵国后，就派部将带领他的军队返回魏国，而唯独公子与宾客留在赵国。赵孝成王感激公子假传君令夺了晋鄙

的军权而保护赵国，就与平原君商议，把五座城邑封给公子。公子听说此事后，流露出了骄傲自满的神色。有门客劝说公子道："事物有不可以忘记的，也有不可不忘记的。别人对公子有恩德，公子不能忘；公子对别人有恩德，希望公子忘了它。况且假传魏王的命令，夺了晋鄙的兵权来救赵国，这对赵国来说是有功的，对魏国来说那就不是忠臣了。公子却自大骄傲，以为自己有功，我私下认为公子不该这样。"于是公子立刻自责，好像无地自容一样。赵王打扫台阶亲自迎接，并执持主人的礼节，带公子走上西边台阶。公子侧着身子走并推辞谦让，从东边台阶上去。公子自称有罪，对不起魏国，对赵国没有功劳。赵王陪着喝酒直到傍晚，不忍开口献出五城，因为公子总是谦让自责。公子终于留在了赵国。赵王把鄗邑封给公子作为封邑，魏王也又把信陵送还公子。公子仍留在赵国。

公子听说赵国有两个处士，毛公藏身在赌徒中；薛公藏身在卖酒人家，公子想见两人，两人故意躲起来不肯见公子。公子听说了他们的处所，就偷偷步行前往跟这两人交往，很是高兴。平原君听说此事后，对他的夫人说："当初我听说夫人的弟弟魏公子天下无双，如今我听说他却胡乱与赌徒及卖酒的人交游，公子只是个无

与平原君计以五城封公子。公子闻之，意骄矜而有自功之色。客有说公子曰："物有不可忘，或有不可不忘。夫人有德于公子，公子不可忘也；公子有德于人，愿公子忘之也。且矫魏王令，夺晋鄙兵以救赵，于赵则有功矣，于魏则未为忠臣也。公子乃自骄而功之，窃为公子不取也。"于是公子立自责，似若无所容者。赵王扫除自迎，执主人之礼，引公子就西阶。公子侧行辞让，从东阶上。自言罪过，以负于魏，无功于赵。赵王侍酒至暮，口不忍献五城，以公子退让也。公子竟留赵。赵王以鄗为公子汤沐邑，魏亦复以信陵奉公子。公子留赵。

公子闻赵有处士毛公藏于博徒，薛公藏于卖浆家，公子欲见两人，两人自匿，不肯见公子。公子闻所在，乃间步往从此两人游，甚欢。平原君闻之，谓其夫人曰："始吾闻夫人弟公子天下无双，今吾闻之，乃妄从博徒卖浆者游，公子妄人

耳。"夫人以告公子。公子乃谢夫人去，曰："始吾闻平原君贤，故负魏王而救赵，以称平原君。平原君之游，徒豪举耳，不求士也。无忌自在大梁时，常闻此两人贤，至赵，恐不得见。以无忌从之游，尚恐其不我欲也，今平原君乃以为羞，其不足从游。"乃装为去。夫人具以语平原君。平原君乃免冠谢，固留公子。平原君门下闻之，半去平原君归公子，天下士复往归公子，公子倾平原君客。

公子留赵十年不归。秦闻公子在赵，日夜出兵东伐魏。魏王患之，使使往请公子。公子恐其怒之，乃诫门下："有敢为魏王使通者，死。"宾客皆背魏之赵，莫敢劝公子归。毛公、薛公两人往见公子曰："公子所以重于赵，名闻诸侯者，徒以有魏也。今秦攻魏，魏急而公子不恤，使秦破大梁而夷先王之宗庙，公子当何面目立天下乎？"语未及卒，公子立变色，告车趣驾归救魏。

知妄为的人罢了。"夫人把这话告诉了公子。公子就向夫人辞行，说："当初我听说平原君贤能，所以背弃魏王而救赵国，以满足平原君。平原君与人交往，只是显示他的豪放罢了，不是为了求得士人。我自从在大梁时，就常听说这两人贤能，到达赵国唯恐不能见到他们。我跟他们交往，还怕他们不想接纳我，如今平原君却以此感到羞耻，他不值得我跟他交往。"于是整理行装要离去。夫人把这些话全部告诉了平原君。平原君于是脱帽谢罪，坚决挽留公子。平原君门下的宾客听说此事后，有一半离开平原君归附公子，天下的士人又前往归附公子，公子的宾客超过了平原君的宾客。

公子留在赵国十年没有回魏国。秦国听说公子在赵国，日夜不停地出兵向东讨伐魏国。魏王担忧此事，派使者前去请公子。公子害怕魏王恼恨自己，就告诫门客说："有敢为魏王的使者通报的，死。"宾客都背弃魏国到赵国，没有谁敢劝公子返回魏国。毛公、薛公两人前去拜见公子说："公子之所以被赵国尊重，名闻于诸侯，只是因为有魏国啊。如今秦国攻打魏国，魏国危急而公子不去救援，假使秦国攻破大梁而把先王的宗庙夷平，公子还有什么脸面立于天下呢？"话没说完，公子马上变了脸色，吩咐车夫赶快驱车返回救魏国。

魏王见到公子，一起哭泣，魏王把上将军的印授给公子，公子于是领兵。魏安釐王三十年，公子派使者遍告诸侯。诸侯听说公子领兵，各自派将领领兵救魏。公子率领五国的军队在河外大破秦军，赶走蒙骜。于是乘胜追击秦军到达函谷关，阻抑秦兵，秦兵不敢出关。此时，公子的声威震动天下，各诸侯国来的宾客都进献兵法，公子都在上面题上自己的名字，所以世人将其称作《魏公子兵法》。

秦王忧虑此事，就用一万斤黄金在魏国行贿，寻求晋鄙的门客，让他们在魏王面前诋毁公子说："公子流亡在外十年了，如今身为魏将，诸侯国的将领都归他指挥，诸侯只听说过魏公子，不曾听说过魏王。公子也想趁这时准备称王，诸侯畏惧公子的威势，正想共同拥立他。"秦国多次实施反间计，假装祝贺公子，询问公子是否已经得以被立为魏王。魏王天天听到有关他的诋毁，不能不信，后来果然派人取代公子领兵。公子自知再次因诋毁而废黜，就推托有病不上朝，与宾客通宵达旦饮酒，饮烈酒，经常亲近女色。这样日夜饮酒作乐过了四年，终于因饮酒患病而去世。这年，魏安釐王也逝世。

秦国听说公子死了，派蒙骜攻打魏国，攻下二十座城池，第一次设置东郡。这以

魏王见公子，相与泣，而以上将军印授公子，公子遂将。魏安釐王三十年，公子使使遍告诸侯。诸侯闻公子将，各遣将将兵救魏。公子率五国之兵破秦军于河外，走蒙骜。遂乘胜逐秦军至函谷关，抑秦兵，秦兵不敢出。当是时，公子威振天下，诸侯之客进兵法，公子皆名之，故世俗称《魏公子兵法》。

秦王患之，乃行金万斤于魏，求晋鄙客，令毁公子于魏王曰："公子亡在外十年矣，今为魏将，诸侯将皆属，诸侯徒闻魏公子，不闻魏王。公子亦欲因此时定南面而王，诸侯畏公子之威，方欲共立之。"秦数使反间，伪贺公子得立为魏王未也。魏王日闻其毁，不能不信，后果使人代公子将。公子自知再以毁废，乃谢病不朝，与宾客为长夜饮，饮醇酒，多近妇女。日夜为乐饮者四岁，竟病酒而卒。其岁，魏安釐王亦薨。

秦闻公子死，使蒙骜攻魏，拔二十城，初置东郡。其后秦

稍蚕食魏，十八岁而虏魏王，屠大梁。

高祖始微少时，数闻公子贤。及即天子位，每过大梁，常祠公子。高祖十二年，从击黥布还，为公子置守冢五家，世世岁以四时奉祠公子。

太史公曰：吾过大梁之墟，求问其所谓夷门。夷门者，城之东门也。天下诸公子亦有喜士者矣，然信陵君之接岩穴隐者，不耻下交。有以也，名冠诸侯；不虚耳，高祖每过之而令民奉祠不绝也。

后秦国逐渐蚕食魏国，十八年后俘虏了魏王假，屠灭大梁。

高祖当初身份低微时，多次听说公子贤德。等到即天子之位后，每次经过大梁，经常祭祀公子。高祖十二年，高祖从攻打黥布的前线返回，为公子安置了五户人家守墓，让他们世世代代每年按四时祭祀公子。

太史公说：我经过大梁的废墟，寻求访问那个所谓的夷门。夷门，是大梁城的东门。天下也有诸多公子喜好结交士人了，但信陵君能够结交那些山野中的隐士，不以结交下层人为耻。名冠诸侯，有原因啊；高祖每次经过大梁就命令百姓祭祀，至今未曾断绝，确实如此啊。

春申君黄歇

春申君，是楚国人，名歇，姓黄。他外出游学，见闻广博，为楚顷襄王做事。顷襄王认为黄歇口才好，派他出使秦国。秦昭王派白起攻打韩国、魏国，在华阳击败他们，擒获魏将芒卯，韩国、魏国归服并依附秦国。秦昭王正命令白起与韩国、魏国共同讨伐楚国，还没有出发，而楚国使者黄歇刚好到秦国，听说了秦国的计策。当时，秦国此前已经派白起攻打楚国，夺取了巫郡、黔中郡，攻占鄢郢，向东到达竟陵，楚顷襄王把国都东迁到陈县。黄歇看到楚怀王被秦国引诱而入秦朝见，最终受到欺骗，被扣留并死在秦国。顷襄王，是楚怀王的儿子，秦国轻视他，他害怕秦国一旦举兵会灭掉楚国。黄歇于是上书劝说秦昭王道：

天下没有比秦国、楚国更强大的国家。如今听说大王想讨伐楚国，这就好比两虎相斗。两虎相斗而劣犬趁机获得好处，不如亲近楚国。我请求陈述自己的看法：

春申君者，楚人也，名歇，姓黄氏。游学博闻，事楚顷襄王。顷襄王以歇为辩，使于秦。秦昭王使白起攻韩、魏，败之于华阳，禽魏将芒卯，韩、魏服而事秦。秦昭王方令白起与韩、魏共伐楚，未行，而楚使黄歇适至于秦，闻秦之计。当是之时，秦已前使白起攻楚，取巫、黔中之郡，拔鄢郢，东至竟陵，楚顷襄王东徙治于陈县。黄歇见楚怀王之为秦所诱而入朝，遂见欺，留死于秦。顷襄王，其子也，秦轻之，恐壹举兵而灭楚。歇乃上书说秦昭王曰：

天下莫强于秦、楚。今闻大王欲伐楚，此犹两虎相与斗。两虎相与斗而驽犬受其弊，不如善楚。臣请言其说：

臣闻物至则反，冬夏是也；致至则危，累棋是也。今大国之地，遍天下有其二垂，此从生民已来，万乘之地未尝有也。先帝文王、庄王、王之身，三世不妄接地于齐，以绝从亲之要。今王使盛桥守事于韩，盛桥以其地入秦，是王不用甲，不信威，而得百里之地。王可谓能矣。王又举甲而攻魏，杜大梁之门，举河内，拔燕、酸枣、虚、桃，入邢，魏之兵云翔而不敢救。王之功亦多矣。王休甲息众，二年而后复之；又并蒲、衍、首、垣，以临仁、平丘、黄、济阳婴城，而魏氏服。王又割濮磿之北，注齐、秦之要，绝楚、赵之脊，天下五合六聚而不敢救。王之威亦单矣。

王若能持功守威，绌攻取之心而肥仁义之地，使无后患，三王不足四，五伯不足六也。王若负人徒之众，仗兵革之强，乘毁魏之威，而欲以力臣天下之主，臣恐其有后患也。《诗》曰："靡不有初，鲜克有终。"

我听说物极必反，冬季与夏季的转化就是这样；事物积累到极点就有危险，堆置棋子就是这样。如今秦国的土地，占有天下两个边陲，这是从有人以来，万乘大国也不曾有过的。先帝文王、庄王到大王本人，三代不忘使土地与齐国接壤，以控制断绝合纵的要害。如今大王派盛桥到韩国驻守任职，盛桥把韩国土地并入秦国，这样大王不出兵，不施展威势，就能得到百里土地。大王可以说是有能力的了。大王又举兵攻打魏国，堵塞大梁的城门，攻下河内，攻占燕、酸枣、虚、桃，进入邢地，魏国的军队像云飞雾散般不敢救援。大王的功劳也算多了。大王停止征战，休养兵众，两年后再次兴兵，又吞并蒲城、衍城、首城、垣城，接近仁地、平丘，黄地、济阳环城守卫，而魏国却屈服秦国；大王又割取濮地、磿地以北的土地，打通齐国、秦国间的要塞，截断楚国、赵国联系的桥梁，天下诸侯多次聚合在一起却不敢相救。大王的威势也已经到了极致了。

大王如果能保持功绩并守住威势，去掉攻取之心而涵养仁义之情，使国家没有后患，便可与三王并称、与五霸并举了。大王如果依仗人丁众多，凭借军队强大，乘着摧毁魏国的威势，还想要用武力使天下的诸侯臣服，我担心这么做会有后患啊。《诗》说："事物都有开端，但很少有结果。"《易》说："狐狸从水里走过，常常会沾湿它的尾巴。"这些话说的是开始容易，善终困难。如何知道是这样的呢？从前智氏只看见讨伐赵氏的好处而不知道榆次的灾祸，吴王只看见讨伐齐国的便利而不知道会在干隧战败。这两个国家不是没有建过大功，陷入眼前的利益就会在后面遇到祸患。吴王相信越王，从而讨伐齐国，但在艾陵战胜了齐军后，返回时在三江之渚被越王擒获。智氏相信韩氏、魏氏，从而讨伐赵国，攻打晋阳城，胜利指日可待了，但是韩氏、魏氏背叛了他，在凿台之下杀死智伯瑶。如今大王嫉妒楚国没有被毁灭，而忘记摧毁楚国会使韩国、魏国强大，替大王考虑的话我认为这不可取啊。

《诗》说："高明的军事家不在远离家乡的地方作战。"由此看来，楚国是友邦；邻国是敌人。《诗》说："狡猾的兔子蹦蹦跳跳，遇到了狗会被捉住。别人有了心思，我能揣摩出来。"如今大王中途相信韩国、魏国亲近大王，这正如同吴王相信越王。我听说，对敌人不能宽容，时机不可错过。我担心韩国、魏国用谦恭的言辞来消除祸患而实际上想欺骗秦国。为什么呢？大王对韩国、魏国没有几世的功德，却与他们有几世的仇怨。韩国、魏国的父子兄弟接连死在秦国的情况有将近十

《易》曰："狐涉水，濡其尾。"此言始之易，终之难也。何以知其然也？昔智氏见伐赵之利而不知榆次之祸，吴见伐齐之便而不知干隧之败。此二国者，非无大功也，没利于前而易患于后也。吴之信越也，从而伐齐，既胜齐人于艾陵，还为越王禽三渚之浦。智氏之信韩、魏也，从而伐赵，攻晋阳城，胜有日矣，韩、魏叛之，杀智伯瑶于凿台之下。今王妒楚之不毁也，而忘毁楚之强韩、魏也，臣为王虑而不取也。

《诗》曰："大武远宅而不涉。"从此观之，楚国，援也；邻国，敌也。《诗》云："趯趯毚兔，遇犬获之。他人有心，余忖度之。"今王中道而信韩、魏之善王也，此正吴之信越也。臣闻之，敌不可假，时不可失。臣恐韩、魏卑辞除患而实欲欺大国也。何则？王无重世之德于韩、魏，而有累世之怨焉。夫韩、魏父子兄弟接踵而死于秦者将十世矣。本国残，社稷

坏，宗庙毁。刳腹绝肠，折颈摺颐，首身分离，暴骸骨于草泽，头颅僵仆，相望于境，父子老弱系脰束手为群虏者相及于路。鬼神孤伤，无所血食。人民不聊生，族类离散，流亡为仆妾者，盈满海内矣。故韩、魏之不亡，秦社稷之忧也。今王资之与攻楚，不亦过乎！

且王攻楚，将恶出兵？王将借路于仇雠之韩、魏乎？兵出之日而王忧其不返也，是王以兵资于仇雠之韩、魏也。王若不借路于仇雠之韩、魏，必攻随水右壤。随水右壤，此皆广川大水、山林溪谷，不食之地也，王虽有之，不为得地。是王有毁楚之名而无得地之实也。

且王攻楚之日，四国必悉起兵以应王。秦、楚之兵构而不离，魏氏将出而攻留、方与、铚、湖陵、砀、萧、相，故宋必尽。齐人南面攻楚，泗上必举。此皆平原四达，膏腴之地，而使独攻。王破楚以肥韩、魏于中国而劲齐。韩、魏之强，足以校于秦。齐南以泗水为

代了。他们的国土残破，社稷崩坏，宗庙毁灭。他们剖腹断肠，断头毁面，身首分离，骸骨暴露在草野，头颅抛弃在地，到处可见，被系着脖子、捆着手成为俘虏的父子老弱一群一群地在路上走。鬼神孤独忧伤，无人祭祀。民不聊生，族人离散，流亡沦为奴仆侍妾的，全天下都有。所以韩国、魏国不灭亡，是秦国社稷的忧患啊，如今大王资助他们攻打楚国，不也是错了吗！

况且大王攻打楚国将如何出兵？大王将向仇敌韩国、魏国借路吗？出兵之日便是大王担忧他们不能返回之时，这是大王在拿军队帮助仇敌韩国、魏国啊。大王如果不向仇敌韩国、魏国借路，就要攻打随水右边的地区。随水右边的地区都是大河大川，山林溪谷，没有粮食的地方，大王即使占有那里，也不算得到了土地。这样大王有毁灭楚国的名声却没有实际上得到土地。

况且从大王攻打楚国之日起，齐、赵、韩、魏四国一定全部出兵响应大王。秦国、楚国的军队交战而不罢休，魏国将出兵攻打留、方与、铚、湖陵、砀、萧、相等地，原来宋国的土地一定会全部丧失。齐人向南边攻打楚国，泗水地区一定会被攻下。这些都是平原地区，四通八达，土地肥沃，却让他们单独占有。大王攻破楚国来使韩国、魏国在中原地区丰饶起来，并使齐国

强大。韩国、魏国强大，足以抗衡秦国。齐国南面以泗水为界，东临大海，北靠黄河，并无后患，天下的国家没有谁比齐国、魏国更强大，齐国、魏国得到土地，保住了利益又假装依附秦国，一年以后，虽不能称帝，但他们阻止大王称帝却绰绰有余了。

　　凭大王国土的广袤，人口的众多，兵马的强大，一旦起兵便与楚国结下仇怨，还让韩国、魏国送给齐国帝号，这是大王失策呀。我替大王考虑，不如亲近楚国。秦国、楚国联合成为一个整体来逼近韩国，韩国定会收敛。大王利用东山的险要地势，利用九曲黄河环绕的有利条件，韩国必将成为您的关内侯。像这种形势大王再用十万军队驻守郑地，魏国恐慌心惊，许地、鄢陵只会环城固守，而上蔡、召陵与魏国就无法往来，这样的话魏国也会成为您的关内侯了。大王一旦亲善楚国，那么关内两个万乘之国就要向齐国割取土地，齐国西部的地区可以轻松取得。大王的土地横贯西海和东海，挟制天下诸侯，这样燕国、赵国没有齐国、楚国做依托，齐国、楚国没有燕国、赵国相依傍。然后以危亡震慑燕国、赵国，直接动摇齐国、楚国，这四个国家不等痛击便可制服了。

　　秦昭王说："好。"于是就让白起停止伐楚并将其告诉韩国、魏国。派使臣赂

境，东负海，北倚河，而无后患。天下之国莫强于齐、魏，齐、魏得地葆利而详事下吏，一年之后，为帝未能，其于禁王之为帝有余矣。

　　夫以王壤土之博，人徒之众，兵革之强，壹举事而树怨于楚，迟令韩、魏归帝重于齐，是王失计也。臣为王虑，莫若善楚。秦、楚合而为一以临韩，韩必敛手。王施以东山之险，带以曲河之利，韩必为关内之侯。若是而王以十万戍郑，梁氏寒心，许、鄢陵婴城，而上蔡、召陵不往来也，如此而魏亦关内侯矣。王壹善楚，而关内两万乘之主注地于齐，齐右壤可拱手而取也。王之地一经两海，要约天下，是燕、赵无齐、楚，齐、楚无燕、赵也。然后危动燕、赵，直摇齐、楚，此四国者不待痛而服矣。

　　昭王曰："善。"于是乃止白起而谢韩、魏。发使赂楚，

约为与国。

黄歇受约归楚，楚使歇与太子完入质于秦，秦留之数年。楚顷襄王病，太子不得归。而楚太子与秦相应侯善，于是黄歇乃说应侯曰："相国诚善楚太子乎？"应侯曰："然。"歇曰："今楚王恐不起疾，秦不如归其太子。太子得立，其事秦必重而德相国无穷，是亲与国而得储万乘也。若不归，则咸阳一布衣耳；楚更立太子，必不事秦。夫失与国而绝万乘之和，非计也。愿相国孰虑之。"应侯以闻秦王。秦王曰："令楚太子之傅先往问楚王之疾，返而后图之。"黄歇为楚太子计曰："秦之留太子也，欲以求利也。今太子力未能有以利秦也，歇忧之甚。而阳文君子二人在中，王若卒大命，太子不在，阳文君子必立为后，太子不得奉宗庙矣。不如亡秦，与使者俱出；臣请止，以死当之。"楚太子因变衣服为楚使者御以出关，而黄歇守舍，常为谢病。度太子已远，秦不能追，歇乃自言秦昭王曰："楚太子

赂楚国，与楚国约为盟国。

黄歇接受盟约后返回楚国，楚国派黄歇与太子完入秦做人质，秦国扣留了他们几年。楚顷襄王患病，太子不能回国。而楚太子与秦国国相应侯友善，于是黄歇就游说应侯道："相国确实与楚太子友善吗？"应侯说："是。"黄歇说："如今楚王恐怕是一病不起了，秦国不如送回楚国太子。太子能即位，他对待秦国一定郑重，而且会无比感激相国的恩德，这是亲近盟国而得到万乘之国的储君。如果不送回，那么太子不过是咸阳的一个百姓罢了；楚国改立太子，必定不依附秦国。失去盟国而断绝与万乘大国的交往，这不是好计策。希望相国仔细考虑这件事。"应侯将这话报告了秦王。秦王说："让楚国太子的老师先去询问楚王的病情，返回后再计议这件事。"黄歇替楚太子谋划说："秦国扣留太子您，是想用您求得利益。如今您无法让秦国得到好处，我非常担忧此事。而阳文君的两个儿子都在国内，大王如果寿终，太子您不在国内，阳文君的儿子必定被立为继承人，您就不能奉祀宗庙了。不如逃离秦国，与使者一起出去；我请求留下，以死担下责任。"楚太子就换了衣服扮成楚国使者的车夫成功出关，而黄歇留在住所，常推托太子有病拒客。估计太子已经走远，秦国追不上了，黄歇才亲自告

诉秦昭王说："楚太子已经回国了，走很远了。我应当是死罪，请赐我死罪。"昭王大怒，想同意他自杀。应侯说："黄歇身为人臣，献出生命来效忠他的主人，太子即位，一定任用黄歇，所以不如赦他无罪放他回国，以亲近楚国。"秦国便放走黄歇。

黄歇到达楚国三个月后，楚顷襄王去世，太子完即位，就是考烈王。考烈王元年，任黄歇为国相，封为春申君，赏赐淮北地区十二个县作为封邑。十五年后，黄歇告诉楚王说："淮北边界靠近齐国，那里形势紧迫，请把那里设为郡以方便管理。"并同时献出淮北十二个县，请求封到江东去。考烈王答应了他。春申君就在吴国旧都建城，把那里作为自己的封邑。

春申君担任楚国国相后，当时齐国有孟尝君，赵国有平原君，魏国有信陵君，正争相礼贤下士，招揽宾客，因此相互争夺贤士，辅佐国事，把持政权。

春申君任楚国国相四年，秦国攻破赵国的长平驻军四十多万人。第五年，围困邯郸。邯郸向楚国告急，楚国派春申君领兵前去救赵，秦军也撤兵，春申君回国。春申君任楚国国相八年，替楚国向北征伐灭了鲁国，任荀卿为兰陵县令。正当这时，楚国又强大起来。

赵国平原君派人到春申君那里去，春

已归，出远矣。歇当死，愿赐死！"昭王大怒，欲听其自杀也。应侯曰："歇为人臣，出身以徇其主，太子立，必用歇，故不如无罪而归之，以亲楚。"秦因遣黄歇。

歇至楚三月，楚顷襄王卒，太子完立，是为考烈王。考烈王元年，以黄歇为相，封为春申君，赐淮北地十二县。后十五岁，黄歇言之楚王曰："淮北地边齐，其事急，请以为郡便。"因并献淮北十二县，请封于江东。考烈王许之。春申君因城故吴墟，以自为都邑。

春申君既相楚，是时齐有孟尝君，赵有平原君，魏有信陵君，方争下士，招致宾客，以相倾夺，辅国持权。

春申君为楚相四年，秦破赵之长平军四十余万。五年，围邯郸。邯郸告急于楚，楚使春申君将兵往救之，秦兵亦去，春申君归。春申君相楚八年，为楚北伐灭鲁，以荀卿为兰陵令。当是时，楚复强。

赵平原君使人于春申君，

春申君舍之于上舍。赵使欲夸楚，为玳瑁簪，刀剑室以珠玉饰之，请命春申君客。春申君客三千余人，其上客皆蹑珠履以见赵使，赵使大惭。

春申君相十四年，秦庄襄王立，以吕不韦为相，封为文信侯。取东周。

春申君相二十二年，诸侯患秦攻伐无已时，乃相与合从，西伐秦，而楚王为从长，春申君用事。至函谷关，秦出兵攻，诸侯兵皆败走。楚考烈王以咎春申君，春申君以此益疏。

客有观津人朱英，谓春申君曰："人皆以楚为强而君用之弱，其于英不然。先君时秦二十年而不攻楚，何也？秦逾黾隘之塞而攻楚，不便；假道于两周，背韩、魏而攻楚，不可。今则不然，魏旦暮亡，不能爱许、鄢陵，其计魏割以与秦。秦兵去陈百六十里，臣之所观者，见秦、楚之日斗也。"楚于是去陈徙寿春；而秦徙卫野王，作置东郡。春申君由此

申君安排他们住上等客舍。赵国使者想向楚国夸耀赵国，故意戴着玳瑁簪子，佩带珠玉装饰的剑鞘，请求招来春申君的门客会面。春申君的门客三千多人，他的上等宾客都穿着饰有珍珠的鞋子来见赵国使者，赵国使者非常惭愧。

春申君任楚国国相十四年，秦庄襄王即位，任吕不韦为秦相，封他为文信侯。吞并东周。

春申君任楚国国相二十二年，各诸侯国担忧秦国无休止地攻城略地，于是相约合纵，向西讨伐秦国，而楚王为合纵的首领，春申君主事。到达函谷关，秦国出兵攻打，诸侯国的军队都战败逃跑。楚考烈王把作战失利归咎于春申君，春申君因此更加被疏远。

春申君的门客中有个观津人朱英，对春申君说："人们都认为楚国是强国而您却把它治理弱了，这在我看来不对。先王在位时亲近秦国二十年而秦国没有攻打楚国，为什么？秦国越过黾隘要塞攻打楚国，不方便；向东、西两周借路，背对着韩国、魏国攻打楚国，行不通。如今却不是这样，魏国早晚要灭亡，不会吝惜许地、鄢陵，魏国会打算把它们割让给秦国。秦军距陈地一百六十里，我看见的是，秦国、楚国要日日相斗了。"楚国于是离开陈地把都城迁到寿春；而秦国把卫元君迁到了

野王，设置了东郡。春申君从此封到了吴，还处理国相事务。

楚考烈王没有儿子，春申君担心此事，就寻求容易生孩子的妇女想进献给楚王，找了很多人，始终没有儿子。赵国人李园带来他的妹妹，想把她进献给楚王，听说楚王不容易生孩子，担心时间久了她不再受宠。李园请求在春申君处做舍人，不久他请假回家，故意延误回来的时间。返回谒见春申君，春申君询问他原因，他回答说："齐王派使者求娶我的妹妹，与齐王的使者饮酒，所以延误了回来的时间。"春申君说："聘礼给了吗？"李园说："没有。"春申君说："可以让我见见吗？"李园说："可以。"于是李园就进献他的妹妹，她立即得到春申君的宠幸。知道妹妹有了身孕，李园就与他的妹妹谋划。李园的妹妹找了个机会劝说春申君道："楚王尊重宠信您，即使是他的兄弟也不如您。如今您任楚国国相二十多年，可楚王没有儿子，假使楚王百年之后将改立兄弟，那么楚国改立国君后，也就会各自使原来所亲信的人显贵，您又怎么长久得到宠幸呢？不仅如此，您显贵当权已经很久了，对大王的兄弟多有失礼之处，大王的兄弟如果即位，祸患将会降临到您身上，又如何能保住相印和江东的封地呢？如今我自知有身孕了，而别人不知道。我受您宠幸

就封于吴，行相事。

楚考烈王无子，春申君患之，求妇人宜子者进之，甚众，卒无子。赵人李园持其女弟，欲进之楚王，闻其不宜子，恐久毋宠。李园求事春申君为舍人，已而谒归，故失期。还谒，春申君问之状，对曰："齐王使使求臣之女弟，与其使者饮，故失期。"春申君曰："娉入乎？"对曰："未也。"春申君曰："可得见乎？"曰："可。"于是李园乃进其女弟，即幸于春申君。知其有身，李园乃与其女弟谋。园女弟承间以说春申君曰："楚王之贵幸君，虽兄弟不如也。今君相楚二十余年，而王无子，即百岁后将更立兄弟。则楚更立君后，亦各贵其故所亲，君又安得长有宠乎？非徒然也，君贵用事久，多失礼于王兄弟，兄弟诚立，祸且及身，何以保相印江东之封乎？今妾自知有身矣，而人莫知。妾幸君未久，诚以君之重而进妾于楚王，王必幸妾；妾赖天有子男，则是君之子为

王也，楚国尽可得，孰与身临
不测之罪乎？”春申君大然之，
乃出李园女弟谨舍，而言之楚
王。楚王召入，幸之，遂生子男，
立为太子，以李园女弟为王后。
楚王贵李园，园用事。

李园既入其女弟，立为王
后，子为太子，恐春申君语
泄而益骄，阴养死士，欲杀
春申君以灭口，而国人颇有知
之者。

春申君相二十五年，楚考
烈王病。朱英谓春申君曰：
“世有毋望之福，又有毋望之
祸。今君处毋望之世，事毋望
之主，安可以无毋望之人乎？”
春申君曰：“何谓毋望之福？”
曰：“君相楚二十余年矣，虽
名相国，实楚王也。今楚王病，
旦暮且卒，而君相少主，因而
代立当国，如伊尹、周公，王
长而反政，不即遂南面称孤而
有楚国。此所谓毋望之福也。”
春申君曰：“何谓毋望之祸？”

没有多久，如果凭您的尊贵地位把我进献
给楚王，楚王一定宠幸我；我仰赖上天生
个儿子，那么就是您的儿子做楚王。楚国
全部为您所得，这与您身遭不测的罪祸相
比哪样好呢？”春申君认为她说得很对，
就把李园的妹妹送出家门，给她安排上好
的馆舍，并向楚王说了这件事。楚王召她
入宫，宠幸她，最终她生下儿子，立他为
太子，封李园妹妹为王后。楚王重用李园，
李园当权。

李园把妹妹送入宫中后，她被立为王
后，所生的儿子被立为太子，害怕春申君
泄露秘密和更加骄横，就暗中养了死士，
想杀死春申君灭口，而很多楚国人都知道
此事。

春申君任楚国国相第二十五年，楚考
烈王患病。朱英对春申君说：“世上有不
期而至的福，又有不期而至的祸。如今您
处在生死无常的世上，侍奉喜怒无常的
君主，怎么能没有不期而至的人呢？”春
申君说：“什么叫不期而至的福？”朱英
说：“您任楚国国相二十多年了，虽然
名为相国，实际就是楚王。如今楚王患
病，早晚将亡，而您辅佐幼主，因而代
替他掌管国政，像伊尹、周公一样，大
王长大返还政权，这不就是实现了南面
称王而据有楚国的心愿了吗？这就是所
谓的不期而至的福。”春申君说：“什么

叫不期而至的祸?"朱英说:"李园不是相国就和您权势相当,不领兵却供养死士很长时间了,楚王去世,李园必定先入宫夺权并杀您灭口。这就是所谓的不期而至的祸。"春申君说:"什么叫不期而至的人?"朱英回答说:"您安排我做郎中,楚王去世,李园一定先入宫,我为您杀死李园。这就是所谓的不期而至的人。"春申君说:"您放弃这种打算吧。李园,是个软弱的人,我又善待他,况且怎么会到这种地步!"朱英知道进言不会被采纳,怕惹祸上身,就逃走了。

十七天后,楚考烈王去世,李园果然先入宫,在棘门之内埋伏死士。春申君进入棘门,李园的死士从两侧冲出刺杀了春申君,砍了他的头,扔到棘门外面。于是就派官吏全部灭了春申君的家族。而当初受春申君宠幸有了身孕被献给楚王的李园妹妹所生的儿子就继位,就是楚幽王。

这年,是秦始皇在位第九年。嫪毐也在秦国作乱,被察觉,夷灭三族,吕不韦被废黜。

太史公说:我到楚地,曾观看春申君的旧城,宫室很宏大啊!当初,春申君劝说秦昭王,以及献出生命让楚太子回国的行为,是多么聪慧高明啊!后来他却受制

曰:"李园不治国而君之仇也,不为兵而养死士之日久矣,楚王卒,李园必先入据权而杀君以灭口。此所谓毋望之祸也。"春申君曰:"何谓毋望之人?"对曰:"君置臣郎中,楚王卒,李园必先入,臣为君杀李园。此所谓毋望之人也。"春申君曰:"足下置之。李园,弱人也,仆又善之,且又何至此!"朱英知言不用,恐祸及身,乃亡去。

后十七日,楚考烈王卒,李园果先入,伏死士于棘门之内。春申君入棘门,园死士侠刺春申君,斩其头,投之棘门外。于是遂使吏尽灭春申君之家。而李园女弟初幸春申君有身而入之王所生子者遂立,是为楚幽王。

是岁也,秦始皇帝立九年矣。嫪毐亦为乱于秦,觉,夷其三族,而吕不韦废。

太史公曰:吾适楚,观春申君故城,宫室盛矣哉!初,春申君之说秦昭王,及出身遣楚太子归,何其智之明也!后

制于李园，旄矣。语曰："当断不断，反受其乱。"春申君失朱英之谓邪？

于李园，真是糊涂了。俗话说："应该决断却不决断，会反过来遭殃。"说的就是春申君失策没有听取朱英的建议吧？

史记卷七十九
列传第十九

范雎　蔡泽

范雎，是魏国人，字叔。他游说诸侯，想为魏王做事，可家境贫寒没有钱财支持他这么做，就先为魏国中大夫须贾做事。

须贾为魏昭王出使齐国，范雎跟从。停留了几个月，没有得到答复。齐襄王听说范雎有辩论的口才，就派人赐给范雎十斤黄金及牛肉美酒，范雎辞谢不敢接受。须贾知道此事后大怒，认为范雎将魏国机密告诉了齐国，所以得到这些馈赠，命令范雎接受齐国的牛肉美酒，返还黄金。回国后，须贾心中恼恨范雎，就把这件事告诉了魏国国相。魏国国相，是魏国诸公子之一，叫魏齐。魏齐大怒，让舍人鞭笞范雎，打断胁骨、打掉牙齿。范雎装死，就用苇席把他卷了起来，扔到厕所中。饮酒的宾客们喝醉了，轮番往范雎身上撒尿，故意侮辱他以惩戒别人不要再胡说。范雎从苇席中对看守人说："您能帮我出去，我一定重谢您。"看守人就请求出去扔掉苇席中的死人。魏齐喝醉了，说："可以。"

范雎

范雎者，魏人也，字叔。游说诸侯，欲事魏王，家贫无以自资，乃先事魏中大夫须贾。

须贾为魏昭王使于齐，范雎从。留数月，未得报。齐襄王闻雎辩口，乃使人赐雎金十斤及牛酒，雎辞谢不敢受。须贾知之，大怒，以为雎持魏国阴事告齐，故得此馈，令雎受其牛酒，还其金。既归，心怒雎，以告魏相。魏相，魏之诸公子，曰魏齐。魏齐大怒，使舍人笞击雎，折胁摺齿。雎详死，即卷以箦，置厕中。宾客饮者醉，更溺雎，故僇辱以惩后，令无妄言者。雎从箦中谓守者曰："公能出我，我必厚谢公。"守者乃请出弃箦中死人。魏齐醉，曰："可矣。"范雎得出。后魏齐悔，复召求之。魏人郑安平闻之，乃遂操范雎亡，伏匿，更名姓曰张禄。

当此时，秦昭王使谒者王稽于魏。郑安平诈为卒，侍王稽。王稽问："魏有贤人可与俱西游者乎？"郑安平曰："臣里中有张禄先生，欲见君，言天下事。其人有仇，不敢昼见。"王稽曰："夜与俱来。"郑安平夜与张禄见王稽。语未究，王稽知范雎贤，谓曰："先生待我于三亭之南。"与私约而去。

王稽辞魏去，过，载范雎入秦。至湖，望见车骑从西来。范雎曰："彼来者为谁？"王稽曰："秦相穰侯东行县邑。"范雎曰："吾闻穰侯专秦权，恶内诸侯客，此恐辱我，我宁且匿车中。"有顷，穰侯果至，劳王稽，因立车而语曰："关东有何变？"曰："无有。"又谓王稽曰："谒君得无与诸侯客子俱来乎？无益，徒乱人国耳。"王稽曰："不敢。"即别去。范雎曰："吾闻穰侯智士也，其见事迟，乡者疑车

范雎逃就走了。后来魏齐后悔，又派人寻找。魏国人郑安平听说此事，就带范雎逃跑，躲藏起来，范雎改名为张禄。

正当这时，秦昭王派谒者王稽出使到魏国。郑安平假扮成士卒，侍奉王稽。王稽问："魏国有贤能的人可与我一起回西方到秦国的吗？"郑安平说："我家乡有个张禄先生，想见您，谈论天下大事。他这人有仇家，不敢白天出来。"王稽说："到夜里让他与你一同前来。"郑安平夜里与张禄拜见王稽。话还没有说完，王稽就知道范雎贤能，对他说："先生在三亭南边等待我。"范雎与王稽私下约定好后就离开了。

王稽辞别魏国离开，路过三亭时载着范雎进入秦国。到达湖邑，望见有车马从西边而来。范雎说："那边来的人是谁？"王稽说："秦国国相穰侯向东巡行县邑。"范雎说："我听说穰侯独揽秦国大权，讨厌接纳诸侯国的说客，这样恐怕会侮辱我，我还是暂且藏匿在车中。"不一会儿，穰侯果然到跟前，慰劳王稽，接着停车询问说："关东有什么变化吗？"王稽说："没有。"又对王稽说："谒者先生有没有与诸侯国的说客一起来呢？这种人无益于国家，只会扰乱别人的国家。"王稽说："不敢。"就辞别离开。范雎说："我听说穰侯是个智谋之士，他识别事势比较迟

缓，刚才他怀疑车中有人，但忘了搜索车子。"于是范雎下车离开，说："穰侯一定后悔没有搜索车子。"走了十多里，穰侯果然派人骑马返回搜索车中，查明没有说客才作罢。王稽就与范雎进入咸阳。

王稽向秦王报告了出使的情况后，趁机进言说："魏国有个张禄先生，是天下有名的辩士。他说'秦王的国家危如累卵，得到我就能安全。但是不可以用书信传达'。所以我把他载到了秦国。"秦王不信，让范雎住在客舍，招待他吃粗劣的饭菜。范雎等召见有一年多。

当时，昭王已经即位三十六年了。他向南攻占楚国鄢城、郢都，楚怀王被幽禁死在秦国。秦国向东攻破齐国。齐湣王曾称帝，后来去掉帝号。秦国多次围困三晋。昭王厌恶天下的辩士，不相信他们。

穰侯、华阳君，是昭王母亲宣太后的弟弟；而泾阳君、高陵君都是昭王的同母弟弟。穰侯任国相，泾阳君、高陵君、华阳君三人轮流做将军，都有封邑，因为太后的关系，他们的私家财富超过了王室。等到穰侯任秦国将军，将要越过韩国、魏国而讨伐齐国的纲、寿，想以此扩大他在陶邑的封地。范雎于是上书说：

我听说圣明的君主主持国政，有功的人不能不赏，有才能的人不能不封官，做

中有人，忘索之。"于是范雎下车走，曰："此必悔之。"行十余里，果使骑还索车中，无客，乃已。王稽遂与范雎入咸阳。

已报使，因言曰："魏有张禄先生，天下辩士也。曰：'秦王之国危于累卵，得臣则安。然不可以书传也。'臣故载来。"秦王弗信，使舍食草具。待命岁余。

当是时，昭王已立三十六年。南拔楚之鄢郢，楚怀王幽死于秦。秦东破齐。湣王尝称帝，后去之。数困三晋。厌天下辩士，无所信。

穰侯、华阳君，昭王母宣太后之弟也；而泾阳君、高陵君皆昭王同母弟也。穰侯相，三人者更将，有封邑，以太后故，私家富重于王室。及穰侯为秦将，且欲越韩、魏而伐齐纲、寿，欲以广其陶封。范雎乃上书曰：

臣闻明主立政，有功者不得不赏，有能者不得不官，劳

大者其禄厚，功多者其爵尊，能治众者其官大。故无能者不敢当职焉，有能者亦不得蔽隐。使以臣之言为可，愿行而益利其道；以臣之言为不可，久留臣无为也。语曰："庸主赏所爱而罚所恶；明主则不然，赏必加于有功，而刑必断于有罪。"今臣之胸不足以当椹质，而要不足以待斧钺，岂敢以疑事尝试于王哉！虽以臣为贱人而轻辱，独不重任臣者之无反复于王邪？

且臣闻周有砥砨，宋有结绿，梁有县藜，楚有和朴，此四宝者，土之所生，良工之所失也，而为天下名器。然则圣王之所弃者，独不足以厚国家乎？

臣闻善厚家者取之于国，善厚国者取之于诸侯。天下有明主则诸侯不得擅厚者，何也？为其割荣也。良医知病人之死生，而圣主明于成败之事，利则行之，害则舍之，疑则少尝之，虽舜禹复生，弗能改已。语之至者，臣不敢载之于书，

事多的人俸禄优厚，功劳大的人爵位尊贵，能管众多事务的人官职大。所以没有才能的人不敢当官，有才能的人也不会被埋没。假使认为我的话可行，希望您施行并进一步实现这个主张；认为我的话不可行，久留我也没有什么用。俗话说："昏庸的君主赏赐他所喜爱的人而惩罚他所厌恶的人；圣明的君主则不是这样，赏赐一定留给有功的人，而刑罚一定施加在有罪的人身上。"如今我的胸膛不足以挡住砧板，腰不足以顶住斧钺，怎么敢用捉摸不定的事试探大王呢！即使大王认为我是贱民而轻视侮辱我，难道不重视推荐我的人对大王的忠心吗？

况且我听说周朝有砥砨，宋国有结绿，魏国有县藜，楚国有和氏璞玉，这四种珍宝，都是土地所生产的，却被手艺精良的工匠所丢弃，可最终还是天下名贵的器物。那么圣明君王所抛弃的人，难道就不足以使国家强大吗？

我听说善于使家底丰厚的人会从国家取得财富，善于使国家富足的人会从诸侯处取得财富。天下有圣明的君主那么诸侯就不能独自丰厚，为什么这么说呢？因为圣明的君主会分割利益。高明的医生知道病人的生死，而圣明的君主能洞察事情的成败，有利就施行，有害就舍弃，犹豫就稍微尝试一下，即使虞舜和夏禹复生，也

不能更改这种道理。要说的深切话语，我不敢写在书信上，那肤浅的话又不值得您一听。想来是我愚钝而不能契合大王的心意吧？或者是轻蔑推荐我的人地位卑贱而不能信用我吗？如果不是这样，我希望占用您少许游园观赏的时间，能拜见您一次。如果一番交谈没有作用，我愿意伏罪接受死刑。

于是秦昭王非常高兴，就向王稽道歉，派人用驿站的车子传召范雎。

于是范雎才得以在离宫见到秦昭王，他假装不认识内宫而进入其中。秦王到来而宦官大怒，驱赶他，说："大王到了！"范雎故意乱说道："秦国哪里有王？秦国只有太后、穰侯罢了。"想以此激怒昭王。昭王到来，听到他与宦官争吵，便上前迎接，道歉说："我本该早就接受您的指教了，正巧义渠的事情紧急，我早晚都要亲自请示太后；如今义渠的事情已了，我才能够接受指教。我这人糊涂不聪明，尊敬地向您行宾主之礼。"范雎推辞谦让。这天看到范雎谒见昭王情况的人，群臣中没有谁不肃然起敬变了脸色的。

秦王屏退左右侍从，宫中空无一人。秦王长跪问话说："先生有什么可以指教我的？"范雎说："嗯，嗯。"不一会儿，秦王又长跪问话说："先生有什么可以指

其浅者又不足听也。意者臣愚而不概于王心邪？亡其言臣者贱而不可用乎？自非然者，臣愿得少赐游观之间，望见颜色。一语无效，请伏斧质。

于是秦昭王大说，乃谢王稽，使以传车召范雎。

于是范雎乃得见于离宫，详为不知永巷而入其中。王来，而宦者怒，逐之，曰："王至！"范雎缪为曰："秦安得王？秦独有太后、穰侯耳。"欲以感怒昭王。昭王至，闻其与宦者争言，遂延迎，谢曰："寡人宜以身受命久矣，会义渠之事急，寡人旦暮自请太后；今义渠之事已，寡人乃得受命。窃闵然不敏，敬执宾主之礼。"范雎辞让。是日观范雎之见者，群臣莫不洒然变色易容者。

秦王屏左右，宫中虚无人。秦王跽而请曰："先生何以幸教寡人？"范雎曰："唯唯。"有间，秦王复跽而请曰："先

生何以幸教寡人？"范雎曰："唯唯。"若是者三。秦王跽曰："先生卒不幸教寡人邪？"范雎曰："非敢然也。臣闻昔者吕尚之遇文王也，身为渔父而钓于渭滨耳。若是者，交疏也。已说而立为太师，载与俱归者，其言深也。故文王遂收功于吕尚而卒王天下。乡使文王疏吕尚而不与深言，是周无天子之德，而文武无与成其王业也。今臣羁旅之臣也，交疏于王，而所愿陈者皆匡君之事，处人骨肉之间，愿效愚忠而未知王之心也。此所以王三问而不敢对者也。

"臣非有畏而不敢言也。臣知今日言之于前而明日伏诛于后，然臣不敢避也。大王信行臣之言，死不足以为臣患，亡不足以为臣忧，漆身为厉、被发为狂不足以为臣耻。且以五帝之圣焉而死，三王之仁焉而死，五伯之贤焉而死，乌获、任鄙之力焉而死，成荆、孟贲、王庆忌、夏育之勇焉而死。死者，人之所必不免也。处必然之势，可以少有补于秦，此臣之所大

教我的？"范雎说："嗯，嗯。"像这样有三次。秦王长跪说："先生终究不肯指教我吗？"范雎说："不是我敢这样。我听说从前吕尚遇到周文王时，他只是在渭水之滨钓鱼的渔夫。像这样，是因为他们交情不深。文王与吕尚交谈完后就立他为太师，载着他一起回去，是因为他说的话深刻。所以文王凭借吕尚的帮助而取得成功并最终称王天下。假使周文王疏远吕尚而不与他深聊，周朝就没有做天子的德行，而文王、武王也就不能成就他们的王业了。如今我是羁旅的臣子，交情上与大王疏远，可我希望陈述的是匡扶君业的大事，讨论别人的骨肉关系，我希望献出愚忠却不知大王的心思。这就是大王三次询问而我不敢回答的原因。

我不是害怕什么而不敢说。我知道今天在您面前直言而明天可能就会伏罪受死，但我不敢躲避。大王如果真的施行我的主张，死不值得使我担心，流亡不值得使我忧愁，漆身生癞、披发成疯也不值得使我感到耻辱。况且像圣明的五帝也会死，仁义的三王也会死，贤能的五霸也会死，有乌获、任鄙的气力也会死，有成荆、孟贲、王庆忌、夏育的勇敢也会死。死亡，是人必不可免的。处在这种必然的形势下，能够对秦国有少许补益，这是我的最大心愿，我又有什么可担心的呢！伍子胥被装

在袋子中逃出了昭关，夜行昼伏，到了陵水，没有食物糊口，用膝盖爬行，磕着头，露出上身，鼓起肚子吹篪，在吴国集市乞讨食物，最终振兴吴国，使阖闾成为霸主。假使我能像伍子胥那样出尽计谋，就是把我再幽禁起来，终身不再见您，这样我的主张施行了，我又有什么可担忧的呢？箕子、接舆漆身生癞，披发装疯，对君主却没有好处。假如我与箕子有同样的遭遇，却可以认为我对贤明的君主有所补益，这是我最大的荣幸，我有什么羞耻的呢？要说有害怕的，只是害怕我死以后，天下人看到我为尽忠而身死，就从此闭口止步，没有谁肯投向秦国了。您在上畏惧太后的威严，在下被奸臣的姿态所迷惑，居处深宫之中，不离左右侍从的伺候，终身迷惑，不能明察奸佞。往大处说国家覆灭，往小处说孤立无援岌岌可危，这是我所担忧的。像那些穷困被欺的事，死亡流放的忧患，我是不害怕的。我死而秦国大治，是我死胜过我活着。

秦王长跪说：“先生这是什么话！秦国地处偏远，我愚钝不才，先生却屈尊到此，这是上天恩准我劳烦先生来保全先王的宗庙。我得以接受先生的教诲，这是上天宠幸先王，而不抛弃他的遗孤啊。先生怎能说出这样的话！事情无论大小，上及

愿也，臣又何患哉！伍子胥橐载而出昭关，夜行昼伏，至于陵水，无以糊其口，膝行蒲伏，稽首肉袒，鼓腹吹篪，乞食于吴市，卒兴吴国，阖闾为伯。使臣得尽谋如伍子胥，加之以幽囚，终身不复见，是臣之说行也，臣又何忧？箕子、接舆漆身为厉，被发为狂，无益于主。假使臣得同行于箕子，可以有补于所贤之主，是臣之大荣也，臣有何耻？臣之所恐者，独恐臣死之后，天下见臣之尽忠而身死，因以是杜口裹足，莫肯乡秦耳。足下上畏太后之严，下惑于奸臣之态，居深宫之中，不离阿保之手，终身迷惑，无与昭奸。大者宗庙灭覆，小者身以孤危，此臣之所恐耳。若夫穷辱之事，死亡之患，臣不敢畏也。臣死而秦治，是臣死贤于生。”

秦昭王跽曰：“先生是何言也！夫秦国辟远，寡人愚不肖，先生乃幸辱至于此，是天以寡人恩先生而存先王之宗庙也。寡人得受命于先生，是天所以幸先王，而不弃其孤也。

先生奈何而言若是？事无小大，上及太后，下至大臣，愿先生悉以教寡人，无疑寡人也。"范雎拜，秦王亦拜。

范雎曰："大王之国，四塞以为固，北有甘泉、谷口，南带泾、渭，右陇、蜀，左关、阪，奋击百万，战车千乘，利则出攻，不利则入守，此王者之地也。民怯于私斗而勇于公战，此王者之民也。王并此二者而有之。夫以秦卒之勇，车骑之众，以治诸侯，譬若施韩卢而搏蹇兔也，霸王之业可致也，而群臣莫当其位。至今闭关十五年，不敢窥兵于山东者，是穰侯为秦谋不忠，而大王之计有所失也。"秦王跽曰："寡人愿闻失计。"

然左右多窃听者，范雎恐，未敢言内，先言外事，以观秦王之俯仰。因进曰："夫穰侯越韩、魏而攻齐纲、寿，非计也。少出师则不足以伤齐，多出师则害于秦。臣意王之计，欲少出师而悉韩、魏之兵也，则不义矣。今见与国之不亲也，越人之国而攻，可乎？其于计疏

太后，下至大臣，希望先生能全部教导我，不要怀疑我。"范雎下拜，秦王也下拜。

范雎说："大王的国家，四面都是坚固的要塞，北边有甘泉、谷口，南边环绕着泾水、渭水，右边有陇山、蜀地，左边有函谷关、崤阪山，雄狮百万，战车千乘，有利就出关攻打，不利就入关防守，这是成就王业的土地啊。百姓害怕私斗却勇于为国家而战，这是建立王业的百姓啊。这二者大王兼而有之。凭借秦国勇猛的士卒、众多的车骑来治服诸侯，就譬如放出韩国的壮犬去追赶跛脚的兔子，霸王的事业可以到手，可是群臣没有谁能当得起他的职位。至今秦国闭关十五年，不敢用兵力窥探崤山以东，这是因为穰侯为秦国谋划不竭尽忠心，而大王决策也有失误啊。"秦王长跪说："我愿听一听我的失策之处。"

可是左右有很多偷听的人，范雎害怕，不敢谈国内的事，先谈国外的事，以此来观察秦王的态度。就近前说："穰侯越过韩国、魏国而攻打齐国的纲地、寿地，这不是好的计策。出兵少便不足以损伤齐国，出兵多就有害于秦国。我猜大王的计策，是想少出兵而让韩国、魏国发出全部兵力，那就不合道义了。如今看出盟国与我们不亲近了，却越过人家的国家去攻打齐国，

可行吗？这在计策上太疏忽了。况且从前齐湣王向南攻打楚国，攻破楚军，杀死楚将，又开辟一千里的领地，可是齐国尺寸之地都没有得到，难道是齐国不想得到土地吗？是形势所迫不能占有啊。各诸侯国看到齐国的疲敝，君臣的不和，兴兵而讨伐齐国，大破齐军。齐国士兵受辱、军队困顿，都归咎于齐王，说：'出这个计策的人是谁？'齐王说：'文子出的计策。'大臣作乱，文子逃走。所以，齐国之所以大败，是因为它讨伐楚国而使韩、魏两国获利。这就是所谓的借给贼人兵器并送给盗贼粮食啊。大王不如远交近攻，得到一寸土地那就是大王的一寸土地，得到一尺土地也是大王的一尺土地。如今放弃近国而攻打远国，不是很荒谬吗！况且从前中山国土地方圆五百里，赵国独吞了它，功成名立，利益随之而来，天下没有谁能损害它。如今韩国、魏国是处在中原的国家、天下的枢纽，大王要想称霸天下，一定要亲近中原的国家，将其作为天下的枢纽，以威慑楚国、赵国。楚国强大您就亲附赵国，赵国强大您就亲附楚国，楚国、赵国都亲附，齐国一定恐惧。齐国恐惧，一定言辞谦卑带着厚礼来依附秦国。齐国依附秦国，那韩国、魏国便可乘机收服了。"昭王说："我想亲近魏国很久了，可魏国是个多变的国家，我无法亲近它。请问如

矣。且昔齐湣王南攻楚，破军杀将，再辟地千里，而齐尺寸之地无得焉者，岂不欲得地哉？形势不能有也。诸侯见齐之罢弊，君臣之不和也，兴兵而伐齐，大破之。士辱兵顿，皆咎其王，曰：'谁为此计者乎？'王曰：'文子为之。'大臣作乱，文子出走。故齐所以大破者，以其伐楚而肥韩、魏也。此所谓借贼兵而赍盗粮者也。王不如远交而近攻，得寸则王之寸也，得尺亦王之尺也。今释此而远攻，不亦缪乎！且昔者中山之国地方五百里，赵独吞之，功成名立而利附焉，天下莫之能害也。今夫韩、魏，中国之处而天下之枢也，王其欲霸，必亲中国以为天下枢，以威楚、赵。楚强则附赵，赵强则附楚，楚、赵皆附，齐必惧矣。齐惧，必卑辞重币以事秦。齐附而韩、魏因可虏也。"昭王曰："吾欲亲魏久矣，而魏多变之国也，寡人不能亲。请问亲魏奈何？"对曰："王卑词重币以事之；不可，则割地而赂之；不可，因举兵而

伐之。"王曰："寡人敬闻命矣。"乃拜范雎为客卿，谋兵事。卒听范雎谋，使五大夫绾伐魏，拔怀。后二岁，拔邢丘。

客卿范雎复说昭王曰："秦韩之地形，相错如绣。秦之有韩也，譬如木之有蠹也，人之有心腹之病也。天下无变则已，天下有变，其为秦患者孰大于韩乎？王不如收韩。"昭王曰："吾固欲收韩，韩不听，为之奈何？"对曰："韩安得无听乎？王下兵而攻荥阳，则巩、成皋之道不通；北断太行之道，则上党之师不下。王一兴兵而攻荥阳，则其国断而为三。夫韩见必亡，安得不听乎？若韩听，而霸事因可虑矣。"王曰："善。"且欲发使于韩。

范雎日益亲，复说用数年矣，因请间说曰："臣居山东时，闻齐之有田单，不闻其有王也；闻秦之有太后、穰侯、华阳、高陵、泾阳，不闻其有王也。夫擅国之谓王，能

何亲近魏国呢？"回答说："大王用好话重金来拉拢；不行，那就割地贿赂；不行，就举兵讨伐。"秦王说："我恭敬地接受您的建议。"于是任范雎为客卿，谋划军事。最终听从了范雎的计谋，派五大夫绾讨伐魏国，攻取怀地。二年后，攻下邢丘。

客卿范雎又游说昭王道："秦国、韩国的地形，相互交错如刺绣一样。韩国的存在对秦国来说，犹如树中有了蠹虫，人体有心腹之病。天下没有变动便罢了，天下有变，那给秦国造成祸患的除了韩国还有谁呢？大王不如收服韩国。"昭王说："我本就想收服韩国，韩国不听从，该怎么办呢？"回答说："韩国怎么能不听从呢？大王出兵攻打荥阳，那么巩地、成皋的道路不通；向北截断太行山的道路，那么上党的军队不能南下。大王一旦兴兵攻打荥阳，那么韩国就会被分割成三块孤立的地区。韩国眼见就要灭亡，怎能不听从呢？如果韩国听从，就可以趁势考虑霸业了。"昭王说："好。"将要派遣使者去韩国。

范雎日益得到昭王的亲近，主张被采用又有几年，就得空游说昭王道："我住在崤山以东时，只听说齐国有田文，没听说过齐王；听说秦国有太后、穰侯、华阳君、高陵君、泾阳君，没听说有秦王。独揽国政的叫王，能兴利除害的叫王，控制

生杀大权的叫王。如今太后擅权专政毫无顾忌，穰侯出使从不汇报，华阳君、泾阳君等人断案处刑没有避讳，高陵君任免官吏从不请示。这四种权贵存在而国家不危险的，从未有过。这四种权贵的情况下，就是所谓的没有大王啊。既然这样那么政权怎么能不旁落，政令又怎么能由大王发出呢？我听说善于治国的人，就要在内稳固自己的威势而在外重视自己的权力。穰侯的使臣操持着大王的大权，决断影响诸侯，把持符节遍布天下订盟立约，征伐敌人，攻打别国，没有谁敢不听命。战胜攻取那么利益就归到陶邑，国家受损就让诸侯来承担；那么战败就会与百姓结怨，而灾祸却被归咎国家。《诗》说'树上果实繁多会折断树枝，折断树枝会伤到树心；都邑太大就会危害国家，尊崇臣子就会使君主卑下'。崔杼、淖齿掌管齐国，崔杼射伤齐庄公的大腿并杀了他，淖齿抽掉齐湣王的筋，将他悬吊在庙梁之上，过了一晚上就死了。李兑掌管赵国，将主父囚禁在沙丘，一百天后主父饿死。如今我听说秦国的太后、穰侯专权，高陵君、华阳君、泾阳君辅佐他们，最终越过秦王，这也是淖齿、李兑一类的人啊。况且夏、商、周三代之所以亡国，是因为君王将国政授予大臣，自己纵酒驰骋打猎，不听政事。他们所授权的宠臣，嫉贤妒能，欺下瞒上，来实现

利害之谓王，制杀生之威之谓王。今太后擅行不顾，穰侯出使不报，华阳、泾阳等击断无讳，高陵进退不请。四贵备而国不危者，未之有也。为此四贵者下，乃所谓无王也。然则权安得不倾，令安得从王出乎？臣闻善治国者，乃内固其威而外重其权。穰侯使者操王之重，决制于诸侯，剖符于天下，政适伐国，莫敢不听。战胜攻取则利归于陶国，弊御于诸侯；战败则结怨于百姓，而祸归于社稷。诗曰：'木实繁者披其枝，披其枝者伤其心；大其都者危其国，尊其臣者卑其主。'崔杼、淖齿管齐，射王股，擢王筋，县之于庙梁，宿昔而死。李兑管赵，囚主父于沙丘，百日而饿死。今臣闻秦太后、穰侯用事，高陵、华阳、泾阳佐之，卒无秦王，此亦淖齿、李兑之类也。且夫三代所以亡国者，君专授政，纵酒驰骋弋猎，不听政事。其所授者，妒贤嫉能，御下蔽上，以成其私，不为主计，而主不觉悟，故失其国。今自有秩以上至诸大吏，及王左右，无

非相国之人者。见王独立于朝，臣窃为王恐，万世之后，有秦国者非王子孙也。"昭王闻之大惧，曰："善。"于是废太后，逐穰侯、高陵、华阳、泾阳君于关外。秦王乃拜范雎为相，收穰侯之印，使归陶，因使县官给车牛以徙，千乘有余。到关，关阅其宝器，宝器珍怪多于王室。

秦封范雎以应，号为应侯。当是时，秦昭王四十一年也。

范雎既相秦，秦号曰张禄，而魏不知，以为范雎已死久矣。魏闻秦且东伐韩、魏，魏使须贾于秦。范雎闻之，为微行，敝衣间步之邸，见须贾。须贾见之而惊曰："范叔固无恙乎！"范雎曰："然。"须贾笑曰："范叔有说于秦邪？"曰："不也。雎前日得过于魏相，故亡逃至此，安敢说乎！"须贾曰："今叔何事？"范雎曰："臣为人庸赁。"须贾意哀之，留与坐饮食，曰："范

他们的私欲，不为君主谋划，可君主不觉悟，所以失去他的国家。如今从小官吏以上到各位大臣，再向下到大王的左右侍从，无一不是相国的人。看大王在朝廷孤立一人，我私下替大王担心，您百岁之后，拥有秦国的人不是大王的子孙啊。"昭王听了这些大为恐惧，说："好。"于是废黜太后，把穰侯、高陵君、华阳君、泾阳君驱逐到关外。秦王于是任范雎为国相。收回穰侯的相印，让他回到陶邑，通过朝廷派给的车子和牛为他搬迁，拉东西的车子有一千多辆。到达关卡，守关官吏检查他的珍宝器物，发现珍贵奇异的宝物比王室还多。

秦王将应城封给范雎，封号为应侯。当时是秦昭王四十一年。

范雎任秦国国相后，秦国称他为张禄，而魏国不知道，以为范雎已经死了很久了。魏国听说秦国将要向东讨伐韩国、魏国，魏国派须贾出使到秦国。范雎听说此事后，就微服出行，穿着破衣从小路步行到馆舍，见到须贾。须贾见到他惊讶地说："范叔原来没事啊！"范雎说："是。"须贾笑着说："范叔是到秦国游说的吗？"范雎说："不。我前段时间得罪过魏国国相，所以逃亡到此，怎敢游说呢！"须贾说："如今范叔在做什么事呢？"范雎说："我为人家当雇工。"须贾有些怜悯他，留下他与自己坐着喝酒吃饭，说："范叔竟然

贫寒到这种地步！"于是取出他的一件粗绸袍子赐给他。须贾趁机问道："秦国国相张君，您知道他吗？我听说他受到秦王宠信，天下的事都由相国张君决断。如今我的事情成败在于张君。你小子有没有朋友与国相张君熟识的呢？"范雎说："我的主人一向熟悉他。就是我也能够谒见他，我请求替您求见张君。"须贾说："我的马病了，车轴折了，不是四匹马拉的大车，我是绝不出门的。"范雎说："我愿意替您向我的主人借四匹马拉的大车。"

范雎回去取来四匹马拉的大车，为须贾驾车，进入秦国国相府中。府中的人望见，有认识的人都躲避开。须贾对此感到奇怪。到了国相家门口，范雎对须贾说："等等我，我先进入替您向国相张君通报。"须贾在门外等待，拉着车绳很久，问门人说："范叔为什么不出来呢？"门人说："这里没有范叔。"须贾说："刚才与我一起坐车进入的那个人就是范叔。"门人说："那是我们的国相张君。"须贾大为惊慌，自知被诓骗而来，于是坦露上身双膝跪地而行，通过门人向范雎谢罪。这时范雎坐在豪华的帷帐中，侍从很多，接见须贾。须贾磕头自称死罪，说："我没想到您能达到如此崇高的地位，我不敢再读天下的书，不敢再参与天下的事了。我犯下应该受汤镬的大罪，我请求被屏退到野蛮的胡貉地

叔一寒如此哉！"乃取其一绨袍以赐之。须贾因问曰："秦相张君，公知之乎？吾闻幸于王，天下之事皆决于相君。今吾事之去留在张君。孺子岂有客习于相君者哉？"范雎曰："主人翁习知之。唯雎亦得谒，雎请为君见于张君。"须贾曰："吾马病，车轴折，非大车驷马，吾固不出。"范雎曰："愿为君借大车驷马于主人翁。"

范雎归取大车驷马，为须贾御之，入秦相府。府中望见，有识者皆避匿，须贾怪之。至相舍门，谓须贾曰："待我，我为君先入通于相君。"须贾待门下，持车良久，问门下曰："范叔不出，何也？"门下曰："无范叔。"须贾曰："乡者与我载而入者。"门下曰："乃吾相张君也。"须贾大惊，自知见卖，乃肉袒膝行，因门下人谢罪。于是范雎盛帷帐，侍者甚众，见之。须贾顿首言死罪，曰："贾不意君能自致于青云之上，贾不敢复读天下之书，不敢复与天下之事。贾有汤镬之罪，请自屏于胡貉之地，唯

君死生之！"范雎曰："汝罪有几？"曰："擢贾之发以续贾之罪，尚未足。"范雎曰："汝罪有三耳。昔者楚昭王时而申包胥为楚却吴军，楚王封之以荆五千户，包胥辞不受，为丘墓之寄于荆也。今雎之先人丘墓亦在魏，公前以雎为有外心于齐而恶雎于魏齐，公之罪一也。当魏齐辱我于厕中，公不止，罪二也。更醉而溺我，公其何忍乎？罪三矣。然公之所以得无死者，以绨袍恋恋，有故人之意，故释公。"乃谢罢。入言之昭王，罢归须贾。

须贾辞于范雎，范雎大供具，尽请诸侯使，与坐堂上，食饮甚设。而坐须贾于堂下，置莝豆其前，令两黥徒夹而马食之。数曰："为我告魏王，急持魏齐头来，不然者，我且屠大梁。"须贾归，以告魏齐。魏齐恐，亡走赵，匿平原君所。

范雎既相，王稽谓范雎曰："事有不可知者三，有不可奈何者亦三。官车一日晏驾，

区，任凭您处置我的生死！"须贾说："你有几条罪？"须贾说："拔下我的头发来数我的罪过也不够。"范雎说："你的罪有三条。从前楚昭王时申包胥替楚国击退吴军，楚王把荆地的五千户封给他，申包胥推辞不肯接受，因为他的祖坟安葬在荆地。如今我先人的坟墓也在魏国，您以前认为我有异心暗通齐国而在魏齐面前说我的坏话，这是你的第一条罪。当魏齐在厕所中侮辱我时，你不阻止，这是第二条罪。喝醉后接连派人向我身上撒尿，你是何等残忍啊？这是第三条罪。然而你之所以还没有死，是因为你有送我粗绸袍子的念旧之心，还有老朋友的情意，所以放了你。"于是须贾谢罪告辞。范雎入宫将此事告知秦昭王，打发须贾回国。

须贾向范雎告辞，范雎大摆筵席，请来诸侯国全部的使臣，与他们同坐堂上，酒菜很丰盛。而他让须贾坐在堂下，将草料豆子放在他的面前，命令两个受过黥刑的囚徒夹着他像喂马一样喂给他吃。范雎数落他说："替我告诉魏王，赶紧拿魏齐的人头来！不然我将屠灭大梁。"须贾回国，把这些话告诉了魏齐。魏齐害怕，逃到赵国，藏匿在平原君的住所。

范雎任秦国国相后，王稽对范雎说："不可预知的事情有三种，无可奈何的也有三种。国君有朝一日崩逝，这是第一件

不可预知的事。您突然死在客馆，这是第二件不可预知的事。可能我会突然死去，这是第三件不可预知的事。国君有朝一日崩逝，您即使想报答我，也无可奈何。您突然死在客馆，您即使想报答我，也无可奈何。如果我突然死去，您即使想报答我，也无可奈何。"范雎不高兴，就入宫告诉昭王说："没有王稽的忠诚，没有谁能把我带到函谷关；没有大王的贤圣，没有谁能使我显贵。如今我官至国相，爵位列侯，王稽的官职还是谒者，这不是他推荐我的本意。"昭王召来王稽，封他为河东郡守，三年内无须入朝上计。范雎又推荐郑安平，昭王封他为将军。范雎于是散掉家中财物，全都拿来报答那些曾经因为他而遭遇困苦危难的人。一顿饭的恩情也一定偿还，瞪眼睛的仇怨也一定报复。

范雎任秦国国相第二年，是秦昭王四十二年，向东讨伐韩国的少曲、高平，攻占这两个地方。

秦昭王听说魏齐在平原君的住所，一定要为范雎报这个仇，就假意交好写了书信送给平原君说："我听说您仁义高尚，希望与您结成平民一般的朋友，您若光临我这里，我愿与您畅饮十天。"平原君畏惧秦国，并且认为信中说得对，便入秦会见秦昭王。昭王与平原君饮酒好几天，昭

是事之不可知者一也。君卒然捐馆舍，是事之不可知者二也。使臣卒然填沟壑，是事之不可知者三也。宫车一日晏驾，君虽恨于臣，无可奈何。君卒然捐馆舍，君虽恨于臣，亦无可奈何。使臣卒然填沟壑，君虽恨于臣，亦无可奈何。"范雎不怿，乃入言于王曰："非王稽之忠，莫能内臣于函谷关；非大王之贤圣，莫能贵臣。今臣官至于相，爵在列侯，王稽之官尚止于谒者，非其内臣之意也。"昭王召王稽，拜为河东守，三岁不上计。又任郑安平，昭王以为将军。范雎于是散家财物，尽以报所尝困厄者。一饭之德必偿，睚眦之怨必报。

范雎相秦二年，秦昭王之四十二年，东伐韩少曲、高平，拔之。

秦昭王闻魏齐在平原君所，欲为范雎必报其仇，乃详为好书遗平原君曰："寡人闻君之高义，愿与君为布衣之友，君幸过寡人，寡人愿与君为十日之饮。"平原君畏秦，且以为然，而入秦见昭王。昭王与平原君

饮数日,昭王谓平原君曰:"昔周文王得吕尚以为太公,齐桓公得管夷吾以为仲父,今范君亦寡人之叔父也。范君之仇在君之家,愿使人归取其头来;不然,吾不出君于关。"平原君曰:"贵而为交者,为贱也;富而为交者,为贫也。夫魏齐者,胜之友也,在,固不出也,今又不在臣所。"昭王乃遗赵王书曰:"王之弟在秦,范君之仇魏齐在平原君之家。王使人疾持其头来;不然,吾举兵而伐赵,又不出王之弟于关。"赵孝成王乃发卒围平原君家,急,魏齐夜亡出,见赵相虞卿。虞卿度赵王终不可说,乃解其相印,与魏齐亡,间行,念诸侯莫可以急抵者,乃复走大梁,欲因信陵君以走楚。信陵君闻之,畏秦,犹豫未肯见,曰:"虞卿何如人也?"时侯嬴在旁,曰:"人固未易知,知人亦未易也。夫虞卿蹑屩檐簦,一见赵王,赐白璧一双,黄金百镒;再见,拜为上卿;三见,卒受相印,封万户侯。当此之时,天下争知之。夫魏齐穷困过虞

王对平原君说:"从前周文王得到吕尚把他当作太公,齐桓公得到管夷吾把他当作仲父,如今范君也是寡人的叔父。范君的仇人在您的家中,希望您派人回去取他的人头来;不然,我不会放您出关。"平原君说:"显贵时结交朋友,是为了不忘记微贱;富有时结交朋友,是为了不忘记贫穷。魏齐是我的朋友,即便在我家,我也决绝不会交出他,况且如今他又不在我家。"昭王于是送给赵王书信说:"大王的弟弟在秦国,范君的仇人魏齐在平原君的家里。大王赶紧派人送他的人头来;不然我举兵讨伐赵国,也不放大王的弟弟出关。"赵孝成王于是发兵包围平原君的家,情况紧急,魏齐连夜出逃,求见赵国国相虞卿。虞卿估计赵王终究不能被说服,就解下相印,与魏齐逃亡,抄小路走,想到不能很快抵达哪个诸侯国,便又逃回大梁,想通过信陵君逃奔到楚国。信陵君听说此事后,畏惧秦国,犹豫着不想接见,问:"虞卿是什么样的人呢?"这时侯嬴在旁边,说:"人固然不容易被人了解,了解别人也是不容易的。虞卿脚踏草鞋,肩搭雨伞,第一次见赵王,赵王赐给他白璧一双,黄金百镒;第二次见赵王,赵王封他为上卿;第三次见赵王,赵王最终授予他相印,封为万户侯。当时,天下人都想了解他。魏齐穷困时投奔虞卿,虞卿不看重

爵位俸禄的尊贵，解下相印，抛弃万户侯的爵位而从小道跑来。他以士人的穷困为急事来投奔公子，公子说'什么样的人'。人本来就不容易被人了解，了解别人也是不容易的啊！"信陵君很惭愧，驾车到郊外迎接他们。魏齐听说信陵君当初因接见他们而为难，一怒之下自刎了。赵王听说此事后，最终取下他的人头献给秦国。秦昭王才放平原君返回赵国。

秦昭王四十三年，秦国攻打韩国的汾陉，攻下了它，于是在黄河边上的广武筑城。

五年后，昭王采用应侯的计策，使用反间计欺骗赵国，赵国因此派马服君的儿子代替廉颇领兵。秦军在长平大破赵军，最终包围邯郸。不久范雎与武安君白起有嫌隙，进谗言杀了白起。应侯任用郑安平，派他攻打赵国。郑安平被赵军包围，形势紧急，带领军队二万人投降赵国。应侯跪在草席上请罪。按照秦国的法律，推荐他人而被推荐的人犯了罪，分别按罪惩罚他们。于是应侯罪当拘捕三族。秦昭王怕伤害应侯的心意，于是下令国中："有敢议论郑安平事件的，按照郑安平的罪名给他论罪。"而且赏赐给相国应侯的食物更加丰厚，以使他顺心。两年后，王稽担任河东郡守，与诸侯勾结，犯法获罪被诛杀。而应侯日益心情不佳。

昭王上朝时叹息，应侯上前说："我

卿，虞卿不敢重爵禄之尊，解相印，捐万户侯而间行。急士之穷而归公子，公子曰'何如人'。人固不易知，知人亦未易也！"信陵君大惭，驾如野迎之。魏齐闻信陵君之初难见之，怒而自刭。赵王闻之，卒取其头予秦。秦昭王乃出平原君归赵。

昭王四十三年，秦攻韩汾陉，拔之，因城河上广武。

后五年，昭王用应侯谋，纵反间卖赵，赵以其故，令马服子代廉颇将。秦大破赵于长平，遂围邯郸。已而与武安君白起有隙，言而杀之。任郑安平，使击赵。郑安平为赵所围；急，以兵二万人降赵。应侯席稿请罪。秦之法，任人而所任不善者，各以其罪罪之。于是应侯罪当收三族。秦昭王恐伤应侯之意，乃下令国中："有敢言郑安平事者，以其罪罪之。"而加赐相国应侯食物日益厚，以顺适其意。后二岁，王稽为河东守，与诸侯通，坐法诛。而应侯日益以不怿。

秦昭王临朝叹息，范雎进

曰："臣闻'主忧臣辱，主辱臣死'。今大王中朝而忧，臣敢请其罪。"昭王曰："吾闻楚之铁剑利而倡优拙。夫铁剑利则士勇，倡优拙则思虑远。夫以远思虑而御勇士，吾恐楚之图秦也。夫物不素具，不可以应卒，今武安君既死，而郑安平等畔，内无良将而外多敌国，吾是以忧。"欲以激励应侯。应侯惧，不知所出。蔡泽闻之，往入秦也。

蔡泽

蔡泽者，燕人也。游学干诸侯小大甚众，不遇。而从唐举相，曰："吾闻先生相李兑，曰'百日之内持国秉'，有之乎？"曰："有之。"曰："若臣者何如？"唐举孰视而笑曰："先生曷鼻，巨肩，魋颜，蹙齃，膝挛。吾闻圣人不相，殆先生乎？"蔡泽知唐举戏之，乃曰："富贵吾所自有，吾所不知者寿也，愿闻之。"唐举曰："先生之寿，从今以往者四十三岁。"蔡泽笑谢而去，谓其御者曰："吾持粱刺齿肥，跃马疾驱，怀黄金之印，结紫

听说'君主忧愁是臣子的耻辱，君主受辱臣子要赴死'。如今大王在上朝时忧愁，我斗胆请求治我的罪。"昭王说："我听说楚国的铁剑锋利而歌舞拙劣。铁剑锋利则士兵勇武，歌舞拙劣则思虑深远。以思虑深远来驾驭勇士，我担心楚国会图谋秦国。不事前准备用具，就不能应对突发事件，如今武安君已经死去，而郑安平等人背叛，在内没有良将而在外多有敌国，我因此忧虑。"昭王想以此激励应侯。应侯害怕，不知如何应对。蔡泽听说此事后，前往秦国。

蔡泽，是燕国人。他曾经游学并向大小许多诸侯谋求官职，没有得到赏识。他就找唐举相面，说："我听说先生为李兑相面，说他'一百天内执掌国政'，有这事吗？"唐举说："有这事。"蔡泽说："像我这样的人怎么样？"唐举仔细地看了看他笑着说："先生是朝天鼻，宽肩膀，凸额头，塌鼻梁，罗圈腿。我听说圣人相貌不完美，大概说的是先生吧？"蔡泽知道唐举戏弄他，就说："富贵我本来就有，我不知道的是寿命，想听您说一说。"唐举说："先生的寿命，从今往后还有四十三年。"蔡泽笑着辞谢而去，对他的车夫说："我手里拿着白米，咬着肥肉，可以骑上马背快速奔驰，身怀黄金之

印,在腰上系着紫绶,在人主面前作揖礼让,吃着肉,享有富贵,四十三年足够了。"他离开燕国来到赵国,被驱逐。到韩国、魏国,在途中遭遇盗匪被抢走了锅碗。蔡泽听说应侯任用的郑安平、王稽都在秦国犯有重罪,应侯心中惭愧,蔡泽于是向西入秦。

蔡泽准备拜见昭王,派人扬言来激怒应侯说:"燕国宾客蔡泽,是天下见识超群、极富辩才的智谋之士。他一见到秦王,秦王一定使您困窘而夺走您的相位。"应侯听说后,说:"五帝、三代的事理,百家的学说,我都通晓,众人的巧辩,我都能击败他们,这人怎么能使我困窘并夺走我的相位呢?"派人召来蔡泽。蔡泽进入,就向应侯作揖。应侯本就不高兴,等到见了他,看他又高傲自大,应侯就指责他说:"你曾经扬言想取代我做秦国国相,莫非有这回事吗?"蔡泽回答说:"有这事。"应侯说:"请让我听听您的说法。"蔡泽说:"唉!您为什么见识如此落后呢!四时的秩序,是完成了各自的使命便离开。人活着身体各部位强健,手脚灵活,耳聪目明,心神聪慧,这难道不是士人的愿望吗?"应侯说:"是。"蔡泽说:"以仁为本,秉持正义,推行正道,施布恩德,在天下实现了自己的志向,天下人怀念、敬爱并尊崇、仰慕他,都愿意让他做君王,

缓于要,揖让人主之前,食肉富贵,四十三年足矣。"去之赵,见逐。入韩、魏,遇夺釜鬲于涂。闻应侯任郑安平、王稽皆负重罪于秦,应侯内惭,蔡泽乃西入秦。

将见昭王,使人宣言以感怒应侯曰:"燕客蔡泽,天下雄俊弘辩智士也。彼一见秦王,秦王必困君而夺君之位。"应侯闻,曰:"五帝三代之事,百家之说,吾既知之,众口之辩,吾皆摧之,是恶能困我而夺我位乎?"使人召蔡泽。蔡泽入,则揖应侯。应侯固不快,及见之,又倨,应侯因让之曰:"子尝宣言欲代我相秦,宁有之乎?"对曰:"然。"应侯曰:"请闻其说。"蔡泽曰:"吁,君何见之晚也!夫四时之序,成功者去。夫人生百体坚强,手足便利,耳目聪明而心圣智,岂非士之愿与?"应侯曰:"然。"蔡泽曰:"质仁秉义,行道施德,得志于天下,天下怀乐敬爱而尊慕之,皆愿以为君王,岂不辩智之期与?"

应侯曰："然。"蔡泽复曰："富贵显荣，成理万物，使各得其所；性命寿长，终其天年而不夭伤；天下继其统，守其业，传之无穷；名实纯粹，泽流千里，世世称之而无绝，与天地终始：岂道德之符而圣人所谓吉祥善事者与？"应侯曰："然。"

蔡泽曰："若夫秦之商君，楚之吴起，越之大夫种，其卒然亦可愿与？"应侯知蔡泽之欲困己以说，复谬曰："何为不可？夫公孙鞅之事孝公也，极身无贰虑，尽公而不顾私；设刀锯以禁奸邪，信赏罚以致治；披腹心，示情素，蒙怨咎，欺旧友，夺魏公子卬，安秦社稷，利百姓，卒为秦禽将破敌，攘地千里。吴起之事悼王也，使私不得害公，谗不得蔽忠，言不取苟合，行不取苟容，不为危易行，行义不辟难，然为霸主强国，不辞祸凶。大夫种之事越王也，主虽困辱，悉忠而不解，主虽绝亡，尽能而弗离，成功而弗矜，贵富而不骄怠。若此三子者，固义之

这难道不是善辩明智之人的期望吗？"应侯说："是。"蔡泽又说："富有尊贵并显达荣耀，治理万物，使它们各得其所；性命长寿，终享天年而不夭折；天下继承他的传统，固守他的基业，并永远传承下去；名声与实际完全相符，恩泽流传千里，世代称颂他而不断绝，与天地一样长久：这难道不是符合道德并且是圣人所说的吉祥善事吗？"应侯说："是。"

蔡泽说："像秦国的商君，楚国的吴起，越国的大夫文种，他们的结局也是可以期望的吗？"应侯知道蔡泽想用这些话说服自己，又狡辩说："为什么不可以？公孙鞅为秦孝公做事，终其一生没有二心，尽心为公不顾私情；设置刑罚来禁止奸邪，赏罚分明以达到安定；开诚布公，昭示想法，蒙受怨恨指责，欺骗旧友，捉住魏公子卬，安定秦国社稷，使百姓获利，终于替秦国擒获敌将，攻破敌军，开拓千里领地。吴起为楚悼王做事，使私家不得妨碍公家，谗言不能蒙蔽忠良，谈话不能无原则附和，行事不苟且保身，不因危险改变行动，推行仁义不避艰难，可是他为了使君主成就霸业，使国家强盛，不避凶祸。大夫文种为越王做事，君王虽然遭困受辱，但他仍竭尽忠诚不懈怠，君王虽然亡国，但他竭尽才能而不离开，成就功业而不自夸，显贵富有而不骄傲懈怠。像这三个人，本就

是大义的最高标准，拥有忠诚的气节。因此君子为大义遭难而死，视死如归；活着受辱不如死得光荣。士人本就可以身死成名，只要是仁义的事，为之身死也没什么遗憾。为什么不可以呢？"

蔡泽说："君主圣明，臣子贤良，是天下的洪福；君主英明，臣子正直，是国家的福气；父慈子孝，丈夫诚信，妻子忠贞，是家庭的福气。所以比干忠诚却不能保全殷商，子胥多智却不能保全吴国，申生孝顺而晋国大乱。这些都是忠臣孝子，而国家毁灭混乱，为什么呢？是因为没有圣明的君主、贤能的父亲听从他们的建议，所以天下人以他们的君主和父亲为耻辱而怜悯他们的臣子和儿子。如今商君、吴起、大夫文种身为人臣，是对的；他们的君主，是不对的。所以世人称说的这三位先生建有大功却不得好报，难道是羡慕他们没遇到好的时代死去了吗？如果等到死后才可以树立忠诚的美名，那么微子不足以被称为仁人，孔子不足以被称为圣人，管仲不足以被称为大人物。人们建功立业，难道不期望功成人在吗？身与名都能保全的最好。名声流传而身死的次之。名声受辱而性命保全的最差。"于是应侯赞同。

蔡泽抓住一点空闲，趁机说："商君、吴起、大夫文种，他们身为人臣竭尽忠诚建立功业那是令人仰慕的了，闳夭侍奉周

至也，忠之节也。是故君子以义死难，视死如归；生而辱不如死而荣。士固有杀身以成名，唯义之所在，虽死无所恨。何为不可哉？"

蔡泽曰："主圣臣贤，天下之盛福也；君明臣直，国之福也；父慈子孝，夫信妻贞，家之福也。故比干忠而不能存殷，子胥智而不能完吴，申生孝而晋国乱。是皆有忠臣孝子，而国家灭乱者，何也？无明君贤父以听之，故天下以其君父为僇辱而怜其臣子。今商君、吴起、大夫种之为人臣，是也；其君，非也。故世称三子致功而不见德，岂慕不遇世死乎？夫待死而后可以立忠成名，是微子不足仁，孔子不足圣，管仲不足大也。夫人之立功，岂不期于成全邪？身与名俱全者，上也；名可法而身死者，其次也；名在僇辱而身全者，下也。"于是应侯称善。

蔡泽少得间，因曰："夫商君、吴起、大夫种，其为人臣尽忠致功则可愿矣，闳

夭事文王，周公辅成王也，岂不亦忠圣乎？以君臣论之，商君、吴起、大夫种其可愿孰与闳夭、周公哉？"应侯曰："商君、吴起、大夫种弗若也。"

蔡泽曰："然则君之主慈仁任忠，惇厚旧故，其贤智与有道之士为胶漆，义不倍功臣，孰与秦孝公、楚悼王、越王乎？"应侯曰："未知何如也。"

蔡泽曰："今主亲忠臣，不过秦孝公、楚悼王、越王，君之设智，能为主安危修政，治乱强兵，批患折难，广地殖谷，富国足家，强主，尊社稷，显宗庙，天下莫敢欺犯其主，主之威盖震海内，功彰万里之外，声名光辉传于千世，君孰与商君、吴起、大夫种？"应侯曰："不若。"

蔡泽曰："今主之亲忠臣不忘旧故不若孝公、悼王、句践，而君之功绩爱信亲幸又不若商君、吴起、大夫种，然而君之禄位贵盛，私家之富过于三子，而身不退者，恐患之甚于三子，窃为君危之。语曰：

文王，周公辅佐周成王，难道不也是忠诚圣明的吗？以君臣关系来论述他们，商君、吴起、大夫文种与闳夭、周公相比谁更令人仰慕呢？"应侯说："商君、吴起、大夫文种不如他们。"蔡泽说："既然这样，那您的君主慈爱仁义任用忠臣，敦厚、顾念旧情，他贤明智慧，与有道德的士人关系如胶似漆，讲义气不背弃功臣，在这些方面与秦孝公、楚悼王、越王相比，哪一个好呢？"应侯说："不知道会怎么样。"

蔡泽说："如今君主亲近忠臣，不超过秦孝公、楚悼王、越王。您的谋划，能为君主安定危局、修明政事，平治叛乱、增强兵力，排除祸患、消除灾难，开拓疆土、多种谷物，国家富强、百姓富足，加强君主权力，尊崇社稷，光显宗庙，天下没有谁敢欺瞒冒犯您的君主，君主的威严震慑海内，功名传扬万里之外，声名光辉流传千秋万代，这些方面您与商君、吴起、大夫文种相比怎么样？"应侯说："我不如他们。"

蔡泽说："如今君主亲近忠臣不忘旧情不如孝公、悼王、勾践，您的功绩和所受的信任、宠爱又不如商君、吴起、大夫文种，然而您的俸禄爵位高贵至极，自己的富有却超过了这三人，而自己却不知退隐，恐怕您遭到的祸患要甚于这三人，我暗自替您感到危险。俗话说'太阳升到正中就要偏移，月亮圆满就要亏损'。物盛则衰，这是天地万物的常规。进退伸缩，与时变化，这是圣人的常理。所以'国家政治清明就做官，国家政治混乱就隐居'。圣人说'飞龙遨游在天际，有利于见到大人物'，'用不义的手段得来的富贵，对我来说就像浮云'。如今您的仇怨已经报复，恩德已经报答，心愿满足了，却没有应变的谋划，我私下认为您不该采取这种态度。况且翠鸟、鸿鹄、犀牛、大象，它们所处的形势不是不远离死地，而之所以死去，是因为被诱饵所迷惑。以苏秦、智伯的智慧，不是不能够避开侮辱远离死亡，而之所以死去，是因为被贪欲所迷惑。因此圣人制定礼仪，节制私欲，向百姓征收赋税有限度，按时节使用民力，使用民财有止境，所以想法不过分，行为不骄奢，常合乎准则而不背离，所以天下才继承他们的事业而不断绝。从前齐桓公九次会盟诸侯，一次匡扶天下，到了葵丘会盟时，有骄傲自满之意，许多国家背叛他。吴王夫差的军队无敌于天下，勇猛强悍而轻视诸侯，侵凌齐国、晋国，所以最终身死国亡。夏育、太史噭叱咤震骇三军，然而却被庸夫杀死。这些人都是功名极为显赫，却不能返回到常度，不能谦卑退让节俭约束而招致灾祸。商君替秦孝公修明法令，禁绝奸邪的根源，尊崇爵位，有功必赏，有罪必罚，统一权

'日中则移，月满则亏。'物盛则衰，天地之常数也。进退盈缩，与时变化，圣人之常道也，故'国有道则仕，国无道则隐'。圣人曰'飞龙在天，利见大人'，'不义而富且贵，于我如浮云'。今君之怨已雠而德已报，意欲至矣，而无变计，窃为君不取也。且夫翠、鹄、犀、象，其处势非不远死也，而所以死者，惑于饵也。苏秦、智伯之智，非不足以辟辱远死也，而所以死者，惑于贪利不止也。是以圣人制礼节欲，取于民有度，使之以时，用之有止，故志不溢，行不骄，常与道俱而不失，故天下承而不绝。昔者齐桓公九合诸侯，一匡天下，至于葵丘之会，有骄矜之志，畔者九国。吴王夫差兵无敌于天下，勇强以轻诸侯，陵齐、晋，故遂以杀身亡国。夏育、太史噭叱呼骇三军，然而身死于庸夫。此皆乘至盛而不返道理，不居卑退处俭约之患也。夫商君为秦孝公明法令，禁奸本，尊爵必赏，有罪必罚，平权衡，正度量，调轻

重，决裂阡陌，以静生民之业而一其俗，劝民耕农利土，一室无二事，力田穑积，习战陈之事，是以兵动而地广，兵休而国富，故秦无敌于天下，立威诸侯，成秦国之业。功已成矣，而遂以车裂。楚地方数千里，持戟百万，白起率数万之师以与楚战，一战举鄢郢以烧夷陵，再战南并蜀汉。又越韩、魏而攻强赵，北坑马服，诛屠四十余万之众，尽之于长平之下，流血成川，沸声若雷，遂入围邯郸，使秦有帝业。楚、赵天下之强国而秦之仇敌也，自是之后，楚、赵皆慑伏不敢攻秦者，白起之势也。身所服者七十余城，功已成矣，而遂赐剑死于杜邮。吴起为楚悼王立法，卑减大臣之威重，罢无能，废无用，损不急之官，塞私门之请，一楚国之俗，禁游客之民，精耕战之士，南收杨越，北并陈、蔡，破横散从，使驰说之士无所开其口，禁朋党以励百姓，定楚国之政，兵震天下，威服诸侯。功已成矣，而卒枝解。大夫种为越王深谋

衡，统一度量，调节货物轻重关系，废除阡陌，以稳定百姓的产业，统一他们的风俗，鼓励百姓耕种，发挥土地的效益，一家没有两种事业，努力耕田，积蓄粮食，修习作战布阵之事，因此军队出动就能扩大领土，军队休养而国家富强，所以秦国无敌于天下，立威于诸侯，商鞅成就了秦国的基业。功业已成，就车裂处死商鞅。楚国土地方圆几千里，拥兵百万，白起率领几万大军来与楚国交战，第一次交战就攻克鄢郢，焚烧夷陵，第二次交战向南吞并蜀汉。又越过韩国、魏国攻打强大的赵国，在北面坑杀赵括，屠杀四十多万人，将他们全部消灭在长平城下，血流成河，人声如同雷鸣，最终入侵围攻邯郸，使秦国拥有帝王基业。楚国、赵国是天下的强国，却是秦国的仇敌，自此以后，楚国、赵国都被慑服不敢攻打秦国，这是白起的威势。白起亲自征服七十多座城池，功业已成，就赐剑让他在杜邮自杀。吴起替楚悼王制定法令，降低削减大臣的威势权力，罢免没有才能的人，废黜没有用的人，裁减不必要的官员，杜绝私人请托，统一楚国的风俗，禁止无业游民游荡，精心训练能耕善战的士民，向南收服杨越，向北吞并陈国、蔡国，破除合纵连横，使那些往来游说的人无法开口，禁止结党营私而鼓励百姓耕战，安定楚国的政治，军队威震天下，威势慑

服诸侯。功业已成，而吴起却最终被肢解。大夫文种替越王深谋远虑，解除会稽的危机，以屈服来求得生存，以受辱而赢得光荣，开垦荒地，充实城邑，开辟土地，种植粮食，带动四方百姓，团结上下力量，辅佐贤明的勾践，报了夫差灭越的仇，最终灭了强劲的吴国，使越王成为霸主。功业彰明而获得信任，勾践终究负义杀了他。这四个人，功业告成不肯离去，祸患才到了这种地步。这就是所谓能伸而不能屈，能进而不能退。范蠡知道这些，他能超脱世俗远避世事，一直做陶朱公。您难道没看到赌博的人吗？有的想下大赌注，有的想分次下注，这些都是您很清楚的。如今您做秦国国相，出计谋不用离开坐席，谋划不用走出朝堂，坐着控制诸侯，开发三川之利，来充实宜阳，断绝羊肠坂的天险，堵塞太行的道路，又斩断范氏、中行氏的道路，使六国不能合纵，修筑千里栈道，直通蜀汉，使天下都畏惧秦国，秦国的野心实现了，您的功劳到达极点了，这也是您停一下再下注的时候。像这样还不退隐，那么您就是商君、白公、吴起、大夫文种了。我听说，'用水做镜子可以看清自己的面容，用别人做镜子可以推断事情的吉凶'。《书》说'功成名就之下，是不可久留的。'这四人受到的祸患，您何必承受呢？您何不在这时归还相印，把它让给贤能的人，自己

远计，免会稽之危，以亡为存，因辱为荣，垦草入邑，辟地殖谷，率四方之士，专上下之力，辅句践之贤，报夫差之仇，卒擒劲吴，令越成霸。功已彰而信矣，句践终负而杀之。此四子者，功成不去，祸至于此。此所谓信而不能诎，往而不能返者也。范蠡知之，超然辟世，长为陶朱公。君独不观夫博者乎？或欲大投，或欲分功，此皆君之所明知也。今君相秦，计不下席，谋不出廊庙，坐制诸侯，利施三川，以实宜阳，决羊肠之险，塞太行之道，又斩范、中行之涂，六国不得合从，栈道千里，通于蜀汉，使天下皆畏秦，秦之欲得矣，君之功极矣，此亦君之分功之时也。如是而不退，则商君、白公、吴起、大夫种是也。吾闻之，'鉴于水者见面之容，鉴于人者知吉与凶'。《书》曰：'成功之下，不可久处。'四子之祸，君何居焉？君何不以此时归相印，让贤者而授之，退而岩居川观，必有伯夷之廉，长为应侯，世世称孤，而有许由、延

陵季子之让，乔、松之寿，孰与以祸终哉？即君何居焉？忍不能自离，疑不能自决，必有四子之祸矣。《易》曰：'亢龙有悔。'此言上而不能下，信而不能诎，往而不能自返者也。愿君孰计之！"

应侯曰："善。吾闻'欲而不知足，失其所以欲；有而不知止，失其所以有'。先生幸教，雎敬受命。"于是乃延入坐，为上客。

后数日，入朝，言于秦昭王曰："客新有从山东来者曰蔡泽，其人辩士，明于三王之事，五伯之业，世俗之变，足以寄秦国之政。臣之见人甚众，莫及，臣不如也。臣敢以闻。"秦昭王召见，与语，大说之，拜为客卿。应侯因谢病请归相印。昭王强起应侯，应侯遂称病笃。范雎免相，昭王新说蔡泽计画，遂拜为秦相，东收周室。

蔡泽相秦数月，人或恶之，惧诛，乃谢病归相印，号

隐退而住在山林观览流水，一定会有伯夷廉直的美名，而长享应侯的爵位，世代称侯，而有许由、延陵季子让贤的美名，有王子乔、赤松子的高寿，与因祸而死相比怎么样呢？如今您如何选择呢？忍耐而不能自行离开，犹豫而不能自我决断，一定会遭受这四人遭受的祸患了。《易》说'亢龙有悔'，这说的是能上不能下，能伸不能屈，能进不能退。希望您仔细考虑这个问题！"

应侯说："说得好。我听说'有欲望而不知道满足，会失去他所有的欲望；占有而不知道节制，会失去他所占有的'。幸蒙先生指教，我恭敬地接受教诲。"于是延请蔡泽入座，尊为上宾。

几天后，范雎入朝，对秦昭王进言说："有位刚从山东来的客人叫蔡泽，此人是个辩士，通晓三王的事理，五霸的功业，世俗的变化，足以托付秦国的大政。我见到的人很多，没有谁赶得上他，我不如他啊。我斗胆禀报您。"秦昭王召见，与蔡泽交谈，非常喜欢他，封他为客卿。应侯趁机称病请求归还相印。昭王执意任用应侯，应侯于是称病得很重。范雎被免去相位，昭王一见蔡泽的谋略就很赞赏，于是任他为国相，向东灭了周室。

蔡泽做秦国国相几个月，有人厌恶他，他害怕被杀，于是称病归还相印，封号为

纲成君。他住在秦国十多年，为昭王、孝文王、庄襄王做过事。他最后为始皇帝做事，为秦国出使燕国，三年后燕国派太子丹到秦国做人质。

太史公说：韩非子说"穿长袖子的人善于跳舞，钱财多的人善于经商"，这话确实对啊！范雎、蔡泽是世人所说的一代辩士，然而那些游说诸侯直到白头也没有受到礼遇的人，不是计策拙劣，而是游说的有利条件不够。等到二人客居秦国，相继取得卿相之位，在天下建立功勋，是因为国力强弱形势不同。然而士人也有运气一说，像这二人一样贤能的有很多，但他们不能称心如意，这些人哪能说得完呢！然而这二人要是没有遭遇困厄，又怎么能奋发向上呢？

为纲成君。居秦十余年，事昭王、孝文王、庄襄王。卒事始皇帝，为秦使于燕，三年而燕使太子丹入质于秦。

太史公曰：韩子称"长袖善舞，多钱善贾"，信哉是言也！范雎、蔡泽，世所谓一切辩士，然游说诸侯至白首无所遇者，非计策之拙，所为说力少也。及二人羁旅入秦，继踵取卿相，垂功于天下者，固强弱之势异也。然士亦有偶合，贤者多如此二子，不得尽意，岂可胜道哉！然二子不困厄，恶能激乎？

史记卷八十
列传第二十

乐毅　乐乘　乐间

乐毅

乐毅，他的先祖叫乐羊。乐羊担任魏文侯的将领，攻取了中山国，魏文侯把灵寿封给乐羊。乐羊死后，葬在灵寿，他的后代子孙就在那里安了家。中山重新建国，到赵武灵王时又灭了中山国，而乐氏的后代有个乐毅。

乐毅贤能，喜好军事，赵国人推荐他做官。等到赵武灵王经历沙丘的叛乱后，他才离开赵国去往魏国。他听说燕昭王因子之之乱而使齐国大败燕国，燕昭王怨恨齐国，不曾一天忘记要向齐国报仇。燕国弱小，地处偏远，国力不能制衡齐国，于是燕昭王屈膝礼遇士人，他先礼遇郭隗来招纳贤人。乐毅这时为魏昭王出使到燕国，燕王以宾客的礼节对待他。乐毅推辞谦让，最终委身做了臣子，燕昭王就任他为亚卿，他担任这个职务很长一段时间。

当时，齐湣王强大，向南在重丘击败楚国国相唐眛，向西在观津打垮三晋，于是与三晋攻打秦国，帮助赵国灭掉中山国，

乐毅者，其先祖曰乐羊。乐羊为魏文侯将，伐取中山，魏文侯封乐羊以灵寿。乐羊死，葬于灵寿，其后子孙因家焉。中山复国，至赵武灵王时复灭中山。而乐氏后有乐毅。

乐毅贤，好兵，赵人举之。及武灵王有沙丘之乱，乃去赵适魏。闻燕昭王以子之之乱而齐大败燕，燕昭王怨齐，未尝一日而忘报齐也。燕国小，辟远，力不能制，于是屈身下士，先礼郭隗以招贤者。乐毅于是为魏昭王使于燕，燕王以客礼待之。乐毅辞让，遂委质为臣。燕昭王以为亚卿，久之。

当是时，齐湣王强，南败楚相唐眛于重丘，西摧三晋于观津，遂与三晋击秦，助赵灭

1783

中山，破宋，广地千余里。与秦昭王争重为帝，已而复归之。诸侯皆欲背秦而服于齐。湣王自矜，百姓弗堪。于是燕昭王问伐齐之事。乐毅对曰："齐，霸国之余业也，地大人众，未易独攻也。王必欲伐之，莫如与赵及楚、魏。"于是使乐毅约赵惠文王，别使连楚、魏，令赵嗍说秦以伐齐之利。

诸侯害齐湣王之骄暴，皆争合从与燕伐齐。乐毅还报，燕昭王悉起兵，使乐毅为上将军，赵惠文王以相国印授乐毅。乐毅于是并护赵、楚、韩、魏、燕之兵以伐齐，破之济西。诸侯兵罢归，而燕军乐毅独追，至于临菑。齐湣王之败济西，亡走，保于莒。乐毅独留徇齐，齐皆城守。乐毅攻入临菑，尽取齐宝财物祭器输之燕。燕昭王大说，亲至济上劳军，行赏飨士，封乐毅于昌国，号为昌国君。于是燕昭王收齐卤获以归，而使乐毅复以兵平齐城之不下者。

乐毅留徇齐五岁，下齐七

攻破宋国，扩张一千多里领土。齐湣王与秦昭王互尊为帝，不久又取消帝号仍称王。诸侯都想背叛秦国而归服齐国。齐湣王自大骄横，百姓不堪忍受。这时燕昭王询问乐毅讨伐齐国的事。乐毅回答说："齐国，是称霸之国留下的基业，地大人多，不能轻易单独进攻。大王一定要讨伐，不如联合赵国及楚国、魏国一起攻打。"于是昭王派乐毅和赵惠文王约定，另派使者联合楚国、魏国，让赵国以讨伐齐国的好处去劝诱秦国。

诸侯受害于齐湣王的骄横暴虐，都争相合纵与燕国讨伐齐国。乐毅回来禀报，燕昭王发动全部兵力，让乐毅担任上将军，赵惠文王把相国信印交给乐毅。乐毅于是统领赵国、楚国、韩国、魏国、燕国的军队来讨伐齐国，在济水以西击败齐军。诸侯军队罢兵返回，而燕军由乐毅率领独自追击，到达临淄。齐湣王在济水以西落败，逃跑到莒城坚守。乐毅独自留下巡行齐国，齐国全境守卫城邑。乐毅攻入临淄，取走齐国全部宝贵财物、祭祀器具送往燕国。燕昭王非常高兴，亲自到济水边上慰劳军队，行赏犒劳士兵，把昌国封给乐毅，封号为昌国君。于是燕昭王收取从齐国俘获的器物而回，而又派乐毅用兵平定齐国没有攻下的城邑。

乐毅留在齐国作战五年，攻下齐国

七十多座城邑，都将其设为郡县归属燕国，唯独莒城、即墨没有攻下。赶上燕昭王去世，他的儿子被立，就是燕惠王。惠王在做太子时就曾经对乐毅不满，等到他即位，齐国的田单听说了他们之间的矛盾，就派人到燕国施行反间计，说："齐国城邑没被攻下的只有两座而已。然而之所以不早点攻下，是因为听说乐毅和燕国新王有嫌隙，想继续交战来留在齐国，在齐国面南称王。齐国只害怕其他的将领来攻城。"这时燕惠王本就已经怀疑乐毅，听到齐国反间的话，就派骑劫代替乐毅领兵，而召回乐毅。乐毅知道燕惠王派人代替自己是不怀好意，害怕被杀，就向西投降赵国。赵国把观津封给乐毅，封号为望诸君。赵王尊宠乐毅来警告威慑燕国、齐国。

齐国田单后来与骑劫交战，果然使诈诳骗燕军，最终在即墨城下击败骑劫，然后转战追击燕军，向北到达黄河边上，又全部收复了齐国的城邑，而从莒城迎接齐襄王进入临淄。

燕惠王后悔让骑劫代替乐毅，因此军队被攻破，将领被杀，丧失齐地；又怨恨乐毅投降赵国，担心赵国任用乐毅而趁燕国疲惫来讨伐燕国。燕惠王就派人责备乐毅，并且向他道歉说："先王把整个国家托付给将军，将军为燕国攻破齐国，报

十余城，皆为郡县以属燕，唯独莒、即墨未服。会燕昭王死，子立为燕惠王。惠王自为太子时尝不快于乐毅，及即位，齐之田单闻之，乃纵反间于燕，曰："齐城不下者两城耳。然所以不早拔者，闻乐毅与燕新王有隙，欲连兵且留齐，南面而王齐。齐之所患，唯恐他将之来。"于是燕惠王固已疑乐毅，得齐反间，乃使骑劫代将，而召乐毅。乐毅知燕惠王之不善代之，畏诛，遂西降赵。赵封乐毅于观津，号曰望诸君。尊宠乐毅以警动于燕、齐。

齐田单后与骑劫战，果设诈诳燕军，遂破骑劫于即墨下，而转战逐燕，北至河上，尽复得齐城，而迎襄王于莒，入于临菑。

燕惠王后悔使骑劫代乐毅，以故破军亡将失齐；又怨乐毅之降赵，恐赵用乐毅而乘燕之弊以伐燕。燕惠王乃使人让乐毅，且谢之曰："先王举国而委将军，将军为燕破齐，

报先王之仇，天下莫不震动，寡人岂敢一日而忘将军之功哉！会先王弃群臣，寡人新即位，左右误寡人。寡人之使骑劫代将军，为将军久暴露于外，故召将军且休，计事。将军过听，以与寡人有隙，遂捐燕归赵。将军自为计则可矣，而亦何以报先王之所以遇将军之意乎？"乐毅报遗燕惠王书曰：

臣不佞，不能奉承王命，以顺左右之心，恐伤先王之明，有害足下之义，故遁逃走赵。今足下使人数之以罪，臣恐侍御者不察先王之所以畜幸臣之理，又不白臣之所以事先王之心，故敢以书对。

臣闻贤圣之君不以禄私亲，其功多者赏之，其能当者处之。故察能而授官者，成功之君也；论行而结交者，立名之士也。臣窃观先王之举也，见有高世主之心，故假节于魏，以身得察于燕。先王过举，厕之宾客之中，立之群臣之上，不谋父兄，以为亚卿。臣窃不自

了先王之仇，天下没有谁不震惊，我哪里有一天敢忘记将军的功劳呢！正赶上先王离开人世，我刚刚即位，左右之人误导我。我之所以派骑劫代替将军，是因为将军长期在外风餐露宿，所以召回将军暂且休息，商议大事。将军误听传言，以为与我有嫌隙，就抛弃燕国归附赵国。将军为自己打算是可以的，但又怎么能报答先王对待将军的一片深情厚意呢？"乐毅回复给燕惠王的书信说：

我没才能，不能遵奉王命，来顺从您左右之人的意愿，唯恐伤了先王的英明，有害您的道义，所以逃遁到赵国。如今您派人细数我的罪过，我害怕侍奉您的人不能体察先王收留宠信我的道理，又不明白我之所以为先王做事的心意，所以斗胆写书信来回答。

我听说贤能圣明的君主不拿爵禄赏给亲近的人，功劳多的人就赏赐他，能胜任的人就举用他。所以考察才能然后授予官职的，是能成就功业的君主；衡量品行然后结交的，是能树立名声的士人。我私下观察先王的举止，看到他有高于天下君主的心志，所以我借为魏国出使之机，亲身到燕国观察。先王过于抬举我，将我置身宾客之中，立于群臣之上，不和父兄宗亲

大臣商议，任我为亚卿。我缺乏自知之明，自以为奉命接受指令，就可侥幸无罪，所以接受了任命而没有推辞。

先王对我说："我与齐国有深仇大恨，不去衡量国力微弱，而想把对付齐国当作大事。"我说："齐国，是称霸之国留下的基业，有屡战屡胜的经验。士兵训练有素，熟习战斗攻城。大王一定想讨伐它，一定要与天下诸侯共同图谋。与天下诸侯共同图谋，不如与赵国结交。况且还有淮北、宋地，是楚国、魏国都想要的，赵国如果答应就订立盟约，四国攻打齐国，齐国就可以被彻底打败了。"先王认为我说得对，准备符节派我南下出使赵国。我返回复命后，起兵攻打齐国。凭着上天的引导，先王的威灵，黄河以北之地的军队跟随先王全部到达济水边上。济水边上的军队受命攻打齐国，大败齐军。轻装精锐的士兵，长驱直入到达齐国。齐王遁逃到莒城，仅自己保住性命；珠玉财宝、战车盔甲、珍贵器物全都收取归入燕国。齐国器物陈列在宁台，大吕钟陈列在元英宫，原燕国宝鼎也返回厤室宫，蓟丘的植物中种植着齐国汶水的竹子，自五霸以来，功业没有赶得上先王的。先王认为心愿已了，所以割地封赏我，使我能比同小国的诸侯。我缺乏自知之明，自以为奉命接受指令，就可侥幸无罪，因此接受任命没

知，自以为奉令承教，可幸无罪，故受令而不辞。

先王命之曰："我有积怨深怒于齐，不量轻弱，而欲以齐为事。"臣曰："夫齐，霸国之余业而最胜之遗事也。练于兵甲，习于战攻。王若欲伐之，必与天下图之。与天下图之，莫若结于赵。且又淮北、宋地，楚、魏之所欲也，赵若许而约，四国攻之，齐可大破也。"先王以为然，具符节南使臣于赵。顾反，命起兵击齐。以天之道，先王之灵，河北之地随先王而举之济上。济上之军受命击齐，大败齐人。轻卒锐兵，长驱至国。齐王遁而走莒，仅以身免；珠玉财宝车甲珍器尽收入于燕。齐器设于宁台，大吕陈于元英，故鼎反乎厤室，蓟丘之植植于汶篁，自五伯已来，功未有及先王者也。先王以为慊于志，故裂地而封之，使得比小国诸侯。臣窃不自知，自以为奉命承教，可幸无罪，是以受命不辞。

臣闻贤圣之君，功立而不废，故著于春秋；蚤知之士，名成而不毁，故称于后世。若先王之报怨雪耻，夷万乘之强国，收八百岁之蓄积，及至弃群臣之日，余教未衰，执政任事之臣，修法令，慎庶孽，施及乎萌隶，皆可以教后世。

臣闻之，善作者不必善成，善始者不必善终。昔伍子胥说听于阖闾，而吴王远迹至郢；夫差弗是也，赐之鸱夷而浮之江。吴王不寤先论之可以立功，故沉子胥而不悔；子胥不蚤见主之不同量，是以至于入江而不化。

夫免身立功，以明先王之迹，臣之上计也。离毁辱之诽谤，堕先王之名，臣之所大恐也。临不测之罪，以幸为利，义之所不敢出也。

臣闻古之君子，交绝不出恶声；忠臣去国，不洁其名。臣虽不佞，数奉教于君子矣。

有推辞。

我听说圣明的君主，功业建立后不荒废，所以被载入《春秋》；有远见的士人，功成名就而名声不败坏，所以被后世称赞。像先王那样报仇雪耻，夷灭万辆战车的强国，收走八百年的积蓄，直到先王辞世之日，遗留的教化还没有衰落，执政管事的大臣，修明法令，慎重地安置庶族子孙，恩惠施及百姓，这些都可教导后世。

我听说过，善于创造的人不一定善于守成，有好的开始的人不一定有好的结局。从前阖闾听取伍子胥的游说，而吴王的足迹远达郢都；夫差不认为伍子胥说得是正确的，赐给他皮袋让他自杀并把尸体扔到长江里漂流。吴王不明白伍子胥先前的主张可以建立功业，所以把伍子胥沉入江中而不悔过；伍子胥不能早点预见君主的气量各有不同，因此自己被抛入江中也不变心。

免遭杀身之祸建立功业，以彰明先王的事迹，是我的上策。我遭到毁辱诽谤，导致毁坏先王的名誉，这是我最害怕的。面临难以预测的大罪，把幸免于祸作为谋求利益的动机，出于道义我是不敢这么做的。

我听说古代的君子，绝交时不出恶语；忠臣离开国家，不洗刷自己的名声。我虽然不贤能，已经多次领受过君子的教诲了。我怕侍奉您的人让您听信左右近臣的谗言，不体察被疏远之人的品行，所以斗胆给您回信，希望君王留意这些吧。

于是燕王又任乐毅的儿子乐间为昌国君；而乐毅往来赵、燕之间，又与燕国交好，燕国、赵国都任他为客卿。乐毅死在赵国。

乐间居住在燕国三十多年，燕王喜任用国相栗腹的计谋，想攻打赵国，询问昌国君乐间。乐间说："赵国是四面受敌的国家，那里的百姓熟习军事，不能攻打。"燕王不听，于是讨伐赵国。赵国派廉颇抗击燕军，在鄗地大破栗腹的军队，擒获栗腹、乐乘。乐乘与乐间同宗。于是乐间逃奔赵国，赵国便包围燕国。燕国割让很多土地与赵国讲和，赵军才撤退离开。

燕王懊悔没有采用乐间的意见，乐间已经在赵国了，就给乐间写信说："纣王时，箕子不被任用，他敢于犯颜直谏，毫不懈怠，希望纣王听从；商容不被重用，自身受辱，仍希望纣王改变。等到民心涣散，狱中囚犯纷纷逃出，然后两位先生才退隐。所以纣王背负着残暴的恶名，两位先生却不失忠诚高尚的名声。为什么呢？他们已经尽到为家国的忧患之心

恐侍御者之亲左右之说，不察疏远之行，故敢献书以闻，唯君王之留意焉。

于是燕王复以乐毅子乐间为昌国君。而乐毅往来复通燕，燕、赵以为客卿。乐毅卒于赵。

乐乘 乐间

乐间居燕三十余年，燕王喜用其相栗腹之计，欲攻赵，而问昌国君乐间。乐间曰："赵，四战之国也，其民习兵，伐之不可。"燕王不听，遂伐赵。赵使廉颇击之，大破栗腹之军于鄗，禽栗腹、乐乘。乐乘者，乐间之宗也，于是乐间奔赵，赵遂围燕。燕重割地以与赵和，赵乃解而去。

燕王恨不用乐间，乐间既在赵，乃遗乐间书曰："纣之时，箕子不用，犯谏不怠，以冀其听；商容不达，身祗辱焉，以冀其变。及民志不入，狱囚自出，然后二子退隐。故纣负桀暴之累，二子不失忠圣之名。何者？其忧患之尽矣。今寡人虽愚，不若纣之暴也；燕民虽

乱，不若殷民之甚也。室有语，不相尽，以告邻里。二者，寡人不为君取也。"

乐间、乐乘怨燕不听其计，二人卒留赵。赵封乐乘为武襄君。

其明年，乐乘、廉颇为赵围燕，燕重礼以和，乃解。后五岁，赵孝成王卒。襄王使乐乘代廉颇，廉颇攻乐乘，乐乘走，廉颇亡入魏。其后十六年而秦灭赵。

其后二十余年，高帝过赵，问："乐毅有后世乎？"对曰："有乐叔。"高帝封之乐乡，号曰华成君。华成君，乐毅之孙也。而乐氏之族有乐瑕公、乐臣公，赵且为秦所灭，亡之齐高密。乐臣公善修黄帝、老子之言，显闻于齐，称贤师。

太史公曰：始齐之蒯通及主父偃读乐毅之《报燕王书》，未尝不废书而泣也。乐臣公学黄帝、老子，其本师号曰河上丈人，不知其所出。河上丈人

了。如今我虽然愚钝，不像纣王那般暴虐；燕国百姓虽然混乱，不像殷朝百姓那般过分。家中有了纷争，不能将其全部告诉邻里。从这两方面说，我认为您的做法不可取。"

乐间、乐乘怨恨燕国不听从他们的计策，两人最终留在赵国。赵国封乐乘为武襄君。

第二年，乐乘、廉颇为赵国围攻燕国，燕国用重礼求和才解围。五年后，赵孝成王去世。襄王派乐乘代替廉颇。廉颇攻打乐乘，乐乘逃走，廉颇逃入魏国。过了十六年秦国灭了赵国。

这以后二十多年，汉高祖路过赵国，问道："乐毅有后人吗？"回答说："有个乐叔。"汉帝把乐卿封给他，封号为华成君。华成君，是乐毅的孙子。而乐氏家族有乐瑕公、乐臣公，赵国将要被秦国所灭时，他们逃到齐国高密。乐臣公善于研习黄帝、老子的学说，在齐地很好，有名声，被称为贤师。

太史公说：当初齐国的蒯通及主父偃读乐毅回复燕惠王的那封信，未曾不放下信而哭泣。乐臣公研习黄帝、老子的学说，他的宗师号称河上丈人，不知道河上丈人的来历。河上丈人教安期生，安期生教毛

翁公，毛翁公教乐瑕公，乐瑕公教乐臣公，乐臣公教盖公。盖公在齐地高密、胶西讲学，是曹相国的老师。

教安期生，安期生教毛翁公，毛翁公教乐瑕公，乐瑕公教乐臣公，乐臣公教盖公。盖公教于齐高密、胶西，为曹相国师。

廉颇　蔺相如　赵奢　李牧

廉颇，是赵国的良将。赵惠文王十六年，廉颇为赵国领兵讨伐齐国，大破齐军，攻取阳晋，被封为上卿，凭借勇气闻名于诸侯。蔺相如，是赵国人，是赵国宦者令缪贤的舍人。

赵惠文王时，赵国得到楚国的和氏璧。秦昭王听说此事后，派人送给赵王书信，希望用十五座城来换和氏璧。赵王与大将军廉颇等大臣商议：想给秦国，秦国的城池恐怕不可能得到，白白地被骗；想不给，又担心秦军马上攻来。计划还没有确定，想寻求一个可出使秦国去回话的人，一时没有找到。宦者令缪贤说："我的舍人蔺相如可以出使。"赵王问道："你怎么知道他可以呢？"回答说："我曾犯罪，暗中计划逃到燕国，我的舍人蔺相如阻止我，说：'您怎么会了解燕王呢？'我对他说：'我曾经跟随大王与燕王在边境上会面，燕王私下握住我的手，说"愿结为好友"。由这件事我了解燕王，所以想前

廉颇　蔺相如

廉颇者，赵之良将也。赵惠文王十六年，廉颇为赵将伐齐，大破之，取阳晋，拜为上卿，以勇气闻于诸侯。蔺相如者，赵人也，为赵宦者令缪贤舍人。

赵惠文王时，得楚和氏璧。秦昭王闻之，使人遗赵王书，愿以十五城请易璧。赵王与大将军廉颇诸大臣谋：欲予秦，秦城恐不可得，徒见欺；欲勿予，即患秦兵之来。计未定，求人可使报秦者，未得。宦者令缪贤曰："臣舍人蔺相如可使。"王问："何以知之？"对曰："臣尝有罪，窃计欲亡走燕，臣舍人相如止臣，曰：'君何以知燕王？'臣语曰：'臣尝从大王与燕王会境上，燕王私握臣手，曰，"愿结友。"以此知之，故欲往。'

相如谓臣曰：'夫赵强而燕弱，而君幸于赵王，故燕王欲结于君。今君乃亡赵走燕，燕畏赵，其势必不敢留君，而束君归赵矣。君不如肉袒伏斧质请罪，则幸得脱矣。'臣从其计，大王亦幸赦臣。臣窃以为其人勇士，有智谋，宜可使。"于是王召见，问蔺相如曰："秦王以十五城请易寡人之璧，可予不？"相如曰："秦强而赵弱，不可不许。"王曰："取吾璧，不予我城，奈何？"相如曰："秦以城求璧而赵不许，曲在赵。赵予璧而秦不予赵城，曲在秦。均之二策，宁许以负秦曲。"王曰："谁可使者？"相如曰："王必无人，臣愿奉璧往使。城入赵，而璧留秦；城不入，臣请完璧归赵。"赵王于是遂遣相如奉璧西入秦。

秦王坐章台见相如，相如奉璧奏秦王。秦王大喜，传以示美人及左右，左右皆呼万岁。相如视秦王无意偿赵城，乃前曰："璧有瑕，请指示王。"

往。'蔺相如对我说：'赵国强大而燕国弱小，而您受赵王宠信，所以燕王想与您结交。如今您是逃亡赵国投奔燕国，燕国畏惧赵国，这种形势一定不敢收留您，而且会把您绑了送回赵国的。您不如袒露上身，伏在铡刀上向赵王请罪，那么有幸才能得以脱罪。'我听从他的计策，大王您也开恩赦免了我。我个人认为他这人是个勇士，有智谋，应当可以出使。"于是赵王召见蔺相如，询问他说："秦王拿十五座城请求交换寡人的和氏璧，可以给他吗？"蔺相如说："秦国强大而赵国弱小，不能不答应。"赵王说："取走我的和氏璧，不给我城池，该怎么办？"蔺相如说："秦国用城池交换和氏璧而赵国不答应，是赵国理亏。赵国给和氏璧而秦国不给城池，是秦国理亏。比较两种对策，宁可答应让秦国理亏。"赵王说："谁可以出使？"蔺相如说："大王如果确实没有人选，我愿意奉璧出使。城池归入赵国而和氏璧留在秦国；城池不归入赵国，我一定把和氏璧完好地带回赵国。"赵王于是就派遣蔺相如奉璧向西入秦。

秦王坐在章台接见蔺相如，蔺相如奉璧奏明秦王。秦王非常高兴，传送和氏璧，展示给美人及左右大臣看，左右大臣都高呼万岁。蔺相如看秦王无意给赵国抵偿的城池，就走上前说："璧上有个瑕疵，请让我指给大王看。"秦王把和氏璧交给他，蔺相如趁机拿着璧倒退几步站住，倚靠柱子，怒发冲冠，对秦王说道："大王想得到和氏璧，派人送信给赵王，赵王召集全部大臣商议，都说'秦国贪婪，倚仗它的强大，用空话索求和氏璧，抵偿的城池恐怕得不到'，商议不想给秦国和氏璧。我认为平民交往尚且不相互欺骗，何况大国呢！况且出于一块璧的缘故而惹得秦国不高兴，不可以。于是赵王就斋戒五日，派我奉璧，在朝堂上恭敬地拜送国书。为什么呢？是尊重大国的威严以此表示敬意。如今我到秦国，大王却在一般的台观接见我，礼节非常傲慢；得到和氏璧后，传给美人，故意戏弄我。我看大王无意给赵国抵偿的城池，所以我又取回和氏璧。大王一定要逼我，我的头今天就与和氏璧一起撞碎在柱子上了！"蔺相如手持玉璧斜视着柱子，想用璧击柱。秦王担心他撞碎玉璧，就向他道歉坚决请求不要那样做，召来主管官员查看地图，指着从哪里以外的十五座城都给赵国。蔺相如估计秦王只不过是假意给赵国城池，实际上不可能得到，就对秦王说："和氏璧是天下共知的宝物，赵王害怕，不敢不献给您。赵王送出璧时，斋戒五日，如今大王也应当斋戒五日，在朝廷上设九宾之礼，我才敢献上璧。"秦王揣度此事终究不可强夺，就答应斋戒五

王授璧，相如因持璧却立，倚柱，怒发上冲冠，谓秦王曰："大王欲得璧，使人发书至赵王，赵王悉召群臣议，皆曰'秦贪，负其强，以空言求璧，偿城恐不可得。'议不欲予秦璧。臣以为布衣之交尚不相欺，况大国乎！且以一璧之故逆强秦之欢，不可。于是赵王乃斋戒五日，使臣奉璧，拜送书于庭。何者？严大国之威以修敬也。今臣至，大王见臣列观，礼节甚倨；得璧，传之美人，以戏弄臣。臣观大王无意偿赵王城邑，故臣复取璧。大王必欲急臣，臣头今与璧俱碎于柱矣！"相如持其璧睨柱，欲以击柱。秦王恐其破璧，乃辞谢固请，召有司案图，指从此以往十五都予赵。相如度秦王特以诈详为予赵城，实不可得，乃谓秦王曰："和氏璧，天下所共传宝也，赵王恐，不敢不献。赵王送璧时，斋戒五日，今大王亦宜斋戒五日，设九宾于廷，臣乃敢上璧。"秦王度之，终不可强夺，遂许斋五日，舍相如广成传。相如度秦王虽斋，决负约不偿

城，乃使其从者衣褐，怀其璧，从径道亡，归璧于赵。

秦王斋五日后，乃设九宾礼于廷，引赵使者蔺相如。相如至，谓秦王曰："秦自缪公以来二十余君，未尝有坚明约束者也。臣诚恐见欺于王而负赵，故令人持璧归，间至赵矣。且秦强而赵弱，大王遣一介之使至赵，赵立奉璧来。今以秦之强而先割十五都予赵，赵岂敢留璧而得罪于大王乎？臣知欺大王之罪当诛，臣请就汤镬，唯大王与群臣孰计议之。"秦王与群臣相视而嘻。左右或欲引相如去，秦王因曰："今杀相如，终不能得璧也，而绝秦赵之欢，不如因而厚遇之，使归赵，赵王岂以一璧之故欺秦邪！"卒廷见相如，毕礼而归之。

相如既归，赵王以为贤大夫，使不辱于诸侯，拜相如为上大夫。秦亦不以城予赵，赵亦终不予秦璧。

日，将蔺相如安置在广成驿馆。蔺相如揣度秦王即使斋戒，也绝对会违背约定不抵偿城池，于是派他的随从穿粗布衣服，怀揣着和氏璧，从小道逃走，把和氏璧送归赵国。

秦王斋戒五日后，就在朝廷上设九宾之礼，引见赵国使者蔺相如。蔺相如到达，对秦王说："秦国自秦穆公以来二十多个国君，不曾有过坚守盟约的人。我实在害怕被大王欺骗而辜负赵国，所以命人带着璧返回，现在已经从小道回到赵国了。况且秦国强大而赵国弱小，大王派一个使者到赵国，赵国立刻奉璧前来。以秦国如今的强大，先割十五座城邑给赵国，赵国岂敢留下和氏璧而得罪大王呢？我知道欺骗大王之罪应当被杀，我愿意受汤镬之刑，只希望大王和群臣仔细商议此事。"秦王和群臣面面相觑，纷纷惊叹。侍从中有人想把蔺相如拉下去处死，秦王说："如今杀了蔺相如，终究不能得到璧，而且会断绝秦赵的交情，不如就此厚待他，让他返回赵国，赵国岂能因为一块璧而欺骗秦国呢！"最后在朝堂上接见蔺相如，完成典礼就让他回国了。

蔺相如回国后，赵王认为他是贤能的大夫，出使而不受诸侯的欺辱，任蔺相如为上大夫。秦国也不把城池给赵国，赵国最终也没给秦国和氏璧。

这以后秦国讨伐赵国，攻取了石城。第二年，又攻打赵国，杀死二万人。

秦王派使者告诉赵王，想与赵王在西河外的渑池会见修好。赵王畏惧秦国，想不去。廉颇、蔺相如商议说："大王不前往，表示赵国弱小且胆怯。"赵王于是前往，蔺相如跟从。廉颇送到边境，与赵王诀别说："大王前往，推算路程从会见到礼毕，再到返回，不超过三十天。三十天不返回，那就请允许我立太子为王，以阻止秦国的野心。"赵王答应了他，于是赵王与秦王在渑池会见。秦王饮酒正酣，说："我私下听说赵王喜好音律，请赵王鼓瑟。"赵王就鼓瑟。秦国御史上前记载道："某年某月某日，秦王与赵王会见饮酒，命令赵王鼓瑟"。蔺相如上前说："赵王私下听说秦王擅长演奏秦乐，请允许我献上盆缻给秦王演奏，来相互娱乐。"秦王发怒，不答应。于是蔺相如上前献上盆缻，接着跪下请求秦王演奏。秦王不肯击缻。蔺相如说："五步之内，我将要把脖颈上的血溅到大王身上了！"左右大臣想杀蔺相如，蔺相如睁大眼睛呵斥他们，左右大臣都退下去。于是秦王很不高兴，就敲了一下缻。蔺相如回头召来赵国御史让他记载："某年某月某日，秦王为赵王击缻"。秦国的群臣说："请用赵国的十五座城池为秦王祝寿。"蔺相如也说："请用秦国的咸阳

其后秦伐赵，拔石城。明年，复攻赵，杀二万人。

秦王使使者告赵王，欲与王为好会于西河外渑池。赵王畏秦，欲毋行。廉颇、蔺相如计曰："王不行，示赵弱且怯也。"赵王遂行，相如从。廉颇送至境，与王诀曰："王行，度道里会遇之礼毕，还，不过三十日。三十日不还，则请立太子为王，以绝秦望。"王许之，遂与秦王会渑池。秦王饮酒酣，曰："寡人窃闻赵王好音，请奏瑟。"赵王鼓瑟。秦御史前书曰："某年月日，秦王与赵王会饮，令赵王鼓瑟。"蔺相如前曰："赵王窃闻秦王善为秦声，请奏盆缻秦王，以相娱乐。"秦王怒，不许。于是相如前进缻，因跪请秦王。秦王不肯击缻。相如曰："五步之内，相如请得以颈血溅大王矣！"左右欲刃相如，相如张目叱之，左右皆靡。于是秦王不怿，为一击缻。相如顾召赵御史书曰："某年月日，秦王为赵王击缻。"秦之群臣曰："请以赵十五城为秦王寿。"

蔺相如亦曰:"请以秦之咸阳为赵王寿。"秦王竟酒,终不能加胜于赵。赵亦盛设兵以待秦,秦不敢动。

既罢归国,以相如功大,拜为上卿,位在廉颇之右。廉颇曰:"我为赵将,有攻城野战之大功,而蔺相如徒以口舌为劳,而位居我上,且相如素贱人,吾羞,不忍为之下。"宣言曰:"我见相如,必辱之。"相如闻,不肯与会。相如每朝时,常称病,不欲与廉颇争列。已而相如出,望见廉颇,相如引车避匿。于是舍人相与谏曰:"臣所以去亲戚而事君者,徒慕君之高义也。今君与廉颇同列,廉君宣恶言而君畏匿之,恐惧殊甚,且庸人尚羞之,况于将相乎!臣等不肖,请辞去。"蔺相如固止之,曰:"公之视廉将军孰与秦王?"曰:"不若也。"相如曰:"夫以秦王之威,而相如廷叱之,辱其群臣,相如虽驽,独畏廉将军哉?顾吾念之,强秦之所以不敢加兵于赵者,徒以吾两人在也。今两虎共斗,其势不俱

为赵王祝寿。"秦王直到酒宴结束,始终没能压倒赵国。赵国也部署了大批军队来防备秦国,秦国不敢妄动。

会见结束回国后,由于蔺相如功劳大,任他为上卿,职位在廉颇之上。廉颇说:"我是赵国将军,有攻城野战的大功,而蔺相如只是耍弄口舌,却位居我之上,况且蔺相如本是卑贱之人,我感到羞耻,无法忍受在他之下。"并扬言说:"我见到蔺相如,一定要羞辱他。"蔺相如听说后,不肯与廉颇相见。蔺相如每次上朝时,常常称病,不想与廉颇争位次。不久蔺相如外出,望见廉颇,蔺相如调车躲避。于是舍人都劝谏说:"我们之所以离开亲人而侍奉您,只是因为仰慕您的德义。如今您与廉颇同朝为官,廉颇口出恶言而您畏惧躲避,尤为恐惧,而且平庸的人尚且对此感到羞耻,何况将相呢!我们不才,请求告辞离去。"蔺相如坚定地阻止他们,说:"你们看廉颇与秦王相比谁更厉害?"回答说:"廉颇不如秦王厉害。"蔺相如说:"以秦王的威势,我在朝廷上呵斥他,羞辱他的群臣,我虽然愚钝,难道唯独害怕廉将军吗?只是我想到,强大的秦国之所以不敢对赵国用兵,只是因为我们二人在啊。如果两虎相斗,这种形势下就不能共存。我之所以这样做,是因为把国家的急难放

在前面，把个人的私怨放在后面。"廉颇听说此事后，袒露上身背着荆条，借由宾客到达蔺相如家门前谢罪。说："我是目光短浅的人，不知道将军如此宽厚啊。"最终两人交好，结为刎颈之交。

这年，廉颇向东攻打齐国，打败齐国一支军队。过了两年，廉颇又讨伐齐国幾邑，占领了它。此后三年，廉颇攻打魏国的防陵、安阳，攻都下了。四年后，蔺相如领兵攻打齐国，到达平邑后撤军。第二年，赵奢在阏与城下攻破秦军。

赵奢，是赵国征收田租的官吏。在征收租税时平原君家不肯缴纳，赵奢依法惩治他，杀掉平原君家九个当权管事的人。平原君发怒，要杀了赵奢。赵奢就解释道："您在赵国是贵公子，如今放过您家而不奉公守法那么就会削弱法令，法令被削弱那么国家就会衰弱，国家衰弱那么诸侯就会出兵侵犯，诸侯出兵侵犯赵国就会灭亡，您怎么还能保有这些财富呢？以您的尊贵，奉公守法那么国家上下就会公平，上下公平那么国家就会强盛，国家强盛那么赵国就稳固，而您身为赵国贵戚，难道天下人会轻视您吗？"平原君认为他贤能，把他推荐给赵王。赵王任用他掌管国家的赋税，国家赋税自此公平合理，人民富足，国库

生。吾所以为此者，以先国家之急而后私仇也。"廉颇闻之，肉袒负荆，因宾客至蔺相如门谢罪。曰："鄙贱之人，不知将军宽之至此也。"卒相与欢，为刎颈之交。

是岁，廉颇东攻齐，破其一军。居二年，廉颇复伐齐幾，拔之。后三年，廉颇攻魏之防陵、安阳，拔之。后四年，蔺相如将而攻齐，至平邑而罢。其明年，赵奢破秦军阏与下。

赵奢

赵奢者，赵之田部吏也。收租税，而平原君家不肯出，赵奢以法治之，杀平原君用事者九人。平原君怒，将杀奢。奢因说曰："君于赵为贵公子，今纵君家而不奉公则法削，法削则国弱，国弱则诸侯加兵，诸侯加兵是无赵也，君安得有此富乎？以君之贵，奉公如法则上下平，上下平则国强，国强则赵固，而君为贵戚，岂轻于天下邪？"平原君以为贤，言之于王。王用之治国赋，国赋大平，民富而府库实。

秦伐赵，军于阏与。王召廉颇而问曰："可救不？"对曰："道远险狭，难救。"又召乐乘而问焉，乐乘对如廉颇言。又召问赵奢，奢对曰："其道远险狭，譬之犹两鼠斗于穴中，将勇者胜。"王乃令赵奢将，救之。

兵去邯郸三十里，而令军中曰："有以军事谏者死。"秦军军武安西，秦军鼓噪勒兵，武安屋瓦尽振。军中候有一人言急救武安，赵奢立斩之。坚壁，留二十八日不行，复益增垒。秦间来入，赵奢善食而遣之。间以报秦将，秦将大喜曰："夫去国三十里而军不行，乃增垒，阏与非赵地也。"赵奢既已遣秦间，乃卷甲而趋之，二日一夜至，令善射者去阏与五十里而军。军垒成，秦人闻之，悉甲而至。军士许历请以军事谏，赵奢曰："内之。"许历曰："秦人不意赵师至此，其来气盛，将军必厚集其阵以待之。不然，必败。"赵奢曰："请受令。"许历曰："请就铁质之诛。"

充实。

秦国讨伐韩国，驻军在阏与。赵王召来廉颇问道："可以援救吗？"回答说："道路遥远且危险狭窄，难以救援。"又召来乐乘询问，乐乘的回答与廉颇一样。又召见询问赵奢，赵奢回答说："那里道路遥远且危险狭窄，就譬如两只老鼠在洞穴中相斗，勇猛的一方将取胜。"赵王于是命令赵奢领军援救韩国。

军队离开邯郸三十里，赵奢命令军中说："有进谏军事的人处以死刑。"秦军驻军在武安以西，秦军擂鼓呐喊，整顿军队，武安城中的屋瓦都震动了。军中有一个侦察兵说赶紧救援武安，赵奢立即斩了他。赵军坚守营垒，停留二十八天不前进，又加筑营垒。秦国间谍前来潜入营垒，赵奢用吃的款待他然后遣送他回去。间谍把情况禀报秦国将领，秦国将领非常高兴地说道："离开国都三十里而军队不再行进，却增加营垒，阏与不再是赵国土地了。"赵奢遣返秦国的间谍，就让士兵卸下铠甲，快速向阏与进发，经两天一夜到达，命令善于射箭的士兵距离阏与五十里驻军。营垒建成后，秦军听说此事，全军赶来。军士许历请求为军事进谏，赵奢说："请他进来。"许历说："秦军没料到赵军到达这里，他们来势凶猛，将军一定要集中大量兵力等待他们。不然，一定战败。"赵奢说："我听从你的建议。"许历说："请以杀头之罪惩处我。"赵奢说："等回邯郸以后再处理。"许历又请求进谏，说："先占据北面山头的一方获胜，后到的一方失败。"赵奢答应了，立即发兵一万人快速赶往北山。秦兵后到，想争夺山头却没有办法，赵奢指挥将士攻击秦军，大破秦军。秦军溃散逃走，于是解除阏与的包围回国。

赵惠文王赏赐给赵奢封号为马服君，任许历为国尉。赵奢于是与廉颇、蔺相如职位相同。

四年后，赵惠文王去世，儿子孝成王即位。孝成王七年，秦军与赵军在长平对峙，当时赵奢已去世，而蔺相如病重，赵国派廉颇领兵攻打秦军，秦军多次击败赵军，赵军坚守营垒不出战。秦军多次挑战，廉颇不肯应战。赵王听信秦国的反间计。秦国的间谍说："秦军所害怕的，只有马服君赵奢的儿子赵括做将军。"赵王因此任赵括为将军，代替廉颇。蔺相如说："大王根据名声来任用赵括，好比把弦柱用胶粘住再弹琴。赵括只能读他父亲留下的兵书，不懂得灵活应变。"赵王不听，最终任赵括为将军。

赵括从小就学习兵法，谈论军事，认为天下没有谁能比得上他。他曾经与他的父亲赵奢谈论军事，赵奢难不住他，然而也不称赞他。赵括的母亲问赵奢其中缘故，

赵奢曰："胥后令邯郸。"许历复请谏，曰："先据北山上者胜，后至者败。"赵奢许诺，即发万人趋之。秦兵后至，争山，不得上，赵奢纵兵击之，大破秦军。秦军解而走，遂解阏与之围而归。

赵惠文王赐奢号为马服君，以许历为国尉。赵奢于是与廉颇、蔺相如同位。

后四年，赵惠文王卒，子孝成王立。七年，秦与赵兵相距长平，时赵奢已死，而蔺相如病笃，赵使廉颇将攻秦，秦数败赵军，赵军固壁不战。秦数挑战，廉颇不肯。赵王信秦之间。秦之间言曰："秦之所恶，独畏马服君赵奢之子赵括为将耳。"赵王因以括为将，代廉颇。蔺相如曰："王以名使括，若胶柱而鼓瑟耳。括徒能读其父书传，不知合变也。"赵王不听，遂将之。

赵括自少时学兵法，言兵事，以天下莫能当。尝与其父奢言兵事，奢不能难，然不谓善。括母问奢其故，奢曰："兵，

死地也，而括易言之。使赵不
将括即已，若必将之，破赵军
者必括也。"及括将行，其母
上书言于王曰："括不可使
将。"王曰："何以？"对曰：
"始妾事其父，时为将，身所
奉饭饮而进食者以十数，所友
者以百数，大王及宗室所赏赐
者尽以予军吏士大夫，受命之
日，不问家事。今括一旦为将，
东向而朝，军吏无敢仰视之者，
王所赐金帛，归藏于家，而日
视便利田宅可买者买之。王以
为何如其父？父子异心，愿王
勿遣。"王曰："母置之，吾
已决矣。"括母因曰："王终
遣之，即有如不称，妾得无随
坐乎？"王许诺。

赵括既代廉颇，悉更约
束，易置军吏。秦将白起闻
之，纵奇兵，详败走，而绝其
粮道，分断其军为二，士卒离心。
四十余日，军饿，赵括出锐卒
自搏战，秦军射杀赵括。括军败，
数十万之众遂降秦，秦悉坑之。

赵奢说："用兵，是生死攸关的大事，而
赵括把这事说得很容易。假使赵国不用赵
括为将也就罢了，如果一定让他为将，使
赵军被攻破的人一定是赵括。"等到赵括
将要出行，他的母亲上书给赵王说："不
可以让赵括做将军。"赵王说："为什么？"
赵括的母亲回答说："起初我侍奉他父亲
的时候，当时他是将军，他亲自捧着饮食
侍候吃喝的人有几十，他当作朋友对待的
人有几百大王及宗室所赏赐的东西他全都
分给军吏和将士，接受君命那天起，他就
不会再过问家中之事。如今赵括一下子做
了将军，就面向东接受朝见，没有军吏敢
仰视他，大王所赐的金帛，他都拿回藏在
家中，而每天寻找便宜合适的田宅，能买
的都买下来。大王认为他哪里像他的父
亲？父子二人心地不同，希望大王不要派
他去。"赵王说："这事做母亲的就别管
了，我已经决定了。"赵括的母亲于是说：
"大王一定派他带兵，如果有不称职的事
情，我可以不受牵连吗？"赵王答应了她。

赵括代替了廉颇后，更改了全部法令，
更换了军吏。秦将白起听说此事后，派出
奇兵，假意兵败逃跑，而切断了赵军的粮
道，将赵军分割成两部分，赵军军心涣散。
四十多天后，赵军饥饿，赵括派出精锐士
兵，亲自与秦军搏斗，秦军射杀赵括。赵
括的军队大败，几十万大军最终投降秦军，

秦军把他们全部坑杀。赵国前后所损失的士卒共四十五万。第二年，秦军就围攻邯郸，一年多，几乎不能解围。仰赖楚、魏等国前来救援，邯郸才得以解围。赵王也因赵括母亲有言在先，最终没有杀她。

自邯郸之围被解五年后，燕国采用栗腹的计谋，说："赵国的青壮年全都死在长平，他们的遗孤尚未成年"，就举兵攻打赵国。赵国派廉颇领兵还击，在鄗地大破燕军，杀死栗腹，于是围攻燕国。燕国割让五座城邑请求和解，赵国才同意燕国的求和。赵王把尉文赐给廉颇作封地，封他为信平君，担任代理相国。

廉颇在长平被免职回家，失势的时候，原来的门客全都离去。等到又任用为将军，门客又再次到来。廉颇说："你们可以回去了！"门客说："唉，您为什么明白得这么晚呢？天下人都以利害关系结交，您有权势，我们就跟随您，您没有权势那我们就离开，本来就是这样的道理，有什么可抱怨的呢？"过了六年，赵国派廉颇讨伐魏国的繁阳，攻占了它。

赵孝成王去世，儿子悼襄王即位，派乐乘代替廉颇。廉颇发怒，攻打乐乘，乐乘逃走。廉颇于是投奔魏国的大梁。第二年，赵国就任李牧为将军攻打燕国，攻取武遂、方城。

廉颇住在大梁很久了，魏国不能信用

赵前后所亡凡四十五万。明年，秦兵遂围邯郸，岁余，几不得脱。赖楚、魏诸侯来救，乃得解邯郸之围。赵王亦以括母先言，竟不诛也。

自邯郸围解五年，而燕用栗腹之谋，曰："赵壮者尽于长平，其孤未壮。"举兵击赵。赵使廉颇将，击，大破燕军于鄗，杀栗腹，遂围燕。燕割五城请和，乃听之。赵以尉文封廉颇为信平君，为假相国。

廉颇之免长平归也，失势之时，故客尽去。及复用为将，客又复至。廉颇曰："客退矣！"客曰："吁！君何见之晚也？夫天下以市道交，君有势，我则从君，君无势则去，此固其理也，有何怨乎？"居六年，赵使廉颇伐魏之繁阳，拔之。

赵孝成王卒，子悼襄王立，使乐乘代廉颇。廉颇怒，攻乐乘，乐乘走。廉颇遂奔魏之大梁。其明年，赵乃以李牧为将而攻燕，拔武遂、方城。

廉颇居梁久之，魏不能信

用。赵以数困于秦兵，赵王思复得廉颇，廉颇亦思复用于赵。赵王使使者视廉颇尚可用否。廉颇之仇郭开多与使者金，令毁之。赵使者既见廉颇，廉颇为之一饭斗米，肉十斤，被甲上马，以示尚可用。赵使还报王曰："廉将军虽老，尚善饭，然与臣坐，顷之三遗矢矣。"赵王以为老，遂不召。

楚闻廉颇在魏，阴使人迎之。廉颇一为楚将，无功，曰："我思用赵人。"廉颇卒死于寿春。

李牧

李牧者，赵之北边良将也。常居代雁门，备匈奴。以便宜置吏，市租皆输入莫府，为士卒费。日击数牛飨士，习射骑，谨烽火，多间谍，厚遇战士。为约曰："匈奴即入盗，急入收保，有敢捕虏者斩。"匈奴每入，烽火谨，辄入收保，不敢战。如是数岁，亦不亡失。然匈奴以李牧为怯，虽赵边兵亦以为吾将怯。赵王让李牧，李牧如故。赵王怒，召之，使他人代将。

他。由于赵国多次被秦军围困，赵王想再次任用廉颇，廉颇也想再次被赵国任用。赵王派使者去看廉颇还能否被任用。廉颇的仇人郭开给了使者很多黄金，让使者诋毁廉颇。赵国使者见到廉颇后，廉颇在他面前一顿饭吃一斗米，十斤肉，披挂上马，以表示还可以被任用。赵国使者返回报告赵王说："廉将军虽然年老，还能吃很多饭，但和我坐着时，一会儿就上了三次厕所。"赵王认为廉颇老了，就没有再召见他。

楚国听说廉颇在魏国，暗中派人迎接他。廉颇作为一个楚将，没有功劳，说："我想统领赵人士兵。"廉颇最后死在寿春。

李牧，是赵国北方边境的良将。他经常驻扎在代地雁门郡，防备匈奴。他根据实际情况设置官吏，市场上的租税都送入李牧的幕府，作为士卒的军费。他每天杀几头牛犒劳士卒，训练士兵骑马射箭，注意烽火台，派出很多间谍，厚待战士。他制定军规说："匈奴如果侵犯，迅速进入堡垒防守，有敢捕捉敌人的斩首。"匈奴每次入侵，都谨慎地点燃烽火，总是进入堡垒防守，不敢与匈奴交战。像这样过了几年，也没有损失。然而匈奴认为李牧胆怯，即使赵国守边的士兵也认为自己的将军胆怯。赵王责备李牧，李牧和以前一样。

赵王发怒，召回他，派别人代他领兵。

一年多后，匈奴每次来犯，赵军都出战。出战后多数失利，损失伤亡很多人，边境不能种田、畜牧。赵王又请李牧领兵。李牧闭门不出，坚称有病。赵王于是又强迫他领兵。李牧说："大王一定要任用我，允许我还像以前那样做，我才敢领命。"赵王答应了他。

李牧到达边境，按以前的军规办事。匈奴多年一无所获，还是认为李牧胆怯。边境士卒每天得到赏赐而无用武之地，都愿意一战。于是李牧就精挑细选了一千三百辆战车，一万三千匹战马，因战功获得百金赏赐的战士五万人，善射的士兵十万人，全部组织起来操练。放开畜牧，放牧的人民布满原野。匈奴小规模入侵，李牧假装战败不能取胜，将几千人丢给了匈奴。单于听说此事后，大举率兵前来入侵。李牧设下许多奇阵，张开左右两翼攻打匈奴，大败匈奴，攻破杀死匈奴十多万骑兵。灭了襜褴，攻破东胡，降服林胡，单于逃跑。这以后十多年，匈奴不敢靠近赵国边城。

赵悼襄王元年，廉颇逃入魏国后，赵国派李牧攻打燕国，攻下武遂、方城。过了两年，庞煖攻破燕军，杀死剧辛。七年后，秦军在武遂攻破杀死赵将扈辄，杀敌十万人。赵国于是任李牧为大将军，在宜安抗击秦军，大破秦军，赶走秦将桓齮。赵王

岁余，匈奴每来，出战。出战，数不利，失亡多，边不得田畜。复请李牧。牧杜门不出，固称疾。赵王乃复强起使将兵。牧曰："王必用臣，臣如前，乃敢奉令。"王许之。

李牧至，如故约。匈奴数岁无所得，终以为怯。边士日得赏赐而不用，皆愿一战。于是乃具选车得千三百乘，选骑得万三千匹，百金之士五万人，彀者十万人，悉勒习战。大纵畜牧，人民满野。匈奴小入，详北不胜，以数千人委之。单于闻之，大率众来入。李牧多为奇陈，张左右翼击之，大破杀匈奴十余万骑。灭襜褴，破东胡，降林胡，单于奔走。其后十余岁，匈奴不敢近赵边城。

赵悼襄王元年，廉颇既亡入魏，赵使李牧攻燕，拔武遂、方城。居二年，庞煖破燕军，杀剧辛。后七年，秦破杀赵将扈辄于武遂，斩首十万。赵乃以李牧为大将军，击秦军

于宜安，大破秦军，走秦将桓
齮。封李牧为武安君。居三年，
秦攻番吾，李牧击破秦军，南
距韩、魏。

赵王迁七年，秦使王翦攻
赵，赵使李牧、司马尚御之。
秦多与赵王宠臣郭开金，为反
间，言李牧、司马尚欲反。赵
王乃使赵葱及齐将颜聚代李牧。
李牧不受命，赵使人微捕得李
牧，斩之。废司马尚。后三
月，王翦因急击赵，大破杀赵葱，
虏赵王迁及其将颜聚，遂灭赵。

太史公曰：知死必勇，非
死者难也，处死者难。方蔺相
如引璧睨柱，及叱秦王左右，
势不过诛，然士或怯懦而不敢
发。相如一奋其气，威信敌国，
退而让颇，名重太山，其处智勇，
可谓兼之矣！

封李牧为武安君。过了三年，秦国攻打番
吾，李牧击破秦军，向南抵御韩国、魏国。

赵王迁七年，秦国派王翦攻打赵国，
赵国派李牧、司马尚抵御秦兵。秦国送给
赵王宠臣郭开很多黄金，施展反间计，宣
扬李牧、司马尚想谋反。赵王于是派赵葱
和齐将颜聚代替李牧。李牧不肯受命，赵
王派人暗中逮捕李牧，斩了他。废黜司马
尚。三个月后，王翦趁机猛攻赵国，大破
赵军杀死赵葱，俘虏赵王迁及他的将领颜
聚，最终灭了赵国。

太史公说：知道要死而不害怕一定是
有勇气的，死本身不是难事，怎样面对死
才是难事。当蔺相如持璧斜视柱子和呵斥
秦王左右大臣时，面对这种形势最多不过
是被杀罢了，然而有的士人胆怯懦弱而不
敢发作。蔺相如全凭他的勇气，伸张威势
压倒敌国，又回国谦让廉颇，名声重于泰
山，处事中的智谋和勇气，他可以说是兼
而有之了！

田单

田单，是齐国田氏的远房宗室。齐湣王的时候，田单做临淄市掾，不为人所知。等到燕国派乐毅讨伐攻破齐国，齐湣王出逃，不久退守莒城。燕国军队长驱直入夷灭齐国，田单逃到安平，让他的族人把他们的车轴两端全都锯断，绑上铁箍。不久燕军攻打安平，城墙毁坏，齐人逃跑，争抢道路，因为车子的车轴头被撞断而毁坏，被燕军俘虏，唯独田单族人因车子绑有铁箍得以逃脱，向东退守即墨。燕军占有齐国的几乎全部城邑，唯独莒、即墨没有攻下。

燕军听说齐王在莒城，就合并兵力攻打。淖齿在莒城杀死齐湣王后，就坚守城池，抵抗燕军，燕军几年没有攻下。燕国引兵向东围攻即墨，即墨大夫出城与燕军交战，战败被杀。城中人共同推举田单，说："安平之战，田单族人因铁箍得以保全，他熟悉兵法。"拥立田单为将军，用即墨城抵抗燕军。

不久，燕昭王去世，燕惠王即位，与乐毅有嫌隙。田单听说此事后，就派人到

田单者，齐诸田疏属也。湣王时，单为临菑市掾，不见知。及燕使乐毅伐破齐，齐湣王出奔，已而保莒城。燕师长驱平齐，而田单走安平，令其宗人尽断其车轴末而傅铁笼。已而燕军攻安平，城坏，齐人走，争涂，以轊折车败，为燕所虏，唯田单宗人以铁笼故得脱，东保即墨。燕既尽降齐城，唯独莒、即墨不下。

燕军闻齐王在莒，并兵攻之。淖齿既杀湣王于莒，因坚守，距燕军，数年不下。燕引兵东围即墨，即墨大夫出与战，败死。城中相与推田单，曰："安平之战，田单宗人以铁笼得全，习兵。"立以为将军，以即墨距燕。

顷之，燕昭王卒，惠王立，与乐毅有隙。田单闻之，乃纵

反间于燕，宣言曰："齐王已死，城之不拔者二耳。乐毅畏诛而不敢归，以伐齐为名，实欲连兵南面而王齐。齐人未附，故且缓攻即墨以待其事。齐人所惧，唯恐他将之来，即墨残矣。"燕王以为然，使骑劫代乐毅。

乐毅因归赵，燕人士卒忿。而田单乃令城中人食必祭其先祖于庭，飞鸟悉翔舞城中下食。燕人怪之。田单因宣言曰："神来下教我。"乃令城中人曰："当有神人为我师。"有一卒曰："臣可以为师乎？"因反走。田单乃起，引还，东乡坐，师事之。卒曰："臣欺君，诚无能也。"田单曰："子勿言也！"因师之。每出约束，必称神师。乃宣言曰："吾唯惧燕军之劓所得齐卒，置之前行，与我战，即墨败矣。"燕人闻之，如其言。城中人见齐诸降者尽劓，皆怒，坚守，唯恐见得。单又纵反间曰："吾惧燕人掘吾城外冢墓，僇先人，可为寒心。"燕军尽掘垄墓，烧死人。即墨人从城上望见，皆

燕国施反间计，宣扬说："齐王已经死了，没有被攻占的城池只有两座了。乐毅害怕被杀不敢回燕国，以讨伐齐国为名，实际上是想联合齐军在齐国面南称王。齐国人尚未归附，所以暂且慢慢攻打即墨以等待完成他的大事。齐人所害怕的，只是其他将领到来，即墨就要残破了。"燕王认为是这样，就派骑劫代替乐毅。

乐毅因此返回赵国，燕军士兵忿忿不平。田单于是命令城中人吃饭时一定要在庭院中祭祀他们的先祖，飞鸟全部翱翔飞舞到城中再飞下啄食。燕军对此感到奇怪。田单趁机扬言说："有神仙下凡来教我。"于是命令城中人说："应该有神人做我们的老师。"有一个士兵说："我可以做老师吗？"接着返身就走了。田单于是起身，拉他回来，让他向东坐下，以老师的礼节对待他。士兵说："我欺骗了您，我真的没有这本事。"田单说："您不要说了！"就尊他为师。每当发布号令，一定称是神师的主意。于是扬言说："我唯独害怕燕军把俘虏的齐国的士兵割去鼻子，把他们放在前线，与我们交战，即墨就败了。"燕军听说这话后，依照这话做了。城中人看到齐军许多投降的人全被割去鼻子，都愤怒，坚守城池，唯恐被俘虏。田单又派人施反间计说："我怕燕军挖掘我城外的墓冢，侮辱先人，那可真让人寒心啊。"

燕军掘开所有坟墓，焚烧死尸。即墨人从城上望见，都流泪哭泣请求出战，怒气增长十倍。

田单知道士兵可以出战了，于是亲自带着夹板铲锹，与士兵分头劳动，把自己的妻妾编到队伍之中，散尽食物来犒劳士兵。他命令甲兵都埋伏起来，派老弱妇女登上城楼防守，派使者与燕国约定投降，燕军都高呼万岁。田单又收集民间的黄金，得到一千镒，命令即墨的富豪送给燕国将领说："即墨将要投降，希望不要掳掠我们家族的妻妾，让我们安居生活。"燕国将领非常高兴，答应了他们。燕军由此更加松懈。

田单于是收集城中一千多头牛，给它们披上红色缯衣，画上五彩龙纹，在它们的角上绑上兵刃，把渍满油脂的芦苇绑在牛尾上，点燃芦苇末梢。把城墙凿出几十个洞穴，夜里放出牛群，五千个壮士跟随在牛后面。牛尾炽热，牛群发狂而奔向燕军，燕军夜里大惊。牛尾的火炬把夜间照得亮如白昼，燕军看到它们身上都是龙纹，所触撞到的人全都非死即伤。五千人趁机衔枚攻击燕军，而城中人擂鼓呐喊跟随他们，老弱之人都敲击铜器制造声音，声音震动天地。燕军大为惊骇，溃败逃跑。齐军最终杀死他们的主将骑劫。燕军混乱逃跑，齐军追击逃兵，所经过的城邑都背叛

涕泣，俱欲出战，怒自十倍。

田单知士卒之可用，乃身操版插，与士卒分功，妻妾编于行伍之间，尽散饮食飨士。令甲卒皆伏，使老弱女子乘城，遣使约降于燕，燕军皆呼万岁。田单又收民金，得千溢，令即墨富豪遗燕将，曰："即墨即降，愿无虏掠吾族家妻妾，令安堵。"燕将大喜，许之。燕军由此益懈。

田单乃收城中得千余牛，为绛缯衣，画以五彩龙文，束兵刃于其角，而灌脂束苇于尾，烧其端。凿城数十穴，夜纵牛，壮士五千人随其后。牛尾热，怒而奔燕军，燕军夜大惊。牛尾炬火光明炫耀，燕军视之皆龙文，所触尽死伤。五千人因衔枚击之，而城中鼓噪从之，老弱皆击铜器为声，声动天地。燕军大骇，败走。齐人遂夷杀其将骑劫。燕军扰乱奔走，齐人追亡逐北，所过城邑皆畔燕而归。田单兵日益多，乘胜，

燕日败亡，卒至河上，而齐七十余城皆复为齐。乃迎襄王于莒，入临菑而听政。襄王封田单，号曰安平君。

太史公曰：兵以正合，以奇胜。善之者，出奇无穷。奇正还相生，如环之无端。夫始如处女，适人开户；后如脱兔，适不及距：其田单之谓邪？

初，淖齿之杀湣王也，莒人求湣王子法章，得之太史嬓之家，为人灌园。嬓女怜而善遇之。后法章私以情告女，女遂与通。及莒人共立法章为齐王，以莒距燕，而太史氏女遂为后，所谓"君王后"也。

燕之初入齐，闻画邑人王蠋贤，令军中曰："环画邑三十里无入。"以王蠋之故。已而使人谓蠋曰："齐人多高子之义，吾以子为将，封子万家。"蠋固谢。燕人曰："子不听，吾引三军而屠画邑。"

燕国而归顺田单，军队日益增多，乘胜追击，燕军日益溃败，最终逃到黄河边上，而齐国七十多座城邑又都回归齐国。于是到莒城迎接齐襄王，齐襄王进入临淄处理国政。齐襄王封赐田单，称号安平君。

太史公说：用兵一面和敌人正面交锋，一面以奇兵制胜。善于用兵的人，能出奇兵变化无穷。奇兵和正面交锋相互转化，如圆环没有端点。用兵之始要像柔弱的处女一样，诱使敌人打开门户；之后要像逃脱的兔子一样，使敌人来不及抵抗：这说的就是田单吧！

当初，淖齿杀死齐湣王，莒城人寻找湣王的儿子法章，在太史嬓家中找到了他，他在替别人种田浇地。太史嬓的女儿怜悯并善待他。后来法章私下把自己的情况告诉了她，她就与法章私通。等到莒城人共同拥立法章为齐王，凭借莒城抵抗燕国，而太史嬓的女儿就被立为王后，就是"君王后"。

燕军起初攻入齐国时，听说画邑人王蠋贤良，命令军中说"围绕画邑三十里不许进入"，是出于王蠋的缘故。不久派人对王蠋说："齐国人多称赞您的德义，我们封您为将军，封给您万户城邑。"王蠋坚决辞谢。燕国人说："您不听，我们就率领三军屠灭画邑。"王蠋说："忠臣不奉事两位君主，贞女不嫁两个丈夫。齐王不听从我的劝谏，所以我才隐居乡野耕种。国家既然已经灭亡，我不能保全它；如今又用武力劫持我做您的将领，这是助桀为暴啊。与其活着不守道义，还不如烹杀了我！"于是他把头颈吊在树枝上，自己奋力挣扎扭断脖子而死。齐国流亡的大夫听说此事后，说："王蠋，是普通百姓，坚守道义不肯向燕国面北称臣，何况我们在官位食俸禄的人呢！"于是到莒城相聚，寻找齐王的儿子，立他为齐襄王。

王蠋曰："忠臣不事二君，贞女不更二夫。齐王不听吾谏，故退而耕于野。国既破亡，吾不能存；今又劫之以兵为君将，是助桀为暴也。与其生而无义，固不如烹！"遂经其颈于树枝，自奋绝脰而死。齐亡大夫闻之，曰："王蠋，布衣也，义不北面于燕，况在位食禄者乎！"乃相聚如莒，求诸子，立为襄王。

史记卷八十三
列传第二十三

鲁仲连　邹阳

鲁仲连

鲁仲连，是齐国人。他喜欢出奇特宏伟卓异不凡的计谋，但不肯做官任职，喜欢保持高尚的节操。他在赵国游历。

赵孝成王时，秦王派白起攻破赵国长平的军队前后有四十多万人，秦军于是向东围攻邯郸。赵王害怕，诸侯的救兵没有谁敢攻击秦军。魏安釐王派将军晋鄙救援赵国，畏惧秦军，停在荡阴不前进。魏王派客籍将军新垣衍从小道进入邯郸，通过平原君对赵王说："秦国之所以着急围攻邯郸，是因为以前与齐湣王争强称帝，不久又取消了帝号；如今齐国已经越发衰落，当今只有秦国称雄天下，这并非是一定要贪图邯郸，秦王的意思是想再次谋求称帝。赵国如果能派使臣尊奉秦昭王为帝，秦王一定高兴，就会罢兵离开。"平原君犹豫没有决定。

这时鲁仲连恰好在赵国游历，正赶上秦军围攻赵国，听说魏国将要让赵国尊奉秦王为帝，就求见平原君说："这事要怎

鲁仲连者，齐人也。好奇伟俶傥之画策，而不肯仕宦任职，好持高节。游于赵。

赵孝成王时，而秦王使白起破赵长平之军前后四十余万，秦兵遂东围邯郸。赵王恐，诸侯之救兵莫敢击秦军。魏安釐王使将军晋鄙救赵，畏秦，止于荡阴不进。魏王使客将军新垣衍间入邯郸，因平原君谓赵王曰："秦所为急围赵者，前与齐湣王争强为帝，已而复归帝；今齐已益弱，方今唯秦雄天下，此非必贪邯郸，其意欲复求为帝。赵诚发使尊秦昭王为帝，秦必喜，罢兵去。"平原君犹预未有所决。

此时鲁仲连适游赵，会秦围赵，闻魏将欲令赵尊秦为帝，乃见平原君曰："事将奈何？"

平原君曰："胜也何敢言事！前亡四十万之众于外，今又内围邯郸而不能去。魏王使客将军新垣衍令赵帝秦，今其人在是。胜也何敢言事！"鲁仲连曰："吾始以君为天下之贤公子也，吾乃今然后知君非天下之贤公子也。梁客新垣衍安在？吾请为君责而归之。"平原君曰："胜请为绍介而见之于先生。"平原君遂见新垣衍曰："东国有鲁仲连先生者，今其人在此，胜请为绍介，交之于将军。"新垣衍曰："吾闻鲁仲连先生，齐国之高士也。衍，人臣也，使事有职，吾不愿见鲁仲连先生。"平原君曰："胜既已泄之矣。"新垣衍许诺。

鲁连见新垣衍而无言。新垣衍曰："吾视居此围城之中者，皆有求于平原君者也；今吾观先生之玉貌，非有求于平原君者也，曷为久居此围城之中而不去？"鲁仲连曰："世以鲍焦为无从颂而死者，皆非也。众人不知，则为一身。彼秦者，弃礼义而上首功之国也，权使其士，虏使其民。彼即肆

么办呢？"平原君说："我又怎么敢谈论这件事！先前在国外损失四十万大军，如今在国内又使邯郸被围攻而不能使秦国退兵。魏王派客籍将军新垣衍让赵国尊奉秦王为帝，如今那人在这里。我又怎么敢谈论这件事！"鲁仲连说："我起初认为您是天下的贤明公子，如今我才知道您并不是天下的贤明公子。大梁的客人新垣衍在哪里？请让我替您责问他并让他回去。"平原君说："我愿替您介绍，让他跟先生见面。"平原君就去见新垣衍说："东方齐国有个鲁仲连先生，如今他人在这儿，请让我为您介绍，与将军您结交。"新垣衍说："我听说鲁仲连先生，是齐国的贤士。我，是臣下，奉命出使，身负职责，我不愿意见鲁仲连先生。"平原君说："我已经说出您在这里了。"新垣衍才答应。

鲁仲连见到新垣衍并没有说话。新垣衍说："我看居住在这座围城中的人，都是有求于平原君的人；如今我看先生的尊容，不是有求于平原君的人，为什么久居在这座围城之中而不离开呢？"鲁仲连说："世人认为鲍焦是不能从容而死的，他们都不对。世人不了解鲍焦，就认为他是为自己打算。秦国是个抛弃礼义而崇尚以首级立功的国家，用权势驱使它的士人，像对待奴隶一样驱使它的百姓。如果让秦

肆意称帝，进而主政天下，那么我只有投东海去死了，我不能做秦国的子民。我之所以见将军，是因为想帮助赵国。"

新垣衍说："先生将如何帮助赵国呢？"鲁仲连说："我将让魏国及燕国来帮助赵国，齐国、楚国则本来就在帮助赵国了。"新垣衍说："燕国我相信会听从您了；至于魏国，我就是魏国人，先生怎么能使魏国帮助赵国呢？"鲁仲连说："魏国是因为没看到秦国称帝的危害罢了。让魏国看到秦国称帝的危害，魏国就一定会帮助赵国了。"

新垣衍说："秦国称帝的危害是什么呢？"鲁仲连说："从前齐威王曾经奉行仁义，率领天下诸侯朝拜周朝。周朝既贫困又弱小，诸侯没有谁朝拜的，而唯独齐国朝拜它。过了一年多，周烈王驾崩，齐国奔丧去晚了些，周朝恼怒，到齐国发讣告说：'天子驾崩，这是天崩地裂的大事，新继位的天子也要睡在苦席上居丧。东方藩属之臣田齐却迟到，应当斩首。'齐威王勃然大怒说：'呸，你这个婢女养的！'最终被天下人耻笑。齐威王之所以在周烈王活着时朝拜，死后就破口大骂，实在是忍受不了新天子的苛求啊。天子本来就是应该这样的，这也没什么值得奇怪的。"

新垣衍说："先生难道没见过仆人

然而为帝，过而为政于天下，则连有蹈东海而死耳，吾不忍为之民也。所为见将军者，欲以助赵也。"

新垣衍曰："先生助之将奈何？"鲁连曰："吾将使梁及燕助之，齐、楚则固助之矣。"新垣衍曰："燕则吾请以从矣；若乃梁者，则吾乃梁人也，先生恶能使梁助之？"鲁连曰："梁未睹秦称帝之害故耳。使梁睹秦称帝之害，则必助赵矣。"

新垣衍曰："秦称帝之害何如？"鲁连曰："昔者齐威王尝为仁义矣，率天下诸侯而朝周。周贫且微，诸侯莫朝，而齐独朝之。居岁余，周烈王崩，齐后往，周怒，赴于齐曰：'天崩地坼，天子下席。东藩之臣因齐后至，则斫。'齐威王勃然怒曰：'叱嗟，而母婢也！'卒为天下笑。故生则朝周，死则叱之，诚不忍其求也。彼天子固然，其无足怪。"

新垣衍曰："先生独不见

夫仆乎？十人而从一人者，宁
力不胜而智不若邪？畏之也。"
鲁仲连曰："呜呼！梁之比于
秦若仆邪？"新垣衍曰："然。"
鲁仲连曰："吾将使秦王烹醢
梁王。"新垣衍怏然不悦，曰：
"噫嘻，亦太甚矣先生之言
也！先生又恶能使秦王烹醢梁
王？"鲁仲连曰："固也，吾
将言之。昔者九侯、鄂侯、文
王，纣之三公也。九侯有子而好，
献之于纣，纣以为恶，醢九侯。
鄂侯争之强，辩之疾，故脯鄂
侯。文王闻之，喟然而叹，故
拘之牖里之库百日，欲令之死。
曷为与人俱称王，卒就脯醢之
地？齐湣王之鲁，夷维子为执
策而从，谓鲁人曰：'子将何
以待吾君？'鲁人曰：'吾
将以十太牢待子之君。'夷维
子曰：'子安取礼而来待吾
君？彼吾君者，天子也。天子
巡狩，诸侯辟舍，纳管籥，摄
衽抱机，视膳于堂下，天子已食，
乃退而听朝也。'鲁人投其
籥，不果纳。不得入于鲁，将
之薛，假途于邹。当是时，邹
君死，湣王欲入吊，夷维子谓

吗？十个仆人跟随一个主人，难道是力气
比不过、智力不如他吗？是害怕他啊。"
鲁仲连说："唉！魏王与秦王相比，魏王
像仆人吗？"新垣衍说："像。"鲁仲连说：
"我将让秦王烹煮魏王剁成肉酱。"新垣
衍怏怏不快，说："哼，先生的话也太过
分了！先生又怎么能使秦王烹煮魏王剁成
肉酱呢？"鲁仲连说："当然能，我说给
你听。从前九侯、鄂侯、文王，是纣王的
三公。九侯有个女儿长得姣好，把她献给
了纣王，纣王认为她长得丑陋，把九侯剁
成肉酱。鄂侯谏诤激烈，言辞犀利，所以
把鄂侯做成了肉干。文王听说此事后，喟
然叹息，所以纣王将他拘禁在牖里的囚室
一百天，想让他死。为什么和人家同样称王，
最终却落到被做成肉干、剁成肉酱的地步
呢？齐湣王前往鲁国，夷维子为他驾车跟
随，对鲁国人说：'你们将如何接待我们
的国君？'鲁国人说：'我们将用十副太牢
的礼仪接待您的国君。'夷维子说：'你们
是按哪里的礼节来接待我们的国君？我们
的国君是天子。天子巡狩，诸侯应让出正
宫，交出锁匙，撩起衣襟，安排桌席，站
在堂下伺候用膳，天子用餐后，你们才
退下听理朝政。'鲁国人丢下他们的锁匙，
不接纳他们。不能进入鲁国，齐湣王准备
前往薛地，向邹国借路。正在这时，邹国
国君死了，齐湣王想进入吊丧，夷维子对

邹国的嗣君说："天子吊丧，丧主人一定要将灵柩掉转方向，在南面设置朝北的灵位，然后天子面向南吊丧。"邹国群臣说："一定要这样的话，我们将伏剑而死。'因此不敢进入邹国。邹国、鲁国的大臣，在国君生前不能奉养，死后不能送冥衣冥财，却想要在邹国、鲁国行天子之礼，邹国、鲁国的大臣就不接纳他们。如今秦国是万乘之国，魏国也是万乘之国。都是万乘之国，各自都有称王的名分，只看秦国打了一次胜仗，就想顺从而拥护它称帝，这就使得三晋的大臣不如邹国、鲁国的奴仆婢妾了。况且秦国要是不称帝不罢休，那么就要更换诸侯的大臣。他将要罢免他认为不贤的而更换他认为贤能的大臣；罢免他所厌恶的而更换他所喜爱的大臣。他又将让他的子女、进谗言的姬妾做诸侯的嫔妃，住在魏国宫中。魏王怎么能够安宁呢？而将军又怎么获得从前的宠信呢？"

于是新垣衍起身，拜了两拜谢罪说："当初认为先生是庸人，我今日才知先生是天下的贤士。我请求离开，不敢再说尊奉秦国称帝。"秦将听说此事后，为此撤军五十里。赶上魏公子无忌夺取晋鄙的军队来救援赵国，攻打秦军，秦军就撤兵离去了。

于是平原君想加封鲁仲连，鲁仲连再三辞让，始终不肯接受。平原君于是设置

邹之孤曰：'天子吊，主人必将倍殡棺，设北面于南方，然后天子南面吊也。'邹之群臣曰：'必若此，吾将伏剑而死。'固不敢入于邹。邹、鲁之臣，生则不得事养，死则不得赙襚，然且欲行天子之礼于邹、鲁，邹、鲁之臣不果纳。今秦万乘之国也，梁亦万乘之国也。俱据万乘之国，各有称王之名，睹其一战而胜，欲从而帝之，是使三晋之大臣不如邹、鲁之仆妾也。且秦无已而帝，则且变易诸侯之大臣。彼将夺其所不肖而与其所贤，夺其所憎而与其所爱。彼又将使其子女谗妾为诸侯妃姬，处梁之宫。梁王安得晏然而已乎？而将军又何以得故宠乎？"

于是新垣衍起，再拜，谢曰："始以先生为庸人，吾乃今日知先生为天下之士也。吾请出，不敢复言帝秦。"秦将闻之，为却军五十里。适会魏公子无忌夺晋鄙军以救赵，击秦军，秦军遂引而去。

于是平原君欲封鲁连，鲁连辞让者三，终不肯受。平原

君乃置酒，酒酣，起，前以千金为鲁连寿。鲁连笑曰："所贵于天下之士者，为人排患释难解纷乱而无取也。即有取者，是商贾之事也，而连不忍为也。"遂辞平原君而去，终身不复见。

其后二十余年，燕将攻下聊城，聊城人或谗之燕，燕将惧诛，因保守聊城，不敢归。齐田单攻聊城岁余，士卒多死而聊城不下。鲁连乃为书，约之矢以射城中，遗燕将。书曰：

吾闻之，智者不倍时而弃利，勇士不却死而灭名，忠臣不先身而后君。今公行一朝之忿，不顾燕王之无臣，非忠也；杀身亡聊城，而威不信于齐，非勇也；功败名灭，后世无称焉，非智也。三者世主不臣，说士不载，故智者不再计，勇士不怯死。今死生荣辱，贵贱尊卑，此时不再至，愿公详计而无与俗同。

且楚攻齐之南阳，魏攻平陆，而齐无南面之心，以为亡

酒宴，饮酒正酣时起身上前，拿千金为鲁仲连祝寿。鲁仲连笑着说："天下贤士之所以可贵，是因为他们替人排忧解难、解决纷争而不取报酬。如果收取酬劳，便是商人的行为，而我不忍心这样做。"于是辞别平原君离开，终身不再相见。

此后二十多年，燕国将领攻下聊城，聊城有人说燕将的坏话，燕将害怕被杀，就据守聊城，不敢回国。齐国田单攻打聊城一年多，士兵战死很多而聊城不能攻下。鲁仲连于是写了书信，系在箭上射入城中，送给燕将。信中说：

我听说，聪明的人不违背时势而放弃利益，勇敢的人不逃避死亡而辱没名声，忠臣不先顾及自己而后顾及国君。如今您泄一时之愤，不顾及燕王无法驾驭臣子，是不忠诚；自己被杀，丢失聊城，而威名没有在齐国伸张，是不勇敢；功败名灭，后世无人称颂，是不聪明。有这三条，当世的君主不任他为臣，游说之士不会称道他，所以聪明的人不犹豫，勇敢的人不怕死。如今是涉及生死荣辱、贵贱尊卑的关键时刻，这种时机不会再来，希望您仔细考虑，而不要与俗人一般见识。

况且楚国攻打齐国的南阳，魏国攻打平陆，而齐国没有南进之心，认为失去南

阳的损害小，不如得到济北的利益大，所以定下计策谨慎对待它。如今秦国派出军队，魏国不敢东进；秦国连横的局势已经形成，楚国的形势危险；齐国放弃南阳，舍弃右面的国土，平定济北，这个计划可行。况且齐国一定要在聊城决胜，您不要再考虑了。如今楚国、魏国先后从齐国撤退，而燕国救兵不到。以齐国全部的兵力，没有夺取天下的打算，只想夺回聊城，您与聊城一起据守一年多，已经疲惫不堪，可我看您什么也得不到。况且燕国大乱，君臣没有对策，上下迷惑，栗腹带领十万大军在国外打了五次败仗，拥有万乘兵车的国家却被赵国包围，土地削减，君主被困，被天下人耻笑。国家衰败，祸患丛生，百姓心无所归。如今您又用疲惫的聊城百姓抵挡齐国全部的兵力，这是如同墨翟一样善于守城啊。城内缺乏粮食，吃人肉充饥，拿人骨当柴烧，士兵却没有反叛之心，这是如同孙膑一样善于带兵啊。您的才能已经显现于天下了。

虽然是这样，但替您着想，您不如保全兵力以报答燕国。兵力完好地回到燕国，燕王一定高兴；保全性命回国，百姓如同见到父母，朋友们张开双臂四处推崇赞许您，您的功业可以得到显扬。在上辅佐国君以制约群臣，在下休养百姓以资助游说之士，矫正国事，更改风俗，功名可以建

南阳之害小，不如得济北之利大，故定计审处之。今秦人下兵，魏不敢东面；衡秦之势成，楚国之形危；齐弃南阳，断右壤，定济北，计犹且为之也。且夫齐之必决于聊城，公勿再计。今楚魏交退于齐，而燕救不至。以全齐之兵，无天下之规，与聊城共据期年之敝，则臣见公之不能得也。且燕国大乱，君臣失计，上下迷惑，栗腹以十万之众五折于外，以万乘之国被围于赵，壤削主困，为天下僇笑。国敝而祸多，民无所归心。今公又以敝聊之民距全齐之兵，是墨翟之守也。食人炊骨，士无反外之心，是孙膑之兵也。能见于天下。

虽然，为公计者，不如全车甲以报于燕。车甲全而归燕，燕王必喜；身全而归于国，士民如见父母，交游攘臂而议于世，功业可明。上辅孤主以制群臣，下养百姓以资说士，矫国更俗，功名可立也。亡意亦

捐燕弃世，东游于齐乎？裂地定封，富比乎陶、卫，世世称孤，与齐久存，又一计也。此两计者，显名厚实也，愿公详计而审处一焉。

且吾闻之，规小节者不能成荣名，恶小耻者不能立大功。昔者管夷吾射桓公中其钩，篡也；遗公子纠不能死，怯也；束缚桎梏，辱也。若此三行者，世主不臣而乡里不通。乡使管子幽囚而不出，身死而不反于齐，则亦名不免为辱人贱行矣。臧获且羞与之同名矣，况世俗乎！故管子不耻身在缧绁之中而耻天下之不治，不耻不死公子纠而耻威之不信于诸侯，故兼三行之过而为五霸首，名高天下而光烛邻国。曹子为鲁将，三战三北，而亡地五百里。乡使曹子计不反顾，议不还踵，刎颈而死，则亦名不免为败军禽将矣。曹子弃三北之耻，而退与鲁君计。桓公朝天下，会诸侯，曹子以一剑之任，枝桓公之心于坛坫之上，颜色不变，辞气不悖，三战之所亡一

立了。如果没有这个意向就舍弃燕国，摒弃世俗非议，东游到齐国吧？齐国会割地封赏您，富贵可比魏冉、商鞅，世代称王，与齐国长久并存，这也是一种办法。这两种办法，既显扬名声又利益丰厚，希望您仔细考虑而谨慎采纳其一。

况且我听说，拘泥小节的人不能成就荣耀的名声，厌恶小耻的人不能建立大功。从前管仲射中齐桓公的衣带钩，是犯上；放弃公子纠不能随他去死，是怯弱；戴上桎梏，是耻辱。像有这三种情况的人，当世的君主不任他为臣，邻里不与他往来。当时假使管仲被囚禁不放出来，身死而不返回齐国，那也不免留下耻辱卑贱的名声了。连奴婢也羞于与他同名，何况世人呢！所以管仲不以身被囚禁而感到耻辱，却以天下不能得到大治而感到耻辱；不以不能跟随公子纠去死而感到耻辱，却以不能在诸侯中立威而感到耻辱，所以他兼有这三种过失，却使齐桓公成为五霸之首，名高天下，光耀邻国。曹沫担任鲁国将军，三战三败，丧失国土五百里。当时假使曹沫不反复仔细考虑，不从长计议，就刎颈自杀，那也不免有败军之将的名声了。曹沫不顾三次失败的耻辱，却回来与鲁君计议。齐桓公朝见天下，会盟诸侯，曹沫凭一剑之力，在会盟坛上抵住齐桓公的心窝，神色不变，谈吐从容，三次战败所丧失的城邑一个早

晨就收回来了，天下震动，诸侯惊骇，威名超过吴、越。像这两位志士，不是不能顾全小的廉洁而拘小节，是认为杀身丧命，绝世灭后，功名不能建立，那样是不明智的。所以他们忍耐一时的愤怒，成就终身的威名；不顾一时的羞忿，奠定万世的功业。因此他们的功业和三王争相流传，而名声和天地一样长久。希望您能选择一种方案行动。

燕将看了鲁仲连的信，哭泣三天，犹豫着不能自行决定。他想回到燕国，但已经有了嫌隙，害怕被杀；想投降齐国，他所杀和俘虏的齐国士兵很多，害怕投降后受到侮辱。他喟然叹息说："与其别人杀我，我宁可自杀。"于是自杀。聊城混乱，田单于是屠灭聊城。田单回国向齐王报告鲁仲连的事，想封他爵位。鲁仲连逃到海边隐居起来，说："我与其让自己富贵而屈身事人，宁愿贫贱而轻视世俗放任心志。"

邹阳，是齐国人。他在梁国游历，与原吴国人庄忌夫子、淮阴人枚生等人交往。他上书梁孝王，与羊胜、公孙诡并列。羊胜等人嫉妒邹阳，在梁孝王面前说他的坏话。梁孝王恼怒，把邹阳下交官吏治罪，想杀了他。邹阳在梁国游历为客，因谗言被擒，怕死后承担这罪名，就从狱中上

朝而复之，天下震动，诸侯惊骇，咸加吴、越。若此二士者，非不能成小廉而行小节也，以为杀身亡躯，绝世灭后，功名不立，非智也。故去感忿之怨，立终身之名；弃忿悁之节，定累世之功。是以业与三王争流，而名与天壤相弊也。愿公择一而行之。

燕将见鲁连书，泣三日，犹豫不能自决。欲归燕，已有隙，恐诛；欲降齐，所杀虏于齐甚众，恐已降而后见辱。喟然叹曰："与人刃我，宁自刃。"乃自杀。聊城乱，田单遂屠聊城。归而言鲁连，欲爵之。鲁连逃隐于海上，曰："吾与富贵而诎于人，宁贫贱而轻世肆志焉。"

邹阳

邹阳者，齐人也。游于梁，与故吴人庄忌夫子、淮阴枚生之徒交。上书而介于羊胜、公孙诡之间。胜等嫉邹阳，恶之梁孝王。孝王怒，下之吏，将欲杀之。邹阳客游，以谗见禽，恐死而负累，乃从狱中上

书曰：

　　臣闻忠无不报，信不见疑，臣常以为然，徒虚语耳。昔者荆轲慕燕丹之义，白虹贯日，太子畏之；卫先生为秦画长平之事，太白蚀昴，而昭王疑之。夫精变天地而信不喻两主，岂不哀哉！今臣尽忠竭诚，毕议愿知，左右不明，卒从吏讯，为世所疑，是使荆轲、卫先生复起，而燕、秦不悟也。愿大王孰察之。

　　昔卞和献宝，楚王刖之；李斯竭忠，胡亥极刑。是以箕子详狂，接舆辟世，恐遭此患也。愿大王孰察卞和、李斯之意，而后楚王、胡亥之听，无使臣为箕子、接舆所笑。臣闻比干剖心，子胥鸱夷，臣始不信，乃今知之。愿大王孰察，少加怜焉。

　　谚曰："有白头如新，倾盖如故。"何则？知与不知也。故昔樊於期逃秦之燕，借荆轲

书道：

　　我听说忠诚的人无不得到回报，诚信的人不会受到怀疑，我常常认为这是对的，如今看来只是虚言罢了。从前荆轲仰慕燕丹的高义，出现白虹贯日的气象，燕太子为此害怕；卫先生替秦国谋划长平之事，出现太白星侵蚀昴宿的预兆，而秦昭王为此怀疑。他们精诚到感应天地，显示出的征兆却不被燕丹、昭王两位人主理解，难道不悲哀吗！如今我竭尽忠诚，说尽计谋，希望大王明白，您左右之人不明智，最终让您把我交给狱吏审问，让我被世人所怀疑，这样的话，即使荆轲、卫先生复活，燕丹、秦王也不会醒悟。希望大王仔细审察这些事。

　　从前卞和献宝，楚王砍断他的双脚；李斯竭尽忠诚，胡亥对他处以极刑。因此箕子佯装疯癫，接舆避开俗世，害怕遭遇这样的祸患。希望大王仔细审察卞和、李斯的心意，而避免楚王、胡亥那样的偏听偏信，不要让我被箕子、接舆嘲笑。我听说比干被剖心，伍子胥的尸体被装进皮袋沉入江中，我当初不信，如今才了解实情。希望大王仔细审察，稍加怜悯啊。

　　谚语说："有的人相处到白头如同新交往一样，有的人偶然相遇却一见如故。"为什么呢？在于相知和不相知。所以从前

樊於期逃离秦国去往燕国，把首级借给荆轲来奉行燕丹的使命；王奢离开齐国去往魏国，在城上自刎来退却齐军而保全魏国。王奢、樊於期不是与齐国、秦国为新交而与燕国、魏国为故交，他们之所以离开齐国、秦国为燕君、魏君而死，是因为行为和志趣相合而对高尚的德义无限仰慕啊。因此苏秦失信于天下，而对燕国却像尾生一样忠诚；白圭战败丧失六城，却为魏国攻取中山国。为什么呢？是真的遇到相知之人了啊。苏秦担任燕国国相，燕国人在国君面前说他的坏话，燕王按剑发怒，还杀骏马给苏秦吃；白圭在中山国扬名，中山国人在魏文侯面前说他的坏话，魏文侯却赐他夜光之璧。为什么呢？这两对君臣之间，剖心披肝般互相信任，怎么会因流言蜚语就变心呢！

所以女子无论美丑，入宫就会被嫉妒；士人无论有无才干，入朝就会被嫉恨。从前司马喜在宋国遭受被挖去膝盖骨的刑罚，最终任中山国的国相；范雎在魏国被打断肋骨、打掉牙齿，最终被封为应侯。这两个人，都信奉自己本来的计划，摒弃结交朋党的私心，保持孤独的处境，所以自身不免被人嫉妒。因此申徒狄自沉于雍河，徐衍背负石头沉入海中。他们不被当世所容，信守正义不苟且迎合，不在朝廷结党营私，以转移主上的心志。所以百里

首以奉丹之事；王奢去齐之魏，临城自刭以却齐而存魏。夫王奢、樊於期非新于齐、秦而故于燕、魏也，所以去二国死两君者，行合于志而慕义无穷也。是以苏秦不信于天下，而为燕尾生；白圭战亡六城，为魏取中山。何则？诚有以相知也。苏秦相燕，燕人恶之于王，王按剑而怒，食以駃騠；白圭显于中山，中山人恶之魏文侯，文侯投之以夜光之璧。何则？两主二臣，剖心坼肝相信，岂移于浮辞哉！

故女无美恶，入宫见妒；士无贤不肖，入朝见嫉。昔者司马喜髌脚于宋，卒相中山；范雎摺胁折齿于魏，卒为应侯。此二人者，皆信必然之画，捐朋党之私，挟孤独之位，故不能自免于嫉妒之人也。是以申徒狄自沉于河，徐衍负石入海。不容于世，义不苟取，比周于朝，以移主上之心。故百里奚乞食于路，缪公委之以政；宁

戚饭牛车下，而桓公任之以国。此二人者，岂借宦于朝，假誉于左右，然后二主用之哉？感于心，合于行，亲于胶漆，昆弟不能离，岂惑于众口哉？故偏听生奸，独任成乱。昔者鲁听季孙之说而逐孔子，宋信子罕之计而囚墨翟。夫以孔、墨之辩，不能自免于谗诔，而二国以危。何则？众口铄金，积毁销骨也。是以秦用戎人由余而霸中国，齐用越人蒙而强威、宣。此二国，岂拘于俗，牵于世，系阿偏之辞哉？公听并观，垂名当世。故意合则胡越为昆弟，由余、越人蒙是矣；不合，则骨肉出逐不收，朱、象、管、蔡是矣。今人主诚能用齐、秦之义，后宋、鲁之听，则五伯不足称，三王易为也。

是以圣王觉寤，捐子之之心，而能不说于田常之贤；封比干之后，修孕妇之墓，故功

奚在路上乞讨食物，秦穆公将政事委托给他；宁戚在车下喂牛，齐桓公将国政托付给他。这两个人，难道是在朝中借助官吏和左右之人的赞誉，然后两位君主才任用他们的吗？感召于心，相合于行，如同胶漆般亲密，如同兄弟般不能相离，难道能被众人的话所迷惑吗？所以偏听会产生奸邪，专权会酿成祸乱。从前鲁君听信季孙的劝说而驱逐孔子，宋君听信子罕的计策而囚禁墨翟。凭借孔子、墨子的辩才，都不能自免于谗言，而这两国因此出现了危机。为什么呢？众人的诋毁足以熔化金属，积累久的毁谤可以抵消骨肉之情。因此秦国任用戎人由余而称霸中原国家，齐国任用越人蒙而齐威王、齐宣王强大。这两个国家，难道拘泥于世俗，牵累于世风，束缚于阿谀偏听的言论吗？他们广泛听取意见，综合观察事物，名声流传当世。所以心意相合那么胡越也会像兄弟一样，由余、越人蒙就是这样的；如果不相合，那么亲骨肉也会被驱逐不被收留，丹朱、象、管叔、蔡叔就是这样的。如果人主真的能实行齐国、秦国的德义，摒弃宋国、鲁国的偏听偏信，那么五霸不足以称道，三王也容易做了。

因此圣明的君王醒悟，能看穿子之的虚伪之心，而能对田常的贤能不满；加封比干的后人，整修被剖腹的孕妇的坟墓，

因此可以再成就功业于天下。为什么呢？因为追求善行是没有止境的。晋文公亲近自己的仇敌，强大到称霸诸侯；齐桓公任用自己的仇人，而一举匡扶天下。为什么呢？仁慈殷勤，是用诚意感动人心的，是不能依靠虚伪的言词的。

秦国采用商鞅的新法，向东削弱韩国、魏国，兵力强于天下，可最终把商鞅车裂处死；越国采用大夫种的计谋，战胜强大的吴国，称霸中原，可最终杀了大夫种。因此孙叔敖三次离开相位而不后悔，於陵子仲推辞三公之位而去给人浇园。如果人主真的能抛开骄傲的心思，胸怀可以使人有报效的想法，披露心腹，展现真情，披肝沥胆，施以深厚德泽，始终和臣下一同穷困或显达，不对士人怀有私心，那么桀养的狗可以对着尧吠叫，而盗跖的门客可以行刺许由；何况具备着万乘车马的权势和圣王的资质的君主呢？这样的话，那荆轲沉溺七族，要离烧死妻子儿女，难道还值得称道吗！

我听说在黑暗的路上把明月珠、夜光璧投向行人，人们没有不按剑斜视的。为什么呢？因为它们无缘由地出现在面前。盘曲的树根，虬曲诡怪，却成为君王欣赏的器物。为什么呢？因为左右的人事先雕饰过了。所以无缘由地出现在面前，即使抛出的是随侯明珠，夜光之璧，还是容易

业复就于天下。何则？欲善无厌也。夫晋文公亲其仇，强霸诸侯；齐桓公用其仇，而一匡天下。何则，慈仁殷勤，诚加于心，不可以虚辞借也。

至夫秦用商鞅之法，东弱韩、魏，兵强天下，而卒车裂之；越用大夫种之谋，禽劲吴，霸中国，而卒诛其身。是以孙叔敖三去相而不悔，於陵子仲辞三公为人灌园。今人主诚能去骄傲之心，怀可报之意，披心腹，见情素，堕肝胆，施德厚，终与之穷达，无爱于士，则桀之狗可使吠尧，而跖之客可使刺由；况因万乘之权，假圣王之资乎？然则荆轲之湛七族，要离之烧妻子，岂足道哉！

臣闻明月之珠，夜光之璧，以暗投人于道路，人无不按剑相眄者。何则？无因而至前也。蟠木根柢，轮囷离诡，而为万乘器者。何则？以左右先为之容也。故无因至前，虽出随侯之珠，夜光之璧，犹结怨而不

见德。故有人先谈，则以枯木朽株树功而不忘。今夫天下布衣穷居之士，身在贫贱，虽蒙尧、舜之术，挟伊、管之辩，怀龙逢、比干之意，欲尽忠当世之君，而素无根柢之容，虽竭精思，欲开忠信，辅人主之治，则人主必有按剑相眄之迹，是使布衣不得为枯木朽株之资也。

是以圣王制世御俗，独化于陶钧之上，而不牵于卑乱之语，不夺于众多之口。故秦皇帝任中庶子蒙嘉之言，以信荆轲之说，而匕首窃发；周文王猎泾、渭，载吕尚而归，以王天下。故秦信左右而杀，周用乌集而王。何则？以其能越挛拘之语，驰域外之议，独观于昭旷之道也。

今人主沉于谄谀之辞，牵于帷裳之制，使不羁之士与牛骥同皂，此鲍焦所以忿于世而不留富贵之乐也。

臣闻盛饰入朝者不以利污义，砥厉名号者不以欲伤行，故县名胜母而曾子不入，邑号

结怨而不被感恩。所以如果事先有人举荐，即使是枯木朽树也会有所建树而不被忘记。如今天下百姓和穷困的士人，身处贫贱之中，即使有尧、舜的政教，持有伊尹、管仲那样的辩才，身怀龙逢、比干的忠心，想尽忠于当世的君王，而平素没有被举荐的树根外表，即使竭尽思虑，想开陈忠诚信实，辅佐君主治国，那么人主也一定会有按剑斜视的表现，这是使布衣百姓都不能有枯木朽株的资本啊。

因此圣明的君王统治天下俗务，应该像制陶烧瓦时转动陶轮一样自如，不能受鄙俗纷乱的言语牵制，不能被众多的口舌压制。所以秦始皇听信中庶子蒙嘉的言论，才相信荆轲说的话，以致匕首从暗中出现；周文王在泾、渭一带狩猎，载着吕尚回去，才称王天下。所以秦王听信左右侍从而险些被杀，周文王任用偶遇的人却称王。为什么呢？因为周王能超脱拘泥的话语，让外面的人畅言议论，而自己能卓然独立地看清开明豁朗的大道。

如今人主沉湎于谄媚阿谀的言辞，牵连于姬妾近侍的环绕，使不受拘限的士人与牛马同等待遇，这是鲍焦之所以对世道愤懑不平而不留恋富贵快乐的原因啊。

我听说盛装入朝的人不因利益而玷污道义，追求名誉的人不因私欲而败坏品行，所以叫"胜母"的县曾子不进入，城邑的

名字叫"朝歌"，倡导非乐的墨子就调转方向离开。如果想让天下有远大抱负的人，被威重的权势所慑服，被高位的权势所压抑，有邪恶面目、污浊品行，阿谀献媚来侍奉君主的小人就得以亲近在大王左右，那么这样士人只能老死在岩穴之中了，怎么会有肯竭尽忠心来追随大王的人呢！

这封信上奏给梁孝王，梁孝王派人把他放出来，他最终成为梁孝王的上等宾客。

太史公说：鲁仲连的主张意旨虽然不合大义，但我赞赏他以平民百姓的身份，纵横快意地放任自己的心志，不屈服于诸侯，在当世谈论游说，使大权在握的公卿国相折服。邹阳的言辞虽然不够谦逊，然而他连缀同类的事物作出比较，有值得悲叹之处，也可谓是耿直不屈了，因此我把他写在这篇列传里。

朝歌而墨子回车。今欲使天下寥廓之士，摄于威重之权，主于位势之贵，故回面污行以事谄谀之人而求亲近于左右，则士伏死堀穴岩薮之中耳，安肯有尽忠信而趋阙下者哉！

书奏梁孝王，孝王使人出之，卒为上客。

太史公曰：鲁连其指意虽不合大义，然余多其在布衣之位，荡然肆志，不诎于诸侯，谈说于当世，折卿相之权。邹阳辞虽不逊，然其比物连类，有足悲者，亦可谓抗直不桡矣，吾是以附之列传焉。

史记卷八十四
列传第二十四

屈原　贾谊

屈原，名平，与楚国王室同姓。他担任楚怀王的左徒。他学识渊博，记忆力强，通晓国家存亡兴衰的道理，擅长辞令。他在朝就与楚王商议国家大事，发布号令；对外就接待宾客，负责与诸侯沟通交流。楚王非常信任他。

上官大夫与屈原职位相同，和他争宠，还嫉妒屈原的才能。楚怀王让屈原制定法令，屈原拟好草稿还没有定稿。上官大夫看到想夺为己有，屈原不给，上官大夫就进屈原的谗言："大王让屈原制定法令，大家没有谁不知道，每颁布一条法令，屈原就夸耀自己的功劳，认为'除了我没有谁能做出来'。"楚王恼怒进而疏远屈原。

屈原痛心楚王不能明辩是非，被谗言蒙蔽了理性，致使奸邪妨害了公正，正直的人不为朝廷所容，所以在忧愁深思中创作了《离骚》。离骚，就是遭忧之意。天，是人的起源；父母，是人降生的根本。人困顿时就会追寻来处，所以在劳累困苦到

屈原

屈原者，名平，楚之同姓也。为楚怀王左徒。博闻强志，明于治乱，娴于辞令。入则与王图议国事，以出号令；出则接遇宾客，应对诸侯。王甚任之。

上官大夫与之同列，争宠而心害其能。怀王使屈原造为宪令，屈平属草稿未定，上官大夫见而欲夺之，屈平不与，因谗之曰："王使屈平为令，众莫不知，每一令出，平伐其功，曰以为'非我莫能为'也。"王怒而疏屈平。

屈平疾王听之不聪也，谗诌之蔽明也，邪曲之害公也，方正之不容也，故忧愁幽思而作《离骚》。离骚者，犹离忧也。夫天者，人之始也；父母者，人之本也。人穷则反本，故劳

苦倦极，未尝不呼天也；疾痛惨怛，未尝不呼父母也。屈平正道直行，竭忠尽智以事其君，谗人间之，可谓穷矣。信而见疑，忠而被谤，能无怨乎？屈平之作《离骚》，盖自怨生也。《国风》好色而不淫，《小雅》怨诽而不乱。若《离骚》者，可谓兼之矣。上称帝喾，下道齐桓，中述汤武，以刺世事。明道德之广崇，治乱之条贯，靡不毕见。其文约，其辞微，其志洁，其行廉，其称文小而其指极大，举类迩而见义远。其志洁，故其称物芳；其行廉，故死而不容。自疏濯淖污泥之中，蝉蜕于浊秽，以浮游尘埃之外，不获世之滋垢，皭然泥而不滓者也。推此志也，虽与日月争光可也。

屈平既绌，其后秦欲伐齐，齐与楚从亲，惠王患之，乃令张仪详去秦，厚币委质事楚，曰："秦甚憎齐，齐与楚从亲，楚诚能绝齐，秦愿献商、

极点时，没有不呼喊上天的；在悲伤惨痛时，没有不呼唤父母的。屈原持守正道率直行事，竭尽忠心才智来奉事君主，进谗言的小人离间他们，他可谓是处境困顿了。诚恳却被怀疑，忠诚却被毁谤，能没有怨尤吗？屈原作的《离骚》，大概是由怨愤而有感而发的吧。《国风》有对美色爱慕的描写但不过分，《小雅》有怨怼之言但不作乱。像《离骚》，可以说两者兼而有之了。远古称颂帝喾，近世赞扬齐桓公，中间叙述商汤、周武，以讽刺当世之事。阐明道德的广大崇高，治乱兴衰的因果必然，没有不全部展现出来的。他的文笔简约，辞意深微，心志纯洁，品行廉正，他的文句所描写的虽是细小事物，但意旨极其广大，列举的事例虽然浅显但意义深远。他的心志高洁，所以他称述的都是香草芳物。他的品行廉正，所以他至死也不会请求容纳。他自身陷于混浊污泥之中，能像金蝉蜕壳般摆脱污秽，以超然于尘埃之外，不被世俗的污浊所玷污，清白高洁，出于污泥而不染。推论他的志向，即使与日月争光也不为过。

屈原被罢黜以后，秦国想讨伐齐国，齐国与楚国有合纵盟约，秦惠王为此事担忧，于是命令张仪假装离开秦国，带着重金委身为楚国做事，说："秦国十分憎恨齐国，齐国与楚国有合纵盟约，楚国如果

能与齐国绝交，秦国愿意献出商、於六百多里的土地。"楚怀王贪婪而相信了张仪，便与齐国绝交，派使者到秦国接受土地。张仪欺骗使者说："我与大王约定的是六里，没听说是六百里。"楚国使者恼怒而去，返回禀告楚怀王。怀王发怒，大举兴师讨伐秦国。秦国发兵迎击楚军，在丹水、淅水大破楚军，斩敌八万人，俘虏楚将屈匄，最终取得楚国的汉中之地。怀王于是发动全国的兵力深入秦国进攻，两国在蓝田交战。魏国听说此事后，袭击楚国，一直打到邓县。楚军害怕，从秦国撤兵。而齐国最终还是因恼怒而没有援救楚国，楚国处境十分艰难。

第二年，秦国割让汉中之地给楚国来讲和。楚王说："我不想得到土地，得到张仪才甘心。"张仪听说，就说："用我张仪一人来抵汉中之地，我请求前往楚国。"到了楚国，又趁机用重金贿赂楚国当权的大臣靳尚，而设诡计欺骗怀王的宠姬郑袖。怀王竟然听信了郑袖，又放走张仪。这时屈原已经被疏远，不再担任官职，出使齐国，返回之后，向怀王进谏说："为什么不杀了张仪？"怀王后悔，派人追赶张仪，却没能赶上。

这之后诸侯共同攻打楚国，大破楚军，杀死楚将唐眜。

当时秦昭王与楚国通婚，想与楚怀王

於之地六百里。"楚怀王贪而信张仪，遂绝齐，使使如秦受地。张仪诈之曰："仪与王约六里，不闻六百里。"楚使怒去，归告怀王。怀王怒，大兴师伐秦。秦发兵击之，大破楚师于丹、淅，斩首八万，虏楚将屈匄，遂取楚之汉中地。怀王乃悉发国中兵以深入击秦，战于蓝田。魏闻之，袭楚至邓。楚兵惧，自秦归。而齐竟怒不救楚，楚大困。

明年，秦割汉中地与楚以和。楚王曰："不愿得地，愿得张仪而甘心焉。"张仪闻，乃曰："以一仪而当汉中地，臣请往如楚。"如楚，又因厚币用事者臣靳尚，而设诡辩于怀王之宠姬郑袖。怀王竟听郑袖，复释去张仪。是时屈平既疏，不复在位，使于齐，顾反，谏怀王曰："何不杀张仪？"怀王悔，追张仪不及。

其后诸侯共击楚，大破之，杀其将唐眜。

时秦昭王与楚婚，欲与怀

王会。怀王欲行，屈平曰："秦虎狼之国，不可信，不如毋行。"怀王稚子子兰劝王行："奈何绝秦欢！"怀王卒行。入武关，秦伏兵绝其后，因留怀王，以求割地。怀王怒，不听。亡走赵，赵不内。复之秦，竟死于秦而归葬。

长子顷襄王立，以其弟子兰为令尹。楚人既咎子兰以劝怀王入秦而不反也。

屈平既嫉之，虽放流，眷顾楚国，系心怀王，不忘欲反，冀幸君之一悟，俗之一改也。其存君兴国而欲反覆之，一篇之中三致志焉。然终无可奈何，故不可以反，卒以此见怀王之终不悟也。人君无愚智贤不肖，莫不欲求忠以自为，举贤以自佐，然亡国破家相随属，而圣君治国累世而不见者，其所谓忠者不忠，而所谓贤者不贤也。怀王以不知忠臣之分，故内惑于郑袖，外欺于张仪，疏屈平而信上官大夫、令尹子兰，兵挫地削，亡其六郡，身客死于秦，为天下笑。此不知人之祸也。《易》曰："井泄不食，为我

会面。怀王想去，屈原说："秦国是虎狼一样的国家，不能相信，不如不去。"怀王的小儿子子兰劝怀王前去："怎么能拒绝秦国的好意呢？"怀王最终前往。进入武关，秦国的伏兵断绝了他的后路，扣留了怀王，要求楚国割让土地。怀王发怒，不肯答应。逃到赵国，赵国不接纳。又被送到秦国，最终死在秦国，归葬楚国。

怀王的长子顷襄王即位，让他的弟弟子兰担任令尹。楚国人都责怪子兰劝怀王入秦以致无法返回。

屈原痛恨此事，即使被流放，他仍然眷顾楚国，心系怀王，不忘想着返回朝堂，希望君主能幡然悔悟，一改不正之风。他心系君主，想振兴国家，希望扭转局势，便在一篇作品中再三表露出这种志向。然而终究无可奈何，所以不能重返朝堂，由此可见怀王终究没有醒悟。人君无论是愚蠢还是聪明，有才还是无才，没有谁不想求得忠臣为自己效力，提拔贤才来辅佐自己，然而国破家亡之事却一个接一个出现，而经常好几代也不见有圣明的君主治理国家，这其中的原因就是所谓的忠臣不忠，贤者不贤。怀王因不懂忠臣的职分，所以在内廷被郑袖迷惑，在外朝被张仪欺骗，疏远屈原而信任上官大夫、令尹子兰。军队受挫，土地被削，丢失楚国六个郡，自己客死秦国，被天下人耻笑，这

是不能识人所造成的祸患啊。《易》说："井水已被疏浚淘净却不汲水来喝,使我心中难过,因为是可以汲水喝的。君主圣明,大家都可以得到福祐。"怀王不能明辨忠奸,哪里值得福祐呢!

令尹子兰听说这些情况后大怒,最终让上官大夫向顷襄王说屈原的坏话,顷襄王发怒而放逐屈原。

屈原来到江边,披着头发在草泽湖畔边行走边吟唱。脸色憔悴,形容枯槁。渔翁见到他问他说:"您不是三闾大夫吗?什么原因到这里来了呢?"屈原说:"天下混浊不堪而只有我清澈透明,世人都已迷醉而只有我清醒,因此才被放逐。"渔翁说:"圣人不拘泥于事物而能随着世俗的变化改变。天下混浊,为什么不随从漂流而扬起波浪呢?世人都喝醉了,为什么不吃糟喝酒呢?为什么要保持美玉般的品德而让自己被流放呢?"屈原说:"我听说,刚洗完头发的人一定要弹弹帽子,刚洗过身子的人一定要抖抖衣服,人们又有谁愿意以清白之身,而蒙受外物的垢污呢?我宁愿投入长流的江水而葬身鱼腹之中,又怎能以高洁的品格去蒙受世俗的污垢呢?"于是作了《怀沙》赋。赋中写道:

炎热的孟夏啊,草木繁盛。心中伤怀

心恻,可以汲。王明,并受其福。"王之不明,岂足福哉!

令尹子兰闻之大怒,卒使上官大夫短屈原于顷襄王,顷襄王怒而迁之。

屈原至于江滨,被发行吟泽畔。颜色憔悴,形容枯槁。渔父见而问之曰:"子非三闾大夫欤?何故而至此?"屈原曰:"举世混浊而我独清,众人皆醉而我独醒,是以见放。"渔父曰:"夫圣人者,不凝滞于物而能与世推移。举世混浊,何不随其流而扬其波?众人皆醉,何不餔其糟而啜其醨?何故怀瑾握瑜而自令见放为?"屈原曰:"吾闻之,新沐者必弹冠,新浴者必振衣,人又谁能以身之察察,受物之汶汶者乎!宁赴常流而葬乎江鱼腹中耳,又安能以皓皓之白而蒙世俗之温蠖乎!"乃作《怀沙》之赋。其辞曰:

陶陶孟夏兮,草木莽莽。

伤怀永哀兮，泪徂南土。眴兮窈窈，孔静幽墨。冤结纡轸兮，离愍之长鞠。抚情效志兮，俛诎以自抑。

刓方以为圜兮，常度未替；易初本由兮，君子所鄙。章画职墨兮，前度未改；内直质重兮，大人所盛。巧匠不斫兮，孰察其揆正？玄文幽处兮，矇谓之不章；离娄微睇兮，瞽以为无明。变白而为黑兮，倒上以为下。凤皇在笯兮，鸡雉翔舞。同糅玉石兮，一概而相量。夫党人之鄙妒兮，羌不知吾所臧。

任重载盛兮，陷滞而不济；怀瑾握瑜兮，穷不得余所示。邑犬群吠兮，吠所怪也；诽骏疑桀兮，固庸态也。文质疏内兮，众不知吾之异采；材朴委积兮，莫知余之所有。重仁袭义兮，谨厚以为丰。重华不可牾兮，孰知余之从容！古固有不并兮，岂知其故也？汤禹久远兮，邈不可慕也。惩违改忿兮，抑心而自强；离湣而不迁兮，愿志之有象。进路北次兮，日昧昧其将暮。含忧虞

悲哀啊，匆匆走向南方。眼前一片苍茫啊，幽静无声。心中沉郁悲愤啊，长期遭受忧患痛苦。扪心察析心志啊，忍受冤屈以自制。

削方木为圆木啊，常法不敢改易；改变本来的道路啊，君子是鄙夷的。循规蹈矩坚守正道啊，未曾改易从前理想；内心正直品质淳厚啊，君子是赞美的。巧匠不砍削啊，谁能看出他修正得准确？黑色花纹放在幽暗处啊，盲人会说看不清楚；离娄看一眼就能看清啊，盲人却认为他失明了。黑白混淆啊，上下颠倒。凤凰被关在笼子里啊，野鸡在飞翔舞蹈。玉石杂糅啊，被同样的标准衡量。党人鄙夷嫉妒啊，全然不知我的高尚情操。

任重道远而负载众多啊，陷入停滞而不能向前；身怀珍宝美玉啊，处境穷困不得展现。城中群狗狂吠啊，狂吠他们大惊小怪的事；诽谤英雄怀疑豪杰啊，这本是庸人的常态。外表质朴内心疏放啊，众人不知我的异彩；未被雕饰的材料被丢弃啊，没有人知道我所不具有的智慧和品德。注重积累仁义啊，谨慎忠厚地加强修养；虞舜不可遇啊，有谁知道我从容坚持自己的志向！古今本不同时啊，又有谁能知道其中的缘由呢？汤、禹距今已经很久远了啊，渺茫无际不可追慕。不要再怨恨愤慨了啊，抑制内心而使自身坚强；遭受忧患痛苦而

不改初衷啊，只希望我的志向可以成为效法的榜样。沿着路向北行进啊，太阳渐落暮色苍茫；心怀忧郁而强作欢颜啊，死亡就在不远的前方。

尾声：浩浩的沅水、湘水啊，分开各自流淌啊。漫漫长路幽暗多阻啊，前途遥远而渺茫啊。讴吟悲伤啊，永世慨叹啊。世上没有人了解我啊，谁能听我诉衷肠啊？胸怀激情品质高洁啊，只是无人配得上啊。伯乐早已死去啊，谁能鉴别千里马的骏良啊？人生各禀天命啊，各有各的安排啊。内心坚定心胸宽广啊，其余还有什么可畏惧的啊？无休止地哀伤啊，要永远叹息了啊。世道昏暗无人知我心啊，人心不可测啊。知道死是不可避免的啊，对自己的生命就希望不要太吝惜了啊。明白地告诉君子们啊，我将为你们做个榜样啊。

于是屈原就怀抱石头自沉汨罗江而死。

屈原死了以后，楚国有宋玉、唐勒、景差等人，都喜好辞令而以辞赋著称；然而都是仿效屈原辞令的委婉含蓄，没有谁最终敢直言进谏。这之后楚国日渐衰弱，几十年后终于被秦国所灭。

自屈原沉入汨罗江后一百多年，汉朝有贾生，做长沙王的太傅，路过湘水，写了一篇辞赋投入江中来凭吊屈原。

哀兮，限之以大故。

乱曰：浩浩沅、湘兮，分流汨兮。修路幽拂兮，道远忽兮。曾吟恒悲兮，永叹慨兮。世既莫吾知兮，人心不可谓兮。怀情抱质兮，独无匹兮。伯乐既殁兮，骥将焉程兮？人生禀命兮，各有所错兮。定心广志，余何畏惧兮？曾伤爰哀，永叹喟兮。世溷不吾知，心不可谓兮。知死不可让兮，愿勿爱兮。明以告君子兮，吾将以为类兮。

于是怀石遂自投汨罗以死。

屈原既死之后，楚有宋玉、唐勒、景差之徒者，皆好辞而以赋见称；然皆祖屈原之从容辞令，终莫敢直谏。其后楚日以削，数十年竟为秦所灭。

自屈原沉汨罗后百有余年，汉有贾生，为长沙王太傅，过湘水，投书以吊屈原。

贾谊

贾生名谊，雒阳人也。年十八，以能诵诗属书闻于郡中。吴廷尉为河南守，闻其秀才，召置门下，甚幸爱。孝文皇帝初立，闻河南守吴公治平为天下第一，故与李斯同邑而常学事焉，乃征为廷尉。廷尉乃言贾生年少，颇通诸子百家之书。文帝召以为博士。

是时贾生年二十余，最为少。每诏令议下，诸老先生不能言，贾生尽为之对，人人各如其意所欲出。诸生于是乃以为能不及也。孝文帝说之，超迁，一岁中至太中大夫。

贾生以为汉兴至孝文二十余年，天下和洽，而固当改正朔，易服色，法制度，定官名，兴礼乐，乃悉草具其事仪法，色尚黄，数用五，为官名，悉更秦之法。孝文帝初即位，谦让未遑也。诸律令所更定，及列侯悉就国，其说皆自贾生发之。于是天子议以为贾生任公卿之位。绛、灌、东阳侯、冯敬之属尽害之，乃短贾生曰："雒

贾生名谊，是洛阳人。十八岁时，他因为能诵读诗书会写文章而闻名于郡中。吴廷尉担任河南郡守，听说他文采卓著，就把他召到门下，特别喜爱他。孝文皇帝刚即位，听说河南郡守吴公政绩是天下第一，原来与李斯同乡，而且常向李斯学习，于是征召他担任廷尉。廷尉于是推荐贾生，说他年少有为，非常精通诸子百家的典籍。孝文帝召贾生担任博士。

这年贾生二十多岁，是博士中最年轻的。文帝每次颁布诏令让博士讨论时，各位老先生无话可说，贾生却能一一对答，而且人人都觉得他说出了他们想说的话。博士们于是认为他们的能力比不上贾生。孝文帝很喜欢他，越级提拔，不到一年，贾生官至太中大夫。

贾生认为自汉朝建立到孝文帝有二十多年了，天下和平融洽，这本就应当改正历法，改变服色，制定法度，确定官名，振兴礼乐，于是详细起草了上述各项事物的仪式法度，崇用黄色，遵用五行之说，确定官名，全部变更了秦朝的典制。孝文帝刚即位，谦虚说还顾不上实行。各项律令的更改制定，以及列侯全部回到封国，这些主张都是由贾生提出来的。于是天子提议提拔贾生担任公卿的职位。绛侯、灌婴、东阳侯、冯敬等人都嫉妒他，就说贾

生的坏话："这个洛阳人，年纪轻学识浅，只想着专擅大权，扰乱各种事务。"这之后，天子也慢慢疏远了他，不采用他的提议，就让贾生担任长沙王的太傅。

贾生辞别后前往长沙，听说长沙低洼潮湿，自认为寿命不会长久，又因是被贬前去的，心中很不舒畅。到渡过湘水时，他作赋凭吊屈原。他的赋中写道：

我恭承天子的恩惠，带罪来到长沙任职。曾经听说过屈原啊，自沉于汨罗江。今日我造访湘江啊，寄托流水以恭敬地凭吊先生。遭逢纷乱无常的世道啊，于是先生自杀殒身。呜呼哀哉啊，先生生不逢时！鸾凤潜伏隐藏啊，鸱枭却自在翱翔。卑贱之人尊贵显赫啊，谄谀奉承的小人得志猖狂；圣贤之人不得顺遂行事啊，君子与小人错位颠倒。世人都说伯夷贪婪啊，说盗跖廉洁；莫邪是把钝剑啊，铅刀反而锋利。哎呀先生真是太不幸了啊，无故遭受灾祸！丢弃传国的周鼎啊，却把破瓠当宝物，驾着疲牛和癞驴啊，却让骏马垂着两耳拉盐车。好端端的帽子垫鞋啊，势必不能长久；哎呀苦了先生啊，偏偏蒙受这样的灾祸。

尾声：罢了，国中无人了解我，我心中抑郁不快又能向谁倾诉呢？凤凰高飞远逝啊，本应就此隐退。效法深渊中的神龙啊，

阳之人，年少初学，专欲擅权，纷乱诸事。"于是天子后亦疏之，不用其议，乃以贾生为长沙王太傅。

贾生既辞往行，闻长沙卑湿，自以寿不得长，又以適去，意不自得。及渡湘水，为赋以吊屈原。其辞曰：

共承嘉惠兮，俟罪长沙。侧闻屈原兮，自沉汨罗。造托湘流兮，敬吊先生。遭世罔极兮，乃陨厥身。呜呼哀哉，逢时不祥！鸾凤伏窜兮，鸱枭翱翔。阘茸尊显兮，谗谀得志；贤圣逆曳兮，方正倒植。世谓伯夷贪兮，谓盗跖廉；莫邪为钝兮，铅刀为铦。于嗟嘿嘿兮，生之无故！斡弃周鼎兮宝康瓠，腾驾罢牛兮骖蹇驴，骥垂两耳兮服盐车。章甫荐屦兮，渐不可久；嗟苦先生兮，独离此咎！

讯曰：已矣，国其莫我知，独壹郁兮其谁语？凤漂漂其高遰兮，夫固自缩而远去。袭九

渊之神龙兮，沕深潜以自珍。弥融爚以隐处兮，夫岂从蚁与蛭螾？所贵圣人之神德兮，远浊世而自藏。使骐骥可得系羁兮，岂云异夫犬羊！般纷纷其离此尤兮，亦夫子之辜也！瞰九州而相君兮，何必怀此都也？凤皇翔于千仞之上兮，览德辉而下之；见细德之险征兮，摇增翮逝而去之。彼寻常之污渎兮，岂能容吞舟之鱼！横江湖之鱣鲟兮，固将制于蚁蝼。

潜藏深处来珍爱自己。韬光养晦来隐居啊，岂能与蝼蚁、水蛭和蚯蚓为邻？圣人品德最为可贵啊，他们远离浊世而自我退隐。假使骐骥可以拴系啊，怎么能说它不同于犬羊呢！世乱纷纷终遭此灾祸啊，先生也有责任。游历九州选择君主啊，何必怀恋那旧都呢？凤凰翱翔于千仞之上啊，看到有德的君主才下来栖息；一旦发现危险的征兆啊，就振翅高飞远离。那寻常的污浊小水坑啊，怎能容得下吞舟的大鱼！横绝江湖的大鱼啊，最终还要受制于蝼蚁。

贾生为长沙王太傅三年，有鸮飞入贾生舍，止于坐隅。楚人命鸮曰"服"。贾生既以谪居长沙，长沙卑湿，自以为寿不得长，伤悼之，乃为赋以自广。其辞曰：

贾生担任长沙王太傅第三年，有只鸮鸟飞入贾生的屋里，停在座位旁边。楚国称鸮为"服"。贾生被贬谪到长沙后，长沙低洼潮湿，他自认为寿命不能长久，为此悲伤哀痛，就作赋来自我安慰。他的赋中写道：

单阏之岁兮，四月孟夏，庚子日施兮，服集予舍，止于坐隅，貌甚闲暇。异物来集兮，私怪其故，发书占之兮，策言其度。曰"野鸟入处兮，主人将去"。请问于服：“予去何之？吉乎告我，凶言其灾。淹数之度兮，语予其期。”服

丁卯之年四月初夏，庚子之日太阳西斜的时分啊，服鸟飞入我的房中，停在我的座位旁边，样子非常悠闲。怪鸟飞下来啊，私下奇怪这是何故，打开书占卜啊，卦辞对此有所说明。说"野鸟飞入住处啊，主人将要离开"。请问服鸟啊：“我离开这里将要去何处？吉，就请告诉我，凶，也请告诉我是何灾祸。生死是早晚的定数啊，

请告诉我它的日期。"服鸟于是叹息，抬头振翅，嘴巴不能说话，我就猜测它的意思。

天地万物变化啊，本来没有休止。流转而迁徙啊，反复循环。外形内气转化相续啊，变化犹如蝉的蜕变一般。道理深微无穷啊，言语哪能说得尽！祸中傍依着福啊，福中埋藏着祸；忧和喜同聚一门啊，吉与凶同在一个领域。当年吴国多么强大啊，夫差却以此败亡；越王被困在会稽啊，勾践以此称霸于世。李斯西游终成相位啊，最终却被五刑所杀；傅说原为囚徒啊，却成为武丁的国相。祸对于福来说啊，与绳索相互缠绕有何不同。天命不可说啊，谁能知道它的奥秘？水成激流就更凶悍啊，箭受强力就飞得远。万物往复激荡啊，在振荡中变化运转。云升雨降啊，错综变幻纷繁。天地运转万物啊，广阔无垠。天道高远不可预测啊，凡人思虑难以谋算。生死由命啊，怎知能知道它的时间？

况且天地做炉灶啊，自然造化是炉工；阴阳二气做炉炭啊，万物都做铜。聚散消长啊，哪里有什么常规追寻；千变万化啊，不曾见过有终极。偶然为人啊，有什么值得贪念珍惜的；死去化为异物啊，又有什么值得忧虑的！小智之人顾及自身啊，鄙视他人抬高自己，通达之人志向远大啊，将万物等量齐观。贪财之人为财而死啊，烈士为名忘却死生；贪慕虚荣之人

乃叹息，举首奋翼，口不能言，请对以意。

万物变化兮，固无休息。斡流而迁兮，或推而还。形气转续兮，变化而嬗。沕穆无穷兮，胡可胜言！祸兮福所倚，福兮祸所伏；忧喜聚门兮，吉凶同域。彼吴强大兮，夫差以败；越栖会稽兮，句践霸世。斯游遂成兮，卒被五刑；傅说胥靡兮，乃相武丁。夫祸之与福兮，何异纠缠。命不可说兮，孰知其极？水激则旱兮，矢激则远。万物回薄兮，振荡相转。云蒸雨降兮，错缪相纷。大专槃物兮，块轧无垠。天不可与虑兮，道不可与谋。迟数有命兮，恶识其时？

且夫天地为炉兮，造化为工；阴阳为炭兮，万物为铜。合散消息兮，安有常则；千变万化兮，未始有极。忽然为人兮，何足控抟；化为异物兮，又何足患！小知自私兮，贱彼贵我；通人大观兮，物无不可。贪夫徇财兮，烈士徇名；夸者死权兮，品庶冯生。怵迫之徒兮，

或趋西东；大人不曲兮，亿变
齐同。拘士系俗兮，攌如囚拘；
至人遗物兮，独与道俱。众人
或或兮，好恶积意；真人淡漠
兮，独与道息。释知遗形兮，
超然自丧；寥廓忽荒兮，与道
翱翔。乘流则逝兮，得坻则止；
纵躯委命兮，不私与己。其生
若浮兮，其死若休；澹乎若深
渊之静，泛乎若不系之舟。不
以生故自宝兮，养空而浮；德
人无累兮，知命不忧。细故蒂
芥兮，何足以疑！

后岁余，贾生征见。孝文
帝方受釐，坐宣室。上因感鬼
神事，而问鬼神之本。贾生因
具道所以然之状。至夜半，文
帝前席。既罢，曰："吾久不
见贾生，自以为过之，今不及
也。"居顷之，拜贾生为梁怀
王太傅。梁怀王，文帝之少子，
爱，而好书，故令贾生傅之。

为权势而死啊，平民百姓则贪生怕死。被
名利所诱、被贫贱所逼迫的人啊，为了钻
营不停地东奔西走；道德高尚的人不被物
欲所屈服啊，对千变万化的事物一视同仁。
愚蠢之人被俗累所羁绊，拘束得就像囚犯
一样；有至高品德的人能遗世弃俗，只与
大道同存。世人迷惑不解啊，爱恨之情积
满胸臆；真人恬淡无为啊，只与大道同生
息。抛弃智慧遗弃形骸啊，超然中忘了自
己；深远辽阔神情恍惚啊，与大道一起翱
翔。乘着流水任意飘逝啊，遇到沙洲就停
止；将躯体委托给命运啊，不把它当作私
有之物。活着就如飘浮于世啊，死了就像
休息；内心淡然就像平静的深渊啊，浮游
着就像不系绳索的小舟。不因活着就看重
自己的生命啊，修养空灵之性不拘束；至
高品德之人没有俗累啊，相信命运没有忧
患。琐细芥蒂的小事啊，哪里值得疑虑呢！

一年多后，贾生被征召拜见皇帝。孝
文帝正在接受神的赐福，坐在宣室。皇上
因有感于鬼神之事，便向贾生询问鬼神的
本原。贾生趁机详细阐述了之所以会有鬼
神之事的情况。到了半夜，孝文帝不知不
觉向前移动身子。结束后，文帝说："我
长时间没见贾生，自以为超过了他，如今
还是不如他。"过了不久，文帝让贾生担
任梁怀王的太傅。梁怀王，是孝文帝的小

儿子，很受宠爱，而且喜好读书，所以命令贾生做他的老师。

孝文帝又封淮南厉王的四个儿子为列侯。贾生进谏，认为国家自此就要出现祸患了。贾生多次上疏，说有的诸侯封地相连数郡，不合古代的制度，可稍微削减封地。文帝不听。

过了几年，怀王骑马，坠马而死，没有后代。贾生感伤自己作为太傅不称职，哭泣一年多，也死了。贾生死时年仅三十三岁。等到孝文帝驾崩，孝武皇帝即位，提拔贾生的两个孙子官至郡守，而贾嘉最好学，继承了贾谊的家业，和我有书信往来，到孝昭帝时，位列九卿。

太史公说：我读《离骚》《天问》《招魂》《哀郢》，悲怜屈原的志向。我来到长沙，观看屈原自沉汨罗江的地方，未曾不垂泪哭泣，由此想见到他其人如何。等到看见贾生凭吊屈原的辞赋，又怪屈原如果凭着他那卓异的才能，去诸侯中游历，哪个国家不能容他，何必把自己弄到这种地步？等到读了《服鸟赋》之后，同等地看待生死，看轻去留，又不禁茫然，黯然若失了。

文帝复封淮南厉王子四人皆为列侯。贾生谏，以为患之兴自此起矣。贾生数上疏，言诸侯或连数郡，非古之制，可稍削之。文帝不听。

居数年，怀王骑，堕马而死，无后。贾生自伤为傅无状，哭泣岁余，亦死。贾生之死时年三十三矣。及孝文崩，孝武皇帝立，举贾生之孙二人至郡守，而贾嘉最好学，世其家，与余通书。至孝昭时，列为九卿。

太史公曰：余读《离骚》《天问》《招魂》《哀郢》，悲其志。适长沙，观屈原所自沉渊，未尝不垂涕，想见其为人。及见贾生吊之，又怪屈原以彼其材，游诸侯，何国不容？而自令若是。读《服鸟赋》，同死生，轻去就，又爽然自失矣。

史记卷八十五
列传第二十五

吕不韦

吕不韦，是阳翟的大商人。他往来各地，贱买贵卖，家产累积达千金。

秦昭王四十年，太子去世。四十二年，秦昭王立次子安国君为太子。安国君有二十多个儿子。安国君有个非常宠爱的姬妾，立她为正夫人，号称华阳夫人。华阳夫人没有儿子。安国君有个排行居中的儿子名叫子楚，子楚的母亲叫夏姬，不受宠爱。子楚作为秦国质子被派到赵国。秦国多次攻打赵国，赵国不是很礼遇子楚。

子楚，是秦王庶出的孙子之一，在诸侯国做人质，他乘的车马和日常财用都不富足，生活穷困，过得不得意。吕不韦到邯郸做生意，见到子楚后怜悯他说"这人珍贵，可以囤积居奇"。于是前去见子楚，游说道："我能光大您的门庭。"子楚笑着说："你姑且先光大自己的门庭，然后再来光大我的门庭吧！"吕不韦说："您不知道啊，我的门庭有待于您的门庭来光大。"子楚心中知道他所说的意思，就拉

吕不韦者，阳翟大贾人也。往来贩贱卖贵，家累千金。

秦昭王四十年，太子死。其四十二年，以其次子安国君为太子。安国君有子二十余人。安国君有所甚爱姬，立以为正夫人，号曰华阳夫人。华阳夫人无子。安国君中男名子楚，子楚母曰夏姬，毋爱。子楚为秦质子于赵。秦数攻赵，赵不甚礼子楚。

子楚，秦诸庶孽孙，质于诸侯，车乘进用不饶，居处困，不得意。吕不韦贾邯郸，见而怜之，曰"此奇货可居"。乃往见子楚，说曰："吾能大子之门。"子楚笑曰："且自大君之门，而乃大吾门！"吕不韦曰："子不知也，吾门待子门而大。"子楚心知所谓，乃引与坐，深语。吕不韦曰："秦

王老矣，安国君得为太子。窃闻安国君爱幸华阳夫人，华阳夫人无子，能立適嗣者独华阳夫人耳。今子兄弟二十余人，子又居中，不甚见幸，久质诸侯。即大王薨，安国君立为王，则子毋几得与长子及诸子旦暮在前者争为太子矣。"子楚曰："然。为之奈何？"吕不韦曰："子贫，客于此，非有以奉献于亲及结宾客也。不韦虽贫，请以千金为子西游，事安国君及华阳夫人，立子为適嗣。"子楚乃顿首曰："必如君策，请得分秦国与君共之。"

吕不韦乃以五百金与子楚，为进用，结宾客；而复以五百金买奇物玩好，自奉而西游秦，求见华阳夫人姊，而皆以其物献华阳夫人。因言子楚贤智，结诸侯宾客遍天下，常曰"楚也以夫人为天，日夜泣思太子及夫人"。夫人大喜。不韦因使其姊说夫人曰："吾闻之，以色事人者，色衰而爱弛。今夫人事太子，甚爱而无子，不以此时蚤自结于诸子中贤孝

他坐下，与他深谈。吕不韦说："秦王老了，安国君得以被立为太子。我私下听说安国君宠爱华阳夫人，华阳夫人没有儿子，能够立嫡子继承人的只有华阳夫人啊。如今您的兄弟有二十多人，您又排行居中，不是很受宠爱，长期在诸侯国做人质。一旦大王薨逝，安国君被立为大王，那么您就没有机会与长兄和早晚都守在秦王跟前的其他众多兄弟争立为太子了。"子楚说："说得对。该怎么办呢？"吕不韦说："您贫穷，客居在这里，没有进献亲友及结交宾客的礼物。我虽然贫穷，但愿意拿出千金资助您去西方交游，侍奉安国君及华阳夫人，谋求被立为嫡子。"子楚于是磕头说："果真像您所计划的那样，我愿意和您共享秦国土地。"

吕不韦于是将五百金送给子楚，作为日常财用，以结交宾客；又拿出五百金买珍奇玩物，自己带着向西游历秦国，求见华阳夫人的姐姐，而把他带的所有礼物都献给了华阳夫人。趁机言说子楚贤明智慧，结交的诸侯宾客遍布天下，常说"子楚以夫人为天，日夜哭泣思念太子和夫人"。夫人非常高兴。吕不韦趁机让华阳夫人的姐姐劝说华阳夫人道："我听说，用美色侍奉别人的人，美色衰老宠爱就会减弱。如今夫人侍奉太子，非常受宠但没有儿子，不如趁这时早点与儿子中贤能孝顺的结

交，举荐他为嫡子并像亲生儿子一样对待他，那么丈夫在世时受到尊重，丈夫百年之后，如果所立的儿子为王，最终也不会失势，这就是所谓的一句话能获得万世利益啊。不在繁华时奠定基础，等到容颜衰老宠爱减少后，即使想开口说一句建议的话，还可能吗？如今子楚贤能，但自知是排行居中的儿子，按次序不能做嫡子，他的母亲又不受宠幸，自愿攀附夫人，夫人如果确实能在此时提拔他为嫡子，那夫人就会终身在秦国受到尊宠了。"华阳夫人认为他说得对，趁太子空闲时，假装随意地说在赵国做人质的子楚非常贤能，来来往往的人都称赞他。接着趁机哭泣着说："我有幸得以备位后宫，不幸没有儿子，希望能够立子楚为继承人，以使我有个依靠。"安国君答应了她，就与夫人刻下玉符，约定立子楚为继承人。安国君和夫人就因此赠送子楚厚礼，而请吕不韦做他的老师，因此子楚的名誉声望在诸侯中更大了。

吕不韦选取邯郸众歌姬中一个非常漂亮又善于跳舞的女子，与她同居，知道她有了身孕。子楚跟吕不韦饮酒，见到这个歌姬后非常喜欢她，就起身向吕不韦敬酒，请求得到她。吕不韦开始很生气，但想到已经为子楚破尽家财，想要钓取富贵，于是就献出了他的歌姬。歌姬隐瞒自己已怀有身孕，等到足月时，生下儿子嬴政。子

者，举立以为適而子之，夫在则重尊，夫百岁之后，所子者为王，终不失势，此所谓一言而万世之利也。不以繁华时树本，即色衰爱弛，后虽欲开一语，尚可得乎？今子楚贤，而自知中男也，次不得为適，其母又不得幸，自附夫人，夫人诚以此时拔以为適，夫人则竟世有宠于秦矣。"华阳夫人以为然，承太子闲，从容言子楚质于赵者绝贤，来往者皆称誉之。乃因涕泣曰："妾幸得充后宫，不幸无子，愿得子楚立以为適嗣，以托妾身。"安国君许之，乃与夫人刻玉符，约以为適嗣。安国君及夫人因厚馈遗子楚，而请吕不韦傅之，子楚以此名誉益盛于诸侯。

吕不韦取邯郸诸姬绝好善舞者与居，知有身。子楚从不韦饮，见而说之，因起为寿，请之。吕不韦怒，念业已破家为子楚，欲以钓奇，乃遂献其姬。姬自匿有身，至大期时，生子政。子楚遂立姬为夫人。

秦昭王五十年，使王龁围
邯郸，急，赵欲杀子楚。子楚
与吕不韦谋，行金六百斤予守
者吏，得脱，亡赴秦军，遂以
得归。赵欲杀子楚妻子，子楚
夫人，赵豪家女也，得匿，以
故母子竟得活。秦昭王五十六
年，薨，太子安国君立为王，
华阳夫人为王后，子楚为太子。
赵亦奉子楚夫人及子政归秦。

秦王立一年，薨，谥为孝
文王。太子子楚代立，是为庄
襄王。庄襄王所母华阳后为华
阳太后，真母夏姬尊以为夏太
后。庄襄王元年，以吕不韦为
丞相，封为文信侯，食河南雒
阳十万户。

庄襄王即位三年，薨，太
子政立为王，尊吕不韦为相国，
号称"仲父"。秦王年少，太
后时时窃私通吕不韦。不韦家
僮万人。

当是时，魏有信陵君，楚
有春申君，赵有平原君，齐有
孟尝君，皆下士喜宾客以相倾。
吕不韦以秦之强，羞不如，亦
招致士，厚遇之，至食客三千

楚就立这个歌姬为夫人。

秦昭王五十年，秦王派王龁围攻邯郸，
情况危急，赵国想杀了子楚。子楚与吕不
韦谋划，拿出六百金向看守子楚的官吏行
贿，才得以脱身，逃赴秦军，最终得以归
国。赵国想杀掉子楚的妻子和儿子，子楚
的夫人是赵国富豪人家的女儿，得以躲藏，
因此母子最后得以活命。秦昭王五十六年，
秦王薨逝，太子安国君被立为秦王，华阳
夫人为王后，子楚为太子。赵国也奉送子
楚的夫人和儿子嬴政回秦国。

秦王即位一年后薨逝，谥号是孝文王。
太子子楚即位，就是庄襄王。庄襄王所认
的母亲华阳王后被封为华阳太后，生母夏
姬被尊称为夏太后。庄襄王元年，秦王任
吕不韦为丞相，封他为文信侯，食邑河南
洛阳十万户。

庄襄王即位三年，薨逝，太子嬴政继
立为王，尊奉吕不韦为相国，号称"仲
父"。秦王年少，太后时时偷偷与吕不韦
私通。吕不韦家有奴仆万人。

当时，魏国有信陵君，楚国有春申
君，赵国有平原君，齐国有孟尝君，他们
都礼贤下士，喜欢结交宾客并以此互相竞
争。吕不韦认为凭着秦国的强大，自己却
不如他们，很羞愧，就也招致士人，厚待

他们，到来的食客有三千人。这时诸侯国有很多辩士，如荀卿等人，所著之书传布天下。吕不韦于是让他的门客人人将所见所闻记述下来，汇集言论形成八览、六论、十二纪，共二十多万字。吕不韦认为书中包罗天地万物从古至今的事理，称此书为《吕氏春秋》。吕不韦将此书公布在咸阳市集门口，在上面悬挂千金，各诸侯国的游士宾客有能增减一个字的给予他一千金。

始皇帝逐渐长大，太后淫乱不止。吕不韦唯恐事情被发觉祸及自身，就私下寻求到一个阴茎特别大的人嫪毐作为舍人，经常聚集倡优取乐，让嫪毐用他的阴茎挑着桐木车轮转动而行，让太后听说此事，以引诱太后。太后听说后，果然想暗中得到他。吕不韦于是进献嫪毐，假装让人告发他犯了应受宫刑的罪。吕不韦又暗中对太后说："可以让嫪毐假装受了宫刑，那么就可以让他在宫中做事了。"太后就暗中厚赐主管宫刑的官吏，让他假装处罚嫪毐，拔掉他的胡须眉毛让他假充宦官，最终嫪毐得以侍奉太后。太后暗中与他通奸，非常喜爱他。太后有了身孕，害怕别人知道这事，假借占卜称此时应当出宫躲避，就迁到雍地的宫中居住。嫪毐一直跟随太后，给他的赏赐非常丰厚，事情都由嫪毐决定。嫪毐家有奴仆几千人，宾客们为求得官职而做嫪毐舍人的有一千多人。

人。是时诸侯多辩士，如荀卿之徒，著书布天下。吕不韦乃使其客人人著所闻，集论以为八览、六论、十二纪，二十余万言。以为备天地万物古今之事，号曰《吕氏春秋》。布咸阳市门，悬千金其上，延诸侯游士宾客有能增损一字者予千金。

始皇帝益壮，太后淫不止。吕不韦恐觉祸及己，乃私求大阴人嫪毐以为舍人，时纵倡乐，使毐以其阴关桐轮而行，令太后闻之，以啖太后。太后闻，果欲私得之。吕不韦乃进嫪毐，诈令人以腐罪告之。不韦又阴谓太后曰："可事诈腐，则得给事中。"太后乃阴厚赐主腐者吏，诈论之，拔其须眉为宦者，遂得侍太后。太后私与通，绝爱之。有身，太后恐人知之，诈卜当避时，徙宫居雍。嫪毐常从，赏赐甚厚，事皆决于嫪毐。嫪毐家僮数千人，诸客求宦为嫪毐舍人千余人。

始皇七年，庄襄王母夏太后薨。孝文王后曰华阳太后，与孝文王会葬寿陵。夏太后子庄襄王葬芷阳，故夏太后独别葬杜东，曰"东望吾子，西望吾夫。后百年，旁当有万家邑"。

始皇九年，有告嫪毐实非宦者，常与太后私乱，生子二人，皆匿之。与太后谋曰"王即薨，以子为后"。于是秦王下吏治，具得情实，事连相国吕不韦。九月，夷嫪毐三族，杀太后所生两子，而遂迁太后于雍。诸嫪毐舍人皆没其家而迁之蜀。王欲诛相国，为其奉先王功大，及宾客辩士为游说者众，王不忍致法。

秦王十年十月，免相国吕不韦。及齐人茅焦说秦王，秦王乃迎太后于雍，归复咸阳，而出文信侯就国河南。

岁余，诸侯宾客使者相望于道，请文信侯。秦王恐其为变，乃赐文信侯书曰："君何功于秦？秦封君河南，食十万户。君何亲于秦？号称仲父。其与家属徙处蜀！"吕不韦自度稍侵，恐诛，乃饮鸩而死。秦王

始皇七年，庄襄王的母亲夏太后薨逝。孝文王后叫华阳太后，与孝文王合葬在寿陵。夏太后的儿子庄襄王葬在芷阳，所以夏太后单独葬在杜原以东，说"向东望到我的儿子，向西望到我的丈夫。百年以后，旁边应当有个万户的城邑"。

始皇九年，有人告发嫪毐其实不是宦官，经常与太后私通淫乱，生下了两个儿子，都藏起来了。嫪毐还与太后谋划说"大王如果薨逝，就让咱们的儿子继位"。于是秦王把这事下交官吏审理，查得全部真实情况，事情牵连相国吕不韦。九月，夷灭嫪毐三族，杀死太后所生的两个儿子，并将太后迁到雍地居住。嫪毐的舍人们被全部没收家产并迁往蜀地。秦王想诛杀相国，因他为先王做事功劳大，以及有很多宾客辩士为他说情，秦王不忍依法惩办。

秦王十年十月，罢免相国吕不韦。等到齐国人茅焦游说秦王，秦王才到雍地迎接太后回到咸阳，而派遣文信侯去河南的封国。

一年多后，各诸侯的宾客使者络绎不绝地前去问候文信侯。秦王害怕他作乱，就赐给文信侯书信说："您对秦国有什么功劳？秦国封您在河南，食邑十万户。您跟秦国有什么亲情号称仲父？您与家属迁往蜀地居住吧！"吕不韦估计自己会逐渐受到逼迫，害怕被杀，于是喝毒酒自杀而

死。秦王痛恨的吕不韦、嫪毐都已经死了，于是让迁往蜀地的嫪毐的舍人全都迁回来。

始皇十九年，太后薨逝，谥号为帝太后，与庄襄王合葬在茝阳。

太史公说：吕不韦及嫪毐显贵，吕不韦封号文信侯。有人告发嫪毐，嫪毐听说了此事。秦王向左右之人查验，事情还没有暴露。始皇到雍地郊祭，嫪毐害怕生出祸端，就与同党密谋，盗用太后的玺印发兵在蕲年宫谋反。秦王发兵攻打嫪毐，嫪毐逃走，追到好畤斩杀了他，最终灭了他的宗族。而吕不韦由此被罢黜了。孔子所说的"闻"，指的就是吕不韦这种人吧?

所加怒吕不韦、嫪毐皆已死，乃皆复归嫪毐舍人迁蜀者。

始皇十九年，太后薨，谥为帝太后，与庄襄王会葬茝阳。

太史公曰：不韦及嫪毐贵，封号文信侯。人之告嫪毐，毐闻之。秦王验左右，未发。上之雍郊，毐恐祸起，乃与党谋矫太后玺发卒以反蕲年宫。发吏攻毐，毐败亡走，追斩之好畤，遂灭其宗。而吕不韦由此绌矣。孔子之所谓"闻"者，其吕子乎!

史记卷八十六
列传第二十六

刺客列传

曹沫　专诸　豫让　聂政　荆轲

曹沫是鲁国人，凭借勇猛和力气为鲁庄公做事。鲁庄公喜好有勇力者。曹沫担任鲁国将军，与齐国交战，多次战败。鲁庄公害怕，便献出遂邑的土地来求和。仍任命曹沫为将军。

齐桓公答应与鲁国在柯邑会盟。齐桓公与鲁庄公在坛上会盟后，曹沫手持匕首劫持齐桓公，齐桓公左右的人无人敢动，问他说："您想要做什么？"曹沫说："齐国强大，鲁国弱小，而齐国侵犯鲁国也太过分了。如今鲁国城墙倒塌就会压到齐国边境，您要考虑一下这件事。"齐桓公便答应将鲁国被侵占的土地全部归还。话说完后，曹沫扔下匕首，走下盟坛，走到面向北群臣的位置上，脸色不变，谈吐如故。齐桓公恼怒，想违背约定。管仲说："不可以。贪图小利以获得一时的快意，在诸侯面前丧失威信，失去天下的援助，不如

曹沫

曹沫者，鲁人也，以勇力事鲁庄公。庄公好力。曹沫为鲁将，与齐战，三败北。鲁庄公惧，乃献遂邑之地以和。犹复以为将。

齐桓公许与鲁会于柯而盟。桓公与庄公既盟于坛上，曹沫执匕首劫齐桓公，桓公左右莫敢动，而问曰："子将何欲？"曹沫曰："齐强鲁弱，而大国侵鲁亦以甚矣。今鲁城坏即压齐境，君其图之。"桓公乃许尽归鲁之侵地。既已言，曹沫投其匕首，下坛，北面就群臣之位，颜色不变，辞令如故。桓公怒，欲倍其约。管仲曰："不可。夫贪小利以自快，弃信于诸侯，失天下之援，不如

与之。"于是桓公乃遂割鲁侵地，曹沫三战所亡地尽复予鲁。

其后百六十有七年而吴有专诸之事。

专诸

专诸者，吴堂邑人也。伍子胥之亡楚而如吴也，知专诸之能。伍子胥既见吴王僚，说以伐楚之利。吴公子光曰："彼伍员父兄皆死于楚而员言伐楚，欲自为报私仇也，非能为吴。"吴王乃止。伍子胥知公子光之欲杀吴王僚，乃曰："彼光将有内志，未可说以外事。"乃进专诸于公子光。

光之父曰吴王诸樊。诸樊弟三人：次曰馀祭，次曰夷眜，次曰季子札。诸樊知季子札贤而不立太子，以次传三弟，欲卒致国于季子札。诸樊既死，传馀祭。馀祭死，传夷眜。夷眜死，当传季子札；季子札逃不肯立。吴人乃立夷眜之子僚为王。公子光曰："使以兄弟次邪，季子当立；必以子乎，则光真適嗣，当立。"故尝阴养谋臣以求立。

还给鲁国土地。"于是齐桓公便割还鲁国被侵占的土地，曹沫多次战败所失去的土地又都还给了鲁国。

这以后一百六十七年，吴国有专诸的事。

专诸是吴国堂邑人。伍子胥逃离楚国去往吴国，知晓专诸的才能。伍子胥见到吴王僚后，以讨伐楚国的好处劝说他。吴国公子光说："伍员的父兄都死在了楚国，而伍员劝说讨伐楚国，是想为自己报私仇，不是为吴国着想。"吴王于是作罢。伍子胥知道公子光想要杀吴王僚，就说："公子光有将在国内夺取王位的企图，不能以对外用兵的事游说他。"就把专诸推荐给公子光。

公子光的父亲是吴王诸樊。诸樊有弟弟三人：老大馀祭，老二夷眜，老三季子札。诸樊知道季子札贤明就没有立太子，按次序把王位传给弟弟，想最终把王位传给季子札。诸樊死后，王位传给馀祭。馀祭死后，传给夷眜。夷眜死后，应当传位给季子札；季子札逃避不肯即位，吴国人就立夷眜的儿子僚为王。公子光说："按兄弟的次序，季子应当即位；要按儿子的次序排，那么我才是真正的继承人，应当即位。"所以他常常暗中蓄养谋臣以求即位。

公子光得到专诸后，以客礼善待他。吴王僚九年，楚平王去世。这年春天，吴王僚想趁楚国有丧事，派他的两个弟弟公子盖馀、属庸领兵包围楚国的灊邑；派延陵季子到晋国，以观察诸侯的动向。楚国发兵断绝吴国将领盖馀、属庸的退路，吴军不能返回。于是公子光对专诸说："机不可失，不去争取，哪里会获得呢！况且我是真正的王位继承人，应当即位，季子即使回来，也不会废掉我。"专诸说："吴王僚是可以杀掉的。母亲年老，儿子幼小，而两个弟弟领兵伐楚，楚国断绝他们的后路。如今吴军在外被楚国围困，而国内空虚没有刚直的大臣，这就没什么能奈何我们的了。"公子光磕头说："我的身体，就是您的身体。"

四月丙子日，公子光在地窖中埋伏身穿铠甲的武士，而备办酒席宴请吴王僚。吴王僚派兵从宫中一直列队到公子光家，门户、台阶两旁，都是吴王僚的亲信。夹道站立的侍卫，都手持长铍。喝酒正酣时，公子光佯装有脚病，进入地窖中，派专诸将匕首放入烤鱼的腹中并献上去。到吴王僚跟前，专诸分开鱼，趁机用匕首刺杀王僚，王僚立即死去。左右侍从也杀死专诸，吴王僚手下的人惊扰混乱。公子光派出他埋伏的武士以击杀吴王僚的部下，将他们全都消灭了，最终自立为王，这就是吴王

光既得专诸，善客待之。九年而楚平王死。春，吴王僚欲因楚丧，使其二弟公子盖馀、属庸将兵围楚之灊；使延陵季子于晋，以观诸侯之变。楚发兵绝吴将盖馀、属庸路，吴兵不得还。于是公子光谓专诸曰："此时不可失，不求何获？且光真王嗣，当立，季子虽来，不吾废也。"专诸曰："王僚可杀也。母老子弱，而两弟将兵伐楚，楚绝其后。方今吴外困于楚，而内空无骨鲠之臣，是无如我何。"公子光顿首曰："光之身，子之身也。"

四月丙子，光伏甲士于窟室中，而具酒请王僚。王僚使兵陈自宫至光之家，门户阶陛左右，皆王僚之亲戚也。夹立侍，皆持长铍。酒既酣，公子光详为足疾，入窟室中，使专诸置匕首鱼炙之腹中而进之。既至王前，专诸擘鱼，因以匕首刺王僚，王僚立死。左右亦杀专诸，王人扰乱。公子光出其伏甲以攻王僚之徒，尽灭之，遂自立为王，是为阖闾。阖闾乃封专

诸之子以为上卿。

其后七十余年而晋有豫让之事。

豫让

豫让者,晋人也,故尝事范氏及中行氏,而无所知名。去而事智伯,智伯甚尊宠之。及智伯伐赵襄子,赵襄子与韩、魏合谋灭智伯,灭智伯之后而三分其地。赵襄子最怨智伯,漆其头以为饮器。豫让遁逃山中,曰:"嗟乎!士为知己者死,女为说己者容。今智伯知我,我必为报仇而死,以报智伯,则吾魂魄不愧矣!"乃变名姓为刑人,入宫涂厕,中挟匕首,欲以刺襄子。襄子如厕,心动,执问涂厕之刑人,则豫让,内持刀兵,曰:"欲为智伯报仇!"左右欲诛之。襄子曰:"彼义人也,吾谨避之耳。且智伯亡无后,而其臣欲为报仇,此天下之贤人也。"卒醳去之。

居顷之,豫让又漆身为厉,吞炭为哑,使形状不可知,行乞于市。其妻不识也。行见其友,其友识之,曰:"汝非豫让

阖闾。阖闾于是封专诸的儿子为上卿。

这之后过了七十多年,晋国发生了豫让的事情。

豫让,是晋国人,他以前曾经为范氏和中行氏做事,没有什么名声。离开他们后为智伯做事,智伯非常尊敬宠信他。到智伯讨伐赵襄子时,赵襄子与韩、魏二氏合谋要诛灭智伯,灭了智伯之后,三家分了他的土地。赵襄子最恨智伯,就将他的头骨涂上漆制作成饮具。豫让逃到山中,说:"唉!士为了解自己的人献出生命,女子为喜欢自己的人打扮。如今智伯了解我,我一定要为他报仇而死,以报答智伯,这样我死了魂魄也不会惭愧了。"于是改名换姓伪装成受过刑的人,入宫修整厕所,身上藏着匕首,想用来刺杀赵襄子。赵襄子上厕所时,心中一动,拘问修整厕所的刑人,却是豫让,身上携带兵刃,说着:"我要为智伯报仇!"左右侍从想杀了他。赵襄子说:"他是个有情义之人,我谨慎地避开他就行了。况且智伯死后没有后代,他的家臣却还想为他报仇,这是天下少有的贤人啊。"最终放了他。

过了不久,豫让又把漆涂在身上长出癞疮,吞下炭声音嘶哑,让自己的形体样貌无法被辨认,到街市上去乞讨。他的妻子也认不出他。他在路上遇见他的朋友,

他的朋友认出了他，说："你不是豫让吗？"豫让说："我是。"他的朋友为此哭着说："凭您的才能，委身为臣侍奉赵襄子，赵襄子一定会亲近宠信您。亲近宠信您，您再做想做的事，不是很容易吗？为什么要摧残身体、丑化形貌，用这种方式报复赵襄子，不是很难吗？"豫让说："既然已经委身为臣为人家做事，还想杀掉他，这是侍奉主君有二心。我所做的事是很困难！然而我之所以这样做，就是要让天下后世那些怀有二心侍奉君主的臣子感到羞愧。"

豫让离开后不久，赵襄子正要外出，豫让埋伏在他要经过的桥下。襄子到达桥上，马受惊，襄子说："这人一定是豫让。"派人查问，果然是豫让。于是襄子就数落豫让说："您不是曾为范氏、中行氏做过事吗？智伯将他们全部消灭了，您却不为他们报仇，反而委身臣服于智伯。智伯已经死了，而您为什么执意只为他报仇呢？"豫让说："我为范氏、中行氏做事，范氏、中行氏都待我像平常人一样，所以我也像平常人一样回报他们。至于智伯，他对待我如国士，所以我要像国士那样报答他。"襄子喟然叹息而哭泣着说："唉，豫先生！您为智伯报仇，已经算成名了，而我赦免您，也已经足够了。您该替自己做打算，我不会再放您了！"派兵包围了他。豫让说：

邪？"曰："我是也。"其友为泣曰："以子之才，委质而臣事襄子，襄子必近幸子。近幸子，乃为所欲，顾不易邪？何乃残身苦形，欲以求报襄子，不亦难乎！"豫让曰："既已委质臣事人，而求杀之，是怀二心以事其君也。且吾所为者极难耳！然所以为此者，将以愧天下后世之为人臣怀二心以事其君者也。"

既去，顷之，襄子当出，豫让伏于所当过之桥下。襄子至桥，马惊，襄子曰："此必是豫让也。"使人问之，果豫让也。于是襄子乃数豫让曰："子不尝事范、中行氏乎？智伯尽灭之，而子不为报仇，而反委质臣于智伯。智伯亦已死矣，而子独何以为之报仇之深也？"豫让曰："臣事范、中行氏，范、中行氏皆众人遇我，我故众人报之。至于智伯，国士遇我，我故国士报之。"襄子喟然叹息而泣曰："嗟乎豫子！子之为智伯，名既成矣，而寡人赦子，亦已足矣。子其

自为计，寡人不复释子！"使
兵围之。豫让曰："臣闻明主
不掩人之美，而忠臣有死名之
义。前君已宽赦臣，天下莫不
称君之贤。今日之事，臣固伏诛，
然愿请君之衣而击之，焉以致
报仇之意，则虽死不恨。非所
敢望也，敢布腹心！"于是襄
子大义之，乃使使持衣与豫
让。豫让拔剑三跃而击之，曰：
"吾可以下报智伯矣！"遂伏
剑自杀。死之日，赵国志士闻之，
皆为涕泣。

其后四十余年而轵有聂政
之事。

聂政

聂政者，轵深井里人也。
杀人避仇，与母、姊如齐，以
屠为事。

久之，濮阳严仲子事韩哀
侯，与韩相侠累有郤。严仲子
恐诛，亡去，游求人可以报侠
累者。至齐，齐人或言聂政勇
敢士也，避仇隐于屠者之间。
严仲子至门请，数反，然后具
酒自畅聂政母前。酒酣，严仲
子奉黄金百溢，前为聂政母
寿。聂政惊怪其厚，固谢严仲子。

"我听说贤明的君主不遮掩别人的美名，
而忠臣有为名节而死的道义。先前您已经
赦免我，天下没有谁不称道您的贤明。今
天的事，我本该伏法受诛，然而我希望得
到您的衣服刺几下，以此来实现我报仇的
愿望，这样即使我死了也不遗憾了。这不
是我所敢奢望的，我只是冒昧地说出我的
心意！"于是襄子非常赞赏他的义气，就
派使者拿着衣服给豫让。豫让拔剑多次跳
起来击刺它，说："我可以去地下禀报智
伯了！"便伏剑自杀。死的那天，赵国有
志之士听说此事后，都为他哭泣。

这以后四十多年，轵县发生了聂政的
事迹。

聂政，是轵县深井里人。因杀人躲避
仇家，和母亲、姐姐逃到了齐国，以屠宰
为业。

过了很久，濮阳严仲子为韩哀侯做事，
与韩国国相侠累有嫌隙。严仲子害怕被
杀，便逃走了，四处游历访求可以报复侠
累的人。到达齐国后，齐国有人说聂政是
个勇敢的人，因为躲避仇家隐藏在屠夫之
间。严仲子到达门前请见，多次往返，然
后备办酒席亲自捧杯到聂政母亲跟前敬酒。
酒兴正酣，严仲子捧出黄金百镒，上前为
聂政母亲祝寿。聂政对如此厚礼感到奇怪，

坚决谢绝严仲子。严仲子坚持进献，而聂政辞谢说："我幸有老母健在，家中贫困，客居在此以屠狗为业，早晚可以得到一些甘甜脆软的食物来奉养母亲。母亲的供养还算齐备，不敢接受仲子的赏赐。"严仲子避开旁人，趁机对聂政说："我有仇人，我已经去过很多国家游历去访求能为我报仇的人了；然而到达齐国，私下听说您很重义气，所以进献百金，用来作为您母亲大人的粗粮费用，想以此与您交个朋友，怎敢有别的要求呢！"聂政说："我之所以降低志向、屈辱身份隐居在市井中做个屠夫，只是希望借此奉养老母，老母健在，我不敢答应别人以命相搏。"严仲子还是坚决赠送，聂政始终不肯接受。然而严仲子最终尽到宾主的礼节后才离去。

过了很久，聂政的母亲死了。安葬之后，丧服期满，聂政说："唉！我就是个市井之人，只会操刀屠宰牲口；而严仲子却是诸侯的卿相啊，不远千里，屈尊枉驾来结交我。我对待他的情谊，太浅薄微不足道了，没有什么大的功劳可以和他对我的恩情相抵，而严仲子捧着百金为我母亲祝寿，我虽然不曾接受，可是这件事表明这个人非常了解我。贤能的人因感愤于一点小的仇恨而亲信我这穷乡僻壤的人，我怎能悄无声息什么也不做呢！况且从前我没答应他，只因我有老母健在；老母如今享尽天

严仲子固进，而聂政谢曰："臣幸有老母，家贫，客游以为狗屠，可以旦夕得甘毳以养亲。亲供养备，不敢当仲子之赐。"严仲子辟人，因为聂政言曰："臣有仇，而行游诸侯众矣；然至齐，窃闻足下义甚高，故进百金者，将用为大人粗粝之费，得以交足下之欢，岂敢以有求望邪！"聂政曰："臣所以降志辱身居市井屠者，徒幸以养老母；老母在，政身未敢以许人也。"严仲子固让，聂政竟不肯受也。然严仲子卒备宾主之礼而去。

久之，聂政母死。既已葬，除服，聂政曰："嗟乎！政乃市井之人，鼓刀以屠；而严仲子乃诸侯之卿相也，不远千里，枉车骑而交臣。臣之所以待之，至浅鲜矣，未有大功可以称者，而严仲子奉百金为亲寿，我虽不受，然是者徒深知政也。夫贤者以感忿睚眦之意而亲信穷僻之人，而政独安得嘿然而已乎！且前日要政，政徒以老母；老母今以天年终，政

将为知己者用。"乃遂西至濮
阳，见严仲子曰："前日所以
不许仲子者，徒以亲在；今不
幸而母以天年终。仲子所欲报
仇者为谁？请得从事焉！"严
仲子具告曰："臣之仇韩相侠
累，侠累又韩君之季父也，宗
族盛多，居处兵卫甚设，臣欲
使人刺之，终莫能就。今足下
幸而不弃，请益其车骑壮士可
为足下辅翼者。"聂政曰："韩
之与卫，相去中间不甚远，今
杀人之相，相又国君之亲，此
其势不可以多人，多人不能无
生得失，生得失则语泄，语泄
是韩举国而与仲子为仇，岂不
殆哉！"遂谢车骑人徒。

聂政乃辞，独行杖剑至韩，
韩相侠累方坐府上，持兵戟而
卫侍者甚众。聂政直入，上阶
刺杀侠累，左右大乱。聂政大呼，
所击杀者数十人，因自皮面决
眼，自屠出肠，遂以死。

韩取聂政尸暴于市，购问
莫知谁子。于是韩县购之，有
能言杀相侠累者予千金。久之
莫知也。

政姊荣闻人有刺杀韩相者，

年，我将为了解我的人效力。"于是就向
西到达濮阳，见到严仲子说："从前之所
以没答应您，只是因为母亲在世；如今不
幸母亲已享尽天年。仲子想报复的仇人是
谁？请让我替你办这件事！"严仲子原原
本本地告诉他说："我的仇人是韩国国相
侠累，侠累又是韩国国君的叔父，宗族强
盛，人丁众多，居住的地方有很多士兵防
卫，我想派人刺杀他，始终没有成功。如
今幸好您不嫌弃，请让我增加从车骑壮士
中挑选可以辅助您的人。"聂政说："韩
国与卫国相距不远，如今刺杀人家的国相，
国相又是国君的亲戚，这种情况不可以让
很多人去，人多不能不生是非，生是非就
会泄露消息，泄露消息那就等于让整个韩
国与您为仇，难道不危险吗！"就谢绝车
骑人众。

聂政告辞，独身持剑到达韩国，韩国
国相侠累正坐在府上，拿着兵戟护卫的侍
从有很多。聂政径直进入，走上台阶刺杀
侠累，左右侍从大乱。聂政大声喊叫，击
杀了几十人，他乘机自行割坏面容，挖出
眼珠，剖腹掏出肠子，就这样死了。

韩国取来聂政的尸体暴露在街市上，
出赏金查问，没有人知道他是谁。于是韩
国悬赏有能说出杀死国相侠累的人是谁的
人给予千金。过了很长时间也没有人知道。

聂政的姐姐聂荣听说有人刺杀韩国国

相，不知道凶手是谁，国人也不知道他的姓名，只是暴尸集市而悬赏千金，就呜咽着说："他大概是我的弟弟吧？唉，严仲子了解我的弟弟！"立即起身，到韩国，来到集市，死者果然是聂政，就伏在尸体上痛哭，极为悲伤，说："这是轵邑深井里人聂政啊。"街市上的很多行人都说："这个人残杀了我们的国相，大王悬赏千金查问他的姓名，夫人没有听说吗？怎么还敢来认他呢？"聂荣回应他们说："我听说了。可是聂政之所以蒙屈受辱置身于市井商贩之间，是因为老母幸好身体无恙，我还没有嫁人。母亲现在既然已经终享天年，我也已经嫁人，严仲子便从穷困污浊的处境中发现我的弟弟而与他结交，恩情深厚了，我的弟弟还能怎么办呢！士应当为了解他的人献身。如今我还活在世上的原因，是聂政自行毁坏面容和身体，以避免牵连别人，我怎能因害怕杀身之祸，永远埋没贤弟的名声呢！"韩国街市上的人都大为震惊。聂荣于是大呼三声"天啊"，最终因悲痛至极死在了聂政身旁。

晋国、楚国、齐国、卫国听说此事后，都说："不但聂政贤能，就是他的姐姐也是烈女啊。假使聂政真的知道他的姐姐没有顺从忍让的想法，不顾惜暴尸于市的灾难，也一定要越过千里险阻来显扬他的名声，最终姐弟一起死在韩国的街市，他也

贼不得，国不知其名姓，暴其尸而县之千金，乃於邑曰："其是吾弟与？嗟乎，严仲子知吾弟！"立起，如韩，之市，而死者果政也，伏尸哭，极哀，曰："是轵深井里所谓聂政者也！"市行者诸众人皆曰："此人暴虐吾国相，王县购其名姓千金，夫人不闻与？何敢来识之也？"荣应之曰："闻之。然政所以蒙污辱自弃于市贩之间者，为老母幸无恙，妾未嫁也。亲既以天年下世，妾已嫁夫，严仲子乃察举吾弟困污之中而交之，泽厚矣，可奈何！士固为知己者死，今乃以妾尚在之故，重自刑以绝从，妾其奈何畏殁身之诛，终灭贤弟之名！"大惊韩市人。乃大呼天者三，卒于邑悲哀而死政之旁。

晋、楚、齐、卫闻之，皆曰："非独政能也，乃其姊亦烈女也。乡使政诚知其姊无濡忍之志，不重暴骸之难，必绝险千里以列其名，姊弟俱僇于韩市者，亦未必敢以身许严仲

子也。严仲子亦可谓知人能得士矣！"

其后二百二十余年秦有荆轲之事。

荆轲

荆轲者，卫人也。其先乃齐人，徙于卫，卫人谓之庆卿。而之燕，燕人谓之荆卿。

荆卿好读书击剑，以术说卫元君，卫元君不用。其后秦伐魏，置东郡，徙卫元君之支属于野王。

荆轲尝游过榆次，与盖聂论剑，盖聂怒而目之。荆轲出，人或言复召荆卿。盖聂曰："曩者吾与论剑有不称者，吾目之；试往，是宜去，不敢留。"使使往之主人，荆卿则已驾而去榆次矣。使者还报，盖聂曰："固去也，吾曩者目摄之！"

荆轲游于邯郸，鲁句践与荆轲博，争道，鲁句践怒而叱之，荆轲嘿而逃去，遂不复会。

荆轲既至燕，爱燕之狗屠及善击筑者高渐离。荆轲嗜酒，日与狗屠及高渐离饮于燕市。酒酣以往，高渐离击筑，荆轲

未必敢把自己的性命交给严仲子了。严仲子也可以说是了解人能得人心的了！"

这以后过了二百二十多年，秦国发生了荆轲的事。

荆轲，是卫国人。他的祖先是齐国人，迁到了卫国，卫国人称他为庆卿。而到了燕国后，燕国人称他荆卿。

荆卿喜好读书击剑，凭借剑术游说卫元君，卫元君不任用他。这之后秦国讨伐魏国，设置东郡，将卫元君的旁支亲属迁到了野王。

荆轲曾经在游历时路过榆次，与盖聂谈论剑术，盖聂对他怒目而视。荆轲出去，有人说再将荆卿召回来。盖聂说："先前我与他谈论剑术，有不当之处，我瞪他；你们试着前去看看，他应该已经离开，不敢逗留了。"派使者前去到房主那里询问，荆卿已经驾着车离开榆次了。使者返回报告，盖聂说："本来就该走了，我先前用眼睛震慑了他！"

荆轲游历到邯郸，鲁句践和荆轲下棋，争论棋局，鲁句践发怒呵斥了他，荆轲默不作声而逃走，两个人就不再见面了。

荆轲到达燕国后，同燕国杀狗的屠户和善于击筑的高渐离交好。荆轲嗜好饮酒，每天同屠户和高渐离在燕国集市饮酒，喝到酒兴浓时，高渐离击筑，荆轲在街市上

和着拍子高歌,互相娱乐。一会儿又一起哭泣,旁若无人一样。荆轲虽然和酒徒交往,但他为人深沉稳重,喜欢读书,他所游历的诸侯国中,当地的贤士、豪杰、长者全都与他结交。他来到燕国,燕国的处士田光先生也善待他,知道他并非平庸之人。

过了不久,恰逢在秦国做人质的燕太子丹逃回燕国。燕太子丹以前曾经在赵国做人质,而秦王嬴政出生在赵国,年少时与太子丹交好。等到嬴政被立为秦王,而太子丹在秦国做人质。秦王对待燕太子丹不好,所以太子丹怨恨而逃回国。回去就寻求报复秦王的办法,燕国弱小,力量不够。后来,秦国每天出兵崤山以东来讨伐齐国、楚国、三晋,逐渐蚕食诸侯国,势力将要到达燕国,燕国君臣都害怕灾祸到来。太子丹担忧此事,询问他的老师鞠武该怎么办。鞠武回答说:"秦国的土地遍及天下,威胁到韩国、魏国、赵国,北面有甘泉、谷口坚固的地势,南面有泾水、渭水流域肥沃的土地,占据巴郡、汉中的富饶土地,右边有陇、蜀的高山,左边有函谷关、崤山的险阻,人口众多,士兵振奋,武器绰绰有余。他们有意向外扩张,那么长城以南、易水以北,就没有安定的地方了。为何因为被凌辱的怨恨,就想触动他的逆鳞呢!"太子丹说:"这样的话那该怎么办呢?"鞠武回答说:"请让我考虑一下。"

和而歌于市中,相乐也。已而相泣,旁若无人者。荆轲虽游于酒人乎,然其为人沉深好书。其所游诸侯,尽与其贤豪长者相结。其之燕,燕之处士田光先生亦善待之,知其非庸人也。

居顷之,会燕太子丹质秦亡归燕。燕太子丹者,故尝质于赵,而秦王政生于赵,其少时与丹欢。及政立为秦王,而丹质于秦。秦王之遇燕太子丹不善,故丹怨而亡归。归而求为报秦王者,国小,力不能。其后秦日出兵山东以伐齐、楚、三晋,稍蚕食诸侯,且至于燕,燕君臣皆恐祸之至。太子丹患之,问其傅鞠武。武对曰:"秦地遍天下,威胁韩、魏、赵氏,北有甘泉、谷口之固,南有泾、渭之沃,擅巴、汉之饶,右陇、蜀之山,左关、殽之险,民众而士厉,兵革有余。意有所出,则长城之南,易水以北,未有所定也。奈何以见陵之怨,欲批其逆鳞哉!"丹曰:"然则何由?"对曰:"请入图之。"

居有间，秦将樊於期得罪于秦王，亡之燕，太子受而舍之。鞠武谏曰："不可。夫以秦王之暴而积怒于燕，足为寒心，又况闻樊将军之所在乎？是谓'委肉当饿虎之蹊'也，祸必不振矣！虽有管、晏，不能为之谋也。愿太子疾遣樊将军入匈奴以灭口。请西约三晋，南连齐、楚，北购于单于，其后乃可图也。"太子曰："太傅之计，旷日弥久，心惽然，恐不能须臾。且非独于此也，夫樊将军穷困于天下，归身于丹，丹终不以迫于强秦而弃所哀怜之交，置之匈奴，是固丹命卒之时也。愿太傅更虑之。"鞠武曰："夫行危欲求安，造祸而求福，计浅而怨深，连结一人之后交，不顾国家之大害，此所谓'资怨而助祸'矣。夫以鸿毛燎于炉炭之上，必无事矣。且以雕鸷之秦，行怨暴之怒，岂足道哉！燕有田光先生，其为人智深而勇沉，可与谋。"太子曰："愿因太傅而得交于田先生，可乎？"鞠武曰："敬诺。"出见田先生，道"太子

过了不久，秦将樊於期得罪了秦王，逃到燕国，太子接纳了他并让他住下。鞠武进谏说："不行。以秦王的残暴，将会迁怒于燕国，这足以让人担惊受怕了，又何况听说樊将军在这里呢？这就叫'把肉扔在饿虎经过的小路'，灾祸一定无法挽救了！即使有管仲、晏婴，也不能为您谋划了。希望太子赶紧遣送樊将军去匈奴，以堵塞秦国入侵的借口。请您向西与三晋约定，向南联合齐、楚两国，向北同单于交好，然后才可以考虑下一步。"太子说："太傅的计策，时间拖得太久，我心里忧闷烦乱，恐怕等不了片刻。况且不单为此，樊将军在外已是穷途末路，投身于我，我总不能迫于强暴的秦国而抛弃我所哀怜的朋友，送他去匈奴，这应当是在我生命结束的时候才会做的事情。希望太傅考虑别的办法。"鞠武说："行动危险却想求得安全，制造祸乱却祈求福祐，计谋短浅却结怨深重，为了结交一个新朋友，不顾国家的大祸患，这就是所谓'积蓄仇怨而助长祸患'啊。拿鸿毛在炉炭之上燃烧，一定一下就烧完了。况且像雕鸷一样凶狠的秦国，发泄它怨恨凶暴的怒气，还用说什么吗！燕国有田光先生，他智谋深远，勇敢沉着，可以与他谋划。"太子说："希望通过太傅而得以结交田光先生，可以吗？"鞠武说："遵命。"他出去会见

田先生，说"太子希望与先生图谋国事"。田光说："遵命。"就去拜访太子。

太子上前迎接，倒退着为田光引路，跪下整理席子。田光坐定后，左右无人，太子离开席位请教说："燕国、秦国势不两立，希望先生留意。"田光说："我听说骐骥盛壮的时候，一日可奔驰千里；等它衰老了，劣马也能跑到它前面。如今太子只听说我盛壮时的作为，不知道我精力已经消亡了。即便如此，我不敢图谋国事，我所交好的荆卿可以差使。"太子说："希望通过先生结交荆卿，可以吗？"田光说："遵命。"他随即起身，快步走出。太子送到门口，告诫说："我所讲的，先生所说的，是国家的大事，希望先生不要泄露！"田光俯身笑着说："是。"佝偻着身子去见荆卿，说："我和您交好，燕国没有人不知道。如今太子听说我壮年时的作为，不知道我的身体已经力不从心，有幸听他教导说'燕国、秦国势不两立，希望先生留意'。我私下不见外，把您推荐给太子。希望您入宫拜访太子。"荆轲说："遵命"。田光说："我听说，长者行事，不让人怀疑他。如今太子告诉我说'所说的话是国家的大事，希望先生不要泄露'，这是太子怀疑我。一个人行事却让别人怀疑他，不算是有节气和侠义。"想自杀来激励荆卿，说："希望您赶快拜

愿图国事于先生也"。田光曰："敬奉教。"乃造焉。

太子逢迎，却行为导，跪而蔽席。田光坐定，左右无人，太子避席而请曰："燕、秦不两立，愿先生留意也。"田光曰："臣闻骐骥盛壮之时，一日而驰千里；至其衰老，驽马先之。今太子闻光盛壮之时，不知臣精已消亡矣。虽然，光不敢以图国事，所善荆卿可使也。"太子曰："愿因先生得结交于荆卿，可乎？"田光曰："敬诺。"即起，趋出。太子送至门，戒曰："丹所报，先生所言者，国之大事也，愿先生勿泄也！"田光俯而笑曰："诺。"偻行见荆卿，曰："光与子相善，燕国莫不知。今太子闻光壮盛之时，不知吾形已不逮也，幸而教之曰：'燕、秦不两立，愿先生留意也。'光窃不自外，言足下于太子也，愿足下过太子于宫。"荆轲曰："谨奉教。"田光曰："吾闻之，长者为行，不使人疑之。今太子告光曰'所言者，国之大事也，愿先生勿泄'，是太子疑

光也。夫为行而使人疑之，非
节侠也。"欲自杀以激荆卿，
曰："愿足下急过太子，言光
已死，明不言也。"因遂自刎
而死。

荆轲遂见太子，言田光已
死，致光之言。太子再拜而跪，
膝行流涕，有顷而后言曰："丹
所以诚田先生毋言者，欲以成
大事之谋也。今田先生以死明
不言，岂丹之心哉！"荆轲坐定，
太子避席顿首曰："田先生不
知丹之不肖，使得至前，敢有
所道，此天之所以哀燕而不弃
其孤也。今秦有贪利之心，而
欲不可足也。非尽天下之地，
臣海内之王者，其意不厌。今
秦已虏韩王，尽纳其地。又举
兵南伐楚，北临赵。王翦将数
十万之众距漳、邺，而李信出
太原、云中。赵不能支秦，必
入臣，入臣则祸至燕。燕小弱，
数困于兵，今计举国不足以当
秦。诸侯服秦，莫敢合从。丹
之私计，愚以为诚得天下之勇
士使于秦，窥以重利；秦王贪，
其势必得所愿矣。诚得劫秦
王，使悉反诸侯侵地，若曹沫

访太子，说田光已死，表明我没有泄露他
的话。"于是就自刎而死。

荆轲于是求见太子，说田光已死，转
达田光的话。太子拜了两拜，跪下，用膝
盖前行，痛哭流涕，过了一会儿说道："我
之所以告诫田先生不要泄露，是想使大事
的谋划获得成功。如今田先生以死表明不
会泄密，难道是我的本意吗！"荆轲坐定，
太子离开席位磕头说："田先生不知道我
的无能，使我来到您跟前，冒昧地有所陈
述，这是上天哀怜燕国而不抛弃它的子民
啊。如今秦国有贪婪的野心，欲望得不
到满足。不尽吞天下的土地，使海内的君
王臣服，它是不会满足的。如今秦国已俘
虏韩王，占领韩国的全部土地。又举兵向
南讨伐楚国，向北逼近赵国；王翦率领几
十万大军抵达漳水、邺城，而李信兵出太原、
云中。赵国不能抵抗秦国，一定会入秦称
臣，赵国入秦称臣，那么灾祸就会降临燕国。
燕国弱小，多次被战争困扰，如今估计举
国之力也不足以抵挡秦国。诸侯臣服秦国，
没有谁敢合纵。我私下有个计策，我认为
如果得到天下有实力的勇士出使秦国，出
重利引诱秦王，秦王贪婪，必定想得到他
想要的。如果能趁此劫持秦王，使他悉数

返还诸侯国被侵占的土地，像曹沫与齐桓公那样，那就最好了；如果不行，就乘机刺杀他。秦国的大将在外独揽兵权而国有内乱，君臣就会相互怀疑，乘秦国这个间隙诸侯可以合纵，那么一定可以攻破秦国。这是我最大的心愿，但不知把这使命委托给谁，希望荆卿留意此事。"过了很久，荆轲说："这是国家的大事，我才能低下，恐怕不足以胜任使命。"太子上前磕头，坚决请求他不要推让，然后荆轲答应了。于是太子尊奉荆卿为上卿，住上等客房。太子每天在他门下拜访，供给他齐备的太牢，不时进献奇珍异宝，车马美女任由荆轲随心所用，以使荆轲顺心称意。

过了很久，荆轲没有要行动的意思。秦将王翦攻破赵国，俘虏赵王，占领赵国的全部土地，进兵向北攻占土地，到达燕国南部的边界。太子丹恐惧，于是请求荆轲说："秦兵早晚就要渡过易水了，那么即使想长时间奉养您，岂能办到啊！"荆轲说："没有太子这话，我也希望拜谒您。如今行动却没有信物，那么秦王是不可能接近的。樊将军，秦王用黄金千斤、封邑万户悬赏他的人头。如果真能获得樊将军的首级与燕国督亢的地图，奉献给秦王，秦王一定高兴而接见我，我才能够有机会来报答您。"太子说："樊将军穷途末路

之与齐桓公，则大善矣；则不可，因而刺杀之。彼秦大将擅兵于外而内有乱，则君臣相疑，以其间诸侯得合从，其破秦必矣。此丹之上愿，而不知所委命，唯荆卿留意焉！"久之，荆轲曰："此国之大事也，臣驽下，恐不足任使。"太子前顿首，固请毋让，然后许诺。于是尊荆卿为上卿，舍上舍。太子日造门下，供太牢具，异物间进，车骑美女恣荆轲所欲，以顺适其意。

久之，荆轲未有行意。秦将王翦破赵，虏赵王，尽收入其地，进兵北略地至燕南界。太子丹恐惧，乃请荆轲曰："秦兵旦暮渡易水，则虽欲长侍足下，岂可得哉！"荆轲曰："微太子言，臣愿谒之。今行而毋信，则秦未可亲也。夫樊将军，秦王购之金千斤，邑万家。诚得樊将军首与燕督亢之地图，奉献秦王，秦王必说见臣，臣乃得有以报。"太子曰："樊将军穷困来归丹，丹不忍以己

之私而伤长者之意，愿足下更虑之！"

荆轲知太子不忍，乃遂私见樊於期曰："秦之遇将军可谓深矣，父母宗族皆为戮没。今闻购将军首金千斤，邑万家，将奈何？"於期仰天太息流涕曰："於期每念之，常痛于骨髓，顾计不知所出耳！"荆轲曰："今有一言可以解燕国之患，报将军之仇者，何如？"於期乃前曰："为之奈何？"荆轲曰："愿得将军之首以献秦王，秦王必喜而见臣，臣左手把其袖，右手揕其匈，然则将军之仇报而燕见陵之愧除矣。将军岂有意乎？"樊於期偏袒扼腕而进曰："此臣之日夜切齿腐心也，乃今得闻教！"遂自刭。太子闻之，驰往，伏尸而哭，极哀。既已不可奈何，乃遂盛樊於期首函封之。

于是太子豫求天下之利匕首，得赵人徐夫人匕首，取之百金，使工以药焠之，以试人，血濡缕，人无不立死者。乃装为遣荆卿。燕国有勇士秦舞阳，年十三，杀人，人不敢忤视。

来投奔我，我不忍心为自己的私利而伤害长者的心意，希望您考虑别的办法！"

荆轲知道太子不忍心，于是就私下面见樊於期说："秦国待将军可以说非常刻毒了，父母宗族都被杀尽。如今听说用黄金千斤、封邑万户来悬赏将军的首级，您将怎么办呢？"樊於期仰天叹息流着泪说："我每次想到这些，常常痛入骨髓，只是想不出主意罢了！"荆轲说："如今有一句话可以解除燕国的祸患，报将军的仇，怎么样？"於期于是上前说："该怎么办呢？"荆轲说："希望得到将军的首级来献给秦王，秦王一定高兴而接见我，我左手抓住他的袖子，右手用匕首刺他的胸膛，这样将军的仇可报而燕国被欺凌的耻辱也可以涤除了。将军是否同意呢？"樊於期脱下一侧衣袖露出臂膀，左手扼住右手腕进前说："这是我日夜咬牙切齿想做的事，今天才听到您说！"于是自刭。太子听说此事后，飞车前往，伏在樊於期的尸体上痛哭，极其哀痛。既已无可奈何，就把樊於期的首级装到匣中密封起来。

于是太子预先寻求天下最锋利的匕首，获得赵国人徐夫人的匕首，用百金买下它，让工匠用毒药焠炼它，拿人试验，只要浸出一缕血丝，人没有不立刻死的。于是准备行装安排荆卿出发。燕国有位勇士叫秦舞阳，十三岁就杀过人，人们不敢直视他。

太子让秦舞阳作副手。荆轲等待一个朋友，想与他同去；那人住得遥远还没有赶来，但已为他备好行装。过了不久，还没出发，太子认为他拖延时间，怀疑他反悔，于是又请求说："时间已经不多了，荆卿还有意去吗？请先派秦舞阳前去吧。"荆轲发怒，斥责太子说："太子这样派遣是干什么？只顾前去而不求返回的人，是废物！况且拿一把匕首进入难以预测的强大的秦国，我之所以留在这儿，是在等待我的朋友一起去。如今太子认为迟了，就请辞别吧！"于是他们就出发了。

太子以及知道此事的宾客，都穿戴白衣帽相送。到易水边，祭路践行之后，取道上路，高渐离击筑，荆轲附声歌唱，发出凄凉的变徵音调，众人都垂泪泣涕。荆轲又一边前进一边唱歌："风萧萧兮易水寒，壮士一去兮不复还！"歌声变成慷慨激昂的羽声，人们都瞪起眼睛，头发竖起顶着帽子。于是荆轲驾车离去，始终没有回头。

到达秦国，荆轲带着价值千金的钱财物品，厚赠秦王的宠臣中庶子蒙嘉。蒙嘉为荆轲先向秦王说："燕王确实畏惧大王的威严，不敢发兵抵抗大王的军队，希望举国做秦国臣子，比照诸侯列位，缴纳赋税如同秦国郡县，只为能够奉守燕国先王的宗庙。燕王恐惧不敢亲自陈述，特此斩

乃令秦舞阳为副。荆轲有所待，欲与俱；其人居远未来，而为治行。顷之，未发，太子迟之，疑其改悔，乃复请曰："日已尽矣，荆卿岂有意哉？丹请得先遣秦舞阳。"荆轲怒，叱太子曰："何太子之遣？往而不返者，竖子也！且提一匕首入不测之强秦，仆所以留者，待吾客与俱。今太子迟之，请辞决矣！"遂发。

太子及宾客知其事者，皆白衣冠以送之。至易水之上，既祖，取道，高渐离击筑，荆轲和而歌，为变徵之声，士皆垂泪涕泣。又前而为歌曰："风萧萧兮易水寒，壮士一去兮不复还！"复为羽声慷慨，士皆瞋目，发尽上指冠。于是荆轲就车而去，终已不顾。

遂至秦，持千金之资币物，厚遗秦王宠臣中庶子蒙嘉。嘉为先言于秦王曰："燕王诚振怖大王之威，不敢举兵以逆军吏，愿举国为内臣，比诸侯之列，给贡职如郡县，而得奉守先王之宗庙。恐惧不敢自陈，谨斩

樊於期之头,及献燕督亢之地图,函封,燕王拜送于庭,使使以闻大王,唯大王命之。"

秦王闻之,大喜,乃朝服,设九宾,见燕使者咸阳宫。荆轲奉樊於期头函,而秦舞阳奉地图柙,以次进。至陛,秦舞阳色变振恐,群臣怪之。荆轲顾笑舞阳,前谢曰:"北蕃蛮夷之鄙人,未尝见天子,故振慑。愿大王少假借之,使得毕使于前。"秦王谓轲曰:"取舞阳所持地图。"轲既取图奏之秦王,发图,图穷而匕首见。因左手把秦王之袖,而右手持匕首揕之。未至身,秦王惊,自引而起,袖绝。拔剑,剑长,操其室。时惶急,剑坚,故不可立拔。荆轲逐秦王,秦王环柱而走。群臣皆愕,卒起不意,尽失其度。而秦法,群臣侍殿上者不得持尺寸之兵;诸郎中执兵皆陈殿下,非有诏召不得上。方急时,不及召下兵,以故荆轲乃逐秦王。而卒惶急,无以击轲,而以手共搏之。是时侍医夏无且以其所奉药囊提荆轲也。秦王方环柱走,卒惶急,不知

下樊於期人头,并献上燕国督亢地图,装匣密封,燕王在朝廷拜而相送,派使臣前来告知大王,请大王指示。"

秦王听到这个消息非常高兴,穿上朝服,准备九宾之礼,在咸阳宫接见燕国使者。荆轲捧着装有樊於期首级的匣子,而秦舞阳捧着地图匣子,二人依次进入。到台阶下,秦舞阳脸色有变,发抖害怕,群臣感到奇怪。荆轲回头讥笑秦舞阳,上前谢罪说:"北蕃蛮夷的粗野人,不曾见过天子,所以发抖害怕。希望大王稍微原谅他,使他能在大王面前完成使命。"秦王对荆轲说:"将秦舞阳所持地图拿过来。"荆轲取来地图献上,秦王展开地图,地图展到尽头,匕首露了出来。荆轲用左手抓住秦王衣袖,用右手拿匕首刺向秦王。还没到身前,秦王大惊,抽身而起,拉断衣袖。秦王拔剑,剑长,仅抓住了剑鞘。霎时秦王惊惶急迫,剑鞘又紧,不能立刻拔出来。荆轲追逐秦王,秦王绕着柱子跑。群臣惊愕,因为事情突然发生,始料不及,都失去了常态。而秦国法律规定,殿上侍从大臣不得携带任何兵器;各侍卫郎中手持兵器都守在殿外,没有诏令不得上殿。危急时分,来不及召唤殿下侍卫,因此荆轲追逐秦王。仓促之际,大臣惊惶急迫,没有武器攻击荆轲,便用手一起攻击他。这时侍医夏无且用他所捧的药囊投击荆轲。秦

王正绕着柱子跑，仓促惊惶，不知怎么办，左右随从便说："大王把剑背到背上！"秦王把剑推到背上，便拔出剑来攻击荆轲，砍断他左腿。荆轲倒下，就举起匕首投刺秦王，没有击中秦王，击中了桐柱。秦王再次攻击荆轲，荆轲被砍伤八处。荆轲自知事情不能完成，倚着柱子大笑，岔开腿坐着，骂道："事情之所以没有成功，是想生擒你，一定要获得契约以回报太子。"于是左右侍从上前杀死荆轲，秦王不舒服了很久。过后论功，赏赐群臣以及应当治罪的各有差别，赐夏无且黄金二百镒，说道："无且爱我，才拿药囊投击荆轲啊。"

于是秦王大怒，增派兵力前往赵国，令王翦的军队去讨伐燕国。十月攻取蓟城。燕王喜、太子丹等人率领全部精兵向东退守辽东郡。秦将李信紧紧追击燕王，代王嘉给燕王喜送书信说："秦国之所以紧紧追击燕王，是出于太子丹的缘故。现在大王如果杀死太子丹献给秦王，秦王一定宽恕燕国，而燕国社稷也幸而能享受祭祀。"之后李信追杀太子丹时，太子丹躲匿在衍水边，燕王就派使臣斩杀太子丹，想献给秦国。结果秦国再次进兵攻打燕国。五年后，秦国终于灭掉燕国，俘虏燕王喜。

第二年，秦国吞并天下，立称号为皇帝。当时秦国追捕太子丹、荆轲的朋友，他们全部逃走。高渐离改名换姓给人

所为，左右乃曰："王负剑！"负剑，遂拔以击荆轲，断其左股。荆轲废，乃引其匕首以擿秦王，不中，中桐柱。秦王复击轲，轲被八创。轲自知事不就，倚柱而笑，箕踞以骂曰："事所以不成者，以欲生劫之，必得约契以报太子也。"于是左右既前杀轲，秦王不怡者良久。已而论功，赏群臣及当坐者各有差，而赐夏无且黄金二百溢，曰："无且爱我，乃以药囊提荆轲也。"

于是秦王大怒，益发兵诣赵，诏王翦军以伐燕。十月而拔蓟城。燕王喜、太子丹等尽率其精兵东保于辽东。秦将李信追击燕王急，代王嘉乃遗燕王喜书曰："秦所以尤追燕急者，以太子丹故也。今王诚杀丹献之秦王，秦王必解，而社稷幸得血食。"其后李信追丹，丹匿衍水中，燕王乃使使斩太子丹，欲献之秦。秦复进兵攻之。后五年，秦卒灭燕，虏燕王喜。

其明年，秦并天下，立号为皇帝。于是秦逐太子丹、荆轲之客，皆亡。高渐离变名姓

为人庸保，匿作于宋子。久之，作苦，闻其家堂上客击筑，傍偟不能去，每出言曰："彼有善有不善。"从者以告其主，曰："彼庸乃知音，窃言是非。"家丈人召使前击筑，一坐称善，赐酒。而高渐离念久隐畏约无穷时，乃退，出其装匣中筑与其善衣，更容貌而前。举坐客皆惊，下与抗礼，以为上客。使击筑而歌，客无不流涕而去者。宋子传客之，闻于秦始皇。秦始皇召见，人有识者，乃曰："高渐离也。"秦皇帝惜其善击筑，重赦之，乃矐其目，使击筑，未尝不称善。稍益近之，高渐离乃以铅置筑中，复进得近，举筑朴秦皇帝，不中。于是遂诛高渐离，终身不复近诸侯之人。

鲁句践已闻荆轲之刺秦王，私曰："嗟乎，惜哉其不讲于刺剑之术也！甚矣吾不知人也！曩者吾叱之，彼乃以我为非人也！"

太史公曰：世言荆轲，其

做雇工，藏匿在宋子一地劳作。过了很久，感到劳作很辛苦，听到主人家堂上有宾客击筑，徘徊着不忍离去，常常说："他击筑有好有不好。"侍从就告知主人，说："那个雇工是个懂音乐的人，私下谈论击筑好坏。"主人召他去堂前击筑，得到满座宾客的称赞，就赐给他酒喝。高渐离想到长时间隐居，担心贫贱的日子没有尽头，便退出来，拿出他匣中的筑和好的衣服，改换容貌来到堂前。满座宾客都感到惊讶，他下来和他平等施礼，作为上客对待他。他击筑歌唱，宾客无不流泪而去。宋子的人轮流款待他，此事被秦始皇听到。秦始皇召见他，有人认识他，说："这是高渐离。"秦始皇爱惜他善于击筑，赦免了他的死罪，却熏瞎了他的眼睛。让他击筑，没有一次不说好的。秦始皇逐渐接近他，高渐离便把铅块塞到筑中，再次进宫得以靠近秦始皇时，举筑攻击秦始皇，没有击中。于是诛杀了高渐离，秦王终身不再亲近六国之人。

鲁句践听说荆轲刺秦王的事，私下说："唉！可惜他不精通击剑之术啊！我太不了解他了。我斥责过他，他就以为我不是好人！"

太史公说：世人谈论荆轲，其中说到

太子丹的命运时，就说"天上落下粟，马头生出角"，太过分了。又说荆轲刺伤秦王，都不属实。当初公孙季功、董生和夏无且交游，知道这些事的详细内容，他们为我说了这些。从曹沫到荆轲这五个人，他们的侠义行为有成功的，有不成功的，然而他们的心意明确，不辜负他们的志气，名垂后世，难道是偶然的吗！

称太子丹之命，"天雨粟，马生角"也，太过。又言荆轲伤秦王，皆非也。始公孙季功、董生与夏无且游，具知其事，为余道之如是。自曹沫至荆轲五人，此其义或成或不成，然其立意较然，不欺其志，名垂后世，岂妄也哉！

史记卷八十七
列传第二十七

李斯

李斯，是楚国上蔡人。他年少时，担任郡里的小吏，看到官署厕所中老鼠在吃不洁净的东西，有人或狗接近时，老鼠多次被吓到。李斯进入粮仓，看到粮仓中的老鼠，吃屯积的粟米，居住在大屋子之下，不受人或狗的惊扰。于是李斯就叹息说："人的贤能与不贤能就像老鼠一样啊，在于自己所处的环境罢了。"

于是跟随荀卿学习帝王治政的学问。学业完成后，认为楚王不值得奉事，而六国都衰弱，没有他可以帮助建功立业的人，想向西入秦。李斯就向荀卿辞行说："我听说获得时机就不要懈怠，如今正是万乘之国争斗的时候，游说之士主持政事。如今秦王想吞并天下，称帝治理天下，这是平民驰骋奔走、游说之士施展抱负的时机啊。处于卑贱的地位却不想有所作为，这就好比禽兽只看到现成的肉才去吃，空有人的面孔却只能勉强直立行走罢了。所以耻辱莫过于卑贱，悲哀莫过于穷困。长时间处于卑贱的地位，困苦的环境，却愤世

李斯者，楚上蔡人也。年少时，为郡小吏，见吏舍厕中鼠食不洁，近人犬，数惊恐之。斯入仓，观仓中鼠，食积粟，居大庑之下，不见人犬之忧。于是李斯乃叹曰："人之贤不肖譬如鼠矣，在所自处耳！"

乃从荀卿学帝王之术。学已成，度楚王不足事，而六国皆弱，无可为建功者，欲西入秦。辞于荀卿曰："斯闻得时无怠，今万乘方争时，游者主事。今秦王欲吞天下，称帝而治，此布衣驰骛之时而游说者之秋也。处卑贱之位而计不为者，此禽鹿视肉，人面而能强行者耳。故诟莫大于卑贱，而悲莫甚于穷困。久处卑贱之位，困苦之地，非世而恶利，自托于无为，此非士之情也。故斯

将西说秦王矣。"

至秦，会庄襄王卒，李斯
乃求为秦相文信侯吕不韦舍
人；不韦贤之，任以为郎。李
斯因以得说，说秦王曰："胥
人者，去其几也；成大功者，
在因瑕衅而遂忍之。昔者秦穆
公之霸，终不东并六国者，何
也？诸侯尚众，周德未衰，故
五伯迭兴，更尊周室。自秦孝
公以来，周室卑微，诸侯相兼，
关东为六国，秦之乘胜役诸侯，
盖六世矣。今诸侯服秦，譬若
郡县。夫以秦之强，大王之贤，
由灶上骚除，足以灭诸侯，成
帝业，为天下一统，此万世之
一时也。今怠而不急就，诸侯
复强，相聚约从，虽有黄帝之贤，
不能并也。"秦王乃拜斯为长史，
听其计，阴遣谋士赍持金玉以
游说诸侯。诸侯名士可下以财
者，厚遗结之；不肯者，利剑
刺之。离其君臣之计，秦王乃
使其良将随其后。秦王拜斯为
客卿。

嫉俗厌恶名利，标榜自己与世无争，这不
是士子的本心。所以我将要向西去游说秦
王了。"

到达秦国，恰逢庄襄王去世，李斯于
是请求做秦国相国文信侯吕不韦的舍人；
吕不韦很赏识他，任他为郎官。李斯因此
得以游说，他游说秦王道："平庸的人，
往往错失时机。成就大功业的人，在于利
用可乘之机并最终能狠心灭了对手。从前
秦穆公称霸，始终没有向东吞并六国，为
什么？诸侯还很多，周朝的德业还没有衰
落，所以五霸交替兴起，都相继尊崇周朝。
自秦孝公以来，周室卑弱衰微，诸侯相互
兼并，函谷关以东分为六国，秦国乘胜役
使诸侯，大概有六代了。如今诸侯臣服秦国，
如同秦国郡县一样。凭着秦国的强大，大
王的贤能，就像从灶上扫除灰尘一样，足
以消灭诸侯，成就帝业，使天下一统，这
是万载难逢的好时机。如今懈怠而不赶快
成就大业，等到诸侯再次强大，相互约定
合纵，即使有黄帝的贤能，也不能吞并六
国了。"秦王于是任李斯为长史，听从他
的计策，暗中派谋士带着金玉珍宝去游说
诸侯。各诸侯国中的名士能用钱财收买的，
就送厚礼结交；不肯被收买的，就用利剑
刺死。谋士施行离间诸侯国君臣的计策后，
秦王便派他的良将跟随在谋士后面进攻其
国。秦王任李斯为客卿。

恰好韩国人郑国来秦国做间谍，他以修建灌溉的水渠知名，不久被发觉。秦国宗室大臣都对秦王说："从诸侯国来为秦王做事的人，大抵是为他们的国君来游说离间秦国的，请把客卿一概驱逐出去。"李斯也在被计划驱逐之列。李斯于是上书说：

我听说官吏商议驱逐客卿，我私下认为这样错了。从前秦穆公访求贤士，向西从戎地获得由余，向东从宛地获得百里奚，从宋国迎来蹇叔，从晋国招来丕豹、公孙支。这五个人，都不生在秦国，而穆公任用他们，吞并二十多个国家，最终称霸西戎。孝公采用商鞅的新法，移风易俗，人民因此殷实兴盛，国家由此富强，百姓乐于为国效力，诸侯诚心归服，俘获楚国、魏国的兵士，攻取千里的土地，至今国家得以大治而强大。惠王采用张仪的计策，拔取三川地区，向西吞并巴、蜀，向北收服上郡，向南攻取汉中，囊括九夷，制衡鄢郢，东面占据成皋的险固，割取膏腴的土地，最终瓦解六国的合纵，使他们面向西依附秦国，功业延续至今。昭王获得范雎，废黜穰侯，驱逐华阳君，使公家强大，杜绝私门权贵的势力，蚕食诸侯，使秦国成就帝业。这四位君王的功绩，都是依靠客卿之力获得的。由此看来，客卿哪里有负于秦国呢？假如这四位君王拒绝而不接纳客卿，

会韩人郑国来间秦，以作注溉渠，已而觉。秦宗室大臣皆言秦王曰："诸侯人来事秦者，大抵为其主游间于秦耳，请一切逐客。"李斯议亦在逐中。斯乃上书曰：

臣闻吏议逐客，窃以为过矣。昔缪公求士，西取由余于戎，东得百里奚于宛，迎蹇叔于宋，来丕豹、公孙支于晋。此五子者，不产于秦，而，缪公用之，并国二十，遂霸西戎。孝公用商鞅之法，移风易俗，民以殷盛，国以富强，百姓乐用，诸侯亲服，获楚、魏之师，举地千里，至今治强。惠王用张仪之计，拔三川之地，西并巴、蜀，北收上郡，南取汉中，包九夷，制鄢、郢，东据成皋之险，割膏腴之壤，遂散六国之从，使之西面事秦，功施到今。昭王得范雎，废穰侯，逐华阳，强公室，杜私门，蚕食诸侯，使秦成帝业。此四君者，皆以客之功。由此观之，客何负于秦哉！向使四君却客而不内，疏士而不用，是使国无富利之实而秦无强大之名也。

今陛下致昆山之玉，有随、和之宝，垂明月之珠，服太阿之剑，乘纤离之马，建翠凤之旗，树灵鼍之鼓。此数宝者，秦不生一焉，而陛下说之，何也？必秦国之所生然后可，则是夜光之璧不饰朝廷，犀象之器不为玩好，郑、卫之女不充后宫，而骏良不实外厩，江南金锡不为用，西蜀丹青不为采。所以饰后宫、充下陈、娱心意、说耳目者，必出于秦然后可，则是宛珠之簪、傅玑之珥、阿缟之衣、锦绣之饰不进于前，而随俗雅化佳冶窈窕赵女不立于侧也。夫击瓮叩缶弹筝搏髀，而歌呼呜呜快耳者，真秦之声也；郑、卫、《桑间》《昭》《虞》《武》《象》者，异国之乐也。今弃击瓮叩缶而就郑、卫，退弹筝而取《昭》《虞》，若是者何也？快意当前，适观而已矣。今取人则不然。不问可否，不论曲直，非秦者去，为客者逐。然则是所重者在乎色乐珠玉，而所轻者在乎人民也。此非所以跨海内制诸侯之术也。

疏远而不重用士人，这就使国家没有富足丰利之实，而秦国也就没有强大的威名了。

如今陛下得到昆山的美玉，拥有随侯珠、和氏璧这样的珍宝，垂挂明月珠，佩带太阿剑，乘着纤离马，竖着翠凤旗，立着灵鼍鼓。这几个珍宝，秦国不出产一个，而陛下喜欢它们，为什么呢？如果一定要秦国所出产然后才可使用，那夜光之璧就不能用来装饰朝廷，犀角象牙做的器具就不能为您赏玩，郑、卫的美女就不能充在后宫，而良驹骏马就不能充满外厩，江南的金锡不会为您所用，西蜀的丹青不能采来用作颜料。所以用来装饰后宫、充当姬妾、娱乐心志、和目悦耳的东西，一定要出产于秦国然后才使用，那么用宛珠装饰的簪子、玑珠镶嵌的耳环、东阿绢绸缝制的衣服、锦绣的饰物就不能进献到您面前，而跟随时尚改变的美丽窈窕的赵国女子就不能侍立在您的身旁。那些敲着瓦瓮、击着瓦罐、弹着秦筝、拍着大腿，而呜呜歌唱喊叫来使耳目愉悦的，才是真正的秦国音乐；《郑》《卫》《桑间》《昭》《虞》《武》《象》这些，都是别国音乐。如今抛弃敲瓦瓮、击瓦罐的秦乐而听《郑》《卫》之音，屏退弹奏的秦筝而欣赏《昭》《虞》之乐，这样做是为什么呢？不过是图眼前的快乐，观赏娱乐罢了。如今用人却不是这样。不问能不能用，不论是非曲直，不是秦国人就让他离开，做客卿的人也被驱逐。那么这样看来，陛下所看重的是美女、声乐、珍珠、宝玉，而轻视的是人才啊。这不是统一海内，制服诸侯的策略啊。

我听说土地广阔粮食就多，国家广大人口就多，军队强大士兵就勇猛。因此泰山不拒绝任何土壤，才能成就它的高大；河海不挑拣细小的溪流，才能成就它的深广；为王的人不拒绝民众，才能彰显他的恩德。因此土地不分方位，百姓不论国别，四季丰盈美好，鬼神降下福泽，这是五帝、三王无敌的原因啊。如今却抛弃百姓来帮助敌国，排斥客卿来使其他诸侯建立功业，使天下的谋士退却而不敢西行，止步不入秦国，这就是所谓"借给敌寇武器，送给盗贼粮食"啊。

不是秦国出产的物品，可值得珍视的有很多；不是秦国出生的士人，而愿意效忠的人也有很多。如今驱逐客卿来资助敌国，损害百姓来加强仇敌，在国内使自己空虚而在国外与诸侯结怨，想使国家没有危险，这是不可能的。

秦王于是废除驱逐宾客的命令，恢复了李斯的官职，最终采用了他的计谋。李斯官至廷尉。经过二十多年，秦国终于吞并天下，尊奉君主为皇帝，任命李斯担任丞相。摧毁郡县的城墙，销毁各地的兵器，

臣闻地广者粟多，国大者人众，兵强则士勇。是以太山不让土壤，故能成其大；河海不择细流，故能就其深；王者不却众庶，故能明其德。是以地无四方，民无异国，四时充美，鬼神降福，此五帝、三王之所以无敌也。今乃弃黔首以资敌国，却宾客以业诸侯，使天下之士退而不敢西向，裹足不入秦，此所谓"借寇兵而赍盗粮"者也。

夫物不产于秦，可宝者多；士不产于秦，而愿忠者众。今逐客以资敌国，损民以益仇，内自虚而外树怨于诸侯，求国无危，不可得也。

秦王乃除逐客之令，复李斯官，卒用其计谋。官至廷尉。二十余年，竟并天下，尊主为皇帝，以斯为丞相。夷郡县城，销其兵刃，示不复用。使秦无

尺土之封，不立子弟为王、功臣为诸侯者，使后无战攻之患。

始皇三十四年，置酒咸阳宫，博士仆射周青臣等颂称始皇威德。齐人淳于越进谏曰："臣闻之，殷、周之王千余岁，封子弟功臣自为支辅。今陛下有海内，而子弟为匹夫，卒有田常、六卿之患，臣无辅弼，何以相救哉？事不师古而能长久者，非所闻也。今青臣等又面谀以重陛下过，非忠臣也。"始皇下其议丞相。丞相谬其说，绌其辞，乃上书曰："古者天下散乱，莫能相一，是以诸侯并作，语皆道古以害今，饰虚言以乱实，人善其所私学，以非上所建立。今陛下并有天下，别白黑而定一尊；而私学乃相与非法教之制，闻令下，即各以其私学议之，入则心非，出则巷议，非主以为名，异趣以为高，率群下以造谤。如此不禁，则主势降乎上，党与成乎下。禁之便。臣请诸有文学《诗》《书》百家语者，蠲除去之。令到满三十日弗去，黥为城旦。

表示不再使用。使秦国没有寸土封地，不立子弟为王、功臣为诸侯，使后世没有战争攻伐的祸患。

始皇三十四年，在咸阳宫摆酒宴，博士仆射周青臣等人称颂始皇的威德。齐国人淳于越进谏说："我听说，殷、周的统治达一千多年，分封子弟和功臣作为自己的辅翼。如今陛下拥有海内，而子弟都是平民，一旦有田常、六卿的祸患，臣子没有辅弼，拿什么来援救呢？做事不效法古代而能长久的，我没有听说过。如今周青臣等人又当面阿谀来加重陛下的过失，他们并非忠臣啊。"始皇把他的议论下交给丞相处理。丞相认为他的论点很荒谬，就不用他的言辞，上书说："古代天下分散混乱，没有谁能统一天下，因此诸侯并起，言论都称道古代来否定当代，粉饰虚言来淆乱事实，人们都认为自己一派的学说好，来非议皇帝所建立的制度。如今陛下吞并统一了天下，辨别是非而使天下只尊崇皇帝一人；而诸子百家聚集在一起非议朝廷所制定的教令法律，听说法令颁布，就各以他们自己所学的观点议论它，回家就心中不满，出门就街谈巷议，以非议君主来求得虚名，以标榜异趣来显示高明，率领下层群众造谣诽谤。这样还不禁止，那么君主的威势就要从高处落下，而下面的人就会结成朋党。禁止这些是有利的。我请求把人们收藏的《诗》《书》及诸子百家的著作，一律销毁干净。命令满三十天不销毁的人，判处黥刑贬去筑城劳役。不销毁的，只有医药、卜筮、种树的书。如果有想学习的人，就以官吏为老师。"始皇同意了他的建议，没收《诗》《书》及诸子百家的著作来愚弄百姓，使天下无法用古代的事来非议当今的政治。修明法度，制定律令，都从始皇开始。统一文字。修建离宫别馆，周游天下。第二年，始皇帝又巡狩天下，对外攘除四夷，李斯都出了力。

李斯的长子李由任三川郡守，李斯的儿子都娶了秦国公主，女儿都嫁给了秦国的公子。三川郡守李由告假回到咸阳，李斯在家设置酒宴，百官都前去为李斯祝寿敬酒，门前的车马数以千计。李斯喟然叹息道："唉！我听荀卿说'事情不要做得太过'。我李斯原本是上蔡的平民，闾巷里的百姓，皇上不了解我驽钝低微，把我提拔到如此高位。当今做臣子的没有位居我之上的，我可以说富贵到极点了。事物达到极点就会衰落，我还不知道归宿在何处啊！"

始皇三十七年十月，始皇帝巡行出游到会稽山，沿海北上，北到琅邪山。丞相李斯、中车府令赵高兼行符节玺令之事，都跟随出巡。始皇帝有二十多个儿子，长子扶苏因多次直言劝谏始皇帝，始皇帝派

所不去者，医药、卜筮、种树之书。若有欲学者，以吏为师。"始皇可其议，收去《诗》《书》百家之语以愚百姓，使天下无以古非今。明法度，定律令，皆以始皇起。同文书。治离宫别馆，周遍天下。明年，又巡狩，外攘四夷，斯皆有力焉。

斯长男由为三川守，诸男皆尚秦公主，女悉嫁秦诸公子。三川守李由告归咸阳，李斯置酒于家，百官长皆前为寿，门廷车骑以千数。李斯喟然而叹曰："嗟乎！吾闻之荀卿曰：'物禁太盛。'夫斯乃上蔡布衣，闾巷之黔首，上不知其驽下，遂擢至此。当今人臣之位无居臣上者，可谓富贵极矣。物极则衰，吾未知所税驾也！"

始皇三十七年十月，行出游会稽，并海上，北抵琅邪。丞相斯、中车府令赵高兼行符玺令事，皆从。始皇有二十余子，长子扶苏以数直谏上，上使监

兵上郡，蒙恬为将。少子胡亥爱，请从，上许之。余子莫从。

其年七月，始皇帝至沙丘，病甚，令赵高为书赐公子扶苏曰："以兵属蒙恬，与丧会咸阳而葬。"书已封，未授使者，始皇崩。书及玺皆在赵高所，独子胡亥、丞相李斯、赵高及幸宦者五六人知始皇崩，余群臣皆莫知也。李斯以为上在外崩，无真太子，故秘之。置始皇居辒辌车中，百官奏事、上食如故，宦者辄从辒辌车中可诸奏事。

赵高因留所赐扶苏玺书，而谓公子胡亥曰："上崩，无诏封王诸子而独赐长子书。长子至，即立为皇帝，而子无尺寸之地，为之奈何？"胡亥曰："固也。吾闻之，明君知臣，明父知子。父捐命，不封诸子，何可言者！"赵高曰："不然。方今天下之权，存亡在子与高及丞相耳，愿子图之。且夫臣人与见臣于人，制人与见制于人，岂可同日道哉！"胡亥曰："废兄而立弟，是不义

他去上郡监兵，蒙恬担任将军。始皇帝的小儿子胡亥受到宠爱，请求跟随，始皇帝答应了他。其余儿子没有跟随。

这年七月，始皇帝到达沙丘，病重，命令赵高写下诏书给公子扶苏说："把军队交给蒙恬，赶快到咸阳参加丧礼，然后下葬。"诏书已经封好，还没有交给使者，始皇驾崩。诏书和玺印都在赵高那里，只有儿子胡亥、丞相李斯、赵高及五六个受宠的宦官知道始皇驾崩，其他臣子都不知道。李斯认为皇上在外驾崩，没有真正立太子，所以秘不发丧。他把始皇的遗体放在辒辌车里，百官奏事和进献食物还和往常一样，宦官在辒辌车中代替始皇处理上奏的事项。

赵高趁机扣留要赐给扶苏的玺印和诏书，而对公子胡亥说："皇上驾崩，没有下诏封诸子为王而只赐给长子诏书。长子到达后，就会被立为皇帝，而您没有尺寸的封地，该怎么办呢？"胡亥说："本来就是这样。我听说圣明的君主了解臣子，贤明的父亲了解儿子。父亲去世，没有分封诸子，有什么可说的呢？"赵高说："不是这样的。当今天下的大权，生死存亡在于您、我和丞相罢了，希望您认真考虑此事。况且使人臣服与臣服于人，制服他人与受制于人，怎能同日而语呢？"胡亥说："废除兄长而立弟弟，是不义；不奉守父

亲的诏令而怕死，是不孝；才能浅薄，勉强依靠别人的功劳登位，是无能。这三者都违背道德，天下不会服从，自身遭受祸殃，国家也会灭亡。"赵高说："我听说商汤、周武杀死他们的君主，天下都称道正义，不是不忠。卫君杀死他的父亲，而卫国称赞他的功德，孔子记载了这件事，不是不孝。行大事不拘小节，有了盛德就不惧怕小的指责，乡间习俗各有所宜而百官工作性质各不相同。所以顾小事而忘大事，日后一定有害；狐疑不决，日后一定后悔。果断而敢于行事，鬼神也会躲避他，日后一定能成功。希望您按我说的做！"胡亥喟然叹息说："如今皇帝去世还没发丧，丧礼还没结束，怎么能拿这件事去求丞相呢？"赵高说："时机啊时机，短暂得来不及谋算。就像背着粮食跃上马赶路一样，唯恐错过时机。"

胡亥同意了赵高的话，赵高说："不与丞相商议，恐怕事情不能成功，我请求替您与丞相商议此事。"赵高于是对丞相李斯说："皇上驾崩，赐给长子诏书，命他到咸阳参加丧礼并立为继承人。诏书还没有发出，如今皇上驾崩，没有人知道此事。要赐给长子的诏书及符节玺印都在胡亥那里，定立太子就在于您和我的一句话。这事要如何处理呢？"李斯说："怎么能说出这种亡国的话呢！这不是做大臣应当

也；不奉父诏而畏死，是不孝也；能薄而材谫，强因人之功，是不能也。三者逆德，天下不服，身殆倾危，社稷不血食。"高曰："臣闻汤、武杀其主，天下称义焉，不为不忠。卫君杀其父，而卫国载其德，孔子著之，不为不孝。夫大行不小谨，盛德不辞让，乡曲各有宜而百官不同功。故顾小而忘大，后必有害；狐疑犹豫，后必有悔。断而敢行，鬼神避之，后有成功。愿子遂之！"胡亥喟然叹曰："今大行未发，丧礼未终，岂宜以此事干丞相哉！"赵高曰："时乎时乎，间不及谋！赢粮跃马，唯恐后时！"

胡亥既然高之言，高曰："不与丞相谋，恐事不能成，臣请为子与丞相谋之。"高乃谓丞相斯曰："上崩，赐长子书，与丧会咸阳而立为嗣。书未行，今上崩，未有知者也。所赐长子书及符玺皆在胡亥所，定太子在君侯与高之口耳。事将何如？"斯曰："安得亡国之言！此非人臣所当议也！"

高曰："君侯自料能孰与蒙恬？功高孰与蒙恬？谋远不失孰与蒙恬？无怨于天下孰与蒙恬？长子旧而信之孰与蒙恬？"斯曰："此五者皆不及蒙恬，而君责之何深也？"高曰："高固内官之厮役也，幸得以刀笔之文进入秦宫，管事二十余年，未尝见秦免罢丞相功臣有封及二世者也，卒皆以诛亡。皇帝二十余子，皆君之所知。长子刚毅而武勇，信人而奋士，即位必用蒙恬为丞相，君侯终不怀通侯之印归于乡里，明矣。高受诏教习胡亥，使学以法事数年矣，未尝见过失。慈仁笃厚，轻财重士，辩于心而讷于口，尽礼敬士，秦之诸子未有及此者，可以为嗣。君计而定之。"斯曰："君其反位！斯奉主之诏，听天之命，何虑之可定也？"

高曰："安可危也，危可安也。安危不定，何以贵圣？"斯曰："斯，上蔡闾巷布衣也，上幸擢为丞相，封为通侯，子孙皆至尊位重禄者，故将以存

议论的！"

赵高说："您自己估量与蒙恬相比谁更有才能？与蒙恬相比谁功劳大？与蒙恬相比谁更深谋远虑而不失算？与蒙恬相比谁更让天下无怨？与蒙恬相比谁更被长子亲近信任？"李斯说："这五个方面我都比不上蒙恬，您为什么这样苛求我呢？"赵高说："我本来是宦官的仆役，有幸凭借刀笔文书进入秦宫，管事二十多年，未曾见过秦朝被罢免的丞相功臣有封爵而延及下一代的，最终都被诛灭。皇帝有二十多个儿子，您都是认识的。长子刚毅而且勇武，信用他人而能激励士人，即位后一定会任用蒙恬为丞相，您终究不能怀着通侯的印信回到乡里，这是很明显的。我受皇帝诏命教导胡亥，让他学习法律已经多年了，不曾见他有过失。他仁慈敦厚，轻财重士，内心聪慧而不善言辞，竭尽礼节尊敬贤士，秦朝公子们中没有赶得上他的，可以做继承人。您考虑下再决定吧。"李斯说："您返回岗位吧！我李斯尊奉皇帝的诏令，听从上天的安排，有什么可考虑决定的呢？"

赵高说："平安可以转为危险，危险可以转为平安。安危不能确定，怎么能算是尊贵圣明呢？"李斯说："我李斯是上蔡闾巷里的平民，有幸被皇上提拔为丞相，封为通侯，子孙都有尊贵的地位和优厚的

俸禄，所以皇上把国家的存亡安危托付给我。我怎么能辜负皇上呢？忠臣不避死难而希望尽忠，孝子不过于勤劳而出现危险，人臣各守职责而已。您不要再说了，这将会使我获罪。"赵高说："我听说圣人变化无常，适应变化而顺从时局，看到苗头就知道起因，观察动向就知道归宿。事物本来就是如此，哪里有什么常法呢！当今天下的大权和命运掌握在胡亥手中，我赵高就能得志。况且从外部制服内部称之为逆乱，从下面制服上面称之为反叛。所以秋霜一降花草就会凋落，河水消融万物就会生长，这是必然的结果。您为什么看到得这么晚呢？"李斯说："我听说晋国改立太子，三世不得安宁；齐桓公兄弟争夺君位，哥哥被杀死；纣王杀死亲戚，不听从劝谏，国家成为废墟，最终危及社稷：这三件事都违逆天意，宗庙无人祭祀。我李斯还是人啊，怎么能参与谋反呢！"

赵高说："上下一心，可以长久；内外如一，事情表里如一没有矛盾。您听从我的计策，就会长保侯位，世代称王，一定有王子乔、赤松子的长寿，孔子、墨子的智慧。如今放弃这个机会而不答应，祸及子孙，就足以为之寒心。善于处世的人能转祸为福，您会怎么办呢？"李斯于是仰天长叹，流着泪叹息说："唉！偏偏遭逢乱世，既然不能以死尽忠，哪里能寄托

亡安危属臣也。岂可负哉！夫忠臣不避死而庶几，孝子不勤劳而见危，人臣各守其职而已矣。君其勿复言，将令斯得罪。"

高曰："盖闻圣人迁徙无常，就变而从时，见末而知本，观指而睹归。物固有之，安得常法哉！方今天下之权命悬于胡亥，高能得志焉。且夫从外制中谓之惑，从下制上谓之贼。故秋霜降者草花落，水摇动者万物作，此必然之效也。君何见之晚？"斯曰："吾闻晋易太子，三世不安；齐桓兄弟争位，身死为戮；纣杀亲戚，不听谏者，国为丘墟，遂危社稷：三者逆天，宗庙不血食。斯其犹人哉，安足为谋！"

高曰："上下合同，可以长久；中外若一，事无表里。君听臣之计，即长有封侯，世世称孤，必有乔、松之寿，孔、墨之智。今释此而不从，祸及子孙，足以为寒心。善者因祸为福，君何处焉？"斯乃仰天而叹，垂泪太息曰："嗟乎！独遭乱世，既以不能死，安托命

哉！"于是斯乃听高。高乃报胡亥曰："臣请奉太子之明命以报丞相，丞相斯敢不奉令！"

于是乃相与谋，诈为受始皇诏丞相立子胡亥为太子。更为书赐长子扶苏曰："朕巡天下，祷祠名山诸神以延寿命。今扶苏与将军蒙恬将师数十万以屯边，十有余年矣，不能进而前，士卒多耗，无尺寸之功，乃反数上书直言诽谤我所为，以不得罢归为太子，日夜怨望。扶苏为人子不孝，其赐剑以自裁！将军恬与扶苏居外，不匡正，宜知其谋。为人臣不忠，其赐死，以兵属裨将王离。"封其书以皇帝玺，遣胡亥客奉书赐扶苏于上郡。

使者至，发书，扶苏泣，入内舍，欲自杀。蒙恬止扶苏曰："陛下居外，未立太子，使臣将三十万众守边，公子为监，此天下重任也。今一使者来，即自杀，安知其非诈？请复请，复请而后死，未暮也。"使者数趣之。扶苏为人仁，谓蒙恬曰："父而赐子死，尚安复请！"即自杀。蒙恬不肯死，

命运呢！"于是李斯就听从赵高。赵高于是禀报胡亥说："我尊奉太子的命令去通知丞相，丞相李斯不敢不奉命！"

于是他们就一起谋划，伪造了始皇给丞相的诏书，立儿子胡亥为太子。更改赐给长子扶苏的诏书说："朕巡行天下，祈祷祭祀名山诸神来延长寿命。如今扶苏与将军蒙恬率兵几十万来屯守边防，有十多年了，不能向前进军，士卒多有耗费，没有尺寸的功劳，却反而多次上书直言诽谤我的所作所为，因不能解职回朝当太子，日夜怨恨。扶苏身为人子不孝，赐剑给你自裁吧！将军蒙恬和扶苏在外，不能匡正过失，也应当知道他的计划。身为人臣不忠，一同赐死，把军队交付裨将王离。"用皇帝的玺印把诏书封好，派胡亥门客带着诏书到上郡赐给扶苏。

使者到达，打开诏书，扶苏哭泣，进入内室，想自杀。蒙恬阻止扶苏说："陛下在外，没有立太子，派我率领三十万大军戍守边境，公子担任监军，这是天下的重任。如今一个使者到来就自杀，怎么知道这不是假的呢？请再请示一下，再次请示以后死，也不晚。"使者多次催促他们。扶苏为人仁爱，对蒙恬说："父亲赐儿子死，还要再请示什么！"随即自杀。蒙恬不肯死，使者就把他交给主管官员，关押在

阳周。

使者返回报告,胡亥、李斯、赵高非常高兴。到达咸阳,发布丧事,太子胡亥立为二世皇帝。任命赵高为郎中令,时常在宫中侍奉皇帝,执掌大权。

二世闲居无事,便召见赵高与他商议事情,对赵高说:"人活在世上,犹如驾着六匹骏马飞过缝隙一样短暂。我已君临天下了,想全部满足耳目方面的欲望,享尽心中所想要的一切乐趣,使宗庙安定百姓和乐,长久地保有天下,享尽天年,这种想法可以吗?"赵高说:"这是贤明君主所能做到的,而昏乱君主所禁止的。我请求说一句话,不敢逃避斧钺的诛罚,希望陛下稍微留意一下。在沙丘的密谋,公子们和大臣都有所怀疑,而公子们都是您的兄长,大臣又都是先帝所任命的。如今陛下刚刚即位,这些人心中怏怏不快,都心中不服,恐怕他们会犯上作乱。况且蒙恬已经死了,蒙毅领兵在外,我战战兢兢,唯恐不得善终。陛下又怎么能为此而行乐呢?"二世说:"该怎么办呢?"赵高说:"实行严峻的法律和残酷的刑罚,使有罪的人相连坐一并处死,严重的灭族,诛灭大臣而疏远骨肉兄弟;贫穷的人使他富足,卑贱的人使他显贵。全部清除先帝的旧臣,改用陛下所亲信的人在身边任职。这样他们私下里就会感激陛下的恩德,消除了祸

使者即以属吏,系于阳周。

使者还报,胡亥、斯、高大喜。至咸阳,发丧,太子立为二世皇帝。以赵高为郎中令,常侍中用事。

二世燕居,乃召高与谋事,谓曰:"夫人生居世间也,譬犹骋六骥过决隙也。吾既已临天下矣,欲悉耳目之所好,穷心志之所乐,以安宗庙而乐万姓,长有天下,终吾年寿,其道可乎?"高曰:"此贤主之所能行也,而昏乱主之所禁也。臣请言之,不敢避斧钺之诛,愿陛下少留意焉。夫沙丘之谋,诸公子及大臣皆疑焉,而诸公子尽帝兄,大臣又先帝之所置也。今陛下初立,此其属意怏怏皆不服,恐为变。且蒙恬已死,蒙毅将兵居外,臣战战栗栗,唯恐不终。且陛下安得为此乐乎?"二世曰:"为之奈何?"赵高曰:"严法而刻刑,令有罪者相坐诛,至收族;灭大臣而远骨肉;贫者富之,贱者贵之。尽除去先帝之故臣,更置陛下之所亲信者近之。此则阴德归陛下,害除而奸谋塞,群

臣莫不被润泽，蒙厚德，陛下则高枕肆志宠乐矣。计莫出于此。"二世然高之言，乃更为法律。于是群臣诸公子有罪，辄下高，令鞫治之。杀大臣蒙毅等，公子十二人僇死咸阳市，十公主矺死于杜，财物入于县官，相连坐者不可胜数。

公子高欲奔，恐收族，乃上书曰："先帝无恙时，臣入则赐食，出则乘舆。御府之衣，臣得赐之；中厩之宝马，臣得赐之。臣当从死而不能，为人子不孝，为人臣不忠。不忠者无名以立于世，臣请从死，愿葬郦山之足。唯上幸哀怜之。"书上，胡亥大说，召赵高而示之，曰："此可谓急乎？"赵高曰："人臣当忧死而不暇，何变之得谋！"胡亥可其书，赐钱十万以葬。

法令诛罚日益刻深，群臣人人自危，欲畔者众。又作阿房之宫，治直道、驰道，赋敛愈重，戍徭无已。于是楚戍卒陈胜、吴广等乃作乱，起于山东，杰俊相立，自置为侯王，

害而杜绝了奸谋，群臣没有人不受到您的恩泽，承蒙陛下厚德，陛下便可以高枕无忧肆意享乐了。没有比这更好的办法了。"二世同意赵高的话，就重新修订法律。于是群臣和各位公子有罪，总是下交给赵高，让他审讯法办。赵高杀死大臣蒙毅等人，十二位公子在咸阳街头被杀死，十位公主在杜县被处死分尸，财物全部没收归官，连坐而死的人多得数不清。

公子高想逃亡，害怕被灭族，就上书说："先帝活着的时候，我进宫就赐我食物，出宫就让我乘车驾。御府中的衣服，宫中马棚里的宝马，都能赏赐给我。我应当跟随先帝而死，却没能做到，我身为人子不孝，身为人臣不忠。不忠的人没理由活在世上，我请求随先帝而死，希望葬在郦山脚下。只希望皇上哀怜我。"奏书呈上后，胡亥很高兴，召见赵高把奏书拿给他看，说："这可以说是紧急了吧？"赵高说："人臣在为自己的死亡担忧还顾不上的时候，怎么还能图谋造反呢！"胡亥答应了他的上书，赐给他十万钱予以安葬。

法令刑罚一天比一天严酷苛刻，群臣人人自危，想反叛的人很多。二世又修建阿房宫，修筑直道、驰道，赋税征敛越来越重，兵役徭役没有休止。于是从楚地被征来戍边的士卒陈胜、吴广等人就作乱，从崤山以东起事，豪杰才俊相继而起，自

立为侯为王，反叛秦朝，军队到达鸿门才退去。李斯多次想找机会进谏，二世不答应。而二世责问李斯说："我个人有个想法，是从韩非子那里听说的，他说'尧治天下，殿堂高三尺，木椽不斫削就使用，茅草屋顶不加修剪，即使住宿的旅馆也没有比这更艰苦的了。冬天穿鹿皮袄，夏天穿麻布衣，用糙米做饭，用野菜做汤，用土篮吃饭，用土钵饮水，即使看门人的饮食也不会比这更简陋。夏禹凿开龙门，开通大夏水道，疏浚很多河流，曲折地筑起很多堤防，决开积水引导入海，大腿上没了细皮，小腿上没了汗毛，手脚全是老茧，脸色黝黑，最终在外去世，葬在会稽山，即使奴隶俘虏的劳苦也不会比这更严重了。'既然这样那贵有天下的人，难道是想苦形劳神，身居旅馆一样的宿舍，吃着看门人一样的饭食，手中干着奴隶所从事的劳作吗？这是才能低下的人尽力去做的事，不是贤能的人所做的事。那些贤能的人享有天下，只是用天下的一切来满足自己的欲望，这就是他们贵有天下的原因。所谓贤能的人，一定能安定天下治理万民，如果自身都不能得到好处，怎么能治理天下呢？所以我希望能恣意地放纵欲望，长久地享有天下而没有祸患，应该怎么办呢？"李斯的儿子李由担任三川郡守，群盗吴广等人向西攻城略地，任意往来无人禁止。章邯得以

叛秦，兵至鸿门而却。李斯数欲请间谏，二世不许。而二世责问李斯曰："吾有私议而有所闻于韩子也，曰：'尧之有天下也，堂高三尺，采椽不斫，茅茨不翦，虽逆旅之宿不勤于此矣。冬日鹿裘，夏日葛衣，粢粝之食，藜藿之羹，饭土匦，啜土铏，虽监门之养不戚于此矣。禹凿龙门，通大夏，疏九河，曲九防，决淳水致之海，而股无胈，胫无毛，手足胼胝，面目黎黑，遂以死于外，葬于会稽，臣虏之劳不烈于此矣。'然则夫所贵于有天下者，岂欲苦形劳神，身处逆旅之宿，口食监门之养，手持臣虏之作哉？此不肖人之所勉也，非贤者之所务也。彼贤人之有天下也，专用天下适己而已矣，此所以贵于有天下也。夫所谓贤人者，必能安天下而治万民，今身且不能利，将恶能治天下哉！故吾愿赐志广欲，长享天下而无害，为之奈何？"李斯子由为三川守，群盗吴广等西略地，过去弗能禁。章邯以破逐广等兵，使者覆案三川

相属，诮让斯居三公位，如何令盗如此。李斯恐惧，重爵禄，不知所出，乃阿二世意，欲求容，以书对曰：

夫贤主者，必且能全道而行督责之术者也。督责之，则臣不敢不竭能以徇其主矣。此臣主之分定，上下之义明，则天下贤不肖莫敢不尽力竭任以徇其君矣。是故主独制于天下而无所制也，能穷乐之极矣。贤明之主也，可不察焉！

故申子曰"有天下而不恣睢，命之曰以天下为桎梏"者，无他焉，不能督责，而顾以其身劳于天下之民，若尧、禹然，故谓之"桎梏"也。夫不能修申、韩之明术，行督责之道，专以天下自适也，而徒务苦形劳神，以身徇百姓，则是黔首之役，非畜天下者也，何足贵哉！夫以人徇己，则己贵而人贱；以己徇人，则己贱而人贵。故徇人者贱，而人所徇者贵，自古及今，未有不然者也。凡古

击破驱逐吴广等人的军队，使者一个接着一个地前往三川调查，斥责李斯身居三公之位，居然能让盗贼如此猖獗。李斯恐惧，看重爵位俸禄，不知道该怎么办，就迎合二世的心意，想求得宽容，就上书回答说：

贤明的君主，必将能全面掌握为君之道而行使督责的方法。督责臣子，那么臣子就不敢不竭尽所能来效命他的君主了。这样臣子和君主的职分就确定了，上下的关系准则也明确了，那么天下无论是有才能的还是没才能的人，没有谁敢不竭尽全力为他的君主效命。因此君主能独裁于天下而不受限制，就能尽享极致的乐趣了。贤明的君主，怎能看不清这一点呢！

所以申子说"拥有天下而不肆意放纵，这就叫把天下当成桎梏"的话，没有别的意思，只是说不能督责臣下，而使自己反而辛辛苦苦为天下百姓操劳，像唐尧、夏禹那样，所以称之为"桎梏"。不能修明申不害、韩非子的治术，实行督责的措施，一心让天下都来满足自己，而只是从事苦形劳神的工作，为百姓奉献自身，那就是百姓的仆役，不算是拥有天下的人，有什么值得尊贵的呢！让别人依从自己，那就是自己尊贵而别人卑贱；自己依从别人，那就是自己卑贱而别人尊贵。所以依从别人就卑贱，被别人依从就尊贵，从古至今，

没有不是这样的。自古以来之所以尊重贤人，是因为他们尊贵；之所以厌恶不肖的人，是因为他们卑贱。而唐尧、夏禹是为天下献身的人，因袭世俗的评价而尊重他们，那也就失去了之所以尊贤的用心了！可以说是大错了。称之为"桎梏"，不也很恰当吗？这是不能督责的过错啊。

所以韩非子说"慈母会有败家的儿子而严厉的家中没有强悍的奴仆"，为什么呢？那是能够严加惩罚的结果。所以商鞅的法律，在道路上抛撒灰的人就要被处以刑罚。抛撒灰，是轻罪，却被处刑，是严重的惩罚。只有贤明的君主才能严厉地督责轻罪。轻罪尚且严厉督责，何况是重罪呢？所以百姓不敢犯罪。因此韩非子说"几尺的布帛，平常人不会放过，黄金百镒，即使是盗跖也不敢攫取"，不是因为平常人更贪心，几尺的布帛利益大，而盗跖的欲望浅；也不是因为盗跖的行为高尚，轻视百镒黄金的重利。攫取必然随之就要受到刑罚，那么盗跖就不会攫取百镒黄金；而刑罚不一定施行，那么平常人也就不会放过几尺布帛。因此城高五丈，楼季却不敢轻易靠近；泰山高百丈，跛脚的牧羊人却能在山上放牧。难道楼季认为攀越五丈高的城楼很艰难，而跛脚的牧羊人认为登上百丈高的泰山很容易吗？这是因为地势险峻情况不同啊。明主圣王之所以能长久

之所为尊贤者，为其贵也；而所为恶不肖者，为其贱也。而尧、禹以身徇天下者也，因随而尊之，则亦失所为尊贤之心矣！夫可谓大缪矣。谓之为"桎梏"，不亦宜乎？不能督责之过也。

故韩子曰"慈母有败子而严家无格虏"者，何也？则能罚之加焉必也。故商君之法，刑弃灰于道者。夫弃灰，薄罪也，而被刑，重罚也。彼唯明主为能深督轻罪。夫罪轻且督深，而况有重罪乎？故民不敢犯也。是故韩子曰"布帛寻常，庸人不释，铄金百溢，盗跖不搏"者，非庸人之心重，而盗跖之欲浅也；又不以盗跖之行，为轻百镒之重也。搏必随手刑，则盗跖不搏百镒；而罚不必行也，则庸人不释寻常。是故城高五丈，而楼季不轻犯也；泰山之高百仞，而跛牂牧其上。夫楼季也而难五丈之限，岂跛牂也而易百仞之高哉？峭堑之势异也。明主圣王之所以能久处尊位，长执重势，而独擅天下之利者，非有异道也，能独断而

审督责，必深罚，故天下不敢犯也。今不务所以不犯，而事慈母之所以败子也，则亦不察于圣人之论矣。夫不能行圣人之术，则舍为天下役何事哉？可不哀邪！

且夫俭节仁义之人立于朝，则荒肆之乐辍矣；谏说论理之臣间于侧，则流漫之志诎矣；烈士死节之行显于世，则淫康之虞废矣。故明主能外此三者，而独操主术以制听从之臣，而修其明法，故身尊而势重也。凡贤主者，必将能拂世磨俗，而废其所恶，立其所欲，故生则有尊重之势，死则有贤明之谥也。是以明君独断，故权不在臣也。然后能灭仁义之涂，掩驰说之口，困烈士之行，塞聪掩明，内独视听，故外不可倾以仁义烈士之行，而内不可夺以谏说忿争之辩。故能荦然独行恣睢之心而莫之敢逆。若此然后可谓能明申、韩之术，而修商君之法。法修术明而天下乱者，未之闻也。故曰"王

处在尊位，长时间掌握大权，独掌天下利益，并不是因为有什么独特的方法，是他能独断专行，精于督责，必定加重刑罚，所以天下人不敢冒犯。如今不致力杜绝犯罪的措施，而仿效慈母养出败家子的做法，那也太不了解圣人的言论了。不能实行圣人治理天下的方法，那么除了给天下当奴仆还能干什么呢？不是很可悲吗！

况且节俭仁义的人身处朝廷，那荒诞放肆的乐趣就没有了；进谏游说，谈论道理的大臣站在身旁，那自由散漫的心思就收敛了；烈士死节的行为彰显于世间，那淫逸享乐的欢娱就失去了。所以贤明的君主排斥这三种人，而独揽皇权来制服顺从的大臣，建立严明的律法，所以自身尊贵而权势极重。大凡贤明的君主，必定能够转变世俗，改变民风，废除他所厌恶的，树立他所喜欢的，所以生在世间就有受人尊重的权势，死后就有贤明的谥号。因此明君独断专行，所以权力不落入臣下手中。然后才能断绝仁义之路，掩盖游说之口，困厄烈士的行动，堵塞耳朵，蒙闭眼睛，全凭自己独断专行，所以在外不因仁义节烈之士的行为有所动摇，在内也不因劝谏争辩而有所改变。所以能荦然独行满足自己为所欲为的心志而没有人敢反抗。像这样然后才可以说是明了申不害、韩非的权术，而修明商君的法则。法令修明、权术

精通而天下大乱的，我从未听说过。所以说"王道简单而容易掌握"，只有贤明的君主才能实行。像这样便可以说真正实行了督责，这样大臣就没有了奸邪之心，大臣没有奸邪之心天下就安定，天下安定君主便有尊严。君主有尊严督责必然就能实行。督责实行君主所求就能得到，君主所求能得到国家就会富足，国家富足君王就能丰裕快乐。所以设立督责手段，那么所想要的没有得不到的了。群臣百姓改过还来不及，哪还敢图谋叛变呢？像这样那帝王统治的方法就齐备了，也可以说是能明了驾御臣下的手段了。即使申不害、韩非复生，办法也不能更多了。

奏书呈上，二世非常高兴。于是实行督责更加严厉，能向百姓征收重税的就当成贤能官吏。二世说："像这样才可以说是能行使督责了。"路人中有一半受过刑，而死人每天堆积在街市上。杀人多的人就是忠臣。二世说："像这样才可以说是能行使督责了。"

起初，赵高担任郎中令，所杀的人以及因报私怨而被他陷害的人很多，赵高害怕大臣们入朝奏事诋毁他，就劝说二世道："天子之所以尊贵，是因为只能听到他的声音，群臣没有人能够看到他的面容，所以称为'朕'。而且陛下还很年轻，未必

道约而易操"也。唯明主为能行之。若此则谓督责成，督责成，则臣无邪，臣无邪则天下安，天下安则主严尊，主严尊则督责必，督责必则所求得，所求得则国家富，国家富则君乐丰。故督责之术设，则所欲无不得矣。群臣百姓救过不给，何变之敢图？若此则帝道备，而可谓能明君臣之术矣。虽申、韩复生，不能加也。

书奏，二世悦。于是行督责益严，税民深者为明吏。二世曰："若此则可谓能督责矣。"刑者相半于道，而死人日成积于市。杀人众者为忠臣。二世曰："若此则可谓能督责矣。"

初，赵高为郎中令，所杀及报私怨众多，恐大臣入朝奏事毁恶之，乃说二世："天子所以贵者，但以闻声，群臣莫得见其面，故号曰'朕'。且陛下富于春秋，未必尽通诸

事，今坐朝廷，谴举有不当者，则见短于大臣，非所以示神明于天下也。且陛下深拱禁中，与臣及侍中习法者待事，事来有以揆之。如此则大臣不敢奏疑事，天下称圣主矣。"二世用其计，乃不坐朝廷见大臣，居禁中。赵高常侍中用事，事皆决于赵高。

高闻李斯以为言，乃见丞相曰："关东群盗多，今上急益发繇治阿房宫，聚狗马无用之物。臣欲谏，为位贱。此真君侯之事，君何不谏？"李斯曰："固也，吾欲言之久矣。今时上不坐朝廷，上居深宫，吾有所言者，不可传也，欲见无间。"赵高谓曰："君诚能谏，请为君候上间语君。"于是赵高待二世方燕乐，妇女居前，使人告丞相："上方闲，可奏事。"丞相至宫门上谒，如此者三。二世怒曰："吾常多闲日，丞相不来。吾方燕私，丞相辄来请事。丞相岂少我哉？且固我哉？"赵高因曰："如此殆矣！夫沙丘之谋，丞相与

通晓所有的事情，如今坐在朝廷之上，责罚提拔有不当的地方，就会在大臣面前暴露短处，无法用来向天下显示圣明。陛下不如深居宫中，与我以及熟悉法令的侍中一起，等待上奏的公事，公事呈上来再处理。这样大臣就不敢上奏不实的事情，天下就会称您为圣主了。"二世听从了他的办法，于是不坐在朝廷上接见大臣，而是深居宫中。赵高一直在皇帝身边侍奉办事，事情都由赵高决定。

赵高听闻了李斯不满的言论，就面见丞相说："关东群盗人很多，如今皇上急于增发徭役修建阿房宫，聚集狗马等没用的玩物。我想进谏，但是地位低贱。这是丞相您的事，您为什么不进谏呢？"李斯说："本来我想进言已经很久了。如今皇上不临朝听政，而是处在深宫之中，我有要说的话，但是不能传达，想进见却没有机会。"赵高对他说："您如果真能进谏，请允许我趁皇帝空闲的时候通知您。"于是赵高等二世正要设宴取乐，美女站在跟前时，派人告诉丞相："皇上正空闲，可以奏事。"丞相就到达宫门请求谒见，像这样的情况发生了很多次。二世发怒说："我平常空闲的时间很多，丞相不来。我正想设宴娱乐，丞相便来奏请言事。丞相是看不起我还是看我浅薄呢？"赵高乘机说："这样就危险了！在沙丘的密谋，丞

相也参与了。如今陛下已经继位做了皇帝，可丞相的地位却没有提高，他的意思是也想割地称王了。况且陛下不问我，我不敢说。丞相的长子李由在做三川郡守，楚地盗贼陈胜等人都是丞相邻县的人，因此楚地盗贼公然横行，路过三川郡时，郡守不肯出击。我听说他们有文书往来，还没有审查清楚，所以没敢报告陛下。况且丞相在外面，权力大过陛下。"二世认为他说得对。想要调查丞相，担心情况不实，就派人调查核验三川郡守与盗贼通气的情况。李斯听说了此事。

这时二世在甘泉宫，正在观看摔跤和俳优表演。李斯无法见到皇帝，就上书揭发赵高说："我听说，臣子怀疑君主，没有不危害国家的；妻妾怀疑丈夫，没有不危害家庭的。如今有大臣擅自掌握陛下的赏罚大权，与陛下没有什么区别，这很不利。从前司城子罕辅佐宋国，亲自施行刑罚，用威权行事，一年后就劫持他的国君。田常是齐简公的臣子，爵位高到国内无人可比，私人财产与公家均等，布恩施惠，在下得到百姓的拥护，在上得到群臣支持，暗中夺取齐国政权，在厅堂杀死宰予，随即在朝堂弑杀简公，最终占有齐国。这是天下人都清楚的。如今赵高有邪恶的想法，有危险反叛的行为，就像子罕辅佐时宋国一样；私人财富多得就像田氏在齐国时一

焉。今陛下已立为帝，而丞相贵不益，此其意亦望裂地而王矣。且陛下不问臣，臣不敢言。丞相长男李由为三川守，楚盗陈胜等皆丞相傍县之子，以故楚盗公行，过三川，城守不肯击。高闻其文书相往来，未得其审，故未敢以闻。且丞相居外，权重于陛下。"二世以为然。欲案丞相，恐其不审，乃使人案验三川守与盗通状。李斯闻之。

是时二世在甘泉，方作觳抵优俳之观。李斯不得见，因上书言赵高之短曰："臣闻之，臣疑其君，无不危国；妾疑其夫，无不危家。今有大臣于陛下擅利擅害，与陛下无异，此甚不便。昔者司城子罕相宋，身行刑罚，以威行之，期年遂劫其君。田常为简公臣，爵列无敌于国，私家之富与公家均，布惠施德，下得百姓，上得群臣，阴取齐国，杀宰予于庭，即弑简公于朝，遂有齐国。此天下所明知也。今高有邪佚之志，危反之行，如子罕相宋也；私家之富，若田氏之于齐也。

兼行田常、子罕之逆道而劫陛下之威信，其志若韩玘为韩安相也。陛下不图，臣恐其为变也。"二世曰："何哉？夫高，故宦人也，然不为安肆志，不以危易心，洁行修善，自使至此，以忠得进，以信守位，朕实贤之，而君疑之，何也？且朕少失先人，无所识知，不习治民，而君又老，恐与天下绝矣。朕非属赵君，当谁任哉？且赵君为人精廉强力，下知人情，上能适朕，君其勿疑。"李斯曰："不然。夫高，故贱人也，无识于理，贪欲无厌，求利不止，列势次主，求欲无穷，臣故曰殆。"二世已前信赵高，恐李斯杀之，乃私告赵高。高曰："丞相所患者独高，高已死，丞相即欲为田常所为。"于是二世曰："其以李斯属郎中令！"

赵高案治李斯。李斯拘执束缚，居囹圄中，仰天而叹曰："嗟乎，悲夫！不道之君，何可为计哉！昔者桀杀关龙逢，纣杀王子比干，吴王夫差杀伍子胥。此三臣者，岂不

样。他用田常、子罕的叛逆方式来劫夺陛下的威信，他的志向就像韩玘担任韩安的相国时一样。陛下不早打算的话，我担心他将要作乱。"二世："这是什么话？赵高本就是宦官，然而他不因处境安逸而肆意放纵，不因危难就改变忠心，品行廉洁修行善事，靠自己才到今天的地位，因为忠诚得以进用，靠信义保守禄位，我确实认为他贤能，而您怀疑他，为什么？况且我年少失去父亲，不懂世事，不懂得治理百姓，而您又老了，恐怕和天下都隔绝了。我不把政事委托给赵君，应该委托给谁呢？况且赵君为人精明强干，下知民情，上能顺适我的心意，您不要怀疑。"李斯说："不对。赵高本就是卑贱的人，不懂世理，贪得无厌，谋取利益无休止，权势仅次于主上，贪欲无穷无尽，所以我说危险。"二世很早以前就信任赵高，怕李斯杀了他，就私下告诉了赵高。赵高说："丞相害怕的人只有我，我死之后，丞相随即就想做田常做过的事。"于是二世说："把李斯交给郎中令处理吧！"

赵高调查惩治李斯。李斯被拘捕束缚着关在监狱中，仰天长叹说："唉，可悲啊！无道的君主，还怎么为他谋划呢！从前夏桀杀死关龙逢，纣王杀死王子比干，吴王夫差杀死伍子胥。这三位臣子，难道不忠吗？但还是没能免于一死，是因为他

们效忠的帝王不对。如今我的智慧比不上这三个人，二世的无道却超过夏桀、商纣、夫差，我因尽忠而死，也是应该的了。况且二世的治理难道不混乱吗！先前杀死他的兄弟自立为帝，杀掉忠臣而重用卑贱的人，修建阿房宫，向天下征收重税。我不是不进谏，而是他不听我的。大凡古代圣明的帝王，饮食有节制，车马器具有定数，宫室有限度，颁布命令兴办事情，徒增费用却无益于百姓的就禁止，所以能够长治久安。如今二世对兄弟施加暴力，不顾及这样做的危害；迫害残杀忠臣，不考虑它的祸患；大修宫室，征收重税，不顾钱财：这三件事实行后，天下人不会顺从。如今造反的人已经占天下的一半了，二世心中却还没有清醒，还任用赵高为辅相，我能看到盗贼攻入咸阳，麋鹿在朝廷上游走了。"

于是二世就派赵高审理丞相的案件，治他的罪，责问李斯与儿子李由谋反的情状，将李斯的宗族和宾客尽数逮捕。赵高惩治李斯，拷打了他上千下，李斯无法忍受痛苦，自认服罪。李斯之所以不自杀，是因为他自负能辩论，有功劳，确实没有反叛之心，希望能上书陈述自己的冤屈，希望二世能醒悟赦免他。李斯于是从狱中上书说："我身为丞相，治理百姓三十多年了。赶上过秦国土地狭小之时。先王时

忠哉，然而不免于死，所忠者非也。今吾智不及三子，而二世之无道过于桀、纣、夫差，吾以忠死，宜矣。且二世之治岂不乱哉！日者夷其兄弟而自立也，杀忠臣而贵贱人，作为阿房之宫，赋敛天下。吾非不谏也，而不吾听也。凡古圣王，饮食有节，车器有数，宫室有度，出令造事，加费而无益于民利者禁，故能长久治安。今行逆于昆弟，不顾其咎；侵杀忠臣，不思其殃；大为宫室，厚赋天下，不爱其费：三者已行，天下不听。今反者已有天下之半矣，而心尚未寤也，而以赵高为佐，吾必见寇至咸阳，麋鹿游于朝也。"

于是二世乃使高案丞相狱，治罪，责斯与子由谋反状，皆收捕宗族宾客。赵高治斯，榜掠千余，不胜痛，自诬服。斯所以不死者，自负其辩，有功，实无反心，幸得上书自陈，幸二世之悟而赦之。李斯乃从狱中上书曰："臣为丞相，治民三十余年矣，逮秦地之狭隘。先王之时秦地不过千

里，兵数十万。臣尽薄材，谨奉法令，阴行谋臣，资之金玉，使游说诸侯，阴修甲兵，饰政教，官斗士，尊功臣，盛其爵禄，故终以胁韩弱魏，破燕、赵，夷齐、楚，卒兼六国，虏其王，立秦为天子。罪一矣。地非不广，又北逐胡、貉，南定百越，以见秦之强。罪二矣。尊大臣，盛其爵位，以固其亲。罪三矣。立社稷，修宗庙，以明主之贤。罪四矣。更克画，平斗斛度量，文章布之天下，以树秦之名。罪五矣。治驰道，兴游观，以见主之得意。罪六矣。缓刑罚，薄赋敛，以遂主得众之心，万民戴主，死而不忘。罪七矣。若斯之为臣者，罪足以死固久矣。上幸尽其能力，乃得至今，愿陛下察之！"书上，赵高使吏弃去不奏，曰："囚安得上书！"

赵高使其客十余辈诈为御史、谒者、侍中，更往覆讯斯。

秦国土地不过千里，军队几十万。我竭尽绵薄的才能，谨慎地奉行法令，暗中派遣谋臣，供给他们金宝珠玉，让他们游说诸侯，暗地里修整军队，整顿政教，给战士封官，尊崇功臣，提高他们的爵位和俸禄，所以最终得以胁迫韩国，削弱魏国，攻破燕国、赵国，夷灭齐国、楚国，最终兼并六国，俘虏他们的君王，拥立秦王做天子。这是我的第一项罪名。土地并非不够广阔，又向北驱逐胡人、貉人，向南平定百越，以显示秦朝的强大。这是我的第二项罪名。尊崇大臣，提高他们的爵位，以巩固他们与皇上的关系。这是我的第三项罪名。建立社稷，修建宗庙，以昭明君主的贤德。这是我的第四项罪名。更改尺度衡器上所刻的标志，统一度量衡和文字，法令颁行天下，以树立秦国的威名。这是我的第五项罪名。修筑驰道，兴建游观的场所，以使君主志得意满。这是我的第六项罪名。缓减刑罚，减轻赋税征敛，以使主上获得民心，万民拥戴主上，至死不忘。这是我的第七项罪名。像我这样做臣子的，所犯的罪状很早就足以被处死了。幸而皇上让我竭尽我的所能，我才得以活到今天，希望陛下明察！"奏书呈上，赵高让官吏丢掉不要上奏，说："囚犯怎么能上书呢！"

赵高派他的十多个门客假装御史、谒者、侍中，轮流去审讯李斯。李斯一一以实情回答，赵高就派人再拷打他。后来二世派人查验李斯的案情，李斯以为和以前一样，最终没敢改口供，招供服罪。判决书呈给皇帝，二世高兴地说："要没有赵君，我差点被丞相骗了。"等到二世派往调查三川郡守的使者到达时，项梁已经击杀了李由。使者返回，恰逢丞相被送交狱吏，赵高就捏造了李斯父子造反的供词。

二世二年七月，李斯被判处五刑，论罪判处在咸阳街市腰斩。李斯出狱时，与他排行居中的儿子一起被押解，他回头对他的儿子说："我想与你再牵着黄狗一起出上蔡东门去追逐狡兔，还能办得到吗？"于是父子相对而哭，被夷灭三族。

李斯死后，二世任用赵高为中丞相，事情无论大小都由赵高决定。赵高自知权力太重，就献上一只鹿，说它是马。二世问左右之人："这是鹿吧？"左右之人都说"是马"。二世吃惊，以为自己神志不清了，就召来太卜，命令他占卜一卦。太卜说："陛下春秋两季举行郊祭，尊奉宗庙鬼神，斋戒时不虔诚，所以到了这种地步。可照着圣明君主的样子虔诚斋戒。"于是二世就进入上林苑斋戒。每天游玩狩猎，有个行人进入上林苑中，二世亲手射杀了他。赵高就教唆他的女婿咸阳令阎乐弹劾说不知什么人杀了人将尸体转移到了上林苑中。赵高便劝谏二世说："天子无

斯更以其实对，辄使人复榜之。后二世使人验斯，斯以为如前，终不敢更言，辞服。奏当上，二世喜曰："微赵君，几为丞相所卖。"及二世所使案三川之守至，则项梁已击杀之。使者来，会丞相下吏，赵高皆妄为反辞。

二世二年七月，具斯五刑，论腰斩咸阳市。斯出狱，与其中子俱执，顾谓其中子曰："吾欲与若复牵黄犬俱出上蔡东门逐狡兔，岂可得乎？"遂父子相哭，而夷三族。

李斯已死，二世拜赵高为中丞相，事无大小辄决于高。高自知权重，乃献鹿，谓之马。二世问左右："此乃鹿也？"左右皆曰"马也"。二世惊，自以为惑，乃召太卜，令卦之。太卜曰："陛下春秋郊祀，奉宗庙鬼神，斋戒不明，故至于此。可依盛德而明斋戒。"于是乃入上林斋戒。日游弋猎，有行人入上林中，二世自射杀之。赵高教其女婿咸阳令阎乐劾不知何人贼杀人，移上林。高乃谏二世曰："天子无故贼杀不

辜人，此上帝之禁也，鬼神不享，天且降殃，当远避宫以禳之。"二世乃出居望夷之宫。

留三日，赵高诈诏卫士，令士皆素服持兵内乡，入告二世曰："山东群盗兵大至！"二世上观而见之，恐惧，高即因劫令自杀。引玺而佩之，左右百官莫从；上殿，殿欲坏者三。高自知天弗与，群臣弗许，乃召始皇孙，授之玺。

子婴即位，患之，乃称疾不听事，与宦者韩谈及其子谋杀高。高上谒，请病，因召入，令韩谈刺杀之，夷其三族。

子婴立三月，沛公兵从武关入，至咸阳，群臣百官皆畔，不適。子婴与妻子自系其颈以组，降轵道旁。沛公因以属吏。项王至而斩之。遂以亡天下。

太史公曰：李斯以闾阎历诸侯，入事秦，因以瑕衅，以

缘无故杀害无辜的人，这是上帝所禁止的，鬼神不会接受祭祀，上天将要降下祸殃，应当远远地避开皇宫来祈祷禳灾。"二世就出宫住在望夷宫。

二世在望夷宫留宿三天，赵高假传诏令给卫士，命令卫士都穿上白衣拿着兵器面向宫内，赵高入宫告诉二世说："山东群盗很多人打进来了！"二世上楼看见卫士拿着兵器向内，非常害怕，赵高立即乘机胁迫二世自杀。赵高拿过玉玺，将它佩带在身上，左右百官没有人跟从；赵高登上殿堂，殿堂多次将要塌毁。赵高自知上天不授命，群臣不答应，就召来始皇的孙子，将玉玺授予他。

子婴即位，害怕赵高，就称病不理政事，与宦官韩谈以及他的儿子谋划杀死赵高。赵高拜谒皇上问候病情，子婴趁机召他进来，命令韩谈刺杀了他，夷灭了他的三族。

子婴即位三个月，沛公的军队从武关进入，到达咸阳，群臣百官都叛变，不抵挡沛公。子婴与妻子儿女用丝带系住自己的脖子，在轵道亭旁投降。沛公就把他们交给有关官吏。项王到达后斩杀了他们。秦国最终丧失了天下。

太史公说：李斯以里巷平民的身份游历诸侯，入关归附秦国，趁着各种机

会，得以辅佐始皇，最终成就帝业，李斯位列三公，可以说受到尊崇重用了。李斯知晓《六经》的要旨，不致力于修明政务以弥补主上的缺陷，拥有丰厚的爵位俸禄，阿谀顺从，苟且迎合，实行严酷刑罚，听信赵高的邪说，废嫡立庶。诸侯已然反叛，李斯才想着诤谏，不也太迟了吗！人们都以为李斯极尽忠心却被五刑处死，考察事情的本来面目，却与世俗的议论不同。不然，李斯的功劳快能与周公、召公并列了。

辅始皇，卒成帝业，斯为三公，可谓尊用矣。斯知六艺之归，不务明政以补主上之缺，持爵禄之重，阿顺苟合，严威酷刑，听高邪说，废適立庶。诸侯已畔，斯乃欲谏争，不亦末乎！人皆以斯极忠而被五刑死，察其本，乃与俗议之异。不然，斯之功且与周、召列矣。

史记卷八十八
列传第二十八

蒙恬

蒙恬，他的先祖是齐国人。蒙恬的祖父蒙骜，从齐国来为秦昭王做事，官至上卿。秦庄襄王元年，蒙骜做秦国将领，讨伐韩国，夺取成皋、荥阳，设置了三川郡。秦庄襄王二年，蒙骜攻打赵国，攻取了三十七座城。始皇三年，蒙骜攻打韩国，夺取十三座城。始皇五年，蒙骜攻打魏国，攻取了二十座城，设置了东郡。始皇七年，蒙骜去世。蒙骜的儿子叫蒙武，蒙武的儿子叫蒙恬。蒙恬曾经学习狱法做了狱官，掌管刑狱文书。始皇二十三年，蒙武担任秦朝的裨将军，与王翦一起攻打楚国，大破楚军，杀死项燕。始皇二十四年，蒙武攻打楚国，俘虏楚王。蒙恬的弟弟是蒙毅。

始皇二十六年，蒙恬因家世得以担任秦国将领，攻打齐国，大破齐军，被任命为内史。秦国并吞天下后，便派蒙恬率领三十万大军向北驱逐戎狄，收复河南地区。他修筑长城，凭借着地理形势，用以控制要塞，起于临洮，直达辽东，绵延广袤一万多里。于是渡过黄河，占据阳山，

蒙恬者，其先齐人也。恬大父蒙骜，自齐事秦昭王，官至上卿。秦庄襄王元年，蒙骜为秦将，伐韩，取成皋、荥阳，作置三川郡。二年，蒙骜攻赵，取三十七城。始皇三年，蒙骜攻韩，取十三城。五年，蒙骜攻魏，取二十城，作置东郡。始皇七年，蒙骜卒。骜子曰武，武子曰恬。恬尝书狱典文学。始皇二十三年，蒙武为秦裨将军，与王翦攻楚，大破之，杀项燕。二十四年，蒙武攻楚，虏楚王。蒙恬弟毅。

始皇二十六年，蒙恬因家世得为秦将，攻齐，大破之，拜为内史。秦已并天下，乃使蒙恬将三十万众北逐戎狄，收河南。筑长城，因地形，用制险塞，起临洮，至辽东，延袤万余里。于是渡河，据阳

山，逶蛇而北。暴师于外十余年，居上郡。是时蒙恬威振匈奴。始皇甚尊宠蒙氏，信任贤之。而亲近蒙毅，位至上卿，出则参乘，入则御前。恬任外事而毅常为内谋，名为忠信，故虽诸将相莫敢与之争焉。

赵高者，诸赵疏远属也。赵高昆弟数人，皆生隐宫，其母被刑僇，世世卑贱。秦王闻高强力，通于狱法，举以为中车府令。高即私事公子胡亥，喻之决狱。高有大罪，秦王令蒙毅法治之。毅不敢阿法，当高罪死，除其宦籍。帝以高之敦于事也，赦之，复其官爵。

始皇欲游天下，道九原，直抵甘泉，乃使蒙恬通道，自九原抵甘泉，堑山堙谷，千八百里。道未就。

始皇三十七年冬，行出游会稽，并海上，北走琅邪。道病，使蒙毅还祷山川，未反。

始皇至沙丘崩，秘之，群臣莫知。是时丞相李斯、公子胡亥、中车府令赵高常从。高

逶迤向北延伸。大军风餐露宿在外十多年，驻守上郡。当时蒙恬威震匈奴。始皇非常尊重宠幸蒙氏，信任并赏识他们的贤能。而且始皇亲近蒙毅，官至上卿，外出时就让他与自己同乘一车，入朝时侍奉在自己跟前。蒙恬在外任事而蒙毅常在朝廷出谋划策，以忠信而闻名，所以即使位居将相也不敢与他们相争。

赵高，是各赵国王族中被疏远的亲属。赵高兄弟几人，都生在关押犯人的隐宫，他的母亲也受过刑罚，世代地位卑贱。秦王听说赵高能力强，精通刑狱法令，就提拔他担任中车府令。赵高就私下奉事公子胡亥，教他判决讼案。赵高犯了大罪，秦王命令蒙毅依法惩治他。蒙毅不敢枉法，论罪判处赵高死刑，除掉他宦官的名籍。始皇因为赵高做事敦厚尽力，赦免了他，恢复了他的官爵。

始皇想巡游天下，路经九原郡，直达甘泉宫，便派蒙恬开通道路，从九原到甘泉，挖山填谷，长一千八百里。道路没有建成。

始皇三十七年冬天，皇上外出巡游会稽，沿海向北走到琅邪。途中患病，派蒙毅返回祈祷山川神灵，还没有返回。

始皇到达沙丘驾崩，此事秘而不宣，群臣都不知道。当时只有丞相李斯、公子胡亥、中车府令赵高一直跟随在始皇身边。

赵高素来得到胡亥的宠幸，想立胡亥为帝，又怨恨蒙毅依法惩治自己而不帮助自己，便有了歹心，就与丞相李斯、公子胡亥暗中谋划，立胡亥为太子。太子已立，就派使者带着罪名赐死公子扶苏、蒙恬。扶苏死后，蒙恬有所怀疑而请求申诉。使者把蒙恬交给有关官吏，派人接替蒙恬。胡亥让李斯的舍人担任护军。使者返回报告，胡亥听说扶苏已死，就想释放蒙恬。赵高唯恐蒙氏再次显贵而掌权，内心怨恨他们。

蒙毅返回后，赵高趁机向胡亥尽忠献计，想借机消灭蒙氏，就进言说："我听说先帝很早就想选拔贤者立您做太子，但蒙毅却进谏说'不可以'。如果他知道您的贤能却长时间拖着不让你被册立，那就是不忠而蛊惑先帝了。以我愚笨的见解，不如杀了他。"胡亥听从并把蒙毅拘禁在代邑。此前已经把蒙恬囚禁在阳周。始皇的丧车到达咸阳，安葬之后，太子被立为二世皇帝，而赵高受到亲近信任，日夜诋毁蒙氏，寻找他们的罪过，向二世弹劾他们。

子婴进谏说："我听说从前赵王迁杀死他的良臣李牧而重用颜聚，燕王喜暗中用荆轲的计谋而违背与秦国的盟约，齐王建杀死他前代的忠臣而采用后胜的建议。这三位君王，都是因为改变旧规而丧失了他们的国家并殃及了自身。如今的蒙

雅得幸于胡亥，欲立之，又怨蒙毅法治之而不为己也，因有贼心，乃与丞相李斯、公子胡亥阴谋，立胡亥为太子。太子已立，遣使者以罪赐公子扶苏、蒙恬死。扶苏已死，蒙恬疑而复请之。使者以蒙恬属吏，更置。胡亥以李斯舍人为护军。使者还报，胡亥已闻扶苏死，即欲释蒙恬。赵高恐蒙氏复贵而用事，怨之。

毅还至，赵高因为胡亥忠计，欲以灭蒙氏，乃言曰："臣闻先帝欲举贤立太子久矣，而毅谏曰'不可'。若知贤而俞弗立，则是不忠而惑主也。以臣愚意，不若诛之。"胡亥听而系蒙毅于代。前已囚蒙恬于阳周。丧至咸阳，已葬，太子立为二世皇帝，而赵高亲近，日夜毁恶蒙氏，求其罪过，举劾之。

子婴进谏曰："臣闻故赵王迁杀其良臣李牧而用颜聚，燕王喜阴用荆轲之谋而倍秦之约，齐王建杀其故世忠臣而用后胜之议。此三君者，皆各以变古者失其国而殃及其身。今

蒙氏，秦之大臣谋士也，而主欲一旦弃去之，臣窃以为不可。臣闻轻虑者不可以治国，独智者不可以存君。诛杀忠臣而立无节行之人，是内使群臣不相信而外使斗士之意离也，臣窃以为不可。”

胡亥不听。而遣御史曲宫乘传之代，令蒙毅曰：“先主欲立太子而卿难之。今丞相以卿为不忠，罪及其宗。朕不忍，乃赐卿死，亦甚幸矣。卿其图之！”毅对曰：“以臣不能得先主之意，则臣少宦，顺幸没世，可谓知意矣。以臣不知太子之能，则太子独从，周旋天下，去诸公子绝远，臣无所疑矣。夫先主之举用太子，数年之积也，臣乃何言之敢谏，何虑之敢谋！非敢饰辞以避死也，为羞累先主之名，愿大夫为虑焉，使臣得死情实。且夫顺成全者，道之所贵也；刑杀者，道之所卒也。昔者秦穆公杀三良而死，罪百里奚而非其罪也，故立号曰缪。昭襄王杀武安君白起。楚平王杀伍奢。吴王夫差杀伍子胥。此四君者，皆为大

氏，是秦朝的大臣谋士，而主上想一下子抛弃他们，我认为不可。我听说轻率思虑的人不可以治理国家，自以为聪明的人不可以保全君位。诛杀忠臣而起用没有节操品行的人，这是在内使群臣不相互信任而在外使战士的心志离散啊，我私下认为不可。”

胡亥没有听从，而派遣御史曲宫乘驿车去代邑，命令蒙毅说：“先帝想立我为太子而您却阻拦他。如今丞相认为您不忠，罪行牵连到您的宗族。我不忍心，就赐您自杀而死，对您来说也是很幸运的了。您自己考虑一下吧！”蒙毅回答说：“如果说我不明白先帝的意思，那么我年轻时做官，能顺意得宠直至先帝去世，可以说是了解先帝的心意了。如果说我不了解太子的才能，那么唯独太子能跟从先帝，周游天下，与各位公子比起来相差太远，说明我没有怀疑过什么。先帝选择太子，是多年深思熟虑的结果，我还有什么敢进谏的，还有什么敢谋划的呢！并非我要找借口来逃避死罪，只是怕辱没连累了先帝的名声，希望大夫为此认真思虑，让我能够死于实情。况且顺理成全，是道义所推崇的；刑罚杀戮，是道义所不能容忍的。从前秦穆公杀死三位良臣来给他殉葬，用百里奚没有的罪名判罚百里奚，所以他的谥号是'缪'。昭襄王杀死武安君白起，楚平

王杀死伍奢，吴王夫差杀死伍子胥。这四位君主，都犯了大错，因而天下人非议他们，认为他们做国君不贤明，因此他们在诸侯国中声名狼藉。所以说'用道义治理国家的人不杀无罪之人，而刑罚不用到无辜者的身上'。希望大夫留心思考！"使者知道胡亥的用意，没有听蒙毅的话，最终杀死了他。

秦二世又派使者到阳周，命令蒙恬说："您的罪过太多了，而您的弟弟蒙毅也有大罪，依法牵连到内史您。"蒙恬说："从我的先人到他的子孙，为秦国积累功业、建立威信已经有三代了。如今我领兵三十多万，身体虽然被囚禁，我的势力也足以反叛，然而知道自己必死还坚守节义的原因，是不敢辱没先人的教导，没有忘记先帝的恩德。从前周成王刚继位，还没脱离襁褓，周公旦就背着成王上朝，最终平定天下。等到成王有病非常危急时，周公旦剪断自己的指甲沉入黄河，说：'大王年幼无知，由我掌管国政。如有罪过祸殃，就让我来承受。'于是把祷词书写下来藏到档案府中，可谓是忠信了。等到成王能够治理国家，有奸臣进谗言说：'周公旦想作乱已经很久了，大王如果不防备，一定有大事发生。'成王于是大怒，周公旦逃奔到楚国。成王去档案府时看到周公旦所沉入黄河的祷词，就流泪说：'谁说周

失，而天下非之，以其君为不明，以是籍于诸侯。故曰'用道治者不杀无罪，而罚不加于无辜'。唯大夫留心！"使者知胡亥之意，不听蒙毅之言，遂杀之。

二世又遣使者之阳周，令蒙恬曰："君之过多矣，而卿弟毅有大罪，法及内史。"恬曰："自吾先人，及至子孙，积功信于秦三世矣。今臣将兵三十余万，身虽囚系，其势足以倍畔，然自知必死而守义者，不敢辱先人之教，以不忘先主也。昔周成王初立，未离襁褓，周公旦负王以朝，卒定天下。及成王有病甚殆，公旦自揃其爪以沉于河，曰：'王未有识，是旦执事。有罪殃，旦受其不祥。'乃书而藏之记府，可谓信矣。及王能治国，有贼臣言：'周公旦欲为乱久矣，王若不备，必有大事。'王乃大怒，周公旦走而奔于楚。成王观于记府，得周公旦沉书，乃流涕曰：'孰谓周公

旦欲为乱乎！’杀言之者而反周公旦。故《周书》曰‘必参而伍之’。今恬之宗，世无二心，而事卒如此，是必孽臣逆乱，内陵之道也。夫成王失而复振则卒昌；桀杀关龙逢，纣杀王子比干而不悔，身死则国亡。臣故曰过可振而谏可觉也。察于参伍，上圣之法也。凡臣之言，非以求免于咎也，将以谏而死，愿陛下为万民思从道也。”使者曰：“臣受诏行法于将军，不敢以将军言闻于上也。”蒙恬喟然太息曰：“我何罪于天，无过而死乎？”良久，徐曰：“恬罪固当死矣。起临洮属之辽东，城堑万余里，此其中不能无绝地脉哉？此乃恬之罪也。”乃吞药自杀。

太史公曰：吾适北边，自直道归，行观蒙恬所为秦筑长城亭障，堑山堙谷，通直道，固轻百姓力矣。夫秦之初灭诸侯，天下之心未定，痍伤者未瘳，而恬为名将，不以此时强谏，振百姓之急，养老存孤，务修

公旦想作乱呢！’诛杀进谗言的人而接周公旦返回。所以《周书》说‘一定要认真比较反复审察’。如今我的家族世代没有二心，事情却最终变成这样，一定是有逆臣作乱，欺君罔上的缘故。成王虽有过失却重新振作，终使周朝昌盛；夏桀杀死关龙逢，纣王杀死王子比干而不知悔改，最终身死国亡。所以我说过失可以挽救，进谏可使人觉醒。认真比较、反复审察，是圣君治国的法则。我说的这些话，不是为了求得免罪，而是要以死进谏，希望陛下为万民考虑而遵行正道。”使者说：“我接受诏令对将军行刑，不敢把将军的话转告给皇上。”蒙恬喟然叹息说：“我对上天犯了什么罪，没有过错却被处死呢？”过了很久，他慢慢地说：“我的罪过本来就够被处死了。起自临洮连接辽东，修筑城墙、挖壕堑一万多里，这其中能没有截断地脉的地方吗？这就是我的罪过。”于是吞药自杀。

太史公说：我到北方边境，从直道返回，路上见到蒙恬为秦朝所修筑的长城和屏障，挖山填谷，疏通直道，本来就是轻贱百姓的劳力了。秦国当初灭掉诸侯，天下人心尚未安定，受伤的人尚未痊愈，而蒙恬身为名将，却不在这时强力劝谏，拯救百姓的急难，赡养老人，抚育孤儿，致

力于安定百姓，反而迎合始皇的心意，大兴功业，这样他们兄弟遭到诛杀，不也是应当的吗？为什么归罪于截断地脉呢？

众庶之和，而阿意兴功，此其兄弟遇诛，不亦宜乎？何乃罪地脉哉？

张耳　陈馀

张耳是大梁人。他年少时，曾到魏公子毋忌那里做门客。张耳曾经逃命到外黄。外黄有个富人家的女儿很美，嫁给了一个愚蠢的人，就逃离她的丈夫，投奔她父亲旧时的宾客。她父亲的宾客素来了解张耳，就对女子说："你一定想找个贤能的丈夫，就嫁给张耳吧。"女子听从，便请求与丈夫断绝关系，嫁给了张耳。张耳当时得以一人在外游历，女家给张耳的供给很丰厚，张耳因此能招致千里之外的宾客。张耳于是在魏国做了外黄县令。名声由此日益显扬。陈馀也是大梁人，喜欢儒家学术，多次游历赵国苦陉。富人公乘氏把女儿嫁给他为妻，他也知道陈馀不是平庸的人。陈馀年少，像对待父亲一样侍奉张耳，两人结为刎颈之交。

秦国灭了大梁，张耳家住在外黄。高祖还是平民时，曾经多次同张耳交游，在他那里做客过几个月。秦国灭掉魏国数年后，已听说过张耳和陈馀是魏国的名士，就发布悬赏，有抓到张耳的赏千金，抓到

张耳者，大梁人也。其少时，及魏公子毋忌为客。张耳尝亡命游外黄。外黄富人女甚美，嫁庸奴，亡其夫去，抵父客。父客素知张耳，乃谓女曰："必欲求贤夫，从张耳。"女听，乃卒为请决，嫁之张耳。张耳是时脱身游，女家厚奉给张耳，张耳以故致千里客。乃宦魏为外黄令。名由此益贤。陈馀者，亦大梁人也，好儒术，数游赵苦陉。富人公乘氏以其女妻之，亦知陈馀非庸人也。馀年少，父事张耳，两人相与为刎颈交。

秦之灭大梁也，张耳家外黄。高祖为布衣时，尝数从张耳游，客数月。秦灭魏数岁，已闻此两人魏之名士也，购求有得张耳千金，陈馀五百金。

张耳、陈馀乃变名姓，俱之陈，为里监门以自食。两人相对。里吏尝有过笞陈馀，陈馀欲起，张耳蹑之，使受笞。吏去，张耳乃引陈馀之桑下而数之曰："始吾与公言何如？今见小辱而欲死一吏乎？"陈馀然之。秦诏书购求两人，两人亦反用门者以令里中。

陈涉起蕲，至入陈，兵数万。张耳、陈馀上谒陈涉。涉及左右生平数闻张耳、陈馀贤，未尝见，见即大喜。

陈中豪杰父老乃说陈涉曰："将军身被坚执锐，率士卒以诛暴秦，复立楚社稷，存亡继绝，功德宜为王。且夫监临天下诸将，不为王不可，愿将军立为楚王也。"陈涉问此两人，两人对曰："夫秦为无道，破人国家，灭人社稷，绝人后世，罢百姓之力，尽百姓之财。将军瞋目张胆，出万死不顾一生之计，为天下除残也。今始至陈而王之，示天下私。愿将军毋王，急引兵而西，遣人立六国后，自为树党，为秦益敌也。

陈馀的赏五百金。张耳、陈馀就改名换姓，一起去陈县，做里监门来谋生。两人相对而立。里中小吏曾经因陈馀犯错而鞭笞他，陈馀想起身反抗，张耳踩住他的脚，让他接受鞭笞。小吏离开，张耳就把陈馀拉到桑树下数落他说："当初我和你是怎么说的？如今受一点小辱就要因为一个小吏而死吗？"陈馀认为他说得对。秦朝下诏书悬赏抓捕两人，两人反过来利用里监门的身份向里中居民传达命令。

陈涉在蕲县起事，到达进入陈县，军队有数万人。张耳、陈馀上前谒见陈涉。陈涉和左右之人平时都多次听说过张耳、陈馀贤能，未曾见过，一见到他们非常高兴。

陈县中的豪杰父老就劝说陈涉道："将军身披坚甲，手执锐器，率领士兵以诛伐暴秦，重建楚国的社稷，使灭亡的国家得以复存，使断绝的祭祀得以延续，按功德应当称王。况且要监督领导天下众多的将领，不称王不行，希望将军立为楚王。"陈涉询问张耳、陈馀两人，两人回答说："秦朝暴虐无道，攻破人们的国家，灭掉人们的社稷，断绝人们的后嗣，耗废百姓的劳力，竭尽百姓的钱财。将军怒目圆睁，壮起胆子，不顾万死一生，为天下铲除暴政。如今刚到陈县就称王，是向天下人表明您有私心。希望将军不要称王，赶紧领兵西进，派人立六国的后人为王，为自己树立党羽，为秦朝增加敌人。敌人多那么力量就会分散，党羽多那么兵力就会强大。这样就不用在辽阔的郊野交战，秦没有坚守的县城，就可以诛灭暴秦，据守咸阳号令诸侯。诸侯国灭亡又得以复立，施恩德以使他们臣服，这样帝王之业就可成就了。如今只在陈县称王，恐怕天下诸侯就会瓦解啊。"陈涉不听，就自立为王。

陈馀于是再次劝说陈王道："大王调遣梁地、楚地的兵力西进，当务之急是入关，来不及收复黄河以北地区。我曾经游历赵国，了解那里的豪杰人物与地形，希望您派一支奇兵向北攻略赵地。"于是陈王任用过去交好的陈县人武臣做将军，邵骚为护军，任命张耳、陈馀为左、右校尉，拨给他们士卒三千人，让他们向北攻略赵地。

武臣等人从白马津渡过黄河到达各县，游说当地的豪杰道："秦朝用乱政虐刑来残害天下已经有几十年了。北方有修筑长城的苦役，南方有戍守五岭的兵役，内外骚动，百姓疲惫，按人头用簸箕收敛谷物，以供给军费，财尽力竭，民不聊生。加上严重的苛法峻刑，使天下老少不得安宁。陈王振臂而起为天下首倡，在楚地称王，方圆二千里，没有不响应的。家家奋起，人人斗争，各自发泄他们的怨恨而攻打他们的仇敌，县里杀掉当地的县令、县丞，郡中杀掉当地的郡守、郡尉。如今已经建

敌多则力分，与众则兵强。如此野无交兵，县无守城，诛暴秦，据咸阳以令诸侯。诸侯亡而得立，以德服之，如此则帝业成矣。今独王陈，恐天下解也。"陈涉不听，遂立为王。

陈馀乃复说陈王曰："大王举梁、楚而西，务在入关，未及收河北也。臣尝游赵，知其豪桀及地形，愿请奇兵北略赵地。"于是陈王以故所善陈人武臣为将军，邵骚为护军，以张耳、陈馀为左右校尉，予卒三千人，北略赵地。

武臣等从白马渡河，至诸县，说其豪桀曰："秦为乱政虐刑以残贼天下，数十年矣。北有长城之役，南有五岭之戍，外内骚动，百姓罢敝，头会箕敛，以供军费，财匮力尽，民不聊生。重之以苛法峻刑，使天下父子不相安。陈王奋臂为天下倡始，王楚之地，方二千里，莫不响应，家自为怒，人自为斗，各报其怨而攻其仇，县杀其令丞，郡杀其守尉。今已张大楚，王陈，

使吴广、周文将卒百万西击秦。于此时而不成封侯之业者，非人豪也。诸君试相与计之！夫天下同心而苦秦久矣。因天下之力而攻无道之君，报父兄之怨而成割地有土之业，此士之一时也。"豪桀皆然其言。乃行收兵，得数万人，号武臣为武信君。下赵十城，余皆城守，莫肯下。

乃引兵东北击范阳。范阳人蒯通说范阳令曰："窃闻公之将死，故吊。虽然，贺公得通而生。"范阳令曰："何以吊之？"对曰："秦法重，足下为范阳令十年矣，杀人之父，孤人之子，断人之足，黥人之首，不可胜数。然而慈父孝子莫敢倳刃公之腹中者，畏秦法耳。今天下大乱，秦法不施，然则慈父孝子且倳刃公之腹中以成其名，此臣之所以吊公也。今诸侯畔秦矣，武信君兵且至，而君坚守范阳，少年皆争杀君，下武信君。君急遣臣见武信君，可转祸为福，在今矣。"

范阳令乃使蒯通见武信君

立大楚，在陈县称王，派吴广、周文率兵百万向西攻打秦朝。在此时不成就封侯大业的人，不是人中豪杰。各位商量一下吧！天下同心而苦于秦朝的统治很久了。靠着天下的力量来攻打无道昏君，报父兄的冤仇而成就裂土封侯的大业，这是有志之士的好时机啊。"各位豪杰都认为他说得对。于是行军征兵，获得几万人，武臣立称号为武信君。攻下赵地的十座城邑，其余的都据城坚守，不肯投降。

武臣于是引兵向东北攻打范阳。范阳人蒯通游说范阳县令："我私下听说您将要死了，所以前来吊唁。即便如此，恭贺您得到我而复生。"范阳县令说："为什么说吊唁？"蒯通回答说："秦国法律严酷，您做范阳县令十年了，杀了人家的父亲，让孩子成为孤儿，砍断人家的脚，黥刺人家的面额，这样的事不可胜数。然而慈父孝子没有谁敢把刀子插入您腹中，只是因为他们畏惧秦朝的法律罢了。如今天下大乱，秦朝法律无法贯彻，这样的话，慈父孝子将要把刀子插入您腹中来成就他们的名声了，这就是我来吊唁的原因。如今诸侯都背叛秦朝了，武信君的军队将要到达，而您坚守范阳，年轻人都争着要杀您，投降武信君了。您赶紧派我求见武信君，转祸为福的机会，就在今天了。"

范阳县令于是派蒯通求见武信君说：

"您一定要打了胜仗然后才能攻掠土地，攻破敌人然后才能占领城邑，我私下认为这是不对的。如果真能听我的计策，可不用攻打而使城邑投降，不交战而能攻占土地，发一纸檄文就能平定千里，可以吗？"武信君说："什么意思？"蒯通说："如今范阳县令应该整顿他的士卒以坚守战斗，却胆怯怕死，贪恋并看重富贵，所以想在天下人之前投降，害怕您认为他是秦朝所任命的官员，像此前攻下的十座城的守官那样被杀。然而如今范阳的年轻人也正要杀掉他们的县令，自己据守城池来抵抗您。您为什么不派我带着侯印，任命范阳县令？范阳县令就会献出城池来投降您，年轻人也不敢杀他们的县令。命令范阳县令乘坐华丽车驾，让他驱驰在燕、赵郊外。燕、赵的人在郊外看见他，都说这是范阳县令，是率先投降的人，立即感到高兴，不用交战就可以招降燕、赵的城邑了。这就是我所说的发一纸檄文就可平定千里的意思。"武信君听从了他的计策，就派蒯通赐给范阳县令侯印。赵地听说此事后，就有三十多座城邑没有交战就投降的。

武臣到达邯郸，张耳、陈馀听说周章的军队进入了关中，到达戏水时败退；又听说各路将领为陈王攻占土地，大多因被谗言诽谤而获罪被杀，还有将领怨恨陈王不采用他们的计策，不任他们为将军而任

曰："足下必将战胜然后略地，攻得然后下城，臣窃以为过矣。诚听臣之计，可不攻而降城，不战而略地，传檄而千里定，可乎？"武信君曰："何谓也？"蒯通曰："今范阳令宜整顿其士卒以守战者也，怯而畏死，贪而重富贵，故欲先天下降，畏君以为秦所置吏，诛杀如前十城也。然今范阳少年亦方杀其令，自以城距君。君何不赍臣侯印，拜范阳令，范阳令则以城下君，少年亦不敢杀其令。令范阳令乘朱轮华毂，使驱驰燕、赵郊。燕、赵郊见之，皆曰此范阳令，先下者也，即喜矣，燕、赵城可毋战而降也。此臣之所谓传檄而千里定者也。"武信君从其计，因使蒯通赐范阳令侯印。赵地闻之，不战以城下者三十余城。

至邯郸，张耳、陈馀闻周章军入关，至戏却；又闻诸将为陈王徇地，多以谗毁得罪诛，怨陈王不用其策不以为将而以为校尉。乃说武臣曰："陈王

起蕲，至陈而王，非必立六国后。将军今以三千人下赵数十城，独介居河北，不王无以填之。且陈王听谗，还报，恐不脱于祸。又不如立其兄弟；不，即立赵后。将军毋失时，时间不容息。"武臣乃听之，遂立为赵王。以陈馀为大将军，张耳为右丞相，邵骚为左丞相。

使人报陈王，陈王大怒，欲尽族武臣等家，而发兵击赵。陈王相国房君谏曰："秦未亡而诛武臣等家，此又生一秦也。不如因而贺之，使急引兵西击秦。"陈王然之，从其计，徙系武臣等家宫中，封张耳子敖为成都君。

陈王使使者贺赵，令趣发兵西入关。张耳、陈馀说武臣曰："王王赵，非楚意，特以计贺王。楚已灭秦，必加兵于赵。愿王毋西兵，北徇燕、代，南收河内以自广。赵南据大河，北有燕、代，楚虽胜秦，必不敢制赵。"赵王以为然，因不西兵，而使韩广略燕，李良略

他们为校尉，于是劝说武臣道："陈王在蕲县起事，到达陈县时称王，并非一定要立六国的后嗣为王。将军如今用三千人攻下赵地几十座城，独自占据河北地区，不称王无法安定。况且陈王听信谗言，您回去报告，恐怕摆脱不了灾祸。陈王会觉得不如立他的兄弟为王；否则也会立赵国的后嗣为王。将军不要错失时机，已经刻不容缓了。"武臣于是听从了他们的劝告，就自立为赵王。任陈馀为大将军，张耳为右丞相，邵骚为左丞相。

武臣派人禀报陈王，陈王大怒，想将武臣等人灭族，并发兵攻打赵国。陈王的相国房君进谏说："秦朝还没有灭亡就诛杀武臣等人的家族，这是又出现了一个秦朝啊。不如乘机祝贺他，让他赶紧领兵向西攻打秦军。"陈王认为他说得对，听从了他的计策，把武臣等人的家属迁徙到宫中，封张耳的儿子张敖为成都君。

陈王派使者祝贺赵王，命令他赶快发兵向西入关。张耳、陈馀劝说武臣道："大王在赵地称王，这不是楚王的本意，只是故意用计才祝贺大王。楚王灭掉秦朝后，必定会加兵于赵。希望大王不要向西发兵，要向北攻占燕、代之地，向南收复河内以扩张自己的势力。赵地南据大河，北有燕、代地区阻隔，楚王即使战胜秦朝，也必定不敢经略赵地。"赵王认为他们说得

对,因此不向西进兵,而派遣韩广攻占燕地,派李良攻占常山郡,派张黡攻占上党郡。

韩广到达燕地,燕人趁机立韩广为燕王。赵王就与张耳、陈馀向北攻占燕国边界的土地。赵王在闲暇时外出,被燕军抓获。燕国将领囚禁了他,要瓜分赵地一半的土地,才肯归还赵王。使者前往,燕军总是杀掉他们以要求土地。张耳、陈馀为此事而担忧。有个做后勤的士兵对他同舍的人说:"我要替张耳、陈馀去游说燕军,与赵王一同坐车回来。"同舍中的人都笑着说:"使者去了十几批,都被杀死了,你如何才能救回大王呢?"士兵便跑到燕军大营。燕军将领接见他,他问燕军将领说:"知道我想干什么吗?"燕军将领说:"你想得到赵王罢了。"他说:"您知道张耳、陈馀是什么样的人吗?"燕军将领说:"是贤能的人。"他说:"您知道他们的志向是什么吗?"说:"想得到他们的大王罢了。"赵国的后勤士兵便笑着说:"您还不知道这二人的志向啊。那武臣、张耳、陈馀手执马鞭一挥就降服赵地几十座城,这说明他们各自都想南面称王,哪里是只想做到卿相为止?臣子和君主岂能同日而语,只是形势刚刚稳定,他们没有敢三分土地而称王,暂且按年纪大小先立武臣为王,来维系赵地的人心。如今赵地已经臣服,这两人也想瓜分赵地而

常山,张黡略上党。

韩广至燕,燕人因立广为燕王。赵王乃与张耳、陈馀北略地燕界。赵王间出,为燕军所得。燕将囚之,欲与分赵地半,乃归王。使者往,燕辄杀之以求地。张耳、陈馀患之。有厮养卒谢其舍中曰:"吾为公说燕,与赵王载归。"舍中皆笑曰:"使者往十余辈,辄死,若何以能得王?"乃走燕壁。燕将见之,问燕将曰:"知臣何欲?"燕将曰:"若欲得赵王耳。"曰:"君知张耳、陈馀何如人也?"燕将曰:"贤人也。"曰:"知其志何欲?"曰:"欲得其王耳。"赵养卒乃笑曰:"君未知此两人所欲也。夫武臣、张耳、陈馀杖马棰下赵数十城,此亦各欲南面而王,岂欲为卿相终已邪?夫臣与主岂可同日而道哉,顾其势初定,未敢参分而王,且以少长先立武臣为王,以持赵心。今赵地已服,此两人亦欲分赵而王,时未可耳。今君乃囚赵王。此两人名为求赵王,实欲

燕杀之，此两人分赵自立。夫以一赵尚易燕，况以两贤王左提右挈，而责杀王之罪，灭燕易矣。"燕将以为然，乃归赵王，养卒为御而归。

李良已定常山，还报，赵王复使良略太原。至石邑，秦兵塞井陉，未能前。秦将诈称二世使人遗李良书，不封，曰："良尝事我得显幸。良诚能反赵为秦，赦良罪，贵良。"良得书，疑不信。乃还之邯郸，益请兵。未至，道逢赵王姊出饮，从百余骑。李良望见，以为王，伏谒道旁。王姊醉，不知其将，使骑谢李良。李良素贵，起，惭其从官。从官有一人曰："天下畔秦，能者先立。且赵王素出将军下，今女儿乃不为将军下车，请追杀之。"李良已得秦书，固欲反赵，未决，因此怒，遣人追杀王姊道中，乃遂将其兵袭邯郸，邯郸不知。竟杀武臣、邵骚。赵人多为张

称王，只是时机未到而已。如今您却囚禁了赵王。这两人名义上是为了救赵王，实际上这两人想让燕军杀了他，然后瓜分赵国土地自立为王。以一个赵国的力量尚能轻易攻下燕国，何况有两个贤王互相提携，来责问杀害赵王的罪行，那灭亡燕国就很容易了。"燕军将领认为他说得对，于是放归赵王，后勤士兵驾着车与赵王一起回来了。

李良平定常山后，回来报告，赵王又派李良攻打太原。到达石邑，秦军阻塞井陉，大军无法前进。秦朝将领假称二世皇帝派人送给李良书信，没有封口，说："李良曾经为我做事我得以显贵受宠。李良如果真能反叛赵王为秦效力，就赦免李良的罪过，让李良显贵。"李良收到信，怀疑而不相信。于是还军邯郸，请求增兵。还没到达，路上遇到赵王的姐姐外出饮酒，有一百多名骑兵随从。李良远远地望见，以为是赵王，就在路旁伏地拜谒。赵王的姐姐喝醉了，不知他是将官，只派骑兵答谢李良。李良一向显贵，起身后，在他的随从将官面前感到惭愧。随从将官中有一人说："天下反叛秦朝，有能力的人先立为王。况且赵王一向在将军之下，如今一个女人竟然不为将军而下车，请让我追上去杀了她。"李良收到秦朝书信后，本就想反叛赵王，还没有决定，因为这件事而愤

怒，派人追上去在路上杀掉了赵王的姐姐，就率领他的军队袭击邯郸，邯郸那边还不知道。最后杀了武臣、邵骚。赵地很多人都是张耳、陈馀的耳目，二人因此得以逃脱。他们收聚赵王的军队，获得几万人。有个宾客劝说张耳道："二位客居在外，想让赵国人归附很难；只有立赵国的后嗣，以正义扶持，才能成就功业。"于是两人寻找到赵国的后嗣赵歇，立他为赵王，居住在信都。李良进兵攻打陈馀，陈馀打败李良，李良逃跑归顺章邯。

　　章邯领兵到达邯郸，将城中的百姓都迁到河内地区，夷平邯郸的城墙。张耳与赵王歇逃进钜鹿城，王离包围了他们。陈馀在北边收集常山的军队，获得几万人，驻扎在钜鹿城以北。章邯驻军在钜鹿以南的棘原，修筑甬道连接黄河，供应王离军队粮饷。王离军队人数多粮食足，加紧攻打钜鹿，钜鹿城中粮尽兵少，张耳多次派人召陈馀前来救援，陈馀度量自己兵少，不敌秦军，不敢前来。几个月后，张耳大怒，怨恨陈馀，派张黡、陈泽前去斥责陈馀说："当初我与您结为刎颈之交，如今赵王与我战死只是早晚的事了，而您拥兵几万，不肯相救，哪里有共生死的交情呢？如果您信守承诺，为什么不与秦军决一死战呢？况且这样还有十分之一二的可能获胜。"陈馀说："我估计去了终究也不能

耳、陈馀耳目者，以故得脱出。收其兵，得数万人。客有说张耳曰："两君羁旅，而欲附赵，难；独立赵后，扶以义，可就功。"乃求得赵歇，立为赵王，居信都。李良进兵击陈馀，陈馀败李良，李良走归章邯。

　　章邯引兵至邯郸，皆徙其民河内，夷其城郭。张耳与赵王歇走入钜鹿城，王离围之。陈馀北收常山兵，得数万人，军钜鹿北。章邯军钜鹿南棘原，筑甬道属河，饷王离。王离兵食多，急攻钜鹿。钜鹿城中食尽兵少，张耳数使人召前陈馀，陈馀自度兵少，不敌秦，不敢前。数月，张耳大怒，怨陈馀，使张黡、陈泽往让陈馀曰："始吾与公为刎颈交，今王与耳旦暮且死，而公拥兵数万，不肯相救，安在其相为死！苟必信，胡不赴秦军俱死？且有十一二相全。"陈馀曰："吾度前终不能救赵，徒尽亡军。且馀所

以不俱死，欲为赵王、张君报秦。今必俱死，如以肉委饿虎，何益？"张黡、陈泽曰："事已急，要以俱死立信，安知后虑！"陈馀曰："吾死顾以为无益。必如公言。"乃使五千人令张黡、陈泽先尝秦军，至皆没。

当是时，燕、齐、楚闻赵急，皆来救。张敖亦北收代兵，得万余人，来，皆壁旁，未敢击秦。项羽兵数绝章邯甬道，王离军乏食，项羽悉引兵渡河，遂破章邯。章邯引兵解，诸侯军乃敢击围钜鹿秦军，遂虏王离。涉间自杀。卒存钜鹿者，楚力也。

于是赵王歇、张耳乃得出钜鹿，谢诸侯。张耳与陈馀相见，责让陈馀以不肯救赵，及问张黡、陈泽所在。陈馀怒曰："张黡、陈泽以必死责臣，臣使将五千人先尝秦军，皆没不出。"张耳不信，以为杀之，数问陈馀。陈馀怒曰："不意君之望臣深

救赵，只会白白地全军覆没。况且我之所以不决一死战，是因为我想为赵王、张君向秦朝报仇。如今一定要一起死，犹如把肉送给饿虎，有什么好处呢？"张黡、陈泽说："事情已经很紧急了，要用一同赴死来证明诚信，哪还顾得上考虑后事呢？"陈馀说："我死没有什么可顾惜的，只是毫无益处。那我就按您所说的做。"就命令张黡、陈泽带五千人先去试探秦军，到达后就全军覆没了。

正当这时，燕国、齐国、楚国听说赵国危急，都来救援。张敖也向北收集代地军队，获得一万多人，大军前来，都驻营在陈馀军队旁边，不敢攻打秦军。项羽的军队多次断绝章邯的甬道，王离的军队缺乏粮食，项羽带领全部军队渡过黄河，最终打败了章邯。章邯领军队溃败，诸侯的军队才敢袭击包围钜鹿的秦军，于是俘虏了王离。涉间自杀。最终钜鹿保全是楚军的功劳。

于是赵王歇、张耳才得以走出钜鹿城，拜谢诸侯。张耳和陈馀相见，张耳因不肯救赵而斥责陈馀，并问张黡、陈泽的下落。陈馀发怒说："张黡、陈泽用一同赴死来要求我，我派他们率领五千人先去试探秦军，他们全都战死了没有活下来。"张耳不相信，认为陈馀杀了他们，多次责问陈馀。陈馀发怒说："没想到您怨恨我这

么深啊！难道是认为我舍不得放弃将军的职位吗？"于是解下印信绶带，推给张耳。张耳也愕然不肯接受。陈馀起身如厕。有个宾客劝说张耳道："我听说'上天赐予如果不取，反而会遭受灾祸'。如今陈将军给您印信，您不接受，违反天意不吉祥。要赶快收下它！"张耳于是佩带了将军印信，接收了陈馀的部下。而陈馀回来，也怨恨张耳不辞让，就快步走出。张耳就接收了陈馀的军队。陈馀独自与亲近的几百个部下到黄河边上的湖泽中捕鱼打猎。从此陈馀、张耳就有了嫌隙。

赵王歇再次居住在信都。张耳跟随项羽和诸侯入关。汉元年二月，项羽立诸侯王，张耳一向交游很广，很多人替他说话，项羽素来也经常听说张耳贤能，于是分出部分赵地立张耳为常山王，治所在信都。信都改名襄国。

陈馀的宾客大多劝说项羽道："陈馀、张耳同样对赵国有功。"项羽因陈馀不跟随他入关，听说他在南皮，就把南皮旁边的三个县封给了他，而把赵王歇改封为代王。

张耳到了封国，陈馀更加愤怒，说："张耳和我同等功劳，如今张耳封王，我只封侯，这是项羽不公平。"等到齐王田荣背叛楚国，陈馀就派夏说劝说田荣道："项羽作为天下的主宰却不公平，把好地

也！岂以臣为重去将哉？"乃脱解印绶，推予张耳。张耳亦愕不受。陈馀起如厕。客有说张耳曰："臣闻'天与不取，反受其咎'。今陈将军与君印，君不受，反天不祥。急取之！"张耳乃佩其印，收其麾下。而陈馀还，亦望张耳不让，遂趋出。张耳遂收其兵。陈馀独与麾下所善数百人之河上泽中渔猎。由此陈馀、张耳遂有郤。

赵王歇复居信都。张耳从项羽诸侯入关。汉元年二月，项羽立诸侯王，张耳雅游，人多为之言，项羽亦素数闻张耳贤，乃分赵立张耳为常山王，治信都。信都更名襄国。

陈馀客多说项羽曰："陈馀、张耳一体有功于赵。"项羽以陈馀不从入关，闻其在南皮，即以南皮旁三县以封之，而徙赵王歇王代。

张耳之国，陈馀愈益怒，曰："张耳与馀功等也，今张耳王，馀独侯，此项羽不平。"及齐王田荣畔楚，陈馀乃使夏说说田荣曰："项羽为天下宰

不平，尽王诸将善地，徙故王王恶地，今赵王乃居代！愿王假臣兵，请以南皮为扞蔽。”田荣欲树党于赵以反楚，乃遣兵从陈馀。陈馀因悉三县兵袭常山王张耳。张耳败走，念诸侯无可归者，曰：“汉王与我有旧故，而项羽又强，立我，我欲之楚。”甘公曰：“汉王之入关，五星聚东井。东井者，秦分也。先至必霸。楚虽强，后必属汉。”故耳走汉。汉王亦还定三秦，方围章邯废丘。张耳谒汉王，汉王厚遇之。

陈馀已败张耳，皆复收赵地，迎赵王于代，复为赵王。赵王德陈馀，立以为代王。陈馀为赵王弱，国初定，不之国，留傅赵王，而使夏说以相国守代。

汉二年，东击楚，使使告赵，欲与俱。陈馀曰：“汉杀张耳乃从。”于是汉王求人类张耳者斩之，持其头遗陈馀。陈馀乃遣兵助汉。汉之败于彭城西，陈馀亦复觉张耳不死，即背汉。

方全都封给众将领称王，把原来的王迁到不好的地方为王，如今赵王竟迁居代地！希望大王借我军队，请求以南皮作为您的保卫屏障。”田荣想在赵国树立党羽以反抗楚国，就派兵跟随陈馀。陈馀乘机出动三县全部的兵力袭击常山王张耳。张耳败逃，想到诸侯没有可投奔的，说：“汉王以前和我有过联系，而项羽又强大，立我为王，我想到楚国去。”甘公说：“汉王进入关中，五星聚集在东井天宿。东井天宿，是秦国的分野。先到秦地的人一定能成就霸业。楚国虽然强大，日后天下一定归属于汉。”所以张耳投奔汉王。汉王也还军平定了三秦，正在废丘围攻章邯。张耳拜谒汉王，汉王厚待他。

陈馀打败张耳后，将赵地全部收复，迎回了在代地的赵王，又立他为赵王。赵王感激陈馀的恩德，立陈馀为代王。陈馀因赵王实力弱小，国家刚刚安定，没有去封国，留下来辅佐赵王，而派夏说以相国的身份镇守代国。

汉二年，汉王向东攻打楚国，派使者告诉赵国，想与赵国一起出兵。陈馀说：“汉王杀了张耳赵国才同意跟着出兵。”于是汉王找到一个像张耳的人斩了他，把他的头献给陈馀。陈馀于是派兵帮助汉王。汉王在彭城以西战败，陈馀也又觉察出张耳没死，就背叛了汉王。

汉三年，韩信平定魏地后，汉王派张耳和韩信攻破赵国的井陉，在泜水边上斩杀陈馀，在襄国追杀赵王歇。汉王立张耳为赵王。汉王五年，张耳去世，谥号是景王。张耳的儿子张敖继位为赵王。高祖的长女鲁元公主做了赵王张敖的王后。

汉七年，高祖从平城路过赵国，赵王早晚都袒露上身戴着袖套，亲自献上食物，礼节很谦卑，尽到了女婿的礼节。高祖两腿张开坐着辱骂，非常傲慢地对待他。赵国相国贯高、赵午等人都已经六十多岁了，从前是张耳的门客。他们生性豪爽，意气用事，就发怒说："我们的王真懦弱啊！"就劝说赵王道："天下豪杰并起，有才能的人先立为王。如今大王侍奉高祖非常恭敬，而高祖对你无礼，请让我们替大王杀了他！"张敖把手指咬出了血来，说："你们怎么能说出这样的错话！况且先人亡了国，仰赖高祖得以复国，恩德遍及子孙，一点一滴都是高祖出的力。希望你们不要再说这种话。"贯高、赵午等十多人都相互议论说："这是我们的不对。我们的大王是忠厚之人，不背弃恩德。况且我们义不受辱，今天怨恨高祖侮辱我们的大王，所以想杀他，为什么要玷污我们的大王呢？假如事情成功，功劳就归大王；事情失败，我们就独自承担罪责好了。"

汉三年，韩信已定魏地，遣张耳与韩信击破赵井陉，斩陈馀泜水上，追杀赵王歇襄国。汉立张耳为赵王。汉五年，张耳薨，谥为景王。子敖嗣立为赵王。高祖长女鲁元公主为赵王敖后。

汉七年，高祖从平城过赵，赵王朝夕袒韝蔽，自上食，礼甚卑，有子婿礼。高祖箕踞詈，甚慢易之。赵相贯高、赵午等年六十余，故张耳客也。生平为气，乃怒曰："吾王孱王也！"说王曰："夫天下豪桀并起，能者先立。今王事高祖甚恭，而高祖无礼，请为王杀之！"张敖啮其指出血，曰："君何言之误！且先人亡国，赖高祖得复国，德流子孙，秋豪皆高祖力也。愿君无复出口。"贯高、赵午等十余人皆相谓曰："乃吾等非也。吾王长者，不倍德。且吾等义不辱，今怨高祖辱我王，故欲杀之，何乃污王为乎？令事成归王，事败独身坐耳。"

汉八年，上从东垣还，过赵，贯高等乃壁人柏人，要之置厕。上过欲宿，心动，问曰："县名为何？"曰："柏人。""柏人者，迫于人也！"不宿而去。

汉九年，贯高怨家知其谋，乃上变告之。于是上皆并逮捕赵王、贯高等。十余人皆争自到，贯高独怒骂曰："谁令公为之？今王实无谋，而并捕王；公等皆死，谁白王不反者！"乃轞车胶致，与王诣长安。治张敖之罪。上乃诏赵群臣宾客有敢从王皆族。贯高与客孟舒等十余人，皆自髡钳，为王家奴，从来。贯高至，对狱，曰："独吾属为之，王实不知。"吏治榜笞数千，刺剟，身无可击者，终不复言。吕后数言张王以鲁元公主故，不宜有此。上怒曰："使张敖据天下，岂少而女乎！"不听。廷尉以贯高事辞闻，上曰："壮士！谁知者，以私问之。"中大夫泄公曰："臣之邑子，素知之。此固赵国立名义不侵为然诺者也。"上使泄公持节问之箯舆前。仰

汉八年，皇上从东垣返回，路过赵国，贯高等人在柏人县馆舍夹壁中埋伏武士，想在隐蔽处截击高祖。皇上路过想要留宿，心里一动，问道："这个县叫什么？"有人回答说："柏人。"高祖说："柏人，就是被迫于人！"没有留宿便离开了。

汉九年，贯高的仇家知道他的计划，于是上书告发他们叛变。于是高祖将赵王、贯高等人一并都逮捕了。其中十多个人都争相自到，唯独贯高怒骂道："谁让你们这么做的？如今赵王确实没有参与谋反，却将赵王一并逮捕；你们都死了，谁来为赵王辩白未曾谋反呢！"于是乘坐密封槛车，与赵王一同被送到了长安。朝廷治了张敖的罪。高祖于是诏令赵国群臣和宾客有敢追随赵王的都灭族。贯高与门客孟舒等十多人，都自行剃掉头发，用铁环锁住脖子，作为赵王的家奴跟随而来。贯高到达，回应案件说："只有我们这些人参与了，赵王确实不知道。"官吏审讯打了几千板子，用烧红的铁器刺他，身上没有一处是完好的，但他始终没有再说话。吕后多次言说张敖出于鲁元公主的缘故，不应会做这种事。高祖发怒说："假如张敖占据了天下，难道会缺少你女儿这种人吗！"不听吕后的劝告。廷尉把贯高的情况和供词上报，高祖说："真是壮士啊！谁了解他，借着私情去问问他。"中大夫泄公说："他

是我的同乡，我一向了解他。这人本就是为了不损害赵国的名声节义而不背弃承诺的人啊。"皇上派泄公手持符节在贯高竹床前问他。贯高仰视着说："是泄公吗？"泄公像平常一样慰劳他，与他交谈，问张王是否真的没有参与这个计划。贯高说："人的感情哪有不爱自己父母妻子的呢？如今我的三族都被论罪处死，难道会拿我亲人的性命去换赵王的吗！只因赵王确实没有谋反，只有我们这些人参与了。"他详细说出了要杀高祖的原因以及赵王确实不知情的情况。于是泄公入宫，如实禀报皇上，皇上于是赦免了赵王。

皇上称道贯高为人信守诺言，派泄公具实以此告知贯高，说："张王已经被放了。"就赦免了贯高。贯高高兴地说："我们大王确实被放了吗？"泄公说："是的。"泄公说："皇上赞赏您，所以赦免了您。"贯高说："我之所以不死，没有其他原因，只是为了替赵王辩白他没有参与谋反。如今赵王已经被放出，我的责任已尽到了，死也没有遗憾了。况且人臣有篡位谋杀的罪名，还有什么脸面再侍奉皇上呢？纵使皇上不杀我，我能无愧于心吗？"就仰头割喉而死。当时，贯高之名传遍了天下。

张敖被放出后，因为娶了鲁元公主，依然被封为宣平侯。于是皇上称道张敖的宾客们，以被钳的家奴身份跟随张敖入关

视曰："泄公邪？"泄公劳苦如生平欢，与语，问张王果有计谋不。高曰："人情宁不各爱其父母妻子乎？今吾三族皆以论死，岂以王易吾亲哉！顾为王实不反，独吾等为之。"具道本指所以为者王不知状。于是泄公入，具以报，上乃赦赵王。

上贤贯高为人能立然诺，使泄公具告之，曰："张王已出。"因赦贯高。贯高喜曰："吾王审出乎？"泄公曰："然。"泄公曰："上多足下，故赦足下。"贯高曰："所以不死一身，无余者，白张王不反也。今王已出，吾责已塞，死不恨矣。且人臣有篡杀之名，何面目复事上哉！纵上不杀我，我不愧于心乎？"乃仰绝肮，遂死。当此之时，名闻天下。

张敖已出，以尚鲁元公主故，封为宣平侯。于是上贤张王诸客。以钳奴从张王入关，

无不为诸侯相、郡守者。及孝惠、高后、文帝、孝景时，张王客子孙皆得为二千石。

张敖，高后六年薨。子偃为鲁元王。以母吕后女故，吕后封为鲁元王。元王弱，兄弟少，乃封张敖他姬子二人：寿为乐昌侯，侈为信都侯。高后崩，诸吕无道，大臣诛之，而废鲁元王及乐昌侯、信都侯。孝文帝即位，复封故鲁元王偃为南宫侯，续张氏。

太史公曰：张耳、陈馀，世传所称贤者；其宾客厮役，莫非天下俊桀，所居国无不取卿相者。然张耳、陈馀始居约时，相然信以死，岂顾问哉。及据国争权，卒相灭亡，何乡者相慕用之诚，后相倍之戾也！岂非以势利交哉？名誉虽高，宾客虽盛，所由殆与太伯、延陵季子异矣。

的，没有不做诸侯国相、郡守的。等到孝惠帝、高后、孝文帝、孝景帝执政时，张王宾客的子孙都官至二千石。

张敖在高后六年去世。他的儿子张偃为鲁元王。因为他的母亲是吕后的女儿，所以吕后封他为鲁元王。元王弱小，兄弟少，就封张敖其他姬妾的两个儿子为侯：张寿为乐昌侯，张侈为信都侯。高后崩逝后，诸吕无道，大臣诛杀他们，并废黜了鲁元王和乐昌侯、信都侯。孝文帝即位后，又封原鲁元王张偃为南宫侯，延续张氏的爵位。

太史公说：张耳、陈馀，是世人所称道的贤人；他们的宾客仆役，没有谁不是天下俊杰的，在所居国没有谁不取得卿相职位的。然而张耳、陈馀当初在贫贱时，彼此信任，誓同生死，有什么疑问呢？等到他们占据国家争权夺利，最终互相攻伐，为什么以前互相仰慕信任那么真诚，后来互相背叛这么暴戾呢？难道他们不是凭权势和利益结交的吗？名誉虽然高，宾客虽然多，他们的所作所为却与吴太伯、延陵季子相差很远了。

魏豹　彭越

魏豹

　　魏豹，是原魏国诸公子之一。他的兄长魏咎，在原魏国时被封为宁陵君。秦国灭掉魏国，放逐魏咎为平民。陈胜起事称王，魏咎前去追随他。陈王派魏国人周市夺取魏地，魏地被攻下后，大家一起商量想立周市为魏王。周市说："天下混乱，忠臣才能显现出来。如今天下共同反叛秦朝，按道义一定要立魏王的后代才可以。"齐国、赵国各派兵车五十辆，立周市为魏王。周市推辞不肯接受，到陈国迎接魏咎。往返五次，陈王才遣送魏咎，立为魏王。

　　章邯攻破陈王后，便进兵到临济攻打魏王。魏王于是派周市出使齐国、楚国请求救援。齐国、楚国派遣项它、田巴领兵随周市救援魏国。章邯便攻破来救援的军队并杀死周市，包围临济。魏咎为了百姓约定投降。盟约订立后，魏咎自焚而死。

　　魏豹逃到楚国。楚怀王给了魏豹几千人，又夺取了魏地。项羽已经攻破秦

魏豹者，故魏诸公子也。其兄魏咎，故魏时封为宁陵君。秦灭魏，迁咎为家人。陈胜之起王也，咎往从之。陈王使魏人周市徇魏地，魏地已下，欲相与立周市为魏王。周市曰："天下昏乱，忠臣乃见。今天下共畔秦，其义必立魏王后乃可。"齐、赵使车各五十乘，立周市为魏王。市辞不受，迎魏咎于陈。五反，陈王乃遣立咎为魏王。

　　章邯已破陈王，乃进兵击魏王于临济。魏王乃使周市出请救于齐、楚。齐、楚遣项它、田巴将兵随市救魏。章邯遂击破杀周市等军，围临济。咎为其民约降。约定，咎自烧杀。

　　魏豹亡走楚。楚怀王予魏豹数千人，复徇魏地。项羽已

破秦，降章邯。豹下魏二十余城。立豹为魏王。豹引精兵从项羽入关。汉元年，项羽封诸侯，欲有梁地，乃徙魏王豹于河东，都平阳，为西魏王。

汉王还定三秦，渡临晋，魏王豹以国属焉，遂从击楚于彭城。汉败还，至荥阳，豹请归视亲病，至国，即绝河津畔汉。汉王闻魏豹反，方东忧楚，未及击，谓郦生曰："缓颊往说魏豹，能下之，吾以万户封若。"郦生说豹。豹谢曰："人生一世间，如白驹过隙耳。今汉王慢而侮人，骂詈诸侯群臣如骂奴耳，非有上下礼节也，吾不忍复见也。"于是汉王遣韩信击虏豹于河东，传诣荥阳，以豹国为郡。汉王令豹守荥阳。楚围之急，周苛遂杀魏豹。

彭越

彭越者，昌邑人也，字仲。常渔钜野泽中，为群盗。陈胜、项梁之起，少年或谓越曰："诸豪桀相立畔秦，仲可以来，亦效之。"彭越曰："两龙方斗，且待之。"

军，降服章邯。魏豹攻下魏国二十多座城池。项羽立魏豹为魏王。魏豹率领精兵跟随项羽入关。汉元年，项羽分封诸侯，想占有梁地，就把魏王豹迁到河东，建都平阳，是为西魏王。

汉王还军平定三秦，渡过临晋渡口，魏王魏豹举国归附汉王，便跟随汉王到彭城攻打楚军。汉军战败，撤到荥阳，魏豹请求回去探视生病的母亲，回到魏国后，就阻断了黄河渡口背叛汉王。汉王听说魏豹背叛，正担忧东边的楚国，但还来不及攻打，就对郦生说："您前去好言劝说魏豹，能说服他，我封你做万户侯。"郦生去游说魏豹。魏豹谢绝道："人生一世，如白驹过隙。如今汉王傲慢，喜欢侮辱别人，责骂诸侯群臣像骂自己的家奴一样，没有上下的礼节，我无法忍受再见到他。"于是汉王派遣韩信到河东攻打并俘虏了魏豹，用驿车将他押送到荥阳，把魏豹的国家改为郡。汉王命令魏豹驻守荥阳。楚军加紧围攻荥阳，周苛就杀死了魏豹。

彭越，是昌邑人，字仲。他常常在钜野湖泽中打鱼，和别人结伙做了强盗。陈胜、项梁起事，有个少年对彭越说："众多豪杰相继起义反叛秦朝，你也可以起事效仿他们。"彭越说："两龙正在争斗，暂且等一等吧。"

过了一年多，湖泽畔聚集起一百多个年轻人，他们前去追随彭越说："请您做我们的首领。"彭越推辞说："我不想和各位结伙。"年轻人都坚持请求，彭越才答应。彭越与他们约定第二天日出时会合出发，迟到的人要被斩首。第二天日出时，有十多人迟到，最后一个人到中午才来。于是彭越推辞说："我老了，各位执意让我做首领。如今约定了时间却有很多人迟到，不可能将迟到的人全部诛杀，只杀最后来的一个人。"命令将官杀了那人。众人都笑着说："哪至于这样呢？以后不敢再迟到就是了。"于是彭越就拉出那一个人斩了他，设坛祭祀，然后号令所属部下。部下都大为震惊，畏惧彭越，没有谁敢仰视他。于是他们行进攻掠土地，一路收聚诸侯的散兵，获得一千多人。

沛公从砀县向北攻打昌邑，彭越协助他。昌邑没有攻下，沛公领兵向西。彭越也率领他的部下驻守在钜野泽中，收聚魏国的散兵。项籍入关后，分封诸侯为王后就回去了，彭越一万多人的部众没有归属。汉元年秋天，齐王田荣反叛项王，汉王便派人赐给彭越将军的印信，让他进军济阴攻打楚国。楚国命令萧公角领兵攻打彭越，彭越大破楚军。汉二年春天，彭越与魏王魏豹以及诸侯向东攻打楚国，彭越率领他三万多人的军队在外黄归附汉王。汉

居岁余，泽间少年相聚百余人，往从彭越，曰："请仲为长。"越谢曰："臣不愿与诸君。"少年强请，乃许。与期旦日日出会，后期者斩。旦日日出，十余人后，后者至日中。于是越谢曰："臣老，诸君强以为长。今期而多后，不可尽诛，诛最后者一人。"令校长斩之。皆笑曰："何至是？请后不敢。"于是越乃引一人斩之，设坛祭，乃令徒属。徒属皆大惊，畏越，莫敢仰视。乃行略地，收诸侯散卒，得千余人。

沛公之从砀北击昌邑，彭越助之。昌邑未下，沛公引兵西。彭越亦将其众居钜野中，收魏散卒。项籍入关，王诸侯，还归，彭越众万余人毋所属。汉元年秋，齐王田荣畔项王，乃使人赐彭越将军印，使下济阴以击楚。楚命萧公角将兵击越，越大破楚军。汉王二年春，与魏王豹及诸侯东击楚，彭越将其兵三万余人归汉于外黄。汉王

曰："彭将军收魏地得十余城，欲急立魏后。今西魏王豹亦魏王咎从弟也，真魏后。"乃拜彭越为魏相国，擅将其兵，略定梁地。

汉王之败彭城解而西也，彭越皆复亡其所下城，独将其兵北居河上。汉王三年，彭越常往来为汉游兵，击楚，绝其后粮于梁地。汉四年冬，项王与汉王相距荥阳，彭越攻下睢阳、外黄十七城。项王闻之，乃使曹咎守成皋，自东收彭越所下城邑，皆复为楚。越将其兵北走谷城。汉五年秋，项王之南走阳夏，彭越复下昌邑旁二十余城，得谷十余万斛，以给汉王食。

汉王败，使使召彭越并力击楚。越曰："魏地初定，尚畏楚，未可去。"汉王追楚，为项籍所败固陵。乃谓留侯曰："诸侯兵不从，为之奈何？"留侯曰："齐王信之立，非君王之意，信亦不自坚。彭越本定梁地，功多，始君王以魏豹故，拜彭越为魏相国。今豹死毋后，且越亦欲王，而君

王说："彭将军收复魏地获得十多座城池，急着想立魏王的后代。如今西魏王魏豹也是魏王魏咎的堂弟，是魏国王室真正的后代。"于是汉王任命彭越为魏国相国，独立带领军队，平定梁地。

汉王在彭城战败后向西溃退，彭越又全部放弃了他所攻下的城邑，独自带领他的军队向北驻守在黄河边上。汉三年，彭越经常往来出没做汉王的游兵以攻打楚国，在梁地断绝楚军的后援粮草。汉四年冬天，项王与汉王在荥阳相持，彭越攻下睢阳、外黄等十七座城邑。项王听说此事后，就派曹咎驻守成皋，自己向东收复彭越所攻下的城邑，又都归楚国所有。彭越率领他的军队向北逃到谷城。汉五年秋天，项王向南逃到阳夏，彭越再次攻下昌邑旁边二十多座城池，获得谷物十多万斛，以供给汉王的军粮。

汉王战败后，派使者召来彭越合力攻楚。彭越说："魏地刚刚平定，还惧怕楚国，不能离开。"汉王追击楚军，在固陵被项籍打败。于是对留侯说："诸侯的军队不跟从，该怎么办呢？"留侯说："齐王韩信自立，并非您的本意，韩信自己也不安心。彭越本来平定了梁地，功劳很多，当初您因为魏豹，只任命彭越为魏国相国。如今魏豹去世没有后代，彭越也想称王，而您没有早点决定。就与这两国约定：假

如战胜楚国，睢阳以北到毂城，都封给彭相国，立他为王；从陈县以东附带沿海地区，封给齐王韩信。齐王韩信的家在楚国，他的本意是想再得到自己的故乡。您能答应拿出这些地方分给二人，二人现在便可招来；如果不能，事情就不可预料了。"于是汉王就派出使者到彭越那里，按照留侯的计策行事。使者一到，彭越就率领全部军队会师垓下，最终攻破楚军。项籍战死。当年春天，汉王立彭越为梁王，定都定陶。

汉六年，彭越在陈县朝见高祖。汉九年、汉十年，彭越都来长安朝见。

汉十年秋天，陈豨在代地造反，汉高帝亲自前往攻打，到达邯郸，向梁王征兵。梁王称病，派部将领兵到邯郸。高帝发怒，派人责备梁王。梁王恐惧，想亲自前去谢罪。他的部将扈辄说："大王开始不去，见到被斥责才去，去了就会被捉拿了。不如发兵造反。"梁王没有听从，称病不出门。梁王对他的太仆生气，想杀了他。太仆逃到汉廷，告发梁王与扈辄谋反。于是皇上派使暗中接近梁王，梁王没能觉察，就趁机逮捕了梁王，将他囚禁在洛阳。有关官员审理认为他谋反的罪证已经齐备，请求依法论处。皇上赦免了他把他贬为庶人，流放到蜀郡青衣县。向西到达郑地，恰逢吕后从长安来，想到洛阳去，途中遇见彭

王不蚤定。与此两国约：即胜楚，睢阳以北至毂城，皆以王彭相国；从陈以东傅海，与齐王信。齐王信家在楚，此其意欲复得故邑。君王能出捐此地许二人，二人今可致；即不能，事未可知也。"于是汉王乃发使使彭越，如留侯策。使者至，彭越乃悉引兵会垓下，遂破楚。项籍已死。春，立彭越为梁王，都定陶。

六年，朝陈。九年，十年，皆来朝长安。

十年秋，陈豨反代地，高帝自往击，至邯郸，征兵梁王。梁王称病，使将将兵诣邯郸。高帝怒，使人让梁王。梁王恐，欲自往谢。其将扈辄曰："王始不往，见让而往，往则为禽矣。不如遂发兵反。"梁王不听，称病。梁王怒其太仆，欲斩之。太仆亡走汉，告梁王与扈辄谋反。于是上使使掩梁王，梁王不觉，捕梁王，囚之雒阳。有司治反形已具，请论如法。上赦以为庶人，传处蜀青衣。西至郑，逢吕后从长安来，欲之雒阳，道见彭王。彭王为

吕后泣涕，自言无罪，愿处故昌邑。吕后许诺，与俱东至雒阳。吕后白上曰："彭王壮士，今徙之蜀，此自遗患，不如遂诛之。妾谨与俱来。"于是吕后乃令其舍人告彭越复谋反。廷尉王恬开奏请族之。上乃可，遂夷越宗族，国除。

太史公曰：魏豹、彭越虽故贱，然已席卷千里，南面称孤，喋血乘胜日有闻矣。怀畔逆之意，及败，不死而虏囚，身被刑戮，何哉？中材已上且羞其行，况王者乎！彼无异故，智略绝人，独患无身耳。得摄尺寸之柄，其云蒸龙变，欲有所会其度，以故幽囚而不辞云。

王。彭王对着吕后哭泣，自称无罪，希望回到故乡昌邑。吕后答应，与他一起向东到达洛阳。吕后向皇上陈述说："彭王是个壮士，如今被流放到蜀郡，这是自留祸患，不如就此杀了他。我带着他一起回来了。"于是吕后就命令他的家臣告发彭越又要谋反。廷尉王恬开奏请诛灭彭越的家族。皇上就同意了，最终将彭越灭族，封国也被撤销了。

太史公说：魏豹、彭越虽然从前身份低贱，然而能席卷千里土地，南面称王，踏着血迹乘着胜势日益闻名。他们胸怀叛逆之心，等到失败，没能自杀却做了俘虏囚徒，受刑身死，为什么呢？中等才智以上的人尚且为他们的行为感到羞耻，何况君王呢！那没有别的缘故，才智胆略超过常人，只担心不能保全性命罢了。只要得到尺寸的权力，他们就会如云气升腾，如龙变化，因为有要等待的机会，所以被囚禁起来也在所不辞啊。

史记卷九十一
列传第三十一

黥布

　　黥布，是六县人，姓英。他在秦朝时是个平民。他年少时，有个客人给他相面说："你会在受刑后称王。"等到长大后，他犯法受了黥刑。英布欣然而笑说："有人给我相面说我会在受刑后称王，大概说的就是这件事吧？"听到他这么说的人都嘲笑他。英布已被判押送到丽山服劳役。丽山的刑徒有几十万人，英布与其中的刑徒头目、英雄豪杰交往，于是率领这伙人逃到长江之中做了盗贼。

　　陈胜起事时，英布就去见番君，带着自己的部下反叛秦朝，聚集士兵几千人。番君把女儿嫁给英布为妻。章邯消灭了陈胜，攻破吕臣的军队后，英布便领兵向北攻打秦军的左右校尉，在清波击败秦军，随后领兵向东。他听说项梁平定了江东的会稽郡，便渡江向西进军。陈婴因项氏世代做楚国将领，就带兵归附了项梁，渡过淮河南下，英布、蒲将军也带着军队归附了项梁。

　　项梁渡过淮河向西进军，攻打景驹、

　　黥布者，六人也，姓英氏。秦时为布衣。少年，有客相之曰："当刑而王。"及壮，坐法黥。布欣然笑曰："人相我当刑而王，几是乎？"人有闻者，共俳笑之。布已论输丽山，丽山之徒数十万人，布皆与其徒长豪桀交通，乃率其曹偶，亡之江中为群盗。

　　陈胜之起也，布乃见番君，与其众叛秦，聚兵数千人。番君以其女妻之。章邯之灭陈胜，破吕臣军，布乃引兵北击秦左右校，破之清波，引兵而东。闻项梁定江东会稽，涉江而西。陈婴以项氏世为楚将，乃以兵属项梁，渡淮南，英布、蒲将军亦以兵属项梁。

　　项梁涉淮而西，击景驹、

秦嘉等，布常冠军。项梁至薛，闻陈王定死，乃立楚怀王。项梁号为武信君，英布为当阳君。项梁败死定陶，怀王徙都彭城，诸将英布亦皆保聚彭城。当是时，秦急围赵，赵数使人请救。怀王使宋义为上将，范曾为末将，项籍为次将，英布、蒲将军皆为将军，悉属宋义，北救赵。及项籍杀宋义于河上，怀王因立籍为上将军，诸将皆属项籍。项籍使布先渡河击秦，布数有利，籍乃悉引兵涉河从之，遂破秦军，降章邯等。楚兵常胜，功冠诸侯。诸侯兵皆以服属楚者，以布数以少败众也。

项籍之引兵西至新安，又使布等夜击坑章邯秦卒二十余万人。至关，不得入，又使布等先从间道破关下军，遂得入，至咸阳。布常为军锋。项王封诸将，立为九江王，都六。

汉元年四月，诸侯皆罢戏下，各就国。项氏立怀王为义帝，徙都长沙，乃阴令九江王布等行击之。其八月，布使将击义帝，

秦嘉等人，英布的功劳经常居众将军之首。项梁到达薛地，听说陈王确实已经死了，就拥立了楚怀王。项梁号称为武信君，英布为当阳君。项梁在定陶战败身死，楚怀王迁都彭城，众将领和英布也都聚在彭城防守。当时，秦军加紧围攻赵国，赵国多次派人请求救援。楚怀王让宋义担任上将，范曾为末将，项籍为次将，英布、蒲将军都为将军，全部隶属于宋义，北上救赵。到项籍在黄河边上杀死宋义，楚怀王乘势立项籍为上将军后，众将领都隶属项籍。项籍派英布率先渡过黄河攻打秦军，英布多次与秦军交战得胜，项籍便带领全部兵力渡过黄河跟随他，最终攻破秦军，降服章邯等人。楚军常获胜，战功在各路诸侯之上。诸侯的军队都能服从并归附楚军，是因为英布好几次作战都以少胜多。

项籍领兵向西到达新安，又派英布等人趁夜袭击坑杀章邯所率领的二十多万秦军。到达函谷关，不能入关，又派英布等人先从小路攻破关下的守军，最终得以入关，到达咸阳。英布常常担任军队先锋。项王分封诸将，封英布为九江王，建都六县。

汉元年四月，诸侯都在戏下罢兵，各自返回封国。项羽立怀王为义帝，迁都长沙，并暗中命令九江王英布等人在路上杀死他。这年八月，英布派将领去杀义帝，追到郴

县将他杀了。

汉二年，齐王田荣背叛楚国，项王前去攻打齐国，征调九江兵马，九江王英布称病不肯前往，只派遣部将率领几千人随行。汉军在彭城打败楚军，英布又称病不肯帮助楚军。项王因此怨恨英布，几次派使者斥责英布并召他前往，英布愈发害怕，不敢前往。项王正担忧北方的齐国、赵国，西面忧患汉军，和他一伙的只有九江王，他又欣赏英布的才能，想亲近任用他，因此没有攻打他。

汉三年，汉王攻打楚军，在彭城展开激战，汉军失利，退出梁地，到达虞县。汉王对左右侍从说："像你们这些人，不值得共谋天下大事。"谒者随何上前说："不明白陛下所说的意思。"汉王说："谁能为我出使淮南，让他们发兵背叛楚国，在齐地牵制项王几个月，我夺取天下就可以万无一失了。"随何说："我请求出使淮南。"于是他与二十人一起出使淮南。到达后，因为太宰在国内主事，三天没能见到英布。随何趁机劝说太宰道："大王不见我，一定是认为楚军强大，认为汉军弱小，这是我出使的原因。让我见到大王，我说的话如果是对的，那正是大王所想听的；我说的话如果不对，就让我等二十人在淮南街市受斧斩之刑，来表明大王背叛汉王而亲近楚王。"太宰于是把这

追杀之郴县。

汉二年，齐王田荣畔楚，项王往击齐，征兵九江，九江王布称病不往，遣将将数千人行。汉之败楚彭城，布又称病不佐楚。项王由此怨布，数使使者诮让召布，布愈恐，不敢往。项王方北忧齐、赵，西患汉，所与者独九江王，又多布材，欲亲用之，以故未击。

汉三年，汉王击楚，大战彭城，不利，出梁地，至虞，谓左右曰："如彼等者，无足与计天下事。"谒者随何进曰："不审陛下所谓。"汉王曰："孰能为我使淮南，令之发兵倍楚，留项王于齐数月，我之取天下可以百全。"随何曰："臣请使之。"乃与二十人俱，使淮南。至，因太宰主之，三日不得见。随何因说太宰曰："王之不见何，必以楚为强，以汉为弱，此臣之所以为使。使何得见，言之而是邪，是大王所欲闻也；言之而非邪，使何等二十人伏斧质淮南市，以明王倍汉而与楚也。"太宰乃言之王，

王见之。随何曰："汉王使臣敬进书大王御者，窃怪大王与楚何亲也。"淮南王曰："寡人北乡而臣事之。"随何曰："大王与项王俱列为诸侯，北乡而臣事之，必以楚为强，可以托国也。项王伐齐，身负板筑，以为士卒先，大王宜悉淮南之众，身自将之，为楚军前锋，今乃发四千人以助楚。夫北面而臣事人者，固若是乎？夫汉王战于彭城，项王未出齐也，大王宜骚淮南之兵渡淮，日夜会战彭城下，大王抚万人之众，无一人渡淮者，垂拱而观其孰胜。夫托国于人者，固若是乎？大王提空名以乡楚，而欲厚自托，臣窃为大王不取也。然而大王不背楚者，以汉为弱也。夫楚兵虽强，天下负之以不义之名，以其背盟约而杀义帝也。然而楚王恃战胜自强，汉王收诸侯，还守成皋、荥阳，下蜀、汉之粟，深沟壁垒，分卒守徼乘塞，楚人还兵，间以梁地，深入敌国八九百里，欲战则不得，攻城则力不能，老弱转粮千里之外；楚兵至荥阳、成

话告诉了淮南王，淮南王见了他。随何说："汉王的使臣恭敬地上书大王驾前，我私下感到奇怪的是大王为什么会和楚王那么亲近。"淮南王说："我面向北边以臣子的身份依附他。"随何说："大王与项王都被列为诸侯，向北以臣子的身份依附他，一定是认为楚国强大，可以把国家托付给楚国。项王讨伐齐国，亲自背着筑墙的器具，身先士卒做表率，大王应该发动淮南的全部兵力，亲自带着他们做楚军的前锋，如今却才发动四千人援助楚军。面向北边以臣子的身份依附别人，应该像这样吗？汉王在彭城作战，项王还没出兵齐国，大王应该调动淮南全部的兵马渡过淮河，日夜在彭城下与汉王会战。大王拥有万人之众，却无一人渡过淮河，垂衣拱手看着他们谁会获胜。把国家托付给别人的人，应该像这样吗？大王用空名去归附楚国，而想使自己得到可靠的依托，我私下认为大王这样做不可取。然而大王不背叛楚国的原因，是认为汉王弱小。楚兵虽然强大，却背负着天下不义之名，因为他违背盟约杀害义帝。然而楚王仗着作战胜利自认为强大，汉王聚拢诸侯，还军驻守成皋、荥阳，从蜀郡、汉中运来粮食，深挖堑沟，高筑营垒，分兵把守边境要塞，楚军想回师，中间隔着梁地，深入敌国八九百里，想战却不能战，攻城力量又不够，老弱残兵辗转千里

以外运粮；楚军到达成皋、荥阳，汉军坚守不战，进军却不能攻打，撤军却不能脱身。所以说楚军不足以依靠啊。假如楚军战胜汉军，那么诸侯就会自身危惧而相互援救。楚军强大，正会招致天下军队的攻击。所以楚王不如汉王，这种形势是显而易见的。如今大王不归附万无一失的汉王而把自身托付给处于危亡的楚王，我私下替大王感到迷惑。我不是认为淮南的兵力足够消灭楚国。大王发兵背叛楚国，项王必定会留在齐地。滞留几个月，汉王夺取天下就万无一失了。我请求与大王提剑归附汉王，汉王一定分割土地封赐大王，又何止淮南一地，淮南必定归大王所有。所以汉王恭敬地派我敬献愚计，希望大王留意。淮南王说："就听您的。"便暗中答应背叛楚王归附汉王，不敢泄露这件事。

这时楚王使者在淮南，正急切催促英布发兵，住在驿馆。随何径直闯入，坐在楚王使者的上座，说："九江王已经归附汉王，楚王凭什么让他发兵？"英布愕然。楚王使者起身。随何乘机劝英布道："事情已成这样，可立即杀死楚王使者，不让他回去，并迅速投奔汉王合并兵力。"英布说："就按照你说的做，再起兵攻打楚军。"于是杀死了使者，接着起兵攻打楚国。楚王派项声、龙且攻打淮南，项王留下攻

皋，汉坚守而不动，进则不得攻，退则不得解。故曰楚兵不足恃也。使楚胜汉，则诸侯自危惧而相救。夫楚之强，适足以致天下之兵耳。故楚不如汉，其势易见也。今大王不与万全之汉而自托于危亡之楚，臣窃为大王惑之。臣非以淮南之兵足以亡楚也。夫大王发兵而倍楚，项王必留；留数月，汉之取天下可以万全。臣请与大王提剑而归汉，汉王必裂地而封大王，又况淮南，淮南必大王有也。故汉王敬使使臣进愚计，愿大王之留意也。"淮南王曰："请奉命。"阴许畔楚与汉，未敢泄也。

楚使者在，方急责英布发兵，舍传舍。随何直入，坐楚使者上坐，曰："九江王已归汉，楚何以得发兵？"布愕然。楚使者起。何因说布曰："事已构，可遂杀楚使者，无使归，而疾走汉并力。"布曰："如使者教，因起兵而击之耳。"于是杀使者，因起兵而攻楚。楚使项声、龙且攻淮南，项王留而攻下

邑。数月，龙且击淮南，破布军。布欲引兵走汉，恐楚王杀之，故间行与何俱归汉。

淮南王至，上方踞床洗，召布入见，布大怒，悔来，欲自杀。出就舍，帐御饮食从官如汉王居，布又大喜过望。于是乃使人入九江。楚已使项伯收九江兵，尽杀布妻子。布使者颇得故人幸臣，将众数千人归汉。汉益分布兵而与俱北，收兵至成皋。四年七月，立布为淮南王，与击项籍。

汉五年，布使人入九江，得数县。六年，布与刘贾入九江，诱大司马周殷，周殷反楚，遂举九江兵与汉击楚，破之垓下。

项籍死，天下定，上置酒。上折随何之功，谓何为腐儒，'为天下安用腐儒'。随何跪曰："夫陛下引兵攻彭城，楚王未去齐也，陛下发步卒五万人，骑五千，能以取淮南乎？"上曰："不能。"随何曰："陛下使何与二十人使

打下邑。几个月后，龙且攻打淮南，攻破英布的军队。英布想领兵投奔汉王，害怕楚王杀他，所以从小路与随何一起投奔汉王。

淮南王到达后，汉王正坐在床上洗脚，召英布进入见他。英布大怒，后悔前来，想自杀。退出到达馆舍，见到帷帐、衣物、饮食、侍从官员都同汉王居所一样，英布又大喜过望。于是就派人进入九江。楚王已经派项伯收编九江的部队，杀尽了英布的妻子儿女。英布派去的人找到不少故人与宠臣，带领几千人来归附汉王。汉王又分兵给英布与他一起北上，沿路招兵，到达成皋。汉四年七月，封英布为淮南王，与他一起攻打项籍。

汉五年，英布派人进入九江，攻占了几个县。汉六年，英布与刘贾进入九江，诱降大司马周殷，周殷反叛楚王，于是发动九江的兵力与汉军攻打楚军，在垓下打败楚军。

项籍死后，天下安定，高祖设置酒宴。高祖贬低随何的功劳，说随何是迂腐的读书人，治理天下何必用迂腐的读书人。随何跪着说："陛下带兵攻打彭城时，楚王还没有离开齐地，陛下发动步兵五万人，骑兵五千人，能靠他们夺取淮南吗？"皇上说："不能。"随何说："陛下派我与二十人出使淮南，到达后，达到陛下的心意，

这说明我的功劳高于五万步兵和五千骑兵啊。然而陛下却说我是迂腐的读书人，说'治理天下何必用迂腐的读书人'，这是什么意思？"高祖说："我正在考虑你的功劳。"于是任命随何为护军中尉。于是剖分符节给英布让他做了淮南王，定都六县，九江、庐江、衡山、豫章郡都归属英布。

汉七年，在陈县朝见高祖。汉八年，在洛阳朝见。汉九年，在长安朝见。

汉十一年，高后诛杀淮阴侯，英布因此心生恐惧，夏天，汉朝廷诛杀梁王彭越，并把他剁成肉酱，盛出肉酱赏赐给所有诸侯。送到淮南时，淮南王正在打猎，见到肉酱，非常害怕，暗中派人安排集结兵力，侦察邻郡的紧急情况。

英布所宠幸的姬妾患病，请求就医，医生的家与中大夫贲赫的家是对门，姬妾多次到医生家去看病，贲赫自认为是王府从官，就送去丰厚的礼物，跟随姬妾在医生家饮酒。姬妾侍奉淮南王时，在闲谈中，赞誉贲赫是个忠厚的人。淮南王发怒说："你从哪里知道他的呢？"姬妾告知了具体情况。淮南王怀疑她与贲赫私通。贲赫恐惧，就谎称患病。淮南王更加愤怒，想逮捕贲赫。贲赫扬言淮南王叛变，乘坐驿车去长安告发他。英布派人追赶，没有追上。贲赫到达后，上书报告事变，说英布

淮南，至，如陛下之意，是何之功贤于步卒五万人骑五千也。然而陛下谓何腐儒，为天下安用腐儒，何也？"上曰："吾方图子之功。"乃以随何为护军中尉。布遂剖符为淮南王，都六，九江、庐江、衡山、豫章郡皆属布。

七年，朝陈。八年，朝雒阳。九年，朝长安。

十一年，高后诛淮阴侯，布因心恐。夏，汉诛梁王彭越，醢之，盛其醢遍赐诸侯。至淮南，淮南王方猎，见醢，因大恐，阴令人部聚兵，候伺旁郡警急。

布所幸姬疾，请就医，医家与中大夫贲赫对门，姬数如医家，贲赫自以为侍中，乃厚馈遗，从姬饮医家。姬侍王，从容语次，誉赫长者也。王怒曰："汝安从知之？"具说状。王疑其与乱。赫恐，称病。王愈怒，欲捕赫。赫言变事，乘传诣长安。布使人追，不及。赫至，上变，言布谋反有端，可先未发诛也。上读其书，语萧相国。相国曰："布不宜

有此，恐仇怨妄诬之。请系赫，使人微验淮南王。"淮南王布见赫以罪亡，上变，固已疑其言国阴事；汉使又来，颇有所验，遂族赫家，发兵反。反书闻，上乃赦贲赫，以为将军。

上召诸将问曰："布反，为之奈何？"皆曰："发兵击之，坑竖子耳，何能为乎！"汝阴侯滕公召故楚令尹问之。令尹曰："是故当反。"滕公曰："上裂地而王之，疏爵而贵之，南面而立万乘之主，其反何也？"令尹曰："往年杀彭越，前年杀韩信，此三人者，同功一体之人也。自疑祸及身，故反耳。"滕公言之上曰："臣客故楚令尹薛公者，其人有筹策之计，可问。"上乃召见问薛公。薛公对曰："布反不足怪也。使布出于上计，山东非汉之有也；出于中计，胜败之数未可知也；出于下计，陛下安枕而卧矣。"上曰："何谓

谋反已露端倪，可以在他没有造反之前诛杀他。皇帝看了他的上书，与萧相国商量。萧相国说："英布不应该有这样的想法，恐怕是仇家怨恨妄图诬告他。请拘捕贲赫，派人暗中观察淮南王。"淮南王英布见贲赫畏罪逃亡，上书告发，本来已经怀疑他会说出封国暗中部署军队的事情；汉朝使者又前来，有了一些证据，于是便灭了贲赫一族，发兵造反。造反的消息传到朝廷，皇帝才赦免贲赫，封他为将军。

皇帝召集众将领问道："英布反叛，该怎么办呢？"大家都说："发兵攻打他，活埋这小子，还能怎么办！"汝阴侯滕公召来原楚王令尹问话。令尹说："他本来就会造反的。"滕公说："皇帝分割土地封他为王，封赐爵位使他尊贵，立他为万乘之国的君主，他为什么还会造反呢？"令尹说："往年杀死彭越，前年杀死韩信，这三个人，是功劳相同结为一体的人。英布自然怀疑会祸及自身，所以造反了。"滕公对皇帝说："我的门客原楚王的令尹薛公，这个人有韬略，可以问问他。"皇帝于是召见薛公询问。薛公回答说："英布造反不足为怪。假使英布计出上策，那山东便不为汉朝所有了；计出中策，胜败之事就不能估计了；计出下策，陛下就能高枕无忧了。"皇帝问："什么是上策？"令尹回答说："向东夺取吴地，向西夺取

楚地，兼并齐地夺取鲁地，传檄文给燕地、赵地，让他们固守本土，山东就不归汉朝所有了。""什么是中策？""向东夺取吴地，向西夺取楚地，兼并韩地夺取魏地，占据敖庾的粮食，守住成皋的关口，胜败之事就不能估计了。""什么是下策？""向东夺取吴地，向西夺取下蔡，辎重转移到越地，自己回到长沙，陛下就能高枕无忧，汉朝就没事了。"皇帝问："他将采取哪种计策？"令尹回答说："会采取下策。"皇帝说："为什么放弃上策、中策而采取下策呢？"令尹说："英布原是丽山的刑徒，自己奋斗成为万乘之主，这都是为自身，不顾及身后、不为百姓后代考虑的人，所以说他会采取下策。"皇帝说："好。"封给薛公一千户封邑。于是立皇子刘长为淮南王。皇帝于是发兵亲自率军向东攻打英布。

英布造反之初，对他的将领们说："皇帝老了，厌恶打仗，一定不会前来。派遣将领的话，令人担心的只有淮阴侯韩信、彭越，如今他们都已经死了，其余的都不足以害怕。"所以就造反了。果然如薛公所预估的，英布向东攻打荆国，荆王刘贾出逃死在了富陵。英布劫持他全部的军队，渡过淮河攻打楚国。楚国发兵与英布在徐县、僮县之间交战，楚军分为三军，想采用互相救援的奇计。有人劝说楚将：

上计？"令尹对曰："东取吴，西取楚，并齐取鲁，传檄燕、赵，固守其所，山东非汉之有也。""何谓中计？""东取吴，西取楚，并韩取魏，据敖庾之粟，塞成皋之口，胜败之数未可知也。""何谓下计？""东取吴，西取下蔡，归重于越，身归长沙，陛下安枕而卧，汉无事矣。"上曰："是计将安出？"令尹对曰："出下计。"上曰："何谓废上中计而出下计？"令尹曰："布故丽山之徒也，自致万乘之主，此皆为身，不顾后为百姓万世虑者也，故曰出下计。"上曰："善。"封薛公千户。乃立皇子长为淮南王。上遂发兵自将东击布。

布之初反，谓其将曰："上老矣，厌兵，必不能来。使诸将，诸将独患淮阴、彭越，今皆已死，余不足畏也。"故遂反。果如薛公筹之，东击荆，荆王刘贾走死富陵。尽劫其兵，渡淮击楚。楚发兵与战徐、僮间，为三军，欲以相救为奇。或说楚将曰："布善用兵，民素畏之。且兵法，诸侯战其地为散地。

今别为三，彼败吾一军，余皆走，安能相救！”不听。布果破其一军，其二军散走。

遂西，与上兵遇蕲西会甀。布兵精甚，上乃壁庸城，望布军置陈如项籍军，上恶之。与布相望见，遥谓布曰：“何苦而反？”布曰：“欲为帝耳。”上怒骂之，遂大战。布军败走，渡淮，数止战，不利，与百余人走江南。布故与番君婚，以故长沙哀王使人绐布，伪与亡，诱走越，故信而随之番阳。番阳人杀布兹乡民田舍，遂灭黥布。

立皇子长为淮南王，封贲赫为期思侯，诸将率多以功封者。

太史公曰：英布者，其先岂《春秋》所见楚灭英、六，皋陶之后哉？身被刑法，何其拔兴之暴也！项氏之所坑杀人以千万数，而布常为首虐。功

“英布善于用兵，百姓一向害怕他。况且兵法上说，诸侯在本地作战容易败散。如今分为三军，对方打败我们一军，其余二军就会逃走，怎么相互救援呢？”楚将不听。英布果然攻破其中一军，其余二军就逃散了。

于是英布领兵向西，与皇帝的军队在蕲县以西的会甀相遇。英布的军队非常精锐，皇帝于是坚守庸城不出。看到英布陈兵布阵如同项籍的军队，皇帝厌恶他。高祖与英布遥相望见，远远地对英布说：“何苦要造反呢？”英布说：“就是想当皇帝罢了。”皇帝发怒骂英布，于是双方大战。英布的军队战败逃走，渡过淮河，多次停下来交战都失利了，英布带着一百多人逃到长江以南。英布原与番君通婚，因此长沙哀王派人诱骗英布，谎称与他一起逃亡，引诱他逃到南越，英布相信他就随他到了番阳。番阳人在兹乡百姓的田舍里杀死英布，最终消灭了英布。

高祖立皇子刘长为淮南王，封贲赫为期思侯，各路将领大多因功受到封赏。

太史公说：英布，他的祖先难道是《春秋》所载被楚国灭亡的英国、六国，皋陶的后嗣吗？他自身遭受黥刑，为什么能兴起发迹得如此迅速呢！项氏所坑杀的人以千万计，而英布常常是罪魁祸首。他的

功劳冠绝各路诸侯，因此得以称王，不过也免不掉自身遭受世间的奇耻大辱。祸根从爱姬处生发出来，英布因妒忌招致祸患，最终竟因此使国家灭亡！

冠诸侯，用此得王，亦不免于身为世大僇。祸之兴自爱姬殖，妒媚生患，竟以灭国！

史记卷九十二
列传第三十二

淮阴侯韩信

淮阴侯韩信，是淮阴人。他当初是平民时，家境贫寒，没有好的品行，不能被推选去做官吏，又不能经商谋生，经常寄居在别人家里蹭吃蹭喝，很多人讨厌他。他曾经多次到下乡的南昌亭长家蹭饭吃，持续了几个月，亭长的妻子憎恶他，于是早晨做好饭到床上去吃。开饭时韩信赶去，却不给他准备饭食。韩信也知道他们的意思，非常生气，最后就不去了。

韩信在城下钓鱼，有几位老大娘在漂洗衣物，有一位老大娘看见韩信饥饿，给韩信饭吃，直到几十天后漂洗完。韩信高兴，对那位老大娘说："我有机会一定重重报答大娘。"大娘发怒说："大丈夫不能养活自己，我是可怜你这位公子才给你饭吃，难道是指望你报答吗？"

淮阴的屠户中有个年轻人侮辱韩信，说："你虽然长得高大，喜欢佩带刀剑，但内心其实很胆怯。"他当众侮辱韩信说："你要是不怕死，就用剑刺我；如果怕死，就从我的胯下爬过去。"于是韩信

淮阴侯韩信者，淮阴人也。始为布衣时，贫无行，不得推择为吏，又不能治生商贾，常从人寄食饮，人多厌之者。常数从其下乡南昌亭长寄食，数月，亭长妻患之，乃晨炊蓐食。食时信往，不为具食。信亦知其意，怒，竟绝去。

信钓于城下，诸母漂，有一母见信饥，饭信，竟漂数十日。信喜，谓漂母曰："吾必有以重报母。"母怒曰："大丈夫不能自食，吾哀王孙而进食，岂望报乎！"

淮阴屠中少年有侮信者，曰："若虽长大，好带刀剑，中情怯耳。"众辱之曰："信能死，刺我；不能死，出我袴下。"于是信孰视之，俯出袴下，

蒲伏。一市人皆笑信，以为怯。

及项梁渡淮，信杖剑从之，居戏下，无所知名。项梁败，又属项羽，羽以为郎中。数以策干项羽，羽不用。汉王之入蜀，信亡楚归汉，未得知名，为连敖。坐法当斩，其辈十三人皆已斩，次至信，信乃仰视，适见滕公，曰："上不欲就天下乎？何为斩壮士！"滕公奇其言，壮其貌，释而不斩。与语，大说之。言于上，上拜以为治粟都尉，上未之奇也。

信数与萧何语，何奇之。至南郑，诸将行道亡者数十人，信度何等已数言上，上不我用，即亡。何闻信亡，不及以闻，自追之。人有言上曰："丞相何亡。"上大怒，如失左右手。居一二日，何来谒上，上且怒且喜，骂何曰："若亡，何也？"何曰："臣不敢亡也，臣追亡者。"上曰："若所追者谁何？"曰："韩信也。"上复骂曰："诸将亡者以十数，公无所追；

仔细地打量他，伏下身子从他的胯下爬了过去。满街的人都笑话韩信，认为他胆小。

等到项梁渡过淮河，韩信持剑跟随他。他在项梁部下，没有什么名声。项梁战败，他又归附项羽，项羽任命他为郎中。他多次向项羽献计，项羽没有采用。汉王进入蜀地，韩信逃离楚军归附汉王，没能获得什么名声，担任接待宾客的小官。后来韩信犯罪应当被斩首，他的同伴十三人都已经被斩，轮到韩信了，韩信就抬头仰视，正好看见滕公，说："汉王不是想成就统一天下的功业吗？为什么要斩杀壮士？"滕公对他的话感到惊奇，见他相貌非凡，就释放了他。滕公与他交谈，很欣赏他，就把此事告知汉王，汉王任命他为治粟都尉，汉王没有察觉他的过人之处。

韩信多次与萧何交谈，萧何对他感到惊奇。到达南郑，将领中有几十人在半路逃走，韩信估计萧何等人已经多次向汉王推荐自己，汉王不会信用自己，就也逃走了。萧何听说韩信逃走，来不及禀报汉王，亲自去追赶韩信。有人告诉汉王说："丞相萧何逃跑了。"汉王大怒，感觉如同失去了左右手。过了一两天，萧何前来拜谒汉王，汉王又怒又喜，骂萧何说："你也逃走了，为什么？"萧何说："我不敢逃走，我是去追逃跑的人。"汉王说："你追的人是谁？"萧何说："是韩信。"汉王又骂道：

"各路将领逃跑的有几十人，你没追一个；追韩信，是骗我的吧。"萧何说："那些将领很容易得到。至于韩信，他是天下独一无二的杰出人物。大王只是一定想在汉中长久称王，没有什么事情可以用到韩信；如果一定要争得天下，除了韩信没有能和您计议大事的人。就看大王如何决定了。"汉王说："我也想向东进发，怎么能一直憋闷地留在这里呢？"萧何说："大王一定要东进，能重用韩信，韩信就留下；不能重用，韩信最终也会逃走。"汉王说："我为了您任他为将军。"萧何说："即使任他为将军，韩信也一定不会留下。"汉王说："任他为大将。"萧何说："太好了。"于是汉王想召见韩信任命他。萧何说："大王一向轻慢无礼，如今任命大将如同呼唤小孩一样，这就是韩信离开的原因。大王一定想任命他，就选择好日子，沐浴斋戒，筑场设坛，礼仪完备才可以。"汉王答应了萧何的要求。各路将领都非常高兴，人人都以为是自己被封为大将军。等到任命大将时，才知道是韩信，全军都震惊了。

任命韩信的仪式结束后，汉王就坐。汉王说："丞相多次赞赏将军，将军拿什么计策教导我呢？"韩信谦让了一番，趁势问汉王道："如今向东争夺天下，难道对手不是项王吗？"汉王说："对。"韩

追信，诈也。"何曰："诸将易得耳。至如信者，国士无双。王必欲长王汉中，无所事信；必欲争天下，非信无所与计事者。顾王策安所决耳。"王曰："吾亦欲东耳，安能郁郁久居此乎？"何曰："王计必欲东，能用信，信即留；不能用，信终亡耳。"王曰："吾为公以为将。"何曰："虽为将，信必不留。"王曰："以为大将。"何曰："幸甚。"于是王欲召信拜之。何曰："王素慢无礼，今拜大将如呼小儿耳，此乃信所以去也。王必欲拜之，择良日，斋戒，设坛场，具礼，乃可耳。"王许之。诸将皆喜，人人各自以为得大将。至拜大将，乃韩信也，一军皆惊。

信拜礼毕，上坐。王曰："丞相数言将军，将军何以教寡人计策？"信谢，因问王曰："今东乡争权天下，岂非项王邪？"汉王曰："然。"曰："大

王自料勇悍仁强孰与项王？"
汉王默然良久，曰："不如也。"
信再拜贺曰："惟信亦为大
王不如也。然臣尝事之，请
言项王之为人也。项王喑噁叱
咤，千人皆废，然不能任属贤将，
此特匹夫之勇耳。项王见人恭
敬慈爱，言语呕呕，人有疾病，
涕泣分食饮，至使人有功当封
爵者，印刓敝，忍不能予，此
所谓妇人之仁也。项王虽霸天
下而臣诸侯，不居关中而都彭
城。有背义帝之约，而以亲爱
王，诸侯不平。诸侯之见项王
迁逐义帝置江南，亦皆归逐其
主而自王善地。项王所过无不
残灭者，天下多怨，百姓不亲附，
特劫于威强耳。名虽为霸，实
失天下心。故曰其强易弱。今
大王诚能反其道：任天下武勇，
何所不诛！以天下城邑封功
臣，何所不服！以义兵从思东
归之士，何所不散！且三秦王
为秦将，将秦子弟数岁矣，所
杀亡不可胜计，又欺其众降诸
侯，至新安，项王诈坑秦降卒
二十余万，唯独邯、欣、翳得
脱，秦父兄怨此三人，痛入骨

信说："大王自己估量在勇敢、强悍、仁
厚、兵力方面与项王相比谁强？"汉王沉
默了很久说："我不如项王。"韩信拜了
两拜祝贺道："我也认为大王比不上他啊。
然而我曾经在他那里做过事，请让我谈谈
项王的为人。项王震怒咆哮时，千百人都
胆战腿软，然而他不能重用贤才良将，这
只不过是匹夫之勇罢了。项王见到人恭敬
慈爱，言语温和，有人患病，他流着泪分
给他们饮食，等到别人有了功劳应当封爵
时，他把刻好的印信放在手里把玩得失去
了棱角，还舍不得授予，这就是所谓的妇
人之仁啊。项王虽然称霸天下却让诸侯称
臣，不居守关中却建都彭城。他又违背了
义帝的约定，而将自己的亲信封为王，诸
侯愤愤不平。诸侯看到项王驱逐义帝把他
安置在江南，也都回去驱逐他们的君主，
自己统治好的地方。项王所经过的地方没
有不被摧残毁灭的，天下人大多都怨恨他，
百姓不亲附他，只不过迫于他的威势罢了。
他名义上虽是霸主，实则失去了天下民心。
所以说他的强大很容易被削弱。如今大王
如果真能反其道而行：任用天下勇猛之士，
还有什么不能诛灭！把天下的城邑封给有
功之臣，还有谁不臣服！以正义之师顺从
将士东归的愿望，还有什么敌人不能击
溃！况且三秦的封王都是秦将，率领秦地
子弟征战多年了，被杀死和逃亡的人不可

胜数，又欺骗他们的部下投降诸侯，到达新安，项王以欺诈的手段坑杀二十多万投降的秦兵，唯独章邯、司马欣、董翳得以逃脱，秦地父老兄弟怨恨这三个人到了恨入骨髓的地步。如今楚军凭借强大的威势封这三人为王，秦地百姓没有人拥戴他们。大王进入武关，秋毫无犯，废除秦朝苛酷法令，只与秦地百姓约法三章而已，秦地百姓没有不想要大王在秦地称王的。按照诸侯的约定，大王应当在关中称王，关中百姓全都知道此事。大王失去秦地进入汉中，秦地百姓没有不感到遗憾的。如今大王举兵向东，三秦之地只凭一道檄文便可平定。"于是汉王非常高兴，自认为获得韩信太晚了。于是听从韩信的计策，安排各路将领所要攻击的目标。

八月，汉王举兵向东出陈仓，平定三秦。汉二年，兵出函谷关，占领魏、河南，韩王、殷王都投降了。汉王于是联合齐、赵两国共同攻打楚军。四月，大军到达彭城，汉军战败溃散而回。韩信又收聚兵力与汉王在荥阳会合，又在京、索之间击破楚军，因此楚军最终无法西进。

汉军在彭城败退后，塞王司马欣、翟王董翳叛汉降楚，齐、赵两国也反叛汉王与楚军讲和。六月，魏王魏豹告假回家探望母亲病情，到达封国，就阻绝黄河渡口蒲津关反叛汉王，与楚订约讲和。汉王派

髓。今楚强以威王此三人，秦民莫爱也。大王之入武关，秋豪无所害，除秦苛法，与秦民约，法三章耳，秦民无不欲得大王王秦者。于诸侯之约，大王当王关中，关中民咸知之。大王失职入汉中，秦民无不恨者。今大王举而东，三秦可传檄而定也。"于是汉王大喜，自以为得信晚。遂听信计，部署诸将所击。

八月，汉王举兵东出陈仓，定三秦。汉二年，出关，收魏、河南，韩、殷王皆降。合齐、赵共击楚。四月，至彭城，汉兵败散而还。信复收兵与汉王会荥阳，复击破楚京、索之间，以故楚兵卒不能西。

汉之败却彭城，塞王欣、翟王翳亡汉降楚，齐、赵亦反汉与楚和。六月，魏王豹谒归视亲疾，至国，即绝河关反汉，与楚约和。汉王使郦生说豹，

不下。其八月，以信为左丞相，击魏。魏王盛兵蒲坂，塞临晋，信乃益为疑兵，陈船欲度临晋，而伏兵从夏阳以木罂瓴渡军，袭安邑。魏王豹惊，引兵迎信，信遂虏豹，定魏为河东郡。汉王遣张耳与信俱，引兵东北击赵、代。后九月，破代兵，禽夏说阏与。信之下魏破代，汉辄使人收其精兵，诣荥阳以距楚。

信与张耳以兵数万，欲东下井陉击赵。赵王、成安君陈馀闻汉且袭之也，聚兵井陉口，号称二十万。广武君李左车说成安君曰："闻汉将韩信涉西河，虏魏王，禽夏说，新喋血阏与，今乃辅以张耳，议欲下赵，此乘胜而去国远斗，其锋不可当。臣闻千里馈粮，士有饥色，樵苏后爨，师不宿饱。今井陉之道，车不得方轨，骑不得成列，行数百里，其势粮食必在其后。愿足下假臣奇兵三万人，从间道绝其辎重；足下深沟高垒，坚营勿与战。彼前不得斗，退不得还，吾奇兵绝其后，使

郦生劝说魏豹，没有成功。这年八月，汉王任命韩信为左丞相，攻打魏王。魏王派重兵把守蒲坂，堵塞临晋关，韩信便增设疑兵，故意陈列船只想在临晋渡河，而伏兵从夏阳用木制的盆瓮浮水渡河，偷袭安邑。魏王魏豹大惊，领兵迎击韩信，韩信就俘虏了魏豹，平定了魏地，将其设置为河东郡。汉王派遣张耳与韩信一同领兵东进，向北攻打赵国、代国。九月，大军攻破代国军队，在阏与擒获夏说。韩信夺取魏国攻破代国，汉王就立刻派人收回他的精锐部队，到荥阳去抵御楚军。

韩信和张耳率兵几万，想向东拿下井陉攻打赵国。赵王、成安君陈馀听说汉军将要袭击赵国，就在井陉口聚集兵力，号称二十万。广武君李左车劝说成安君道："听说汉将韩信渡过西河，俘虏魏王，擒获夏说，最近血战阏与，如今又用张耳作为辅佐，计划想攻下赵国，这是乘胜离国远征，其锋芒势不可当。我听说不远千里运送粮饷，士卒面有饥色，砍柴割草之后再做饭，军队就经常吃不饱。如今井陉的道路，战车不能并排而行，骑兵不能排成行列，行军队伍绵延几百里，这种形势粮饷一定在队伍的后面。希望您借给我三万奇兵，我从小路出兵切断他们的辎重车辆；您深挖战壕高筑营壁，坚守阵营不和他们交战。他们向前进军不能战斗，后退

无法返回，我的奇兵截断他们的退路，让他们在野外无法获得物资，不到十天，两将首级就可送到您的帐前。希望您能留意我的计策。不然的话，我们一定会被那两人所擒。"成安君是儒生，经常宣称正义的军队不使用奇谋诡计，他说："我听说兵书上讲兵力十倍于敌人就包围它，兵力双倍于敌人就与对方交战。如今韩信的军队号称几万，其实不过几千人。能行军千里来袭击我们，肯定也已经疲惫至极了。如今像这样避而不战，此后有更强大的敌人前来交战，我们拿什么战胜他们呢！那诸侯会说我们胆怯，从而轻视并讨伐我们。"他没有听从广武君的计策，广武君的计策没被采用。

韩信派人暗中监视，得知广武君的计策没有被采用，返回禀报，韩信很高兴，才敢领兵进入井陉狭道。大军距离井陉口三十里，停下扎营。半夜传令出发，挑选轻装骑兵二千人，每人拿一面红旗，从小道上山隐蔽视察赵军，告诫士兵说："赵军见我们逃跑，一会儿倾巢出动来追击我们，你们迅速冲入赵军的营地，拔下赵军的旗帜，立起汉军的红旗。"韩信命令他的副将传达吃饭的命令，说："今天攻破赵军后会餐！"各位将领都不相信，假装答应说："好。"韩信对军官说："赵军已抢先占据有利地势扎营，而且他们没看

野无所掠，不至十日，而两将之头可致于戏下。愿君留意臣之计。否，必为二子所禽矣。"成安君，儒者也，常称义兵不用诈谋奇计，曰："吾闻兵法十则围之，倍则战。今韩信兵号数万，其实不过数千。能千里而袭我，亦已罢极。今如此避而不击，后有大者，何以加之！则诸侯谓吾怯，而轻来伐我。"不听广武君策，广武君策不用。

韩信使人间视，知其不用，还报，则大喜，乃敢引兵遂下。未至井陉口三十里，止舍。夜半传发，选轻骑二千人，人持一赤帜，从间道萆山而望赵军，诚曰："赵见我走，必空壁逐我，若疾入赵壁，拔赵帜，立汉赤帜。"令其裨将传飧，曰："今日破赵会食！"诸将皆莫信，详应曰："诺。"谓军吏曰："赵已据便地为壁，且彼未见吾大将旗鼓，未肯击前行，恐吾至阻险而还。"信乃使万人先

行，出，背水陈。赵军望见而大笑。平旦，信建大将之旗鼓，鼓行出井陉口，赵开壁击之，大战良久。于是信、张耳详弃鼓旗，走水上军。水上军开入之，复疾战。赵果空壁争汉鼓旗，逐韩信、张耳。韩信、张耳已入水上军，军皆殊死战，不可败。信所出奇兵二千骑，共候赵空壁逐利，则驰入赵壁，皆拔赵旗，立汉赤帜二千。赵军已不胜，不能得信等，欲还归壁，壁皆汉赤帜，而大惊，以为汉皆已得赵王将矣，兵遂乱，遁走，赵将虽斩之，不能禁也。于是汉兵夹击，大破虏赵军，斩成安君泜水上，禽赵王歇。

信乃令军中毋杀广武君，有能生得者购千金。于是有缚广武君而致戏下者，信乃解其缚，东乡坐，西乡对，师事之。

诸将效首虏，毕贺，因问

到我们大将的旗鼓，就不会攻击我们的先头部队，担心我们到达险阻之地后撤回。"韩信于是派一万人先行，出井陉口，背靠河水陈兵布阵。赵军望见后大笑。天刚亮，韩信设置好大将的旗鼓，击鼓行出井陉口，赵军打开营门攻打汉军，大战了很久。这时韩信、张耳佯装战败丢弃旗鼓，逃到河边的军阵。河边的军队打开营门让他们进去，又迅速作战。赵军果然倾巢而出争夺汉军旗鼓，追击韩信、张耳。韩信、张耳已经进入河边军阵，全军都殊死奋战，赵军无法得胜。韩信派出的两千骑兵作为奇兵，都在等候时机，趁着赵军倾巢而出争夺战利品时，他们驰入赵军军营，拔掉赵军全部旗帜，立起二千面汉军的红旗。赵军已经无法取胜，不能擒得韩信等人，想返回军营，军营都是汉军的红旗，赵军大为震惊，认为汉军已俘虏赵王的将领了，于是军队大乱，士兵纷纷逃跑，赵军将领虽然斩杀逃兵，也无法阻止。于是汉军内外夹击，大破赵军并俘虏了很多人，在泜水边上斩杀成安君，擒获赵王歇。

韩信于是命令军中不要杀广武君，有能生擒他的悬赏千金。于是有人捆缚广武君送到韩信帐下，韩信就解开捆绑他的绳子，请他面向东坐在上位，自己向西坐，以老师之礼对待他。

众将呈献首级和俘虏，之后向韩信祝

贺，接着便问韩信："兵书上说行军布阵右边和背后要靠着山陵，前边和左边临近水泽，这次将军命令我等反而背水布阵，说攻破赵军后会餐，我等不信服。然而最终竟以此取得胜利，这是什么道理呢？"韩信说："这就在兵书中，只是各位没有细看罢了。兵书上不是说'陷之死地而后生，置之亡地而后存'吗？况且我韩信平素没有机会训练任我调度的将士，这就是所说的'赶着街市上的百姓去作战'，这种形势下一定要置其之死地，使人人为自己而战；如果给他们留有生路，他们就会全部逃走，怎么还可以用他们作战呢！"众将都佩服地说："说得好啊。这些不是我们想得到的。"

于是韩信问广武君说："我想向北攻打燕国，向东讨伐齐国，怎样才能成功呢？"广武君推辞说："我听说打败仗的将领，没资格谈论勇敢，亡国的大夫，没资格谋划国家的存亡。如今我是兵败国亡的俘虏，有什么可值得商讨大事的呢？"韩信说："我听说，百里奚在虞国而虞国灭亡，在秦国而秦国称霸，这并不是因为他在虞国愚笨而在秦国聪明，而在于国君重用不重用他，采纳不采纳他的意见。如果真的让成安君听从了您的计策，像我韩信这样的人也早已被擒了。正因他不采纳您的计策，所以我韩信才能侍奉您啊。"

信曰："兵法右倍山陵，前左水泽，今者将军令臣等反背水陈，曰破赵会食，臣等不服。然竟以胜，此何术也？"信曰："此在兵法，顾诸君不察耳。兵法不曰'陷之死地而后生，置之亡地而后存'？且信非得素拊循士大夫也，此所谓'驱市人而战之'，其势非置之死地，使人人自为战，今予之生地，皆走，宁尚可得而用之乎！"诸将皆服曰："善。非臣所及也。"

于是信问广武君曰："仆欲北攻燕，东伐齐，何若而有功？"广武君辞谢曰："臣闻败军之将，不可以言勇；亡国之大夫，不可以图存。今臣败亡之虏，何足以权大事乎！"信曰："仆闻之，百里奚居虞而虞亡，在秦而秦霸，非愚于虞而智于秦也，用与不用，听与不听也。诚令成安君听足下计，若信者亦已为禽矣。以不用足下，故信得侍耳。"因固问曰："仆委心归计，愿足下勿辞。"广武君曰："臣闻智者千虑，必有一失；愚者千虑，必有一得。故曰：'狂夫之言，圣人择焉。'顾恐臣计未必足用，愿效愚忠。夫成安君有百战百胜之计，一旦而失之，军败鄗下，身死泜上。今将军涉西河，虏魏王，禽夏说阏与，一举而下井陉，不终朝破赵二十万众，诛成安君。名闻海内，威震天下，农夫莫不辍耕释耒，褕衣甘食，倾耳以待命者。若此，将军之所长也。然而众劳卒罢，其实难用。今将军欲举倦弊之兵，顿之燕坚城之下，欲战恐久力不能拔，情见势屈，旷日粮竭，而弱燕不服，齐必距境以自强也。燕、齐相持而不下，则刘、项之权未有所分也。若此者，将军所短也。臣愚，窃以为亦过矣。故善用兵者不以短击长，而以长击短。"韩信曰："然则何由？"广武君对曰："方今为将军计，莫如案甲休兵，镇赵抚其孤，百里之内，牛酒日至，以飨士大夫醳兵。北首燕路，而后遣辩士奉咫尺之书，暴其所长于燕，燕必不

接着坚持问道："我诚心求问您的计策，希望您不要推辞。"广武君说："我听说智者千虑，必有一失；愚者千虑，必有一得。所以说'狂人说的话，圣人也可以选择'。只怕我的计策不足以采用，但我愿献出愚忠。成安君有百战百胜的办法，一旦失误，就兵败鄗城之下，身死于泜水边上。如今将军渡过西河，俘虏魏王，在阏与擒获夏说，一举攻下井陉，不到一个早晨就攻破赵国二十万大军，诛杀成安君。名闻四海，威震天下，农夫没有不停止耕作、放下农具，穿好吃好，侧耳倾听战事以等待下达命令的。像这些都是将军的长处。然而民众劳苦士卒疲惫，其实很难用他们来打仗。如今将军想发动疲倦的士兵，让他们驻扎在燕国坚固的城池之下，要战斗恐怕时间持久不能攻下，实情暴露威势减弱，旷日持久，粮食耗尽，而弱小的燕国不肯投降，齐国就一定会守卫边境加强防备。燕国、齐国彼此坚持不肯投降，那刘邦、项羽之间就无法分出胜负。像这些就是将军的短处。我人愚笨，但我私下也认为这样不对。因此善于用兵的人不拿自己的短处攻击敌人的长处，而是拿自己的长处攻击敌人的短处。"韩信说："说得对，那应该怎么办呢？"广武君回答说："现在替将军考虑，不如按兵休整，镇守赵国，抚恤赵国的遗孤，方圆百里之内，牛肉美酒每天送

来，用来犒劳将士。然后向北在去往燕国的路上驻扎，之后派出说客送去书信，把您的长处展露在燕国面前，燕国一定不敢不听从。燕国听从之后，再派说客向东告知齐国，齐国一定望风而降，即使有聪明睿智的人，也不知如何替齐国计议了。像这样，那打天下的大事都可以谋划了。用兵本来就有先虚张声势而后采取实际行动的，说得就是这个道理。"韩信说："说得好。"听从了他的计策，派使者出使燕国，燕国闻风而降。于是派遣使者报告汉王，乘机请求立张耳为赵王，以镇抚赵国。汉王答应了他的请求，便立张耳为赵王。

楚军多次派出奇兵渡过黄河攻打赵国，赵王张耳、韩信前去救援赵国，乘机在行进中平定赵地城邑，发兵支援汉王。楚军正加紧在荥阳围攻汉王，汉王从南面逃出，来到了宛城、叶县一带，得到黥布，逃入成皋，楚军又再次迅速围攻成皋。六月，汉王逃出成皋，向东渡过黄河，只身与滕公一起，前往驻扎在修武的张耳军队中。到达后住在驿站。第二天早晨他自称是汉王的使者，驰马进入赵军的军营。张耳、韩信还没有起床，就在他们的卧室内，汉王夺了他们的印信和兵符，用军旗召集众将，更换了他们的职务。韩信、张耳起床后，才知道汉王来了，大为震惊。汉王夺了两人的军队，就命令张耳防守赵地，拜

敢不听从。燕已从，使喧言者东告齐，齐必从风而服，虽有智者，亦不知为齐计矣。如是，则天下事皆可图也。兵固有先声而后实者，此之谓也。"韩信曰："善。"从其策，发使使燕，燕从风而靡。乃遣使报汉，因请立张耳为赵王，以镇抚其国。汉王许之，乃立张耳为赵王。

楚数使奇兵渡河击赵，赵王耳、韩信往来救赵，因行定赵城邑，发兵诣汉。楚方急围汉王于荥阳，汉王南出，之宛、叶间，得黥布，走入成皋，楚又复急围之。六月，汉王出成皋，东渡河，独与滕公俱，从张耳军修武。至，宿传舍。晨自称汉使，驰入赵壁。张耳、韩信未起，即其卧内上夺其印符，以麾召诸将，易置之。信、耳起，乃知汉王来，大惊。汉王夺两人军，即令张耳备守赵地，拜韩信为相国，收赵兵未发者击齐。

韩信为相国，收聚赵国还没被征发的士兵去攻打齐国。

信引兵东，未渡平原，闻汉王使郦食其已说下齐，韩信欲止。范阳辩士蒯通说信曰："将军受诏击齐，而汉独发间使下齐，宁有诏止将军乎？何以得毋行也！且郦生一士，伏轼掉三寸之舌，下齐七十余城，将军将数万众，岁余乃下赵五十余城，为将数岁，反不如一竖儒之功乎？"于是信然之，从其计，遂渡河。齐已听郦生，即留纵酒，罢备汉守御。信因袭齐历下军，遂至临菑。齐王田广以郦生卖己，乃亨之，而走高密，使使之楚请救。韩信已定临菑，遂东追广至高密西。楚亦使龙且将，号称二十万，救齐。

韩信领兵向东，还没有渡过平原津，听说汉王派郦食其已经说服了齐王投降。韩信想停止进军。范阳说客蒯通劝说韩信道："将军接受诏令攻打齐国，而汉王只是暗中派使者去劝降齐王，难道有诏令让将军停止进攻吗？为什么不进军呢？况且郦生一个辩士，乘着车鼓动三寸之舌，使齐国七十多座城邑投降，将军率领几万军队，一年多才攻下赵国五十多座城邑，担任将军数年，功劳反而不如一个小小的儒生吗？"于是韩信认为他说得对，听从了他的计策，就渡过黄河。齐王听从郦生投降后，就挽留郦生开怀畅饮，撤除对汉军的防备守卫。韩信乘机袭击齐国在历下的军队，于是到达临淄。齐王田广认为郦生出卖自己，于是烹杀了他，逃往高密，派使者到楚国请求救援。韩信平定临淄后，便向东追击田广到高密以西地区。楚王也派龙且率领军队，号称二十万大军，来援救齐王。

齐王广、龙且并军与信战，未合，人或说龙且曰："汉兵远斗穷战，其锋不可当。齐、楚自居其地战，兵易败散。不如深壁，令齐王使其信臣招所亡城，亡城闻其王在，楚来救，

齐王田广、龙且合兵与韩信交战，还未交锋，有人劝说龙且道："汉军远征拼死作战，其锋芒锐不可当。齐、楚两军在自己的国土上作战，士兵容易溃败逃散。不如深沟高垒，让齐王派他的宠臣招抚所丢失的城邑，那些丢失的城邑听说他们的

大王还在，楚军前来救援，一定会背叛汉军。汉军客居于两千里之外，齐国城邑都反叛他们，他们势必没有地方可以获取粮食，可以不用作战而使汉军投降。"龙且说："我一向了解韩信的为人，他容易对付。况且救援齐王，不战而使汉军投降，我还有什么功劳？如今与他战斗并战胜他，齐国一半土地便可以得到了，为什么停止呢！"于是出兵作战，与韩信隔着潍水摆开阵势。韩信便命人在夜间做了一万多个袋子，装满沙子，堵住潍水的上游，带领一半军队渡河，袭击龙且，军队佯装无法取胜，返回后逃走。龙且果然高兴地说："我就知道韩信胆怯。"于是追击韩信渡过潍水。韩信派人决开堵水的沙袋，大水汹涌而至。龙且的军队大半没能渡过潍水，韩信立即展开反击，杀死龙且。龙且在潍水东岸的军队四处逃散，齐王田广逃跑。韩信于是追击败兵到城阳，俘虏了全部楚军。

汉四年，韩信最终全部降服平定齐国。他派人告诉汉王说："齐国人狡诈多变，是反复无常的国家，南面与楚国接壤，不设立一个假王来镇抚他们，齐国形势不会稳定。希望让我做假王以使形势有利。"当时，楚军正加紧在荥阳围攻汉王，韩信使者到达，汉王打开信件一看，大怒，骂道："我被困在这里，日夜盼望你来帮助我，

必反汉。汉兵二千里客居，齐城皆反之，其势无所得食，可无战而降也。"龙且曰："吾平生知韩信为人，易与耳。且夫救齐不战而降之，吾何功？今战而胜之，齐之半可得，何为止！"遂战，与信夹潍水陈。韩信乃夜令人为万余囊，满盛沙，壅水上流，引军半渡，击龙且，详不胜，还走。龙且果喜曰："固知信怯也。"遂追信渡水。信使人决壅囊，水大至。龙且军大半不得渡，即急击，杀龙且。龙且水东军散走，齐王广亡去。信遂追北至城阳，皆虏楚卒。

汉四年，遂皆降平齐。使人言汉王曰："齐伪诈多变，反覆之国也，南边楚，不为假王以镇之，其势不定。愿为假王便。"当是时，楚方急围汉王于荥阳，韩信使者至，发书，汉王大怒，骂曰："吾困于此，旦暮望若来佐我，乃欲

自立为王！”张良、陈平蹑汉王足，因附耳语曰：“汉方不利，宁能禁信之王乎？不如因而立，善遇之，使自为守。不然，变生。”汉王亦悟，因复骂曰：“大丈夫定诸侯，即为真王耳，何以假为！”乃遣张良往立信为齐王，征其兵击楚。

楚已亡龙且，项王恐，使盱眙人武涉往说齐王信曰：“天下共苦秦久矣，相与戮力击秦。秦已破，计功割地，分土而王之，以休士卒。今汉王复兴兵而东，侵人之分，夺人之地，已破三秦，引兵出关，收诸侯之兵以东击楚，其意非尽吞天下者不休，其不知厌足如是甚也。且汉王不可必，身居项王掌握中数矣，项王怜而活之，然得脱，辄倍约，复击项王，其不可亲信如此。今足下虽自以与汉王为厚交，为之尽力用兵，终为之所禽矣。足下所以得须臾至今者，以项王尚存也。当今二王之事，权在足下。足下右投则汉王胜，左投则项王胜。项王今日亡，则

你竟然想自立为王！”张良、陈平暗中踩汉王的脚，接着凑近汉王耳边说：“汉军正处境不利，难道能禁止韩信称王吗？不如乘势立他为王，好好地对待他，让他为自己而守。不然的话，会生变乱。”汉王也醒悟，接着又骂道：“大丈夫平定诸侯，就应该做真王，为什么要做假王呢！”于是派张良前去立韩信为齐王，征调他的兵力攻打楚军。

楚军失去龙且后，项王恐慌，派盱眙人武涉前去游说齐王韩信道：“天下人苦于秦朝的统治已经很久了，同心协力攻打秦朝。秦朝已被攻破，按功劳划分土地，分封土地而各自为王，以休兵罢战。如今汉王又兴兵向东，侵犯人家的边境，夺取人家的封地，攻破三秦后，带兵出关，收聚诸侯的军队向东攻打楚军，他的意图是不吞并整个天下不肯罢休，他不知满足就像现在这样过分啊。况且汉王不可信任，自己落到项王的手中很多次了，项王怜悯他而让他活命，然而他脱身后就背弃盟约，再次攻打项王，他是这样不可亲近、不可信任。如今您即使自认为与汉王交情深厚，为他尽力作战，最终还是会被他所擒。您之所以能保全性命到今天，是因为项王尚存啊。当今汉王、项王两位的大事，关键在于您。您站在右边那么汉王便会取胜，站在左边那么项王便会取胜。项王今

天被灭，那么汉王下一步就该取您的性命了。您与项王有旧交，为什么不反叛汉王与楚王联合，三分天下自立为王呢？如今放弃这个时机，必然要站在汉王那边来攻打楚王，一个睿智的人会坚持这样做吗？"韩信辞谢说："我为项王做事，做官不过是做到个郎中，地位不过是个执戟的卫士，进言不听，计策不用，所以我背叛楚王而归附汉王。汉王授予我上将的印信，给我几万军队，解下衣服给我穿，拿出食物给我吃，对我言听计从，所以我才能到今天这样。人家对我非常亲近信任，我背叛他不会有好结果，到死也不会改变。希望替我辞谢项王！"

武涉离开后，齐国人蒯通知道天下大事的关键在于韩信，想用奇计来打动他，以看相人的身份劝说韩信道："我曾学过相人的技术。"韩信说："先生怎么相人？"蒯通回答说："人的贵贱在于骨骼，喜忧在于面色，成败在于决断，用这三项参酌，万无一失。"韩信说："好。先生看我的面相怎么样？"蒯通回答说："希望单独与您交谈。"韩信说："左右侍从都走开了。"蒯通说："看您的面相，不过封侯，但又危险不安全。看您的背相，却贵不可言。"韩信说："什么意思？"蒯通说："天下开始发难时，英雄豪杰建立名号大呼一声，天下有志之士像云雾一样聚集，

次取足下。足下与项王有故，何不反汉与楚连和，参分天下王之？今释此时，而自必于汉以击楚，且为智者固若此乎！"韩信谢曰："臣事项王，官不过郎中，位不过执戟，言不听，画不用，故倍楚而归汉。汉王授我上将军印，予我数万众，解衣衣我，推食食我，言听计用，故吾得以至于此。夫人深亲信我，我倍之不祥，虽死不易。幸为信谢项王！"

武涉已去，齐人蒯通知天下权在韩信，欲为奇策而感动之，以相人说韩信曰："仆尝受相人之术。"韩信曰："先生相人何如？"对曰："贵贱在于骨法，忧喜在于容色，成败在于决断。以此参之，万不失一。"韩信曰："善。先生相寡人何如？"对曰："愿少间。"信曰："左右去矣。"通曰："相君之面，不过封侯，又危不安。相君之背，贵乃不可言。"韩信曰："何谓也？"蒯通曰："天下初发难

也，俊雄豪桀建号壹呼，天下之士云合雾集，鱼鳞杂逐，熛至风起。当此之时，忧在亡秦而已。今楚汉分争，使天下无罪之人肝胆涂地，父子暴骸骨于中野，不可胜数。楚人起彭城，转斗逐北，至于荥阳，乘利席卷，威震天下。然兵困于京、索之间，迫西山而不能进者，三年于此矣。汉王将数十万之众，距巩、雒，阻山河之险，一日数战，无尺寸之功，折北不救，败荥阳，伤成皋，遂走宛、叶之间，此所谓智勇俱困者也。夫锐气挫于险塞，而粮食竭于内府，百姓罢极怨望，容容无所倚。以臣料之，其势非天下之贤圣固不能息天下之祸。当今两主之命县于足下。足下为汉则汉胜，与楚则楚胜。臣愿披腹心，输肝胆，效愚计，恐足下不能用也。诚能听臣之计，莫若两利而俱存之，参分天下，鼎足而居，其势莫敢先动。夫以足下之贤圣，有甲兵之众，据强齐，从燕、赵，出空虚之地而制其后，因民之欲，西乡为百姓请命，则天下风走而响应矣，孰敢不

像鱼鳞般杂沓，像火焰般迸发，狂风骤起。正当这时，大家担忧的只是怎么灭亡秦朝罢了。如今楚汉分争，天下无辜的人肝胆涂地，父子暴尸于荒野，这样的事不可胜数。楚国人从彭城起事，转战四方，直到荥阳，乘着胜利席卷挺进，威震天下。然而军队被困在京、索之间，受阻于西山而不能前进，在此地已有三年了。汉王率领几十万大军，在巩、洛一带抗拒楚军，依仗山河的险要地形，一天交战多次，没有尺寸的功劳，兵败逃亡难以自救。在荥阳战败，在成皋受伤，于是逃到宛、叶之间，这就是所说的智慧勇气都用尽了。将士锐气在险要关塞受挫，内府粮食消耗殆尽，百姓也精疲力竭，怨声载道，人心涣散，无所归依。照我预料，这种形势，不是天下圣贤根本不能平息天下的祸乱。如今汉王、项王的命运都在您手上。您辅佐汉王那么汉王就会取胜，辅佐楚王那么楚王就会取胜。我愿披肝沥胆，献出愚计，恐怕您不能采用。如果真能听从我的计策，不如让双方都不受损害而同时存在下去，三分天下，鼎足而立，这种形势谁也不敢先动。凭借您的贤能圣德，拥有的众多兵甲，又占据强大的齐国，有燕、赵两国跟随，如果出兵到刘邦、项羽空虚的地方并牵制他们的后方，顺应百姓的意愿，向西为百姓请命，那么天下就会闻风响应了，谁敢

不听！分割大国削弱强国以分封诸侯，诸侯分封后，天下就会服从听命而将恩德归于齐国。稳守齐国故有的领土，据守胶河、泗水地区，用恩德来感怀诸侯，恭谨谦让，那么天下的君王就会相继前来齐国朝见了。我听说如果上天赐予的不接受，反而会受到惩罚；时机到了不去做，反而会遭受到祸殃。希望您仔细考虑这件事。"

韩信说："汉王对待我很优厚，把他的车子给我坐，把他的衣服给我穿，把他的食物给我吃。我听说，坐人家的车要分担人家的祸患，穿人家的衣服要想着人家的忧患，吃人家的食物要为人家的事业效命，我怎么可以图谋私利而背信弃义呢！"

蒯生说："您自以为与汉王交好，想建立万世的功业，我私下认为您错了。当初常山王、成安君还是百姓时，互相结为刎颈之交，后来因为张黡、陈泽的事发生争执，二人结怨。常山王背叛项王，提着项婴的人头逃跑，来归降汉王。汉王借着他的军队向东进击，在泜水之南杀死成安君，成安君身首异处，最终被天下人耻笑。这两人的交情，是天下最好的了。然而最终相互攻杀，为什么呢？因为祸患产生于贪得无厌而人心难测。如今您想凭借忠诚信义与汉王交好，你们一定没有常山王、成安君的交情，但你们之间的事情却比张黡、陈泽的事更大。所以我认为您断定汉王不

听！割大弱强，以立诸侯，诸侯已立，天下服听而归德于齐。案齐之故，有胶、泗之地，怀诸侯以德，深拱揖让，则天下之君王相率而朝于齐矣。盖闻天与弗取，反受其咎；时至不行，反受其殃。愿足下熟虑之。"

韩信曰："汉王遇我甚厚，载我以其车，衣我以其衣，食我以其食。吾闻之，乘人之车者载人之患，衣人之衣者怀人之忧，食人之食者死人之事，吾岂可以乡利倍义乎！"

蒯生曰："足下自以为善汉王，欲建万世之业，臣窃以为误矣。始常山王、成安君为布衣时，相与为刎颈之交，后争张黡、陈泽之事，二人相怨。常山王背项王，奉项婴头而窜逃，归于汉王。汉王借兵而东下，杀成安君泜水之南，头足异处，卒为天下笑。此二人相与，天下至欢也。然而卒相禽者，何也？患生于多欲而人心难测也。今足下欲行忠信以交于汉王，必不能固于二君之相与也，而事多大于张黡、陈泽。

故臣以为足下必汉王之不危己，亦误矣。大夫种、范蠡存亡越，霸句践，立功成名而身死亡。野兽已尽而猎狗亨。夫以交友言之，则不如张耳之与成安君者也；以忠信言之，则不过大夫种、范蠡之于句践也。此二人者，足以观矣。愿足下深虑之。且臣闻勇略震主者身危，而功盖天下者不赏。臣请言大王功略：足下涉西河，虏魏王，禽夏说，引兵下井陉，诛成安君，徇赵，胁燕，定齐，南摧楚人之兵二十万，东杀龙且，西乡以报。此所谓功无二于天下，而略不世出者也。今足下戴震主之威，挟不赏之功，归楚，楚人不信；归汉，汉人震恐。足下欲持是安归乎？夫势在人臣之位而有震主之威，名高天下，窃为足下危之。"韩信谢曰："先生且休矣，吾将念之。"

后数日，蒯通复说曰："夫听者事之候也，计者事之机也，听过计失而能久安者，鲜矣。听不失一二者，不可乱以言；计不失本末者，不可纷以

会危害自己这事也错了。大夫文种、范蠡保全濒临灭亡的越国，使勾践称霸，但他们功成名就后被迫自杀或逃亡。野兽全部被消灭后猎狗就要被烹杀。以交情友谊而论，您与汉王比不上张耳与成安君；以忠诚信义而论，比不过大夫文种、范蠡与勾践。这种关系，足够让您看清楚了。希望您仔细考虑这件事。况且我听说有勇有谋功高震主的人自身会有危险，而功盖天下的人得不到封赏。请让我陈述大王的功劳和谋略：您渡过西河，俘虏魏王，擒获夏说，引兵攻下井陉，诛杀成安君，夺取赵国，逼降燕国，平定齐国，南下摧毁楚国二十万大军，向东诛杀龙且，向西报捷，可以说功劳天下无双，而谋略也是当世无人能比得上的。如今您拥有震慑君主的威势，持有无法封赏的功劳，归附楚国，楚人不信任；归附汉王，汉人震惊恐惧。您想保持着这样的威势和功劳去哪里呢？您身居臣子的地位却有着震慑君主的威势，天下闻名，我私下替您感到危险。"韩信道歉说："先生暂且不要说了，我会想着这事。"

几天后，蒯通又游说韩信道："能听取意见是能成就事业的征兆，能反复考虑是成功的关键，听取错误意见、决策失误而能长久安全的人，几乎没有。能听取意见、很少判断失误的人，就不能用花言

巧语去迷惑他；筹划计策不本末倒置的人，就不能以闲言碎语去扰乱他。甘愿做劈柴喂马差事的人，会失去万乘之国的权柄；安守微薄俸禄的人，得不到公卿国相的高位。所以聪明的人决定事情会很果断，迟疑不决是处事的祸害。专注于纤细的小事，就会丢掉天下的大事，智慧足以知晓事情的利弊，决定后却不敢行动，这是所有事情的祸根。所以说'猛虎的犹豫不决，不如黄蜂、蝎子专心用毒刺去螫；骏马的徘徊不前，不如劣马稳步前进；孟贲的狐疑不决，不如凡夫俗子要一定达成的决心；即使有舜、禹的智慧，但闭口不言，也不如聋哑人用手势比划'。这些话是说处事贵在能够付诸行动。功业都难以成就而容易失败，时机难以获得而容易失掉。时机啊时机，失去就不会再来。希望您仔细考虑这件事。"韩信犹豫着不忍心背叛汉王，又自认为功劳最多，汉王终究不会夺走自己的齐国，于是谢绝蒯通。蒯通的游说未被采纳，他就佯装疯狂扮作巫觋离去。

汉王被困在固陵时，采用张良的计策，召见齐王韩信，韩信于是领兵在垓下与汉王会师。项羽被攻破后，高祖突然袭击夺了齐王的军队。汉王五年正月，改封齐王韩信为楚王，建都下邳。

韩信到达封国后，召见当年给他饭吃的那位漂洗衣服的大娘，赐给她千斤黄金。

辞。夫随厮养之役者，失万乘之权；守儋石之禄者，阙卿相之位。故知者决之断也，疑者事之害也。审豪氂之小计，遗天下之大数。智诚知之，决弗敢行者，百事之祸也。故曰：'猛虎之犹豫，不若蜂虿之致螫；骐骥之局躅，不如驽马之安步；孟贲之狐疑，不如庸夫之必至也；虽有舜、禹之智，吟而不言，不如喑聋之指麾也。'此言贵能行之。夫功者难成而易败，时者难得而易失也。时乎时，不再来。愿足下详察之。"韩信犹豫不忍倍汉，又自以为功多，汉终不夺我齐，遂谢蒯通。蒯通说不听，已详狂为巫。

汉王之困固陵，用张良计，召齐王信，遂将兵会垓下。项羽已破，高祖袭夺齐王军。汉五年正月，徙齐王信为楚王，都下邳。

信至国，召所从食漂母，赐千金。及下乡南昌亭长，赐百钱，曰："公，小人也，为德不卒。"召辱己之少年令出胯下者以为楚中尉。告诸将相曰："此壮士也。方辱我时，我宁不能杀之邪？杀之无名，故忍而就于此。"

项王亡将锺离眜家在伊庐，素与信善。项王死后，亡归信。汉王怨眜，闻其在楚，诏楚捕眜。信初之国，行县邑，陈兵出入。汉六年，人有上书告楚王信反。高帝以陈平计，天子巡狩会诸侯，南方有云梦，发使告诸侯会陈："吾将游云梦。"实欲袭信，信弗知。高祖且至楚，信欲发兵反，自度无罪，欲谒上，恐见禽。人或说信曰："斩眜谒上，上必喜，无患。"信见眜计事。眜曰："汉所以不击取楚，以眜在公所。若欲捕我以自媚于汉，吾今日死，公亦随手亡矣。"乃骂信曰："公非长者！"卒自刭。信持其首，谒高祖于陈。上令武士缚信，载后车。信曰："果若人言，'狡兔死，良狗亨；高鸟尽，

到赏赐下乡南昌亭亭长时，赐给他百钱，说："您是小人，做好事有始无终。"韩信召见曾经侮辱过自己、让自己从他胯下爬过去的那个年轻人，任命他为楚国中尉，告诉各位将相说："这是位壮士。他侮辱我时，我难道不能杀了他吗？杀了他不会有什么名声，所以忍辱才成就了今天的功业。"

项王逃亡的将领锺离眜家在伊庐，素来与韩信交好。项王死后，他逃出来归附韩信。汉王怨恨锺离眜，听说他在楚国，诏令楚国逮捕锺离眜。韩信刚到楚国，巡行县邑，常常带兵出入。汉六年，有人上书告发楚王韩信谋反。高帝采用陈平的计策，借天子巡狩的名义会见诸侯，南方有个云梦泽，派出使者告知诸侯在陈地会合："我将游览云梦泽"。实际上想袭击韩信，韩信不知道。高祖将要到达楚国时，韩信想起兵谋反，自认为无罪，想拜谒皇帝，又怕被抓。有人劝说韩信道："斩杀锺离眜拜谒皇帝，皇帝一定高兴，这样就没有祸患了。"韩信会见锺离眜商量此事。锺离眜说："汉王之所以不攻取楚国，是因为我在您这里。你想抓捕我来献媚于汉王，我今天死了，您也会随之灭亡的。"然后骂韩信说："您不是忠厚的人！"最终自刭。韩信带着锺离眜的人头，在陈地谒见高祖。皇帝命令武士捆缚韩信，放在后面

的车上。韩信说："果然像人们说的,'狡兔死了,好猎狗就会被烹杀;高翔的飞鸟没了,良好的弓就会被收藏起来;敌国被攻破,谋臣就会被杀。'天下已定,我本来就该被烹杀了。"皇帝说："有人告发你谋反。"于是用囚具困住韩信。到达洛阳后,赦免了韩信的罪过,封他为淮阴侯。

韩信知道汉王忌惮自己的才能,经常称病不去朝见也不随行。韩信从此终日怨恨,在家常常闷闷不乐,耻于与绛侯、灌婴同等地位。韩信曾去拜访将军樊哙,樊哙跪拜迎送,自称臣子,说："大王竟肯光临寒舍!"韩信出门,笑着说："我这一生竟与樊哙这等人为伍!"皇帝经常随意和韩信谈论各将士的才能不同,说他们各有高下。皇帝问韩信说:"像我能率领多少兵马?"韩信说:"陛下不过能率领十万人。"皇帝说:"你呢?"韩信说:"我带兵是越多越好。"皇帝笑着说:"越多越好,为什么还被我所擒呢?"韩信说:"陛下不能带兵,却善于统驭将领,这就是我被陛下擒获的原因。况且陛下可以说是上天安排的,不是人力能做到的。"

陈豨被任命为钜鹿郡守,向淮阴侯辞行。淮阴侯拉着他的手,避开旁边的人,与他在庭院里散步,仰天叹息说:"你可以让我说一些话吗?我有话想对你说。"陈豨说:"一切听将军吩咐。"淮

良弓藏;敌国破,谋臣亡。'天下已定,我固当亨!"上曰:"人告公反。"遂械系信。至雒阳,赦信罪,以为淮阴侯。

信知汉王畏恶其能,常称病不朝从。信由此日夜怨望,居常鞅鞅,羞与绛、灌等列。信尝过樊将军哙,哙跪拜送迎,言称臣,曰:"大王乃肯临臣!"信出门,笑曰:"生乃与哙等为伍!"上常从容与信言诸将能不,各有差。上问曰:"如我能将几何?"信曰:"陛下不过能将十万。"上曰:"于君何如?"曰:"臣多多而益善耳。"上笑曰:"多多益善,何为为我禽?"信曰:"陛下不能将兵,而善将将,此乃信之所以为陛下禽也。且陛下所谓天授,非人力也。"

陈豨拜为钜鹿守,辞于淮阴侯。淮阴侯挈其手,辟左右与之步于庭,仰天叹曰:"子可与言乎?欲与子有言也。"豨曰:"唯将军令之。"淮阴

侯曰："公之所居，天下精兵处也；而公，陛下之信幸臣也。人言公之畔，陛下必不信；再至，陛下乃疑矣；三至，必怒而自将。吾为公从中起，天下可图也。"陈狶素知其能也，信之，曰："谨奉教！"汉十年，陈狶果反。上自将而往，信病不从。阴使人至狶所，曰："弟举兵，吾从此助公。"信乃谋与家臣夜诈诏赦诸官徒奴，欲发以袭吕后、太子。部署已定，待狶报。其舍人得罪于信，信囚，欲杀之。舍人弟上变，告信欲反状于吕后。吕后欲召，恐其党不就，乃与萧相国谋，诈令人从上所来，言狶已得死，列侯群臣皆贺。相国绐信曰："虽疾，强入贺。"信入，吕后使武士缚信，斩之长乐钟室。信方斩，曰："吾悔不用蒯通之计，乃为儿女子所诈，岂非天哉！"遂夷信三族。

高祖已从狶军来，至，见信死，且喜且怜之，问："信

阴侯说："你据守的地方，是天下精兵所在之处，而您，是陛下宠信的臣子。如果有人告发您反叛，陛下一定不信；告发两次，陛下就会怀疑了；第三次告发，陛下一定发怒而亲自领兵征讨。我为您在京城起兵做内应，天下就可以图谋了。"陈狶一向知道韩信的才能，相信了他，说："愿听从您的指令！"汉十年，陈狶果然造反。皇帝亲自领兵前往，韩信称病没有跟从。他暗中派人到陈狶住处说："你只管起兵，我在这里协助您。"韩信于是与家臣谋划，夜里假传诏书赦免各官府服役的罪犯与奴隶，想发动他们袭击吕后、太子。部署完毕后，等待陈狶的消息。韩信的门客得罪了韩信，韩信囚禁了他，想杀掉他。门客的弟弟上书告发叛变，向吕后告发韩信想造反的情况。吕后想召见韩信，害怕他的党羽不就范，就与萧相国谋划，假装命令一个人从高祖那里来，说陈狶已经被抓住处死，列侯群臣都来庆贺。萧相国欺骗韩信说："即使有病，也要强撑着进宫来祝贺。"韩信入宫，吕后派武士捆缚韩信，在长乐宫的钟室斩了他。临斩时，韩信说："我后悔没有采用蒯通的计策，竟被小儿女子所欺骗，难道是天意吗？"就夷灭了韩信三族。

高祖从平定陈狶的军中回来后，到都城，见到韩信死了，又高兴又觉得可

惜，问道："韩信死时说什么话了吗？"吕后说："韩信说只恨没有采用蒯通的计谋。"高祖说："此人是齐国辩士。"于是诏令齐国逮捕蒯通。蒯通被抓到，高祖说："你教唆淮阴侯谋反的吗？"蒯通回答说："是，我的确教唆过他，那小子不采用我的计策，所以自取灭族之祸。如果那小子采用我的计策，陛下怎么能将他灭族呢？"高祖发怒说："烹杀了他。"蒯通说："哎呀，烹杀我冤枉啊！"高祖说："你教唆韩信谋反，有什么冤枉的？"蒯通回答说："秦朝纲纪败坏，山东六国大乱，各路诸侯纷纷起事，英雄豪杰像乌鸦般聚集。秦朝失去统治天下的权力，天下人都在追逐，在那时，才智高超、行动敏捷的人率先得到它。盗跖的狗冲着尧吠叫，并非尧不仁义，只是狗会冲不是它的主人的人叫。当时，我只知道韩信，却不知道陛下。况且天下豪杰拿着武器像陛下一样的人很多，只是他们能力不够罢了。你难道能把他们全部烹杀了吗？"高帝说："放了他。"就赦免了蒯通的罪过。

太史公说：我到淮阴，淮阴人对我说，韩信即使做平民时，他的志向也与众人不同。他母亲死了，家中贫困无法埋葬，然而他还是寻找高处宽敞的坟地，让墓地旁可以安置万户人家。我看他母亲的坟墓，

死亦何言？"吕后曰："信言恨不用蒯通计。"高祖曰："是齐辩士也。"乃诏齐捕蒯通。蒯通至，上曰："若教淮阴侯反乎？"对曰："然，臣固教之。竖子不用臣之策，故令自夷于此。如彼竖子用臣之计，陛下安得而夷之乎？"上怒曰："亨之。"通曰："嗟乎，冤哉亨也！"上曰："若教韩信反，何冤？"对曰："秦之纲绝而维弛，山东大扰，异姓并起，英俊乌集。秦失其鹿，天下共逐之，于是高材疾足者先得焉。跖之狗吠尧，尧非不仁，狗因吠非其主。当是时，臣唯独知韩信，非知陛下也。且天下锐精持锋欲为陛下所为者甚众，顾力不能耳。又可尽亨之邪？"高帝曰："置之。"乃释通之罪。

太史公曰：吾如淮阴，淮阴人为余言，韩信虽为布衣时，其志与众异。其母死，贫无以葬，然乃行营高敞地，令其旁可置万家。余视其母冢，良

然。假令韩信学道谦让，不伐己功，不矜其能，则庶几哉于汉家勋可以比周、召、太公之徒，后世血食矣。不务出此，而天下已集，乃谋畔逆，夷灭宗族，不亦宜乎！

的确如此。假如韩信能学道家的谦让，不夸耀自己的功劳，不矜恃自己的才能，那他对汉王朝的功勋差不多可以和周公、召公、太公等人对周王朝的功勋相比，而他的后世子孙享受的祭祀也不会断绝了。但他不致力于这样做，反而在天下已经安定之后，才图谋叛乱，结果被夷灭宗族，不也是应该的吗！

韩王韩信　卢绾　陈豨

韩王韩信

韩王韩信，是原韩襄王的庶出孙子，身高八尺五寸。等到项梁立楚王的后裔楚怀王时，燕、齐、赵、魏各国都已经在此前立了王，唯有韩国没有立王，所以立韩国诸公子横阳君韩成为韩王，想以此安抚平定韩国旧地。项梁战败死在定陶，韩成投奔楚怀王。沛公引兵攻打阳城，派张良以韩国司徒的身份收复韩国旧地，得到韩信，任命他为韩国将军，他率领自己的部队跟随沛公进入武关。

沛公被立为汉王，韩信跟随汉王进入汉中，于是他劝说汉王道：“项王把各将领封在中原附近为王，却独独把您封在这个偏远的地方，这是贬谪啊！您的士兵都是崤山以东的人，他们踮着脚尖盼望着能返回故乡。趁着他们锐气强盛向东进发，可以争夺天下。”汉王回兵平定三秦，于是答应立韩信为韩王，先任韩信为韩国太尉，领兵攻取韩国土地。

项籍所封的诸侯王都前往封国，韩王

韩王信者，故韩襄王孽孙也，长八尺五寸。及项梁之立楚后怀王也，燕、齐、赵、魏皆已前王，唯韩无有后，故立韩诸公子横阳君成为韩王，欲以抚定韩故地。项梁败死定陶，成奔怀王。沛公引兵击阳城，使张良以韩司徒降下韩故地，得信，以为韩将，将其兵从沛公入武关。

沛公立为汉王，韩信从入汉中，乃说汉王曰：“项王王诸将近地，而王独远居此，此左迁也。士卒皆山东人，跂而望归，及其锋东乡，可以争天下。”汉王还定三秦，乃许信为韩王，先拜信为韩太尉，将兵略韩地。

项籍之封诸王皆就国，韩

王成以不从无功，不遣就国，更以为列侯。及闻汉遣韩信略韩地，乃令故项籍游吴时吴令郑昌为韩王以距汉。汉二年，韩信略定韩十余城。汉王至河南，韩信急击韩王昌阳城。昌降，汉王乃立韩信为韩王，常将韩兵从。三年，汉王出荥阳，韩王信、周苛等守荥阳。及楚败荥阳，信降楚，已而得亡，复归汉，汉复立以为韩王。竟从击破项籍，天下定。五年春，遂与剖符为韩王，王颍川。

明年春，上以韩信材武，所王北近巩、洛，南迫宛、叶，东有淮阳，皆天下劲兵处，乃诏徙韩王信王太原以北，备御胡，都晋阳。信上书曰："国被边，匈奴数入，晋阳去塞远，请治马邑。"上许之，信乃徙治马邑。秋，匈奴冒顿大围信，信数使使胡求和解。汉发兵救之，疑信数间使，有二心，使人责让信。信恐诛，因与匈奴约共攻汉，反，以马邑降胡，击太原。

韩成因没有跟随项籍入关而没有功劳，不派他到封国去，改封他为列侯。等到听说汉王派遣韩信攻略韩国土地，才命令项籍从前游历到吴地时结交的吴县县令郑昌为韩王来抵御汉军。汉二年，韩信攻略平定韩国十多座城池。汉王到达河南，韩信在阳城猛攻韩王郑昌。郑昌投降，汉王于是立韩信为韩王，他时常率领韩国军队跟随汉王。汉三年，汉王撤出荥阳，韩王韩信、周苛等人留守荥阳。等到楚军攻破荥阳，韩信投降楚军，不久逃出，又返回汉军，汉王再次立他为韩王，他最终跟随汉王击破项羽，天下平定。汉五年春天，汉王最终剖分符节给韩信，封他为韩王，让他在颍川称王。

第二年春天，皇上认为韩信勇武有才，所统治的封地北面靠近巩县、洛阳，南面靠近宛县、叶县，东面连着淮阳，都是天下精锐部队所在之地，便下诏改封韩王韩信统治太原以北，防备抵御匈奴，建都晋阳。韩信上书说："我的封国覆盖边境，匈奴多次入侵，晋阳离边塞较远，请允许我把治所迁到马邑。"皇上答应了他，韩信于是把治所迁到马邑。这年秋天，匈奴冒顿单于大举包围韩信，韩信多次派使者与匈奴请求和解。朝廷发兵救援他，怀疑韩信多次暗中向匈奴派使者，怀有二心，就派人来责备韩信。韩信害怕被诛杀，乘机与匈奴约定共同攻打汉朝，反叛朝廷，献出马邑投降匈奴，进攻太原。

高祖七年冬天，皇上亲自前往攻打韩信，在铜鞮攻破韩信的军队，斩杀他的部将王喜，韩信逃到匈奴。他的部将白土人曼丘臣、王黄等人立赵国后裔赵利为王，又收集韩信战败逃散的士兵，与韩信及冒顿谋划攻打汉朝。匈奴派左右贤王率领一万多骑兵与王黄等人屯兵于广武以南，到达晋阳，与汉军交战，汉军大破叛军，追击到离石，再次攻破他们。匈奴又在楼烦西北聚集兵力，汉朝命令车骑击败匈奴。匈奴节节败退，汉军乘胜追击败军，听说冒顿驻扎在代谷，高皇帝驻扎在晋阳，派人侦察冒顿，侦察兵回来报告说"可以攻打"。皇帝于是到达平城。皇帝出城登上白登山，匈奴骑兵包围了他，皇帝于是派人给阏氏送上厚礼。阏氏于是劝说冒顿道："如今得到汉朝土地，还是不能长久居住；况且两国君主不应互相为难。"包围七天，匈奴骑兵才逐渐撤去。当时天有大雾，汉朝使者往来，匈奴没有察觉。护军中尉陈平对皇上说："匈奴全用长枪弓箭，请命令士卒每张弩搭两支箭朝向外面，慢慢地走出包围圈。"进入平城后，朝廷的救兵也到了，匈奴骑兵就解围而去。汉军也撤兵回朝。韩信替匈奴率兵往来攻打汉朝的边境。

七年冬，上自往击，破信军铜鞮，斩其将王喜，信亡走匈奴。其将白土人曼丘臣、王黄等立赵苗裔赵利为王，复收信败散兵，而与信及冒顿谋攻汉。匈奴使左右贤王将万余骑与王黄等屯广武以南，至晋阳，与汉兵战，汉大破之，追至于离石，复破之。匈奴复聚兵楼烦西北，汉令车骑击破匈奴。匈奴常败走，汉乘胜追北，闻冒顿居代谷，高皇帝居晋阳，使人视冒顿，还报曰："可击。"上遂至平城。上出白登，匈奴骑围上，上乃使人厚遗阏氏。阏氏乃说冒顿曰："今得汉地，犹不能居；且两主不相厄。"居七日，胡骑稍引去。时天大雾，汉使人往来，胡不觉。护军中尉陈平言上曰："胡者全兵，请令强弩傅两矢外向，徐行出围。"入平城，汉救兵亦到，胡骑遂解去，汉亦罢兵归。韩信为匈奴将兵往来击边。

汉十年，信令王黄等说误陈豨。十一年春，故韩王信复与胡骑入居参合，距汉。汉使柴将军击之，遗信书曰："陛下宽仁，诸侯虽有畔亡，而复归，辄复故位号，不诛也。大王所知。今王以败亡走胡，非有大罪，急自归！"韩王信报曰："陛下擢仆起闾巷，南面称孤，此仆之幸也。荥阳之事，仆不能死，囚于项籍，此一罪也。及寇攻马邑，仆不能坚守，以城降之，此二罪也。今反为寇，将兵与将军争一旦之命，此三罪也。夫种、蠡无一罪，身死亡；今仆有三罪于陛下，而欲求活于世，此伍子胥所以偾于吴也。今仆亡匿山谷间，旦暮乞贷蛮夷，仆之思归，如痿人不忘起，盲者不忘视也，势不可耳。"遂战。柴将军屠参合，斩韩王信。

信之入匈奴，与太子俱。及至颓当城，生子，因名曰颓当。韩太子亦生子，命曰婴。至孝文十四年，颓当及婴率其众

汉十年，韩信让王黄等人劝说陈豨谋反。汉十一年春天，原韩王韩信又与匈奴骑兵进驻参合，对抗汉军。汉朝派柴将军攻打他，送给韩信书信说："陛下宽厚仁慈，诸侯即使有背叛逃亡的，只要再度归顺，就能恢复他原来的爵位封号，不诛杀他。这是大王所知道的。如今大王因战败逃到匈奴，并没有大罪，赶快自己回来吧！"韩王韩信回信说："陛下把我从闾巷里提拔上来，让我南面称王，这是我的荣幸。荥阳之战时，我不能奋战而死，被项籍囚禁，这是我的第一条罪状。等到敌寇进攻马邑，我没能坚守，献城投降匈奴，这是我的第二条罪状。如今我反过来替敌寇领兵，与将军一决生死，这是我的第三条罪状。文种、范蠡没有一条罪状，尚且一个死去，一个逃走；如今我对陛下犯有三条罪状，却想请求活在世上，这是伍子胥在吴国被杀的原因。如今我逃亡藏匿在山谷之中，早晚靠向蛮夷乞讨生活，我的思归之心，犹如瘫痪的人不忘起身，盲人不忘重见光明，只是形势不允许罢了。"于是两军交战。柴将军屠灭参合，斩杀韩王韩信。

韩信逃往匈奴时，与他的太子在一起。等到到达颓当城时，韩信生下一个儿子，因此给他取名叫颓当。韩王太子也生下一个儿子，取名为婴。到孝文帝十四年

时，韩颓当和韩婴率领他们的部下投降汉朝。汉朝封韩颓当为弓高侯，封韩婴为襄城侯。在平定吴、楚等七国之乱时，弓高侯功劳在各位将领之上。爵位传给儿子直到孙子，孙子没有子嗣，失去了侯爵。韩婴的孙子因犯不敬之罪失去了侯爵。韩颓当的庶孙韩嫣，受到皇帝宠幸，名声尊贵，显耀于一时。他的弟弟韩说，两次受封，多次被任命为将军，最后被封为案道侯。他的儿子继承侯位，一年多后因犯法被处死。一年多后，韩说的孙子韩曾被封为龙额侯，延续韩说的后嗣。

卢绾，是丰邑人，他与高祖同乡。卢绾的父亲与高祖的父亲要好，两人各自生下男孩，高祖、卢绾同日出生，乡亲们都牵羊提酒向两家祝贺。等到高祖、卢绾长大，一起读书，又相互交好。乡里人都称赞两家相亲相爱，生儿子同一天，长大又交好，又牵羊提酒来到两家祝贺。高祖还是平民时，因被官吏捉拿而躲避藏匿，卢绾经常随同他躲藏奔跑。等到高祖在沛县开始起事，卢绾以宾客的身份跟随他，进入汉中担任将军，时常在沛公身边侍奉。他跟随高祖向东攻打项籍，以太尉的身份经常跟随他，可以在高祖卧室内出入，高祖赏赐给他衣被饮食，群臣没有谁敢奢望和他相比，即使是萧何、曹参等人，也只是因

降汉。汉封颓当为弓高侯，婴为襄城侯。吴楚军时，弓高侯功冠诸将。传子至孙，孙无子，失侯。婴孙以不敬失侯。颓当孽孙韩嫣，贵幸，名富显于当世。其弟说，再封，数称将军，卒为案道侯。子代，岁余坐法死。后岁余，说孙曾拜为龙额侯，续说后。

卢绾

卢绾者，丰人也，与高祖同里。卢绾亲与高祖太上皇相爱，及生男，高祖、卢绾同日生，里中持羊酒贺两家。及高祖、卢绾壮，俱学书，又相爱也。里中嘉两家亲相爱，生子同日，壮又相爱，复贺两家羊酒。高祖为布衣时，有吏事辟匿，卢绾常随出入上下。及高祖初起沛，卢绾以客从，入汉中为将军，常侍中。从东击项籍，以太尉常从，出入卧内，衣被饮食赏赐，群臣莫敢望，虽萧、曹等，特以事见礼，至其亲幸，莫及卢绾。绾封为长安侯。长安，故咸阳也。

汉五年冬，以破项籍，乃使卢绾别将，与刘贾击临江王共尉，破之。七月还，从击燕王臧荼，臧荼降。高祖已定天下，诸侯非刘氏而王者七人。欲王卢绾，为群臣觖望。及虏臧荼，乃下诏诸将相列侯，择群臣有功者以为燕王。群臣知上欲王卢绾，皆言曰："太尉长安侯卢绾常从平定天下，功最多，可王燕。"诏许之。汉五年八月，乃立卢绾为燕王。诸侯王得幸莫如燕王。

汉十一年秋，陈豨反代地，高祖如邯郸击豨兵，燕王绾亦击其东北。当是时，陈豨使王黄求救匈奴。燕王绾亦使其臣张胜于匈奴，言豨等军破。张胜至胡，故燕王臧荼子衍出亡在胡，见张胜曰："公所以重于燕者，以习胡事也。燕所以久存者，以诸侯数反，兵连不决也。今公为燕欲急灭豨等，豨等已尽，次亦至燕，公等亦且为虏矣。公何不令燕且

一些大事受到礼遇，至于亲密受宠，无人能比得上卢绾。卢绾被封为长安侯。长安，就是原来的咸阳。

汉五年冬天，攻破项籍后，高祖就派卢绾另外率领军队，与刘贾攻打临江王共尉，击败共尉。七月返回后，又跟随高祖攻打燕王臧荼，臧荼投降。高祖平定天下后，诸侯中不是刘姓而被封王的有七人。高祖想封卢绾为王，又怕群臣怨恨不满。等到俘虏臧荼，于是下诏给各将领、丞相、列侯，选择群臣中有功劳的人封为燕王。群臣知道皇上想封卢绾为王，都说："太尉长安侯卢绾经常跟随皇帝平定天下，功劳最多，可以封他为燕王。"高祖准许了这个建议。汉五年八月，封卢绾为燕王。诸侯王中论受宠信没有人比得上燕王。

汉十一年秋天，陈豨在代地反叛，高祖到邯郸攻打陈豨的军队，燕王卢绾也攻打陈豨的东北方向。当时，陈豨派王黄向匈奴求救。燕王卢绾也派他的使臣张胜去匈奴，说陈豨等人的军队已经被攻破。张胜到达匈奴，原燕王臧荼的儿子臧衍在匈奴逃亡，见到张胜说："您之所以被燕国重用，是因为您熟知匈奴之事。燕国之所以能长期存在，是因为诸侯多次造反，战事连年不断。如今您想替燕国快速灭掉陈豨等人，陈豨等人被全部消灭后，下一个也就轮到燕国，你们也将被俘虏了。您为

何不让燕王暂缓攻打陈豨而与匈奴和解呢？战事缓和，燕王也可以长期为王。即使汉朝发难，也可保全国家。"张胜认为他说得对，于是私下让匈奴帮助陈豨等人攻打燕王。燕王卢绾怀疑张胜勾结匈奴反叛，上书请求将张胜灭族。张胜返回后，向燕王详细说明了他这样做的原因。燕王醒悟，于是找到别人替张胜服罪，释放了张胜的家属，使张胜成为在匈奴的间谍，并暗中派范齐到陈豨那里，想让他长期在外逃亡，使战事连年不断。

汉高祖十二年，高祖向东攻打黥布，陈豨经常领兵驻扎在代地，朝廷派樊哙攻打陈豨。陈豨的副将投降，说出燕王卢绾派范齐在陈豨处通气的阴谋。高祖派使者召见卢绾，卢绾称病不去。高祖又派辟阳侯审食其、御史大夫赵尧前往迎接燕王，并乘机查问燕王左右臣子。卢绾越发恐惧，闭门藏匿，对他的宠臣说："不是刘氏而封王的，只有我和长沙王了。去年春天，汉朝将淮阴侯灭族；夏天，诛杀彭越，这都是吕后的计策。如今皇上病重，国家大事托付给吕后。吕后是个妇人，想专门找借口诛杀异姓诸侯王以及大功臣。"于是就称病不去京城。他的左右臣子都逃亡藏匿起来。卢绾的话很多都泄露了出去，辟阳侯听说这些话后，回朝具实报告给高祖，高祖更加愤怒。朝廷又擒获投降的匈奴人，

缓陈豨而与胡和？事宽，得长王燕；即有汉急，可以安国。"张胜以为然，乃私令匈奴助豨等击燕。燕王绾疑张胜与胡反，上书请族张胜。胜还，具道所以为者。燕王寤，乃诈论它人，脱胜家属，使得为匈奴间，而阴使范齐之陈豨所，欲令久亡，连兵勿决。

汉十二年，东击黥布，豨常将兵居代，汉使樊哙击斩豨。其裨将降，言燕王绾使范齐通计谋于豨所。高祖使使召卢绾，绾称病。上又使辟阳侯审食其、御史大夫赵尧往迎燕王，因验问左右。绾愈恐，闭匿，谓其幸臣曰："非刘氏而王，独我与长沙耳。往年春，汉族淮阴；夏，诛彭越，皆吕后计。今上病，属任吕后。吕后妇人，专欲以事诛异姓王者及大功臣。"乃遂称病不行。其左右皆亡匿。语颇泄，辟阳侯闻之，归具报上，上益怒。又得匈奴降者，降者言张胜亡在匈奴，为燕使。于是上曰："卢绾果反

矣！"使樊哙击燕。燕王绾悉将其官人家属骑数千居长城下，候伺，幸上病愈，自入谢。四月，高祖崩，卢绾遂将其众亡入匈奴，匈奴以为东胡卢王。绾为蛮夷所侵夺，常思复归。居岁余，死胡中。

高后时，卢绾妻子亡降汉，会高后病，不能见，舍燕邸，为欲置酒见之。高后竟崩，不得见。卢绾妻亦病死。

孝景中六年，卢绾孙他之，以东胡王降，封为亚谷侯。

陈豨

陈豨者，宛朐人也，不知始所以得从。及高祖七年冬，韩王信反，入匈奴，上至平城还，乃封豨为列侯，以赵相国将监赵、代边兵，边兵皆属焉。

豨常告归过赵，赵相周昌见豨宾客随之者千余乘，邯郸官舍皆满。豨所以待宾客如布衣交，皆出客下。豨还之代，周昌乃求入见。见上，具

投降的人说张胜逃亡在匈奴，成为燕国的密使。于是高祖说："卢绾果然造反了！"就派樊哙攻打燕国。燕王卢绾带着他的全部宫人家眷以及几千骑兵安顿在长城脚下等候消息，希望皇上病愈后亲自入宫谢罪。四月，高祖驾崩，卢绾于是率领他的部下逃入匈奴，匈奴封他为东胡卢王。卢绾等人一直被蛮夷侵袭掠夺，经常想再回到汉朝。过了一年多，死在匈奴。

高后当政的时候，卢绾的妻子儿女从匈奴那里逃出来归降汉朝，恰逢高后病重，无法接见他们，便将他们安置在燕王在京的宅邸，想设酒宴接见他们。高后最终崩逝，没能接见他们。卢绾的妻子也在这时病死了。

孝景中元六年，卢绾的孙子卢他之以东胡王的身份投降汉朝，被封为亚谷侯。

陈豨，是宛朐人，不知当初如何开始跟随高祖的。高祖七年冬天，韩王韩信反叛，逃入匈奴，高祖从平城返回时，才封陈豨为列侯，让他以赵国相国的身份带领监护赵、代边境的军队，边境士兵都隶属于他。

陈豨曾经告假回家经过赵国，赵国国相周昌看见跟随陈豨的宾客乘坐的车有一千多辆，邯郸馆舍全都住满了。陈豨对待宾客所用的礼节和平民之间交往的礼节一样，总是屈尊待客。陈豨返回代地，周

昌于是请求入宫觐见。见到高祖，详细告知陈豨宾客众多，在外独揽兵权多年，恐怕生出事端。高祖于是命人调查陈豨在代地的宾客财物以及种种不法之事，事情大多牵连到陈豨。陈豨恐慌，暗中命令宾客去王黄、曼丘臣那里互通消息。等到高祖十年七月，太上皇驾崩，派人召见陈豨，陈豨自称病重。九月，陈豨便与王黄等人造反，自立为代王，劫掠赵、代两地。

高祖听说陈豨造反后，就赦免被陈豨所牵累劫掠的赵、代两地的官吏，将他们都放了。高祖亲自前往平叛，到达邯郸，高兴地说："陈豨不向南占据漳水，向北据守邯郸，就知道他不能有所作为了。"赵国国相上奏请求斩杀常山郡守、郡尉，说："常山二十五座城池，陈豨反叛，丢失了其中二十座。"高祖问道："郡守、郡尉反叛了吗？"周昌回答说："没有反叛。"高祖说："这是因为他们的力量不足啊。"就赦免了他们，让他们还担任常山的郡守、郡尉。高祖询问周昌："赵国有可被任命为将领的壮士吗？"周昌回答说："有四个人。"四人谒见，高祖谩骂道："这些小子能当将领吗？"四人惭愧地伏在地上。高祖封给他们每人千户食邑，让他们担任将领。高祖左右侍臣进谏说："跟随您进入蜀、汉地区讨伐楚军的有功将领，都还没有普遍封赏，如今他们有什

言豨宾客盛甚，擅兵于外数岁，恐有变。上乃令人覆案豨客居代者财物诸不法事，多连引豨。豨恐，阴令客通使王黄、曼丘臣所。及高祖十年七月，太上皇崩，使人召豨，豨称病甚。九月，遂与王黄等反，自立为代王，劫略赵、代。

上闻，乃赦赵、代吏人为豨所诖误劫略者，皆赦之。上自往，至邯郸，喜曰："豨不南据漳水，北守邯郸，知其无能为也。"赵相奏斩常山守、尉，曰："常山二十五城，豨反，亡其二十城。"上问曰："守、尉反乎？"对曰："不反。"上曰："是力不足也。"赦之，复以为常山守、尉。上问周昌曰："赵亦有壮士可令将者乎？"对曰："有四人。"四人谒，上谩骂曰："竖子能为将乎？"四人惭伏。上封之各千户，以为将。左右谏曰："从入蜀、汉，伐楚，功未遍行，今此何功而封？"上曰："非若所知！陈豨反，邯郸以北皆豨有，吾以羽檄征天下兵，

未有至者，今唯独邯郸中兵耳。吾胡爱四千户封四人，不以慰赵子弟！"皆曰："善。"于是上曰："陈豨将谁？"曰："王黄、曼丘臣，皆故贾人。"上曰："吾知之矣。"乃各以千金购黄、臣等。

十一年冬，汉兵击斩陈豨将侯敞、王黄于曲逆下，破豨将张春于聊城，斩首万余。太尉勃入定太原、代地。十二月，上自击东垣，东垣不下，卒骂上；东垣降，卒骂者斩之，不骂者黥之。更命东垣为真定。王黄、曼丘臣其麾下受购赏之，皆生得，以故陈豨军遂败。

上还至洛阳。上曰："代居常山北，赵乃从山南有之，远。"乃立子恒为代王，都中都，代、雁门皆属代。

高祖十二年冬，樊哙军卒追斩豨于灵丘。

太史公曰：韩信、卢绾非素积德累善之世，徼一时权变，

么功劳受封赏呢？"高祖说："这不是你们能理解的！陈豨反叛，邯郸以北都被陈豨占据了，我用檄文征调天下兵力，没有能赶到的，如今只能靠邯郸的军队了。我何必吝惜封给这四人的四千户，不用这些来安抚赵国子弟呢？"身边人都说："是啊。"于是高祖说："陈豨的将领是谁？"有人回答说："王黄、曼丘臣，原来都是商人。"高祖说："我知道了。"于是用千金悬赏王黄、曼丘臣等人。

高祖十一年冬天，汉军在曲逆城下攻杀陈豨的部将侯敞、王黄，在聊城打败陈豨的部将张春，斩敌一万多人。太尉周勃攻入并平定太原、代地。十二月，高祖亲自攻打东垣，东垣没有攻下，东垣士卒辱骂高祖；东垣投降，辱骂高祖的士卒都被斩首，没有辱骂的被处以黥刑。东垣更名为真定。王黄、曼丘臣的部下被悬赏，都被生擒，因此陈豨的军队就溃败了。

高祖返回洛阳。高祖说："代地处在常山以北，赵国却要在山南治理它，离得太远了。"于是立儿子刘恒为代王，建都中都，代地、雁门都归属代国。

高祖十二年冬天，樊哙的军队最终在灵丘追击并斩杀了陈豨。

太史公说：韩信、卢绾不是平素行善积德的世家，只是侥幸靠一时的随机应变，

以欺诈和暴力建立功业，赶上汉朝刚刚平定天下，所以才获得封地，南面称王。他们在内因势力强大而受到猜疑，在外倚仗蛮夷作为援助，因此与朝廷日渐疏远并自陷险境，穷途末路无计可施，最终奔赴匈奴，难道不可悲吗！陈豨是魏国人，他年轻时多次称赞并仰慕魏公子。等到领兵守边时，招徕宾客并礼贤下士，名声超过了实力。周昌怀疑他，许多问题由此而起。害怕祸及自身，又有奸邪小人进前游说，最终陷入大逆不道的处境。唉，可悲啊！谋虑的成熟与否对人成败的影响太深远了！

以诈力成功，遭汉初定，故得列地，南面称孤。内见疑强大，外倚蛮貊以为援，是以日疏自危。事穷智困，卒赴匈奴，岂不哀哉！陈豨，梁人，其少时数称慕魏公子；及将军守边，招致宾客而下士，名声过实。周昌疑之，疵瑕颇起。惧祸及身，邪人进说，遂陷无道。於戏悲夫！夫计之生孰成败于人也深矣！

陈豨

史记卷九十四
列传第三十四

田儋 田横

田儋是狄县人，战国时齐王田氏的族人。田儋的堂弟是田荣，田荣的弟弟是田横，他们都是豪杰，宗族势力强大，能得人心。

陈涉当初在楚地起事称王，派周市攻掠并平定魏地，向北到达狄县，狄县据城坚守。田儋假意捆绑自己的家奴，带着手下的年轻人去县府衙门，想谒见县令杀死家奴。见到狄县县令，乘机杀了他，然后召集豪强官吏的子弟说："诸侯都反叛秦朝自立，齐国是古代的诸侯国，我田儋是田氏，应当为王。"于是他自立为齐王，发兵抵抗周市。周市的军队撤退，田儋趁机率兵向东攻掠并平定齐地。

秦将章邯在临济围困魏王魏咎，情况危急。魏王向齐国求救，齐王田儋领兵救援魏王。章邯让兵马在夜间口中衔枚行进去袭击，大破齐、魏两国军队，在临济城下杀死田儋。田儋的弟弟田荣收拾田儋的余兵向东逃到东阿。

田儋 田横

田儋者，狄人也，故齐王田氏族也。儋从弟田荣，荣弟田横，皆豪，宗强，能得人。

陈涉之初起王楚也，使周市略定魏地，北至狄，狄城守。田儋详为缚其奴，从少年之廷，欲谒杀奴。见狄令，因击杀令，而召豪吏子弟曰："诸侯皆反秦自立，齐，古之建国，儋，田氏，当王。"遂自立为齐王，发兵以击周市。周市军还去，田儋因率兵东略定齐地。

秦将章邯围魏王咎于临济，急。魏王请救于齐，齐王田儋将兵救魏。章邯夜衔枚击，大破齐、魏军，杀田儋于临济下。儋弟田荣收儋余兵东走东阿。

齐人闻王田儋死，乃立故齐王建之弟田假为齐王，田角为相，田间为将，以距诸侯。

田荣之走东阿，章邯追围之。项梁闻田荣之急，乃引兵击破章邯军东阿下。章邯走而西，项梁因追之。而田荣怒齐之立假，乃引兵归，击逐齐王假。假亡走楚。齐相角亡走赵；角弟田间前求救赵，因留不敢归。田荣乃立田儋子市为齐王，荣相之，田横为将，平齐地。

项梁既追章邯，章邯兵益盛，项梁使使告赵、齐，发兵共击章邯。田荣曰："使楚杀田假，赵杀田角、田间，乃肯出兵。"楚怀王曰："田假与国之王，穷而归我，杀之不义。"赵亦不杀田角、田间以市于齐。齐曰："蝮螫手则斩手，螫足则斩足。何者？为害于身也。今田假、田角、田间于楚、赵，非直手足戚也，何故不杀？且秦复得志于天下，则龁龂用事者坟墓矣。"楚、赵不听，齐亦怒，终不肯出兵。章邯果败杀项梁，破楚兵，楚兵东走，

齐国人听说齐王田儋死了，于是立原齐王田建的弟弟田假为齐王，田角担任国相，田间为将军，以抵御诸侯。

田荣逃到东阿，章邯追上并包围了他，项梁听说田荣的情况危急，于是领兵到东阿城下击败章邯的军队。章邯向西逃跑，项梁乘胜追击他。然而田荣怨恨齐国立田假为王，于是领兵回国，攻击并驱逐齐王田假。田假逃到楚国。齐国国相田角逃到赵国；田角的弟弟田间先前向赵国求救，就借机留下不敢回国。田荣就立田儋的儿子田市为齐王。田荣为国相，田横为将军，平定齐国。

项梁追击章邯，章邯的兵力日益强盛，项梁派使者通告赵国、齐国，发兵共同攻打章邯。田荣说："让楚国杀死田假，赵国杀死田角、田间，我们才肯出兵。"楚怀王说："田假是盟国的君王，穷困时来投奔我，杀他是不义之举。"赵国也不杀田角、田间以与齐国达成交易。齐王说："手被蝮蛇螫咬就斩掉手，脚被螫咬就斩掉脚。为什么呢？因为会危及全身。如今田假、田角、田间对于楚、赵而言，并非直系手足亲戚，为什么不杀掉呢？况且秦朝如果再次平定天下，那么我们不仅身受其辱，连宗族的坟墓都要被挖了。"楚王、赵王不听，齐王也发怒，始终不肯出兵。章邯果然打败并杀死项梁，大破楚军。楚

军向东逃走，而章邯渡过黄河在钜鹿围攻赵军。项羽前去救援赵国，由此怨恨田荣。

项羽保全了赵国后，收降了章邯等人，便向西屠灭咸阳，消灭掉秦朝而分立诸侯王，于是改封齐王田市为胶东王，治所在即墨。齐将田都跟随项羽共同救援赵国，趁机入关，所以项羽立田都为齐王，治所在临淄。原齐王田建的孙子田安，项羽刚渡过黄河救援赵国时，田安攻下济北的几座城池，率军归降了项羽，项羽立田安为济北王，治所在博阳。田荣因为背叛项梁不肯出兵帮助楚、赵攻打秦军，所以不得封王；赵将陈馀也因失职不得封王：两人都怨恨项王。

项羽返回楚国后，诸侯各自回到了封国，田荣派人领兵帮助陈馀，让他在赵地造反，而田荣也发兵抗击田都，田都逃到楚国。田荣扣留齐王田市，不让他去胶东。田市的左右侍从说："项王强大暴虐，而大王应当去胶东封国，不去的话，必定危险。"田市恐惧，于是逃往封国。田荣发怒，追击齐王田市，在即墨将他杀死，又回军攻杀济北王田安。于是田荣就自立为齐王，吞并了三齐的全部土地。

项羽听闻此事后大怒，于是北伐齐国。齐王田荣兵败，逃到平原，平原人杀死田荣。项王于是烧毁并夷平齐国的城郭，所过之处全被屠灭。齐人相互聚集起来反抗项王。

而章邯渡河围赵于钜鹿。项羽往救赵，由此怨田荣。

项羽既存赵，降章邯等，西屠咸阳，灭秦而立侯王也，乃徙齐王田市更王胶东，治即墨。齐将田都从共救赵，因入关，故立都为齐王，治临淄。故齐王建孙田安，项羽方渡河救赵，田安下济北数城，引兵降项羽，项羽立田安为济北王，治博阳。田荣以负项梁不肯出兵助楚、赵攻秦，故不得王；赵将陈馀亦失职，不得王：二人俱怨项王。

项王既归，诸侯各就国，田荣使人将兵助陈馀，令反赵地，而荣亦发兵以距击田都，田都亡走楚。田荣留齐王市，无令之胶东。市之左右曰："项王强暴，而王当之胶东，不就国，必危。"市惧，乃亡就国。田荣怒，追击杀齐王市于即墨，还攻杀济北王安。于是田荣乃自立为齐王，尽并三齐之地。

项王闻之，大怒，乃北伐齐。齐王田荣兵败，走平原，平原人杀荣。项王遂烧夷齐城郭，所过者尽屠之。齐人相聚畔之。荣弟横收齐散兵，得数万人，反击项羽于城阳。而汉王率诸侯败楚，入彭城。项羽闻之，乃醳齐而归，击汉于彭城，因连与汉战，相距荣阳。以故田横复得收齐城邑，立田荣子广为齐王，而横相之，专国政，政无巨细皆断于相。

横定齐三年，汉王使郦生往说下齐王广及其相国横。横以为然，解其历下军。汉将韩信引兵且东击齐。齐初使华无伤、田解军于历下以距汉，汉使至，乃罢守战备，纵酒，且遣使与汉平。汉将韩信已平赵、燕，用蒯通计，度平原，袭破齐历下军，因入临淄。齐王广、相横怒，以郦生卖己，而亨郦生。齐王广东走高密，相横走博阳，守相田光走城阳，将军田既军于胶东。楚使龙且救齐，齐王与合军高密。汉将韩信与曹参破杀龙且，虏齐王广。汉将灌婴追得齐守相田光。至博阳，而横闻齐王死，自立为齐王，还击婴，婴败横之军于嬴下。田横亡走梁，归彭越。彭越是时居梁地，中立，且为汉，且

田荣的弟弟田横，收聚齐国的散兵，获得了几万人，在城阳反击项羽。而汉王率领诸侯击败楚军，攻入彭城。项羽听闻此事后，就停止进攻齐国而返回，在彭城攻打汉军，接着接连与汉军交战，双方在荣阳相持。因此田横又收复了齐国城邑，立田荣的儿子田广为齐王，而田横辅佐他，独揽国政，政事无论大小都由国相决断。

田横平定齐国三年后，汉王派郦生前去劝降齐王田广以及赵国的相国田横。田横认为郦生说得对，解除了在历下的守军。汉军将领韩信领兵将要向东攻打齐国。齐国起初派华无伤、田解驻军于历下以抵御汉军，汉王使者到达后，便撤除了守备措施，纵情饮酒，将要派遣使者与汉王和解。汉军将领韩信平定赵国、燕国后，采用了蒯通的计谋，越过平原，袭击并攻破了齐国在历下的守军，接着攻入临淄。齐王田广、国相田横发怒，认为是郦生出卖了自己，便烹杀了郦生。齐王田广向东逃往高密，国相田横逃到博阳，守相田光逃到城阳，将军田既驻军于胶东。楚国派龙且援救齐国，齐王与龙且在高密会师。汉军将领韩信与曹参打败并杀死了龙且，俘虏了齐王田广。汉军将领灌婴追击并俘虏了齐国守相田光。汉军到达博阳，田横听说齐王死了，就自立为齐王，返回攻打灌婴，灌婴在嬴县城下打败了田横的军队。田横逃往

梁地，归附彭越。彭越此时正据守梁地保持中立，有时帮汉王，有时帮楚王。韩信杀死龙且后，紧接着命令曹参进军，在胶东击败并杀死田既，派灌婴在千乘击败并杀死齐将田吸。韩信最终平定齐国，请求自立为齐国假王，汉王趁势立他为齐王。

一年多后，汉王消灭了项籍，汉王立为皇帝，封彭越为梁王。田横害怕被诛杀，便和他手下的五百多人逃入大海，居住在海岛中。高帝听说此事后，认为田横兄弟本来平定了齐地，齐地的贤士大多依附他，如今住在海岛中不加以收服，恐怕以后会生乱，于是派使者赦免田横的罪行并召见田横。田横却谢绝说："我烹杀陛下的使臣郦生，如今听说他的弟弟郦商做汉将而且很有才干，我害怕不敢奉诏，请让我做个平民，留守在海岛中。"使者返回禀报，高皇帝便下诏给卫尉郦商说："齐王田横将要到达，你的人马随从中有敢动他的将被灭族！"然后又派使者持符节将高帝下诏郦商的事详细告知田横，说："田横如果来，大可以封王，小封为侯；如果不来，将被起兵诛灭。"田横于是和他的两个门客乘坐驿车前往洛阳。

离洛阳还有三十里时，到达了尸乡驿站，田横向使者道歉说："作为人臣朝见天子应当沐浴。"便停了下来。田横对他的门客说："我起初与汉王一起南面称王，

为楚。韩信已杀龙且，因令曹参进兵破杀田既于胶东，使灌婴破杀齐将田吸于千乘。韩信遂平齐，乞自立为齐假王，汉因而立之。

后岁余，汉灭项籍，汉王立为皇帝，以彭越为梁王。田横惧诛，而与其徒属五百余人入海，居岛中。高帝闻之，以为田横兄弟本定齐，齐人贤者多附焉，今在海中，不收，后恐为乱，乃使使赦田横罪而召之。田横因谢曰："臣亨陛下之使郦生，今闻其弟郦商为汉将而贤，臣恐惧，不敢奉诏。请为庶人，守海岛中。"使还报，高皇帝乃诏卫尉郦商曰："齐王田横即至，人马从者敢动摇者致族夷！"乃复使使持节具告以诏商状，曰："田横来，大者王，小者乃侯耳；不来，且举兵加诛焉。"田横乃与其客二人乘传诣雒阳。

未至三十里，至尸乡厩置，横谢使者曰："人臣见天子当洗沐。"止留。谓其客曰："横始与汉王俱南面称孤，今

汉王为天子，而横乃为亡虏而北面事之，其耻固已甚矣。且吾亨人之兄，与其弟并肩而事其主，纵彼畏天子之诏，不敢动我，我独不愧于心乎？且陛下所以欲见我者，不过欲一见吾面貌耳。今陛下在洛阳，今斩吾头，驰三十里间，形容尚未能败，犹可观也。"遂自刭，令客奉其头，从使者驰奏之高帝。高帝曰："嗟乎，有以也夫！起自布衣，兄弟三人更王，岂不贤乎哉！"为之流涕，而拜其二客为都尉，发卒二千人，以王者礼葬田横。

既葬，二客穿其冢旁孔，皆自刭，下从之。高帝闻之，乃大惊，以田横之客皆贤，"吾闻其余尚五百人在海中"，使使召之。至则闻田横死，亦皆自杀。于是乃知田横兄弟能得士也。

太史公曰：甚矣蒯通之谋，乱齐骄淮阴，其卒亡此两人！蒯通者，善为长短说，论战国之权变，为八十一首。通善齐

如今汉王为天子，我却沦为逃亡的俘虏而北面称臣奉事他，这本就是莫大的耻辱了。况且我烹杀别人的兄长，与人家的弟弟并肩为他们的君主做事，纵使郦商畏惧天子的诏令不敢动我，我难道内心就不愧疚吗？况且陛下之所以想见我，不过是想见一见我的面貌罢了。如今陛下在洛阳，现在斩下我的头颅，飞驰三十里路，形象容貌还不至于腐败，还可以看清我的样子。"于是自刎，让门客带着他的头颅，跟随使者驰马奏报高祖。高祖说："啊呀，真有气节啊！从平民起家，兄弟三人接替称王，难道不是贤人吗！"高祖为此流泪，封他的两位门客为都尉，发兵二千人，按王者的礼节安葬田横。

田横被安葬后，两位门客在田横墓旁挖了洞穴，都自刎而死，跟随田横自杀。高帝听说此事后大惊，认为田横的门客都是贤人，"我听说其余五百人还在海岛中"，便派使者前去召见他们。使者到达后，门客听说田横已经死了，也都自杀了。这之后人们都知道田横兄弟是能够得到贤士拥戴的人。

太史公说：蒯通的计谋也太过分了，他扰乱了齐国使淮阴侯骄纵，最终使田横、韩信两人灭亡。蒯通善于纵横之说，他曾经论述战国的权谋变乱，共八十一篇。蒯

通与齐人安期生交好，安期生曾经向项羽献计，项羽没有采纳他的计策。不久项羽想封他们二人，二人始终不肯接受就逃走了。田横的高尚节操，使宾客仰慕他的德义而跟随他赴死，难道不是最贤能的人吗！我因此而记述他的事迹。世上不缺乏擅长谋划的人，却没有人辅佐田横成就王业，这是为什么呢？

人安期生，安期生尝干项羽，项羽不能用其策。已而项羽欲封此两人，两人终不肯受，亡去。田横之高节，宾客慕义而从横死，岂非至贤！余因而列焉。不无善画者，莫能图，何哉？

樊哙　郦商　夏侯婴　灌婴

樊哙

舞阳侯樊哙，是沛县人。他以杀狗卖肉为生，曾与高祖一起躲藏追捕。

当初他跟随高祖在丰邑起事，攻下沛县。高祖做了沛公，用樊哙为舍人。他追随沛公攻打胡陵、方与，还军镇守丰邑，在丰邑城下攻打泗水郡郡监，攻破了他的军队。又向东平定沛县，在薛县以西击败泗水郡郡守。与司马尼在砀县以东交战，击退敌军，斩敌十五人，被赐爵为国大夫。他经常跟随沛公，沛公在濮阳攻打章邯的军队，攻城时樊哙率先登城，斩敌二十三人，被赐爵为列大夫。又继续跟随沛公，跟随沛公攻打城阳，率先登上城楼。攻下户牖，击破李由的军队，斩敌十六人，被赐上闻的爵位。跟随沛公在成武攻打并包围东郡郡守、郡尉，击退敌军，斩敌十四人，俘虏十一人，被赐爵为五大夫。跟随沛公攻打秦军，出兵亳南。河间郡守在杠里驻军，被樊哙击败。在开封以北击破赵贲的军队，因樊哙击退敌军而率先登城，斩杀军候一

舞阳侯樊哙者，沛人也。以屠狗为事，与高祖俱隐。

初从高祖起丰，攻下沛。高祖为沛公，以哙为舍人。从攻胡陵、方与，还守丰，击泗水监丰下，破之。复东定沛，破泗水守薛西。与司马尼战砀东，却敌，斩首十五级，赐爵国大夫。常从沛公击章邯军濮阳，攻城先登，斩首二十三级，赐爵列大夫。复常从，从攻城阳，先登。下户牖，破李由军，斩首十六级，赐上闻爵。从攻围东郡守尉于成武，却敌，斩首十四级，捕虏十一人，赐爵五大夫。从击秦军，出亳南。河间守军于杠里，破之。击破赵贲军开封北，以却敌先登，斩候一人，首六十八级，捕虏二十七人，赐爵卿。从攻破

杨熊军于曲遇。攻宛陵，先登，斩首八级，捕房四十四人，赐爵封号贤成君。从攻长社、辕辕，绝河津，东攻秦军于尸，南攻秦军于犨。破南阳守齮于阳城东，攻宛城，先登。西至郦，以却敌，斩首二十四级，捕房四十人，赐重封。攻武关，至霸上，斩都尉一人，首十级，捕房百四十六人，降卒二千九百人。

项羽在戏下，欲攻沛公。沛公从百余骑因项伯面见项羽，谢无有闭关事。项羽既飨军士，中酒，亚父谋欲杀沛公，令项庄拔剑舞坐中，欲击沛公，项伯常屏蔽之。时独沛公与张良得入坐，樊哙在营外，闻事急，乃持铁盾入。到营，营卫止哙，哙直撞入，立帐下。项羽目之，问为谁，张良曰："沛公参乘樊哙。"项羽曰："壮士。"赐之卮酒彘肩。哙既饮酒，拔剑切肉食，尽之。项羽曰："能复饮乎？"哙曰："臣死且不辞，岂特卮酒乎！且沛公先入定咸阳，暴师霸上，以待大王。

人，斩敌六十八人，俘虏二十七人，被赐卿爵。他跟随沛公在曲遇攻破杨熊的军队。攻打宛陵，率先登城，斩敌八人，俘虏四十四人，被赐予爵位，封号为贤成君。跟随沛公进攻长社、辕辕，断绝黄河津渡，向东在尸乡攻打秦军，向南在犨县攻打秦军。在阳城击败南阳郡守齮。向东攻打宛城，率先登城。向西到达郦县，击退敌军，斩敌二十四人，俘虏四十人，重重封赏樊哙。攻打武关，到达霸上，斩杀都尉一人，斩敌十人，俘虏一百四十六人，收降士卒二千九百人。

项羽在戏下，想攻打沛公。沛公带领一百多名骑兵通过项伯面见项羽，向项羽谢罪说自己没有关闭函谷关阻止诸侯军进入关中。项羽设宴犒赏军士，在酒宴中，亚父想图谋杀掉沛公，命令项庄拔剑在席前起舞，想攻击沛公，项伯一直用肩膀掩护沛公。当时只有沛公与张良得以入席，樊哙在营外，听说事情紧急，于是手持铁盾来到营门前。营门卫士阻止樊哙，樊哙径直闯入，站在帐下。项羽盯着樊哙，问他是谁。张良说："这是沛公的参乘樊哙。"项羽说："是个壮士。"赐给他一杯酒和一条猪腿。樊哙饮完酒，拔剑切肉吃，将肉全吃完了。项羽说："还能再喝吗？"樊哙说："我死尚且不怕，难道会推辞一杯酒吗！况且沛公先入关平定咸阳，军队在霸上露宿以等待大王。大王今日到达，听信小人之言，与沛公有嫌隙，我担心天下又要大乱，百姓心中会怀疑大王啊。"项羽沉默不语。沛公如厕，让樊哙一同离去。离开后，沛公留下车骑，独自骑一匹马，樊哙等四人步行，一同从小路走山下返回到霸上的军营，留下张良向项羽谢罪。项羽也就此作罢，没有诛杀沛公的想法了。这天如果不是樊哙闯入营中责备项羽，沛公几乎被杀了。

第二天，项羽进入咸阳大肆屠杀，立沛公为汉王。汉王赐给樊哙爵位为列侯，号称临武侯。樊哙升任郎中，跟随汉王进入汉中。

汉王回师平定三秦，樊哙另带一路兵在白水以北攻打西县县丞，在雍县以南攻打雍王的轻车骑兵，打败了雍王骑兵。他跟随汉王攻打雍县、漦城，率先登城。在好畤县攻打章平的军队，攻城时，樊哙率先登城冲锋陷阵，斩杀县令、县丞各一人，斩敌十一人，俘虏二十人，升任郎中骑将。又跟随汉王在壤乡以东攻打秦军的车骑，击退敌军，升任将军。攻打赵贲，攻下郿县、槐里、柳中、咸阳；引水灌淹废丘，功劳最高。到达栎阳，汉王把杜县的樊乡赐给樊哙作为食邑。樊哙跟随汉王攻打项籍，屠灭煮枣城。在外黄击破王武、程处的军队。攻打邹县、鲁城、瑕丘、薛县。

大王今日至，听小人之言，与沛公有隙，臣恐天下解，心疑大王也。"项羽默然。沛公如厕，麾樊哙去。既出，沛公留车骑，独骑一马，与樊哙等四人步从，从间道山下归走霸上军，而使张良谢项羽。项羽亦因遂已，无诛沛公之心矣。是日微樊哙奔入营谯让项羽，沛公事几殆。

明日，项羽入屠咸阳，立沛公为汉王。汉王赐哙爵为列侯，号临武侯。迁为郎中，从入汉中。

还定三秦，别击西丞白水北、雍轻车骑于雍南，破之。从攻雍、漦城，先登。击章平军好畤，攻城，先登陷阵，斩县令丞各一人，首十一级，虏二十人，迁郎中骑将。从击秦军骑壤东，却敌，迁为将军。攻赵贲，下郿、槐里、柳中、咸阳；灌废丘，最。至栎阳，赐食邑杜之樊乡。从攻项籍，屠煮枣。击破王武、程处军于外黄。攻邹、鲁、瑕丘、薛。项羽败汉王于彭城，尽复取鲁、梁地。哙还至荥阳，益

食平阴二千户，以将军守广武
一岁。项羽引而东，从高祖击
项籍，下阳夏，虏楚周将军卒
四千人。围项籍于陈，大破之。
屠胡陵。

项籍既死，汉王为帝，以
哙坚守战有功，益食八百户。
从高帝攻反燕王臧荼，虏荼，
定燕地。楚王韩信反，哙从至陈，
取信，定楚。更赐爵列侯，与
诸侯剖符，世世勿绝，食舞阳，
号为舞阳侯，除前所食。以将
军从高祖攻反韩王信于代。自
霍人以往至云中，与绛侯等共
定之，益食千五百户。因击陈
豨与曼丘臣军，战襄国，破柏
人，先登，降定清河、常山凡
二十七县，残东垣，迁为左丞
相。破得綦毋卬、尹潘军于无
终、广昌。破豨别将胡人王黄
军于代南，因击韩信军于参合。
军所将卒斩韩信，破豨胡骑横
谷，斩将军赵既，虏代丞相冯
梁、守孙奋、大将王黄、将军、
太仆解福等十人。与诸将共定
代乡邑七十三。其后燕王卢绾

项羽在彭城打败汉王，又全部夺取了鲁城、
梁地。樊哙回军到达荥阳，增封平阴二千
户作为食邑，以将军的身份镇守广武。一
年后，项羽领兵向东。樊哙跟随高祖攻打
项籍，攻下阳夏，俘虏楚军周将军的士卒
四千人。他们把项籍围困在陈县，大破楚
军。屠灭胡陵。

项籍死后，汉王立为皇帝，因为樊
哙坚守作战有功，增封食邑八百户。他
跟随高帝攻打造反的燕王臧荼，俘虏了臧
荼，平定了燕地。楚王韩信谋反，樊哙跟
随高帝到达陈县，逮捕了韩信，平定楚地。
改赐爵位为列侯，与诸侯剖分符节，让爵
位世代相传不绝，食邑舞阳，号称舞阳侯，
废除以前所享有的食邑。樊哙以将军的身
份跟随高祖到代地攻打造反的韩王韩信。
从霍人以西一直打到云中，与绛侯等人一
起平定那里，朝廷增加他食邑一千五百户。
他接着攻打陈豨与曼丘臣的军队，大战襄
国，攻破柏人，率先登城；降服平定清河、
常山共二十七个县，摧毁东垣，被升为左
丞相。在无终、广昌击破綦毋卬、尹潘的
军队并活捉二人。在代地以南击破陈豨的
将领胡人王黄的军队，接着在参合攻打韩
信的军队。他所率领军队中的士兵斩杀了
韩王韩信。在横谷击破陈豨的匈奴骑兵，
斩杀将军赵既，俘虏代国丞相冯梁、郡守
孙奋、大将王黄、将军、太仆解福等十人。

樊哙与众将领一起平定代地七十三个乡邑。之后燕王卢绾反叛，樊哙以相国的身份攻打卢绾，在蓟县以南攻破卢绾的丞相抵，平定燕地，共十八个县，五十一个乡邑。朝廷增加一千三百户食邑给他，确定舞阳侯的食邑为五千四百户。樊哙跟随高祖出征，斩敌一百七十六人，俘虏二百八十八人。他单独征战时，击败七支军队，攻占五座城池，平定六个郡，五十二个县，俘虏丞相一人，将军十二人，二千石以下至三百石的官员十一人。

樊哙娶吕后的妹妹吕须为妻，生下儿子樊伉，所以与其他诸将相比，樊哙与皇室最亲近。

先前黥布反叛时，高祖曾经病得很严重，讨厌见人，躺在宫中，诏令门卫不要放群臣进入。群臣如绛侯、灌婴等人没有谁敢进入的。十几天后，樊哙却推开宫门径直入内，大臣跟随他进入。高祖独自头枕宦官躺在床上。樊哙等人见到皇帝流着泪说："当初陛下与臣等在丰、沛起事，平定天下，是多么威武啊！如今天下已经平定，您又是多么疲弱啊！况且陛下病情严重，大臣都震惊惶恐，陛下不肯接见臣等商议国家大事，难道就只要和一个宦官诀别吗？况且陛下难道对赵高的事视而不见吗？"高祖就笑着起身了。

之后卢绾反叛，高祖派樊哙以相国的

反，哙以相国击卢绾，破其丞相抵蓟南，定燕地，凡县十八，乡邑五十一。益食邑千三百户，定食舞阳五千四百户。从斩首百七十六级，虏二百八十八人；别破军七，下城五，定郡六，县五十二，得丞相一人，将军十二人，二千石已下至三百石十一人。

哙以吕后女弟吕须为妇，生子伉，故其比诸将最亲。

先黥布反时，高祖尝病甚，恶见人，卧禁中，诏户者无得入群臣。群臣绛、灌等莫敢入。十余日，哙乃排闼直入，大臣随之。上独枕一宦者卧。哙等见上流涕曰："始陛下与臣等起丰、沛，定天下，何其壮也！今天下已定，又何惫也！且陛下病甚，大臣震恐，不见臣等计事，顾独与一宦者绝乎？且陛下独不见赵高之事乎？"高帝笑而起。

其后卢绾反，高帝使哙以

相国击燕。是时高帝病甚，人有恶哙党于吕氏，即上一日宫车晏驾，则哙欲以兵尽诛灭戚氏、赵王如意之属。高帝闻之大怒，乃使陈平载绛侯代将，而即军中斩哙。陈平畏吕后，执哙诣长安。至则高祖已崩，吕后释哙，使复爵邑。

孝惠六年，樊哙卒，谥为武侯。子伉代侯，而伉母吕须亦为临光侯，高后时用事专权，大臣尽畏之。伉代侯九岁，高后崩。大臣诛诸吕、吕须婘属，因诛伉。舞阳侯中绝数月。孝文帝既立，乃复封哙他庶子市人为舞阳侯，复故爵邑。市人立二十九岁卒，谥为荒侯。子他广代侯。六岁，侯家舍人得罪他广，怨之，乃上书曰："荒侯市人病不能为人，令其夫人与其弟乱而生他广，他广实非荒侯子，不当代后。"诏下吏。孝景中六年，他广夺侯为庶人，国除。

郦商

曲周侯郦商者，高阳人。

身份攻打燕国。这时高帝病重，有人诋毁樊哙与吕氏结党，假如有一天陛下驾崩，那么樊哙就要带兵尽数诛灭戚氏、赵王如意等人。高祖听说此事后大怒，就派陈平带着绛侯接替樊哙领兵，并让他们立即在军中斩杀樊哙。陈平害怕吕后，抓住樊哙后把他押送到长安。到达长安时高祖已经驾崩了，吕后释放了樊哙，给他恢复了爵位和封邑。

孝惠帝六年，樊哙去世，谥号是武侯。樊哙的儿子樊伉继承侯位，而樊伉的母亲吕须也被封为临光侯，高后时吕须专权弄事，大臣们全都畏惧她。樊伉继承侯位九年，吕后崩逝。大臣们诛灭诸吕、吕须的亲属，也诛杀了樊伉。舞阳侯的爵位中断几个月。孝文帝即位后，又重新封樊哙的庶子樊市人为舞阳侯，恢复了原来的爵位和食邑。樊市人继承爵位二十九年去世，谥号为荒侯。樊市人的儿子樊他广继承侯位。六年后，樊家有舍人得罪樊他广，那个舍人怨恨他，于是上书给皇上说："荒侯樊市人因病不能生育，命令他的夫人和他的弟弟淫乱而生下樊他广，他广实际上并不是荒侯的儿子，不应当继承侯位。"皇帝下诏让官吏审理。孝景帝中元六年，樊他广被剥夺侯位贬为庶人，侯国被废除。

曲周侯郦商是高阳人。陈胜起事时，

郦商聚集年轻人四处拉人入伙，得到几千人。沛公攻城略地到达陈留，六个多月后，郦商就率领士卒四千人在岐地归附沛公。郦商跟随沛公攻打长社，率先登城，被赐爵封为信成君。又跟随沛公攻打缑氏，断绝黄河津渡，在洛阳以东攻破秦军。然后跟随沛公攻下宛城、穰城，平定十七个县。他单独带兵攻打旬关，平定汉中。

项羽灭了秦朝，立沛公为汉王。汉王赐给郦商爵位为信成君，让他以将军的身份担任陇西都尉。他独自领兵平定北地、上郡。在焉氏击破雍王率领的军队，在枸邑击败周类的军队，在泥阳击败苏骃的军队。汉王把武成六千户赐给郦商作为食邑。他以陇西都尉的身份跟随汉王攻打项籍的军队达五个月，出兵钜野，与锺离眛交战，双方展开激战，汉王授予他梁国相国的印信，增加四千户食邑给他。他以梁国相国的身份领兵跟随汉王攻打项羽两年三个月，攻克了胡陵。

项羽死后，汉王立为皇帝。这年秋天，燕王臧荼反叛，郦商以将军的身份跟随高祖攻打臧荼，在龙脱交战，郦商率先登城冲锋陷阵，在易县城下攻破臧荼的军队，击退敌军，升任右丞相，被赐列侯爵位，与他剖分符节，让爵位世代相传不绝，他的食邑是涿县的五千户，被称为涿侯。他以右丞相的身份单独带兵平定上谷，

陈胜起时，商聚少年东西略人，得数千。沛公略地至陈留，六月余，商以将卒四千人属沛公于岐。从攻长社，先登，赐爵封信成君。从沛公攻缑氏，绝河津，破秦军洛阳东。从攻下宛、穰，定十七县。别将攻旬关，定汉中。

项羽灭秦，立沛公为汉王。汉王赐商爵信成君，以将军为陇西都尉。别将定北地、上郡。破雍将军乌氏，周类军枸邑，苏骃军于泥阳。赐食邑武成六千户。以陇西都尉从击项籍军五月，出钜野，与锺离眛战，疾斗，受梁相国印，益食邑四千户。以梁相国将从击项羽二岁三月，攻胡陵。

项羽既已死，汉王为帝。其秋，燕王臧荼反，商以将军从击荼，战龙脱，先登陷阵，破荼军易下，却敌，迁为右丞相，赐爵列侯，与诸侯剖符，世世勿绝，食邑涿五千户，号曰涿侯。以右丞相别定上谷，因攻代，受赵相国印。以右丞相、赵相

国别与绛侯等定代、雁门，得代丞相程纵、守相郭同、将军已下至六百石十九人。还，以将军为太上皇卫一岁七月。以右丞相击陈豨，残东垣。又以右丞相从高帝击黥布，攻其前拒，陷两陈，得以破布军，更食曲周五千一百户，除前所食。凡别破军三，降定郡六，县七十三，得丞相、守相、大将各一人，小将二人，二千石已下至六百石十九人。

商事孝惠。高后时，商病，不治。其子寄，字况，与吕禄善。及高后崩，大臣欲诛诸吕，吕禄为将军，军于北军，太尉勃不得入北军，于是乃使人劫郦商，令其子况绐吕禄，吕禄信之，故与出游，而太尉勃乃得入据北军，遂诛诸吕。是岁商卒，谥为景侯。子寄代侯。天下称郦况卖交也。

孝景前三年，吴、楚、齐、赵反，上以寄为将军，围赵城，十月不能下。得俞侯栾布自平

接着攻打代地，汉王授予他赵国相国的印信。他以右丞相、赵国相国的身份带兵与绛侯等人一起平定代、雁门，俘虏代国丞相程纵、守相郭同、将军以下至六百石的官员十九人。回朝后，他以将军的身份担任太上皇的护卫一年七个月。他又以右丞相的身份攻打陈豨，摧毁东垣。之后以右丞相的身份跟随高祖攻打黥布，攻击黥布的前方阵地，攻陷两阵，因此击败了黥布的军队。汉王改封曲周五千一百户作为他的食邑，除掉了他以前享有的食邑。他总共单独带兵击败三支军队，降服平定六个郡，七十三个县，俘虏丞相、守相、大将各一人，小将二人，二千石以下至六百石的官员十九人。

郦商在孝惠帝、高后主政时生病，无法理政。他的儿子郦寄，字况，与吕禄交好。等到高后去世后，大臣们想诛灭诸吕。吕禄做将军，统领北军，太尉周勃无法进入北军军营，于是就派人劫持郦商，命令他的儿子郦况欺骗吕禄，吕禄相信了郦况，所以与他出游，太尉周勃才得以占据北军，最终诛灭诸吕。这年郦商去世，谥号是景侯。郦商的儿子郦寄继承侯位。天下人都说郦况出卖了朋友。

孝景帝前元三年，吴、楚、齐、赵等国造反，皇上任郦寄为将军，围攻赵城，十个月没能攻下。等到俞侯栾布平定齐地

归来，才攻下赵城，灭掉了赵国，赵王自杀，封国被废除。景帝中元二年，郦寄想娶平原君为夫人，景帝发怒，把郦寄下交官吏审理，判他有罪，剥夺了他的侯位。景帝便把郦商另外一个儿子郦坚封为缪侯，以接续郦氏的后嗣。缪靖侯去世，他的儿子康侯遂成继位。遂成去世，他的儿子怀侯世宗继位。世宗去世，他的儿子终根继承侯位，担任太常，因为犯法，侯国被废除。

汝阴侯夏侯婴，是沛县人。做沛县县府掌管车辆的小吏时，每次送使者或客人返回路过沛县泗上亭，夏侯婴都与高祖交谈，没有哪次不到太阳西斜。夏侯婴不久被试用补任县吏，与高祖更加亲密。高祖嬉戏时误伤了夏侯婴，有人告发高祖。高祖当时担任亭长，伤人要罪加一等，高祖申诉说没有伤害夏侯婴，夏侯婴替他作证。后来翻案复审，夏侯婴因受高祖牵连被关押了一年多，被鞭笞了几百下，但最终因此为高祖开脱了罪责。

高祖当初与部众攻打沛县，夏侯婴当时以县令史的身份被高祖任用。高祖降服沛县的那天，高祖做了沛公，赐给夏侯婴七大夫的爵位，任命他为太仆。夏侯婴跟随沛公攻打胡陵，与萧何招降泗水郡郡监平，平献出胡陵投降，汉王授予夏侯婴五大夫爵位。他跟随沛公在砀县以东攻打秦

齐来，乃下赵城，灭赵，王自杀，除国。孝景中二年，寄欲取平原君为夫人，景帝怒，下寄吏，有罪，夺侯。景帝乃以商他子坚封为缪侯，续郦氏后。缪靖侯卒，子康侯遂成立。遂成卒，子怀侯世宗立。世宗卒，子侯终根立，为太常，坐法，国除。

夏侯婴

汝阴侯夏侯婴，沛人也。为沛厩司御。每送使客还，过沛泗上亭，与高祖语，未尝不移日也。婴已而试补县吏，与高祖相爱。高祖戏而伤婴，人有告高祖。高祖时为亭长，重坐伤人，告故不伤婴，婴证之。后狱覆，婴坐高祖系岁余，掠笞数百，终以是脱高祖。

高祖之初与徒属欲攻沛也，婴时以县令史为高祖使。上降沛一日，高祖为沛公，赐婴爵七大夫，以为太仆。从攻胡陵，婴与萧何降泗水监平，平以胡陵降，赐婴爵五大夫。从击秦军砀东，攻济阳，下户牖，破

李由军雍丘下，以兵车趣攻战疾，赐爵执帛。常以太仆奉车从击章邯军东阿、濮阳下，以兵车趣攻战疾，破之，赐爵执珪。复常奉车从击赵贲军开封，杨熊军曲遇。婴从捕虏六十八人，降卒八百五十人，得印一匮。因复常奉车从击秦军雒阳东，以兵车趣攻战疾，赐爵封，转为滕公。因复奉车从攻南阳，战于蓝田、芷阳，以兵车趣攻战疾，至霸上。项羽至，灭秦，立沛公为汉王。汉王赐婴爵列侯，号昭平侯，复为太仆，从入蜀、汉。

还定三秦，从击项籍。至彭城，项羽大破汉军。汉王败，不利，驰去。见孝惠、鲁元，载之。汉王急，马罢，虏在后，常蹶两儿欲弃之，婴常收，竟载之，徐行面雍树乃驰。汉王怒，行欲斩婴者十余，卒得脱，而致孝惠、鲁元于丰。

军，攻打济阳，攻下户牖，在雍丘城下击破李由的军队，他驾着兵车快速进攻，战斗激烈，被授予执帛的爵位。他曾以太仆的身份率领兵车跟随沛公在东阿、濮阳城下攻打章邯的军队，驾着兵车快速进攻，战斗激烈，攻破敌军，被授予执珪的爵位。他又曾率领兵车跟随沛公在开封攻打赵贲的军队，在曲遇攻打杨熊的军队。夏侯婴跟随沛公俘虏了六十八人，收降士卒八百五十人，获得官印一匣。他又因曾率领兵车跟随沛公在洛阳以东攻打秦军，驾着兵车快速进攻，战斗激烈，被赐封滕公。接着又率领兵车跟随沛公攻打南阳，在蓝田、芷阳交战，驾着兵车快速进攻，战斗激烈，到达霸上。项羽到达，灭了秦朝，立沛公为汉王。汉王赏赐给夏侯婴列侯的爵位，号称昭平侯，他又当了汉太仆，跟随汉王进入蜀、汉。

汉军回师平定三秦，他跟随汉王攻打项籍。大军到达彭城，项羽大败汉军。汉王战败，战事不利，他便骑快马离去。途中遇见孝惠帝、鲁元公主，就载上他们。汉王危急，战马疲惫，敌军在后面追赶，汉王多次踹下两个孩子想丢弃他们，夏侯婴几次带上孩子，最终载着他们，先是慢慢行驶，等两个孩子抱紧自己的脖子后才疾驰而行。汉王发怒，行军中有十几次想杀掉夏侯婴，他最终得以逃脱，并把孝惠帝、鲁元公主送到了丰邑。

汉王到达荥阳后，收聚散兵，士气再次大振。便把祈阳赐给夏侯婴作为食邑。夏侯婴又曾率领兵车跟随汉王攻打项籍，追到陈地，最终平定楚地，到达鲁地，增加兹氏作为食邑。

汉王立为皇帝。这年秋天，燕王臧荼反叛，夏侯婴以太仆的身份跟随皇高祖攻打臧荼。第二年，他跟随高祖到达陈地，捕获了楚王韩信。他的食邑被改为汝阴，剖分符节使爵位世代相传不绝。他以太仆的身份跟随高帝攻打代地，到达武泉、云中，增加食邑一千户。接着跟随高祖在晋阳附近攻打韩王信率领的匈奴骑兵，大破韩王信。大军追击败军到达平城，被匈奴骑兵所包围，七天不能突围。高祖派使者给阏氏送去厚礼，冒顿单于放开包围圈的一角。高帝突出重围便想驱车快跑，夏侯婴坚持慢慢行驶，弓弩手都拉满弓，箭朝外，最终得以脱身。高祖把细阳一千户增加给夏侯婴作为食邑。夏侯婴又以太仆的身份跟随高祖在句注以北攻打匈奴骑兵，大破匈奴骑兵。他以太仆的身份在平城以南攻打匈奴骑兵，三次攻陷敌阵，功劳最多，高祖把夺取来的五百户食邑赐给他。他以太仆的身份攻打陈豨、黥布的军队，攻陷敌阵，击退敌人，增加食邑一千户，确定汝阴六千九百户作为他的食邑，废除他以前

汉王既至荥阳，收散兵，复振，赐婴食祈阳。复常奉车从击项籍，追至陈，卒定楚，至鲁，益食兹氏。

汉王立为帝。其秋，燕王臧荼反，婴以太仆从击荼。明年，从至陈，取楚王信。更食汝阴，剖符，世世勿绝。以太仆从击代，至武泉、云中，益食千户。因从击韩信军胡骑晋阳旁，大破之。追北至平城，为胡所围，七日不得通。高帝使使厚遗阏氏，冒顿开围一角。高帝出欲驰，婴固徐行，弩皆持满外向，卒得脱。益食婴细阳千户。复以太仆从击胡骑句注北，大破之。以太仆击胡骑平城南，三陷陈，功为多，赐所夺邑五百户。以太仆击陈豨、黥布军，陷陈却敌，益食千户，定食汝阴六千九百户，除前所食。

所享有的食邑。

婴自上初起沛，常为太仆，竟高祖崩。以太仆事孝惠。孝惠帝及高后德婴之脱孝惠、鲁元于下邑之间也，乃赐婴县北第第一，曰"近我"，以尊异之。孝惠帝崩，以太仆事高后。高后崩，代王之来，婴以太仆与东牟侯入清宫，废少帝，以天子法驾迎代王代邸，与大臣共立为孝文皇帝，复为太仆。八岁卒，谥为文侯。子夷侯灶立，七年卒。子共侯赐立，三十一年卒。子侯颇尚平阳公主。立十九岁，元鼎二年，坐与父御婢奸罪，自杀，国除。

夏侯婴自高祖在沛县开始起事起，长期担任太仆，直到高祖驾崩。他以太仆的身份侍奉孝惠帝。孝惠帝和高后感激夏侯婴在下邑等地时救孝惠、鲁元他们脱身，于是就把皇宫北面第一等的宅第赐给夏侯婴，称靠近皇宫，以表示对他格外尊宠。孝惠帝驾崩，他以太仆的身份侍奉高后。高后崩逝，代王来时，夏侯婴以太仆的身份与东牟侯入宫清理宫室，废黜少帝，用天子的车驾去代王府邸迎接代王，与大臣共同立代王为孝文皇帝，他又一次担任太仆。八年后夏侯婴去世，谥号为文侯。夏侯婴的儿子夷侯夏侯灶继承侯位，在位七年去世。夏侯灶的儿子共侯夏侯赐继承爵位，在位三十一年去世。夏侯赐的儿子夏侯颇娶了平阳公主。夏侯赐继承侯位的第十九年，即元鼎二年，因与为父亲的御婢通奸被治罪，自杀，侯国被废除。

灌婴

颍阴侯灌婴者，睢阳贩缯者也。高祖之为沛公，略地至雍丘下，章邯败杀项梁，而沛公还军于砀，婴初以中涓从，击破东郡尉于成武及秦军于扛里，疾斗，赐爵七大夫。从攻秦军亳南、开封、曲遇，战疾力，赐爵执帛，号宣陵君。从

颍阴侯灌婴，是睢阳县卖丝绸的商人。高祖做沛公时，攻城略地到达雍丘城下，章邯打败并杀死项梁，而沛公回军到砀地，灌婴起初以中涓的身份跟随沛公在成武击败东郡郡尉，并在杠里击败秦军，战斗激烈，被赐封七大夫的爵位。他跟随沛公在亳南、开封、曲遇攻打秦军，作战英勇，被赏赐执帛的爵位，号称宣陵君。他又跟

随沛公攻打阳武以西至洛阳的城池，在尸乡北攻破秦军，向北断绝黄河津渡，向南在阳城以东打败南阳郡守齮，于是平定南阳郡。向西进入武关，在蓝田交战，战斗激烈，到达霸上，被赐予执圭的爵位，称为昌文君。

沛公被立为汉王，任命灌婴为郎中，他跟随汉王进入汉中。十个月后，被任命为中谒者。他跟随汉王回师平定三秦，攻下栎阳，降服塞王。大军回师在废丘围攻章邯，未能攻下。他跟随汉王东出临晋关，击败降服殷王，平定殷王的属地。在定陶以南攻打项羽的部将龙且、魏国国相项他的军队，快速作战，攻破敌军。汉王赏赐给灌婴列侯的爵位，称为昌文侯，食邑为杜县的平乡。

灌婴又以中谒者的身份跟随汉王攻下砀县，直达彭城。项羽反击，大破汉王。汉王向西逃走，灌婴跟随汉王撤退，驻军于雍丘。王武、魏公申徒反叛，他跟随汉王击败他们。大军攻下外黄，向西收聚散兵，驻军荥阳。收服楚军骑兵很多，汉王于是选择其中可以做骑兵将领的人，大家都推荐说原来的秦朝骑将重泉人李必、骆甲熟习骑兵战术，现在担任校尉，可做骑兵将领。汉王想任用他们，李必、骆甲说："我们原是秦朝百姓，恐怕军中不信任我们，我们希望得到大王左右善于骑马射箭的人辅

攻阳武以西至雒阳，破秦军尸北，北绝河津，南破南阳守齮阳城东，遂定南阳郡。西入武关，战于蓝田，疾力，至霸上，赐爵执珪，号昌文君。

沛公立为汉王，拜婴为郎中，从入汉中十月，拜为中谒者。从还定三秦，下栎阳，降塞王。还围章邯于废丘，未拔。从东出临晋关，击降殷王，定其地。击项羽将龙且、魏相项他军定陶南，疾战，破之。赐婴爵列侯，号昌文侯，食杜平乡。

复以中谒者从降下砀，以至彭城。项羽击，大破汉王。汉王遁而西，婴从还，军于雍丘。王武、魏公申徒反，从击破之。攻下外黄，西收兵，军于荥阳。楚骑来众，汉王乃择军中可为骑将者，皆推故秦骑士重泉人李必、骆甲习骑兵，今为校尉，可为骑。汉王欲拜之，必、甲曰："臣故秦民，恐军不信臣，臣愿得大王左右善骑者傅之。"灌婴虽少，然数力

战，乃拜灌婴为中大夫，令李必、骆甲为左右校尉，将郎中骑兵击楚骑于荥阳东，大破之。受诏别击楚军后，绝其饷道，起阳武至襄邑。击项羽之将项冠于鲁下，破之，所将卒斩右司马、骑将各一人。击破柘公王武军于燕西，所将卒斩楼烦将五人、连尹一人。击王武别将桓婴白马下，破之，所将卒斩都尉一人。以骑渡河南，送汉王到雒阳，使北迎相国韩信军于邯郸。还至敖仓，婴迁为御史大夫。

三年，以列侯食邑杜平乡。以御史大夫受诏将郎中骑兵东属相国韩信，击破齐军于历下，所将卒虏车骑将军华毋伤及将官四十六人。降下临菑，得齐守相田光。追齐相田横至嬴、博，破其骑，所将卒斩骑将一人，生得骑将四人。攻下嬴、博，破齐将军田吸于千乘，所将卒斩吸。东从韩信攻龙且、留公旋于高密，卒斩龙且，生得右司马、连尹各一人，楼烦将十人，身生得亚将周兰。

佐我们。"灌婴虽然年少，但多次勇猛作战，于是汉王任命灌婴为中大夫，命令李必、骆甲为左右校尉，率领郎中骑兵在荥阳以东攻打楚军骑兵，大破楚军。灌婴接受诏命单独率军攻打楚军后方，断绝楚军从阳武到襄邑的粮道。在鲁城之下攻打项羽的部将项冠，打败了项冠，灌婴带领的士卒斩杀楚军右司马、骑将各一人。击破柘公王武，驻军在燕地以西，带领的士卒斩杀楼烦将领五人，连尹一人。在白马城下攻打王武的部将桓婴，打败了桓婴，带领的士卒斩杀都尉一人。灌婴还率领骑兵南渡黄河，护送汉王到洛阳，又被派北上邯郸迎接相国韩信的军队。返回到达敖仓，灌婴被升为御史大夫。

汉三年，灌婴以列侯的爵位被赐予杜县平乡的食邑。他以御史大夫的身份接受诏命，率领郎中骑兵向东归属相国韩信，在历下击败齐军，他所率领的士卒俘虏了车骑将军华毋伤及其他将吏四十六人。灌婴收降了临淄，俘虏齐国守相田光。灌婴追击齐国国相田横到嬴、博，攻破田横骑兵，所率领的士卒斩杀骑将一人，生擒骑将四人。攻下嬴、博，在千乘攻破齐将田吸的军队，率领的士卒斩杀了田吸。向东跟随韩信在高密攻打龙且、留公旋，所率领的士卒斩杀龙且，生擒右司马、连尹各一人，楼烦将领十人，灌婴亲手生擒副将周兰。

齐地平定后，韩信自立为齐王，派灌婴单独领军在鲁城以北攻打楚军将领公杲，打败了他。灌婴又转战南方，打败薛郡郡守，亲自俘获骑将一人。攻下傅阳，进军到下相东南的僮、取虑、徐。率兵渡过淮水，降服淮南的全部城邑，到达广陵。项羽派项声、薛公、郯公再度平定淮北。灌婴渡过淮河北上，在下邳击破项声、郯公，斩杀薛公，攻下下邳，在平阳击败楚军骑兵，最终降服彭城，俘虏楚柱国项佗，降服留、薛、沛、酂、萧、相县。攻占苦县、谯县，又俘虏了副将周兰。灌婴与汉王在颐乡会师。他跟随汉王在陈县攻打项籍的军队，打败楚军，所率领的士卒斩杀楼烦将领二人，俘虏骑将八人。灌婴被赏赐增加食邑二千五百户。

项籍在垓下战败后逃走，灌婴以御史大夫的身份接受诏令率领车骑部队追击项籍到达东城，打败项籍。灌婴率领的士卒五人共同斩杀项籍，都赐予列侯的爵位。收降楚军左右司马各一人，士卒一万二千人，俘虏楚军中全部的将领和官吏。灌婴带兵攻下东城、历阳。渡过长江，在吴城下击败吴郡郡守，俘虏吴郡郡守，最终平定吴、豫章、会稽三郡。回军平定淮北，共五十二个县。

汉王立为皇帝，赏赐灌婴增加食邑三千户。这年秋天，灌婴以车骑将军的身份

齐地已定，韩信自立为齐王，使婴别将击楚将公杲于鲁北，破之。转南，破薛郡长，身虏骑将一人。攻傅阳，前至下相以东南僮、取虑、徐。度淮，尽降其城邑，至广陵。项羽使项声、薛公、郯公复定淮北。婴度淮北，击破项声、郯公下邳，斩薛公，下下邳，击破楚骑于平阳，遂降彭城，虏柱国项佗，降留、薛、沛、酂、萧、相。攻苦、谯，复得亚将周兰。与汉王会颐乡。从击项籍军于陈下，破之，所将卒斩楼烦将二人，虏骑将八人。赐益食邑二千五百户。

项籍败垓下去也，婴以御史大夫受诏将车骑别追项籍至东城，破之。所将卒五人共斩项籍，皆赐爵列侯。降左右司马各一人，卒万二千人，尽得其军将吏。下东城、历阳。渡江，破吴郡长吴下，得吴守，遂定吴、豫章、会稽郡。还定淮北，凡五十二县。

汉王立为皇帝，赐益婴邑三千户。其秋，以车骑将军从

击破燕王臧荼。明年，从至陈，取楚王信。还，剖符，世世勿绝，食颍阴二千五百户，号曰颍阴侯。

以车骑将军从击反韩王信于代，至马邑，受诏别降楼烦以北六县，斩代左相，破胡骑于武泉北。复从击韩信胡骑晋阳下，所将卒斩胡白题将一人。受诏并将燕、赵、齐、梁、楚车骑，击破胡骑于砱石。至平城，为胡所围，从还军东垣。

从击陈豨，受诏别攻豨丞相侯敞军曲逆下，破之，卒斩敞及特将五人。降曲逆、卢奴、上曲阳、安国、安平。攻下东垣。

黥布反，以车骑将军先出，攻布别将于相，破之，斩亚将楼烦将三人。又进击破布上柱国军及大司马军。又进破布别将肥诛。婴身生得左司马一人，所将卒斩其小将十人，追北至淮上。益食二千五百户。布已破，高帝归，定令婴食颍阴

跟随皇帝击败燕王臧荼。第二年，他跟随皇帝到达陈县，俘虏楚王韩信。回朝后，剖分符节，使爵位世代相传不绝，朝廷赐他颍阴县二千五百户作为食邑，号称颍阴侯。

灌婴以车骑将军的身份跟随皇帝在代地攻打造反的韩王信，到达马邑，接受诏令单独率军降服楼烦以北六个县，斩杀代国左丞相，在武泉以北攻破匈奴骑兵。又跟随皇帝在晋阳城下攻打韩信率领的匈奴骑兵，所率领的士卒斩杀匈奴白题将领一人。接受诏令同时率领燕、赵、齐、梁、楚各国的车骑部队，在砱石击破匈奴骑兵。到达平城后，汉军被匈奴所包围，他跟随皇帝回师东垣。

灌婴跟随皇帝攻打陈豨，接受诏令分兵在曲逆城下攻打陈豨的丞相侯敞的军队，打败侯敞军，所率领的士卒斩杀侯敞及特将五人。他率兵降服了曲逆、卢奴、上曲阳、安国、安平。攻下了东垣。

黥布反叛，灌婴以车骑将军的身份率先出征，在相县攻打黥布的部将，打败对手，斩杀副将、楼烦将领三人。又进军击败黥布上柱国及大司马的军队。又进军击破黥布的部将肥诛。灌婴亲自生擒左司马一人，所率领的士卒斩杀对方小将十人，追击败军到达淮河边。增封食邑二千五百户。黥布被击败后，高帝回朝，确定颍阴县五千

户为灌婴的食邑，废除以前所享有的食邑。总共跟随高祖俘虏二千石官员二人，单独率军击败敌军十六支，收降城池四十六座，平定一国、二郡、五十二县，俘虏将军二人，柱国、相国各一人，二千石官员十人。

灌婴从击败黥布返回，高帝驾崩，灌婴以列侯的身份侍奉孝惠帝及吕太后。吕太后崩逝，吕禄等人以赵王的身份自任为将军，驻军长安作乱。齐哀王听说此事，举兵向西，将要入京诛灭不应封王的人。上将军吕禄等人听说此事，就派遣灌婴为大将，领兵前去抗击齐王。灌婴行军到达荥阳，就与绛侯等人商议，然后屯兵荥阳，暗示齐王朝廷要诛灭吕氏的事，齐王的军队停兵不再前进。绛侯等人诛灭诸吕后，齐王撤兵返回，灌婴也罢兵从荥阳回朝，与绛侯、陈平一起立代王，就是孝文皇帝。孝文皇帝于是加封灌婴三千户食邑，赏赐黄金一千斤，封他为太尉。

三年后，绛侯周勃被免去丞相职务回到封国，灌婴担任丞相，被免去太尉职务。这年，匈奴大举入侵北地、上郡，朝廷命令丞相灌婴率领八万五千骑兵前往抗击匈奴。匈奴撤回，济北王造反，皇帝颁布诏令让灌婴撤兵。一年多后，灌婴在丞相任上去世，谥号为懿侯。灌婴的儿子平侯灌阿继承侯位。灌阿继承侯位二十八年后去世，他的儿子灌彊继承侯位。继承侯位

五千户，除前所食邑。凡从得二千石二人，别破军十六，降城四十六，定国一，郡二，县五十二，得将军二人，柱国、相国各一人，二千石十人。

婴自破布归，高帝崩，婴以列侯事孝惠帝及吕太后。太后崩，吕禄等以赵王自置为将军，军长安，为乱。齐哀王闻之，举兵西，且入诛不当为王者。上将军吕禄等闻之，乃遣婴为大将，将军往击之。婴行至荥阳，乃与绛侯等谋，因屯兵荥阳，风齐王以诛吕氏事，齐兵止不前。绛侯等既诛诸吕，齐王罢兵归，婴亦罢兵自荥阳归，与绛侯、陈平共立代王，为孝文皇帝。孝文皇帝于是益封婴三千户，赐黄金千斤，拜为太尉。

三岁，绛侯勃免相就国，婴为丞相，罢太尉官。是岁，匈奴大入北地、上郡，令丞相婴将骑八万五千往击匈奴。匈奴去，济北王反，诏乃罢婴之兵。后岁余，婴以丞相卒，谥曰懿侯。子平侯阿代侯。二十八年卒，子彊代侯。十三年，彊有罪，绝二岁。元光三年，天子

封灌婴孙贤为临汝侯，续灌氏后，八岁，坐行赇有罪，国除。

十三年后，灌彊犯罪，侯位中断两年。元光三年，天子封灌婴的孙子灌贤为临汝侯，以延续灌氏后嗣，八年后，灌贤因行贿犯罪，侯国被废除。

太史公曰：吾适丰沛，问其遗老，观故萧、曹、樊哙、滕公之家，及其素，异哉所闻！方其鼓刀屠狗卖缯之时，岂自知附骥之尾，垂名汉廷，德流子孙哉？余与他广通，为言高祖功臣之兴时若此云。

太史公说：我到丰邑沛县，访问那里的前朝老人，考察萧何、曹参、樊哙、滕公从前的家以及他们的生平，所听到的事都与平常听到的不同啊！当他们操刀屠狗、贩卖丝绸的时候，哪里知道日后会跟随皇帝，使自己名垂汉室，德泽惠及子孙呢？我和樊他广有交往，他为我讲述的高祖功臣起家时的情形便是这样的。

史记卷九十六
列传第三十六

张苍　周昌　任敖　申屠嘉　韦贤　魏相　邴吉　黄霸　韦玄成　匡衡

张苍　周昌　任敖

丞相张苍是阳武人。他喜好书籍、音律、历法。他在秦朝时担任御史，主管柱下史所掌地方文书。他犯了罪逃回家乡。等到沛公攻城略地路过阳武，张苍以门客的身份跟随沛公攻打南阳。张苍犯法应当被斩首，他就脱下衣服伏在砧板上，身材高大，又肥又白像个葫芦，当时被王陵看见，对他的健美感到诧异，于是向沛公上言赦免他不要斩杀。于是张苍跟随沛公向西进入武关，到达咸阳。沛公被立为汉王，进入汉中，回军平定三秦。陈馀赶走了常山王张耳，张耳归附汉王，汉王就任命张苍为常山郡守。张苍跟随淮阴侯攻打赵国，擒获陈馀。赵地平定后，汉王任命张苍为代国国相，防备边境的敌寇。不久迁封他为赵国国相，辅佐赵王张耳。张耳去世后，他辅佐赵王张敖。不久又调任辅佐代王。燕王臧荼造反，高祖前去攻打臧荼，张苍以代国国相的身份跟随高祖攻打臧荼有功，

张丞相苍者，阳武人也。好书、律、历。秦时为御史，主柱下方书。有罪，亡归。及沛公略地过阳武，苍以客从攻南阳。苍坐法当斩，解衣伏质，身长大，肥白如瓠，时王陵见而怪其美士，乃言沛公，赦勿斩。遂从西入武关，至咸阳。沛公立为汉王，入汉中，还定三秦。陈馀击走常山王张耳，耳归汉，汉乃以张苍为常山守。从淮阴侯击赵，苍得陈馀。赵地已平，汉王以苍为代相，备边寇。已而徙为赵相，相赵王耳。耳卒，相赵王敖。复徙相代王。燕王臧荼反，高祖往击之，苍以代相从攻臧荼有功，以六年中封为北平侯，食邑千二百户。

迁为计相，一月，更以列侯为主计四岁。是时萧何为相国，而张苍乃自秦时为柱下史，明习天下图书计籍。苍又善用算、律、历，故令苍以列侯居相府，领主郡国上计者。黥布反亡，汉立皇子长为淮南王，而张苍相之。十四年，迁为御史大夫。

周昌者，沛人也。其从兄曰周苛，秦时皆为泗水卒史。及高祖起沛，击破泗水守监，于是周昌、周苛自卒史从沛公，沛公以周昌为职志，周苛为客。从入关，破秦。沛公立为汉王，以周苛为御史大夫，周昌为中尉。

汉王四年，楚围汉王荥阳急，汉王遁出去，而使周苛守荥阳城。楚破荥阳城，欲令周苛将。苛骂曰："若趣降汉王！不然，今为虏矣！"项羽怒，亨周苛。于是乃拜周昌为御史大夫。常从击破项籍。以六年中与萧、曹等俱封：封周昌为汾阴侯；周苛子周成以父死事，封为高景侯。

昌为人强力，敢直言，自

在汉六年被封为北平侯，食邑一千二百户。

张苍被升为计相，一个月后，张苍以列侯的身份改任主计共四年。当时萧何担任相国，而张苍从秦朝时就担任柱下史，了解天下的图书和计吏所掌簿籍。张苍又擅长算术、音律和历法，所以朝廷命令张苍以列侯的身份居住在相府，总管各郡国报上来的会计账簿。黥布造反逃跑，汉朝立皇子刘长为淮南王，而张苍辅佐他。十四年后，张苍升为御史大夫。

周昌，是沛县人。他的堂兄叫周苛，在秦朝时他们二人都担任泗水卒史。等到高祖在沛县起事，打败泗水的郡守、郡监，周昌、周苛就从卒史任上跟随沛公，沛公命周昌掌管旗帜，周苛为宾客。他们跟随沛公入关，攻破秦朝。沛公被立为汉王，任命周苛为御史大夫，周昌为中尉。

汉王四年，楚军把汉王围困在荥阳，形势危急，汉王逃出城离去，而派周苛坚守荥阳城。楚军攻破荥阳城，想任命周苛为将领。周苛骂道："你赶快投降汉王！不然，今天就会被俘虏了！"项羽发怒，烹杀了周苛。于是汉王就任命周昌为御史大夫。周昌时常跟随汉王打败项籍。在汉六年与萧何、曹参等人一起受封：封周昌为汾阴侯；周苛的儿子周成因父亲为国事而死，被封为高景侯。

周昌为人刚强有力，敢于直言进谏，

自萧何、曹参以下的人都敬畏他。周昌曾经在高帝闲暇时入宫奏事,高帝正拥抱着戚姬,周昌返身出去,高帝追上抓住他,骑在周昌脖子上问道:"我是什么样的君主?"周昌仰头说:"陛下就是夏桀、商纣一样的君主。"于是高帝大笑,却尤其敬畏周昌。等到高帝想废掉太子立戚姬的儿子如意为太子时,大臣们坚决劝谏此事,都没能成功;最后高帝因为留侯的计策才打消了念头。而周昌在朝廷上极力争谏,高帝问他原因,周昌其人有口吃,又非常愤怒,说:"我有口不能言,然而我知道那样做是不行的。陛下虽然想废太子,我一定不会奉诏令。"高帝高兴地笑了。下朝,吕后曾侧着耳朵在东厢房听着,见到周昌,跪谢他说:"如果没有您,太子几乎就被废了。"

此后戚姬的儿子如意被封为赵王,年仅十岁,高祖担忧自己死后不能保全赵王。赵尧年轻,担任掌管符玺的御史。赵国人方与公对御史大夫周昌说:"您的御史赵尧,年纪虽轻,但是个奇才啊,您一定要对他另眼相待,他将来要取代您的职位。"周昌笑着说:"赵尧年轻,只是刀笔小吏罢了,怎么能到我这个地位呢!"过了不久,赵尧侍奉高祖。高祖独自心中不乐,慷慨悲歌,群臣不知道高祖为什么会这样。赵尧上前问道:"陛下之所以闷

萧、曹等皆卑下之。昌尝燕时入奏事,高帝方拥戚姬,昌还走,高帝逐得,骑周昌项,问曰:"我何如主也?"昌仰曰:"陛下即桀、纣之主也。"于是上笑之,然尤惮周昌。及帝欲废太子,而立戚姬子如意为太子,大臣固争之,莫能得;上以留侯策即止。而周昌廷争之强,上问其说,昌为人吃,又盛怒,曰:"臣口不能言,然臣期期知其不可。陛下虽欲废太子,臣期期不奉诏。"上欣然而笑。既罢,吕后侧耳于东箱听,见周昌,为跪谢曰:"微君,太子几废。"

是后戚姬子如意为赵王,年十岁,高祖忧即万岁之后不全也。赵尧年少,为符玺御史。赵人方与公谓御史大夫周昌曰:"君之史赵尧,年虽少,然奇才也,君必异之,是且代君之位。"周昌笑曰:"尧年少,刀笔吏耳,何能至是乎!"居顷之,赵尧侍高祖。高祖独心不乐,悲歌,群臣不知上之所以然。赵尧进请问曰:"陛

下所为不乐，非为赵王年少而戚夫人与吕后有郤邪？备万岁之后而赵王不能自全乎？”高祖曰："然。吾私忧之，不知所出。”尧曰："陛下独宜为赵王置贵强相，及吕后、太子、群臣素所敬惮乃可。”高祖曰："然。吾念之欲如是，而群臣谁可者？”尧曰："御史大夫周昌，其人坚忍质直，且自吕后、太子及大臣皆素敬惮之。独昌可。”高祖曰："善。”于是乃召周昌，谓曰："吾欲固烦公，公强为我相赵王。”周昌泣曰："臣初起从陛下，陛下独奈何中道而弃之于诸侯乎？”高祖曰："吾极知其左迁，然吾私忧赵王，念非公无可者。公不得已强行！”于是徙御史大夫周昌为赵相。

既行久之，高祖持御史大夫印弄之，曰："谁可以为御史大夫者？”孰视赵尧，曰："无以易尧。”遂拜赵尧为御史大夫。尧亦前有军功食邑，及以御史大夫从击陈豨有功，封为江邑侯。

高祖崩，吕太后使使召赵

闷不乐，莫非是因为赵王年轻而戚夫人与吕后有嫌隙吗？担心您万岁之后赵王不能保全自己吗？”高祖说："对。我暗中担心此事，但不知该怎么办。”赵尧说："陛下应当特地为赵王安置一位尊贵强势的国相，而且是吕后、太子、群臣一向都敬畏的人才可以。”高祖说："对。我想也是这样，但群臣之中可以派谁去呢？”赵尧说："御史大夫周昌，他这个人坚毅正直，况且从吕后、太子到大臣都一向敬畏他。只有周昌可以。”高祖说："好。”于是就召见周昌，对他说："我想一定要麻烦你，勉强为我去辅佐赵王。”周昌哭着说："我从开始起事时就跟随陛下，陛下奈何在中途单独把我抛弃给诸侯呢？”高祖说："我非常了解这是降职，但我私下担忧赵王，考虑到除了你没有可以胜任的人。你就迫不得已勉强就任吧！”于是调任御史大夫周昌为赵国国相。

周昌走后过了很长时间，高祖拿着御史大夫官印把玩说："谁可以担任御史大夫呢？”接着认真地看着赵尧说："没有人可以替代赵尧。”于是任命赵尧为御史大夫。赵尧从前也有军功和食邑，等到他以御史大夫的身份跟随高祖攻打陈豨有功，被封为江邑侯。

高祖驾崩后，吕后派使者召见赵王，

他的国相周昌让赵王称病不要前去。使者往返多次，周昌仍然坚持不送赵王进京。高后为此事担忧，就派使者召见周昌。周昌到达后，拜谒高后，高后发怒并骂周昌道："你不知道我怨恨戚氏吗？你却不送赵王来京，这是为什么呢？"周昌被征召后，高后派使者召见赵王，赵王果然来京。到长安一个多月后，喝下毒药而死。周昌因此称病不再朝见，三年后就去世了。

过了五年，高后听说御史大夫江邑侯赵尧在高祖时定下了保全赵王如意的计策，于是让赵尧抵罪，任命广阿侯任敖为御史大夫。

任敖，原来是沛县的狱吏。高祖曾经躲避狱吏，狱吏抓捕了吕后，并对她不客气。任敖一向与高祖交好，愤怒，便打伤拘管吕后的狱吏。等到高祖开始起事时，任敖以宾客的身份跟随高祖担任御史，镇守丰邑两年。高祖被立为汉王，向东攻打项籍，任敖升任上党郡守。陈豨反叛时，任敖坚守城池，被封为广阿侯，食邑一千八百户。高后当政时，他担任御史大夫。三年后被免职，任平阳侯曹窋为御史大夫。高后崩逝，曹窋和大臣们共同诛杀吕禄等人。曹窋后被免职，任命淮南王国相张苍为御史大夫。

张苍与绛侯等人尊立代王为孝文皇帝。文帝四年，丞相灌婴去世，张苍担任丞相。

王，其相周昌令王称疾不行。使者三反，周昌固为不遣赵王。于是高后患之，乃使使召周昌。周昌至，谒高后，高后怒而骂周昌曰："尔不知我之怨戚氏乎？而不遣赵王，何？"昌既征，高后使使召赵王，赵王果来。至长安月余，饮药而死。周昌因谢病不朝见，三岁而死。

后五岁，高后闻御史大夫江邑侯赵尧高祖时定赵王如意之画，乃抵尧罪，以广阿侯任敖为御史大夫。

任敖者，故沛狱吏。高祖尝辟吏，吏系吕后，遇之不谨。任敖素善高祖，怒，击伤主吕后吏。及高祖初起，敖以客从，为御史，守丰二岁。高祖立为汉王，东击项籍，敖迁为上党守。陈豨反时，敖坚守，封为广阿侯，食千八百户。高后时为御史大夫。三岁免，以平阳侯曹窋为御史大夫。高后崩，与大臣共诛吕禄等。免，以淮南相张苍为御史大夫。

苍与绛侯等尊立代王为孝文皇帝。四年，丞相灌婴卒，张苍为丞相。

自汉兴至孝文二十余年，会天下初定，将相公卿皆军吏。张苍为计相时，绪正律历。以高祖十月始至霸上，因故秦时本以十月为岁首，弗革。推五德之运，以为汉当水德之时，尚黑如故。吹律调乐，入之音声，及以比定律令。若百工，天下作程品。至于为丞相，卒就之，故汉家言律历者，本之张苍。苍本好书，无所不观，无所不通，而尤善律历。

张苍德王陵。王陵者，安国侯也。及苍贵，常父事王陵。陵死后，苍为丞相，洗沐，常先朝陵夫人上食，然后敢归家。

苍为丞相十余年，鲁人公孙臣上书言汉土德时，其符有黄龙当见。诏下其议张苍，张苍以为非是，罢之。其后黄龙见成纪，于是文帝召公孙臣以为博士，草土德之厉制度，更元年。张丞相由此自绌，谢病称老。苍任人为中候，大为奸利，上以让苍，苍遂病免。苍

从汉朝建国到孝文帝二十多年，正值天下刚刚平定，将相、公卿都是军吏。张苍担任计相时，就整理订正音律、历法。因为高祖是从十月开始到达霸上，又因为原来秦朝时本就以十月为岁首，不予改革。推演五德的运转，认为汉朝正当水德兴盛之时，就和以前一样崇尚黑色。吹奏律管，调节乐调，用其演奏音乐，并依此制定律令条文。张苍给各类工种制定度量标准，使天下制作的器物都有规范可循。直到他担任丞相时，最终完成了这一切，所以汉家谈论音律、历法的人，学问都来源于张苍。张苍本就喜欢书籍，无所不读，无所不通，而尤其擅长音律历法。

张苍很感激王陵。王陵，就是安国侯。等到张苍显贵时，经常像对待父亲一样侍奉王陵。王陵死后，张苍担任丞相，休假时，他经常先去拜见王陵夫人送上食物，然后才敢回家。

张苍担任丞相十多年，鲁国人公孙臣上书说汉朝应属土德旺盛之时，它的符应是应当有黄龙出现。皇帝下诏将此事下交张苍处理，张苍认为没有道理，就不再处理此事。此后黄龙在成纪出现，于是汉文帝召见公孙臣，任命他为博士，让他起草有关土德的历法制度，改元。张丞相因为这事自行罢免，称病告老。张苍曾经保举一人做中候，那人以不正当手段大搞

谋私利之事，文帝因此责备张苍，张苍于是称病罢职。张苍担任丞相十五年后被免职。孝景帝前元五年，张苍去世，谥号为文侯。张苍的儿子康侯继承侯位，在位八年去世。康侯的儿子张类继承侯位，在位八年后，因为犯下参加诸侯丧礼就位迟到不敬的罪，封国被废除。

当初，张苍的父亲身高不足五尺，到生下张苍，张苍身高八尺多，封为侯、丞相。张苍的儿子也很高大。到了孙子张类，他身高六尺多，因犯法失去侯位。张苍被免除相位后，因为年老，口中没有牙齿，就喝人乳，让女人做他的乳母。他的妻妾数以百计，凡是曾怀孕过的女子便不再宠幸她。张苍一百多岁才去世。

丞相申屠嘉，是梁地人，他以能拉开强弩硬弓的材官身份追随高祖攻打项籍，后来升为队长。申屠嘉跟随高祖攻打黥布的军队，担任都尉。汉孝惠帝时，他担任淮阳郡郡守。孝文帝元年，朝廷提拔原来跟随高皇帝的二千石级的官员，全部被封为关内侯，获得食邑的有二十四人，而申屠嘉食邑五百户。张苍担任丞相后，申屠嘉升任御史大夫。张苍被免去相位，孝文帝想任用皇后的弟弟窦广国为丞相，说："我担心天下人认为我偏爱广国。"窦广国贤能有品行，所以想让他做丞相，但思

为丞相十五岁而免。孝景前五年，苍卒，谥为文侯。子康侯代，八年卒。子类代为侯，八年，坐临诸侯丧后就位不敬，国除。

初，张苍父长不满五尺，及生苍，苍长八尺余，为侯、丞相。苍子复长。及孙类，长六尺余，坐法失侯。苍之免相后，老，口中无齿，食乳，女子为乳母。妻妾以百数，尝孕者不复幸。苍年百有余岁而卒。

申屠嘉

申屠丞相嘉者，梁人，以材官蹶张从高帝击项籍，迁为队率。从击黥布军，为都尉。孝惠时，为淮阳守。孝文帝元年，举故吏士二千石从高皇帝者，悉以为关内侯，食邑二十四人，而申屠嘉食邑五百户。张苍已为丞相，嘉迁为御史大夫。张苍免相，孝文帝欲用皇后弟窦广国为丞相，曰："恐天下以吾私广国。"广国贤有行，故欲相之，念久之不可，

而高帝时大臣又皆多死，余见无可者，乃以御史大夫嘉为丞相，因故邑封为故安侯。

嘉为人廉直，门不受私谒。是时太中大夫邓通方隆爱幸，赏赐累巨万，文帝尝燕饮通家，其宠如是。是时丞相入朝，而通居上傍，有怠慢之礼。丞相奏事毕，因言曰："陛下爱幸臣，则富贵之；至于朝廷之礼，不可以不肃！"上曰："君勿言，吾私之。"罢朝坐府中，嘉为檄召邓通诣丞相府，不来，且斩通。通恐，入言文帝。文帝曰："汝第往，吾今使人召若。"通至丞相府，免冠，徒跣，顿首谢。嘉坐自如，故不为礼，责曰："夫朝廷者，高皇帝之朝廷也。通小臣，戏殿上，大不敬，当斩。吏今行斩之！"通顿首，首尽出血，不解。文帝度丞相已困通，使使者持节召通，而谢丞相曰："此吾弄臣，君释之。"邓通既至，为文帝泣曰："丞相几杀臣。"

虑很久认为不行，而高帝时的大臣又大多都去世了，在世的没有合适的人选，于是就任御史大夫申屠嘉为丞相，以原来的食邑被封为故安侯。

申屠嘉为人廉洁正直，在家中不接受私事的拜访。这时太中大夫邓通正受到文帝的宠幸，赏赐给他的钱财累计有好几万，文帝曾经在邓通家宴饮，宠爱邓通到这样的程度。当时丞相入朝，而邓通站在文帝旁边，礼节上有些怠慢。丞相奏事完毕，乘机进言说："陛下喜爱宠臣，让他富贵就可以了；至于朝廷上的礼节，则不可以不严肃！"文帝说："你不要再说了，我就是偏爱他。"下朝坐在府中时，申屠嘉下文书召邓通来丞相府，如果不来，将斩了邓通。邓通恐惧，入宫告诉文帝。文帝说："你尽管前去，我现在派人召见你。"邓通到达丞相府，摘下帽子，光着脚，叩头谢罪。申屠嘉端坐自如，故意不予以礼相待，斥责他说："朝廷，是高皇帝的朝廷。你邓通一个小臣，在殿上戏闹，犯下大不敬之罪，应当斩首。吏人现在就行刑斩了他！"邓通叩头，满头出血，还不放过他。文帝估计丞相已经开始为难邓通，派使者持符节召见邓通，并向丞相道歉说："这是个供我狎玩宠幸的小臣，你就放了他吧。"邓通回宫后，对文帝哭泣说："丞相差点杀了我。"

申屠嘉担任丞相五年后，孝文帝驾崩，孝景帝即位。景帝二年，晁错担任内史，受宠当权，各种法令大多被他奏请变更，他商议以贬谪处罚的方式侵夺削弱诸侯的势力。而丞相申屠嘉惭愧自己所说的话不被采用，嫉恨晁错。晁错担任内史，从内史衙门东面出去，很不方便，晁错凿穿一道门改为从南面出去。从南面出去，正是太上皇庙墙旁边的空地。申屠嘉听说此事后，想按法律来治晁错擅自凿穿宗庙墙垣为门的罪，奏请皇上诛杀晁错。晁错门客中有人将此事告诉了晁错，晁错害怕，连夜入宫拜谒皇上，向景帝自首。到了朝堂上，丞相奏请诛杀内史晁错。景帝说："晁错所凿穿的不是真正的宗庙墙垣，而是外围矮墙，所以有其他官员居住在里面，况且又是我让他做的，晁错没有罪过。"退朝后，申屠嘉对长史说："我后悔没有先斩杀晁错，却先奏请皇上，被晁错所出卖。"到达府中，就吐血而死。谥号是节侯。申屠嘉儿子共侯申屠蔑继承侯爵，三年后去世。共侯申屠蔑的儿子申屠去病继承侯爵，在位三十一年去世。申屠去病的儿子申屠臾继承侯爵，六年后，因他身为九江太守接受了原先属官送的礼而犯了罪，封国被废除。

自从申屠嘉死后，景帝时的开封侯陶青、桃侯刘舍相继担任丞相。等到当今皇

嘉为丞相五岁，孝文帝崩，孝景帝即位。二年，晁错为内史，贵幸用事，诸法令多所请变更，议以谪罚侵削诸侯。而丞相嘉自绌所言不用，疾错。错为内史，门东出，不便，更穿一门南出。南出者，太上皇庙堧垣。嘉闻之，欲因此以法错擅穿宗庙垣为门，奏请诛错。错客有语错，错恐，夜入宫上谒，自归景帝。至朝，丞相奏请诛内史错。景帝曰："错所穿非真庙垣，乃外堧垣，故他官居其中，且又我使为之，错无罪。"罢朝，嘉谓长史曰："吾悔不先斩错，乃先请之，为错所卖。"至舍，因欧血而死。谥为节侯。子共侯蔑代，三年卒。子侯去病代，三十一年卒。子侯臾代，六岁，坐为九江太守受故官送有罪，国除。

自申屠嘉死之后，景帝时开封侯陶青、桃侯刘舍为丞相。

及今上时，柏至侯许昌、平棘侯薛泽、武强侯庄青翟、高陵侯赵周等为丞相。皆以列侯继嗣，娖娖廉谨，为丞相备员而已，无所能发明功名有著于当世者。

太史公曰：张苍文学、律历，为汉名相，而绌贾生、公孙臣等言正朔服色事而不遵，明用秦之《颛顼历》，何哉？周昌，木强人也。任敖以旧德用。申屠嘉可谓刚毅守节矣，然无术学，殆与萧、曹、陈平异矣。

孝武时丞相多甚，不记，莫录其行起居状略，且纪征和以来。

韦贤

有车丞相，长陵人也。卒而有韦丞相代。韦丞相贤者，鲁人也。以读书术为吏，至大鸿胪。有相工相之，当至丞相。有男四人，使相工相之，至第二子，其名玄成，相工曰："此子贵，当封。"韦丞相言曰："我即为丞相，有长子，是安从得之？"后竟为丞相，病死，而

上时，柏至侯许昌、平棘侯薛泽、武强侯庄青翟、高陵侯赵周等人相继担任丞相。他们都以列侯爵位世袭，碌碌无为，谨小慎微，担任丞相只是充数罢了，没有一个能以贡献杰出、功名显赫而著称于世的。

太史公说：张苍精通文章学问、音律、历法，是汉朝名相，但他罢黜贾谊、公孙臣等人提出的关于正朔服色的建议而不用，公然沿用秦朝的《颛顼历》，为什么呢？周昌，是个木讷倔强的人。任敖因从前的恩德而被重用。申屠嘉可以说是刚毅守节的人了，但他不懂权术学问，与萧何、曹参、陈平比起来就不一样了。

孝武帝时的丞相很多，这里不再记述，也不记录他们的品行、起居和行状事略，暂且记录征和以后的丞相。

有个车丞相，是长陵人。他死后由韦丞相接任。韦丞相韦贤，是鲁国人。通过读书做了小吏，后来官至大鸿胪。有个相面先生给他相面，说他应当官至丞相。韦贤有儿子四人，请相面先生给他们相面，到第二个儿子，他的名字叫韦玄成，相面先生说："这儿子会显贵，定当封侯。"韦丞相说道："我即使做了丞相，也有长子继承爵位，他如何会封侯呢？"后来韦

贤果然做了丞相，病死时，长子因罪被判刑，不得承袭爵位，而韦玄成立为侯。韦玄成当时佯装疯狂，不肯继承爵位，但最终还是立了他，他还获得了辞让封国的好名声。后来韦玄成因骑马到达宗庙，犯了不敬之罪，皇帝下诏剥夺爵位一级，成为关内侯，失掉列侯的爵位，仍得以享有他原先封国的食邑。韦丞相去世，有个魏丞相接替他的职位。

魏丞相魏相，是济阴人。他从文职小吏做到了丞相。这个人喜好武艺，命令部下都佩带宝剑，佩带宝剑才能上前奏事。偶尔有没有佩带宝剑的下属官吏应当入府奏事，到达后要借剑佩带上才敢入府奏事。当时的京兆尹是赵君，丞相奏请皇帝说赵君有罪应当免职，赵君派人抓住魏丞相，想求魏丞相替他脱罪而魏丞相不听。赵君又派人威胁恐吓魏丞相，把魏丞相夫人杀害侍从婢女一事说出来，私下单独上奏朝廷请求查验此事，并派出吏卒到丞相府中，抓捕家奴婢女拷问他们，获得的实情是死去的侍从婢女不是被兵刃所杀。丞相的司直繁延寿上奏皇帝说京兆尹赵君胁迫丞相，诬告丞相夫人杀害婢女，派出吏卒包围丞相府进行抓捕，犯了不道之罪；又查出京兆尹擅自遣散骑士的事情，赵京兆所犯的罪应当被判处腰斩。又有掾吏陈

长子有罪论，不得嗣，而立玄成。玄成时佯狂，不肯立，竟立之，有让国之名。后坐骑至庙，不敬，有诏夺爵一级，为关内侯，失列侯，得食其故国邑。韦丞相卒，有魏丞相代。

魏相

魏丞相相者，济阴人也。以文吏至丞相。其人好武，皆令诸吏带剑，带剑前奏事。或有不带剑者，当入奏事，至乃借剑而敢入奏事。其时京兆尹赵君，丞相奏以免罪，使人执魏丞相，欲求脱罪而不听。复使人胁恐魏丞相，以夫人贼杀侍婢事而私独奏请验之，发吏卒至丞相舍，捕奴婢笞击问之，实不以兵刃杀也。而丞相司直繁君奏京兆尹赵君迫胁丞相，诬以夫人贼杀婢，发吏卒围捕丞相舍，不道；又得擅屏骑士事，赵京兆坐要斩。又有使掾陈平等劾中尚书，疑以独擅劫事而坐之，大不敬，长史以下皆坐死，或下蚕室。而魏

丞相竟以丞相病死。子嗣。后坐骑至庙，不敬，有诏夺爵一级，为关内侯，失列侯，得食其故国邑。魏丞相卒，以御史大夫邴吉代。

邴吉

邴丞相吉者，鲁国人也。以读书好法令至御史大夫。孝宣帝时，以有旧故，封为列侯，而因为丞相。明于事，有大智，后世称之。以丞相病死。子显嗣。后坐骑至庙，不敬，有诏夺爵一级，失列侯，得食故国邑。显为吏至太仆，坐官耗乱，身及子男有奸赃，免为庶人。

邴丞相卒，黄丞相代。长安中有善相工田文者，与韦丞相、魏丞相、邴丞相微贱时会于客家，田文言曰："今此三君者，皆丞相也。"其后三人竟更相代为丞相，何见之明也。

平等人弹劾中尚书，怀疑他涉嫌擅自劫持威胁丞相，将他连坐，判处他犯大不敬之罪，长史以下官员都因犯罪被判处死，有的人被处以宫刑。而魏丞相最终在丞相任上病死。他的儿子继承侯位。后来因骑马到达宗庙，犯不敬之罪，皇帝下诏剥夺爵位一级，成为关内侯，失掉了列侯爵位，仍能享有他原先封国的食邑。魏丞相死后，朝廷命御史大夫邴吉接替他的职位。

邴丞相邴吉，是鲁国人。因为喜欢读书、爱好法令官至御史大夫。孝宣帝时，他因与皇帝有旧交，被封为列侯，接着又担任丞相。邴吉明察事理，有大智慧，后世称颂他。他在丞相任上病死。他的儿子邴显继承爵位。后来因骑马到达宗庙，犯下不敬之罪，皇帝下诏剥夺爵位一级，失掉列侯爵位，仍享有原先封国的食邑。邴显做官做到太仆，因在任内耗费钱财，自己和儿子都有贪赃枉法的行为，被免职贬为庶人。

邴丞相死后，黄丞相接替了他的职位。长安城中有个善于相面的先生叫田文，与韦丞相、魏丞相、邴丞相身份低微时在别人家做客，田文说道："今天在这里的三位先生，都是丞相啊。"后来三人果然相继做了丞相，这位相面先生怎么了解得如此清楚啊。

黄丞相黄霸，是淮阳人。他因读书做了小吏，做官至颍川太守。他治理颍川，用礼义、条例、教令晓谕教化百姓。犯法的人，他劝谕他们让他们自杀。教化得以推行，名声传布天下。孝宣帝下诏书说："颍川太守黄霸，用宣布朝廷诏令的方法治理人民，使得路不拾遗，男女不同路而走，监狱中没有重犯。赐予他关内侯的爵位，黄金一百斤。"后来朝廷征调他担任京兆尹，后来官至丞相，他又用礼义来治理国家。他在丞相任上病死。他的儿子继承爵位，后来被封为列侯。黄丞相死后，朝廷让御史大夫于定国接替他的职位。于丞相已经有《廷尉传》记载，其事迹在《张廷尉》传记中。于丞相离任后，御史大夫韦玄成接替他的职位。

韦丞相韦玄成，是前文所说韦丞相的儿子。他继承父亲的爵位，后来失掉列侯爵位。他这人年少时喜欢读书，熟悉《诗》和《论语》。他做官做到卫尉，又升任太子太傅。御史大夫薛君被免职，他做御史大夫。于丞相辞职请求告老回乡，韦玄成又做了丞相，因为他原先的封邑在扶阳而被封为扶阳侯。几年后，韦玄成因病去世。孝元帝亲自出席他的丧礼，给他家人的赏赐非常丰厚。韦玄成的儿子继承了爵

黄霸

黄丞相霸者，淮阳人也。以读书为吏，至颍川太守。治颍川，以礼义条教喻告化之。犯法者，风晓令自杀。化大行，名声闻。孝宣帝下制曰："颍川太守霸，以宣布诏令治民，道不拾遗，男女异路，狱中无重囚。赐爵关内侯，黄金百斤。"征为京兆尹而至丞相，复以礼义为治。以丞相病死。子嗣，后为列侯。黄丞相卒，以御史大夫于定国代。于丞相已有《廷尉传》，在《张廷尉》语中。于丞相去，御史大夫韦玄成代。

韦玄成

韦丞相玄成者，即前韦丞相子也。代父，后失列侯。其人少时好读书，明于《诗》《论语》。为吏至卫尉，徙为太子太傅。御史大夫薛君免，为御史大夫。于丞相乞骸骨免，而为丞相，因封故邑为扶阳侯。数年，病死。孝元帝亲临丧，赐赏甚厚。子嗣后。其治容容随世俗浮沉，而见谓谄巧。而

相工本谓之当为侯代父，而后失之；复自游宦而起，至丞相。父子俱为丞相，世间美之，岂不命哉！相工其先知之。韦丞相卒，御史大夫匡衡代。

位。韦玄成治理政事随世俗调整，世人称他逢迎取巧。相面先生本就说他应当接替父亲享有侯爵，但后来又失去爵位；后来他又靠在外宦游起家，官至丞相。父子都做丞相，世人都赞美他们，难道不是命中注定的吗！相面先生预先就知晓这事。韦丞相去世后，御史大夫匡衡接替他的职位。

匡衡

丞相匡衡者，东海人也。好读书，从博士受《诗》。家贫，衡佣作以给食饮。才下，数射策不中，至九，乃中丙科。其经以不中科故明习。补平原文学卒史。数年，郡不尊敬。御史征之，以补百石属荐为郎，而补博士，拜为太子少傅，而事孝元帝。孝元好《诗》，而迁为光禄勋，居殿中为师，授教左右，而县官坐其旁听，甚善之，日以尊贵。御史大夫郑弘坐事免，而匡君为御史大夫。岁余，韦丞相死，匡君代为丞相，封乐安侯。以十年之间，不出长安城门而至丞相，岂非遇时而命也哉！

丞相匡衡是东海人。他喜欢读书，曾跟随博士学习《诗》。匡衡家境贫困，靠帮人做工来供给吃喝。他才能低下，多次应试不中，到第九次才考中丙科。因屡考不中，所以他明习经书。他被补任为平原郡的文学卒史。几年后，郡里人对他不尊敬。御史征调他，他以补任的百石官员的身份被推荐为郎官，后来他补任博士，担任太子少傅，从而侍奉孝元帝。孝元帝喜欢《诗》，升匡衡为光禄勋，让他居住在宫中做老师，教授皇帝的侍臣，而皇帝也坐在旁边聆听，非常欣赏他，因此他的地位日益尊贵。御史大夫郑弘因事获罪被免官，而匡君做了御史大夫。一年多后，韦丞相去世，匡君接替他做了丞相，被封为乐安侯。在十年之间，匡衡不出长安城门就官至丞相，这难道不是命中注定遇到的时运吗！

太史公曰：深惟士之游宦

太史公说：仔细回想读书人宦游到能

够封侯的，非常少见。然而很多人官至御史大夫就离任了。那些做了御史大夫而离丞相之位很近的人，他们内心都希望丞相死去。有的人便暗中诽谤陷害丞相，想取代他自己当丞相。但有的人等待好长时间也当不上，有的人没等多久就当上了，以至于被封侯，这真是命啊！御史大夫郑弘等待了几年没有得到，匡衡担任御史大夫不满一年，韦丞相去世，匡衡就接任了，难道这是可以用计谋和伎俩获得的吗！有圣贤才能的人有很多，但身处困境而得不到职位的人太多了。

所以至封侯者，微甚。然多至御史大夫即去者。诸为大夫而丞相次也，其心冀幸丞相物故也。或乃阴私相毁害，欲代之。然守之日久不得，或为之日少而得之，至于封侯，真命也夫！御史大夫郑君守之数年不得，匡君居之未满岁，而韦丞相死，即代之矣，岂可以智巧得哉！多有贤圣之才，困厄不得者众甚也。

史记卷九十七
列传第三十七

郦食其　陆贾　^{朱建}

郦食其　陆贾　朱建

郦食其，是陈留高阳人。他喜好读书，家境穷困，潦倒失意，连能保障吃饭穿衣的产业也没有，只能做看管里门的小吏。然而县中贤士和豪强却不敢役使他，县里人都称他为狂生。

到陈胜、项梁等人起事时，各路将领攻城略地经过高阳的有几十人，郦生听说这些将领都斤斤计较、喜欢琐细的礼节而又刚愎自用，不能听大度的话，郦生于是深居简出，藏匿起来。后来他听说沛公领兵攻城略地来到陈留郊外，沛公麾下的一个骑士恰巧是郦生邻居的儿子，沛公时常打听邑中的贤士俊杰。骑士回乡时，郦生就去见他说："我听说沛公傲慢又轻视人，但有许多远大的谋略，这才是我真正愿意追随的人，可惜无人为我引见。你见到沛公，对他说'我的乡里有个叫郦生的人，六十多岁，身高八尺，人们都称他为狂生，郦生自称不是狂生'。"骑士说："沛公不喜欢儒生，客人们戴儒生帽子前来，沛公

郦食其

郦生食其者，陈留高阳人也。好读书，家贫落魄，无以为衣食业，为里监门吏。然县中贤豪不敢役，县中皆谓之狂生。

及陈胜、项梁等起，诸将徇地过高阳者数十人，郦生闻其将皆握齱好苛礼自用，不能听大度之言，郦生乃深自藏匿。后闻沛公将兵略地陈留郊，沛公麾下骑士适郦生里中子也，沛公时时问邑中贤士豪俊。骑士归，郦生见，谓之曰："吾闻沛公慢而易人，多大略，此真吾所愿从游，莫为我先。若见沛公，谓曰'臣里中有郦生，年六十余，长八尺，人皆谓之狂生，生自谓我非狂生'。"骑士曰："沛公不好儒，诸客冠儒冠来者，沛公辄解其

冠，溲溺其中。与人言，常大骂。未可以儒生说也。"郦生曰："弟言之。"骑士从容言如郦生所诫者。

沛公至高阳传舍，使人召郦生。郦生至，入谒，沛公方倨床使两女子洗足，而见郦生。郦生入，则长揖不拜，曰："足下欲助秦攻诸侯乎，且欲率诸侯破秦也？"沛公骂曰："竖儒！夫天下同苦秦久矣，故诸侯相率而攻秦，何谓助秦攻诸侯乎？"郦生曰："必聚徒合义兵诛无道秦，不宜倨见长者。"于是沛公辍洗，起摄衣，延郦生上坐，谢之。郦生因言六国从横时。沛公喜，赐郦生食，问曰："计将安出？"郦生曰："足下起纠合之众，收散乱之兵，不满万人，欲以径入强秦，此所谓探虎口者也。夫陈留，天下之冲，四通五达之郊也，今其城又多积粟。臣善其令，请得使之，令下足下。即不听，足下举兵攻之，臣为内应。"于是遣郦生行，沛公引兵随之，遂下陈留。号郦食其为广野君。

就解下他们的帽子，往里面撒尿。与这些人交谈，经常大骂他们。不能以儒生的身份去介绍。"郦生说："你只管这样说。"骑士从容地将郦生所教的话告诉了沛公。

沛公到达高阳的传舍，派人召见郦生。郦生到达，进入谒见，沛公正坐在床边让两个女子洗脚，就召见郦生。郦生进入后只作长揖没有下拜，说："您想帮助秦朝攻打诸侯吗？还是想率领诸侯攻破秦朝呢？"沛公骂道："没见识的儒生！天下人苦于秦朝的统治已经很久了，所以诸侯相继率兵攻打秦朝，为什么说帮助秦朝攻打诸侯呢？"郦生说："如果决心聚合民众，召集义兵诛伐无道的秦朝，就不应当倨傲地接见长者。"于是沛公停止洗脚，起身整理衣服，请郦生坐上座，向他道歉。郦生乘机讲述六国合纵连横的时势。沛公高兴，赐给郦生食物，问道："应该怎么办呢？"郦生说："您起兵时纠集乌合之众，收集散乱的兵卒，不足万人，就想以此径直攻入强大的秦朝，这就是所谓的试探虎口啊。陈留是天下的要冲，四通八达的地方，如今陈留城内又有很多存粮。我与陈留县令交好，请派我出使那里，让他归服您。如果他不听，您就举兵攻打他，我作为内应。"于是派郦生前去，沛公领兵跟随他，最终攻取了陈留。高祖赐给郦食其广野君的称号。

郦生又推荐他的弟弟郦商，让他率领几千人跟随沛公向西南攻城略地。郦生常常充当说客，驰马出使于诸侯之间。

汉三年秋天，项羽攻打汉王，攻下荥阳，汉军退守巩县、洛阳一带。楚人听说淮阴侯攻破赵国，彭越几次在梁地造反，便分兵援救他。淮阴侯正向东攻打齐国，汉王多次受困于荥阳、成皋，打算放弃成皋以东地区，屯兵巩县、洛阳以抗击楚军。郦生便进言说："我听说懂得天之所以为天的人，可以成就帝王的功业；不懂得天之所以为天的人，就不能成就帝王之业。为王的人以人民为天，而人民以食为天。敖仓作为天下粮食转运地很久了，我听说敖仓城下就储藏着非常多的粮食。楚人攻下荥阳，不坚守敖仓，就领兵向东，只命令受处罚的士卒分守成皋，这真是上天在帮助汉军啊。如今容易击败楚军而汉军反而退却，自己放弃这种便利条件，我私下认为这样不对。况且两雄不能并立，楚汉长期相持不下，百姓骚动，海内动荡，农夫放下农具，织妇走下织机，天下人会站在哪一方还不一定。希望您赶紧再次进兵，收取荥阳，占据敖仓的粮食，阻塞成皋的险要，堵住太行要道，守住蜚狐隘口，坚守白马津渡，向诸侯显示您注重实际、依靠有利地形制服对方的形势，那么天下人就知道站在哪一方了。如今燕、赵已经平

郦生言其弟郦商，使将数千人从沛公西南略地。郦生常为说客，驰使诸侯。

汉三年秋，项羽击汉，拔荥阳，汉兵遁保巩、洛。楚人闻淮阴侯破赵，彭越数反梁地，则分兵救之。淮阴方东击齐，汉王数困荥阳、成皋，计欲捐成皋以东，屯巩、洛以拒楚。郦生因曰："臣闻知天之天者，王事可成；不知天之天者，王事不可成。王者以民人为天，而民人以食为天。夫敖仓，天下转输久矣，臣闻其下乃有藏粟甚多。楚人拔荥阳，不坚守敖仓，乃引而东，令適卒分守成皋，此乃天所以资汉也。方今楚易取而汉反却，自夺其便，臣窃以为过矣。且两雄不俱立，楚汉久相持不决，百姓骚动，海内摇荡，农夫释耒，工女下机，天下之心未有所定也。愿足下急复进兵，收取荥阳，据敖仓之粟，塞成皋之险，杜大行之道，距蜚狐之口，守白马之津，以示诸侯效实形制之势，则天下知所归矣。方今燕、赵已定，唯齐未下。今田广据千里之齐，

田间将二十万之众，军于历城，诸田宗强，负海，阻河济，南近楚，人多变诈，足下虽遣数十万师，未可以岁月破也。臣请得奉明诏说齐王，使为汉而称东藩。"上曰："善。"

乃从其画，复守敖仓，而使郦生说齐王曰："王知天下之所归乎？"王曰："不知也。"曰："王知天下之所归，则齐国可得而有也；若不知天下之所归，即齐国未可得保也。"齐王曰："天下何所归？"曰："归汉。"曰："先生何以言之？"曰："汉王与项王戮力西面击秦，约先入咸阳者王之。汉王先入咸阳，项王负约不与而王之汉中。项王迁杀义帝，汉王闻之，起蜀汉之兵击三秦，出关而责义帝之处，收天下之兵，立诸侯之后。降城即以侯其将，得赂即以分其士，与天下同其利，豪英贤才皆乐为之用。诸侯之兵四面而至，蜀汉之粟方船而下。项王有倍约之名，杀义帝之负；于

定，只有齐国还未被攻下。现在田广占据广有千里的齐国，田间率领二十万大军，驻军于历城，各支田氏宗族强盛，背靠大海，依靠黄河、济水的阻隔，南面靠近楚国，齐人大多善变狡诈，您即使派遣几十万大军，也不可能一年或几个月攻破啊。我请求奉您的诏令去游说齐王，让他归附汉朝而成为东方的藩属国。"汉王说："好。"

于是汉王听从了郦生的谋划，再次占守敖仓，并派郦生游说齐王道："大王知道天下人心之所向吗？"齐王说："不知道。"郦生说："大王知道天下人心之所向，那么齐国就可以保全；如果不知道天下人心之所向，那么齐国就不能保全了。"齐王说："天下人心归向谁呢？"郦生说："归向汉王。"齐王说："先生为什么这样说呢？"郦生说："汉王与项王合力向西进军攻打秦朝，约定先攻入咸阳的人就在那里称王。汉王先攻入咸阳，项王违背约定，不给他关中之地而让他在汉中称王。项王迁徙义帝并杀了他，汉王听说此事后，发动蜀汉的军队攻打三秦，出函谷关责问项王对义帝的处置，收编天下的军队，封立诸侯的后裔。收降城邑后就封将领为侯，缴获财物后就分给士卒，与天下人共享利益，英豪贤才都乐于为他所用。诸侯的军队从四方而来，蜀汉的粮食随舟顺流而下。项王有违背约定的坏名声，有

杀义帝的不义之行；对于别人的功劳没有记着的，对于别人的罪过没有忘记的；作战胜利却得不到他的赏赐，攻占城池却得不到他的封赏；不是项氏族人没有谁能得到重用；为别人刻下印信，却反复把玩不肯授予；攻下城邑获得财物，堆积起来却不用来赏赐。天下人背叛他，贤才怨恨他，而没有人为他所用。所以天下之士心向汉王，可以安坐着驱使他们。汉王发动蜀汉的军队，平定三秦；越过西河之外，调动上党的军队；攻下井陉，诛杀成安君；击破河北魏豹，拿下三十二座城：这如同蚩尤的军队啊，不是人力所能办到的，是有上天在保佑啊。如今汉军已经占据敖仓的粮食，阻塞成皋的险要，坚守白马津渡，切断太行要道，据守蜚狐隘口，天下诸侯中后归服的就会先被灭掉。大王赶紧先投降汉王，齐国社稷就可得以保全了；不投降汉王，齐国的危亡指日可待了。"田广认为他说得对，于是听从郦生，撤除历下的兵守战备，与郦生终日畅饮。

淮阴侯听说郦生坐着车就使齐国七十多座城池投降，于是连夜领兵越过平原袭击齐国。齐王田广听说汉军到达，认为是郦生出卖了自己，就说："你能阻止汉军，我让你活；不然的话，我将烹杀了你！"郦生说："办大事的人不拘小节，有盛德的人不怕别人责难。而我不会为你再去多

人之功无所记，于人之罪无所忘；战胜而不得其赏，拔城而不得其封；非项氏莫得用事；为人刻印，刓而不能授；攻城得赂，积而不能赏。天下畔之，贤才怨之，而莫为之用。故天下之士归于汉王，可坐而策也。夫汉王发蜀汉，定三秦；涉西河之外，援上党之兵；下井陉，诛成安君；破北魏，举三十二城：此蚩尤之兵也，非人之力也，天之福也。今已据敖仓之粟，塞成皋之险，守白马之津，杜大行之阪，距蜚狐之口，天下后服者先亡矣。王疾先下汉王，齐国社稷可得而保也；不下汉王，危亡可立而待也。"田广以为然，乃听郦生，罢历下兵守战备，与郦生日纵酒。

淮阴侯闻郦生伏轼下齐七十余城，乃夜度兵平原袭齐。齐王田广闻汉兵至，以为郦生卖己，乃曰："汝能止汉军，我活汝；不然，我将亨汝！"郦生曰："举大事不细谨，盛德不辞让。而公不为若更言！"

齐王遂亨郦生，引兵东走。

汉十二年，曲周侯郦商以丞相将兵击黥布有功。高祖举列侯功臣，思郦食其。郦食其子疥数将兵，功未当侯，上以其父故，封疥为高梁侯。后更食武遂，嗣三世。元狩元年中，武遂侯平坐诈诏衡山王取百斤金，当弃市，病死，国除也。

陆贾

陆贾者，楚人也。以客从高祖定天下，名为有口辩士，居左右，常使诸侯。

及高祖时，中国初定，尉他平南越，因王之。高祖使陆贾赐尉他印为南越王。陆生至，尉他魋结箕倨见陆生。陆生因进说他曰："足下中国人，亲戚昆弟坟墓在真定。今足下反天性，弃冠带，欲以区区之越与天子抗衡为敌国，祸且及身矣。且夫秦失其政，诸侯豪桀并起，唯汉王先入关，据咸阳。项羽倍约，自立为西楚霸王，诸侯皆属，可谓至强。然汉王起巴蜀，鞭笞天下，劫略诸侯，遂诛项羽灭之。五年之间，

说什么的！"齐王于是烹杀了郦生，领兵向东逃去。

汉十二年，曲周侯郦商以丞相的身份领兵攻打黥布有功。高祖提拔列侯功臣时，思念郦食其。郦食其的儿子郦疥多次领兵出征，功劳不应当封侯，高祖因为他父亲，封郦疥为高梁侯。后来改封食邑到武遂，传了三代。元狩元年时，武遂侯郦平因假传诏令骗取衡山王一百斤黄金，论罪应当在闹市处死，但因病去世，侯国被废除。

陆贾，是楚国人。他以宾客的身份跟随高祖平定天下，以能言善辩之士闻名，他陪侍在高祖身边，时常出使诸侯国。

等到高祖称帝时，中国刚刚平定，尉他平定南越，便在那里称王。高祖派陆贾赐给尉他印信，封尉他为南越王。陆贾到达，尉他梳着椎形发髻，像簸箕一样叉着两腿坐着接见陆贾。陆贾便上前劝说尉他道："您是中原人，亲戚兄弟的坟墓在真定。如今您违反本性，丢弃衣冠巾带，想凭小小的南越与天子抗衡，成为汉的敌国，灾祸将要降临自身了。况且秦朝丧失了对中原的统治权，诸侯豪杰纷纷而起，只有汉王先进入关中，占据咸阳。项羽违背盟约，自立为西楚霸王，诸侯都归附他，可以说是极为强大了。然而汉王从巴蜀起兵，征服天下，平定诸侯，最终诛伐项羽并消

灭了他。五年之间，海内平定，这不是人力所能完成的，是上天安排的啊。天子听说您在南越称王，不帮助天下人诛除暴逆，汉廷将相想发兵诛灭大王，天子怜悯百姓刚经历了劳苦，想暂且休兵，派我来授予大王印信，与大王剖分符节，互通使臣。大王应到郊外迎接，面向北方称臣，而您却想倚仗新建立且还没有安定的南越，在此逞强。汉朝如果听说此事，会挖掘焚烧您先人的坟墓，夷灭您的宗族，派一名偏将率领十万大军兵临南越，那么南越人杀死您投降汉朝，只是易如反掌的事了。"

于是尉他就急忙起身坐好，向陆贾道歉说："我居住在蛮夷之中时间久了，太失礼了。"接着问陆贾说："我与萧何、曹参、韩信相比谁更贤能？"陆生说："大王似乎更贤能。"又问："我与皇帝相比谁更贤能？"陆生说："皇帝从丰邑沛县起事，征讨暴虐的秦朝，消灭强大的楚国，替天下人兴利除害，继承五帝三王的功业，统治中原。中原的人口数以亿计，土地方圆万里，处于天下最肥沃的地区，人多车众，各种物产殷实富足，政令出自一家，自开天辟地以来不曾有过。如今大王的百姓不过几十万人，都是蛮夷，身处崎岖的山海之间，就如同汉朝的一个郡，大王何必和汉王相比呢！"尉他大笑说："我不能在中原起事，所以在这里称王。假如我居处

海内平定，此非人力，天之所建也。天子闻君王王南越，不助天下诛暴逆，将相欲移兵而诛王，天子怜百姓新劳苦，故且休之，遣臣授君王印，剖符通使。君王宜郊迎，北面称臣，乃欲以新造未集之越，屈强于此。汉诚闻之，掘烧王先人冢，夷灭宗族，使一偏将将十万众临越，则越杀王降汉，如反覆手耳。"

于是尉他乃蹶然起坐，谢陆生曰："居蛮夷中久，殊失礼义。"因问陆生曰："我孰与萧何、曹参、韩信贤？"陆生曰："王似贤。"复曰："我孰与皇帝贤？"陆生曰："皇帝起丰沛，讨暴秦，诛强楚，为天下兴利除害，继五帝三王之业，统理中国。中国之人以亿计，地方万里，居天下之膏腴，人众车舆，万物殷富，政由一家，自天地剖泮未始有也。今王众不过数十万，皆蛮夷，崎岖山海间，譬若汉一郡，王何乃比于汉！"尉他大笑曰："吾不起中国，故王此。使我居中

国，何渠不若汉？"乃大说陆生，留与饮数月。曰："越中无足与语，至生来，令我日闻所不闻。"赐陆生橐中装直千金，他送亦千金。陆生卒拜尉他为南越王，令称臣奉汉约。归报，高祖大悦，拜贾为太中大夫。

陆生时时前说称《诗》《书》。高帝骂之曰："乃公居马上而得之，安事《诗》《书》！"陆生曰："居马上得之，宁可以马上治之乎？且汤、武逆取而以顺守之，文武并用，长久之术也。昔者吴王夫差、智伯极武而亡；秦任刑法不变，卒灭赵氏。乡使秦已并天下，行仁义，法先圣，陛下安得而有之？"高帝不怿而有惭色，乃谓陆生曰："试为我著秦所以失天下，吾所以得之者何，及古成败之国。"陆生乃粗述存亡之征，凡著十二篇。每奏一篇，高帝未尝不称善，左右呼万岁，号其书曰"新语"。

孝惠帝时，吕太后用事，

在中原，怎么就比不上汉王呢？"于是十分喜欢陆贾，留下他与自己畅饮了几个月。尉他说："南越之中没有值得与我交谈的人，直到您到来，让我每天听到过去所听不到的事。"赏赐给陆贾一袋装了价值千金东西的行囊，其他送的东西也价值千金。陆贾最终任尉他为南越王，让他称臣遵守汉朝的盟约。陆贾回朝复命，高祖非常高兴，任命陆贾为太中大夫。

陆贾时常在向高祖进言时称引《诗经》和《尚书》。高帝骂他说："你老子是在马背上得到的天下，哪里用得着《诗经》和《尚书》！"陆生说："在马背上得到天下，难道能在马背上治理天下吗？况且商汤、周武王用武力取得天下后便以文守成天下，文治武功并用，才是长治久安之道。从前吴王夫差、智伯极力推崇武力而灭亡；秦朝一味使用严酷刑法不加改变，最终覆灭了赵氏政权。假如秦朝兼并天下后推行仁义，效法先圣，陛下又怎么能够取得天下呢？"高帝听后不高兴并有惭愧之色，于是对陆贾说："试着为我写下秦朝失去天下和我得到天下的原因，以及古代国家成功和失败的事迹。"陆生于是粗略论述了国家存亡的征兆，共著有十二篇。他每上奏一篇，高帝没有不说好的，左右侍从大呼万岁，他的书称为"新语"。

孝惠帝时，吕太后掌权，想封诸吕为王，

害怕大臣中有能言善辩的人。陆贾自己估计此事无法力争，就称病免职居家。因好畤田地肥美，他认为可以在那里安家。他有五个儿子，于是拿出出使南越所得行囊中的东西换了千金，分给他的儿子，他的五个儿子各得了二百金，陆贾让他们从事生产。陆贾时常乘着四匹马拉的车子，跟随唱歌跳舞和弹琴鼓瑟的侍从有十人，身佩着价值百金的宝剑，陆贾对他的儿子们说："我与你们约定：我经过你们家时，你们给我的人马酒食，要极力满足我身边人的要求，十天换一家。我死在谁家，谁家就能得到宝剑、车骑和侍从。一年中我还要到其他人家往来做客，到你们各家总计不过两三次，多次见面就不新鲜了，免得你们时间一久就厌恶我。"

吕太后当权时，封诸吕为王，诸吕专擅大权，想劫持少主，危害刘氏。右丞相陈平为此事担忧，但权力不足以抗争，害怕祸及己身，经常安居家中深思此事。陆贾前往请安，直入府中坐下，而陈丞相正深思此事，没有及时看到陆贾。陆贾说："什么事想得如此入神？"陈平说："你猜我在深思什么？"陆贾说："您位居右丞相，是食邑三万户的列侯，可以说极为富贵不用追求什么了。然而如果说有忧愁，不过是担忧诸吕、少主罢了。"陈平说："您说得对，该怎么办呢？"陆贾说："天下

欲王诸吕，畏大臣有口者。陆生自度不能争之，乃病免家居。以好畤田地善，可以家焉。有五男，乃出所使越得囊中装，卖千金，分其子，子二百金，令为生产。陆生常安车驷马，从歌舞鼓琴瑟侍者十人，宝剑直百金，谓其子曰："与汝约：过汝，汝给吾人马酒食，极欲，十日而更。所死家，得宝剑车骑侍从者。一岁中往来过他客，率不过再三过，数见不鲜，无久慁公为也。"

吕太后时，王诸吕，诸吕擅权，欲劫少主，危刘氏。右丞相陈平患之，力不能争，恐祸及己，常燕居深念。陆生往请，直入坐，而陈丞相方深念，不时见陆生。陆生曰："何念之深也？"陈平曰："生揣我何念？"陆生曰："足下位为上相，食三万户侯，可谓极富贵无欲矣。然有忧念，不过患诸吕、少主耳。"陈平曰："然。为之奈何？"陆生曰："天下

安，注意相；天下危，注意将。将相和调，则士务附；士务附，天下虽有变，即权不分。为社稷计，在两君掌握耳。臣常欲谓太尉绛侯，绛侯与我戏，易吾言。君何不交欢太尉，深相结？"为陈平画吕氏数事。陈平用其计，乃以五百金为绛侯寿，厚具乐饮；太尉亦报如之。此两人深相结，则吕氏谋益衰。陈平乃以奴婢百人，车马五十乘，钱五百万，遗陆生为饮食费。陆生以此游汉廷公卿间，名声藉甚。

及诛诸吕，立孝文帝，陆生颇有力焉。孝文帝即位，欲使人之南越。陈丞相等乃言陆生为太中大夫，往使尉他，令尉他去黄屋称制，令比诸侯，皆如意旨。语在《南越》语中。陆生竟以寿终。

朱建

平原君朱建者，楚人也。故尝为淮南王黥布相，有罪去，后复事黥布。布欲反时，问平原君，平原君止之，布不听而听梁父侯，遂反。汉已诛布，闻平原君谏不与谋，得不诛。

安定，要注意丞相；天下危急，要注意大将。将相和睦，那么士人就会归附；士人归附，天下即使有变故，国家大权也不会分散。为社稷考虑，安危只在于将和相两人罢了。我时常想对太尉绛侯说这话，绛侯与我开玩笑，轻视我说的话。您何不交好太尉，与他深交呢？"陆贾替陈平谋划了几件对付吕氏的事。陈平采用了他的计策，于是用五百金为绛侯祝寿，用丰盛的酒宴款待他；太尉也以此回报丞相。这两人深交后，吕氏的阴谋就逐渐无法得逞。陈平于是拿出奴婢一百人、车马五十乘、钱币五百万，送给陆贾作为饮食费。陆贾借此在汉廷公卿大臣之间交游，非常有名。

到诛灭诸吕，拥立孝文帝时，陆贾出了很大的力。孝文帝即位后，想派人到南越去。陈丞相等人便推荐陆贾担任太中大夫，让他去出使南越，命令尉他取消黄屋称制等越礼行为，让他比照诸侯，结果都符合皇帝旨意。这些事记载在《南越列传》中。陆贾最终因年老去世。

平原君朱建，是楚国人。他以前曾经担任淮南王黥布的国相，因犯罪而逃跑，后来又在黥布手下做事。黥布想造反时，询问平原君，平原君反对此事，黥布不听却听信梁父侯的话，于是造反。汉朝诛杀黥布后，听说平原君曾劝谏黥布，让他不要参与谋反，因此他得以不被诛杀。此事记载在《黥布列传》中。

平原君为人善辩、口才好，廉正刚直，家住长安。他行事不随意附和，坚守道义而不曲从讨好、取悦于人。辟阳侯品行不端，获得吕太后的宠幸。当时辟阳侯想结交平原君，平原君不肯见他。等到平原君母亲去世，陆贾一向与平原君交好，就前去拜访他。平原君家境贫困，没有钱来发丧，正借钱置办丧服器具，陆贾让平原君发丧。陆贾又前去拜见辟阳侯，祝贺他说："平原君母亲去世了。"辟阳侯说："平原君母亲去世，为什么来祝贺我呢？"陆贾说："前些日子您想结交平原君，平原君坚守道义不与您结交，是因为他母亲还健在。如今他母亲去世，您如果真能用厚礼替他母亲送丧，那他可以替您而死了。"辟阳侯于是拿出一百金送去作为丧礼。其他列侯贵人出于辟阳侯的缘故，也送去丧礼，这些丧礼共计五百金。

辟阳侯获得吕太后的宠幸，有人在孝惠帝面前诋毁辟阳侯，孝惠帝大怒，就把他下交官吏审讯，想杀了他。吕太后惭愧，不便说情。大多数大臣厌恶辟阳侯的品行，想借此让他被杀。辟阳侯着急，便派人去见平原君。平原君推辞说："案子正紧急，我不敢见您。"于是平原君去求见孝惠帝的宠臣闳孺，劝说他道："您得到皇上宠

语在《黥布》语中。

平原君为人辩有口，刻廉刚直，家于长安。行不苟合，义不取容。辟阳侯行不正，得幸吕太后。时辟阳侯欲知平原君，平原君不肯见。及平原君母死，陆生素与平原君善，过之。平原君家贫，未有以发丧，方假贷服具，陆生令平原君发丧。陆生往见辟阳侯，贺曰："平原君母死。"辟阳侯曰："平原君母死，何乃贺我乎？"陆贾曰："前日君侯欲知平原君，平原君义不知君，以其母故。今其母死，君诚厚送丧，则彼为君死矣。"辟阳侯乃奉百金往税。列侯贵人以辟阳侯故，往税凡五百金。

辟阳侯幸吕太后，人或毁辟阳侯于孝惠帝，孝惠帝大怒，下吏，欲诛之。吕太后惭，不可以言。大臣多害辟阳侯行，欲遂诛之。辟阳侯急，因使人欲见平原君。平原君辞曰："狱急，不敢见君。"乃求见孝惠幸臣闳籍孺，说之曰："君所

以得幸帝，天下莫不闻。今辟
阳侯幸太后而下吏，道路皆言
君谗，欲杀之。今日辟阳侯诛，
旦日太后含怒，亦诛君。何不
肉袒为辟阳侯言于帝？帝听君
出辟阳侯，太后大欢。两主共
幸君，君贵富益倍矣。"于是
闳籍孺大恐，从其计，言帝，
果出辟阳侯。辟阳侯之囚，欲
见平原君，平原君不见辟阳侯，
辟阳侯以为倍己，大怒。及其
成功出之，乃大惊。

吕太后崩，大臣诛诸吕，
辟阳侯于诸吕至深，而卒不诛。
计画所以全者，皆陆生、平原
君之力也。

孝文帝时，淮南厉王杀辟
阳侯，以诸吕故。文帝闻其客
平原君为计策，使吏捕欲治。
闻吏至门，平原君欲自杀。诸
子及吏皆曰："事未可知，何
早自杀为？"平原君曰："我
死祸绝，不及而身矣。"遂自到。
孝文帝闻而惜之，曰："吾无
意杀之。"乃召其子，拜为中
大夫。使匈奴，单于无礼，乃
骂单于，遂死匈奴中。

幸的原因，天下没有谁不知道。如今辟阳
侯获得太后宠信却把他下交官吏审讯，满
城都说是您说了他坏话，想借此杀他。今
天辟阳侯被杀，明天太后生气，也会杀您。
您为何不脱掉上衣去为辟阳侯向皇帝求情
呢？皇帝听您的话放出辟阳侯，太后会很
高兴。太后、皇帝都宠幸您，您的富贵就
会加倍了。"当时闳孺非常害怕，就听了
平原君的计策，向皇帝进言，皇帝果然放
出了辟阳侯。辟阳侯被囚禁时，想见平原
君，平原君不见辟阳侯，辟阳侯以为平原
君背叛自己，非常愤怒。等到平原君成功
救出他，他才非常惊服。

吕太后崩逝，大臣诛灭诸吕，辟阳侯
和诸吕关系十分深厚，而最终没有被杀。
谋划保全他性命，都是陆贾、平原君出的力。

孝文帝时，淮南厉王杀了辟阳侯，出
于他亲近诸吕的缘故。文帝听说辟阳侯的
门客平原君替辟阳侯出谋划策，派官吏逮
捕平原君，想治他的罪。听到官吏到了门
口，平原君想自杀。他的几个儿子和捕吏
都说："事情还不清楚，为什么这么早自
杀呢？"平原君说："我死灾祸断绝，不
会连累到你们身上了。"于是自刎。孝文
帝听说后很惋惜，说："我没想杀他。"
就召见了平原君的儿子，任命他为中大夫。
他出使匈奴，单于对他无礼，于是他大骂

单于，最终死在匈奴那里。

当初，沛公带兵经过陈留，郦生到军门递上名帖拜谒说："高阳的贱民郦食其，私下听说沛公暴露荒野，领兵帮助楚军征讨不义之徒，敬请劳烦各位随从人员通报一声，说我想见沛公，和他讨论有利天下之事。"使者进去通报，沛公正在洗脚，问使者说："是什么样的人？"使者回答说："长得像是大儒，穿着儒服，戴侧注冠。"沛公说："替我拒绝他，说我正忙于天下大事，没有时间见儒生。"使者出去谢绝说："沛公恭敬地向先生道歉，他正忙于天下大事，没有时间见儒生。"郦生瞪着眼睛按着剑呵斥使者说："去！再进去禀告沛公，说我是高阳的酒徒，不是儒生。"使者惊惧而掉了名帖，跪着拾起名帖，返回去，再进去禀报说："这位客人是壮士，呵斥我，我害怕，以致掉了名帖。他说：'去！再进去禀告，说我是高阳的酒徒。'"沛公立刻擦脚拄着身边的矛说："请客人进来！"

郦生进入账内，对沛公作揖说："您很辛苦，风餐露宿，领兵帮助楚军征讨不义之徒，您为什么不自爱呢？我希望以大事求见您，您却说'我正忙于天下大事，没有时间见儒生'。如果您想办天下大事并成就天下的大功业，却凭外貌来看

初，沛公引兵过陈留，郦生踵军门上谒曰："高阳贱民郦食其，窃闻沛公暴露，将兵助楚讨不义，敬劳从者，愿得望见，口画天下便事。"使者入通，沛公方洗，问使者曰："何如人也？"使者对曰："状貌类大儒，衣儒衣，冠侧注。"沛公曰："为我谢之，言我方以天下为事，未暇见儒人也。"使者出谢曰："沛公敬谢先生，方以天下为事，未暇见儒人也。"郦生瞋目案剑叱使者曰："走！复入言沛公，吾高阳酒徒也，非儒人也。"使者惧而失谒，跪拾谒，还走，复入报曰："客，天下壮士也，叱臣，臣恐，至失谒。曰：'走！复入言，而公高阳酒徒也。'"沛公遽雪足杖矛曰："延客入！"

郦生入，揖沛公曰："足下甚苦，暴衣露冠，将兵助楚讨不义，足下何不自喜也？臣愿以事见，而曰'吾方以天下为事，未暇见儒人也'。夫足下欲兴天下之大事而成天下之

大功，而以目皮相，恐失天下之能士。且吾度足下之智不如吾，勇又不如吾。若欲就天下而不相见，窃为足下失之。"沛公谢曰："乡者闻先生之容，今见先生之意矣。"乃延而坐之，问所以取天下者。郦生曰："夫足下欲成大功，不如止陈留。陈留者，天下之据冲也，兵之会地也，积粟数千万石，城守甚坚。臣素善其令，愿为足下说之。不听臣，臣请为足下杀之，而下陈留。足下将陈留之众，据陈留之城，而食其积粟，招天下之从兵；从兵已成，足下横行天下，莫能有害足下者矣。"沛公曰："敬闻命矣。"

于是郦生乃夜见陈留令，说之曰："夫秦为无道而天下畔之，今足下与天下从则可以成大功。今独为亡秦婴城而坚守，臣窃为足下危之。"陈留令曰："秦法至重也，不可以妄言，妄言者无类，吾不可以应。先生所以教臣者，非臣之意也，愿勿复道。"郦生留宿卧，夜半时斩陈留令首，逾城而下报沛公。沛公引兵攻城，悬令首

人，恐怕会失去天下的贤能之士。况且我估计您的智谋不如我，勇敢也不如我。您想成就天下大业却不接见我，我私下认为您失策。"沛公道歉说："刚才只听说了先生的外貌，如今见到先生的心意了。"于是请郦生坐上座，询问他夺取天下的方法。郦生说："您想成就大的功业，不如留驻陈留。陈留，是天下可凭依的要冲，是兵家必争之地，屯粮几千万石，城墙守卫非常坚固。我素来与陈留县令交好，愿替您去游说他。他不听我的话，我请求替您杀了他而攻下陈留。您率领陈留的军队，据守陈留城池，食用陈留的屯粮，召集天下愿跟随您的士兵；跟随您的士兵召集完成后，您可以纵横天下，没有谁能危害您了。"沛公说："恭敬地听从您的命令。"

于是郦生就连夜去见陈留县令，游说他道："秦朝暴虐无道而天下人背叛秦朝，如今您跟随天下人就可以成就大的功业。如今独自为即将灭亡的秦朝据城坚守，我私下替您感到危险。"陈留县令说："秦朝法令非常严苛，不可以胡说，胡说的人要被灭族，我不能答应您。先生教我的话，不是我的想法，希望先生不要再说了。"郦生留宿过夜，夜半时斩了陈留县令的首级，翻越城墙下去报告沛公。沛公领兵攻城，把县令的首级挂在长竿上给城上的人

看，说："赶快投降，你们县令的人头已被斩下了！如今后投降的人一定会先被斩！"于是陈留的人见县令已经死了，就相继投降了沛公。沛公住在陈留南城门上，使用陈留仓库的兵器，食用陈留存储的粮食，在那里居留了三个月，来投奔的士兵数以万计，于是入关击败了秦朝。

太史公说：世上流传的写郦生的书，大多说汉王攻下三秦后，向东追击项籍而领兵驻扎在巩县、洛阳之间时，郦生身穿儒衣前去游说汉王。这种说法是错误的啊。沛公还未入关，与项羽分兵而到达高阳时，就得到了郦生兄弟。我读了陆贾的十二篇《新语》，他确实是当世的能言善辩之士。后来平原君的儿子与我交好，因此我得以详细论述上述的事迹。

于长竿以示城上人，曰："趣下，而令头已断矣！今后下者必先斩之！"于是陈留人见令已死，遂相率而下沛公。沛公舍陈留南城门上，因其库兵，食积粟，留出入三月，从兵以万数，遂入破秦。

太史公曰：世之传郦生书，多曰汉王已拔三秦，东击项籍而引军于巩洛之间，郦生被儒衣往说汉王。乃非也。自沛公未入关，与项羽别而至高阳，得郦生兄弟。余读陆生《新语》书十二篇，固当世之辩士。至平原君子与馀善，是以得具论之。

傅宽　靳歙　周緤

傅宽

阳陵侯傅宽，以魏国五大夫骑将的身份跟随沛公，做过舍人，从横阳起事。跟随沛公攻打安阳、杠里，在开封攻打赵贲的军队，并在曲遇、阳武攻打杨熊的军队，斩敌十二人，沛公赐给他卿的爵位。傅宽跟随沛公到达霸上。沛公被立为汉王后，汉王赏赐给傅宽的封号为共德君。他跟随汉王进入汉中，升任右骑将。他跟随汉王平定三秦，汉王把雕阴赐给他作为食邑。他又跟随汉王攻打项籍，在怀县接应汉王，汉王赏赐给他通德侯的爵位。他又跟随汉王攻打项冠、周兰、龙且，他所率领的士兵在敖仓城下斩杀敌人的骑将一人，增加了食邑。

他曾隶属于淮阴侯韩信，击破齐国在历下的守军，击败田解的军队。后来隶属相国曹参，攻破博县，增加了食邑。因为平定齐地，汉王与他分剖符节，使他的爵位世代相传不绝，他被封为阳陵侯，食邑二千六百户，废除以前所享有的食邑。他

阳陵侯傅宽，以魏五大夫骑将从，为舍人，起横阳。从攻安阳、杠里，击赵贲军于开封，及击杨熊曲遇、阳武，斩首十二级，赐爵卿。从至霸上。沛公立为汉王，汉王赐宽封号共德君。从入汉中，迁为右骑将。从定三秦，赐食邑雕阴。从击项籍，待怀，赐爵通德侯。从击项冠、周兰、龙且，所将卒斩骑将一人敖下，益食邑。

属淮阴，击破齐历下军，击田解。属相国参，残博，益食邑。因定齐地，剖符世世勿绝，封为阳陵侯，二千六百户，除前所食。为齐右丞相，备齐。五岁为齐相国。

四月，击陈豨，属太尉
勃，以相国代丞相哙击豨。一月，
徙为代相国，将屯。二岁，为
代丞相，将屯。

孝惠五年卒，谥为景侯。
子顷侯精立，二十四年卒。子
共侯则立，十二年卒。子侯偃立，
三十一年，坐与淮南王谋反，死，
国除。

靳歙

信武侯靳歙，以中涓从，
起宛朐。攻济阳。破李由军。
击秦军亳南、开封东北，斩骑
千人将一人，首五十七级，捕
虏七十三人，赐爵封号临平
君。又战蓝田北，斩车司马二人，
骑长一人，首二十八级，捕虏
五十七人。至霸上。

沛公立为汉王，赐歙爵建
武侯，迁为骑都尉。从定三
秦。别西击章平军于陇西，破
之，定陇西六县，所将卒斩车
司马、候各四人，骑长十二
人。从东击楚，至彭城。汉军

担任齐王韩信的右丞相，守备齐地。五年
后担任齐王刘肥的相国。

汉高祖十一年四月，高祖带兵攻打陈
豨，傅宽隶属于太尉周勃，以相国的身份
替丞相樊哙攻打陈豨。次年一月，封为代
国相国，领军屯守边地。二年后，担任代
国丞相，屯兵驻守。

傅宽在孝惠帝五年去世，谥号是景
侯。傅宽的儿子顷侯傅精继承爵位，在位
二十四年后去世。傅精的儿子共侯傅则继
承爵位，在位十二年后去世。傅则的儿子
傅偃继承爵位，继位后第三十一年，因参
与淮南王谋反而获罪，被处死，侯国被废除。

信武侯靳歙，他以中涓的身份跟随沛
公在宛朐起事。攻打济阳。击破李由的军
队。在亳县以南和开封东北面攻打秦军，
斩杀千人骑兵的将领一人，斩敌五十七人，
俘虏七十三人，赐给他爵位，封号为临平
君。他又在蓝田以北作战，斩杀车司马二
人，骑兵长官一人，斩敌二十八人，俘虏
五十七人。到达霸上。

沛公被立为汉王后，赏赐给靳歙建武
侯的爵号，封他为骑都尉。他跟随汉王平
定三秦。又另外领兵向西进击陇西攻打章
平，击败了章平的军队，平定陇西六县，
他所率领的士卒斩杀车司马、军候各四人，
骑兵长官十二人。他跟随汉王向东攻打楚

军，到达彭城。汉军战败返回，靳歙退守雍丘，之后离开雍丘攻打反叛汉王的王武等人。攻取梁地，又另外率军在淄南攻打邢说，击败了邢说的军队，亲自抓到邢说的都尉二人，司马、军候十二人，招降军官士卒四千六百八十人。在荥阳以东击破楚军。汉三年，朝廷赐给他食邑四千二百户。靳歙还曾经率领部队抵达河内，在朝歌攻打赵将贲郝，击破贲郝的军队，他所率领的部卒俘获骑将二人，战马二百五十四。跟随汉王攻打安阳以东地区，到达棘蒲，攻下七县。另外率军攻破赵军，抓住赵军将领司马二人，军候四人，招降军官士卒二千四百人。跟随汉王攻下邯郸。另外率军攻下平阳，亲自斩杀守相，他所率领的部卒斩杀兵守、郡守各一人，使邺城投降。他跟随汉王攻打朝歌、邯郸，并另外领兵击败赵军，使邯郸郡六个县投降。回师敖仓，在成皋以南攻破项籍的军队，攻打断绝楚军从荥阳起直到襄邑的输送粮饷的通道。在鲁城之下击破项冠的军队。他所攻取的土地东至缯、郯、下邳，南至蕲、竹邑。在济阳城下攻打项悍的军队。回师陈县攻打项籍，打败项籍的军队。他另外率军平定江陵，招降江陵王的柱国、大司马以下八人，亲自抓住江陵王，并把他押送到洛阳，因而平定南郡。跟随汉王到达陈县，逮捕了楚王韩信，汉王与他分剖符节，使他的

败还，保雍丘，去击反者王武等。略梁地，别将击邢说军菑南，破之，身得说都尉二人，司马、候十二人，降吏卒四千六百八十人。破楚军荥阳东。三年，赐食邑四千二百户。别之河内，击赵将贲郝军朝歌，破之，所将卒得骑将二人，车马二百五十四。从攻安阳以东，至棘蒲，下七县。别攻破赵军，得其将司马二人，候四人，降吏卒二千四百人。从攻下邯郸。别下平阳，身斩守相，所将卒斩兵守、郡守各一人，降邺。从攻朝歌、邯郸，及别击破赵军，降邯郸郡六县。还军敖仓，破项籍军成皋南，击绝楚饷道，起荥阳至襄邑。破项冠军鲁下。略地东至缯、郯、下邳，南至蕲、竹邑。击项悍济阳下。还击项籍陈下，破之。别定江陵，降江陵柱国、大司马以下八人，身得江陵王，生致之雒阳，因定南郡。从至陈，取楚王信，剖符世世勿绝，定食四千六百户，号信武侯。

以骑都尉从击代，攻韩信平城下，还军东垣。有功，迁为车骑将军，并将梁、赵、齐、燕、楚车骑，别击陈豨丞相敞，破之，因降曲逆。从击黥布有功，益封，定食五千三百户。凡斩首九十级，虏百三十二人；别破军十四，降城五十九，定郡、国各一，县二十三；得王、柱国各一人，二千石以下至五百石三十九人。

高后五年，歙卒，谥为肃侯。子亭代侯。二十一年，坐事国人过律，孝文后三年，夺侯，国除。

周緤

蒯成侯緤者，沛人也，姓周氏。常为高祖参乘，以舍人从起沛。至霸上，西入蜀、汉，还定三秦，食邑池阳。东绝甬道，从出度平阴，遇淮阴侯兵襄国，军乍利乍不利，终无离上心。以緤为信武侯，食邑三千三百户。

高祖十二年，以緤为蒯成

爵位世代相传不绝，确定食邑四千六百户，封号信武侯。

靳歙以骑都尉的身份跟随高帝攻打代地，在平城之下攻打韩信，回师东垣。因立有军功，被迁为车骑将军，并率领梁、赵、齐、燕、楚各国的车骑，另外领兵攻打陈豨的丞相侯敞，击败了他，趁机降服曲逆。他跟随高帝攻打黥布立有战功，加封食邑，共五千三百户。靳歙共斩敌九十人，俘虏一百三十二人；另外率军击破敌军十四支，招降城池五十九座，平定郡、国各一，县城二十三个；俘虏诸侯王、柱国各一人，二千石以下至五百石的官员三十九人。

高后五年，靳歙去世，谥号是肃侯。靳歙的儿子靳亭继侯位。在位二十一年，因役使国中人超过了律令规定而获罪，孝文帝后元三年，剥夺其侯爵，侯国被废除。

蒯成侯緤是沛县人，姓周。他曾担任高祖的参乘，以舍人的身份跟随沛公在沛县起事。跟随高祖到达霸上，向西进入蜀郡、汉中，回师平定三秦，封给他池阳作为食邑。他带兵向东切断敌军甬道，跟随汉王出征渡过平阴，在襄国与淮阴侯的军队会合，军事上时而有利时而失利，但始终没有背离高祖的心思。高祖封周緤为信武侯，赐食邑三千三百户。

高祖十二年，封周緤为蒯成侯，废除

他以前所享有的食邑。高祖想亲自攻打陈豨，䣙成侯流着泪说："当初秦王攻取天下，不曾亲自出征。如今陛下经常亲自出征，是因为无人可以驱使了吗？"高祖认为他"爱我"，准许他进入殿门不必小步快走，杀了人可免死罪。

等到孝文帝五年，周緤因年老去世，谥号是贞侯。周緤的儿子周昌继承侯位，因为犯罪，侯国被废除。等到孝景帝中元二年，朝廷封周緤的儿子周居为侯。到武帝元鼎三年，周居担任太常，因为犯罪，侯国被废除。

太史公说：阳陵侯傅宽、信武侯靳歙都有很高的爵位，跟随高祖从山东起事，攻打项籍，斩杀名将，击败敌军后收降的城池数以十计，不曾受困折辱，这也是上天赐予的啊。䣙成侯周緤操行坚定正直，自身不被人怀疑，高祖想出征去某个地方，他未曾不流泪哭泣，这是真伤心才会这样，可以说是忠诚厚道的君子啊！

侯，除前所食邑。上欲自击陈豨，䣙成侯泣曰："始秦攻破天下，未尝自行。今上常自行，是为无人可使者乎？"上以为"爱我"，赐入殿门不趋，杀人不死。

至孝文五年，緤以寿终，谥为贞侯。子昌代侯，有罪，国除。至孝景中二年，封緤子居代侯。至元鼎三年，居为太常，有罪，国除。

太史公曰：阳陵侯傅宽、信武侯靳歙皆高爵，从高祖起山东，攻项籍，诛杀名将，破军降城以十数，未尝困辱，此亦天授也。䣙成侯周緤操心坚正，身不见疑，上欲有所之，未尝不垂涕，此有伤心者然，可谓笃厚君子矣。